U0617865

本书是中国社会科学院重大课题的研究成果
是中国历史研究院重大学术项目研究成果

耿云志 主编

中国近代思想通史

第六卷

邹小站
彭姗姗
陈于武
李红喜
宋广波
王波

著

社会科学文献出版社
SOCIAL SCIENCES ACADEMIC PRESS (CHINA)

目　　录

第一章
代议制改造思潮

1922年，当旧国会恢复后，《东方杂志》曾就中国此后的政治改革与政治出路问题组织征文，张东荪在一篇征文中，说到中国思想界面临的困境："中国目前有两大冲突：一个在经济上是产业革命与社会主义相矛盾；一个在政治上是议会制度与非议会主义相矛盾。照中国经济状态的自然趋势当然是机器的大工业一天比一天发达……资本阶级与劳动阶级的分野便愈分明。以国际的关系，决不容中国立刻改用共产主义。所以在经济方面于思想的潮流是趋向于社会主义而于事实的潮流则趋向于资本主义。这便是一个冲突。还有一个冲突，就是议会制度的不能免与议会制度的破产同时驾临中国。"① 这一段文字颇说出了中国现代政治思想的一些基本问题。从政治上说，政治民主化是中国政治现代化的基本追求，而代议制民主则是近代民主的基本形式，也曾是中国新式精英努力追求的救国之方，从这个角度说，代议制不可避免。但自民初移植代议民主制以来，政治未上轨道，政治代议制在中国已近于破产的境地。自五四以后，国内改造代议制度思潮已起，而在欧美等近代民主的先进国家，此时的代议民主制以及代议民主制的理论也经历着重大的危机，这也引起了国内思想界的共鸣。于是，"曾经在中国先进知识分

---

① 张东荪：《宪法上的议会问题》，《东方杂志》第19卷第21号，1922年11月10日。

子中有广泛市场的西方代议民主制在中国经过十多年的实验之后，却再也不能成为凝聚知识精英们的共同追求”。[①] 这确是中国现代思想史上的一个重大问题。

20世纪20年代中国思想界的改造代议制思潮，体现了几个重要的倾向。一是，对于民主问题，从民主是人民的统治或者多数人的统治的理念出发，要求打破少数有产者垄断国家权力的局面，要求“真正的民主”，要求多数国民有参政权，要求占人口绝大多数的平民尤其是工农群众的政治权力的平民主义、阶级民主论，具有越来越大的影响力，表现于代议制改造思潮中，就是直接民主制与直接民权的追求，以及职业代议制的追求。二是，由政治民主延伸，要求经济社会权利的平等。三是，在改造路径上，革命论成为思潮的主流，唯革命论渐次成型。这些倾向在中国现代思想史上，具有重大的意义。本章试图在前人研究的基础上，从上述几个问题探究20年代中国思想界的改造代议制思潮。[②]

一　政治代议制及其危机

鸦片战争之前，当新教传教士东来时，就带来了一些有关议会政治的信息。此后，随着西学东渐的进程，有关西方民主的信息、学说等陆续输入中国，有识之士力图改造中国政治时，就有设议院的想法。甲午战争后，革新政治渐成思潮，革新派试图引入西方民

---

① 耿云志等：《西方民主在近代中国》，中国青年出版社2003年版，第392—393页。

② 关于这一问题，可以参阅的论著有耿云志等著《西方民主在近代中国》第八章中关于“平民主义”的论述；张灏：《中国近百年来的革命思想道路》，《幽暗意识与民主传统》，新星出版社2006年版；邓丽兰：《域外观念与本土政制变迁——20世纪二三十年代中国知识界的政制设计与参政》，中国人民大学出版社2003年版；王兆刚：《20世纪20年代中国的“直接民主”思潮探析》，《首都师范大学学报》（社会科学版）2008年第6期；朱志敏：《五四时期平民政治观念的流行及其影响》，《史学月刊》1990年第5期；等等。

主制度，尤其是国会制度，以改造中国政治，挽救民族危机。在革新派看来，有了民选的国会，就能打通政府与国民之界限，以举国一致的力量去挽救民族危亡，与西方列强竞争；国会也可以锻炼国民的参政能力，培养其国家认同，同时防止政治腐败。一位叫王恒的国民党人在1926年出版的著作中说："回顾革命初期之心理，则与其谓之争自由平等，不如谓之以革命救济亡国，较为切于事实。即至今日全国，有知识之人民间，似亦未脱此观念也。夫以救亡为革命之主因，与自由平等独无关系乎？曰，有。不过要稍扩充其范围，不是对于某阶级求自由求平等，乃对于国际求自由求平等耳。"① 这其实是当时众多追求民主政治的人士的基本意识。张灏曾说，近代中国人对于民主基本持高调的民主观，这种高调民主观的特点之一是从民族主义观点看民主，认为它有救国的功效。② 他们很准确地点出了近代中国人追求民主政治的基本动力。

辛亥革命后，代议制民主政治被移植到中国。但由于社会条件的不成熟和军阀势力的破坏，代议制的实践并不成功，民主政治并未发挥人们所期望的功效，政治依然黑暗，国会议员们也失去了追求民主政治的热情和勇气，国会的权威日益受到国人的怀疑。1919年2月，南北双方议和，试图通过政治谈判解决分歧、谋求统一。谈判的中心问题是废督裁兵、国会，其中最为棘手的问题居然是如何处置南北军阀并不真正需要的国会。安福国会在北方上蹿下跳，大肆活动，对总统徐世昌、总理钱能训、议和代表施加压力，要求他们坚决保住安福国会。而南方议员在听到将牺牲国会以促成南北议和之后，深感自己的前途暗淡，纷纷攀附权势，投机钻营。原来的各议员派别失去了明确的政治信仰，而成了拉帮结派、图谋私利的小团体。总之，无论南北，大多数议员已是毫无追求民主政治勇

① 王恒：《现代中国政治》，革新评论社（广州），1926年3月，第81页。

② 张灏：《中国近代转型时期的民主观念》，载《幽暗意识与民主传统》，新星出版社2006年版。

气，毫无政治原则，毫不将国家人民利益放在心上，而是唯利是图、唯势是趋，腐化堕落的政客。他们内心中已将担任议员看成做官牟利的行当。[①] 这引起舆论极大的反感，人们把议员看作只是靠政治吃饭的“高等游民”，“对于国会的信仰已经一落千丈”。[②] 也就是在这种情况下，有人提出抛开国会，以国民直接行动的方式召集国民大会、国民会议，以代表民意，解决国内问题。这就引起了此后的国民制宪运动。国民制宪运动的兴起表明舆论不耻南北国会之所为。国会的堕落，引起了人们对于中国实行代议制的怀疑。梁启超1918 年底以个人身份赴欧游历，考察战后欧洲社会和社会思想，他在 1919 年写成的《欧游心影录》中明确地表达了对于代议制以及中国实行代议制度的怀疑，并提出国会两院应结合代表地方主义与代表职业主义，这一方面可以平衡各地方之利益；另一方面可以使“资本阶级和劳工阶级都有相当的代表在最高机关，随时交换意见交让利益”，以避免社会革命的惨剧，又主张采用瑞士的公投制度。[③] 章士钊在民八、民九间也开始怀疑代议制。1919 年底他就提出："夫吾国民意，求其有适当之发展，选举制度是否为一良法，且为疑问。"[④] 为解决心中的疑惑，他 1921 年赴欧考察，考察归来，他就提出废除政治代议制，而代以“业治”即职业代议制的主张。

国会的表演还在继续，人们普遍地由对国会的怀疑而开始怀疑代议制度。1922 年直系在直奉战争中获胜，乃图重集国会，恢复法统，谋国家统一。本来对国会已十分失望的国人“对于政局，又皆存一线之希望”，[⑤] 但很快国会的表现就又一次让人们失望，

---

① 参见莫世祥《护法运动史》，广西人民出版社 1991 年版，第 147—152 页；李新总编《中华民国史 · 大事记》第二卷，中华书局 2011 年版，第 345—365 页。

② 梁启超：《欧游心影录节录》，《饮冰室合集》专集之二十三，第 30—31 页。

③ 梁启超：《欧游心影录节录》，《饮冰室合集》专集之二十三，第 30—31 页。

④ 《新思潮与调和》，《东方杂志》第 17 卷第 2 号，1920 年 1 月 25 日。

⑤ 费觉天：《中国政治不能上正轨底真因及今后应走的道路》，《东方杂志》第 19 卷第 11 号，1922 年 6 月 10 日。

等到曹锟贿选事件发生，国会彻底堕落。“猪仔议员”成了参与贿选的议员的通用称呼，国会制度也受到普遍的怀疑。“厌恶国会与蔑视议员已成了普遍的心理与有力的舆论。我们只要偶尔翻开报纸一看触目必是议员的笑话。”[①] 曹锟倒台后，段祺瑞以革命相号召，废弃法统，并未遭到舆论的反对，而一些国会议员以非常国会的名义进行活动，却遭舆论的严厉批评。高一涵称：从法统问题上观察，国会应该消灭；从受贿问题上观察，议员资格应该消灭；从代表意义上观察，议员资格也应该消灭。总之，非常国会云云，“简直是不法行为”。[②] 周鲠生说：“国会是已经消灭了的；无论就法律上，道义上，事实上说，这个‘长期的国会’，再没有继续存在的根据。”他更希望段祺瑞执政府下一道文告，宣告这一事实，令地方当局对于所谓国会议员的集会查办驱逐。[③] 人们把国会议员看作专卖总统，贩卖法统的法统商人。到段祺瑞执政府倒台，吴景濂、张绍曾等主张恢复旧国会，结果“各方绝无应声”。[④] 国会已经彻底被国人抛弃。

当代议制在中国“于飘摇风雨中”时，[⑤] 代议制与代议制理论在欧洲也遭遇巨大的危机。

代议制是由欧洲中世纪的等级会议发展而来的。由于资产阶级首先是在等级会议中有一定的席位和发言权，所以资产阶级争取民主的斗争首先从等级会议开始。随着资产阶级经济势力的壮大，资产阶级逐渐获得了对国家权力的控制，资产阶级的民主也就自然以等级会议为基础，而结合古代直接民主的若干因素，发展成为代议

① 张东荪：《宪法上的议会问题》，《东方杂志》第 19 卷第 21 号，1922 年 11 月 10 日。

② 高一涵：《国会问题》，《现代评论》第 1 卷第 2 期，1924 年 11 月 20 日。

③ 周鲠生：《约法问题的解决》，《现代评论》第 1 卷第 3 期，1924 年 11 月 27 日。

④ 太平民：《法统说之反响及最近一周之省宪与联治运动》，《太平导报》第 1 卷第 4 期，1926 年 1 月 23 日。

⑤ 毛以亨：《代议制革新议》，《东方杂志》第 21 卷第 23 号，1924 年 12 月 10 日。

制民主。随着资本主义在欧美各国的发展，代议制也就在欧美主要资本主义国家普遍流行起来。19 世纪是代议制的世纪。那时，民治政体风行世界，各色人种各种文明程度的社会，都以建设民治政体为急务，“所谓‘德谟克拉西’风行全球，凡是它所到之处，别种形式的政体，莫不先后倾覆，不能与之对抗”。① 所谓民治政体风行世界，实质上就是代议制风行世界。到 19 世纪末，欧洲除了俄罗斯外，各国都实行代议制。②

但到 19 世纪末 20 世纪初，代议制的弊端显露。其一，由于政务日趋繁复，政治事务需要一些有专门知识和经验的人才，而议员大多不是专门人才，于是立法、预算等权力的重心就渐渐由议会移到了政府，议会对政府的监督也往往有名无实。其二，代议制政府的资产阶级性质日益明显。政客不入政党就不可能当选，而政党往往受资本家的资助，因此议员大都是资本家的代表，不免为资本家的利益而牺牲劳工的利益，加之政党往往为权力争夺，利党祸国在所不顾，国会失其尊严，国家受其损失。

代议制理论是随代议制的发展而逐步形成的。托马斯·潘恩是近代代议制理论的奠基者，约翰·密尔是代议制民主理论的集大成者。密尔认为，代议制政府是理想上最好的政府形式。他同时指出，代议制有其弊端和危险。从消极的角度说，代议制政府的弊端有二：第一，代议制政府只是形式上的，广大民众没有积极参与政府的活动，其公共精神和才智不能充分发挥；第二，议会对政府的授权不明，或造成行政部门滥用职权，或议会过多地干预行政。从积极的角度说，代议制政府弊端有二：第一，代议团体以及控制该团体的民意在智力上有偏低的危险。由于选举制度的弊端，智力优秀、道德高尚的人士往往难被选入代议团体；即便是被选入，由于社会中优秀的人士总占少数，所以议会中，优秀人士的代表总是少

① 朱偰：《民治政体的厄运》，《东方杂志》第 24 卷第 19 号，1927 年 10 月 10 日。

② 潘大道：《代议不易辨》，《甲寅周刊》第 1 卷第 12 号，1925 年 10 月 3 日。

数；代议团体在实际运作中，因为意见、利益之间的折中，其所做的决定有缺乏远见的风险，议员们有惯于见风使舵的风险。所以代议制在政治上是平庸的政治。第二，有“阶级立法”的风险，即由于某一阶级在代议团体中占据多数，就有制定只顾本阶级利益而不顾社会整体利益的法律的风险。对代议制政府的消极的弊端，密尔论述较少。对代议制政府积极的弊端，密尔提出了解决的办法，对第一个弊端，密尔认为，第一必须限制选举权，只让有一定文化水平或者一定财产的人有选举权，同时给予才智较高纳税较多的人两票或两票以上的选举权；第二，打破选举的地域限制，让选民在全国范围内选择代议士；第三，把需要专业知识的工作交给专门的部门或专业人士去处理，代议团体专做监督和控制政府的工作。对第二个弊端，密尔希望劳资调和，“任何阶级，或是任何可能联合起来的阶级的联合，都不应该在政府中发挥压倒一切的影响”。在阶级分化为两大阶级的现代社会，代议制度组织应该是“这两个阶级——体力劳动者及其同类为一方，雇主及其同类为另一方——在代表制度的安排上保持平衡，每一方左右着议会内大致相同的票数”。① 他既反对少数的专制，也反对多数的专制，主张应当保护少数的代表权，应当让少数意见有鼓吹、宣讲的机会。

作为代议制政府理论的集大成者，密尔虽指出了代议制的弊端和危险，但经典的代议制理论仍然是以人民主权论为理论基石的，其民主理论在理念上是以“人民的统治”或“大多数人的统治”作为民主的基本内涵。随着资产阶级民主制度的建立和发展，这一民主理论越来越难以解释和说明不断变化的政治现实。因为资产阶级民主实质上不是人民的统治，也不是多数人的统治，而只是有产阶级的统治。因此，资产阶级民主就面临着困境，要么修正关于民主的概念，以说明资产阶级的民主是真正的民主；要么承认资产阶级民主不是民主，或者说不是真正意义上的民主，而以真正的民主

① ［英］J. S. 密尔：《代议制政府》，汪瑄译，商务印书馆 1984 年版，第 98—99 页。

来取代它。修正的民主论在20世纪初，经过意大利的盖塔诺·莫斯卡、瑞士的罗伯特·米歇尔斯、西班牙的奥尔特加·伊·加赛特等人的阐述已经初步形成了比较系统的政治理论。到二战及二战后，熊彼特作为精英民主理论的集大成者系统地阐述了精英民主的理论。熊彼特认为，古典民主的首要目标是由选民决定政治问题，以体现“人民的统治”或“大多数人的统治”，而选择代表只居于次要地位；实际上民主不能实现所谓人民的统治，在民主政治中人民的作用也不是实行统治，做出政治决定，而是通过选举产生政府，即接受或拒绝要来统治他们的人，人民能否决定或影响公共政策、决策的结果，是否有利于共同的幸福都是次要的问题，只要存在通过竞争性选举产生政治领导人的程序，只要每隔一段时间公民可以选举和罢免统治者，民主就是充分的。所谓民主是达到政治决定的一种制度上的安排，在这个过程中，某些人通过竞争取得人民的选票而获得做出决定的权力。他把选举看作选民与政党之间进行交易的政治市场，在这个市场上，只要有充分的竞争，政党对私利的追求就会转化为对实现公共利益的追求。因此，代议制度的目标不是实现人民的统治，而只是由人民选择统治者。① 他们放低了民主的要求，经由他们的阐述，资产阶级民主就变成了真正的民主。

与精英民主论同时出现的就是否认资产阶级民主是真正的民主，要求改造代议制的思潮。这种思潮沿着民主是人民的统治或者大多数人的统治的概念，往下推演，提出应当打破有产阶级垄断国家政权的局面，产业工人和社会贫民也应当有参政机会，而且应当在国家权力体系中占据主导地位，只有这样的民主才真正是大多数人的统治，才是真正的民主。温和者，主张完善资产阶级的代议制，其办法也是层出不穷，比如改革议会选举制度，实施比例代表制与职业代表制；扩大选举范围，放松选举限制，实行普选制，准许妇女参政；提高民众直接参政的机会，要求民众有创制权、复决

① 应克复等：《西方民主史》，中国社会科学出版社1997年版，第468—481页。

权、撤回代表权等直接民权。激进者则认为，在资本主义社会任何选举都是资产阶级控制的，议会只是资本家的代表，要资本家的议会为改良社会及为平民服务，无异于与虎谋皮。因此，他们主张直接行动。其中，社会民主主义者，主张通过议会道路，谋取政权，以改造社会；而革命分子则主张通过暴力革命，夺取政权，建立产业工人掌握的国家。

到一战前后，代议制政治遭遇到空前的危机。本来，传统的自由主义的民主理论崇奉最小政府，主张政府就是守夜人，反对政府广泛干预社会经济生活。随着资本主义的发展，尤其是资本主义世界化的进程，国家承担的事务越来越繁杂，自由主义由经典的自由主义向修正的自由主义发展，积极的国家观念逐渐被接受；但代议制政府在应对重大危机方面依然有其局限性。一战时，代议制政府在面对战争时缺乏足够的应对危机能力的问题日渐显露。欧战后，各国满目疮痍、亟待整理，实行议会政治的各国，政府能力不足，弄得财政困难，党派纷争，国势日益不振。法国内阁更迭频繁，政局不稳，英国大罢工爆发，社会危机不断，而代表民意的议会却无法解决，任由劳资双方去做两败俱伤的斗争，都明白表示“议会政治之无能”，使人“不得不相信议会政治到了今日，已是山穷水尽了”，“世界人心都厌弃议会政治”。在意大利，为应对危机局面，墨索里尼的独裁政府应运而生，并迅速影响欧亚各国，匈牙利、西班牙、葡萄牙、希腊、波兰、土耳其等国迅速模仿，独裁政治“如雨后春笋相继兴起”，潮流“简直遍于欧亚大陆”，即便是号称有自由民主传统的英国和美国，也不乏拥护独裁政治之人。[①] “英法等民治先进国家，民治政体也不十分稳固。于是竟有人提出问题，‘德谟克拉西’是否还能继续存在?”[②] 而在俄国则出现苏维埃政权，为世界无产阶级革命开出新局面。在英国，基尔特社会主

① 穆云：《杂评》，《东方杂志》第23卷第17号，1926年9月10日。

② 朱偰：《民治政体的厄运》，《东方杂志》第24卷第19号，1927年10月10日。

义思想颇有市场；在德国，魏玛宪法吸纳了直接民权和社会主义的若干因素。

欧洲思想界发生的这种变化，在已经移植代议制失败，怀疑代议制功效的中国得到了迅速的回应。《东方杂志》《太平洋》《解放与改造》（《改造》）等重要刊物有不少文章介绍欧洲思想界的这种变化。比如，毛以亨说："代议制之在今日，已岌岌不可终日。其在泰西，革新之议大起：有主张根本推翻之者，若俄之苏维埃，若英之基尔特；有为相当改良之论者，若英之麦相之经济国会论，若德之生计会议与工人会议，职业代表之说，又且甚嚣尘上也。"①李三无总结一战后欧洲宪法之新趋势有七：由政治的民主政治（Political Democracy）趋于社会的民主政治（Social Democracy）；由代议民主政治趋于直接投票制度民主政治（指代议制度下的直接民权）；由统一主义趋向联邦主义；由国家主义趋于世界主义；由区别主义趋于平等主义（由限制选举趋于普选）；由地方代表制趋于职业代表制度；由间接选举制度趋于直接选举制度。②

介绍欧洲代议制改造思潮，一时成为《东方杂志》《解放与改造》等重要刊物的重要内容。当时介绍欧洲各国新出现的宪法及其表现的政治思潮的文章有张君劢的《德国新共和宪法评》③《德国及其邦宪法对于世界法制史上之新贡献》④，《东方杂志》第19卷第22号（宪法问题专号）中介绍欧洲新宪法的文章有程学愉的《德意志之新宪法》，高一涵的《我国宪法与欧洲新宪法之比较》，王世杰的《新近宪法的趋势：代议制之改造》，张慰慈的《欧洲的新宪法》，狄侃的《欧洲四新兴国宪法之比较观》，彭学沛的《各

① 毛以亨：《代议制革新议》，《东方杂志》第21卷第23号，1924年12月10日。

② 李三无：《宪法问题与中国》，《东方杂志》第19卷第21号，1922年11月10日。

③ 《解放与改造》第2卷第9、11、12号，1920年5月1日、6月1日、6月15日，署名"君劢"。

④ 原载《法学季刊》第1卷第4期，1923年1月，收入张君劢《宪政之道》，清华大学出版社2006年版。

国新宪法中之比例代表法》等。介绍力主代议制改造的重要思想人物的著述有周鲠生的《读狄骥宪法学》（《太平洋》第3卷第2号）、《狄骥法学评》（《太平洋》第1卷第5号）；昔尘的《韦勃和法屏社会主义》（《东方杂志》第17卷第14号）、《柯尔和基尔特社会主义》（《东方杂志》第17卷第15号），《边悌之社会主义》（《东方杂志》第17卷第4号）；《基尔特社会主义的哲学原理》（《解放与改造》第2卷第13号，1920年7月1日，翻译G. B. Thomson的著作）；佛海的《工行社会主义（Guild Socialism）之国家观》（《解放与改造》第2卷第10号，翻译日本室伏高信的著作）；陈行叔的《国家萨威稜帖说之反动》（《东方杂志》第21卷第16号，介绍狄骥、柯尔、拉斯基三人的政治哲学）；等等。其他如意大利的法西斯运动，苏俄的苏维埃制度，瑞士以及美国一些州实行的直接民权制度等，各重要报刊均有文介绍。

在内外环境与思潮的影响下，改造代议制在20世纪20年代的中国一度成为颇有影响的社会思潮。改造代议制涉及诸多方面，比如普选、女子参政、直接民主、直接民权、职业代议、阶级民主、经济社会权利的平等等方面，以下即择几个重要问题，分别论述，以见20世纪20年代中国政治思想发展的某些趋势。

二　直接民主与直接民权

以直接民主或直接民权救济代议制的弊端，是改造代议制思潮的重要内容。

近代的直接民主论从历史的角度看是古代希腊的直接民主制的回响，在理论上则受到卢梭的主权在民论及其直接民主论的影响。卢梭在《社会契约论》中说，人民通过其代表所采取的一切行动，在一定意义上，都是以代表的意志去代表被代表人的意志，而这并不可靠。所以，他主张直接民主制，并且认为一个理想的民主国人口不应超过两万。他嘲笑英国的代议制民主，说英国人只有在投票时是主人，一旦投票完成，他们就将全部权力交给了议会，成为议会的奴隶。卢梭认为，只有人民直接掌握政治权力，他们才是自由的。高一涵评价卢梭的思想说：卢梭简直把权力与自由看作一个东西。“惟其有权力，才可以自由。权力和自由的唯一沟通的关键，就在契约。他把契约看作一群个人结合成功‘集合的单位’的枢纽。”他理想中的社会，权力和自由相辅而行，“权力虽成，自由如故。不像霍布思（Hobbes）说：在自然世界中人人自由，一到契约告成之后，便人人无自由，只君主一人有自由；也不像洛克说：在平时把权力委托于政府，唯在革命的时候，人民才有完全的自然的自由权。卢梭的理想是说：无论在自然世界，或在政治社会，个人的自由都是一样的”。人民通过契约形成了公意，人民服从公意，就是服从自己，人民就是自由的；人人是主权者，同时又是被治者。他相信，国民公意与人民各个人的意志同体，不可能做出危害国民之事，他说：“主权者乃是由个人集合而成，所有利害皆不能与个人的利害相反；故主权对于国民不必要什么保障，因为全身没有想加害四肢的，故主权者也不会加害个人。”① 卢梭的这种思想对中国近代的直接民主思想有深远的影响。

直接民权指的是瑞士以及美国一些州实行的公民投票复决法律案，或者一定选区的公民通过法定手续罢免议员或者向议会提出法律案。以孙中山为首的国民党人一直称之为直接民权。王世杰称之为“公民票决制”。“公民票决制（Referendum）之种类甚多，就其一般性质言之，即取议会所通过之法律案或宪法案，付诸公民投票表决之谓。”其付表决一为强制的，一为国民自动的。前者为议会交付，后者为国民连署要求交付。此两种办法都是公民与议会共同造法制，为议会单独造法之代替，“其根本目的，在令公民与议

---

① 高一涵：《卢梭的民权论和国权论》，《东方杂志》第23卷第3号，1926年2月10日。

会，分掌国家造法之权”。[1] 李三无区分直接民主制与直接民权，他说，“直接民主政治者，国民自为一种直接机关，自进而直接行使立法权及行政权之一部之谓”。“直接投票制度民主政治者，人民依各自直接投票之方法，以决定法律之制定及其他一定行政事项之谓也。代议民主政治，立法司法行政等所谓组织权之行使，由其自一般国民中所选出之全体国民之代表者，委任之于各机关，而非全体国民参与此等权利之行使；除改正宪法之外，常依选举其代表者之行为，而间接参与政治。直接投票制度民主政治不然：非仅关于宪法之改正，即通常法律之制造及其他一定行政事项之决定，亦恒依人民直接投票之方法，各自直接参加其间。此与代议民主政治性质上不同之点。人民直接投票制度民主政治，人民自身行使立法权并行政权，此有类乎直接民主政治；然直接民主政治，为有积极的身分之公民全体，自居于所谓州民集会之合议的机关构成员之地位，以表示其统一的意思；而直接投票制度民主政治，并无通乎人民全体而构成其统一的意思之有组织的合议机关，惟依各个之人民，在各别之场所，各别之时间，依投票之方法，而参加一般之决定已耳。此又与直接民主政治性质上不同之点也。”[2] 可见，直接民权（直接投票制度民主政治）是作为代议制下民意表达的辅助手段，而直接民主则是体制上国民自居于统治者的地位，直接决定国家大事，主要的形式是公民大会。可见，时人有意识地区分了直接民主制与直接民权，他们称直接民权为直接投票制民主政治，而不是称之为“直接民主”，小心翼翼地保持二者之间的距离。

章太炎明确主张直接民主制，反对代议制。他自清末就反对代议制，认为“代议政体，非能伸民权，而适堙郁之。盖政府与齐民，财有二阶级耳。横置议士于其间，即分为三，政府固多一牵掣者，

---

① 王世杰：《新近宪法的趋势——代议制之改造》，《东方杂志》第19卷第22号，1922年11月25日。

② 李三无：《宪法上民主政治种类之选择》，《东方杂志》第19卷第22号，1922年11月25日。

齐民亦多一抑制者”。[①] 又说，“选举法行，则上品无寒门，而下品无膏粱，名曰国会，实为奸府，徒为有力者傅其羽翼，使得膢腊齐民，甚无谓也”。[②] 他设计了一个总统民选（总统为元首，主行政、国防、外交），实行总统（行政）、立法、司法、教育分权分立的体制，“凡制法律，不自政府定之，不自豪右定之，令明习法律者，与通达历史、周知民间利病之士，参伍定之……法律既定，总统无得改，百官有司，毋得违越，有不守者，人人得诉于法吏，法吏逮而治之，所以戒奸纪也”。“司法不为元首陪属，其长官与总统敌体，官府之处分、吏民之狱讼皆主之，虽总统有罪，得逮治罢黜，所以防比周也。”“总统与百官行政有过，及溺职受贿诸罪，人人得诉于法吏，法吏征之逮之而治之，所以正过举、塞官邪也。……司法枉桡，其长得治之；长不治，民得请于学官，集法学者共治之，所以牵独断也。”学校除小学与海陆军校隶属政府外，“其他学校皆独立，长官与总统敌体”。国有大事直接征求人民之意见，“凡经费出入，政府岁下其数于民”，“凡因事加税者，先令地方官各询其民，民可则行之，否则止之”。遇外交、宣战等急事，由人民临时推派代表与政府计议。[③] 20 世纪 20 年代他在就国会问题答复章士钊的信中，仍然坚持废除国会，将总统选举与制宪权交还国民，监督则恢复监察御史与给事中。[④]

江亢虎的全民政治论于主张“选民参政”外，还提出所谓“立法一权”，由选民选举国会或者省会，中央政府或省政府委员即由国会议员或省议员互选产生，而司法系统也“皆由立法机构产出”而对人民全体负责。议会及选民皆得依法定手续弹劾而罢免之。[⑤] 江

① 章太炎：《与马良书》，汤志钧编《章太炎政论选集》上册，中华书局 1977 年版，第 385 页。

② 章太炎：《代议然否论》，《章太炎政论选集》上册，第 458 页。

③ 章太炎：《代议然否论》，《章太炎政论选集》上册，第 464—465 页。

④ 章炳麟：《与章行严论改革国会书》，《华国》第 1 卷第 5 期，1924 年 1 月。

⑤ 江亢虎：《江亢虎宣言暨新民主主义新社会主义说明》，载江亢虎主讲，高维昌编记《社会问题讲演录》，商务印书馆 1923 年版。

亢虎要求司法官由民选，有直接民主制的气味。

邹德高批评《临时约法》规定的体制是国会包揽立法、行政、司法三权的体制，要求照美国的办法实行严格的三权分立，但他的方案是，“全体人民直接选举国会议员，组织立法机关；直接选举总统，使他总揽行政；直接选举法官，让他组织法庭；并由全体人民另外组织‘宪法会议’，——照美国的方法——来定立宪法，修正宪法；如此，专制的流弊，庶可免除；民治的精神，方可实现”。[①] 这虽说是代议制度方案，是因对国会制宪失望而主张国民直接行动，主张国民制宪，但其要求法官也由全体人民选举，就颇不合代议制民主的原理了。

人类最早的民主形式是原始部落的民主议事形式。最早成制度的民主形式是古代希腊的直接民主制度。其根本特征是公民作为国家的主人直接管理自己的事务，而不通过中介和代表，甚至排斥选举而崇尚抽签制，公民既是统治者也是被统治者，这是国家体制上的直接民主制度。进入中世纪后，这种直接民主制度被废弃，到12、13世纪，欧洲王公为了征税的方便召集等级会议。在欧洲国家进入民族国家的历史过程中，资产阶级利用这种等级会议为自己争取民主权，逐步地将等级会议与民主制度结合起来，形成了近代的代议制度。这种代议制度的基本精神是人民选举代议士代表人民掌握对国家的最后控制权，议决取多数决定形式。这吸取了古代直接民主制度中的多数决定原则，但否定了国民直接决定国家大事的原则，而取代议制度。其所以如此，一方面是因为近代国家地广人众，实行直接民主制度有操作上的困难；另一方面是代议制可以避免直接民主制度的诸多弊端。直接民主制直接以国民多数之同意决定国家大事，并以国民多数之决定为最后之决定，存在以下弊端：第一，它与法治不相容。在直接民主制度下，国民多数之意见可以随时违背既有的法律。这与君主专制或者独裁制下君主或者独裁者的意思

---

① 邹德高：《三权分立与我国》，《努力周报》第46期，1923年4月1日。

即为法律的特征，本质上并无区别。第二，它缺乏利益与意见的过滤与整合机制。现代社会纷繁复杂，利益意见各不相同，直接民主制缺乏利益与意见沟通协调所需要的曲折的制度设计，而国民直接投票决定国家大事也可能会受到国民非理性情绪的影响，做出错误的决定。第三，直接民主制缺乏纠错机制与权力制衡机制。直接民主制以国民多数之同意做出决定，缺乏制衡国民多数之决定的机制，也就使得它没有纠错机制。因此，直接民主制下可能比较容易出现多数的专制，对少数的意见与利益缺乏保护，也可能比较容易逸出法律范围直接侵入公民的私人领域。而代议制则在理论上可以包容少数的意见，使少数的利益与意见有表达的机会，有宣传并争取认可的机制；可以包容法治与权力制衡机制。因此，近代的民主政治在体制上基本上是代议制民主，几乎没有实行直接民主制的国家。

可以这样说，代议制是直接民主制的发展，相较于直接民主制，代议制是民主制度的高级形式。但是在主张直接民主制的人士那里，直接民主制是民主制度发展的目标，是理想的政治制度。即便是在不主张直接民主制度的人士中，多数人潜意识中也认为，直接民主是比代议制更高级的民主形式，只是在广土众民的大国实行直接民主，其操作成本比较高，不太现实，在现实的中国，由于国民的教育程度不高，政治训练不足，更不能马上实行直接民主制。也就是说，如果国民的组织程度、教育程度、表达手段、政治训练达到相当的程度，还是实行直接民主制更能代表民意，更能体现“多数人的统治”的民主精神。比如杨杏佛、潘大道都是捍卫代议制度的健将，但他们都认为代议制是目前条件下比较可行的制度。杨杏佛称，现阶段，人类“退既不愿听命于独夫专制，进又不能实行直接全民政治”，就只能采取“隔靴搔痒”的办法，实行代议制。[①] 潘大道称，中国“退而为专制政治乎，则又忘专制政治所以

---

① 杨杏佛：《代议制与中国之乱源》，《杨杏佛文存》，载《民国丛书》第三编，上海书店 1991 年版，第 51 页。

不能不变而为代议政治之历史也；其进而为全民政治乎，则又非地广人众之所宜，且安见不能行代议政治者之能行全民政治也”。[①]孙几伊反对在中国实行直接民主，但他说国会制宪“亦微与主权在民说不合”。也就是说，他认为直接民主制能更好地体现主权在民的原则。[②] 李三无反对在中国实行直接民主制，认为直接民主制实行上有重大的困难，“第一，人口众多土地广阔之大国，欲聚数千万万之国民于一堂，共议一事，事实上殆不可能……第二，实行直接民主政治，集全体国民而议事，为日不可过多”。“直接民主政治，仅地狭人稀之小国为能行，决非我国所能采用者也。”但他明白地说，直接民主“最合乎民主政治之真精神”。他引用伦敦大学历史教授哈萧（F. J. C. Hearnshaw）的话说：“以严格的意义言之，民主政治，实为国民全体直接行使统治权之政治。即无须代理者或代表者，自进而行使统治权能之谓。国民全体，在一种国民议会，制定法律，执掌行政司法；虽裁判等事，亦必集合国民全体，召犯罪者而公断处罚之。此种民主政治，乃为纯粹之民主政治。亦惟有此种政治，乃能附以真正民主政治之名。”“盖此制一行，而代议民主政治所生之弊害，当一扫而空；全体国民之意思，俱得表现于立法行政司法各方面。固最合乎民主政治之真精神者也。”[③]

张东荪反对直接民主制，他的意见比较与众不同。他不是纯粹从直接民主难行于广土众民之国的角度反对直接民主，而是从群众政治的特征出发提出他的意见。他依据弗洛伊德的精神分析理论和柯尔的功能主义理论，提出群众总是本能的、冲动的、没有理智的，如果将政治直接建筑于群众的人民之上，则群众的意见容易受

---

① 潘大道：《代议不易辨》，《甲寅周刊》第1卷第12号，1925年10月3日。

② 孙几伊：《制宪问题底理论和实际》，《东方杂志》第19卷第21号，1922年11月10日。

③ 李三无：《宪法上民主政治种类之选择》，《东方杂志》第19卷第22号，1922年11月25日。

领袖人物的“催眠”，形成盲目的一致，参加会议的人越多，越易为少数人操纵，越是群众政治，越易变为寡头政治。他主张将政治“建筑于精细组织的人民之上”。他认为大众是乌合之众，而组织成团体的群众，其意见通过团体内部的互相交流、集约，可以过滤群众意见中之非理性的成分，形成比较理智的意见，可以免除无意识的盲从的会场政治。“笃信基尔特社会主义”的张东荪所称的“精细组织”就是职业团体，他希望充分采纳基尔特社会主义的原理，充分发达职业团体，并以之作为政治的基础。[①] 孙几伊不但注意到在广土众民之国行直接民主在操作上的困难，也提出立法需要冷静的头脑、专门的知识，一般的国会议员尚且难以胜任，何况一般的公众；况且一旦以公众集会的形式来讨论立法问题，如何集中群众，如何向群众解释法案，如何保障复决的正常进行，如何让在群众集会中“感情最易激动”的群众真正理性地看待法律案，都是难题。他注意到群众集会对重大问题做出决议难免因群众感情激动而做出非理智决定的风险。

主张以直接民权作为救济代议制弊端的手段者，颇不乏其人。但如何实行，有不同的看法——有主张有限制地采纳此种办法的，也有主张全面采纳的。

孙中山一派主张选民可以在县自治中直接行使四大民权，在中央层级则由国民大会代国民行使四大民权。孙中山自 1916 年起就大力倡导直接民权，以救济代议制之弊。孙中山希望民主政治能够真正落实，希望寻找到“实行民治底根本方法”，他认为，要能真正落实民主，必须“打破治者与被治者底阶级”之间的界限，[②] 使得人民能直接参与国家事务，这个办法就是直接民权。他说，人民有四大民权，“才算是彻底的直接民权。从前没有充分民权的时

① 张东荪：《宪法上的议会问题》，《东方杂志》第 19 卷第 21 号，1922 年 11 月 10 日。

② 孙中山：《五权宪法》，《孙中山文粹》下卷，广东人民出版社 1996 年版，第 595—602 页。

候，人民选举了官吏、议员之后便不能够再问，这种民权，是间接民权。间接民权就是代议政体，用代议士去管理政府，人民不能直接去管理政府。要人民能够直接管理政府，便要人民能够实行这四个民权。人民能够实行四个民权，才叫做全民政治。全民政治……就是……用四万万人来做皇帝……就是要有这四个民权来管理国家的大事”。人民有了四大权力后，就可以控制政府，要它工作它就工作，要它停止它就停止，可以使“政府的动作随时受人民的指挥”。① 在孙中山的设计中，人民主要在县自治的层面上行使四大民权，在中央层面，主要是由各县推举一人组成的国民大会代表选民行使四大民权，控制政府。在县一级，实行普选制，所有的选民都可以直接行使四大民权。人民有四大民权（政权），政府则有考试、立法、行政、司法、监察五大治权。他认为有了国民大会的控制，有了四大民权这个“安全的接电钮”，② 国民就能轻松控制政府这架强大机器，使之为国民谋福利。孙中山并且认为，民权是平等和自由的保障，“有了民权，平等自由才能够存在；如果没有民权，平等自由不过是一种空名词”。真正的平等自由必须立足于民权，必须附属于民权。“民权发达了，平等自由才可以长存；如果没有民权，什么平等自由都保守不住。”③ 人民有了四大民权，就有了平等和自由的保障。应该说，民权是自由的基本的必要的条件，但并非充分的条件。

1922 年叶夏声奉孙中山之命起草《五权宪法》，其中称“中华民国由中华民国国籍之人民，基于民族、民权、民生主义，建设直接民主共和国统治之”。“中华民国由国民大会组织考试院、立法院、行政院、司法院、监察院行使其统治权。”“中华民国国民大会，由每县及其同等区域一人之国民代表组织之。”“国民大会于

---

① 孙中山：《民权主义》，《孙中山文粹》下卷，第 922—923 页。

② 孙中山：《民权主义》，《孙中山文粹》下卷，第 921 页。

③ 孙中山：《民权主义》，《孙中山文粹》下卷，第 855—856 页。

国民代表选出后自行集会开会”，“国民大会之议事法，由国民大会自定之。国民大会以考试、立法、行政、司法、监察各院成立之日散会”。人民在本县区域及法定范围内行使四大民权，人民直接选出国民代表。①

以梁启超为代表的一派认为，中国地大人众，国民程度不高，实行直接民权有困难。梁启超即认为全民政治需要“全民为自己切身利害有深切的自觉和不得已的自动”，“须全民有接管政治的相当能力”，“这两个条件都非仓卒间所能造成”。② 基于此，他们主张，直接民权的行使应当有所限制。其中，一些人主张以职业团体代行直接民权。张君劢即有这样的主张。他 1920 年发表《德国新共和宪法评》一文时，曾对德国魏玛宪法有关“直接民主”（直接民权）称许有加，认为中国应当采纳此制，他说中国地广民众，交通不便，人民程度不高，“绝对的直接民主虽不可行”，但“相对的直接民主”还是可行的。所谓“相对的直接民主”，他主张用现有的各省之省议会、商会、农会、学会等，代表民意，就宪法等问题做出决定，当立法、行政两部发生冲突时，充当两部之间的仲裁者。③ 他 1922 年写定的《国宪议》及“国是会议宪草”，都是以职业团体代行人民之政权，其国会、宪法会议、总统选举，皆不直接属之人民，而以之托付于职业团体之代表。他认为，在人口调查尚未完成、地方选举舞弊多发的情况下，可以省议会以及省教育农工商会为选举机关，因为此五种团体之成员，资格可考，又皆知选举权之可贵，可以比较好地防止选举舞弊。④

---

① 夏新等整理《近代中国宪政历程：史料荟萃》，中国政法大学出版社 2004 年版，第 590—595 页。

② 梁启超：《国产之保护及奖励》（补），《〈饮冰室合集〉集外文》中册，北京大学出版社 2005 年版，第 979 页。

③ 张君劢：《德国新共和宪法评》，原载《解放与改造》第 2 卷第 9、11、12 期，1920 年 5 月 1 日、6 月 1 日、6 月 15 日，署名“君劢”，收入张君劢《宪政之道》，清华大学出版社 2006 年版。

④ 张君劢：《国宪议》，载张君劢《宪政之道》，清华大学出版社 2006 年版。

董修甲认为，中国人民程度尚浅，识字人尚少，国民直接动议、公决两种办法，在国家立法层面不宜采用，只可在乡市县层级的立法上采用。即便是在乡县市层级的立法上，也不能像美国一样以公民个人为单位实行，而应当变通，以各地农工商学各会等职业团体为单位采用，凡有提案、撤回议员或者罢免行政长官的议案或要求公决法律案者，应以农工商学各会名义提出。他不同意由人民直接行使直接民权，而主张由职业团体代行，理由是：其一，人民程度尚低，若以个人为单位，恐一般无识之愚民为奸徒土豪所愚弄；其二，不以个人为单位，可免除选举手续之烦琐；其三，以各地农工商学各会为单位，因其会员皆系程度优良之国民，是非可以分明，不致受奸徒土豪之愚弄。①

宣称主张“新民主主义”的江亢虎，也要求“采近世全民参政学说”，使全体选民有创议权（创制权）、复决权、免官权（议员及官吏不职者，选民可予罢免），此等权力皆由选民以法定手续，以总投票或者选区之选民总投票之法行之。不过，他的“全民参政”制，是与限制选举制相联系的。他说，近代民主政治可能有两个倾向，一是无论何时何地，无学识无经验之人必占多数，所谓多数政治容易变成愚民政治；一是由于强权者迫胁民意，巧黠者假造民意，富豪者收买民意，所谓多数其实往往是少数，所谓民主政治会变成暴民政治、奸民政治、豪民政治。所以，他主张选民政治，主张人民中真正优秀者才能有选举资格，参用科举制，凡具有最低级学校毕业相当程度、愿为议员或官吏者，须通过参政考试。这种考试，其内容以普通法政知识为主，其考务由立法机关执行。考试及格即为选民，有选举权和被选举权。而选举则取职业分界，不以地域分界。“或疑选举以前，加以学校与考试之限制，则劳动界选民必稀，似为不平等。不知学校考试均属公开，即机会平等之保证，且以促进教育普及。而选民必有所属之职业，又以促进

① 董修甲：《代议立法与直接立法》，商务印书馆 1926 年版，第 59 页。

劳动普及，实减免阶级冲突之要道。”① 他认为这样可以求得真正之多数，实现真正的民主。

还有一些人则折中上述两种主张，认为直接民权可以由国民直接行使，也可以由职业团体代为行使。熊希龄等人委托梁启超起草的《湖南自治法大纲》，参照德国魏玛宪法的相关规定采纳了复决权、创制权、罢免权的设计。其直接民权的行使分选民直接行使和职业团体代为行使两种情况。比如其中规定，“省长由省议会议员、县议会议员、全省教育会、全省商会职员联合选举”。省议会议员由选民直接选举产生，但选区选民可以由1/5以上之选民连署提出，以全区公民投票的方式撤回议员；全省公民（有选举权者）1/10以上连署动议弹劾省议员时，则省长解散省议会。“省议会得向大总统弹劾省长，大总统应于十五日以内，将弹劾案付全省公民总投票，投票结果以过半数之赞否定去留。”若公民票决否定弹劾案，则省长解散省议会，重新组织选举；省教育会、省农工商会得向省议会提出关于教育会计（生计）之法律案；全省公民1/10以上连署，或者各县会1/3以上之动议，得提出法律案呈诸省长，咨省议会议决。省议会若搁置不议，或议而否决时，省长应将该案交付全省公民总投票。② 1922年1月公布的《湖南省宪法》大体采纳了上述主张，“因吾国人民之情状，远不及瑞士、北美之进步，教育既未普及，交通又不便利，集会投票之事，行之过多，反增长人民对于政治之厌怠之心。故关于议员撤回，直接提案，及总投票复决之事，分为两种规定：一为全体人民之若干分，一为由公民所组织之法定职业团体，如教育会、农会、工会、商会等。盖有各种固定团体之存在，则不必定由公民

① 江亢虎：《江亢虎宣言暨新民主主义新社会主义说明》，载江亢虎主讲，高维昌编记《社会问题讲演录》，商务印书馆1923年版。

② 熊希龄：《湖南省自治法大纲》，载夏新华等整理《近代中国宪政历程：史料荟萃》，第648—650页。此大纲由梁启超草拟，与梁启超所拟《湖南省自治根本法草案》（原载1920年9月7日北京《晨报》，收入《〈饮冰室合集〉集外文》中册，北京大学出版社2005年版，第845—854页）相比。文字略有出入，基本内容一致。

全体直接行动，而其效又与全体直接行动者无异也”。[①] 其他省宪法或者宪法草案也有类似的规定，比如，河南省宪法草案也有公民行使复决权、罢免权、创制权的规定。《广东省宪法草案》和《浙江省宪法》，则有公民复决和创制权的规定，其权力行使也大多分公民直接行使和职业团体或县级议会代为行使两种。

直接民权制在当时有很广泛的影响。即便段祺瑞执政府主导的国宪起草委员会拟定的《中华民国宪法案》（1925 年 12 月 11 日三读通过），也有公民复决的规定，其第 112 条规定：“省区制定之宪法，须经其下级地方自治团体议决或全省区选民总投票。”[②]

在直接民权的主张中，由于路向的差异，其实施略有区别。孙中山一派的直接民权是革命以后，在以党治国的体制下实行的。和平改革派则主张通过修订宪法或者在省自治的体制下实行。

主张直接民权的人大都认为，直接民权可以通过国民的直接参与，使得国民能够比较好地控制代表，或者能在代表不作为或者不正当作为时，通过直接民权的行使，提出议案、复决议案、罢免代表或行政官员，能够救济代议制下选民一旦选出代表就不能控制代表的弊端。他们认为，这种制度的实施，可以使得民主制度更能反映民意。

三　职业代表制

职业代表理论对现代中国政治思想尤其是 20 年代的中国政治思想有深远的影响。从前文论述直接民权问题的文字可以看出，当

① 《湖南省宪法草案说明书》，载夏新华等整理《近代中国宪政历程：史料荟萃》，中国政法大学出版社 2004 年版，第 672 页。

② 夏新华等整理：《近代中国宪政历程：史料荟萃》，中国政法大学出版社 2004 年版，第 544 页。

时一些主张采纳直接民权制度的人士如张君劢等就主张以职业团体代行直接民权；联省自治浪潮中出现的一些省宪法或省宪法草案，其关于议员选举或者直接民权行使的相关规定，也受到了职业代表理论的影响。当时关于善后会议、国民会议的代表产生方法的争论中，各方的主张中颇不乏以职业团体选举代表者。孙中山一派的国民党人也受此思潮影响，主张国民会议代表直接经由现有的职业团体产生。孙中山对民权主义的新阐释也明显受职业代议制理论的影响。① 一些早期的中国共产党人也受到此种思想的影响。比如陈独秀说，将来的选举应当改由现存的团体（如工会、商会、教育会、律师公会等）选举的国民会议、市民县民会议，代替现在职业议员的国会及各级地方议会。② 恽代英说，将来的选举，不应以地方人口的比例为主，应以职业的类别为主。③

职业自治和职业代表制是一战后欧洲代议制改造思潮中的主要思潮之一。其目的是改变以地域为选举区的代议制的种种弊端，改变议员主要由不生产阶级之代表组成，代表资产阶级利益，而占人口多数的直接从事生产事业的劳动阶级，在议会中缺乏利益代言人，其利益代言人与其所占人口比例大不协调的局面。它是社会主义与民主主义的结合。王世杰即指出，职业代表制是社会主义想与代议制调和而发生的，其目的是想令经济问题在国家政务中占一个特殊地位，令劳工阶级在国家机关中占一个特殊地位。④ 楼桐孙也认为，提倡职业代议的人士是为着政治代议为资产阶级控制，为不

① 参见孙宏云《孙中山的民权思想与职业代表制》，《广东社会科学》2007 年第 1 期。

② 陈独秀：《中国之大患——职业兵与职业议员》，载任建树、张统模、吴信忠编《陈独秀著作选》第二卷，上海人民出版社 1993 年版，第 428—429 页。

③ 但一（恽代英）：《评国民党政纲》（1924 年 2 月 16 日，《中国青年》第 18、19 两期），见中共中央书记处编《六大以前——党的历史材料》，人民出版社 1980 年版，第 109 页。

④ 王世杰：《新近宪法的趋势——代议制之改造》，《东方杂志》第 19 卷第 22 号，1922 年 11 月 25 日。

生产阶级之代表，而欲提倡职业代议以专行代表劳动阶级。①

职业代表说分两种，一是英国的基尔特主义尤其是柯尔（George D. H. Cole）的说法，欲以一种职业团体自成一基尔特，以处理本职业内之事，而区域代表制因之废除；一是如德国《魏玛宪法》的规定，区域代表制犹存，但另设一生计会议，雇主、工人各遣代表出席。英国工党领袖的经济议会的主张，与德国魏玛宪法的规定比较接近。这两种模式对20年代中国的职业代表制理论都产生了影响。

柯尔认为，其一，以地区为选举基础的政治代议制乃基于虚幻的代表理论，其代议士不是特定的选民就特定的事而选举出来的，乃是一定区域内各阶层各职业类别的选民，为应对可能发生的一切事情而选举出来以代表全国所有选民的。这种代议士根本不可能代表选民的意志，因为所谓代表只能是特别的人，就具体的、特别的事情所做委托而已。其二，因为代表是被选举出来就一切事情代表所有选民的，所以就造成了第二个问题，即代议士对于他所代表的选民的利益、欲望以及各职业类别的事务不了解、不熟悉。这些看起来似乎无所不能、什么都可以干的代表，其实根本无能力代表选民去参与立法事务和监督政府。结果，大权移于政府。其三，因为选民是以个人的身份来选举代表的，代表一旦被选出来后，单个的选民再也无法对代表施加影响，只能一切听其自由行动，问题的解决只能等到下一次选举。为此，他主张实行职业自治的所谓“职能的民主主义”。柯尔的“职能的民主主义”与其职能主义的国家观念相关。他认为国家并不是什么至高无上的神秘东西，只是和其他社会团体、社会职业一样提供某种特别职能的团体。基于此，他的国家结构中存在两个系统，一是国家的政府系统，即从中央到各级地方的政府系统，一是职业的基尔特系统，即全国基尔特—职业基尔特—行业基尔特—企业基尔特。这两个系统互不干涉，国家的

① 楼桐孙：《改造代议制之具体方案》（续），《东方杂志》第23卷第17号，1926年9月10日。

功能是代表消费者占有生产资料，基尔特的功能是代表生产者管理生产资料。每个职能团体内部实行自治，有立法权和行政权。在全国则成立类似基尔特联席会议的机构，以解决国家与基尔特之间的冲突。他认为，这种职能自治制下的代表制能解决以地域为选举单位的政治代议制的弊端。由于代表都是本行业的人士，熟悉本行业的事务，了解本行业人员的欲望和要求，所以能够代表他们，有执行立法、监督行政的能力。由于代表都是职业团体选举出来的，所以在选举之后，职业团体能以团体的力量控制代表，使他们服从团体的意志，对于不具代表性或代表能力的代表，职业团体可以随时撤回、更换。这可解决政治代议制下选民不能控制代议士的问题。①

20 年代主张以职业代议制（职业自治制或称业治）取代政治代议制度的人士，其主张职业代议的有关阐述，主要来自柯尔的理论。比如，章士钊认为，现行的政治代议制的主要特征是政治与职业分离，一国之内，事务被截然分为民间自为之业与国家管理的公共事务（即政）；人才则被分为专习为政、以官为业、舍官与政则无可以独立生活之道的政客，以及食力自足、专门从事农工商各业等生产活动的一般民众。这仍然是官僚政治，号称国家主人的一般人民实际上无甚参政机会，国家实际掌握在官僚政客手中。代议士号称选民的代表，其实并不代表选民。首先，代议士并不是被选出来处理某一特定事件的，而是被选出来处理任何可能发生的事，他们对于自己“所代表者究为何事”“浑然不解”，而他们的职责却要求他们无所不知、无所不能。其次，既然代议士不是就特定的事件受选民的委托去代表选民，那么他们就不可能代表选民，“人离于事，可遣代表，此在英伦群家柯虞（即通译的柯尔）谥为幻化”。最后，在代议制下，被选出的代议士，实际上是专以从政为生的新式官僚。实际情况也是如此，在选出了代议士之后，一直到下一次大选之前，选民实际上就将国家交给了代议士，而使自己成

---

①　邹永贤主编《国家学说史》下册，福建人民出版社 1999 年版，第 1226—1243 页。

了被统治者。[①] 这实际就是柯尔的理论。其他主张职业代议的人，也大体沿袭柯尔的思想。黄卓认为，社会要真正的美满和健康，非实行真正的民治和自治不可。现今的以区域为基础的代议制度实为“假的代议制度”，其代表号称就所有的事代表所有选民的意志和利益，不过是虚假的幻觉。而职业代表制，由于代表是有“共同的目的，共同的利益，共同的观察点”的同一职业团体的成员选举出来的，故能了解选举人的利益和要求，可以代表他们。同时，因为职业团体是以团体来组织选举的，故能在代表任职期间控制代表，能避免选民只能在选举时行使权利，一旦选举完成就不能约束干涉代议士，而成为代议士的奴隶的局面，这样，“国会决没有堕落的可能性”。这种代表制是能真正代表民意的代表制。徐六几也称：“议会政治乃完全根据于一种虚妄之代表论，而此代表论之为虚妄，实在于承认一个人能够代表他人或无数他人之人格，并能以他个人的意见视为无数他人的意见。”同时，代议制之下，选举一旦完成，议员和选民就没有交涉了。“他做他的议员，你做你的百姓，你的一切人格和意志在那张选票上都已经全数交付了他，以后的事，他都有权可以任意号称代表了。”国会虽自命为对于一切事务代表一切人民，实则不能对于一事代表一人，致使代议士日益胆大妄为，而政治亦日趋于腐败。避免代议制之弊的办法就是职能的代表制。这就是说，一种职能当有一种相当的团体与代表，而每一种团体与代表也当有一种职能。因为代表由职能团体选出，所以他们大都熟悉本团体的事务，能胜任代表之职，而团体对于自己选举出的代表，则能训示与批评，还可以罢黜之。这样方可体现真正民意。[②]

他们的职业代议的方案，大体类似，即要求改变政业分途的局面，以职业代议取代政治代议。章士钊认为，所谓业治的特点是：

---

① 行严：《业治论告民治委员会》，《新闻报》1923 年 8 月 4 日；《业治与农》，《新闻报》1923 年 8 月 12、13 日。

② 徐六几：《中华基尔特社会主义国宪法导言》，《东方杂志》第 19 卷第 21 号，1922 年 11 月 10 日。

“惟自食其力者为能与闻政治，同时惟自食其力者不能不与闻政治。”[①] 这首先要在全国范围内划分职业，使没有职业而“徒榨取于民业以为食”的政客军人等在农工商教育等职业中选择并从事一种职业，“做到人人有职业”。其次，各种职业内部实行自治，“国内一切为其业所包孕之大小事务，宜取而直隶于己部，自董理之，不准他业得侵其权。己部以外，更不得有何机关，或纾或迳，以治理本业”；而本职业也不干涉其他职业的事务。最后，各职业自治团体“在各业公同之范围内，僇力共济”，“通力合作”。在全国范围内则成立全国性的“各业联合会议”，处理各业之间的共同事务，协调各业之间的矛盾。[②]

孟森的职业代议方案与章士钊大体类似。他认为“惟职业政府将成天然之趋势，此实为将来长治久安、政治驾万国而上之基础”。[③] 将来中国的政治改革必以建设“职业政府”为目标。[④] 具体而言，“以职业为政治，必社会有此职业，而后国家有此政治。从事政治之官，即积其资望于从事职业之日，其来也以职业历试之，其去也，职业中久已恨少此人，延颈以待其复业矣”。因为有职业，故从政者不屑以贿赂换取议员之同意，也不恋栈，而自荒其所操本业，可以革除议员与官僚以政治为饭碗，“如蝇附膻，挥之不去”的弊端。[⑤] 孟森的具体方案不太清楚，但其主张以职业代议制取代政治代议制的倾向是十分明显的。

徐六几提出，中国选举的基础应是职业而非地域，具体的方案是，将中国分为四十多个省，省之上有区，区之数或可与今之省数

---

① 章士钊：《论业治》，《甲寅周刊》第1卷第38号，1927年1月1日。

② 《章行严之联业政治谈》，《大公报》（长沙）1922年9月27、28日；行严：《业治论告民治委员会》，《新闻报》1923年8月4日；《业治与农》，《新闻报》1923年8月12、13日。

③ 心史：《职业政府》，《申报》1923年6月26日。

④ 心史：《时局转机》，《申报》1923年6月20日。

⑤ 心史：《再谈职业政治》，《申报》1923年8月20日；心史：《职业政府》，《申报》1923年6月26日。

等；省之下为道，道之下为县，县以下为镇，镇以下为集。每个区域之下，各种团体大体分为四种，每种都可以分若干小门类。第一是生产者的经济的基尔特，第二是消费者的合作运动与消费集合社，第三是公民服务的组织，第四则为文化社与卫生社以及市政社等社会服务事业。其他不属于此四类的如军队、监狱等职能，则归于各该自治政府。①

张东荪认为，共和国家并不是非国会不可，他主张充分采纳基尔特社会主义的政治原理。他将改造的中心放在省议会上：以现有乡镇之类的小区域为人民权利发动的单位，区域内的选民再以职业团体为分别。以区域为纬，以职业为经，一区之内，以各职业团体组成一个区团联合会。一省则以各职业团体联合会为省议会立法之审议机构，各县职业团体联合会可以撤回其在省职业团体联合会的代表。省议会改为省立法院，由省民直接选举政治、法律、经济、学术界的专业人士组成，其职权是立法与审定预决算，三年一任。省立法院之法案须经各职业团体联合会的审议。对省政之纠弹，另设纠弹机构，由两部分人组成，一由选举，二是有大功于省的人。中央的国会只保留参议院，由各省各选出五人组成。各省之参议员选举，首先由省立法院联合行政部票选 15 人，再由省职业团体总联合会审议推出 5 人，另外 10 人则作为候补，以备有召回、罢黜情形发生时递补。②

不过主张根本废弃政治代议制尚非主流，一般舆论还是认为代议制虽有弊端，但有改善之道，无根本废弃之理。所以他们一般折中政治代议制与职业代议制。研究系的人士大都持此种态度，《改造》发刊词称：“同人确信国民的结合当由地方的与职业的双方骈

---

① 徐六儿：《中华基尔特社会主义国宪法导言》，《东方杂志》第 19 卷第 21 号，1922 年 11 月 10 日。

② 张东荪：《宪法上的议会问题》，《东方杂志》第 19 卷第 21 号，1922 年 11 月 10 日。

进，故主张各种职业团体之改良及创设刻不容缓。”① 比如，梁启超认为，现在的政治代议制之下，议员只是靠政治吃饭的高等游民。将来的国会改革，“莫如施行一种职业选举法，两院中虽不妨有一院仍采代表地方主义，必须有一院采代表职业主义，将国中种种职业团体，由国家赋予法人资格，委任办理选举，选举权被选举权都以有职业为限。像我们这种高等游民，只好在剥夺公权之列，想要恢复，除非赶紧自己寻着个职业来。”②

汪馥炎主张国会两院分职，即将国会的立法与监督两项职权分开。前者为立法院，由具有专业知识、冷静头脑、超然态度的专家学者来负责，其“议员由学商工农各界之公民组织选举团以选举之”，其议员当选资格需有以下一条：国立大学校长或教授；专门以上学校毕业；有学术专著；现任农工商会之会长或职员；现任银行公会之会员；会计师或律师。后者需要敏活的手腕，宜由以地域为选举单位而产生出的政客来承担。③ 汪馥炎的这种职业代议与专家治国相结合的主张，可能是一方面受到柯尔的影响，另一方面受到费边社的韦伯（Sidney James Webb）的影响。

职业代表制在欧洲首先是作为反对有产阶级控制议会，要求产业工人参与政治并在政治领域占据优势地位的方案出现的。在中国资本主义尚不发达，资产阶级力量尚较薄弱，资产阶级的民主尚未实现的时候，这样一个要求争取产业工人参政权的方案之所以在20年代的中国大受思想界的欢迎，分析起来，其原因大体有以下几个：首先是职业代表制理论对于政治代议制弊端的批判，即其提出的政治代议制之下，代议士不能代表民意，而主要是代表代议士本身的利益；选民不能控制代议士，代议士实际上变成不受选民控制的职业政客；随着社会和政务的日趋复杂，代议士不能承担监督

---

① 《发刊词》，《改造》第3卷第1号，1920年9月15日。

② 梁启超：《欧游心影录节录》，《饮冰室合集》专集之二十三，第30—31页。

③ 汪馥炎：《两院分职》，《甲寅周刊》第1卷第7号，1925年8月29日；汪馥炎、李祚辉合编：《中华民国联省宪法草案及说明书》，泰东图书局1925年版。

政府的责任等言论，对于民国以来经受代议制移植失败，亲眼看到国会腐败、失去信用，议会堕落、不代表民意、无实际后援、不能真正监督政府的人士来说，似乎正解开了他们心中的疑惑，让他们找到了代议制在中国失败的原因。他们觉得，如果采用职业代议制则议员能代表职业团体之利益与意志，体现真正的民意；议员受职业团体控制，不会堕落；议员有职业团体作后援，其对政府的监督能够有实际的效果。比如陈独秀认为，欧美的代议制是资产阶级的产物，大部分议员有相当的职业，隶属于政党，每个政党都能代表资产阶级一部分的意见与利益，所以他们的议会是有后援的。而“产业幼稚的中国，小资产阶级的势力尚未集中起来形成一个阶级，因此至今不曾有一个代表阶级意见与利益的政党，所有的政团，无非是一班非阶级化的无业游民单纯为自己个人利害关系凑拢起来的。因此，中国的各阶级议会都没有阶级的后援，各级议会的议员都没有相当的职业，这种以议员为职业的议员，自不得不视职业为谋利的工具，这种浮萍无根的议会，自不得不仰权门的鼻息以图生存”。他主张以现存的职业团体（如工会、商会、教育会、律师公会等）选举的国民会议、市民县民会议，代替现在职业议员的国会及各级地方议会。他认为此种国民会议，不但代表其团体的意见与利益，有一定的后援，能收监督政府之实效；而且不妨碍议员固有的职业，不会出现职业议员长久群聚废业，为谋利求官而有奔走结纳煽动政潮之事。①

再则，他们认为，中国现在虽产业幼稚，职业团体尚不发达，但将来产业发展、职业团体发达是必然的趋势，产业工人必然借助其在经济上的地位要求更多的政治权力，因此现在就可以借助职业代表制的实行，改变政治代议制实际上是有产阶级民主的局面，增加产业工人的参政机会，提高他们在国家事务中的发言权，避免将

---

① 陈独秀：《中国之大患——职业兵与职业议员》，载任建树、张统模、吴信忠编《陈独秀著作选》第二卷，上海人民出版社 1993 年版，第 428—429 页。

来可能的政治革命和社会革命。比如楼桐孙本反对职业代议制，他说，今之论者斥政治代议为资产阶级控制，为不生产阶级之代表，乃提倡职业代议以专行代表劳动阶级。其实此制并不优于政治代议，所谓职业代议实际上是利益代议，一国之中，职业繁杂，分类困难，且国民职业往往会变动，究竟如何划分职业，哪些职业可以选举代表，均难确定。不论如何确定，必有众多的职业无代表其意志之代表，“欲以职业代议之法而求政治权力之平者，亦终于不平而已耳”。且行职业代议，主要职业之间利益冲突会加剧而变得不可调和。先进国之职业代议，弊端已属不少。中国职业团体尚处于萌芽，现有的职业团体更不足以代表全国人民之意志。但他仍不得不考虑职业代议制思潮的影响，认为经济解放已成 20 世纪一极大潮流，不能不在政治代议中考虑其地位。因此，他设计的代议制改造方案中就吸纳了职业代议制的成分。他主张国会取一院制，但同时于议会内附设两个委员会，一个是由专家组成的“起草委员会”，一个是由主要职业团体选举出的“职业代表委员会”，两者均是立法的咨询机构，可以研究、讨论并提出意见。“起草委员会”没有提案权，但可以受命起草法律；职业委员会可以有提案权，但决定权均在议会。①

可见，主张职业代议制度的人认为，职业代议制不仅能够实现真正的民主政治，而且可以解决中国民主政治的困境，可以避免将来的政治革命和社会革命。

此外，20 世纪 20 年代的中国思想界重视职业代表制，还有实用的层面，就是当时军阀割据、国会堕落、政党失信，人民渴望和平、统一、安定，希望政治上轨道，但是缺乏组织的国民实为一盘散沙，民意不能有组织地表现出来并对时局发生影响，希望避免内战的人们就希望利用现有的职业团体如各地的教育会、

① 楼桐孙：《改造代议制之具体方案》（续），《东方杂志》第 23 卷第 17 号，1926 年 9 月 10 日。

商会、工会、农会、律师公会以及地方议会等，作为表达民意的比较方便的工具，借此能实现国家的和平统一并由此引政治上轨道。

也有人明确反对职业代表制，认为中国的职业团体尚欠发达，施行职业代表制需要慎之又慎："所谓维新以来所成立之商会农会教育会等，只于重要城市，可云粗具规模，至在县市乡村，则徒有形式，率为一班乡绅之闲谈场所；或竟至形式之机关亦无，使以之任代表之责，则一班之劳动者又何利益之足云。"至于旧式的行会，与欧洲基尔特相似，其行员知识低下，不知公共福利为何，并无代表能力，与职业机构距离尚远。故职业代表制当积极从事准备，不可贸然施行。否则不过为政客添活动场所，为政治流氓利用，而举出无职业者为职业代表。[①] 这是从职业团体尚不发达，行职业代表制的条件不成熟的角度立论。毛以亨对于职业代议制也持怀疑态度，他认为基尔特不能代替国会，"司法巡警之事，不能尽废也；财政外交军事，均为今日国家之首图，主持政治，尚非基尔特联合会所能胜任也"。至于英国工党领袖麦克唐纳力主的经济国会也只是介于国会与工人会议之间的组织，其作用只是调剂二者之冲突，实为国会的咨询机构。所谓以职业团体选举代表加入议会，其参加选举，仍不违背一人一票的原则；其立法本意是保障职业团体之利益，然议案之成立仍需得议员多数之同意，而议员多数由不同职业团体之代表构成，彼此利益不同，也互不了解、认同彼此关注，其结果不会比今日之代议制更好。[②] 这是从批评职能主义的多元国家论出发来批评职业代表制，其理论渊源主要来自费边社的韦伯。

① 张荣福：《职业代表制之比较研究》，《东方杂志》第21卷第7号，1924年4月10日。

② 毛以亨：《代议制革新议》，《东方杂志》第21卷第23号，1924年12月10日。

四 阶级民主、阶级调和与经济社会权利

五四时期民主思想发展的一个重要趋势是平民主义影响的扩大。五四时期的平民主义起于平民教育运动，强调共和国家以平民教育为基础。随着思想界与当局对抗情绪的加剧，这种平民主义很快带上了革命的印记。追求直接民主、追求普遍平等成为其重要的特征，要求将民主扩展到社会底层，要求底层多数的贫苦大众参与政治并成为政治中的决定性力量，要求自政治以至于经济、社会诸方面，均实现平等。[①] 平民主义的发展，就出现了阶级民主论和要求经济社会权利平等的思潮。主张阶级民主论和经济社会权利平等的人士认为：只有占人口绝大多数的工人、农民占据国家权力的优势地位，才是真正彻底的民主；只有实现经济社会权利的平等，真正彻底的民主才有经济和社会的基础。

中国共产党主张阶级民主论。中共不以现有的资产阶级民主为目标，而以无产阶级专政，以占人口最大多数的工农享有充分的民主权利为目标。从成立开始，中共就以实现社会主义和共产主义为奋斗目标，其政治设计是经由无产阶级专政，消灭私有制和阶级差别，渐次实现共产主义。中共早期的几次全国代表大会的有关文件对此都有阐述。中共二大宣言提出：中共的目的“是要组织无产阶级，用阶级斗争的手段，建立劳农专政的政治，铲除私有财产制度，渐次达到一个共产主义的社会”；而目前的任务是组织劳动阶级帮助民主主义的革命运动，使工人和贫农与小资产阶级建立民主主义的联合战线，在中国建立一个“真正民主共和国”。在这个国家内，工人和农民，无论男女，在各级议会、市议会有无限制的选

① 耿云志等：《西方民主在近代中国》，中国青年出版社 2003 年版，第 377—379 页。

举权，有言论、出版、集会、结社、罢工绝对自由。[①] 中共三大提出：中共当前的任务是推动国民革命，“以革命的方法建立真正平民的民权”；同时“联合世界的无产阶级和各殖民地的被压迫民族，协力缩短自政治革命到社会革命的过程，而达到共同的最高目的——建立无产阶级独裁制，创造世界的苏维埃共和国，以进于无阶级的共产社会”。[②] 中共四大提出：“中国民族革命性，是由这两个特点决定的……在历史上说：是一个资产阶级性的德谟克拉西革命，在政治上是含有社会革命的种子，因为中国民族革命特点之一是反对世界资本帝国主义，所以他的革命运动，是和世界的无产阶级革命运动——推翻世界资本主义建设共产主义运动，相联结的。”“民族革命胜利后，能否接着就是无产阶级的革命，是否必须经过资产阶级民主制度，必得无产阶级在民族革命中自己阶级的革命准备至何种程度及那时的社会的客观条件定之，那时的世界政治状况也有很大的影响。”[③] 可见，中共不以现有的资产阶级的政治代议制为目标，即便是作为过渡的政权形式，它也是以实现工人、农民的充分的权利为目标，而不是抽象地要求实现国民的权利。

孙中山的新民权主义也接近于阶级民主论。国民党一大宣言关于民权主义部分称：“近世各国所谓民权制度，往往为资产阶级所专有，适成为压迫平民之工具。若国民党之民权主义，则为一般平民所共有，非少数者所得而私也。于此当有知者：国民党之民权主义，与所谓‘天赋人权’者殊科，而唯求所以适合于现在中国革

① 《中国共产党第二次全国代表大会宣言》（1922 年 7 月），载《“二大”和“三大”：中国共产党第二、三次代表大会资料选编》，中国社会科学出版社 1985 年版，第 105—106 页。

② 《中国共产党第三次全国代表大会决议案及宣言》（1923 年 6 月），载《“二大”和“三大”：中国共产党第二、三次代表大会资料选编》，第 177—178 页。

③ 《对于民族革命运动之决议案》（中国共产党第四次全国代表大会通过，1925 年 1 月），载《“二大”和“三大”：中国共产党第二、三次代表大会资料选编》，第 308—309 页。

命之需要。盖民国之民权，唯民国之国民乃能享之，必不轻授此权于反对民国之人，使得借以破坏民国。详言之，则凡真正反对帝国主义之个人及团体，均享有一切自由及权利；而凡卖国罔民以效忠于帝国主义及军阀者，无论其为团体或个人，均不得享有此等自由及权利。”[①] 孙中山的这个主张“相当接近于阶级论的民权主义”。[②] 孙中山所说的平民是他所讲的革命所依靠为后盾的“多数之民众，若知识阶级、若农夫、若工人、若商人是也”。这其中，商人和知识阶级，历来是资产阶级民主派所依赖的力量，孙中山则特别提出农夫、工人，这正是资产阶级民主派以前忽视的力量。孙中山强调国民党应当扶助农工运动的发展，以争取国民革命的胜利。

孙中山的这种接近于阶级论的民权主义为早期的中国共产党人所赞赏。恽代英评国民党政纲：国民党政纲“第四、五条主张普通选举，可以除去现今只有有钱的人才可被选为议员的毛病；但以考试制度救选举制度之穷，亦须防只有知识阶级的人才可以被选为议员的毛病”。“第六条规定人民的自由权，要与他们在宣言第二段解释民权主义时所说的话参看。”“革命的党对于反革命的人，有时须杀戮拘禁，若因贪图尊重民权的虚誉，使反革命的人得以自由活动，实为最笨的事。我很赞成国民党这种显明态度。”[③]

孙中山的这种接近于阶级论的民权主义，与马克思主义的阶级论的输入以及其对中国思想界产生的影响有关，也与中国共产党的影响有关。不过，其直接的文本来源，则与共产国际的一个决议有关。1923 年 11 月 28 日，共产国际执行委员会主席团特别就中国的民族解放运动和国民党问题做出过一个决议，其中关于国民党的

---

① 孙中山：《中国国民党第一次全国代表大会宣言》（1924 年 1 月 23 日），《孙中山文粹》下卷，第 700—701 页。

② 耿云志等：《西方民主在近代中国》，中国青年出版社 2003 年版，第 425 页。

③ 但一：《评国民党政纲》（1924 年 2 月 16 日，发表于《中国青年》第 18、19 两期），载中共中央书记处编《六大以前——党的历史材料》，人民出版社 1980 年版，第 108、109 页。

民权主义，决议是这样表述的："国民党的第二个主义——民权主义，不能当作一般'天赋人权'看待，必须看作是当前中国实行的一条革命原则。这里必须考虑到，在资产阶级社会的条件下，民权主义可能蜕变为压迫劳动群众的制度和工具。因此，国民党在向群众灌输民权主义的原则和解释其含意时，应使其有利于中国劳动群众，即只有那些真正拥护反帝斗争纲领的分子和组织才能广泛享有这些权利和自由，而决不使那些在中国帮助外国帝国主义或其走狗（中国军阀）的分子和组织享有这些自由。"① 可以看出，从文字和思想看，这段文字与国民党一大宣言关于民权主义的表述都相当接近。共产国际将这个决议交当时在苏俄访问的蒋介石带回中国并转交给国民党领导人。

和孙中山比较接近于阶级论的民权主义不同，梁启超希望中国实行职业代表制以调和劳资冲突，预防社会革命。职业代表制本有社会主义的色彩。照王世杰的看法，职业代表制的提出，乃是"社会主义想与代议制调和而发生的"。基尔特社会主义反对以地域为单位比例人口的选举制度，认为此种选举制度下，有产阶级的代表容易当选，而工人等劳动群众难有当选机会，劳工阶级在议会所占议席与其人数不成比例，所以提出职业代表制，希望每一种职业皆通过职业团体从该种职业从业人员当中选举相当之议员作为自己的代表，其目的是想令经济问题在国家政务中占一个特殊地位，令劳工阶级在国家机关中占一个特殊地位。② 梁启超却希望职业代表能够发挥调和阶级利益的功能。他希望国会两院中一取地方主义，一取职业主义。其取职业主义的一院由国家委托各种职业团体办理选举，选举权、被选举权都以有职业为限，希望借此去除职业

① 《共产国际执行委员会主席团关于中国民族解放运动和国民党问题的决议》（1923年11月28日），载《"二大"和"三大"：中国共产党第二、三次代表大会资料选编》，中国社会科学出版社1985年版，第252页。

② 王世杰：《新近宪法的趋势——代议制之改造》，《东方杂志》第19卷第22号，1922年11月25日。

政客，并使得农工商等各种有职业的人民“和国家生出密切关系”，进而到生产事业发达时，“资本阶级和劳工阶级都有相当的代表在最高机关，随时交换意见交让利益，社会革命的惨剧，其或可免”。①

和孙中山重视工人、农民不同，梁启超心中赖以为民主基础的不是工人和农民，而是商人和知识分子。1924 年他在给陈筑山的一封信中说：“将来的社会中心势力，非托与学者与商人之团结不可，外此运用劳工，鼓动农民，都不过是时髦书生的见解，非徒无益，而且有害。”② 对于国民党发动工农群众起来革命的做法，他很不以为然，他说：“民众政治是要民众自己去做的，决不可由一个人或少数人代他们做，尤万不可假冒他们的名义做。”他们自己努力争取的东西，他们自己会珍惜，不会漠然处之；他们自己努力争取的东西会掌握在他们手里，不会掌握在代他们运动的人的手里；他们抓着了政权，自然会有实地训练的机会，自然会逐步提高他们的能力。而代人民革命，人民对于革命所得的民国漠然以待，满不在乎；人民也没有实际训练的机会。代人民革命无好结果。③

近代民主首先是资产阶级的民主。资本主义和资产阶级民主的发展，为无产阶级的发展壮大和争取民主权利的斗争提供了条件。在中国，由于资本主义的不够发达和资产阶级的不成熟，资产阶级的民主尚未建立，资产阶级尚未占据政治上的优势，而欧美的社会革命潮流已起，无产阶级又起而要求政治权和经济社会权了。因此，中国就面临着两个任务，一是实现资产阶级的民主，二是争取无产阶级的权力。

---

① 梁启超：《欧游心影录节录》，《饮冰室合集》专集之二十三，中华书局 1988 年版第 30—31 页。

② 丁文江、赵丰田编：《梁启超年谱长编》，上海人民出版社 2009 年版，第 651 页。

③ 梁启超：《如何才能完成“国庆”的意义》（双十节讲演稿，1925 年），《饮冰室合集》文集之四十二，第 54—57 页。

关于中国民主面临的两种样式的选择，当时中国人有所认识。比如国民党人王恒就说，中国革命的特性有二，“以一弱国介居于各大强国之间，是为中国革命之第一特性。以一弱国革命，介于资本主义与共产主义互相争衡之时，是为中国革命之第二特性”。[①]高一涵讨论一战后欧洲出现的新宪法，认为“从希腊到十九世纪，凡在政治范围之内活动的人，大概都是有产阶级，他们自己并不曾尝过经济压迫的滋味，所以他们开始就要求政治的自由权”。一直到19世纪，各国的宪法贯彻的都是自然权利的精神，注重个人的权利和个人的政治上的自由，不注重经济社会权利，只是个人主义的“政谱”。但是到20世纪，尤其是一战结束后，社会主义泛滥世界，新出现的各国宪法如德国、波兰等国的宪法，都关注经济社会权利，经济权利包括地租、利息、劳动权等，为着公共事业可以用报酬征收私产、遗产税，“都充满社会主义的精神”。俄国更采用激进的方法谋求经济社会权利的平等。面对此种潮流，中国当一面求政治的民主，一面吸取社会主义的成分，谋求经济社会权利的平等。[②]署名“初民”者在《东方杂志》发表文章说，“民主政治的实现，是以有产阶级的确立为条件的。按之西方政治进化史，由封建领主而自由都市，而近代的民主国家，无不由经济的必要，成为政治的必要。近代民主国家形成的历史，不外是资本制度形成的历史。这个原则，在中国恐也不能外。中国的有产阶级，既尚未确立，则民主政治，自难建设于其上，那末，是民主政治的路，也走不通了（此指政治的民主政治说）。然近代的民主政治，在西方的进化，已由政治的民主政治，进到社会的民主政治，好像行路一般，在后路的中国，一脚还未赶上；在前路者，却早又动脚了。赶是赶不上，却总得赶；走是走不通，却总得走。这是何解呢？……距近

① 王恒：《现代中国政治》，革新评论社（广州），1926年3月，第92—93页。

② 高一涵：《我国宪法与欧洲新宪法之比较》，《东方杂志》第19卷第22号，1922年11月25日。

代政治的民主政治，尚要落后一脚；然不能不兼程并进，两步并做一步赶上”。[①]

受社会主义思想的影响，中国思想界不少人将民主由政治领域扩大到了经济社会领域，要求实行经济社会权利的平等。高一涵即称，民治的精神是自由、平等。“就是全国人民个个都有自由发展个人才能的权利，个个都有平均发展个人才能的机会。就政治说，政府权力受宪法的限制，人民意思由国会代表；就人民说，一切权利由宪法保障，一切言论思想不受任何势力挟制；就社会说，打破不平等的阶级，个人人格上一律平等；就经济说，打破不平等的经济生活，个人对于一切经济事业都有平均发展的机会。这就是十九世纪欧美式的民治主义的内容。”19世纪的民治主义可以说是个人主义的结晶，政府大半取放任政策，其毛病是重自由而不重平等，并且错认自由就是平等。结果，“只看见有才有识有钱有势者的自由，并看不见无才无识无钱无势者的自由”。现在民治主义，又变成社会主义的结晶，政府大半采干涉政策，不相信自由就是平等，也不相信徒从自由下手可以得到平等的结果，只相信平等乃是自由，只相信从平等下手才可得到自由的结果。因此，便想把国家当作天平秤，国家职权的范围因此扩大。[②] 罗益增主张确立“社会全民本位的经济政策”。[③] 主张职业代议制度的黄卓认为，真正的民治和自治，不能局限于政治领域，必须由政治领域扩充到经济社会领域。财产和地位的平等是真正的民主主义的“绝对必要的条件”。[④] 后来成为共产党人的孙倬章说：“余所主张之民治主义，则在力求真正民治主义之实现，无阶级，无种族，无男女之区别，凡

---

① 初民：《政治问题之根本的讨论》，《东方杂志》第20卷第9号，1923年5月10日。

② 高一涵：《军治与党治》，《现代评论》第二周年纪念增刊，1927年。

③ 罗益增：《政局转变之因果与今后建国之方案》，《东方杂志》第22卷第1号，1925年1月10日。

④ 黄卓：《职能的民主主义》，《东方杂志》第21卷第8号，1924年4月25日。

中华民国人民，在政治上经济上法律上一律负平等之义务，享平等之权利。”真正的民治必须有经济的基础，因此主张民治主义就必须同时“主张社会化之生产，将生产工具，归于社会所有”，发达生产，同时注意分配，防止政权为少数有产者把持。[①] 罗敦伟批评湖南省宪法，称该宪法规定的人民自由权利只有中产阶级才能享用，不是无产阶级的权利。只规定了政治权利，没有涉及经济权利。经济权利包括“全劳动收益权”“生存权”“劳动权”。第一项只有共产主义才能实现，但第二、三两项是私有制下也可以规定的。湖南省宪法没有规定经济权利，是其最大的缺陷。[②]

在实现经济社会权利平衡的路向，思想界有比较清晰的分野。后来比较接近于西方社会民主主义路线的原研究系的张东荪、张君劢等人，大都希望一面保持政治上的自由和民主，一面实行社会主义的政策。张君劢称“社会公道与个人自由，如鸟之两翼，车之两轮，缺一不可者也”。欧美百年来之文化发展，以自由主义和个人主义为核心，这已经引起很重大的问题，在各国国内是社会革命危机的出现，在国际上是国际关系的紧张与战争危机的存在。中国应当在个人主义与社会主义之间保持平衡。[③] 这在后来被分别表述为政治民主和经济民主。这一派主张一面鼓励资本主义的发展，一面以社会主义的政策调节社会经济权利，防止阶级对立过于尖锐，实现国民在经济社会权利方面某种程度的均衡。这大体是和平改革的路线。中国国民党主张实行国民革命，国民革命成功后，实行民生主义，以实现经济社会权利的大体平等，其主要的方法是节制资本和平均地权，同时制定劳工法，救济贫民，保护一般劳动者的权益。中国共产党主张革命后，逐步消灭私有制，实行社会主义的公有制，分配则取按劳分配的原则，以消除贫富差距，实现人民经济

---

① 倬章：《谁能救中国，如何救中国?》，《孤军》第1卷第12期，1923年10月。

② 罗敦伟：《湖南省宪法批评》，《东方杂志》第19卷第22号，1922年11月25日。

③ 张君劢：《国宪议》，载张君劢《宪政之道》，第91页。

社会权利的平等。关于国民党与中国共产党的社会经济政策的理论，论述甚多，此不赘述。

五　改造路径

在改造代议制度路向的问题上，思想界的分野比较明确。

孙中山认为，民国建立以来，政治混乱，国民受痛苦，是由于革命没有成功，无法建设真正的民国。这又是由于国内大多数人民，不明白民国的道理，不了解国民党的主义。而在党内也是分子复杂，人格太不齐，不能够一致去为主义奋斗。[①] 所以他提出，要建立真正的民国，必须进行“彻底的革命”。这彻底的革命，一面是要“掘起地底陈土”，打倒军阀和政客，肃清封建遗毒，[②] 不能在中途与军阀、官僚、政客妥协；另一面就是要反对帝国主义。国民党人认为，中国的军阀是帝国主义在华的代理人，军阀之间的混战本质上是帝国主义之间在华战争，因此要扫除军阀，为真正民权之落实奠定基础，必须于打倒军阀的同时，打倒帝国主义。[③] 他们认为，之所以要彻底的革命，乃是因为“非彻底革命，不足以唤醒民心而寒贼胆；非根本洗涤，难免旧势力不卷土重来”。“理想政治是要建筑于彻底破坏后的新基础之上能才（才能）稳固。”[④]

---

① 孙中山：《在广州中国国民党恳亲大会的演说》（1923 年 10 月 15 日），《孙中山文粹》下卷，第 639 页。

② 孙中山：《改造中国的第一步》（1919 年 10 月 8 日），《孙中山文粹》下卷，第 585—588 页。

③ 孙中山：《中国国民党第一次全国代表大会宣言》（1924 年 1 月 23 日），《孙中山文粹》下卷，第 695 页；邓伯璜：《中国民治运动之过去与将来》，陈顾远：《十二年来国民应有的新觉悟》，《新民国》第 1 卷第 1 号，1923 年 11 月 25 日；郭春涛：《改造中国非实行国民革命不可》，《新民国》第 1 卷第 2 期，1923 年 12 月 20 日。

④ 郭春涛：《改造中国非实行国民革命不可》，《新民国》第 1 卷第 2 期，1923 年 12 月 20 日。

不但革命中要彻底，而且革命后也要防止反动、腐败势力对于民国的破坏，革命党人在“既取得政权树立政府之时，为制止国内反革命运动及各国帝国主义压制吾国民众胜利之阴谋，芟除实行国民党主义之一切障碍，更应以党为掌握政权之中枢。盖惟有组织、有权威之党，乃为革命的民众之本据，能为全国人民尽此忠实之义务故耳”。[①] 针对多数民众不明白民国道理的问题，孙中山指出，革命党人不但要做军事的奋斗，还要做宣传的奋斗，要积极向广大国人宣传国民党的主义，“用这个主义去统一全国人民的心理”，使得“四万万人的心理都归化本党”。[②] 针对党内不统一的问题，孙中山决心“以苏俄为模范”[③] 改组国民党，力图将国民党改造成国民革命的中心势力，能够按照革命程序论完成建国工作，并最后将政权移交给国民，实现宪政。

此时的国民党反对各种点滴改革的主张，认为教育救国论、实业救国论、法律救国论、好人政府论，全都行不通，不打倒军阀，不打倒帝国主义，“要想枝枝节节的改良，这是万难生效的；离开政治来谈改良，尤其是梦想”。“政治是一切改革的枢纽”，“政治问题不根本解决，零零碎碎的修补或改良，这是难以生效的”。[④] 国民党一大宣言评论各种改革思想时，就明确地说，立宪派只知求宪法，不知“宪法之成立，唯在列强及军阀之势力颠覆之后耳”。联省自治派倡导联省自治，不知“各省真正自治之实现，必在全国国民革命胜利之后”。才能实现。和平会议派，不知军阀正是战祸的根源，不知军阀因为其背后的列强之间的利益不可调和而使得

① 孙中山：《中国国民党第一次全国代表大会宣言》（1924 年 1 月 23 日），《孙中山文粹》下卷，第 703 页。

② 孙中山：《在广州中国国民党恳亲大会的演说》（1923 年 10 月 15 日），《孙中山文粹》下卷，第 644—645 页。

③ 孙中山：《党义战胜与党员奋斗》（1923 年 12 月 9 日），《孙中山文粹》下卷，第 667 页。

④ 郭春涛：《改造中国非实行国民革命不可》，《新民国》第 1 卷第 2 期，1923 年 12 月 20 日。

军阀之间无调和之可能，不打倒军阀及军阀背后的帝国主义就无和平可言。商人政府的主张，一则过于局限于商人，而不是考虑建立“全体平民”利益的政府，且其最大的缺点是依赖外国势力。①

与国民党的彻底革命论不同，比较温和的人士认为革命并不能造就民主。他们认为民主政治有其自身的基础，基础巩固，方有真民主。《太平导报》有署名“颂华”者，就持这种态度。他说，所谓民治的基础，从物质上看，是教育之发达与普及，是实业之发达，而这需要和平的环境。在军阀混战的现实中，他期望以和平运动造就和平。他说，国中有力者，谁能拥护和平以振兴实业、发达教育为己任，即不提倡民治，其对民主之前途所裨益良多。反之，虽口言民生主义与民治主义而扰乱和平，残民以逞，都足以延缓民治之发展。他很实际地赞同胡适提出的和平割据论。胡适称中国虽割据不统一，但若割据各方相约保持十年的和平，不起内战，则将来自有办法。他觉得“事实上再没有比较上容易引到吾国政治达于民治的方法。这的确是目前中国可以走的一条坦途”。只有和平，才可以发达教育与实业，为民治创造条件。从心理上看，他认为政党为宪政之必需品，政党虽有“种种疵病，亦以瑕不掩瑜，有改善之可能，而无消灭之必要”。中国政党政治失败的一个重大原因是各政党“未能尊重敌党之人格”，各党派间“有党见而无公论，绝少和衷共济之可能”。欲求今后民主政治之建立，必须养成尊重敌党，视敌党之存在为有益于国，视敌党为本党诤友的共识。②《太平导报》是国家主义派的刊物，其主旨之一即倡导“尚异”。该刊所刊发《太平论》一文，可以看作该刊的主旨，该文认为，中国有尚同排异的传统，这是中国历史上的衰乱的根由，“因法令上之不能立异，于是暴君虐政，人民不敢以为非，郁积既久，

① 孙中山：《中国国民党第一次全国代表大会宣言》（1924 年 1 月 23 日），《孙中山文粹》下卷，第 695—698 页。

② 颂华：《中国民治之基础》，《太平导报》第 1 年第 32 期，1926 年 8 月 17 日；颂华：《中国之将来》，《太平导报》第 1 年第 35 期，1926 年 9 月 30 日。

遂产生循环式之革命，而国乱无穷期。因学术上之不能立异，于是哲理新知，人民不敢以为事（是），埋没既久，遂养成保守性之文化，而国运无进步”。“太平之基在尚异”，其远证在英在美，其近证在日本，而其反证在我国。欲求中国政治之改造，当根除中国国民性中富含的“是我非彼、党同排异之反动精神”。①

对于国民党以平民革命推倒军阀，从而谋求平民政治之实现的改造思路，他们不以为然，他们说，以为推倒军阀后，国内景象自然有拨云雾而见青天的一日，自然会出现清平的气象，这不过是乌托邦的空想。② 张君劢说，国民党认为民主政治不能实现于我国，其原因在军阀与帝国主义之为障碍，故当致力于排除障碍。“窃以为，一种政治之推行，固在障碍之排除，尤在积极条件之具备。”积极条件包括，彼此之善意，光明之手段，长期之忍耐。所谓彼此之善意即尊重敌党；所谓光明之手段，指政党公开活动，以言论争取民众支持，不搞权术，不以阴谋压迫敌党；所谓长期之忍耐，指实行己党政策需要长期的潜移默化的争取民众的工作，为此，必进行普遍的政治教育，转移国民气质，革命工作之进行即在此。③ 这直接针对的是国民党的彻底革命论和以党治国论。

张东荪也主张以发达实业与教育作为政治改革的基础。他说，近代中国政治改革之目的是构成近代的民族国家，这一努力尚不成功的原因是“经济没有发达到‘国民的’，不能以经济为脉络把全民族抟为一个单位；因而社会与政府截然两橛没有沟通”，所以国家仍是古代的国家，其与一般人民的关系只是镇压与服从的关系，其实不成为国家。因此他主张将民意“钻入政府，使政府变为社会的一种表现机关”。其办法有二，一种是共产党的办法，通过社

---

① 太平民：《太平论》，《太平导报》第1年第36、37期合刊，1926年11月7日。

② 颂华：《时代精神的批判与中国的前途》，《东方杂志》第20卷第20号，1923年10月25日。

③ 张嘉森：《一党政治之评价：一党能独治耶?》，《晨报》（北京）1926年12月5日。

会革命将政府变为无产阶级的机构。他反对这种办法。另一种是发达实业，发达教育，“造成资本主义的社会”，使政府表达资产阶级的意志。为达到此目的，在发达实业与教育的同时，应当大力发展职业团体，使社会各职司充分发达，并打通各社会团体与政府的“后壁”，造成一个“职司联合”的新国家。[①] 张东荪的这种主张与其基尔特社会主义思想有紧密关系。

陈启修认为，“欧洲十八十九世纪之立宪运动，表面上虽为反抗专制限制暴政之运动，而其里面则有一种自由主义的社会哲学，个人本位的法律哲学，及人民总意的政治哲学，故能风靡全世界，使一世人心无论国君之良不良，国政之善不善，皆欲立宪政治之实现……故一切改造运动，必具有哲理的基础，以满足人类之理性，方能博得世人之信服……否则难于实现，即能实现，亦必流为形式的及表面的”，比如辛亥革命，“其实际的哲理上之基础，不过仅有一民族主义，而欧洲民治运动中所含之个人本位的种种哲学，不但为当时社会上之重要阶级所不了解，而且为多数之革命实行家所未深悉，故革命运动之结果，仅足以推翻清廷，为一种形式的革新，而不足以言社会生活之真正的改造也”。此后的政治改造当吸取教训，必先以理想政治的哲学理想转移社会心理，改造社会生活。[②]

此外，还有国民直接行动的国民大会运动。国民大会的概念，最早是孙中山于1916年提出的。在1919年南北议会时，因南北两个国会无所作为，不能代表民意，就传出梁启超、熊希龄等人主张召集国民大会，一方面监督和平会议，一方面唤起国民注意政治问题。虽然熊希龄很快就否认这个传言，说他是因为外交的关系，主张组织外交后援会，但顾虑外国多以为是少数人的民间意见，不加

① 张东荪：《中国政制问题》，《东方杂志》第21卷第1号，1924年1月10日。

② 陈启修：《我理想中之中国国宪及省宪》，《东方杂志》第19卷第21号，1922年11月10日。

重视，乃主张当南北不统一，新旧国会相持不下时，希望各省议会、商会、教育会、农工商等会组织一联合会，以为外交后援会的后盾，闻者不察，以为是国民大会。[①] 传言所以出现，其实是国人对于国会失去了信任，希望另组织国民大会解决国内政治问题。到1920 年当直皖战争结束，吴佩孚于 8 月 1 日发出通电，倡开国民大会，主张将统一、善后以及制定宪法、修正选举法及一切重大问题，均由国民公决。梁启超乃为此发表《国民自卫之第一义》，主张以国民动议（Initiative）的方式，由有公权之人民若干万人以上之连署提出宪法草案，以国民公决（Referendum）即国民全体投票的方式通过宪法草案，完成制宪。[②] 这一电一文一度引起舆论界的热烈讨论，一时间"国民大会之声，已洋洋乎盈于吾人之耳鼓矣"，[③]"国民大会运动一度席卷全国"。[④] 对于 20 世纪 20 年代的国民大会运动、国民会议运动，邓丽兰认为是"带有激进民主色彩的民粹主义运动，是一种追求直接民主的运动"。[⑤] 从时人发表的有关议论看，国民大会运动可以看作基于对国会的失望，而希望以国民的直接行动，解决国内纷争，完成制宪的运动。从其性质看，可以看作直接抛弃《约法》、抛弃国会等既有政治框架，通过国民直接行动引政治上轨道的革命，是一次有直接民主意味的运动。

主张通过国民大会解决时局、制定宪法的人，大多从主权在民的理论出发，强调国民有直接行动的权利，也强调应当通过国民公决的形式解决问题。这有直接民主的意味。但国民大会或者国民会

---

① 熊希龄：《在南京和平期成会欢迎会上的演说词》（1919 年 1 月 11 日），载周秋光编《熊希龄集》下册，湖南出版社 1996 年版，第 1261—1263 页。

② 梁启超：《国民自卫之第一义》，《东方杂志》第 17 卷第 17 号，1920 年 9 月 10 日。

③ 彭一湖：《关于国民大会之提义》，《东方杂志》第 17 卷第 17 号，1920 年 9 月10 日。

④ 朱志敏：《五四时期平民政治观念的流行及其影响》，《史学月刊》1990 年第5 期。

⑤ 邓丽兰：《民国宪政史上追求"直接民主"的尝试及论争》，《人文杂志》2004 年第 2 期。

议制定的宪法，所确立的政制是否就是直接民主的政制，各人的看法其实各有不同。比如杨杏佛认为，在中国社会自救的道路上，四民应主动奋起，由有组织之团体，择言论自由之地，召集一救国发起会，拟定最简单之救国主张，如废除军阀制、改兵为工之类，并规定一救国期限。在此期限内，无论中外，不得借款给南北政府。然后以此为基础召集全国职业大会，要求列强与南北政府经济绝交，要求各地银行与南北政府经济绝交。此主张以民意与外人（外国人）为后盾，必可得多数省政府之赞同。再以军人代表与社会代表合组和平统一会议，实现和平与统一，并立职业代表与职业自治之永久基础。①

国民大会运动是基于主权在民的政治理想发动起来的，当社会组织尚不发达的时候，无组织的民意，其实很难对手握兵权的军阀们发生影响。当时即有人指出，国民大会，“虽极时贤议论纵横之妙，其不能逃无结果之公例，亦几可以豫言”。国民大会要收实际的政治效果，有其基本条件，必国民一方有参与政治的兴味与能力；必当局有服从民意之习惯。这两个基本条件，当时的中国都不具备。② 也正因此，当时多数人对于国民大会持怀疑态度。③ 所谓国民大会运动、国民会议运动，其实际行动不过停留在发几通电报、发几篇文章、开几次人数不足的会议上，并无实际成果。

此外，鉴于国民无组织无训练，有人主张积极造党，组织强大的政党，将民众组织起来。中国的政党观念在民国最初两年曾有相当的发达，那时也是中国政党兴盛的时代，政党政治也是那时民主人士的追求。但自民初以来，政党声誉随国会一起堕落，护国战争以后，在国会活动的各党大都不以党自称，而以会自称，政党和政

---

① 杨铨：《社会自救与中国政治之前途》，《东方杂志》第 21 卷第 1 号，1924 年 1 月 10 日。

② 坚瓠：《余之国民大会观》，《东方杂志》第 17 卷第 17 号，1920 年 9 月 10 日。

③ 程耿：《余对于国民大会办法上之意见》，《东方杂志》第 17 卷第 17 号，1920 年 9 月 10 日。

党政治逐渐淡出思想界的视野。20 世纪 20 年代，鼓吹政党之声又起。有国家主义色彩的《孤军》杂志是此期鼓吹政党政治，鼓吹造党的重要刊物。《孤军》认为国会制与竞争性的政党政治是民主政治唯一可取的形式。在民主政制下，政党的存在有其必然性。从心理上看，人类理想、欲望或相同或相扞格，同理想、同欲望之人自然会互相结合，异理想、异欲望之人自然会相互排斥，“对于政治之欲望，尤复有异，则其同者互相结合，其异者，互相排斥，各树党与，互相争执；实亦人类本性，莫之为而为，莫之致而致也”。从制度看，政党为民主政制之必要。“民主政治，可谓为多数决之政治。一切法案，必由议员或国民数名提出，经议员或国民多数通过，始能成为法律。此数名提案之议员或国民，及多数通过之议员或国民，非本有共同政见，不徒议论百出，一无所成，且即提案一事，亦难实行。故无论议会政治之国家，或国民直接投票之国家，凡参与立法权行使之人，势必合作党派，以为提案及表决之准备。此实近世民主制度必伴之现象，虽欲禁之，而亦不可得也。”① 他们反对孙中山的以党治国论，以为是一党专政的政治。“立宪政治的根本精神是在防止少数人的专制，所以立宪政治与其说是注重‘结果’的政治，毋宁说是注重‘手段’的政治，所以假定有可以得到良好的结果，但非采用‘非立宪的’手段不可的时候，我们宁可得到坏的结果而采用立宪的手段，这是对于法治抱有信仰的人们所必需的觉悟！”国会虽然腐败，但应该做的是改造国会，而不是抛弃国会制度。该文提出的改造国会办法是纠合国民，澄清选举，将腐败的议员从国会中剔除，建立新的国会，说这是民国政治走上正轨的“一条堂堂的大路”②。而纠合国民党办法就是组织政党。无论是推翻军阀，还是推翻军阀后谋求建设，均需

---

① 孟武：《造党与非党》，《孤军》第 2 卷第 5、6 期合刊，1924 年 10 月 16 日。

② 寿康、公敢：《建造新中国的唯一的路》，《孤军》第 1 卷第 7 期，1923 年 4 月 15 日。

发达的政党，否则国民无组织，即无能力推翻军阀；无政党，推翻军阀后，政治难上轨道。

费觉天也持造党论。他说，政党是“民治政治所极不可少的一件东西”。从消极的角度看，没有政党组织民意，形成强有力的舆论并传达给政府，人民就是一盘散沙。所以政党在消极方面的最大功用，就是用手握民众的实力——群众运动和国民舆论，迫令政府，不敢做人民所不愿意的事。积极的作用就是沟通人民与政府的意思，使人民的公意，政府都能实行。所以说，政党是“民治政治底灵魂”，所谓民治政治就是政党政治。中国政治所以不上轨道，就是因为没有形成真正的政党。他很清楚地提出，不可因旧国会党见分歧，遂因噎废食主张无党，中国需要的是组织真正的政党，以替代从前的朋党式的政党。关于组织政党的手段，他提出当以群众运动和国民舆论做武器。①

此外，曾任国会议员的国民党人王恒也提倡造党，他说：“吾民果欲将中国造成一真正民主之国家，须当具极大之忍耐性，至少亦当持十年造党，百年造国之决心，乃克有济。”② 不过，从其总体的论述看，他所主张造就的党并不是普通的政党而是作为革命的中心势力的革命党，基本上是属于革命论的范围，而非普通政党政治论的范围。

总体上说，20 世纪 20 年代关于政治改造，有以积极的革命扫除民治障碍的革命派；也有主张以发达教育与实业、培植尊重异党的民主精神以积极准备民治条件的和平改革派。但是，在形势的催逼下，和平改革派的主张，日益失去市场，革命论、彻底革命论迅速赢得青年知识分子的信仰。从当时两派的思想阐述看，国民党、共产党的革命论简明有力，明确地提出了革命的目标，即打倒帝国

---

① 费觉天：《中国政治不能上正轨底真因及今后应走的道路》，《东方杂志》第 19 卷第 11 号，1922 年 6 月 10 日。

② 王恒：《现代中国政治》，革新评论社（广州），1926 年 3 月，第 109 页。

主义、打倒军阀；有清晰的行动策略，即下力气发动工农群众，向群众宣传革命的主张，组织强大的革命的政党，组织党化的军队，以完成革命建国的工作。相对而言，和平改革派的主张，在军阀混战的时代，在不打倒军阀就无法造就和平的现实条件下，和平改革缺乏最基础的条件即和平，和平改革派的缓步改革的主张，在急于实现国家统一、急于借助有效能的政府实现经济社会发展、国家强盛的公众心中，缺乏明晰的、可以预期的效果，其失去青年知识分子的拥护，在情理之中。况且，与主张革命论的共产党人、国民党人将眼光转向占人口大多数的工农群众，积极唤起工农、组织工农不同，主张和平改革的人士大多有精英意识、绅贵意识，他们把眼光放在知识界和工商业界，对于群众运动有天然的反感。由此，在革命论与和平改革论两种路径的对比中，革命论很快就取得压倒性的优势，成为主流，非革命论、反革命论根本不足以撼动革命论的地位。自提出“打倒军阀，打倒帝国主义之说以后，全国政思，乃渐有集中之点。现今稍明时事者，莫不认识军阀与帝国主义者，确为吾国统一之最大障碍，打倒此辈确为吾国自求解放之唯一出路”。[①] 革命论风行一时，“反革命”成了大罪，1925 年就有人说：“现在社会里面——尤其是在智识阶级里面，有一种流行名词‘反革命’专用以加于政敌或异已（己）者。只这三个字便可以完全取消异己者之人格，否认异己者之举动。其意义之重大，比之‘卖国贼’‘亡国奴’还要厉害，简直便是大逆不道。被加这种名词的人，顿觉得五内惶惑，四肢无主，好像宣布了死刑是（似）的。”[②] 当时也有人对于激进人士的革命论及其以“反革命”作为大罪攻击政敌的做法表示不满，表示担忧，但均不能引起社会舆论的关注。章士钊批评国民党的以党治国论和以革命为正道、以

① 梁明致：《中国政局之趋势——致〈现代评论〉记者》，《现代评论》第 3 卷第 71 期，1926 年 4 月 17 日。

② 唐有壬：《甚么是反革命?》，《现代评论》第 2 卷第 41 期，1925 年 9 月 19 日。

“反革命”为可耻的思想倾向，他说：“平心论之，革命者，自然之权也，匹夫匹妇俱得有之；革命而自定其适应环境之方略同，亦无取刻论，国民党而获今日之成功，彼有不可撼之基址。”但是，“反革命”与“不革命”，也是人们的自然之权利。“凡人类而正反两面之论不见，时曰奴隶。凡同种而思想言论自由之权不保，时有强暴。国民党成功，至于斯境，或且恢恢乎以全国之是非为是非，全国之利害为利害，质剂乎情感，延跂乎望欲，一言蔽之，兢兢惟奴隶人而强暴我是惧，则天下之事正未可料，今若是焉，复何望哉？”① 然当时已经走向反动，又因参与段祺瑞执政府而“言论之值一落千丈”的章士钊的话，自不能引起一般舆论的同情。研究系的张君劢批评国民党以革命与“反革命”区分国民，区分能否享受自由权利的做法，等于帝王专制，他说：“国民之与国民，党派虽偶有异同，其为人类一也，其为同国之民一也；惟其然也，就党派言之，虽有政见之异，就其为国民之资格言之，自有其互同者在。故谭政治者，必先承认此互同，然后政治乃有坚强基础。”国民党则不然，将一国之内分为两派，赞同我之主张则为革命派，与我异者为反革命派，为政治上之败类，必排斥干净，“使之不得有发言权，与夫一切政治上之权力；或者革命告成后，仿俄之往事，剥夺反动派之选举权，亦意中事也。……是直帝王之专制，复何自由与民主之可言哉”。② 这种批评在强大的革命论思潮的冲击下，已显得势单力薄，不足以成为与革命论对等均衡的制约力量。

革命论取得了压倒性的胜利，这影响了此后数十年的中国思想。现代中国的以革命为中国唯一出路的思潮，在20世纪20年代中期就已经初步成型。

---

① 章士钊：《党治驳义》，《甲寅周刊》第1卷第36号，1926年12月18日。

② 张嘉森：《一党政治之评价：一党能独治耶？》，《晨报》（北京）1926年12月5日。

第二章

孙中山对三民主义的新阐释与国民党改组

三民主义是孙中山独具特色的革命理论，其根本要旨是求国家地位的平等、人民政治地位以及经济地位的平等。他的意识中，平等蕴含着自由，没有平等，自由只是空话。辛亥革命前，三民主义已经成型。辛亥革命后共和政治的挫折，让他重新思考革命之路，重新思考三民主义革命理论。二次革命失败后，他重提革命程序论，并提出以党建国论。二次革命后的一系列重大事件，如第一次世界大战、俄国十月革命、殖民地民族解放运动兴起、苏俄推动世界革命、中国深陷军阀混战的泥淖、五四运动以及由此引发的知识界的觉醒、中国共产党的成立及其革命活动等，都让他重新思考三民主义。在此背景下，1924 年前后，他对其三民主义进行了一系列新阐释。这些新阐释，为其联俄、“容共”、扶助农工的三大革命政策奠定了思想基础，也开启了国共合作的国民革命。

孙中山对三民主义的新阐释，集中体现于国民党一大宣言。该宣言对三民主义的阐释及其所提出的国民党内外政策主张，与 1923 年 11 月 28 日共产国际通过的《共产国际执行委员会主席团关于中国民族解放运动和国民党问题的决议》对三民主义的解释相当接近。该决议建议国民党重新解释三民主义，以巩固和扩大中国革命的基础，使国民党成为“符合时代精神的政党”。共产国际的决议提出，国民党的民族主义应解释为“依靠国内广大的农民、工人、知识分子和工商业者各阶层，为反对世界帝国主义及其走卒、为争取中国独立而斗争”；应当把全国的解放运动建立在广大人民群众支持的基础上，必须同苏联建立统一战线，以反对帝国主义在华势力；中国的民族运动应“同受中国帝国主义压迫的各民族的革命运动进行合作”；应宣布中国境内各民族一律平等的原则，“应公开提出中国境内各民族自决的原则”，以便在革命胜利以后，按照这个原则组织一个“自由的中华联邦共和国”。关于民权主义，共产国际的决议说：“民权主义，不能用一般‘天赋人权’的观点来看待它，而必须把它看作是当前中国实行的一条革命原则。这里必须考虑到，在资产阶级社会的条件下，民权主义可能蜕变为压迫劳动群众的制度和工具。因此，国民党在向群众灌输民权主义的原则和解释其含义时，应使其有利于中国劳动群众，即只有那些坚持真正的反帝斗争纲领的分子和组织才能广泛享有一切权利和自由，而决不让中国那些帮助外国帝国主义者或其走卒——（中国军阀）的分子和组织享有这些自由。”关于民生主义，共产国际的决议说：“民生主义，如果解释为把外国工厂、企业、银行、铁路和水路交通收归国有，那它才会对群众具有革命化的意义，才能在群众中得到广泛的反响。至于中国的民族工业，国有化原则在现在也可适用于它，因为这将有助于进一步发展国家的生产力。民生主义也不能解释为由国家把土地收归国有。必须向缺乏土地的广大农民群众说明，应当把土地直接交给耕种这块土地的人，消灭不从事耕作的大土地占有者和人数众多中小土地占有者的制度，因为他们一部分人经营商业，一部分人担任国家官吏，他们以货币地租和实物税来盘剥农民。”① 共产国际的决议对三民主义的

① 《共产国际执行委员会主席团关于中国民族解放运动和国民党问题的决议》（1923 年 11 月 28 日），《中国共产党第三次全国代表大会档案文献选编》，中共党史出版社 2014 年版，第 93—95 页。

解释使国民党受到重大启发，“大大加强了它的反对帝国主义和反对资本主义的倾向，使其工农政策更加激进”。

共产国际向国民党推荐的纲领与中共的最低纲领“几乎没有区别”。随后，共产国际委托当时在俄访问的蒋介石将决议转给国民党领导人，又将决议送给了加拉罕、鲍罗廷和中共领导人。[①] 从国民党一大宣言看，国民党基本接受了共产国际对三民主义的解释，苏俄与共产国际对此相当满意，加拉罕在致契切林的信中说，国民党处于我们的影响之下，“对我们的威望充满尊敬和崇拜……驯服地接受我们的指示和共产国际的决议”。[②]

孙中山是注重运用策略的政治家，也是一个拥有坚定主见的政治家，对于重大问题，他不会轻易妥协。在建立国共合作的过程中，他曾向马林表示，如果他受到俄国的干预而不能自由地把不服从国民党纪律的共产党人开除出国民党，他宁肯不要俄国的援助。他也曾向越飞表示，共产主义和苏维埃制度不适用于中国，并将这一点写入《孙文越飞宣言》。他在会见青年共产国际执行委员会远东部代表达林时也明确表示，不赞同在中国实行苏维埃制度和共产主义，说“我给你一个山区，一个最荒凉的没有被现代文明所教化的县。那儿住着苗族人。他们比我们的城里人更能接受共产主义，因为在城里，现代文明使城里人成了共产主义的反对者。你们就在这个县组织苏维埃政权吧，如果你们的经验是成功的，那么我一定在全国实行这个制度。”[③] 他之所以接受共产国际的决议，不能看作他因为需要苏俄的援助而做出的无原则的决定，而应看作他自身思想变化的结果，是因为共产国际决议中的诸多内容与他的思

---

① 中共中央党史研究室第一研究部译《联共（布）、共产国际与中国国民革命运动》第1卷，中共党史出版社2020年版，第280—282页。

② 《加拉罕给契切林的信》（1924年2月9日），中共中央党史研究室第一研究部译《联共（布）、共产国际与中国国民革命运动》第1卷，第408页。

③ ［苏］C. A. 达林：《中国回忆录（摘录）》（1975年），《“二大”和“三大”：中国共产党第二、三次代表大会资料选编》，第650页。

想相契合。如果共产国际决议的基本精神与他的思想主张背离，他是不会接受的。他对共产国际的决议也不是全部接受，而是根据他的认识与需要加以接受。国民党一大后，他曾有关于三民主义的系列演讲，这些演讲对三民主义的阐释与国民党一大宣言，在个别内容上有一些区别，但整体上在国民党一大宣言的范围之内。他临终前的《致苏联遗书》仍坚持联俄政策，其《国事遗嘱》即国民党通称的“总理遗嘱”仍坚持唤起民众、联合世界上以平等待我之民族的革命策略，仍将国民党一大宣言作为要求其同志遵守的重要遗训之一。这表明，他对三民主义的新阐释，虽受共产国际的影响，但基本的内容是他自己的。

国民党一大之后，孙中山在广州发表了关于三民主义的系列演讲，这些演讲后来汇集成《三民主义》一书。他在这些演讲中集中而系统地阐述了他的三民主义。

一 民族主义的新阐释

孙中山对民族主义的新阐释，集中体现于国民党一大宣言。宣言称：“国民党之民族主义，有两方面之意义：一则中国民族自求解放；二则中国境内各民族一律平等。”就第一方面而言，宣言指出，国民党之民族主义“实为健全之反帝国主义”，“其目的在使中国民族得自由独立于世界”。为此，国民党主张“一切不平等条约，如外人租借地、领事裁判权、外人管理关税权以及外人在中国境内行使一切政治的权力侵害中国主权者，皆当取消，重订双方平等、互尊主权之条约”。就第二方面而言，宣言指出，国民党之民族主义其对内部分，在求国内诸民族之平等结合，在革命过程中即谋求“与诸民族为有组织的联络，及讲求种种具体的解决民族问题之方法”，并承诺“承认中国以内各民族之自决权，于反对帝国主义及军阀之革命获得胜利以后，当组织自由统一的（各民族自由联合的）中华民国”。①

这一论述有两方面的新含义。第一，明确提出了反对帝国主义的任务；第二，承认国内各民族的自决权。

为了行文方便起见，我们先简要说明国内各民族自决权问题，再比较细致地论述反帝问题。

关于中国国内民族问题，共产国际的决议有“民族自决权”与“自由的中华联邦共和国”两个互相联系的含义。共产国际的这一表述，有三方面的因素。其一，一战后民族自决已成为殖民地民族解放运动的核心概念。“民族自决”的口号可有力推动殖民地民族解放运动，与俄国的劳农政府以及西方工人阶级的解放斗争相互支撑。同时，鉴于帝国主义国家也以“民族自决”为幌子欺骗殖民地人民，共产国际不能放弃“民族自决”这一面旗帜。其二，与俄国的实际情形有关。沙皇俄国在对外扩张过程中，形成了多民族的大帝国，但因为扩张过速，境内各民族间的民族共同体意识尚未完成，各民族区域反对沙皇统治、争取民族解放的斗争一直未曾停息。十月革命后，苏维埃政府为应对内外挑战，提出以民族自决与建立联邦制国家作为解决国内民族问题的基本政策。其三，在世界革命的理念下，共产国际以联邦制作为世界革命胜利后，建立世界联合政府的方案。国民党接受了“民族自决”的提法，但没有接受联邦制的提法，将共产国际所提“自由的中华联邦共和国”改为革命胜利后“当组织自由统一的（各民族自由联合的）中华民国”，去掉了“联邦”一词，而加上了“统一”一词。此外，在表述国内民族问题时，国民党一大宣言还有在革命过程中即谋求“与诸民族为有组织的联络，及讲求种种具体的解决民族问题之方法”的表述，表明国民党希望在革命过程中加强与国内各民族的联系。本来，“民族自决”是解决殖民帝国的殖民地民族问题的口

① 《中国国民党第一次全国代表大会宣言》（1924年1月23日），《孙中山全集》第9卷，第118—122页。

号，而中国是一个统一的多民族国家，并非殖民帝国，“民族自决”的口号，并不适用于解决中国的国内民族问题。所以，国民党一大之后，国民党人很少以“民族自决”作为解决国内民族问题的办法。对于国民党不接受联邦制的提法，国民党一大期间，鲍罗廷曾在共产党的党团会议上表示，国民党没有接受联邦制的方案，其“统一的或自由的中华民国”的提法“不完全符合共产国际关于联邦制原则的提纲”，“民族自决”与“统一”相互矛盾，希望共产党人揭示这个矛盾，争取在国民党下一次代表大会上采用另一个提法。对于国民党主张在革命过程中谋求“与诸民族为有组织的联络”，鲍罗廷也认为条件不成熟，他劝国民党不要着手建立组织上的联系，而只限于同这些少数民族实现友好互谅，以后随着革命的进程，再同他们建立组织联系、实现合作。① 可见，鲍罗廷试图贯彻共产国际决议的精神，而国民党则坚持自己的一些提法。不过，由于国民党接受了反帝与民族自决两大核心概念，共产国际对国民党一大宣言关于民族主义的论述还是比较满意的。

关于反帝问题，孙中山在其政治遗嘱中说：“吾致力于国民革命凡四十年，其目的在求国家之自由平等。”这概括了他一生的追求。把祖国从深重的灾难中挽救出来，求得国家的自由平等地位，是孙中山全部革命活动的出发点。辛亥革命前，孙中山民族主义的基本逻辑是，“强邻环列，虎视鹰瞵”，蚕食鲸吞、瓜分豆剖迫在眉睫，“堂堂华夏不齿于邻邦，文物冠裳被轻于异族”的罪魁祸首是政治腐败，②而清政府“绝不可能有什么改善，也绝不会搞什么改革”，③ 要改

① 《鲍罗廷的札记与通报（摘录）》（不早于1924年2月6日），《联共（布）、共产国际与中国国民革命运动》第1卷，第456页。

② 孙中山：《檀香山兴中会章程》（1894年11月24日），《孙中山全集》第1卷，第19—20页。

③ 孙中山：《与〈伦敦被难记〉俄译者等的谈话》（1897年初），《孙中山全集》第1卷，第86页。

善政治，挽救民族危机，必须“驱除鞑虏，恢复中华”，即推翻清政府，建立汉人的政府。民族主义输入后，革命党以单一民族建国论解释民族革命的必要性，他们说，一个国家存在两个以上的民族，民族矛盾将使立宪改革变得不可能；汉人要摆脱列强的奴役，必须激发“种性”，而“排满”则是激发民族主义的最佳工具。革命党人的民族主义虽以摆脱民族危机为目的，但恐惧于列强的强大，他们不敢正面提出反对帝国主义的任务。孙中山意识到，列强在华特权及其对中国内政的干预，严重制约着他的革命事业，制约着中国的发展，但他没有想过要去挑战帝国主义主导的国际秩序，而是将解决民族危机完全寄托于内政改善之上，希望在列强主导的秩序下谋求政治改革、经济发展与民生改善。在解决中国民族问题时，他“从来没有放弃寻求同帝国主义列强的妥协”，力图避免同帝国主义发生直接冲突，“希望在外国人眼里以一个与义和团运动毫无共同之处的、有声望的民主主义政党的姿态出现”。① 他反复向欧美人士解释说：“中国的觉醒以及开明的政府之建立，不但对中国人、而且对全世界都有好处”，希望他们支持中国的革命。②胡汉民在《民报之六大主义》一文中提出，革命党人将“维持世界真正之平和”，“要求世界列国赞成中国革新之事业”，中国的革命将是“秩序的革命”，“必恪守国际法而行”，不会触动列强在华利益，不会挑战现行国际秩序，革命之后也将承认清政府订立的条约、所借外债。③ 这种唯恐列强干涉中国革命，希望列强赞助中国革命的倾向，普遍存在于革命党人之中。《中国同盟会革命方略》也曾宣布：“所有清政府与各国所立条约、所许各国权利及与各国

---

① 《鲍罗廷的札记与通报（摘录）》（不早于1924年2月6日），《联共（布）、共产国际与中国国民革命运动》第1卷，第422、416页。

② 孙中山：《中国问题的真解决》（1904年8月31日），《孙中山全集》第1卷，第253—255页。

③ 汉民：《民报之六大主义》，《民报》第3号。

所借国债，其事件成立于此宣言之后者，军政府概不承认。”① 但武昌起义后，孙中山发布的《通告各国书》却表示，承认清政府与各国签订的所有条约、所借外债，并保证“各国之租界，一律保全”。② 半殖民地的中国资产阶级革命党人认为，这种做法可避免列强干预中国革命。

辛亥革命后，孙中山认为，清政府被推翻，民族革命的任务业已完成。一段时间里，他几乎不提民族主义，而对内倡导“五族共和”，对外他虽一度提出过要收回领事裁判权、取消通商口岸和租界制度，协定关税，使“中国进入完全独立国”，但实际上他害怕列强与革命党决裂，以承认条约有效为基本态度，“把对外独立寄托于国内问题的解决，把发展实业作为解脱‘外患日迫’的‘根本’”，③ 没有正面提出反对帝国主义的任务。

第一次世界大战与俄国十月革命，深刻地改变了世界格局。一战进行中，列强为动员殖民地人民参与战争，虚伪地承诺战后将允许殖民地人民获得“民族自决”权。一战结束后，美国总统威尔逊又主张“民族自决”，以图打破欧洲老牌殖民地国家通过掌握大量殖民地而在国际竞争中占据优势的局面。这种主张符合殖民地人民渴望独立的迫切要求，很快得到殖民地人民的响应，故“民族自决”遂成一时思潮，民族殖民地解放运动兴起，亚洲觉醒，中国也发生了五四运动。俄国革命后，俄共与苏维埃政府以打破帝国主义国家秩序、推翻资本主义制度为己任，将世界无产阶级革命与民族殖民地解放运动看作世界革命两个互相支撑的组成部分，积极推动世界革命。1920 年 7 月，共产国际二大通过《关于民族与殖民地问题的决议》及《共产国际第二次代表大会关于民族和殖民

---

① 《孙中山全集》第 1 卷，第 311 页。

② 《孙中山全集》第 1 卷，第 545 页。

③ 李育民：《中国废约史》，中华书局 2005 年版，第 435—437 页。

地问题的补充提纲》，要求共产国际“把全世界各国的革命力量团结起来”，推动世界无产阶级革命与殖民地民族解放运动，以战胜世界资本主义，“消灭民族压迫和不平等现象”，“坚持不懈地向一切国家，特别是落后国家和民族的最广大的劳动群众说明和揭露帝国主义列强一贯实行的骗局”，揭露其所谓“民族自决”的虚伪性。又指出，各国革命力量必须明白，“没有无产阶级和全世界各国家、各民族的全体劳动群众自愿追求联盟和统一的愿望，战胜资本主义这一番事业是不能顺利完成的”。资本主义国家的无产阶级应“服从全世界无产阶级斗争的利益”，支持殖民地解放运动。殖民地国家和落后民族的无产阶级应参加本国的民族解放运动，并在斗争中发展壮大自己，争取非资本主义的前途。[①] 1922 年 1 月，针对华盛顿会议，共产国际召开了远东各国共产党及民族革命团体第一次代表大会，通过宣言，号召远东受压迫群众，在共产国际的旗帜下，开展民族解放运动，并提出“全世界无产阶级和被压迫的民族联合起来”的口号。[②] 1922 年 11 月，共产国际四大通过《关于东方问题的总提纲》，强调殖民地半殖民地国家反帝斗争对于世界革命的意义，并指出在殖民地东方必须提出反帝统一战线的口号。[③] 此后，发动殖民地反帝民族解放运动，以支持苏维埃俄国反对世界资本主义的斗争，就成为苏俄与共产国际的一项重要工作。在共产国际的指导下，中国共产党改变中共一大确立的开展无产阶级革命的方针，转而认为中国的革命首先是资产阶级民主革命，着力阐释这样的道理：帝国主义与军阀相互勾结，是当前中国内乱贫

---

① 《关于民族与殖民地问题的决议》（1920 年 7 月 28 日）、《共产国际第二次代表大会关于民族和殖民地问题的补充提纲》（1920 年 7 月 19 日至 8 月 7 日），《共产国际有关中国革命的文献资料》第 1 辑，中国社会科学出版社 1981 年版，第 40—46、29—32 页。

② 《远东各国共产党及民族革命团体第一次大会宣言》（1922 年 1 月），《“二大”和“三大”：中国共产党第二、三次代表大会资料选编》，第 12—17 页。

③ 《第四次代表大会关于东方问题的总提纲》，《共产国际有关中国革命的文献资料》第 1 辑，第 65—76 页。

弱的根源，反对帝国主义以争取民族解放，反对军阀统治以建立民主国家，是中国革命的主要任务。1922 年 6 月，中共发表第一次对时局的宣言，提出反对封建军阀统治，“改正协定关税制，取消列强在华各种治外特权，清偿铁路借款，完全收回管理权”的主张。[①] 同年 7 月，中共二大正式提出打倒帝国主义、打倒军阀的号召，主张“消除内乱，打倒军阀，建设国内和平”，“推翻国际帝国主义的压迫，达到中华民族的完全独立”。[②]

帝国主义的概念自清末就已输入，中国思想界曾以帝国主义论观察世界与时代，论述政治革命的必要性。总体而言，清末思想界不少人认同帝国主义的强权逻辑，立宪派强调在“权力即道理”的帝国主义时代，改革政治，迅速实现富强，是唯一可行的应对方法，他们又以唯大国能生存于生存竞争的世界，而革命将造成国家分裂为由，反对革命。革命党人追求民族解放，但也有一些革命党人认同帝国主义的强权逻辑，“暴俄强德，向往之如慕乐园”[③]，他们希望国人“把国势弄得蒸蒸日上起来，使他一班势利鬼，不敢轻视，倒要恭维起来。见了中国的国旗，莫不肃然起敬，中国讲一句话，各国就奉为金科玉律。无论什么国，都要赞叹我中国，畏服我中国”。[④] 一战爆发后，西方左翼思想界开始批评军国主义，鼓吹世界主义，帝国主义论在中国的影响渐次式微，思想敏锐之士开始激烈批评强权逻辑。1919 年 5 月，李大钊发表《秘密外交与强盗世界》，批评强盗行为，主张用民族自决、世界改造的精神把这强盗世界推翻。1920 年 9 月，毛泽东在《湖南建设问题的根本问

① 《中国共产党对于时局的主张》（1922 年 6 月 15 日），《中国共产党第二次全国代表大会档案文献选编》，中共党史出版社 2014 年版，第 61—66 页。

② 《关于“国际帝国主义与中国和中国共产党”的决议案》（1922 年 7 月），《中国共产党第二次全国代表大会档案文献选编》，第 11—12 页。

③ 迅行：《破恶声论》，张枬、王忍之编《辛亥革命前十年间时论选集》第三卷，生活·读书·新知三联书店 1977 年版，第 377 页。

④ 陈天华：《警世钟》，见中国近代史资料丛刊《辛亥革命》（2），上海人民出版社 1957 年版，第 122—123 页。

题》一文中，提出要“推翻帝国主义，不许再来作祟”。但他们对近代帝国主义发生之原因及其本质，都没有系统论述。在中共二大之前，中国思想界包括中国共产党人都不怎么清楚什么是帝国主义，更不用提反对帝国主义了。[①] 中共最初提出打倒帝国主义的口号时，“一般社会莫名其妙，胡适之还专门作一篇文章，指为海外奇谈”。[②] 不过，在现实的刺激下，中共的反帝论述渐为先进思想界所接受。

苏俄、共产国际、中国共产党认为，国民党可以在中国资产阶级民族民主革命中发挥重大作用，乃积极与孙中山以及国民党接触，向他宣传中国革命必须反对帝国主义的道理。革命屡经挫折，寄希望于列强支持革命，列强却总是支持革命对象，并与军阀相勾结作乱中国的现实，教育了孙中山，他接受了共产国际与中共的反帝论述，认识到军阀是帝国主义在中国的代理人，军阀混战是帝国主义代理人之间的战争，帝国主义的压迫是中国产业发展与社会安定的最大威胁，中国革命必须反对帝国主义。1923 年 1 月 1 日，孙中山在《中国国民党宣言》中提出，“欧战以还，民族自决之义，日愈昌明，吾人当仍本此精神，内以促全国民族之进化，外以谋世界民族之平等”，并提出要“力图改正条约，恢复我国国际上自由平等之地位”。[③] 这里虽没有正面提出反帝任务，但已隐含着反帝的意思。其后在《孙文越飞联合宣言》中，孙中山又强调，“中国最要最急之问题，乃在民国的统一之成功，与完全国家的独立之获

---

① 董必武：《中国共产党“一大”的主要问题》（1961 年 6 月 28 日），《中国共产党第一次全国代表大会档案文献选编》，中共党史出版社 2015 年版，第 117 页。李达：《中国共产党的发起和第一次、第二次代表大会经过的回忆》（1955 年 8 月 2 日），《中国共产党第一次全国代表大会档案文献选编》，第 110 页。

② 李立三：《党史报告（节录）》（1930 年 2 月 1 日），《中国共产党第一次全国代表大会档案文献选编》，第 85 页。

③ 孙中山：《中国国民党宣言》（1923 年 1 月 1 日），《孙中山全集》第 7 卷，中华书局 1985 版，第 1—4 页。

得”，所谓取得国家完全独立，也隐含着反帝的意思。[①] 1923 年 9 月 16 日，在复加拉罕的电文中，他表示希望中俄双方，“采取一种共同政策，俾吾人得与列强平等相处及脱离帝国主义之政治经济的压迫”。[②] 这已很接近提出反帝口号了。在孙中山思想发生变化的同时，他身边的同志也逐渐认识到反帝的意义。比如，1923 年 9 月至 11 月蒋介石访俄期间就曾表示，中国的政治是世界帝国主义与军阀的政治，军阀所以横行霸道主要依赖帝国主义的支持，国民革命的目标是国际帝国主义及其工具——中国军阀。他又说，“我们的任务就是推翻世界资本主义”，“不推翻世界资本主义和帝国主义就不能指望中国取得真正的独立”。中国的民族主义革命者很难依靠自己的力量达到这个目的，必须在反帝运动中同苏俄合作。[③] 1923 年 10 月发生的“关余事件”，使孙中山下决心明确反帝主张，他接受共产国际《关于中国民族解放运动和国民党问题的决议》的意见，重新阐释三民主义。国民党一大宣言关于民族主义的论述，就是“按照共产国际的声明的精神解释的”。[④]

对于国民党来说，明确提出反对帝国主义，就意味着与列强决裂，这是一项极其重大的决定，在国民党内也曾遭强烈反对。“国民党从来不是以某个阶级，更不是以劳动群众为基础。它认为整个民族都是它的基础，它力求使整个民族摆脱半封建主义的状态，或者如这里所说的摆脱军阀的统治，走上资本主义的发展道路。为此就必须同帝国主义作斗争，因为它对中国的半殖民地状态负有责任。可是国民党人并不懂得这一点。如果说，国民党在其言论、纲领和宣言

---

① 孙中山：《孙文越飞联合宣言》（1923 年 1 月 26 日），《孙中山全集》第 7 卷，第 51—52 页。

② 《孙中山复加拉罕电》（1923 年 9 月 16 日），《联共（布）、共产国际与中国国民革命运动》第 2 卷，第 569 页。

③ 《国民党代表团关于中国国民运动和党内状况的书面报告》（不晚于 1923 年 10 月 18 日），《联共（布）、共产国际与中国国民革命运动》第 1 卷，第 299—301 页。

④ 《加拉罕给契切林的信》（1924 年 2 月 9 日），《联共（布）、共产国际与中国国民革命运动》第 1 卷，第 407 页。

中有时也谈到帝国主义问题的话，那么这是因为现实生活本身迫使它涉及中国的国际地位问题……国民党右派害怕与帝国主义决裂，从主观上说国民党是不反帝的。[①] 国民党一大期间，“他们每天晚上开会，奔走于孙的后院，竭力用通过宣言的灾难性后果来吓唬他”。[②] 邓泽如等上书孙中山反对一大宣言，说其中的“打倒帝国主义”的口号，将使国民党“从国际之仇怨”，“永无获得国际上同情之一日，更〈使〉我华侨党人在海外无复有立足之余地”。[③] 但孙中山坚持反帝主张，指出不必担心反帝主张会导致国民党在国际上孤立，因为“我国革命向为各国所不乐闻，故尝助反对我者以扑灭吾党。故资本国家断无表同情于我党，所望同情只有俄国及受屈之国家及受屈之人民耳”。[④] 在国民党一大会议上，他又坚定表示，如不通过废除不平等条约一条，“那么大会就毫无意义”。[⑤] 由于他的坚持，国民党一大宣言正式提出了废除不平等条约与反对帝国主义的主张。

在提出反帝任务的同时，孙中山还就如何反对帝国主义，以求得国家之自由平等，进行了系统阐述。大略而言有三点。

第一，“恢复民族主义”。

孙中山十分重视民族主义的意义，强调民族主义“是国家图发达和种族图生存的宝贝”。一个民族若缺乏民族意识，那面对外敌入侵，面对亡国危险，人们就不会奋起反抗；面对亡国的现实，就会屈服于征服者的强权之下，甚或为利禄而争相效力于征服者，

---

① 《鲍罗廷的札记和通报》（不早于1924年2月16日），《联共（布）、共产国际与中国国民革命运动》第1卷，第415页。

② 《鲍罗廷的札记和通报》（不早于1924年2月16日），《联共（布）、共产国际与中国国民革命运动》第1卷，第460—464页。

③ 孙中山：《批邓泽如等抨击中国共产党密函》（1923年12月3日），载林家有、周兴梁编《孙中山全集续编》第4卷，中华书局2017年版，第4—5页。

④ 孙中山：《批邓泽如等抨击中国共产党密函》（1923年12月3日），载林家有、周兴梁编《孙中山全集续编》第4卷，第5页。

⑤ 邹鲁：《回顾录》，岳麓书社2000年版，第123页。

对民族复国运动则冷漠置之。“列强的思想性质，至今还没有改变”，其最强者如英、如美，皆存独霸世界之念，若没有民族主义的支撑，中国民族“就不能生存，就要被人淘汰”。[①]

中国传统思想本来就有浓厚的天下主义色彩，这种思想与近代的世界主义颇有相通处；五四以后，一些中国青年受一战的刺激以及战后西方思想的影响，而倾向世界主义，非议民族主义，说“国民党的三民主义不合现在世界的新潮流，现在世界上最新最好的主义是世界主义”。[②] 这对于鼓吹民族主义的孙中山来说，是一个思想劲敌。于此，孙中山特别强调，要恢复民族主义，必须清除中国历史上的“世界主义”与列强的“世界主义”两种思想流毒。他说，中国历史上曾是“很强盛的国家”，常用和平手段去感化“收服各弱小民族”，故思想上“已渐由民族主义而进于世界主义”，使中国人民族观念淡薄。历史上入主中原的少数民族统治者为维持统治，极力消解汉人的民族意识，更使民族观念在中国知识精英中几乎荡然无存，而只存于一些“下流社会和江湖上无家可归的人”当中。民族意识淡薄，不但使清末的民族革命遭遇巨大困难，也使今日的反帝斗争缺乏深厚的民族主义传统的支撑。关于列强的“世界主义”，他说，“世界主义”是帝国主义的工具，“世界上的国家，拿帝国主义把人征服了，要想保全他的特殊地位，做全世界的主人翁，便是提倡世界主义，要全世界都服从”，而民族主义则是弱小民族求生存的武器。这一点，中外历史都概莫能外。[③] 孙中山很清楚，青年一代对于国民党发展的意义，也清楚要“恢复民族精神”，必须破除青年人的“世界主义”倾向。他反复指出，“世界的文明要进步，人类的眼光要远大，民族主义过于狭隘，太不适宜，所以应该提倡世界主义”的说法，是列强害怕被

---

① 《民族主义第三讲》，《孙中山全集》第9卷，第210、216—217页。

② 《民族主义第三讲》，《孙中山全集》第9卷，第216页。

③ 《民族主义第三讲》，《孙中山全集》第9卷，第210—217页。

压迫民族觉醒，不利于其强权地位而提出的骗人主张，其实质不过“变相的帝国主义与变相的侵略主义”。青年学生受其煽惑而鼓吹世界主义，是因为他们对中国所处的时代与境遇缺乏真切的认识，不了解列强之“世界主义”的本质，不了解民族主义对于中国的意义所致。他强调，第一次世界大战“不是野蛮和文明的战争，不是强权和公理的战争”，乃是帝国主义国家之间的战争，战争的结果，“仍是一个帝国主义打倒别国帝国主义”，没有改变时代的本质特征，帝国主义仍是世界和平以及落后国家、民族生存的最大威胁。中国面临着列强政治、经济、人口等方面的巨大压力，处于亡国灭种的“生死关头”，需要提倡民族主义，而不能以世界主义消解民族主义。他说，世界主义的道理，“不是受屈民族所应该讲的。我们受屈民族，必先要把我们民族自由平等的地位恢复起来之后，才配得来讲世界主义”。[①] 显然，对于反抗强权、追求民族解放的人们来说，不顾国家实际境遇，跟风跑，鼓吹世界主义，只会消弭民族主义精神，取消民族解放任务。在当时的中国，孙中山强调民族主义，而反对鼓吹世界主义，是合乎时代需要的。

孙中山并不完全排斥世界主义，但他强调，中国必先同世界上爱好平等、尊重他民族平等地位的民族共同奋斗，摆脱帝国主义的奴役，实现国家完全独立之后，才配得上讲世界主义，才能“与诸民族并驱于世界，以驯致于大同”。[②] 他期望的世界主义，是世界各国家各民族平等、和平相处的世界主义，而非强者支配弱者的“世界主义”。他的民族主义，并非盲目排外，相反，他主张联合世界上以平等待我之民族共同奋斗。

如何“恢复民族主义”呢？孙中山说，要恢复民族主义，必须从“能知与合群”两个方面入手。所谓“能知”，是“要我们知

---

① 《民族主义第四讲》，《孙中山全集》第 9 卷，第 223—226 页。

② 《民族主义第四讲》，《孙中山全集》第 9 卷，第 223—226 页；《中国革命史》，《孙中山全集》第 7 卷，第 60 页。

道现在处于极危险的地位”。[①] 他指出，当前的中国，军事孱弱、政治腐败，“专就军事上的压迫说，世界上无论那一个强国都可以亡中国”；就外交而言，列强开一会议，签一协议，就可灭亡中国。经济方面，列强通过控制中国海关、金融、航运，利用条约特权、租界以及产业优势，每年从中国获利惊人，而中国负担着巨额的战争赔款，丧失了海关控制权，产业落后、资本缺乏，又受不平等条约束缚，经济发展严重受制，已处于民穷财尽的地位，“若不挽救，必至受经济之压迫至于国亡种灭”。就人口问题而言，一百多年来，中国人口总不增加，而列强人口总是日日加多，也有人种灭绝的危险。[②] 总之，只有明白中国所处的危险境遇，才有恢复民族主义的可能。

所谓“合群”，就是要“善用中国固有的团体，象家族团体和宗族团体，大家联合起来，成为一个大国族团体”。[③] 家族制度、家族主义是传统中国社会与文化的基础。清末以来，国家主义兴起，新思想界多认为家族主义与国家主义相冲突，批判家族制度与家族主义遂成一时思潮。孙中山则认为，“中国国民和国家结构的关系，先有家族，再推到宗族，再然后才是国族”，是逐级放大、有条不紊的“很实在”的结构；敬宗收族的观念，深入国人脑中，是客观的存在。浓厚的宗族观念，一方面淡化了国人的民族观念，“国亡他可以不管，以为人人做皇帝，他总是一样纳粮；若说到灭族，他就怕祖宗血食断绝，不由得不拼命奋斗”，但是只要启发人民的民族观念，让他们明白“外国目前种种压迫，民族不久即要亡，民族亡了，家族便无从存在”的道理，那宗族观念也可成为激发民族主义的有利因素，可以“化各宗族之争而为对外族之争”，使人们因怕灭族而结合为“极有力

① 《民族主义第六讲》，《孙中山全集》第9卷，第242页。

② 《民族主义第二讲》，《民族主义第五讲》，《孙中山全集》第9卷，第197—209、232—237页。

③ 《民族主义第六讲》，《孙中山全集》第9卷，第242页。

量的国族”。他主张“拿同宗的名义”，从一乡一县联络起，再扩充到一省一国，将全国各姓的人分别组成团体，“到了各姓有很大的团体之后，再由有关系的各姓互相联合起来，成许多极大的团体”。①

在新思想界普遍批评宗族观念时，孙中山利用宗族观念以结成国族的思想，显得比较另类。孙中山并非没有看到宗族观念的负面作用，但在经济社会发展还没有造成全国统一的市场，现代民族共同体意识还没有形成之时，他希望走一捷径，利用宗族以团结国族，也可以理解。凡事都有两面，只看到宗族观念对于现代国家建构的负面作用，以为非彻底打破宗族观念，不能构成现代国家，是一种教条主义；孙中山注意到宗族观念对于构建现代国家的作用，是他的特识。不过，他虽注意到宗族观念对于现代国家构建的负面作用，却未曾谈及如何消解其负面作用。此外，对于如何利用现代的职业团体等以协助构建现代国家，孙中山也缺乏论述。

第二，“发扬固有道德”，恢复固有的智识与能力。

近代国家建构，可从经济、政治、文化三个维度去理解。所谓经济建构，是指通过发展经济，打破地域壁垒与地域观念，建立统一的民族市场与统一的国家观念。所谓政治建构，是指通过发扬民族主义，建立民族认同；通过政治改革，实现国民权利保障与权利平等，打破种族、阶级、宗教界限，建立国家认同。所谓文化建构，是指通过发掘共同的民族记忆、塑造共同的价值观念等，建立民族共同体意识。对于建立近代国家，早年间的孙中山主要关注经济建设与政治建设，对于文化建设关注较少。他在论述其革命思想时，也常向古人寻求智慧，强调其民族、民权、民生三主义皆有历史的根由，但较少从民族国家建构的高度去论述“发扬固有道德”的意义。随着年岁的增长，他发觉文化建构对于国家建构的意义，

① 《民族主义第五讲》，《孙中山全集》第9卷，第238—240页。

对传统也就从“离异”走向回归。[①] 到他明确提出反帝任务时，他更是强调，“恢复民族主义”需从思想文化上与列强作一切割，发挥传统思想的作用。

孙中山强调，一个国家的强盛，既需武力的发展，也需文化的发扬。一个国家，军事落后，就会失败，而没有文化，没有道德，就不能维持民族和国家的长久地位。这是他久经思考后得到的认识。回顾历史，他认为中国虽经元灭宋、清灭明两次“亡国”，但都因文化、道德上的优势，有力量同化外来的民族。面向现实，他强调，面对列强的压迫，要恢复民族的地位，除联合起来结成国族团体外，还要“把固有的旧道德先恢复起来”。[②] 他所说的固有道德，指忠孝仁爱信义和平八德。他说，民国虽建，但忠于事、忠于国家、忠于人民的忠却不能不讲；孝尤为中国的特长，是道德的基础，更不能不讲。中国古代政治讲究“爱民如子”，讲究“仁民爱物”，“无论对于什么事，都是用爱字去包括”，这仁爱的道德，也要恢复起来，发扬光大。与人处以信为基础，行藏趋舍以义为标准，信义不可不讲。中国人爱和平，反对战争与杀戮，出于天性，在帝国主义强权逻辑盛行的时代，这和平的道德，更不能不讲。[③] 他所说的“固有的智识”，指《大学》所说格致诚正修齐治平，他把这八目看作“我们政治哲学的知识中独有的宝贝”，认为遵循这个次序，就可以“把一个人从内发扬到外，由一个人的内部做起，推到平天下止”。能够齐家、治国，就能够不受外国的压迫。[④] 又说，历史上中国人曾有诸多的发明创造，展现了卓越的能力，“后来失了那种能力，所以我们民族的地位也逐渐退化”。要恢复民族的地位，就要恢复民族的能力。

---

① 章开沅：《从离异到回归：孙中山与传统文化的关系》，《历史研究》1987 年第 1 期。

② 《民族主义第六讲》，《孙中山全集》第 9 卷，第 242—243 页。

③ 《民族主义第六讲》，《孙中山全集》第 9 卷，第 243—247 页。

④ 《民族主义第六讲》，《孙中山全集》第 9 卷，第 247—250 页。

在强调发扬固有道德、知识、能力的同时，他又说，“恢复我一切国粹之后，还要去学欧美之所长，然后才可以和欧美并驾齐驱”。不过，他论欧美之所长时，只谈其科学与技术，并未论及其政治与道德。①

文化是民族的生命所在，一个民族要长盛不衰，根本在其文化所倡导的秩序、价值能与时俱进，合乎人群需要，为人们所接受，成为绝大多数人愿意付诸实践的行为准则，能够发挥其团聚人心、发挥个人才性的作用。晚清以来，国家地位衰落，儒家所倡导的伦理道德受到质疑，被认为应为国家贫弱负责。民初共和政治试验的挫折，袁世凯利用复古思潮为其独裁统治张目，孔教派发起的国教运动又引发广泛的思想争议，儒家伦理不合于现代生活的看法在新思想界获得越来越多的支持。新文化运动兴起后，评孔非儒更成为重要的切入点之一。新文化运动领袖们之非议儒学，乃至批评孔子，是有所激而发，他们的相关论述对于打破孔子的绝对权威，树立人的主体地位，推动思想解放，发挥了重要作用。不了解新文化运动非儒评孔的历史背景，不了解树立个人主体地位的历史意义，从而全面否定新文化运动，不是历史主义的态度。欧洲的近代化，以宗教革命为起点，而中国思想的现代化则以非儒评孔为起点，皆有其历史因由。不过，新文化运动对于传统的批判也存在形式主义的弊病，引发思想界的批评。孙中山对一些新青年“排斥旧道德，以为有了新文化，便可以不要旧道德”，颇为反感，他主张发扬固有道德，以为民族复兴之用，也是有所激而发。不过，他也存在将“八德”抽象化的毛病，未细致论述“八德”的现代适用性，只谈保存、发扬，而没有谈如何改良。比如，他强调忠孝的意义，说若“能够把忠孝二字讲到极点，国家便自然可以强盛”，又抽象地谈忠于国家、忠于人民，不从正面回应五四思想界清理国家观念时的诸多论述，撇开国家之目的与正当职能、国家与个人之间的界限，

① 《民族主义第六讲》，《孙中山全集》第9卷，第251—253页。

将忠于国家当作对个人的片面的、绝对的要求，将国家神圣化，易趋于绝对的国家主义。其论忠于人民，也没有详细论述何谓人民，忽视人民内部利益、意见分化的事实，忽视人民内部利益、意见调和妥协的必要，而将人民作为一个整体的抽象概念，其所谓忠于人民容易化为忠于国家、忠于政府、忠于领袖。其论孝，也没有正面回应五四思想界对于孝的讨论，撇开父子地位的相对性不谈，将孝作为片面的义务加于人子，容易走向父为子纲。其论仁爱，虽有博爱的内容，但也有所谓“爱民如子”的论述，以及革命者之革命是出于仁爱之心的说法。五四新文化人曾指出的，“爱民如子”的慈惠主义，实质上是“视人民为孩提为未成年者”，以“仁爱”“慈惠”的名义将个人之自由权利彻底消灭。[①] 孙中山之论仁爱，似未脱此局限。他在“军人精神教育”的演讲中，将智、仁、勇与三民主义联系起来，说所谓智就是能辨别是非、明利害、识时势，就是认识到三民主义是唯一适合于中国的救国方法；所谓仁，就是实行三民主义，以救国救民；所谓勇，就是为革命事业、为实行三民主义而牺牲。[②] 这又将道德政治化。争取国家民族的平等地位，发扬国民的能力十分重要，然而孙中山只谈要发扬国民固有能力，但对国民卓越的能力是如何丧失的，今后当如何去发挥，却没有论述，不能不说是一缺陷。

总体上看，孙中山注意到文化对于民族存续、繁荣的意义，强调固有道德的价值，是针对五四新文化批评传统而发，有其特识。但他的论述只是抽象地、笼统地谈旧道德，对于如何对传统进行创造性阐释，使其能旧瓶装新酒，缺乏详细的阐述，不能令人心服。国家主义派的诸青来在《三民主义商榷》中就提出，孙中山对大学三纲八目的解释浅薄，其主张发扬固有道德，立论多有失当之

---

① 光昇：《中国国民性及其弱点》，《新青年》第2卷第6号，1917年2月1日。

② 《在桂林对滇赣粤军的演说》（1921年12月10日）（此演讲又名《军人精神教育》），《孙中山全集》第6卷，第9—40页。

处。他说，孙中山讲忠孝仁爱信义和平，而于孔子的恕道不置一词，并没有真正理解孔子之道。他强调，贯彻孔子之道的，其实是恕，“忠与恕虽并称，恕较忠为尤要”“恕即仁”“仁恕二字相通”“惟恕乃能得和平”，唯能行恕道，乃能讲忠信。信仰不能强同，三民主义只是主义之一种，“或从或违，与仁不仁问题，风马牛不相及”，而孙中山则以三民主义为唯一之救国方法，“从者为信徒，违者为异端，务必强人从己，归于一律”，其违背恕道，趋于专制，“与旧军阀较长絜短，盖有过之而无不及”，实为“不仁不恕”。[①] 诸青来的批评自有其政治立场，但他的批评也有其道理。孙中山发扬旧道德的提法，为戴季陶将三民主义儒家化，为国民党当政后大搞文化复古主义，提供了思想依据。胡适说：“根本上国民党的运动是一种极端的民族主义的运动，自始便含有保守的性质，便含有拥护传统文化的成分。因为国民党本身含有这保守性质，故起来了一些保守的理论。这种理论便是后来当国时种种反动行为和反动思想的根据了。”[②] 确实，孙中山民族主义思想中的保守一面是国民党后来走向保守、反动的思想渊源。

第三，“联合世界以平等待我之民族”，依靠“多数之民众”，共同奋斗，以争取国家民族的平等地位。

孙中山的革命生涯中，很长一段时间，都天真地希望得到列强对其革命事业的理解与支持。他向西方人解释他革命的目的与方法，说中国的政治革命与现代化不但有利于中国，也将为世界经济的发展提供机会，又承诺革命之后将承认一切条约。但他发现，列强完全从其在华利益出发，“断无表同情于”其革命事业者，相反倒是常常支持“反革命”。与之相反，苏俄成立后，以支持殖民地民族解放事业相号召，先后发布几次对华宣言，声明放弃帝俄时代

---

① 诸青来：《三民主义商榷》，箴文书局 1930 年 2 月再版（1927 年 2 月初版），第 69—71 页。

② 胡适：《新文化运动与国民党》，载何卓恩编《胡适文集》“文明卷”，长春出版社 2013 年版，第 52—53 页。

在华获得的特权，不谋求使蒙古脱离中国，愿意与中国建立平等的关系，更派人与孙中山联络，向他介绍俄国革命的经验，并表示愿意为国民党改组提供指导，为国民党培训军政干部，提供军事援助，并且这些援助不以要求孙中山同意其在中国进行布尔什维克宣传为先决条件，且愿意在《孙文越飞联合宣言》中公开承认“共产组织，甚至苏维埃制度，事实均不能引用于中国”。[①] 这些使孙中山相信，俄国之主张打破帝国主义强权，主张民族自决，是因为俄国人民发生了觉悟，“知道平日所受的痛苦完全是由于帝国主义，现在要解除痛苦，故不得不除去帝国主义，主张民族自决”，俄国之“没有侵略各国的野心，并且抑强扶弱，主持公道”，是出于真诚的自觉。俄国支持土耳其等国的革命，以及由此带来的世界格局的变化，帝国主义势力的强大，使孙中山相信，弱小民族要争取完全独立，必须“联合一致，去抵抗强权”，国民党应联合俄国以及世界上被压迫民族，一起奋斗，去打破世界的帝国主义与资本主义。[②] 俄国革命的经验，对于屡经挫折的孙中山更有强烈的吸引力。因此，孙中山由向西方学习转而“以俄为师”，由希望列强赞助中国革命，转而下决心与俄国联合。虽然在联俄的过程中，对于苏俄在蒙古的真实目的不无怀疑，对于苏俄与北京政府建交强烈反对，对于联俄过程中如何处理与中共的关系，孙中山一直都颇费周章，但一直到他去世，孙中山都不曾放弃联俄的主张，其政治遗嘱中所说的“以平等待我之民族”，就是指苏俄以及其他被压迫民族。

作为一个资产阶级革命家，孙中山发布纲领时一般都是抽象地谈三民主义，而不把它们与人们的阶级利益联系起来，这被鲍罗廷

---

① 《孙中山越飞继续会谈》（不晚于 1923 年 1 月 24 日），载《联共（布）、共产国际与中国国民革命运动》第 2 卷，第 434—435 页；《孙文越飞联合宣言》（1923 年 1 月 26 日），《孙中山全集》第 7 卷，第 51—52 页。

② 《民族主义第一讲》、《民族主义第四讲》，《孙中山全集》第 9 卷，第 190—193、224—225 页。

批评为思想混乱。鲍罗廷曾在国民党一大宣言起草委员会的会议上指出，关于民族主义的论述，必须分别具体说明反帝国斗争对于各个阶级的意义，只有这样才能动员广大群众参加民族解放运动。[①]起草委员会接受了他的意见，宣言在论述民族主义时说，中国的民族解放，必须以“多数之民众”为后盾。“盖民族主义对于任何阶级，其意义皆不外免除帝国主义之侵略。其在实业界，苟无民族主义，则列强之经济的压迫，自国生产永无发展之可能。其在劳动界，苟无民族主义，则依附帝国主义而生存之军阀及国内外之资本家，足以蚀其生命而有余。”因此，民族解放运动必须发动多数之民众，国民党必须“努力于赞助国内各种平民阶级之组织，以发扬国民之能力。盖惟国民党与民众深切结合之后，中国民族之真正自由与独立始有可望也”。[②] 其后，孙中山在一些演讲中，进一步讨论民族主义对于工人、商人、农民的实际意义，希望他们组织团体，支持国民党的反帝斗争，支持废除不平等条约。而国民党也开始将扶助民众团体作为其发动民族革命的重要方式。

至于反对帝国主义，争取民族解放的具体斗争形式，孙中山提出两种斗争模式，一是积极的，即通过联合俄国与世界弱小民族，依靠多数之民众，开展国民革命，求民权、民生问题之解决，以与外国奋斗；二是消极的，效法甘地的不合作运动，“不做外国人的工，不去当洋奴，不用外来的洋货，提倡国货，不用外国银行的纸币，专用中国政府的钱，实行经济绝交”。[③]

需要指出的是，孙中山虽提倡民族主义，但他痛恨帝国主义的强权逻辑，反对中国走帝国主义的老路。他说，中国争得自由平等地位，成为世界强国之后，不能学列强的帝国主义，而要济弱扶

---

① 《鲍罗廷的札记和通报》（不早于1924年2月16日），《联共（布）、共产国际与中国国民革命运动》第1卷，第454—455页。

② 《中国国民党第一次全国代表大会宣言》（1924年1月23日），《孙中山全集》第9卷，第119页。

③ 《民族主义第五讲》，《孙中山全集》第9卷，第240—241页。

倾，“对于弱小民族要扶持他，对于世界的列强要抵抗他”，要消灭帝国主义，“用固有的道德和平做基础，去统一世界，成一个大同之治”。①

孙中山对民族主义的新阐释，以反对帝国主义与国内各民族一律平等、承认国内各民族之自决权为主要内容，以联合苏俄以及世界被压迫民族，依靠多数之民众，支持各阶层民众团体之发展、动员多数民众参与反帝斗争为策略，以求国家地位平等与世界大同为目标。它既有民族革命论的意味，也带有阶级革命论的意味，并接受了苏俄的世界革命论。这就使它与辛亥革命前孙中山的民族主义显著区别开来。这种论述，为国共合作的建立开辟了道路，也使国民党在苏俄、世界被压迫民族与帝国主义阵营之间做出了明确选择。对于求国家之自由平等，对于联合世界上之被压迫民族，乃至发动群众参与反帝运动，国内一般思想界大都能够接受。但孙中山选择联合苏俄，则引起国内以及国民党内亲西方势力的担忧与反对。国民党内的反对者认为，这将使国民党的革命在国际上遭遇孤立，邓泽如等上书孙中山就表现了这一立场。而亲英美的知识界、工商界则认为，孙中山上了苏俄的当，他们认为帝国主义的根本含义是对外扩张，欲以政治、军事、经济乃至思想文化的力量控制别国，使其成为自己的附庸，帝国主义不是资本主义的专利，号称社会主义的国家也可能是帝国主义。他们以苏俄违背加拉罕宣言，不交还中东铁路，不从外蒙撤军，甚至策动外蒙独立等为依据，认为苏联是赤色帝国主义，其支持国民革命完全出于自身利益考虑，并非真心实意帮助中国人民求民族解放。又称苏俄违背允许其国内少数民族实行“民族自决”的承诺，以武力镇压境内的民族自决运动；违背扶助弱小民族的承诺，与日本交易，出卖朝鲜。又称苏俄支持国民党的革命，目的是作乱中国，以牵制列强，保障自身安

① 《民族主义第六讲》，《孙中山全集》第9卷，第253页。

全。[1] 在1925年知识界关于“赤白”与“仇友”的争论中，国家主义派、自由派人士的此类论述很多。他们还认为，苏俄的世界革命论是赤色帝国主义的理论，其策动世界革命之目的也是想称霸世界，与西方列强别无二致。更有人认为，苏俄不但不是中国的朋友，反而是中国的敌人，反对孙中山的联俄政策。他们中的一些人，赞同反对帝国主义的主张，赞同改正或废除不平等条约，但认为这应主要通过改善内政、利用外交手腕以及借助内外舆论等手段来实现，不必提出打倒帝国主义的口号，因为帝国主义很强大，非弱小之中国可以打倒；也不必用革命的手段去反对帝国主义，更不能“依靠俄国”去反对帝国主义，因为这只会使中国的国际处境更加艰难，而其结果则未必能达到改正不平等条约之目的。他们中的一些人，有比较深的崇尚欧美的心理，觉得欧美的资本主义才是中国应走的路，反对向俄国人学习，强调不能将反帝简单地理解为排外，不能在排外运动与反帝之间画上等号，不能将反帝等同于反对资本主义，应一面反对帝国主义在华特权，一面不忘向西方列强学习，不必因反对帝国主义就学习苏俄的政治经济制度。鲍罗廷说：“帝国主义不仅束缚了中国国内的经济生活和政治生活，而且也毒化了最真诚的、最著名的和最忠实于民族事业的人们的心灵。这些人正在重复威尔逊民主政治的所有胡言乱语，不知他们从哪里弄来一些似乎是新的、而实际上是在欧洲和美洲早已过时了的和被人遗忘了的观点。”[2] 可以说，20世纪20年代的反帝问题与师法欧美还是师法苏俄，密切相关。更有人否认帝国主义的存在，说中国的乱源在中国自身，相反，列强在华投资，有其商业利益，它们希望看到中国的安宁与统一，中国需要做的不是反对帝国主义，而是老老实实向西方学习。

---

① 胡国伟：《苏俄帝国主义与弱小民族》，《醒狮》第71号，1926年2月20日。

② 《鲍罗廷的札记和通报》（不早于1924年2月16日），《联共（布）、共产国际与中国革命》第1卷，第429—430页。

共产国际与中国共产党对孙中山、国民党提出反帝任务，主张建立反帝统一战线比较满意，但又认为孙中山、国民党人内心里崇拜外国，“认为美国人，英国人，法国人等等那里好，而我们这里不好”，存在“对民主自由国家的幻想”，反帝立场不坚定，“从来没有放弃寻求同帝国主义列强的妥协”。孙中山虽同意按照共产国际的解释去阐释三民主义，制定了革命纲领，但“对我们（指苏俄——引注）还不完全信任”。鲍罗廷说孙中山缺乏彻底的反帝精神，虽表面上联俄，但心向美国，“有时我觉得，无论给这头老狼喂多少东西，他还是盯着‘自由民族’，他始终期待着以此来拯救中国”。又认为孙中山、国民党对于群众的力量缺乏认识，没有真正彻底的群众观点，不能充分发动工农群众起来反对帝国主义。①共产国际也督促中共推动国民党坚定反帝，与国民党内的亲帝国主义思想做斗争。

二　民权主义的新阐释

孙中山所说的民权，并非一般意义上的人民自由权利，而是“人民的政治力量”。据他的解释，“权就是力量，就是威势”，“有行使命令的力量，有制服群伦的力量，就叫做权”；“政就是众人的事，治就是管理，管理众人的事便是政治。有管理众人之事的力量，便是政权。今以人民管理政事，便叫做民权”。② 可见，他所说的“权”，是 Power，而不是 Rights。他追求民权，主要是追求人民管理政事的权力，而非主要追求人民自由权利之保障。不过，力量、威势的含义应指事实上拥有的使人不能不从的力量、威势，但

---

① 《加拉罕给鲍罗廷的信》（1924 年 2 月 13 日于北京）、《鲍罗廷的札记和通报》（不早于 1924 年 2 月 16 日），《联共（布）、共产国际与中国革命》第 1 卷，第 413、416～417、422、425～426、428 页。

② 《民权主义第一讲》，《孙中山全集》第 9 卷，第 254—255 页。

孙中山在论述民权时，又往往指人民的选举权、创制权、复决权、罢免权等四大民权。这四大民权更多地指人民在法律上拥有的“权利”，这些权利并不必然与力量联系在一起。人民可以运用这四大民权管理政事、控制政府，但这需要人民拥有政治实力，需要社会上存在大众公认的民主政治的信条作为支撑。人民没有实力，社会没有民主政治的公共信条，人民拥有四大民权，也不能控制政府。因此，要使四大民权真正发挥作用，需要通过向人民灌输政治思想，争取言论结社自由，发育人民团体，拓展公共生活空间，以培育人民的政治实力，涵养民治的公共信条；而这必须以人民有言论结社集会自由，乃至居住自由、财产权等自由权利为条件。而孙中山则认为，革命势力的发展就是人民政治实力的增长，就是人民有“权力”的表征，就是能够实行民权主义的保证，将人民的革命力量等同于人民的政治实力。辛亥革命前的革命程序论还论及以地方自治制约军政府，防范其到期不还政于民，二次革命后的革命程序论在主张革命党在军政、训政时期垄断政权的同时，几乎不曾谈及革命党与人民之间分歧的可能，对于如何确保革命党还政于民的论述也不能够令人信服。可以说，孙中山所说的“民权”，实际上主要存在两种含义，一是由人民的政治实力支撑的“权力”，一是由革命党或革命政府赋予人民的参政权利。

孙中山的民权主义是与五权宪法密切相关的。辛亥革命前，孙中山就提出五权宪法的主张，认为西方的三权分立，还不够完备，应借鉴中国传统，在立法、行政、司法三权之外，加上考试权与监察权。孙中山认为，欧美政治体制中，由于没有议员、政务官需经过考试获得资格的制度安排，遂使一些口才很好但缺乏真才实学的人在选举中战胜有才学而口讷的人，混迹政界，故他主张增加执行考试权的机关，以通过相关考试作为被选举资格之一。又认为，西方国家的监察权主要由议会掌握，遂成为议会挟制行政机关之利器，限制了政府权能的发挥，故主张设立监察机关，监察政府及议会。总体上看，辛亥革命前的五权宪法论还没有逃脱西式资产阶级民主政治的范围，是对西式政治模式的修正与补充。直到国民党改组前，孙中山以及他身边的一些同志都还认为民权主义是从“先进的民主国家”那里学来的，只是对它进行补充，比如增加监察、考试两权，① 不认为需要采用苏俄的苏维埃制度。

辛亥革命后，孙中山一度放弃革命程序论，而接受直接由军法之治进入宪法之治的选择，并对政党政治问题有不少论述。二次革命后，他重提革命程序论，对民权主义有系列的阐述。国民党改组前后，孙中山对于民权主义有一系列论述，大略而言，主要有三方面的内容。

（一）自由平等观

自由、平等是近代民主政治的基础理念，追求自由平等的权利是近代民权运动的基本动力。孙中山之主张民权主义，主要不是从民权主义有利于保障人的自由平等权利的角度立论，而主要从民权主义是世界潮流，实行民权主义有革命上之便利的角度立论。1923年1月，他在《中国革命史》中这样陈述其主张民权主义的理由：“余之从事革命，以为中国非民主不可，其理由有三：既知民为邦本，则一国以内人人平等，君主何复有存在之余地，此自学理言之者也……中国历史上之革命，其混乱时间所以延长者，皆由人各欲帝制自为，遂相争相夺而不已。行民主之制，则争端自绝，此自将来建设而言之者也。”② 1924 年，在“民权主义”的系列讲演中，他又说，中国古人早就有民权的议论，不过只见诸言论，而没有形于事实，现在欧美已实现民权，“我们要希望国家长治久安，人民安乐，顺乎世界的潮流，非用民权不可”。不过，接下来的演讲中，他并未讨论民权与国家长治久安、人民安乐之关系，而只是从

---

① 《鲍罗廷的札记和通报》（不早于1924年2月16日），《联共（布）、共产国际与中国革命》第1卷，第457页。

② 《中国革命史》（1923年1月29日），《孙中山全集》第7卷，第60—61页。

世界潮流论民权主义之必要。他说，从有历史到现在，人类政治经历了神权、君权、民权三大时代，现在的世界潮流已到了民权时代，这是历史的大潮流，“如果反抗潮流，就是有很大力量象袁世凯，很蛮悍的军队象张勋，都是终归失败”。①

孙中山是实践中的政治家，不是书斋里的学者，他不赞同民权天赋之说，认为“民权不是天生出来的，是时势和潮流所造就出来的”。② 他对自由平等问题的论述，常以三民主义包含自由平等，将实现自由平等归结为实行三民主义。他说：“中国革命党不主张争平等自由，主张争三民主义。三民主义能够实行，便有自由平等。”③ 他认为，对于中国人来说，最有现实意义的是争取国家自由，而非个人自由，而“民族主义是提倡国家自由的”，实现国家自由，就要努力实行民族主义，而不能讲个人之自由平等。又说，自由平等附属于民权，“民权发达了，平等自由才可以长存；如果没有民权，什么平等自由都保守不住”。关于民权主义之于自由平等的意义，他说民权主义“是提倡人民在政治之地位都是平等的，要打破君权，使人人都是平等的，所以说民权是和平等相对待的”。④ 在强调“政治之地位”平等的同时，他又注重经济地位的平等，说：“民生主义若是不能实行，民权主义不过是一句空话……民生主义，就是要人人有平等的地位去谋生活；人人有了平等的地位去谋生活，然后中国四万万人才可以享幸福。”⑤ 他强调，自由平等的权利若离开国家独立、人民参政、经济平等，就无法落实，没有意义。从一方面看，没有国家独立，没有人民参政，贫富极端

① 《三民主义第一讲》，《孙中山全集》第9卷，第255—271页。

② 《民权主义第一讲》，《孙中山全集》第9卷，第264页。

③ 《民权主义第三讲》，《孙中山全集》第9卷，第293页。

④ 《民权主义第二讲》、《民权主义第三讲》，《孙中山全集》第9卷，第283、294页。

⑤ 《在广州农民联欢会的演说》（1924年7月28日），《孙中山全集》第10卷，第460—463页。

悬殊的情形下，不可能有真正的个人自由权利的保障，也就难有自由、平等与正义；但是若只强调国家独立、人民参政、经济平等，而无视个人自由权利，那么国家存在、人民参政的意义又何在？只讲经济平等，而无视个人正当利益的保护，那么经济发展的动力又何在？经济发展的意义又何在？孙中山以三民主义包含自由平等，但他的三民主义中缺少对个人自由权利的关注，是他思想的一个缺陷。

孙中山比较中西历史，分析中国现状，认为国人比较强调国家自由以及人民政治社会经济地位的平等，而不强调个人自由平等权利的追求，有其历史原因与现实合理性。他说，近代以前的欧洲，君主、贵族、教会专制发达到了极点，又存在阶级制度与职业世袭制，人民深受专制之苦与职业不自由、信仰不自由之苦，故迫切追求自由平等成为其民权运动的基本动力。中国自封建制度破坏后，阶级制度不存，职业限制“完全打破”，社会流行性甚好，人民对平等的追求不甚迫切。又，历代统治者以放任为治，“专制淫威不能达到普通人民”，“人民直接并没有受过很大的专制痛苦，只有受间接的痛苦”，相反，人民还享有“极其充分”的自由，因此缺乏追求自由的热忱。在此情形下，以自由平等相号召，不能得到一般国人的热心拥护，也就无法动员国人参加革命。从现实需要看，中国的首要任务不是求个人之自由平等，而是求国家之自由平等，这需要团聚国人，形成有战斗力的团体。中国人本就过于“自由”，已然散沙一盘，若再强调个人自由、平等，必不利于民族解放事业。他说，自由本为人我权界，有其范围，但自由太过，不讲人我权界，追求“充分自由”，就会以放任、放荡为自由，“把什么界限都打破了”，不服从命令、校规、军纪，这不利于团聚一盘散沙的人们。孙中山又说，平等的真正意义是在承认人们天赋聪明才力差异的基础上，打破阶级制度，求人们“政治上的地位平等”，使先知先觉、后知后觉、不知不觉三种人都“以服务为目的，而不以夺取为目的”，各尽其聪明才力，为人群服务。若“把平等两个字认得太呆”，抹杀人们天赋聪明才力上的不平等，追求一律平等，就会否认能力超群者的领袖资格，排斥领袖，就不能结成有力量的团体共同奋斗，就不能发挥先知先觉者的作用，造成“世界便没有进步，人类便要退化”的局面。他强调，中国的紧迫任务是实现国家的自由平等和强盛，为完成这一任务，人们应牺牲个人自由，去争国家自由，应服从领袖指挥，结成有力团体共同奋斗，而不能将自由用到个人上去，不能将平等理解为“一律”平等。①

孙中山将国家之自由平等作为第一追求，是严峻的民族危机造成的。强调国家自由平等，要求个人解放服从于民族解放，也是近代中国思想中颇为明显的倾向。中国传统中没有自由平等的观念，不少国人初接触自由平等观念，也确有诸多误解。这些误解给欲图结成革命团体，通过革命来改变中国的孙中山，造成诸多困扰。革命是有风险的，它需要严密的组织与纪律，革命组织成员的自由平等权利也不能同和平时代的平民一般，须受其所属组织规章纪律的约束。作为革命领袖的孙中山，为谋革命组织、革命事业的发展，强调革命团体的团结，强调革命党人服从革命领袖，是他所处的实际境遇所决定的。他“当总统及大元帅时，许多政务，受了那主张极端平等自由的牵掣不少，当同盟会及国民党首领时，许多党务，亦受了那主张极端平等自由的麻烦不少，所以他对于自由平等之流弊，言之极为痛切”。② 但是，他的论述存在着缺陷。

第一，模糊了自由的本义。孙中山本知道自由指人我权界，个人自由应以不侵害他人权利为前提，但他有时又将自由等同于放荡不羁而加以反对。自由权利的保障，是构建国家认同的重要条件。一个自由权利毫无保障的国度，难以真正建立人民的国家认同，相反，人们将“适彼乐土”，逃离这个国度。革命组织内部自然有严

① 《民权主义第二讲》、《民权主义第三讲》，《孙中山全集》第9卷，第271—299页。

② 前溪：《三民主义评论（一续）》，《国闻周报》第3卷第42期，1926年10月31日。

格的纪律，但若革命成员在组织内部没有自由的权利，只有服从的义务，这个革命团体也不可能真正团结起来，相反会因为成员意见、诉求不一，又不能通过正常的组织渠道表达自己的意见与诉求，导致组织分崩离析。孙中山将个人自由平等与国家自由平等对立起来，也不恰当。胡适曾说，一个自由平等的国家，不是一群奴才可以建立起来的。这是至理名言。

第二，孙中山对中国历史的分析有误。他将专制皇权统治下，因为统治者统治能力不足而放任为治，人民消极地拥有比较宽松的活动空间看作自由，而忽视了自由是法律保障的权利的道理。专制制度下，权力归诸最高统治者，他拥有广泛的权力，他虽不直接干预民间生活，也可能放任为治，但他逾越祖宗成法，肆意侵害人民权利，其行为也不会引起深受专制主义思维影响的人们的质疑。孙中山说中国专制政治不甚发达，人民所受专制之苦较中世纪欧洲人要轻，也只是表面的感觉，其实历史上中国人所受专制之苦，何尝少于欧洲人？从当时的现实情形看，国家之自由平等固需追求，但人民所受专制之苦也正不少，保障人民权利何尝不是急迫的现实任务？常乃悳说："即以今日而论，人民之身体可以自由逮捕，书信可以自由检查，出版物可以自由封禁，集会结社可以自由禁止，甚至生命可以自由杀戮，财产可以自由抢劫，政府军阀官僚的自由越大，人民的自由越小，中山先生似乎并不注意这种当前的事实，他老先生还觉得中国人的自由太多，还觉得有限制中国人自由的必要，所以到了国民党执政以后，书信出版集会结社等自由全被剥夺固然不必说，甚至办一学校也必须尊奉党教，行一礼仪也必须讽诵党经，所谓党国要人，武装同志，在清除共产党的名义之下，惨杀许多无辜的青年，其中固然有共产党，难道都是共产党吗？况且即使是共产党，在他们未实际去惨杀平民之前，未实际有作乱的证据之前，还是不能随便就屠杀的。"① 这一批评，揭示出孙中山重国

① 常燕生：《三民主义批判（四续）》，《新国家》第2卷第3期，1928年。

家自由平等而忽视个人自由平等权利的思想倾向，与国民党执政后无视人民权利、行反动统治的思想关联。

第三，将革命组织与革命领袖混为一谈。二次革命后，孙中山痛感革命组织涣散，革命领袖不能指挥如意所造成的弊端，在创立中华革命党时将权力集中于领袖个人，乃极端强调领袖个人的绝对权威，以为这可以使党组织严密而有战斗力。“殊不知党的严密与否全在组织问题，全在各个党员的能否服从法律，而不在少数领袖的权威。真正党的集权是集权于组织，集权于法律，而不能集权于个人。”集权于个人的党，其危险在于：一则造成党的分裂，“因某一个人权威增大的结果，其他素来有同等地位的领袖就不免失望而生离心，结果减杀党的力量”；二则“个人之措施未必尽属适当，即有错误，党员亦须绝对服从，结果遗误不少”；三则“纵使领袖个人有权力能维持党纪，然领袖一死，重心既失，纠纷必大起”。①

总之，孙中山因一些人误解、误用自由平等，产生诸多流弊，而将个人自由平等全然抹杀，又将对革命党员的要求扩展为对全体国民的要求，要求全民服从革命组织与革命领袖，为后来国民党“假军政、训政之名，干涉人民的言论、思想、信仰等自由”，提供了思想依据。他因过于重视国家之自由平等，而将个人自由平等看作有害于民族解放大业的负面价值，是不恰当的。如批评者所指出的，“夫人群所以有进步，系乎其群中分子各发展其个性（individuality）。个性发展，得以互相淬励，互相切剂，以谋适应乎环境，改善其生活，此人群所以能逐渐演进而占优胜之地位者也”。② 完全抹杀个人自由，以打压个人自由为革命事业所必需，只会断绝社会生机。常乃悳承认国家自由的意义，但反对因为追求国家自由而抹杀个人自由，他说：“倘使说：不可但争个人的自

① 常燕生：《三民主义批判（四续）》，《新国家》第2卷第3期，1928年。

② 诸青来：《三民主义商榷》，第81页。

由，更要争国家的自由。那就对了。我们一面要争个人的自由权，一面也要牺牲一部分个人的自由权来帮助国家去争自由，这样说，便没有流弊了。”① 这大体是持平之论。

（二）万能政府论

近代民主政治因反抗君主、贵族专权压制而起。当反抗专制的时代，人们相信政治权力所以成为压制人民的权力，是因为治者与被治者分离，若人民普遍参政，统治者与被统治者合而为一，则人民就不必担忧其加于自身的权力会专横、酷虐。但是，随着民主政治的开展，人们发现，所谓人民的权力不过是人民当中一部分人的权力，仍需加以防范；人们也发现，人民权力运用不当，容易发生暴民政治。由此，无论政府权力，还是人民权力，都要有所限制，就成为重要的现代政治理念。孙中山认为，西方的民权政治主要存在两方面的问题：一是民权不充分，近二三百年来欧美民权政治的进化，人民所得“不过是一种选举和被选举权”，“至今只得到一种代议政体”；② 二是因为人民不信任政府，“恐怕政府有了能力，人民不能管理，所以人民总是防范政府，不许政府有能力，不许政府万能”，同时，“一般人把自由平等用到太没有限制，把自由平等的事做到过于充分，政府毫不能够做事”，造成政府能力的退化。③ 孙中山认为自己找到了解决民权与政府权之间矛盾的方法，可以一面令人民有充分的民权，一面又能产生为人民所控制的、为人民谋幸福的“万能政府”。这个方法就是直接民权与五权政府，而其理论依据则是“权能区分”论。

孙中山将人分为先知先觉、后知后觉、不知不觉三类。他说，先知先觉的人，绝顶聪明，“凡见一件事，便能够想出许多道理；

① 常燕生：《三民主义批判（四续）》，《新国家》第2卷第3期，1928年。

② 《民权主义第四讲》，《孙中山全集》第9卷，第313—314页。

③ 《民权主义第四讲》，《孙中山全集》第9卷，第321—322页。

听一句话，便能够做出许多事业”，他们“是世界上的创造者，是人类中的发明家”。后知后觉者，其聪明虽不能创造发明，但能模仿先知先觉，他们是宣传家，是先知先觉者事业的赞助者。不知不觉者，聪明不够，“凡事虽有人指教他，他也不能知，只能去行”，他们是实行家。天下事业，需要这三种人分工合作，缺一不可。天下人中，先知先觉者绝少，后知后觉者也是少数，而不知不觉者则居绝大多数。民权政体是“凡事都是应该由人民作主”“人民来做皇帝”的政体。民权政体之下，人民有“政权”，但他们绝大多数是后知后觉，是有权无能的阿斗，不具备治理国家、自谋幸福的能力，要想国家富强，就需“利用有本领的人去管理政府”。这些有本领的先知先觉者有能无权，要想大展拳脚，就需要人民像阿斗授予孔明治蜀全权一样，将治国全权交付给他们。①

依据权能区分论，孙中山主张一方面赋予人民选举、创制、复决、罢免等四大民权，一方面赋予政府行政、立法、司法、监察、考试五大权。他将四大民权称为“政权”，说就像“有了放水制，便可以直接管理自来水；有了接电钮，便可以直接管理电灯”一样，人民有了四大民权，就可以“直接管理国家的政治”，完全控制政府，要它运转，它就运转，要它停止，它就停止，“便不怕政府的力量太大，不能够管理”。政府有了五大治权，就能成为一台各权互相配合、互相制衡的强大机器，高效地为人民工作。② 在这个架构下，“国民是主人，就是有权的人，政府是专门家，就是有能的人……民国的政府官吏，不管他们是大总统、是内阁总理、是各部总长，我们都可以把他们当作汽车夫。只要他们是有本领，忠心为国家做事，我们就应该把国家的大权付托于他们，不限制他们的行动，事事由他们自由去做，然后国家才可以进步，进步才是很快。如果不然，事事都是要自己去做，或者是请了专门家，一举一

① 《民权主义第五讲》，《孙中山全集》第 9 卷，第 323—329 页。

② 《民权主义第六讲》，《孙中山全集》第 9 卷，第 347—354 页。

动都要牵制他们，不许他们自由行动，国家还是难望进步，进步还是很慢”。①

近代民主政治的本义是限制政府权力，但随着社会的发展，国家权力日渐扩张，自由主义将国家视为守夜人的主张日渐不适应现实需要，而积极的国家观念渐被接受，如何一面限制政府权力，一面扩张国家职能，成为现代政治中一对难解的矛盾。近代中国在追求民族解放、国家独立与社会发展的过程中，不少人都希望由国家来主导现代化，清末民初中国思想中一直存在强有力政府论。孙中山主观上希望解决民权与政府权之间的矛盾，一方面希望给予人民直接参与国家政治的权利；另一方面又希望建立一个万能政府。不过，他的权能区分论与万能政府论，存在诸多矛盾，在当时就遭到自由主义派、国家主义派的批评：

第一，人类在天赋与政治能力上存在差异，这无可否认。孙中山区分权力的拥有与使用，主张人民将权力委托给政府当局去使用，是“极平易近情的主张”，毕竟人民不可能都直接参与国家管理，需要有人代表他们去治理国家。② 但孙中山将他本人看作中国唯一的先知先觉，把他的国民党同志看作后知后觉，而把四万万中国人看作不能知、只能行的阿斗。选用孔明的是刘备，而不是阿斗，阿斗是不能选用孔明的。若四万万人都是阿斗，那他们就无法行使四大民权，也不能从人群中辨识孔明，选用孔明。③

第二，权能区分论与近代民主的基本精神不相合。孙中山早在出版《知难行易》一书时就提出人分三类论，并以此为据，论述训政的合理性。汪彭年就此指出，当今世界是人类向“德谟克拉西”前进的时代，“德谟克拉西”之要旨，“不外人各具知能，自

---

① 《民权主义第五讲》，《孙中山全集》第 9 卷，第 331—332 页。

② 前溪：《三民主义评论（一续）》，《国闻周报》第 3 卷第 42 期，1926 年 10 月 31 日。

③ 前溪：《三民主义评论（一续）》，《国闻周报》第 3 卷第 42 期，1926 年 10 月 31 日。

动自治于平等自由之下，各自独立以营个人之生活于共同利害之下，互相扶助，以营社会之生活也”。而孙中山却分知行为二，认为一部分人能知能行，一部分人不能知而只能行，并以此为据将人分为治者与被治者，这与传统专制思想以及开明专制论、贤人政治论，如出一辙，都是认“知识属于一阶级，国家社会一切责任，皆寄托于圣贤君师，彼庶民焉，则可使由之不可使知之也”。此种思想不除，德谟克拉西不能实现。[①] 吴鼎昌则敏锐地发现，孙中山多用“民权”的概念，而很少用“民治”或者“民主”的概念。他说，democracy 一词，一般有两个解释，一是 government by people，即民治意思；一是 a form of government in which the supreme power is retained and directly exercised by people（英文意思为“最高权力由人民掌握或由人民直接运用的政府形式”——引注），即民主的意思。孙中山多用“民权”的概念，而少用“民治”或者“民主”的概念，而他区分权能，则表明他“注重在‘民权他治’，与世界言‘民治’学者注重在‘民权自治’的不同。故‘民权主义’中关于无政府主义的‘不要国家’学说、共产主义的‘国家自然消灭’学说，概未引用，简直连‘民治’的话也未提起。世界学者普通表示的，如何如何可以过渡到‘民治’那种希望，民权主义书中亦概未表示”。[②]

第三，孙中山区分权能的根本目的在造万能政府，以为国民谋幸福，但万能政府之说与民权之说相矛盾。常乃悳说，无论间接民权，还是直接民权，其基本用意都是限制政府权能，而万能政府之说则极力主张扩张政府权能。孙中山一面主张民权，甚至认为代议制之下，民权不充分，故于间接民权之外，更主张直接民权，一面又要求人民将治理全权托付给政府，以造万能政府。这显然矛盾。

---

① 汪彭年：《孙文学说驳议》，《新中国》第 2 卷第 2 号，1920 年 2 月 15 日。

② 前溪：《三民主义评论（一续）》，《国闻周报》第 3 卷第 42 期，1926 年 10 月 31 日。

之所以如此，是因为孙中山的民权主义杂糅了三权分立的欧美旧式民权说、美国新式的直接民权说以及苏俄的万能政府说。孙中山饱吸欧美自由之风，其“民权主义原意本同欧美学者一样，本以限制政府权力，而非以扩张政府权力”，但在革命屡遭挫折后，他希望建立强大的革命党以行训政，乃欲借用苏俄的党治说以实现这一目的；孙中山“身在政府”，想减少议会对政府的束缚，扩大政府权力，乃借用苏俄的政府万能说，欲造强有力政府以为人民谋幸福。[①] 吴鼎昌说，孙中山《民权主义》一书，是一个身处政治旋涡的革命领袖从其实际需要出发来谈民权问题，希望“把‘民权’二字定一种界限，教他不妨碍‘官权’之行使”，“与其说他注重民权主义上之发挥，毋宁谓他注重民权实行上之限制”。[②] 他认为孙中山民权主义的重心是造万能政府，而非发扬民权。诸青来则说，孙中山区分权能，“以管理政事之权，专属诸政府，民权已无存在余地，所谓民权亦徒有其名而已”。[③]

第四，孙中山欲以直接民权化除人民防范政府之心，以造万能政府，但实行直接民权并不能化除人民防范政府之心，人民拥有直接民权也未必就可以操纵政府。诸青来说，近代民主因人民疑忌政府、欲设制防范政府而来，人民疑忌政府之心，不因间接民权而消失，也不会因直接民权而消失。即便政府表现完美，人民愿意将全权托付政府，但民意变动不居，难保人民疑忌之心不再起。他又说，行直接民权而人民能完全操纵政府，只能有效于小规模的政治体，而不可能有效于大型复杂政治体。政府固然可以被看作机械，但直接操纵这一机械的是政府当局，而非人民。政府当局“固自有理性，自有情感，自有意志，决非无生气之机器可比”，非可轻易操纵。孙中山期望万能政府，但他关注重心在政府是否有能，却

① 常燕生：《三民主义批判（五续）》，《新国家》第2卷第4期，1928年。

② 前溪：《三民主义评论（一续）》，《国闻周报》第3卷第42期，1926年10月31日。

③ 诸青来：《三民主义商榷》，第75—76页。

不能保证政府必贤。实际情形往往十分复杂，“当局而能也，在其权限范围以内，可以百废俱举，当局而不能也，则庶政不修，百举俱废。当局贤而无能，虽不称职，尚不至大为民害，国民不以为然，径罢免之可矣。若甚有能而又甚不肖，则其情形大异乎是。彼非不励精图治，奋发有为，惟涉及权力问题，彼固别具雄心，不甘受人羁勒。对于国民大会，固可设法操纵，使为己用，如此，则政府无施不可，无所不能，中山所梦想之万能政府，于是实现，所惜者直接民权，名存实亡，徒为告朔饩羊而已”。此时，人民虽欲罢免政府而不能，孙中山所设想用以控制政府的“放水制”“接电钮”都将失能，不唯如此，人民将成为政府所控制的机械。①

（三）训政论、党治论与阶级民权论

辛亥革命前，孙中山就提出革命程序论，但他的主张未为多数革命党人所理解，辛亥革命也没有照革命程序论进行。二次革命后，孙中山创立中华革命党，重提革命程序论，将军法之治、约法之治、宪法之治三期的名称改为军政、训政与宪政三期，并特别强调革命党在整个革命时期的作用，提出了以党建国的思想。此后，他对革命程序又陆续有所阐发。他强调，辛亥革命后的共和政治所以失败，就是因为革命党人不理解革命程序论的意义，不了解“专制积威造下来的奴隶性”，人民缺乏政治思想与政治能力，没有做国家主人的意愿与能力，必须经由革命党人领导的训政，他们才能“当皇帝”、做民国的主人的道理，乃急于实行共和，遂使反动势力得以破坏共和。② 总结此前奋斗失败的教训，他特别强调训政的意义，反复强调今后革命必须照革命程序论进行，必须先由革

① 诸青来：《三民主义商榷》，第 99 页。

② 《在上海中国国民党本部会议的演说》（1920 年 11 月 9 日）、《行易知难》，《孙中山全集》第 5 卷第 400—401 页、第 6 卷第 157—159 页。

命党开展训政，才能开始宪政。为防革命党人再度放弃革命者应承担的革命之建设（即训政）的责任，确立训政论的理论权威，他提出“行易知难”说。他说，革命党人所以不认同程序论，无视革命理论的指导意义，对先知先觉的革命领袖所发明的革命真理“信仰不笃、奉行不力”，实因多数党人中了“知之非艰，行之惟艰”之毒。他特著《行易知难》一书，阐述知难行易之理，以破除其革命事业的“最大之敌”——横亘于人们心目的“知之非艰，行之惟艰”之说。他强调确立革命宗旨、革命方略对革命事业的意义，指出没有适合时代需要的革命宗旨，革命就没有方向，没有正确的革命方略，革命行动就不能获得成功。然而，确定革命宗旨、革命方略，又是最需要智慧与胆略的革命工作，其难度远比实行革命要难。他说，三民主义、五权宪法的革命宗旨，革命程序论的革命方略，是他总观中外历史与世界潮流，深入分析中国现实形势，得出的科学发明，革命党人不应怀疑，而应笃信之、力行之。只要“万众一心，急起直追”，“以我五千年文明优秀之民族，应世界之潮流”，革命党人就能“建设一政治最修明、人民最安乐之国家”。①

孙中山训政论的关键操作安排是地方自治。他十分看重地方自治，将它看作训练国民最主要的方法。他主张地方自治以县自治为基础，不赞成省自治。他设想，训政开始后，革命政府应派曾经训练考试合格之员，到各县协助人民筹备自治。自治事务包括清查户口、设立自治机关、核定地价、修筑道路、垦殖荒地、设立学校，以及发展地方公有经济，并以地方财政与公有经济之收入供“经营地方人民之事业，及育幼、养老、济贫、救灾、医病与夫种种公共之需”。关于县自治机关之设立，他说，清查户口之后，便可组织自治机关，由人民选举自治职员，以组织立法机关与执行机关。自治开始时，人民只有选举权，要到全县人口调查清楚、土地测量

① 《行易知难》，《孙中山全集》第6卷，第157—246页。

完竣、警卫办理妥善、四境纵横之道路修筑成功，“而其人民曾受四权使用之训练，而完毕其国民之义务，誓行革命之主义”，并组织起县自治机关，成为一完全自治县之时，才有完全的自治权，即直接选举、罢免官员之权，以及直接创制、复决法律之权。孙中山所设想的自治县，“不止为一政治组织，亦并为一经济组织”，不但要管理地方政务、训练国民行使直接民权，而且承担推行民生主义的职责，要划定地价，征收地价税，开垦荒地，经营公有土地山川林泽，开发矿产水利等天然富源，经营大规模之工商事业，发展农业合作、工业合作、交易合作、银行合作、保险合作等事业，并以其收入支配地方人民衣食住行所需要之生产机关，比如粮食一项，就要设立粮食管理局，“量地方之人口，储备至少足供一年之粮食。地方之农产，必先供足地方之食，然后乃准售之外地。故粮食一类，当由地方公局买卖。对于人民需要之食物，永定最廉之价，使自耕自食者之外，余人得按口购粮，不准转卖图利。地方余粮，则由公局转运，售卖于外，其溢利归诸地方公有，以办公益”。其他“衣、住、行三种需要之生产制造机关，悉当归地方支配，逐渐设局管理”。对于自治区域以外之贸易、运输等事，也由地方自治机关设专局以经营之，地方人民不得擅自开展相关业务。地方人民需要每年为地方自治团体提供一到两个月的义务劳动，“其不愿出劳力者，当纳同等之代价于公家自治机关”。[①] 可见，他设想的自治县是一政治与经济合一的、对自治区域人民有相当控制力的民生主义公社。他所设想的自治，其内容则偏向于经济方面，而政治自治的内容则居于次要地位。孙中山的训政与地方自治是革命党领导下的训政与地方自治。他为地方自治之开始设置门槛过高，如果说户口清查与地方自治能否开始还有关系的话，那土地测

① 《地方自治实行法》（1920 年 3 月 1 日），《孙中山全集》第 5 卷，第 220—225 页；《国民政府建国大纲》（1924 年 1 月 23 日），《孙中山全集》第 9 卷，第 126—129 页。

量、道路修筑与警察办理，皆与地方自治之开始无实质关联。他要求人们宣誓拥护三民主义，才有参与地方自治的资格，也并不恰当。地方自治的本义是以地方之民办地方之事，以是否信仰三民主义作为地方自治公民资格的前提，与地方自治本义不符。孙中山确定的地方自治范围也过大，当初办地方自治时，地方自治的事务不妨简单一些，应主要以赋予地方人士以选举权，令地方自治机构办理一些诸如修路、救济、办学等地方事务，不必一开始就把地方自治机构办成政治经济合一的公社。依照他的设计，何时开始地方自治，什么人能参与地方自治，都是要由国民党来决定的。

总结辛亥革命未能成功确立共和的教训，孙中山提出了以党建国论，强调要落实革命程序，必须以革命党为“先天之国家”，“由革命党而造成民国”。① 以党建国论强调，军政时期、训政时期的一切政治权力必须由革命党掌握，必须将反对共和、反对革命的官僚、军阀势力及其附庸排除在政治权力之外，以防止他们破坏共和，同时必须一面扫除社会积弊，开展建设尤其是地方自治，另一面“宣传主义以开化全国之人心”，用三民主义统一人民思想，并以宣誓拥护三民主义作为国人获得国民资格的先决条件。他并在《行易知难》中立下国民宣誓的格式，其文曰：“囗囗正心诚意，当众宣誓：从此去旧更新，自立为国民；尽忠竭力，拥护中华民国，实行三民主义，采用五权宪法；务使政治修明，人民安乐，措国基于永固，维世界之和平。此誓！”并要求此后的国民宣誓照此进行。② 国民党执政后，即以此内容作为国民宣誓的内容，要求国人必须履行国民宣誓，才能获得国民资格。

孙中山强调革命时期应由革命党垄断政权，国民必须宣誓拥护三民主义、五权宪法，才能获得国民资格，这就使他比较容易接受共产国际三民主义阐释中的阶级论的民权主义。国民党一大宣言

① 《行易知难》，《孙中山全集》第 6 卷，第 204—215 页。

② 《行易知难》，《孙中山全集》第 6 卷，第 214—215 页。

称："近世各国所谓民权制度，往往为资产阶级所专有，适成为压迫平民之工具。若国民党之民权主义则为一般平民所共有，非少数者所得而私也。于此有当知者，国民党之民权主义与所谓天赋人权者殊科，而唯求所以适合于现在中国革命之需要。盖民国之民权，唯民国之国民乃能享之，必不轻授此权于反对民国之人，使得借以破坏民国。详言之，则凡真正反对帝国主义之个人及团体，均得享有一切自由及权利；而凡卖国罔民以效忠于帝国主义及军阀者，无论其为团体或个人，皆不得享有此等自由及权利。"① 这里，孙中山将是否拥护三民主义，是否拥护革命，是否反对帝国主义及军阀，作为判别一个人是否能成为国民的标准。这种主张与党治论相结合，被后来的国民党执政当局利用，作为训政名义的专制统治的借口。

资产阶级在追求政治参与、追求自由平等的过程中，常把资产阶级的利益说成全民的利益，以全民利益代言人自居，鼓吹普遍的政治参与，鼓吹普遍的自由权利。但资产阶级的民主政治实践却表现为阶级统治，表现为工商精英与资产阶级政治精英的统治，人民实际上只有选举权，一旦履行完选举程序，人民就不再是自治者，而成了被治者。这与普遍的政治参与以及人民自治的政治理念距离遥远。选举权虚化了，人民自治也成了空话，人民依然是被治者，资产阶级民主面临着重大的危机，所谓"民主在危机中"成为不少人的共识。面对此种情形，解释或改造资产阶级民主，就成为一时思潮。解释的理论以精英民主论为代表，此种理论意在降低人民对民主的期待，以说明所谓民主其实是精英政治，人民不必因为民主没有体现为人民自治而对民主失望。这种理论强调，民主政治的根本意义并非人民自治，并非人民直接当家做主，而只是人民选举精英代替自己执政，而其方式则是由精英政治集团通过宣传、鼓吹以及政党活动宣传政见，以在选举中赢得有期限的执掌政府的权

① 《中国国民党第一次全国代表大会宣言》（1924 年 1 月 23 日），《孙中山全集》第 9 卷，第 120 页。

力。选举之后，政府就在法律内执政，而人民则在法律范围内活动。人民通过行使选举权选择执政者，统治权在人民的政治理念就得到了体现。只要人民有选举权，只要选举是“自由公正”的竞争性选举，就是民主政治。改造的理论则分为直接民权论、职业自治论以及无产阶级夺取政权以实现真正民主的理论。直接民权论最先出现于瑞士，然后在美国的一些州也出现了直接民权的试验。这种理论强调人民自治，认为代议制之下，人民实际只有选举权，不能体现人民自治原则，故主张人民当直接运用选举、创制、复决、罢免四大民权，以使政治能更好地体现民意，体现人民自治的原则。而职业自治论则认为，人民是由不同的职业人群组成的，传统的地域代表制选举出来的议员不能代表一定区域内各种不同职业人群的意见与利益，应改地域代表制为职业代表制，以职业自治团体为基础进行选举，或者在地域代表的议会之外，再组织职业代表议会。激进的改造论认为，现有的民主只是资产阶级的民主，不能代表占人口绝大多数的无产阶级的利益，无产阶级应行动起来，以议会选举或武装革命夺取政权，建立代表劳动者利益的政治。俄国共产党就通过无产阶级革命，夺取了政权，并建立了苏维埃制度。

民初共和政治试验挫折后，在思考中国政治改造之路与政治改造方案的过程中，孙中山在吸收传统西方代议制政治理论的同时，又受精英民主论、直接民主论以及俄国的以党治国论的影响，他将这些东西糅合起来，构建了自己的权能区分论、万能政府论与以党治国论。本来，这些思想各有其体系，但孙中山截取这些理论的部分内容，重新阐释民权主义。直接民权论的本意在强调人民参与，强调人民控制政府，本与万能政府无关，而孙中山则欲用以化解人民疑忌政府之心，以去除建造万能政府的心理障碍。精英民主论在某种程度上有权能区分的意味，但精英民主论不曾放弃政党制度与竞争性选举，而孙中山则借用其权能区分的部分，而忽视其竞争性选举的内容。同时，中国国民政治程度不够，革命屡遭挫折，又使他主张以党造国，强调革命时期必须以革命党垄断政权，实行训政，以为向宪政过渡准备条件；他将自己的革命程序论与俄国的以党治国以及政府万能的模式结合起来，形成了自己的以党治国论与万能政府论。辛亥革命后，鉴于反对革命的势力破坏民主政治的惨痛教训，他强调革命之后必须排除官僚腐败势力，防止他们参与政权、破坏共和政治，这使他容易接受阶级论的民权说，将民权阶级化，而否定权利的普遍性。

三　民生主义的新阐释

近代中国，一方面受困于资本主义的不发展，产业现代化急需发展资本主义；另一方面，西方资本主义发展模式的弊端已然显露，国人又忧虑资本主义的种种弊端，希望设法避免这些弊端。如何发展近代产业，同时又限制资本主义的弊端，是近代中国经济思想中的重大问题，孙中山的民生主义就是试图解决这一矛盾的方案之一。

还在清末，孙中山就提出实行土地单一税与土地国有化，发展国家资本主义，以防出现私人大资本与严重的贫富分化，其民生主义已经成型。让位袁世凯后，孙中山曾大力鼓吹民生主义，其关键内容是借外债以发展国内产业，又设法限制私人资本主义。一战结束后，他发表《实业计划》，希望借助西方尤其是美国的资本、技术与人才来发展中国的资本主义。该书最初用英文写成，书名为 *The International Development of China*（国际共同开发中国计划）。他在书中说，中国急需发展产业，但缺乏大规模建设所需的资本、技术与人才，为尽快发展产业，必须实行"开放主义"，大胆借用外国资本、技术与人才，发展中国产业，"以造成中国之社会主义"。关于产业发展方式，他主张国有资本与私人资本同时发展，但须划分其经营范围："凡夫事物之可以委诸个人，或其较国家经营为适宜者，应任个人为之，由国家奖励，而以法律保护之。……至其不能委诸个人及有独占性质者，应由国家经营之。"他认为，只要保持主权完整，保证“发展之权，操之在我”，全方位引进外国资本与技术，就有利无弊。[①] 他对此很乐观，说“以中国之地位，中国之富源，处今日之时会，倘吾国人民……能万众一心，举国一致，而欢迎列国之雄厚资本，博大规模，宿学人才，精练技术，为我筹划，为我组织，为我经营，为我训练，则十年之内，我国之大事业必能林立于国中，我实业之人才亦同时并起”。[②] 任何国家在实现民族独立之前，都不可能做到“发展之权，操之在我”。此时的孙中山还没有提出废除不平等条约的主张，在此情形下，全面开放，可能将使中国完全成为列强的经济附庸。鲍罗廷批评孙中山的《实业计划》，“实际上就是请帝国主义来掠夺中国”，[③] 语虽偏激，但也颇中要害。

与清末相比，国民党改组前后孙中山的民生主义，最显著的特征是，他将产业发展与废除不平等条约紧密联系起来，强调“要解决民生问题，如果专从经济范围来着手，一定是解决不通的。要民生问题能够解决得通，便要先从政治上来着手，打破一切不平等的条约，收回外人管理的海关”，实行产业保护政策。抵制洋货运动之类的手段并不足以为产业发展提供真正的保护，要保护产业，必须废除不平等条约，收回海关管理权。[④] 至于其民生主义的基本方法并没有实质变化，仍以节制私人资本、发达国家资本与平均地权为主。

孙中山主张节制私人资本，目的在防止私人资本垄断国计民生，防止严重的贫富分化。在一定的范围内，他主张保护私人资本主义。他不但主张收回海关主权，以保护资本主义发展，也主张工人运动首先应是反帝民族运动，不能将主要的斗争矛头对准

---

① 《实业计划》，《孙中山全集》第6卷，第248、398页。

② 《行易知难》，《孙中山全集》第6卷，第222—228页。

③ 《鲍罗廷的札记和通报》（不早于1924年2月16日），《联共（布）、共产国际与中国国民革命运动》第1卷，第421页。

④ 《民生主义第四讲》，《孙中山全集》第9卷，第424—425页。

国内资本家。他说，中国资本家的力量很小，“实在没有压迫工人的大能力”，工人要组织团体，“推倒初发生的资本家，实在是很容易的”，但这无助于中国的产业发展，也不能解决外国经济压迫问题。[①] 他提出的节制私人资本的办法大体有四种：一是“社会与工业之改良”，即“用政府的力量改良工人的教育，保护工人的卫生，改良工厂和机器，以求极安全和极舒服的工作”；二是“运输与交通事业收归公有”；三是以累进税率征收所得税和遗产税；四是“分配之社会化”，即组织消费合作社以减少商人对工人的盘剥，生活必需品如水电煤气以及面包牛奶牛油等由政府经营，低价销售给人民。[②] 这些举措都是当时欧美资本主义国家已经实行过的老套办法，孙中山“并未说出别的新法来”。[③] 这些办法是资本主义制度下的改良措施，可改善资本主义的一些弊端，但并不能根本限制私人资本主义。孙中山明白这一点，因此他力主大规模之交通运输业、大规模之矿业、大规模之制造业，皆由国家经营，以限制私人资本之发展。至于国家资本的来源，他主张借外债。

孙中山钟情于国家资本主义的发展模式，只看到国家资本主义的便利与益处，却很少思考国家资本主义的弊端。当时有人就提出，大力发展国家资本主义，以国家资本垄断国民经济，有严重的弊端。诸青来就说，自来学者都认为产业经营上民营优于官营，各国也多注重民营，只是在一些特定行业实行官营，由立法监督私营企业。若举全国重要实业都由政府管理，以国家为唯一之托拉斯，“且其范围包罗百业，人民日用所需，均须仰求于政府，虽在一呼吸之顷，亦不能离政府而生存，生杀予夺之权，悉操于官吏之手，虽使至圣执政，大贤辅治，欲求其政治不腐败不专横不可得矣”。[④]

---

① 《在广州市工人代表会的演说》（1924 年 5 月 1 日），《孙中山全集》第 10 卷，第 143—150 页。

② 《民生主义第一讲》，《孙中山全集》第 9 卷，第 365—368 页。

③ 前溪：《三民主义评论》，《国闻周报》第 3 卷第 41 期，1926 年 10 月 24 日。

④ 诸青来：《三民主义商榷》，第 143 页。

他又称，孙中山以为官营企业以养民为目的，而私营企业以赚钱为目的，又主张大借外债以发展官营产业，使工人摆脱“工钱奴隶”地位，是没有根据的想象。他认为，私营企业固然趋利，但只要法律完备与监管到位，私人企业的发展也能创造社会财富，提供就业机会，也能养民。公营企业固承担更多的社会责任，但也需趋利，否则，利息如何偿付？国家信用如何维持？私人企业中，工人固处于“工钱奴隶”的地位，但国家垄断百业，工人地位并无实质改变，不过由仰资本鼻息，变为仰国家鼻息而已。“所不同者，在曩日戴资本家为雇主，在今日则在名义上以国家为雇主，实则仰少数当局之鼻息，任其颐指气使而已。”①

孙中山对民生主义的新解释中，“平均地权”的基本内容也没有变化。清末的土地国有问题论战中，革命党人就发现，他们既不主张废除土地私有制，那梁启超所说国家根本无力赎买全国私有土地以平均地权的说法确实很难辩驳。所以，民国建立后，他们就不怎么提“土地国有”，而主要提“平均地权”。改组前后，孙中山“平均地权”的主要含义仍是解决都市土地问题，其主要方法则是：（1）地主自主申报地价，政府则“照价抽税”；（2）国营事业、公营事业需要用地时，政府“照价收买”私有土地；（3）私营事业需要用地而发生土地交易时，国家征收土地溢价部分。国民党人认为，“照价抽税”与“照价收买”并行，则地主一般不会虚报地价。依孙中山的设想，地价税率为百分之一。不过，孙中山设计的地价税只针对未曾开发的“素地”，至于土地经开发后的溢价，则并不征收物业税或溢价税。② 孙中山主张土地涨价归公，而不主张将物业因土地涨价而增值的收益归公，颇代表了资产阶级的利益。需要指出的是，一些学者认为，国民党改组时期，孙中山对民生主义的新解释中，平均地权的主要内容是耕者有其田，以解决

① 诸青来：《三民主义商榷》，第145—150页。

② 《民生主义第三讲》，《孙中山全集》第9卷，第390—391页

农村土地问题，这缺乏根据。孙中山确曾提过，“将来民生主义真是达到目的，农民问题真是完全解决，是要‘耕者有其田’，那才算是我们对于农民问题的最终结果”。又说“应该马上用政治和法律来解决”农民土地问题。但他却没有提出实现耕者有其田的具体方法。[①] 国民党一大宣言对民族主义、民权主义的解释都依共产国际关于中国民族解放和国民党问题的决议进行，但其关于平均地权问题的解释却与共产国际的决议有较大出入。共产国际根据苏俄革命经验强调土地革命的意义。还在1923年5月，共产国际就向中共发出指示，强调中国在开展反帝民族革命的同时，必须同时进行反封建主义残余的农民土地革命，将农民吸引到运动中来，力求实现工农联盟，为此就要没收地主与寺庙土地，并将其无偿分给农民。又要求中共“不断地推动国民党支持土地革命”。[②] 此后，中共开始倡导土地革命，并将废除土地私有、实现耕者有其田作为其政策主张之一。1923年11月的共产国际决议主张“民生主义也不能解释为由国家把土地收归国有。必须向缺乏土地的广大农民群众说明，应当把土地直接交给耕种这块土地的人，消灭不从事耕作的大土地占有者和人数众多中小土地占有者的制度”。[③] 国民党一大宣言起草过程中，鲍罗廷力图贯彻共产国际决议的精神，要求在宣言中明确：国民党取得胜利后要建立土地储备，将大土地所有者的土地以及那些不干农活，部分经商，部分担任国家公职，并向农民收取货币地租和实物地租的有产者的土地国有化，并将这些土地分配给无地农民。他指出，这是动员农民参与国民革命所不可少的策略。但是孙中山以及宣言起草委员会内的国民党人却“打算在保

---

① 《民生主义第三讲》，《孙中山全集》第9卷，第399—400页。

② 《共产国际执行委员会给中国共产党第三次代表大会的指示》（1923年5月），《“二大”和“三大”：中国共产党第二、三次代表大会资料选编》，第165—167页。

③ 《共产国际执行委员会主席团关于中国民族解放运动和国民党问题的决议》（1923年11月28日），《中国共产党第三次全国代表大会档案文献选编》，中共党史出版社2014年版，第93—95页。

持古老的土地关系的同时，借助于税收和赎买来消除土地占有和土地使用中的不公正现象”，“完全不接受共产国际关于没收土地问题的提纲”。[①] 国民党一大宣言在提出“当由国家规定土地法、土地使用法、土地征收法及地价税法”的同时，也含糊地说“中国以农立国，而全国各阶级所受痛苦，以农民为尤甚。国民党之主张，则以为农民之缺乏田地沦为佃户者，国家当给以土地，资其耕作，并为之整顿水利，移殖荒徼，以均地力”，但对分配给佃户的土地的来源及其性质只字未提，相反它承认土地私有制。[②] 孙中山去世后召开的国民党二大，是国民党历次大会中最激进的一次会议，会议通过的农民问题决议案，也只提出要取消高利贷及一切苛捐杂税，创办农民信用合作社与供销合作社，对于雇农则主张缩短工时、增加工资，对于佃农则主张废除包农制、限定租额、取消押金、荒年减租，对于自耕农则主张取消田赋正额以外的加捐及一切额外征收，严定田赋法定额，制止预征钱粮，取消无地钱粮，整理田土经界等，又提出应将官荒公地分给贫农耕种，也没有提如何实现“耕者有其田”，更没有提没收地主与寺庙土地。[③]

可见，此时国民党平均地权的主要含义仍是解决都市土地问题，以为资本主义工商业发展扫除土地制度障碍，既没有提土地国有化，也较少提及“耕者有其田”。这主要是因为，国民党高层认为，中国以小土地占有制为主，大土地占有制并不严重，这与革命前的俄国不同。国民党还担心开展土地革命将触动地主利益，将地主推到国民革命的对立面。蒋介石访俄时向俄方提供的书面报告称，中国是一个农业国家，农民占 70%。中国不存在大

---

① 《鲍罗廷的札记和通报》（不早于 1924 年 2 月 16 日于广州），《联共（布）、共产国际与中国国民革命运动》第 1 卷，第 418 ~ 419、443—444、455 ~ 457 页。

② 《中国国民党第一次全国代表大会宣言》（1924 年 1 月 23 日），《孙中山全集》第 9 卷，第 120—121 页。

③ 《关于农民运动决议案》，《中国国民党第一、二次全国代表大会会议史料》上册，江苏古籍出版社 1986 年版，第 359—370 页。

土地占有制，每个省约有十个地主占有一万多亩土地。在中国农业人口总数的4300万个家庭中，有2300万个是小农，“因此在中国很少发生大土地占有者与农民之间的冲突”。农民也没有遭受国家的苛捐重税之苦。因此，“要找到有助于我们处理农民阶级问题的相应政治口号是相当困难的”。[①] 还有一层，国民党高层人物大多本身就拥有土地，土地革命无异于自我革命，这是多数国民党上层人物所不愿意的。

需要注意的是，因为联俄“容共”的需要，孙中山在解释民生主义时，一方面要接受共产国际的一些意见，容纳共产党的若干思想主张，另一方面要安抚国民党内反对共产主义的势力，同时又不愿意得罪有产阶级，所以他的阐释存在含糊之处。吴鼎昌察觉出这一点：孙先生是政见不统一而又欲与苏俄携手的政党党魁，“他立言必须将党内共产党非共产党双方意见笼罩”，所以他说“民生主义就是社会主义，又名共产主义，就是大同主义”。又说，“民生主义就是共产主义，就是社会主义。所以我对于共产主义，不能说是和民生主义相冲突，并且是一个好朋友”。孙中山又是实际的政治家，“他又不愿意因共产字样引动现在资本家无谓的反感，生出许多障碍”，所以他又安抚资产阶级说，“我们所主张的共产，是共将来不共现在”。又说，中国的紧迫任务是发展产业，而不是实行共产主义。他说：“中国的顶大资本家和外国资本家比较，不过是一个小贫。”又说：“用革命手段解决政治问题，在俄国可算是成功，但是说到用革命手段来解决经济问题，在俄国还不能说是成功。俄国近日改变一种新经济政策，还在试验之中。由此便知，纯用革命手段不能完全解决经济问题。”又说：“我们主张解决民生问题方法，不是先提出一种毫不合时用的剧烈办法，是要用一种思患预防的办法来阻止私人的大资本，防备将来社会贫富不均的大

① 《国民党代表团关于中国国民运动和党内状况的书面报告》（不晚于1923年10月18日），《联共（布）、共产国际与中国国民革命运动》第1卷，第298页。

毛病。这种办法才是正当解决。”又欲调和劳资双方，说：“资本家改良工人的生活，增加工人的生产力，工人有了大生产力，便为资本家多生产；在资本家一方面可以多得出产，在工人一方面也可以多得工钱。这是资本家和工人的利益相调和，不是相冲突。”“以上皆声明不排斥现在所谓资本家，并不损害其现在利益，只防范将来流弊而已。且说资本家与工人，利益是调和的不是冲突的，并声明不以革命手段剧烈方法对付现在资本家，以期免去现在资本家之误会，用意极为周到，与学者单纯在学理上立论者不同。”①这是很准确的观察。

孙中山强调民生主义与共产主义并无本质区别，说“共产主义是民生的理想，民生主义是共产的实行；所以两种主义没有什么分别，要分别的还是在方法”。② 这固然与其联俄、“容共”的现实需要有关，也与他对共产主义的理解有关。他对共产主义的理解侧重于均富，认为社会没有严重的贫富分化，生产发达，而人民生活富足，就是共产主义。这与是否通过阶级斗争、无产阶级专政来实现无关。③ 不只是孙中山，国民党其他高层人物也有此种认识。1923 年，蒋介石访俄时曾介绍三民主义，说民生主义是国家社会主义，是走向共产主义的第一步；不过，现阶段的中国，社会经济条件与阶级条件都不成熟，还不能实行共产主义，只有在国民革命第一阶段顺利结束之后，才能启动共产主义的宣传。④ 1925 年胡汉民访俄期间，在谈到国民党与共产党的区别时表示，国共两党并无原则性区别：共产党主张共产主义，而国民党的最终目标也不只是民权主义，而是“专门维护中国劳动者阶层即农民和无产者利益”

① 前溪：《三民主义评论》，《国闻周报》第 3 卷第 41 期，1926 年 10 月 24 日。

② 《民生主义第二讲》，《孙中山全集》第 9 卷，第 381 页。

③ 《民生主义第一讲》、《民生主义第二讲》，《孙中山全集》第 9 卷。

④ 《国民党代表团关于中国国民运动和党内状况的书面报告》（不晚于 1923 年 10 月 18 日），《联共（布）、共产国际与中国国民革命运动》第 1 卷，第 297—302 页。

的民生主义；共产党主张无产阶级专政，国民党也“将讲人民专政，讲人民民主”；共产党是工人阶级的政党，国民党则是“无产阶级的”政党——中国的无产阶级不但包括工人，而且包括农民，这是中国与西欧不同之处。关于国共两党的现在与未来，他说，中国目前的革命还不能超越民族革命的范围，国民党也还是目前中国革命所必不可少的政党，或许将来国民党人会全部加入共产党，但目前还不可能做到。他又表示，国民党将争取加入共产国际，希望苏俄不要把国民党看作俄国劳动派那样的小资产阶级政党，而要把国民党看作“无产阶级的”政党。[①] 这种表态，与他访俄时的现实处境有关，但也在一定程度上表明，当时他不认为民生主义与共产主义有本质区别，也不认为“人民专政”与无产阶级专政有本质区别。

孙中山的民生主义并非共产主义，而是国家资本主义或者说是国家社会主义。孙中山、胡汉民、蒋介石等有时候就将民生主义理解为国家社会主义。当时思想界不少人也认为民生主义是国家社会主义，吴鼎昌说，“民生主义所述的办法，大都是由欧美资本国家抄来的，不是由共产主义国家抄来的……我硬断定他不是共产主义，是国家社会主义”[②]。常乃惪则说，民生主义够不上“主义”，至多只能说是国家社会政策。[③] 鲍罗廷说，国民党一大宣言所确立的政纲，“像是任何国家社会主义者的行动纲领”。[④] 可见，对民生主义是国家社会主义，当时有比较一致的看法。事实也是如此。孙中山虽承认“马克思专从事实与历史方面用功，原原本本把社会问题的经济变迁，阐发无遗”，其“所著的书和所发明的学说，可说是集几千年来人类思想的大成”，但他否定马克思的唯物史观、

① 《拉菲斯同胡汉民的谈话记录》（1925 年 11 月 12 日、12 月 7 日和 12 日），《联共（布）、共产国际与中国国民革命运动》第 1 卷，第 745—758 页。

② 前溪：《三民主义评论》，《国闻周报》第 3 卷第 41 期，1926 年 10 月 4 日。

③ 常燕生：《三民主义批判（五续）》，《新国家》第 2 卷第 4 期，1928 年。

④ 《鲍罗廷的札记和通报》（不早于 1924 年 2 月 16 日），《联共（布）、共产国际与中国国民革命运动》第 1 卷，第 454 页。

剩余价值学说与阶级斗争学说。他认为，马克思的历史观以物质为历史发展的重心，这是不对的，因为“人类求解决生存问题，才是社会进化的定律”。[①] 又称，马克思的剩余价值学说，“把一切生产的功劳完全归之于工人的劳动，而忽略社会上其他各种有用分子的劳动”。[②] 又批评说，“马克思认定要有阶级战争，社会才有进化；阶级战争是社会进化的原动力。这是以阶级战争为因，社会进化为果”，颠倒了因果。他说，“社会之所以有进化，是由于社会上大多数的经济〈利益〉相调和，不是由于社会上大多数的经济利益有冲突”。又称，“人类求生存，才是社会进化的原因。阶级战争不是社会进化的原因，阶级战争是社会当进化的时候所发生的一种病症”，马克思“只见到社会进化的毛病，没有见到社会进化的原理”，“只可说是一个‘社会病理家’，不能说是一个‘社会生理家’”。[③]

孙中山对马克思学说的了解比较肤浅，他对马克思学说批评多建立在误解或者曲解之上。1927 年 1 月，诸青来就说，孙中山“殆未明马说之真谛”，其对唯物史观、剩余价值说、阶级斗争说的批评不过人云亦云。唯物史观并非孙中山所说以物质为历史进化的动力，而是指人类经济生活方式决定政治、文化等上层建筑；马克思以经济基础为社会变动的终极原因，但并不把经济变动看作社会变动的唯一原因。马克思所说的阶级斗争，并非单指阶级间的暴力冲突，也包括阶级间的和平竞争，不单包括经济斗争，也包括和平的或激烈的政治斗争。将阶级斗争简单地理解为暴力冲突，未免狭隘，称马克思为社会病理家，也失之偏颇。[④]

孙中山不但否定马克思的基本理论，他还认为马克思派共产主义的方法不适用于中国，理由是：第一，实行马克思的办法，需以经济高度发达为前提，俄国革命后曾实行马克思的办法，但因社会

---

① 《民生主义第一讲》，《孙中山全集》第 9 卷，第 360—365 页。

② 《民生主义第一讲》，《孙中山全集》第 9 卷，第 368—369 页。

③ 《民生主义第一讲》，《孙中山全集》第 9 卷，第 366—371 页。

④ 诸青来：《三民主义商榷》，第 116—130 页。

经济还不发达，不能不改用新经济政策，就是明证。中国经济发展水平还远不如革命之前的俄国，更不具备实行马克思的方法的条件。他认为，中国的问题是整体上的贫困，而非分配不均，其主要任务是发展产业，以解决贫困问题，而不是从分配入手，以解决分配不均问题。第二，纯政治手段只能解决政治问题，而不能解决经济问题。他赞同第二国际的主张，认为应当用和平的经济手段去解决经济问题，那种期望通过“快刀斩乱麻”式的政治手段求社会问题根本解决的想法违背经济规律，不可取。他认为，在产业落后的中国，解决民生问题的方法，不是用那“不合时用”的“阶级战争、无产专制”的方法，而要用平均地权、节制私人资本、发达国家资本的办法，一面求产业发展，一面防止出现私人大资本与社会贫富不均的“大毛病”。[①]

此外，孙中山虽主张限制私人资本，但他承认私有制，他没有提过没收私人资本、外国资本以归国有的主张，其平均地权的主张，也以承认土地私有为前提。在政治上，孙中山虽主张效法苏俄的党治，但反对将苏维埃制度移植到中国。他在 1923 年 1 月的《孙文越飞联合宣言》就表示：“共产组织，甚至苏维埃制度，事实均不能引用于中国。因中国并无使此项共产制度或苏维埃制度可以成功之情况也。”[②]

可见，民生主义与共产主义确有重要区别。这种区别，是后来国共合作难以继续的重要原因。

四　国民党的改组

实行革命程序，以党建国，需要一个组织相对严密、内部思想

① 《民生主义第二讲》，《孙中山全集》第 9 卷，第 391—393 页。

② 《孙文越飞联合宣言》(1923 年 1 月 26 日)，《孙中山全集》第 7 卷，第 51—52 页。

比较统一、有一定群众基础的革命党，但孙中山领导的革命组织恰恰存在构成分子复杂、组织涣散、思想不统一、缺乏群众基础的问题。同盟会是一个组织疏阔的革命党人的联盟，“党于党员，不能收以身使臂臂使指之效，即亦不能深入群众而领导之……知识阶级以自由平等为一般伦理的要求，惟同盟会之疏阔简易，能与适合，然犹不免于‘机械’之疑、‘专制’之谤，则近人所谓‘铁的记（纪）律’，更难言之”。[①] 辛亥革命后，同盟会一度改组为政党，失去了革命党的色彩。二次革命后的中华革命党强调领袖绝对集权，强调党员绝对服从党的领袖，不能广泛团结革命同志，成为一宗派主义团体。1919 年，孙中山将中华革命党改为中国国民党，1923 年 1 月又开始国民党的改进计划，但其组织体制仍注重上层，而忽视下层，缺乏与群众的联系。至于思想与宣传方面，孙中山领导的革命组织一直存在内部思想统一，宣传工作不力的问题。孙中山提出了三民主义，但大多数党员“都是注意民族主义，要推翻清朝，以为只要推翻满清之后，就是中国人来做皇帝，他们也是欢迎的”，他们“对于民权主义固然是不明白，对于民生主义更是莫名其妙”。[②] 对于其革命程序论与五权宪法的主张，党内同志也多以为理想之空谈。孙中山的革命方式，辛亥革命前，他主要“采用的为恐怖手段，其团结的势力为个人主义的英雄（知识阶级），而不相信群众”，[③] 对于宣传工作与群众工作，既不注重，也缺乏有效的方法。他的护法与革命，因为宣传不到位，缺乏群众动员，又因为革命党组织涣散，没有直接领导的服从于党、愿意为主义奋斗的革命军队，故采用依靠一派军阀反对另一派军阀的策略。第一次护法失败后，孙中山曾说：“吾国之大患，莫大于武人之争雄，

---

① 胡汉民：《自传》，载《胡汉民先生文集》第二册，中央文物供应社 1978 年版，第 70 页。

② 《民生主义第二讲》，《孙中山全集》第 9 卷，第 384—385 页。

③ 蔡和森：《中国共产党史的发展（提纲）》（1926 年），《蔡和森文集》（下），人民出版社 2013 年版，第 801—802 页。

南与北如一丘之貉。虽号称护法之省，亦莫肯俯首于法律及民意之下。”[①] 但是二次护法以及 1923 年重返广州再行革命之时，他依然以军事行动为革命之重心，“所有的时间都放在同无数个将军的谈话上”，而不注意政治宣传与发动群众的工作。[②] 虽然苏俄、共产国际、中国共产党一再提醒孙中山，应放弃以军事活动为重心的革命方式，转而以政治宣传与群众工作为重心，等条件成熟时再开展武装斗争。苏俄也以孙中山转变革命方式作为提供军事、财政援助的条件之一。但直到国民党改组前，孙中山都没有真正改变其革命方式。

1923 年初，经过马林的工作之后，孙中山曾接受共产国际的建议，决定改进国民党，表示军事斗争、政治斗争都靠不住，要改变以军事为重的革命方式，转而以整顿党务，政治宣传，争取多数之人心为重心。为此，就要把国民党党员都训练为宣传主义的人才。[③] 又表示，今后之革命要立足于“由民众发之，亦由民众成之”的思路，立于民众之地位，关切民众之利害，提出符合民众利益的政策纲领，并宣传于民众，争取民众支持，领导民众争取革命胜利。[④] 但是，回到广州后，孙中山又重回以军事为重心的革命方式，虽经马林和中共多次劝说，孙中山终不为所动，坚持要等军事问题解决以后，才能谈到改组国民党和加强政治宣传。毫无办法之余，马林致函越飞，指责他不该为孙中山争取财政援助，说与其把 200 万元给南方的将领，不如把 2 万元给人数不多的共产党从事于国民党的宣传。[⑤]

---

① 《孙中山全集》第 4 卷，第 471 页。

② 《鲍罗廷关于华南形势的札记》（1923 年 12 月 10 日），《联共（布）、共产国际与中国国民革命运动》第 1 卷，第 361—364 页。

③ 《在上海中国国民党改进大会的演说》（1923 年 1 月 2 日），《孙中山全集》第 7 卷，第 6—8 页。

④ 《中国国民党宣言》（1923 年 1 月 1 日），《孙中山全集》第 7 卷，第 1—4 页。

⑤ 《马林致越飞和达夫谦的信》（1923 年 7 月 18 日），《联共（布）、共产国际与中国国民革命运动》第 2 卷，第 450—453 页。

孙中山坚持军事优先的策略，而又缺乏可靠的信从三民主义的军事力量，忽视政治宣传与群众工作，遂陷入军阀混战的泥淖，被一般社会看作军阀之一。1923年10月，鲍罗廷到达广州，他很快就做出“国民党作为一支有组织的力量已经完全不存在”的判断。他说，国民党既没有纲领，也没有章程，没有任何组织机构，党同党员没有任何联系，没有在他们当中散发书刊，没有举行会议。它有时发布由孙签署的诸如民族主义、民权主义、民生主义等一般性题目的宣言，根本不涉及当前的事件，不对它们做出解释，也不利用这些事件来发展和巩固党。“这些宣言作为趣闻被刊登在几家报纸上，然后国民党又沉睡一年又一年。”① 国民党虽有其主义与纲领，有其革命的目标，似乎与政学系、安福系有区别，对工人、小资产阶级以及青年知识分子有一定的吸引力，但国民党的实际表现，却使它“只剩卜（下）一空店面和一块老招牌”，丧失了革命党色彩，缺乏社会号召力，也缺乏行动力。② 北方的军阀声称“中国没有国民党，只有孙中山党”自不待言，③ 即便对国民党还有些期待的人士也开始怀疑那三民主义、五权宪法的主张是否只是孙中山以及他身边的少数几个人的主张，不能不“很相信旧有国民党大部分的党员绝对不能实行国民党的主义”。④ “一般国民早已忘记了”“为民众利益苦战十余年的国民党”；⑤ 青年学生觉得“国民党老了，快要死了”；⑥ 知识界不少

---

① 《鲍罗廷关于华南形势的札记》（1923年12月10日），《联共（布）、共产国际与中国国民革命运动》第1卷，第361—366页。

② 高一涵：《我对于国民党的态度——答邓初民君来信》，《新民国》第1卷第2期，1923年12月20日。

③ 孙铎：《中国国民运动之过去及将来》（1923年7月），《中国共产党第三次全国代表大会档案文献选编》，中央党史出版社2014年版，第80页。

④ 高一涵：《我对于国民党的态度——答邓初民君来信》，《新民国》第1卷第2期，1923年12月20日。

⑤ 体仁：《（关于国民党的讨论）序言》，《新民国》第1卷第2期，1923年12月20日。

⑥ 蔡和森：《中国共产党史的发展（提纲）》（1926年），《蔡和森文集》（下），人民出版社2013年版，第801页。

人将国民党看作军阀、政客，而对国民党失望，有人就认为，国民党算不上政党，更算不上革命党。[①] 高一涵说，“我们对于北京政府绝望；对于南下议员绝望；对于北附议员也老早就绝望；对于研究系，政学系，安福系，直隶系，甚至于对于国民党，也都一律的绝望”。[②] 这很能代表一般知识界的看法。这种情形，也“导致忠诚的国民革命分子队伍中完全失去了信心”，[③] 孙中山的左膀右臂如廖仲恺、胡汉民等对于自己从事的工作，感到厌倦，觉得没有希望，但碍于同孙中山的个人感情，不能不勉强去做，[④] 蒋介石也对继续参加广东无休止的军事行动感到厌倦，借故离开。[⑤] 孙中山的革命几乎难以为继，国民党的革命党色彩越来越淡。

1919 年 10 月，正当思想界从晚清以来的政治改造优先论中走出来，“社会上对于‘革命’的恐怖一天深一天，对于革命和革命者的错觉一天多一天”，[⑥] 思想界不相信政治改造，而将希望寄托于思想启蒙与文化革新上之时，孙中山重新提出“革命”的主张，将“重新开始革命事业，以求根本改革”，作为与“恢复国会”并行的选择。对于孙中山重提革命，不少人有“革命何为？吾人于革命尚未厌乎”的疑问。[⑦] 为解释“革命”，去除人们对“革命”的恶感，戴季陶还专门讨论革命的起因、目的与手段，说革命是因

---

① 周明：《我对于邓初民君与高一涵君讨论国民党的讨论》，《新民国》第 1 卷第 2 期，1923 年 12 月 20 日。

② 涵：《我们最后的希望》，《努力周报》第 64 期，1923 年 8 月 5 日。

③ 《鲍罗廷关于华南形势的札记》（1923 年 12 月 10 日），《联共（布）、共产国际与中国国民革命运动》第 1 卷，第 366 页。

④ 《马林致越飞和达夫谦的信》（1923 年 7 月 18 日），《联共（布）、共产国际与中国国民革命运动》第 2 卷，第 447—448 页。

⑤ 《马林致越飞和达夫谦的信》（1923 年 7 月 18 日），《联共（布）、共产国际与中国国民革命运动》第 2 卷，第 450—453 页。

⑥ 戴季陶：《革命！何故？为何？——复康君白情的信》（1919 年 9 月 11 日），唐文权、桑兵编《戴季陶集》，华中师范大学出版社 1990 年版，第 996 页。

⑦ 《在上海寰球中国学生会的演说》（1919 年 10 月 18 日），《孙中山全集》第 5 卷，第 138—142 页。

人们对现状不满，感到痛苦，寻求解决之法而起，革命的形式也多种多样，革命也非少数革命者的专利，而是普遍存在的现象。他称，革命的终极目的是“全人类的普遍的平等的幸福”，“中国国家和社会的改造，是革命现在进行的目的”；“普遍的新文化运动，是革命进行的方法”；“智识上思想上的机会均等和各个人理智的自由发展，是新文化运动的真意义”；“文字及语言之自由的普遍的交通和交通器具的绝对普及（如注音字母），是造成理智上机会均等的手段”；“平和的组织的方法及手段，是革命运动的新形式”。[①] 力图将“革命”与新文化运动联系起来，化解人们对于“革命”的厌倦。

可是，面对日趋黑暗的时局，面对千疮百孔的社会，五四新青年越发觉得他们所设想的通过“造社会”来改造中国的路越来越窄，“根本改造”的呼声又再次异军突起，国民党所标举的“革命”乃得到越来越多的青年人的认可。到 1923 年，“国民党的革命论，已不是国民党独有的主张，差不多成了一般的共同趋向了”。[②]“革命”也迅速成为压倒性的时代中心词，科学、民主、自由、平等沦为边缘，为“革命”让路，1923 年至 1926 年《新青年》发表各类文章 128 篇，平均每篇出现革命一词在 25 次以上。[③]

然而，当社会呼唤“革命”时，曾经率先打出“革命”旗号的国民党已不堪承担领导革命的责任了。彼时正推动中国革命的共产国际代表马林等认为，中国的资本主义还不发达，产业工人队伍还比较小，新成立不久的中国共产党还比较弱小，其影响力还不如国民党，而国民党则有一定的历史渊源，其政策纲领在社会上有一定的影响，与工人组织有一些联系，又有孙中山这样一个具有全国性

---

① 戴季陶：《革命！何故？为何？——复康君白情的信》（1919 年 9 月 11 日），《戴季陶集》，第 996 页。

② 高一涵：《我对于国民党的态度——答邓初民君来信》，《新民国》第 1 卷第 2 期，1923 年 12 月 20 日。

③ 王奇生：《革命与反革命：社会文化视野下的民国政治》，社会科学文献出版社 2010 年版，第 61—63 页。

影响的政治领袖，可以采取“革命的机会主义”，将国民党改造为中国革命的中心势力。马林等又认为，中国的革命还不是无产阶级革命，还是资产阶级的民族民主革命，革命的任务是反帝反军阀，而不是反对中国的资产阶级，需要建立包括工人、农民、小资产阶级以及工业资产阶级等各阶级在内的国民革命的统一战线，无论从革命性质，还是国民党的构成看，都可以通过改造国民党，由其来领导中国的国民革命。共产国际接受了马林的建议，决定让中国共产党党员以个人身份加入国民党的形式，与国民党合作，将国民党改造为中国革命的中心势力。在共产国际与中国共产党的推动下，孙中山接受了改组国民党的建议。1923 年 10 月，鲍罗廷受苏俄政府与共产国际的委派到达广州，他很快发现国民党在组织、宣传、思想以及群众工作中存在的问题，提出了清晰明了的改组国民党的方案，赢得了孙中山的信任。与此同时，孙中山的广州政府正处于内外交困之中，孙中山很希望借助鲍罗廷提出的方案，改组国民党，摆脱困境。于是，国民党的改组工作正式启动。

孙中山对国民党的改组，主要体现在以下三个方面。

第一，重新阐释三民主义。关于这一层，前文已有讨论，此处需要指出的是，孙中山重新阐释三民主义，接受了鲍罗廷的建议。鲍罗廷指出，国民党从前发布的党纲只是笼统地谈三民主义、五权宪法，以致人民对国民党之主张漠然置之，以为与己无关，现在制定党纲章程必须改变这种现象，党纲、章程必须体现多数人民之要求，具体阐述各阶级的人民能从国民革命中获得什么样的利益。对党纲章程的制定，孙中山提出了“务求主义详明，政策切实，而符民众所渴望”，以使“国内人民与吾党同一个志愿”，“使国内人民皆与吾党合作，同为革命而奋斗”的要求。[①] 这显然是接受了鲍

① 《中国国民党改组宣言》（1923 年 11 月 25 日）、《在广州大本营对国民党员的演说》（1923 年 11 月 25 日），《孙中山全集》第 8 卷，中华书局 1986 年版，第 429—430、430—439 页。

罗廷的建议。国民党一大宣言对国民党之主义、政纲的论述，基本体现了这一点。这对于争取群众支持，将国民党发展为一个群众性的革命党，具有重要意义。

第二，对国民党的组织系统进行了根本再造。国民党一大所确定的党章，关于会议制度、上下级关系、组织设置、各级职权范围以及纪律制裁等相关规定，几乎照搬俄国共产党章程的内容。[①] 通过组织改造，国民党不但确立了民主集中制的组织原则，而且仿照俄国共产党的组织体制，建立了笼罩每一个党员的基层组织，每一个党员都属于其生活或工作的某一个支部或区分部。这种基层组织的特点是：（1）它对每个党员个体的笼罩性，每个党员必须是某个支部和区分部的成员，连党魁也不例外。（2）它对每一个党员个体的凝聚性，在同一个区分部里，党员之间一起开会活动，交流思想，共同行动，既相互了解，也相互监督，形成每个党员对党的凝聚性和向心力，维系每个党员对党的意识形态的认同。（3）它的深入民间的渗透性，一方面"使国民党得尽力于民间"；另一方面通过基层组织考察吸收新党员，以确保党组织的群众性和严密性。[②] 此外，也确立了各级组织的会议制度与纪律惩戒制度，这对于健全国民党的组织，也有重要意义。

第三，走向民间，将国民党改造为群众性的革命党。不懂群众工作，缺乏群众基础，是孙中山领导的革命组织的严重缺陷，这使改组以前的国民党主要由少数知识精英及其少数支持者组成，缺乏社会根基，其革命行动得不到群众的理解与支持。陈独秀说，"辛亥革命本身的性质，是资产阶级的民主革命，而非民族革命，更非其他阶级的革命……但以革命运动中主要分子而论，却大部份不出于纯粹的资产阶级，而属于世家官宦堕落下来非阶级化之士的社

---

① 杨奎松：《国民党的"联共"与"反共"》，社会科学文献出版社 2008 年版，第 29—30 页。

② 王奇生：《党员、党权与党争》，上海书店 2003 年版，第 17—18 页。

会；这种非阶级化的‘士’之浪漫的革命，不能得资产阶级亲密的同情”。[①] 此后的中华革命党以及改组前的中国国民党都有这个问题。为着把国民党改造为群众性革命党，国民党一大宣言对其主义政纲的论述，就力图体现各革命阶级的要求，孙中山等国民党领导人又强调必须训练国民党员，使其成为宣传主义的人才，要求“人人皆为党的主义而宣传”，努力“以主义征服”人心。[②] 汪精卫解释孙中山的要求说，宣传主义，就要“使群众明白主义的真面目，惟有使群众知道为革命而奋斗，便是为群众利益而奋斗，也便为自己利益而奋斗”，实现革命党与群众的“真正密切的结合”。[③] 叶楚伧更进一步解释说，国民党改组的重要方向是“回到民间”，“为民众实际上的伙友”。他并且说，所谓“回到民间”是回到“在一切不正当势力压迫之下，受刀枪攒刺着，资本朘削着，呼天抢地，无可告诉的平民窟”，“与带忠靖巾的员外合伙；与摇鹅毛扇的策士搭班，与一切土棍恶霸神棍善棍学棍法棍等狼狈为奸，这些并不是到民间”，“口蓬户而心朱门”也不是回到民间。[④] 在中国共产党的帮助下，国民党在各地建立自己的分支机构，改善了其宣传工作，并在一定范围内开展了工农运动，逐渐成为一个有一定群众基础的革命党。

虽然国民党内有左右之分，国共之间也时有矛盾，但国民党的改组以及此后的组织发展，为国民革命的开展创造了组织条件，造成了相当的社会变动，对此后政局的变化发生了深刻影响。

---

① 陈独秀：《资产阶级的革命与革命的资产阶级》（1923 年 4 月 25 日），《“二大”和“三大”：中国共产党第二、三次代表大会资料选编》，第 361—362 页。

② 《在广州大本营对国民党员的演说》（1923 年 11 月 25 日），《孙中山全集》第 8 卷，第 430—439 页。

③ 汪精卫：《中国国民党何以有此次的宣言》，《民国日报特刊：中国国民党改组纪念》，1924 年 2 月。

④ 叶楚伧：《中国国民党回民间来了》，《民国日报特刊：中国国民党改组纪念》，1924 年 2 月。

第三章

《现代评论》派

《现代评论》派是存在于1924年底到1928年底的一个由自由派资产阶级知识分子组成的思想派别。《现代评论》派并非一个有组织的思想派别，更不是一个政治派别，而是因为一群亲英美的自由派资产阶级知识分子在他们共同举办的刊物——《现代评论》上，发表文章，讨论时局，且他们有基本共同的价值取向，都倾慕英美式的民主政治，都崇尚理性与中道，在有关结束军阀统治、取消不平等条约以实现国家的独立平等，以及中国如何实现由军治到民治、由党治到民治的转换等问题上，思路、主张大体一致，所以一般把这一班人称作《现代评论》派。

本章讨论《现代评论》派的言论姿态及其在结束军治、取消不平等条约，以及如何从军治、党治过渡到民治的思想主张。

一 《现代评论》派的构成及其言论姿态

《现代评论》创刊于1924年12月13日，停刊于1928年12月29日，共出9卷209期（另有"关税会议增刊""一周年纪念增刊""二周年纪念增刊""三周年纪念增刊"等4期），是一份政治兼文艺的综合性周刊，每逢周六出版。

《现代评论》创刊时，正是冯玉祥发动“首都革命”之后。当时，段祺瑞重新出山就任临时执政，宣布不再恢复《临时约法》，并提出以善后会议解决军事、财政问题，组织国宪起草委员会起草宪法，并召集国民代表会议修改、通过新宪法，以解决时局问题。但国内各派政治力量以及民间社会对于善后会议、国民会议的组成、任务、召开方式等问题，各有盘算，分歧严重，善后会议最终并没有解决任何问题，军阀混战的状态依然延续。而对于未来的政治模式，鉴于《临时约法》实行以来代议制政治试验的失败，思想界对代议制是否适合于中国已发生严重怀疑，改造代议制已渐成思潮，全民政治论虽有市场，但阶级民主论、职业自治的主张，也获得不少人的支持。另外，中国共产党自其第二次代表大会后，提出了反帝反封建的民族民主革命的任务，孙中山和国民党在共产国际与中共的帮助与影响下，接受了打倒帝国主义、打倒军阀的主张，实现了国共合作，建立了国民革命的统一战线。国共两党正积极开展其国民革命的宣传，鼓吹发起反对帝国主义的民众运动，要求废除或修正不平等条约，并积极准备以军事行动推翻军阀统治。正是在这样一个军阀当道，时局黑暗，人民生命财产备受军警摧残，结社言论自由毫无保障，社会财富为军阀混战耗竭，经济、教育以及其他社会事业没有发展前景，人们对于现实极度不满而思想分歧的年代，《现代评论》创刊了。

《现代评论》是由《太平洋》及创造社联手创立的，并且受到国民党的资助。《太平洋》与创造社两班人马的政治理念与创刊方向也有相当差异。《太平洋》由一班留学欧美的教授组成，成员包括李剑农、杨端六、王世杰、周鲠生、陈西滢、燕树棠、陶孟和、李仲揆、丁西林、刘半农等人，几乎构成了一个知识分子的绅士团体，其言论方向偏重政治领域，主要讨论民治与宪政问题，向往英美式的政党政治。创造社由郭沫若、成仿吾、郁达夫、田汉、张资平等人组成，他们的革命情结似乎更浓厚一些，其言论方向偏重文艺，是新文学的重要流派。《现代评论》名义上由《太平洋》与创造社结合而成，但创刊后主导该刊的是《太平洋》系的学者，创造社的人在该刊上发的文章并不多。郭沫若只有两篇，一篇为小说，另一篇为纪念孙中山的文字。而成仿吾、田汉、张资平每人只有1篇。郁达夫作为编辑，刊发文字算比较多的，但也只有9篇。《现代评论》创刊时，创刊主编王世杰曾获国民党一千银圆的资助，其政治立场也略偏向于国民党，而反对北洋军阀，不过该刊秉持作者自由发言的态度，且其作者多为自由派的高级知识分子，有自己的认识与立场，没有把该刊办成国民党的刊物，而大体保持了中立的立场。

《现代评论》的作者群阵容强大，包括王世杰、陈西滢、周鲠生、皮宗石、燕树棠、唐有壬、梁云松、彭学沛、陈翰笙、高一涵、杨端六、陶孟和、唐擘黄、胡适、刘光一、张奚若、吴稚晖、梁明致、钱端升、李景汉、顾颉刚、杨振声、沈从文、丁西林、徐志摩、胡也频、凌叔华、袁昌英、王向辰等。他们多为留学欧美后回国任教于北京大学的教授学者，构成了该刊的主要作者群。除这些主要作者外，在该刊发表过文章的还有李四光、刘开渠、郁达夫、任鸿隽、冯友兰、闻一多、罗家伦、陈衡哲、王星拱、张慰慈、蹇先艾、江绍原、汪敬熙、郭沫若、马寅初、杨杏佛、俞平伯、陈启修等。可以说，该刊的作者群集中了当时社会大部分的著名的政治、经济、法律、历史、教育、科学、哲学界的教授学者以及文学、艺术等文化名人甚至在任的政治家等，是一份高级知识分子的同人刊物。

《现代评论》由北京大学的《现代评论》社出版发行，前期主编为王世杰，前两卷的文艺稿件则由陈西滢负责；从第三卷始，接替陈西滢负责编辑文艺稿件的是杨振声。在北京出版期间，该刊编务工作由沈从文负责。从第6卷第138期（1927年7月30日）起，《现代评论》移至上海出版，由丁西林主编。从最初筹办到最后停刊，先后参加过《现代评论》编辑事务的分别有燕树棠、彭学沛、周鲠生、郁达夫、钱端升、陈翰笙、杨肇嫌等多人。需要提到的是，有人称胡适是《现代评论》的主办者、主编、主要撰稿人、首领，又或称胡适为《现代评论》的“精神领袖”，这些说法均不准确。胡适在《现代评论》上发过文章，也与该刊主编以及其中不少作者都有良好的关系，对他们也都有影响，但他不是主编，也谈不上是他们的“精神领袖”。胡适本人的自由主义立场比该刊中的多数主要作者如王世杰、钱端升、高一涵、周鲠生、燕树棠、杨端六等，要坚定得多，这些人中后来有不少加入了国民党，为国民党的党治辩护，而胡适从来就不赞成一党专政的党治制度。在国民党南京政府成立后的一段时间里，胡适面对现实，没有公开表示反对国民党的党治体制，但他从不曾为国民党的党治辩护过。

大约在 1924 年 5 月，《太平洋》杂志与创造社就酝酿着创办一个政治兼文艺的周刊。[①] 中经半年多的协商与筹备，《现代评论》于 1924 年 12 月创刊。该刊的创办者希望秉持独立的精神、研究的态度，研讨实际的问题，“不主附和”“不尚攻讦”“不尚空谈”，把这个刊物办成一个“同人及同人的朋友与读者的公共论坛”。[②] 由于各派政治力量对立明显，当时言论界的基本情形是，军阀压制言论，而民间言论又渐由政党主导，不少人或则不能发声，或则以政党之主张为主张，或则附和政党之主张，口号盛行，而较少研究实际的具体问题，彼此攻讦而不肯倾听他人意见，对他人意见不加讨论，而戴“赤化”“卖国”“反动”“左倾”“右倾”等种种帽子，加以打压、批判，就算万事大吉。《现代评论》的创刊宗旨，是针对言论界的此种情形提出的。《现代评论》的核心群体基本是自由派高级知识分子，他们相信人都有理性，可以开展和平理性的讨论。他们相信事实、逻辑与道理的力量，相信经过和平理性的思想交换，通过心灵的接触，思想有分歧的人们可以形成一些基本共识。他们不愿意去讨论宏大的理论问题，也不愿意空洞地侈谈主

① 《〈现代评论〉启事》，《创造周报》第 52 号，1924 年 5 月。

② 《本刊启事》，《现代评论》第 1 卷第 1 期，1924 年 12 月 13 日。

义，而希望通过平和、理性地讨论现实中发生的一些引人关注的具体问题，塑造一种和平、理性的言论风气，改变人们的思想方法与言论态度，为政治社会走上平稳的轨道，走向法治，实现民治，提供一点思想的基础，创造一种舆论氛围。这种态度，也塑造了《现代评论》派的言论风格，使得这个刊物体现出一种资产阶级上层学者提倡中道、理性，倡导 fairplay 的言论风范。

该刊一周年纪念增刊的“卷头语”，这样表述其办刊理念：

> 本刊自认是一种“思想的杂志”（Journal of Opinion），不是一种宣传的机关……本刊同人不认本刊纯为本刊同人之论坛，而认为同人及同人的朋友与读者的论坛……我们相信一个社会，尤其是现在的中国社会，要靠着各人的意见的交换与思想的联络。思想是由接触，交换而孕育的，由联络，组织而发展的。我们相信，各人的见解与思想时时在铸造之中，而这个铸造时程序要靠着各人心灵的接触与联络。本刊同人学识有限，希望读者继续不已的刺激与匡正，才可以使本刊成为一种融会思想的媒介。我们相信，一切行为最终都应该由理性去裁决；我们相信，无论个人的，或社会的活动都应该用具体的思想（根据事实的思想）与情理的视察做指导。至少，本刊希望对于这一点尽些责任。①

该刊主编之一的陈西滢，在自评《现代评论》刊行一年的作为时说，一年来的《现代评论》的贡献：（1）“在中国的评论界里开一新例。……在‘党同伐异’的社会里……在提倡民权的声浪中……在以好恶为是非的潮流中，有人本科学的精神，以事实为根据的讨论是非……”（2）“所有的批评都本于学理和事实。”（3）文

① 记者：《卷头语》，《现代评论》第一年周年纪念增刊，1925 年。

艺新创作的贡献。[①] 这一自评是符合实际的。

《现代评论》不但倡导这样的言论风范，也在事实上实践了此种言论风范。读一读该刊上的文字，用心的读者就不难体会到编者、作者的此种用心。《现代评论》的主要作者是清一色的留学生、教授、自由派知识分子，大多是学有专长的学者，王世杰、钱端升、高一涵、燕树棠、彭学沛等于政治、法律深有研究，杨端六、唐有壬是财政、经济专家，周鲠生、皮宗石、陈翰笙是国际法、国际问题专家，陶孟和是社会问题专家，因此在讨论相关问题时，他们均显得驾轻就熟。“这种分工未必是有意的安排，而是依据各自的专业本能产生的分化。”[②] 郭沫若说：“‘现代评论派’构成分子大部分还是有相当学识的自由主义者，所发表的政论，公开地说，也还比较开明。”[③] 这是符合实际情况的。

《现代评论》的这种言论态度，一方面是其办刊者颇受西方自由主义及其报刊倡导思想言论自由，倡导尊重他人意见的思想、做法的影响；另一方面也是因为他们都居于知识界的上层，有相当体面的工作与位置，生活也相对优越，又气味相投，有某种精神上的结合，掌握着言论界相当的话语权，所以表现得比较从容、大度。在和平安定、政治上轨道的年代，这自然是一种值得提倡的言论风范。然而，在那样一个革命兴起的年代，在被压迫者逐渐觉醒，起而反抗，要求打破旧秩序，建立新秩序的年代，此种言论风范，不为革命者所喜。革命者站在挑战现有秩序的地位，以革命者的姿态，主张言论应态度鲜明，反对的就坚决表示反对，赞成的就坚决表示赞成，而不能温吞水，不能装绅士，讲 fairplay。而《现代评论》秉持自由派的立场，批评军治，呼吁保障人民的生命财产安

① 西滢：《闲话》，《现代评论》第 3 卷第 53 期，1925 年 12 月 12 日。

② 颜浩：《〈现代评论〉的两个专栏：“时事短评”与“闲话”》，《北京社会科学》2003 年第 3 期。

③ 郭沫若：《创造十年续篇》，《沫若文集》第 7 卷，人民文学出版社 1958 年版，第 183 页。

全，呼吁保障言论结社自由，要求推翻军阀统治，也不为当政的军阀所喜欢。

《现代评论》的前期，是北洋军阀统治时期。那时的中国，反对帝国主义，推倒军阀统治，是社会的两大主要诉求。帝国主义凭借武力与不平等条约对中国的束缚、压迫，是中国发展的巨大枷锁。在一战后民族自决思潮的影响下，在国民党、共产党的反帝理论宣传以及实际的组织、发动下，反帝运动兴起。反帝运动的主要诉求是，废除或修改不平等条约，收回关税自主权，废除领事裁判权，争取国家的平等地位。军阀混战，民不聊生，人民生命财产、言论结社自由毫无保障，军阀将财政收入的80%都用于军费，而教育、产业以及一切社会事业都没有发展的可能。尽快结束军阀混战，保障人民之生命财产安全，是社会发展与政治上轨道的先决条件，也是在军阀统治下呻吟的广大人民的共同的急迫愿望。在这种形势下，中国共产党、中国国民党提出的反对帝国主义、打倒军阀的主张，切合人们心理与时代需要，获得越来越广泛的支持。要不要反帝、如何反帝，要不要反军阀统治，如何反对军阀统治，是《现代评论》派有关政治问题中的两大基本问题。《现代评论》的后期，是北洋军阀倒台后，国民党统治初建之时，如何废除或修改不平等条约，革命外交应如何开展，党治是否可行，党治应当如何，是其此一时期有关时事讨论的基本问题。

二　反帝与废除不平等条约

自中国共产党首先提出中国革命的反帝任务后，孙中山与国民党也接受了反帝的提法。由此，反帝成为一时社会思潮，“全国政思，乃渐有集中之点。现今稍明时事者，莫不认识军阀与帝国主义者，确为吾国统一之最大障碍，打倒此辈确为吾国自求解放之唯一出路”。[1]《现代评论》派是一群亲英美的自由派知识分子，他们不怎么直接用“反帝”的提法，而是就反帝运动的具体目标如收回关税自主权、取消领事裁判权等，进行比较具有学理性的讨论。在反帝大潮与民族主义高涨的年代，他们力图冷静、理性地讨论相关问题，虽然革命色彩不那么浓烈，但这也有其价值。

1. 关税自主问题

关税自主是国家主权的重要象征，也关乎国家财政安危，尤其是在当时中央财政几乎仰关余盐余鼻息的情况下，关税自主问题显得尤其重要。近代以来，帝国主义攫取了中国的海关行政权，并通过掌控海关关税影响乃至左右中国的财政，因此有人戏称担任海关总税务司的英国人是中国的“太上财政总长”，控制中国外债办理的汇丰银行是中国的“太上财政部”。1920 年代的中国财政已完全处于紊乱失控的状态，唐有壬说：“现在中国的金融界，完全靠内债的信用来支持，万一完全为外债所排斥，这是多么危险的事情？我们不信政府这点点眼光都没有，我们决不是主张外债不必还，政费不必筹，不过因还外债而排斥内债，因图一时的经费，而破坏历来的制度，这种办法，是我们认为最危险的。我们希望政府宁可穷点，不要再专做这些枝枝节节，挖肉补疮，拆东补西的事。”[2] 为应对财政困难，应付中国国内日趋高涨的反帝运动，北洋当局与列强经过协商，于 1925 年 10 月在北京召开关税特别会议。为讨论关税问题，《现代评论》特出“关税会议增刊”，集中讨论关税与财政问题。

周鲠生追溯中国关税自主权丧失的过程及其影响，指出关税不能自主不仅阻害中国产业的自由发展，而且也成了外国银行操纵中国经济生命之工具。[3] 陈启修指出，争取关税自主的具体内容应包

---

① 梁明致：《中国政局之趋势——致〈现代评论〉记者》，《现代评论》第 3 卷第 71 期，1926 年 4 月 17 日。

② 唐有壬：《执政府的过年》，《现代评论》第 1 卷第 8 期，1925 年 1 月 31 日。

③ 松子：《孙中山与中国解放运动》，《现代评论》第 4 卷第 102 期，1926 年 11 月 20 日。

括："（一）中国自行规定及区分关税（二）自己保存税款（三）自己管理关税行政及（四）废除一切最惠条款的商约。"他强调，关税会议不能成了"替帝国主义者及军阀帮忙的会议"，也不要变成"阻碍和束缚国民经济的关税会议"。[①] 对于收回关税自主权的办法，《现代评论》也进行了讨论。唐有壬主张应直接让列强明了：作为过渡，我们要求各国在若干年后（假定为五年）应予中国以关税自主的切实保障。各国若不谅解，我们宁可牺牲眼前的小利益，由中国宣言在若干年后，中国将自动地实行关税自主，以促各国的反省。在他看来，"我们固不能于一时间即完全否认中国的在国际的特殊事实，我们更不能因这种特殊事实之故，即行放弃民族独立应有的普通条件"。[②] 王世杰主张：关税会议应以无条件收回税自主权为目的，若不能达此目的，则中国政府应单方面宣告收回关税自主权。[③] 彭学沛则提出，现在自动宣布关税自主列强又能怎样？赞同直接单方面宣布收回关税自主权。[④] 在收回关税自主权问题上，《现代评论》派表现得相当坚决。

列强虽同意召开关税特别会议，但它们想把关税会议开成一个债务问题、铁路问题、其他财政以及外交问题的"管理中国"的会议。[⑤]《现代评论》坚决反对以关税自主换来列国对中国的财政共管。他们指出，列强共管财政，其危害比列强控制中国海关，有过之而无不及，中国政府以及中国人民应坚决反对这种办法："我们宁可牺牲关税会议，不可使关税会议为财政共管的厉阶。"[⑥] 对于列强以中国建立统一政府作为交还关税行政权的前提，《现代评

---

① 陈启修：《关税会议与国民经济》，《现代评论》关税会议特别增刊，1925 年 10 月 28 日。

② 唐有壬：《关税会议》，《现代评论》第 2 卷第 39 期，1925 年 9 月 5 日。

③ 雪：《关税会议第一幕》，《现代评论》第 2 卷第 47 期，1925 年 10 月 31 日。

④ 彭学沛：《宣布关税自主的大决心和以后的准备》，《现代评论》第 6 卷第 138 期，1927 年 7 月 30 日。

⑤ 壬：《最近的财政问题》，《现代评论》第 2 卷第 38 期，1925 年 8 月 29 日。

⑥ 唐有壬：《关税会议》，《现代评论》第 1 卷第 24 期，1925 年 5 月 23 日。

论》认为，这不仅暴露列强经济侵略的企图，也暴露其干涉中国政治的野心。彭学沛说，列强一方面以军阀割据为其与中国“自由贸易”的障碍，另一方面又不交还关税行政权，这是自相矛盾的。因为关税自主是树立统一政府的前提，而关税束缚才是阻害中外交通及通商自由的最大制限。列强在对待中国关税自主问题上的“先政府统一然后关税自主”的态度乃倒果为因。[①] 对于列强以裁撤厘金作为关税自主的前提，唐有壬提出，厘金是束缚经济自由的障碍，确应该撤除。但厘金是国内省际的经济行为，是国内经济问题，不是外交问题，厘金裁撤与否是中国的内政问题，容不得列强的插手，更不应该成为是否让中国获得关税自主的条件。他担心讨论经济问题的关税会议变成决定政治问题与外交问题的会议。[②]

2. 关于租界以及收回治外法权问题

如周鲠生所言：“时局之纷乱，军阀之专横，都有以致司法失其独立，法治无由实现，在这种情势之下，中国司法虽有独立之名，而人民生命自由缺乏保障。这也是不可讳言的事实。”[③] 作为外国列强从中国掠夺的众多权利中极其重要的一种，治外法权给予了在华外国人极大的特权，严重损害了中国的主权。在反帝任务提出后，收回治外法权成为举国上下一致的呼声。以下即就《现代评论》讨论相对集中的租界、租借地特权以及作为法权个案的会审公廨撤废问题分别介绍其主张。

张慰慈探讨上海租界的法律性质，将整个租界的合法性全部推倒。他认为，租界土地为中国所有，是一个便于通商商人居住的地方，外侨只是租客，只有居住权，但列强却妄自加上市政权，结果反客为主，成为中国治权之外的特别地界。造成此种局面的原因之一，是中国官吏愿意放弃所有的权利和义务（既不愿花钱，也不

---

① 彭学沛：《为关税自主问题告芳泽代表》，《现代评论》第 6 卷第 140 期，1927 年 8 月 13 日 。

② 唐有壬：《关税会议》，《现代评论》第 1 卷第 24 期，1925 年 5 月 23 日 。

③ 松子：《法权调查报告书》，《现代评论》第 5 卷第 106 期，1926 年 12 月 18 日。

想负责）。外国侨民处置上海租界上的市政，最初并没有法律上的根据，只是自动的自行办理，到今日“将近二百万中国人民的生命财产都在于极少数外国人所举出来的工部局八个董事手里。但这样的制度却没有正式的法律根据，其唯一的根据只是当初几个外国领事官所规定的几条规则，得到中国政府的默认”。[①] 周鲠生专门梳理租借地的来龙去脉与法律地位等问题，指出租借地是中国的领土，中国完全有权利收回。本来列强租借土地，也只以军事的设备为名，而不曾主张过政治的主权；他们对于租借地只暂时行使管理权，在租借地内的中国人民，并不失中国的国籍。租借地不是割让的土地。[②] 对租界当局以“政府自居”，向租界华人征税、进行司法管辖、限制租界华人的自由权，《现代评论》认为，这些行为都无法律依据。署名“云”的作者指出，租界“工部局根本是个无法律或条约根据的机关”，它没有向租界华人征税、进行司法管辖的权力。[③]

1926 年 1 月，北洋政府与列强在北京召开法权会议。当时有国人天真地认为，可以通过法权会议收回治外法权。对于这种看法，周鲠生明确指出，法权会议只是一个调查（咨询）机构，他们的调查结果能否准确，调查的结果报告回本国政府后，其政府如何采取行动等，都是未知数。有实权决定问题的关税会议都几近不了了之；还能指望无权的法权会议能够撤废领事裁判权?[④] 言下之意，不用开会，直接收回治外法权即可。王世杰亦赞同此意，他并规划裁撤领事裁判权的两个步骤：（1）外国使馆官厅在行使领事裁判权时一律用中国的法律，这样还能推动中国的司法改革、法典改革。（2）裁判权交由中国的法庭，但必须是华人与洋人法官共

---

① 张慰慈：《上海的租界》，《现代评论》第 2 卷第 33 期，1925 年 7 月 25 日。

② 周鲠生：《租界地问题》，《现代评论》第 5 卷第 111 期，1927 年 1 月 22 日。

③ 云：《抗捐运动就算完事了么》，《现代评论》第 6 卷第 139 期，1927 年 8 月 6 日。

④ 周鲠生：《法权会议与收回法权》，《现代评论》第 3 卷第 59 期，1926 年 1 月 23 日。

同组成的混合法庭。如洋法官有异议，则交由特别组织的高级法院来执行。[①] 王氏没有说明高级法院是何物，事实上，涉外司法审判过程中的“移审”与“撤回”制度，流弊甚多，但他主张直接废除领事裁判权的意思非常清楚。署名“壬”的作者指出，列强以中国的法律与司法不良为由，要求各国派代表来中国调查，实际只是阻挠中国收回领事裁判权的敷衍手段，“中国不应承认法律与司法的改良为取消领事裁判权的条件；调查中国的法律与司法不是取消领事裁权的先决问题；独立国家不能容忍的领事裁判权制度，应该无条件的取消”。[②] 周鲠生也指出：“中国司法之不完善，或政治之不良，并不是为维持外人在华特权的理由。”中国司法并没有特别压制外国人虐待外国人的弊害，以司法不良为由强加治外法权的不平等条约是没有依据的。[③] 在他看来，一个国家对外条约的签订需依本国国内政治与法律的完善为先决条件，实乃耻辱，千古奇闻。

在讨论包括租界特权在内的治外法权问题时，《现代评论》的作者们用笔比较集中的一个典型个案便是会审公廨的撤废。原本，沪廨（即上海的会审公廨）只是一个地点，是一个由外国人处理涉及洋人原告、华人被告的特殊法庭。然而，因为它一直牵涉司法主权与外侨特权问题，并且经常做出不公正的判罚，受到国人的强烈关注。

最初的会审公廨是中国的司法衙署，负责对租界内的中国人与中国人之间的案件及中国人为被告、外国人为原告的案件行使管辖权。后落入英国人手中，也是历史的原因。辛亥革命波及上海，主持会审公廨的华人官员脱逃后，外国领事团占据公廨，并逐步彻底掌控这一象征租界司法权的机构。会审公廨就由一个中国的法律机

① 雪：《美使对于撤废领事裁判权的意见》，《现代评论》第1卷第8期，1925年1月30日。

② 壬：《调查法权会议》，《现代评论》第3卷第56期，1926年1月2日。

③ 松子：《法权调查报告书》，《现代评论》第5卷第106期，1926年12月18日。

关变成了外国人共管的机构，成为外强的事实法院，其管辖范围也演变成只限于洋人为原告、华人为被告的案件，而且肆意滥权，久招国人指责。1926年6月28日，上海会审公廨拘传途经上海租界的熊希龄，引发外交交涉。此案因某外籍工程师控告湖南华昌矿务公司拖欠薪金而起，会审公廨受理了此案。熊氏本人只是华昌公司董事之一，其居住地不在租界，也不在上海，而案发地也远在湖南。即便如此，上海会审公廨却传讯拘捕路经此地租界的熊氏。会审公廨如此滥权，激起公愤。人们从此案看得很明白：华人一入租界，他的权利自由便完全失去法律保障，而为中国司法衙署的会审公廨，反而成为外人侵害中国法权之工具了。《现代评论》的作者们即以熊希龄案为典型，指出，从法理上看，外国在会审公廨上行使的任何管辖权都是滥权，都是违法[①]，英国人不惜以会审公廨为滥施淫威、鱼肉华人的工具（越权判决），中国政府当然可以收回会审公廨，如遇阻拦，当立即取缔，宣布为非法。[②] 周鲠生从章程、制度、法理的角度分析会审公廨的成因、性质与权限。他指出，会审公廨本系“中国政府为审理上海租界内华人被告案件而设在租界之司法机关”。其性质为中国的司法机关，其委员为中国设在租界的官吏，它有不经过领事或租界当局而直接在租界内缉捕中国人的权力。就其管辖范围来说，其法权及于一切以华人为被告，不管原告是外人、工部局还是华人的民刑案件。就其权限来说，它是一下级法院，权限不足。他呼吁彻底收回会审公廨，亦主张彻底毫无保留的强硬对英外交。[③] 这些意见推动了北洋当局收回了会审公廨（尽管只是名义上收回）。

3. 废除不平等条约与革命外交

1920年代中国反帝运动中的争取“独立”“解放”“自由”等

---

① 召：《熊案与沪廨的管辖权》，《现代评论》第4卷第84期，1926年7月17日。

② 松：《上海会审公廨还不能收回吗》，《现代评论》第3卷第64期，1926年2月27日。

③ 松子：《沪公廨案的交涉》，《现代评论》第3卷第79期，1926年6月12日。

一系列努力，都可以简称为“废除不平等条约”。由于中外的不平等关系大都有所谓的条约依据，因此，废除不平等条约就成为国人普遍的要求。

对于如何废除不平等条约，周鲠生的看法在《现代评论》派中比较具有代表性。他认为：“最痛快的事当然是中国国民片面的对外宣告废除一切不平等条约，不过这又谈何容易！除非是国内或国外政治上有根本的大变化，这种痛快的事不会实现的。”至于具体的废约方法，他认为共同会议的方法不可行，日本废除外约曾用共同会议的方法而遭失败，中国的关税会议、法权会议用共同会议的方法也失败了，这都是前车之鉴。比较可行的方法是先与个别国家单独谈判，并建议选择比利时、日本作为突破口，然后再逐步扩大。①

至于为何选择以比利时、日本作为突破口，一是因为比利时与日本同中国签署的条约最早到期，二是因为中比商约争论的焦点，不在条约的权利，而在中比双方关于修约权的法律分歧。比利时方面认为，按照条约原文，只有比国有权提出修改或废约，中国永无权利提出修改；若中国执意修改，比国将提交海牙国际法庭裁断。中国所争的是，中比商约签订于60年前，现在情势完全变迁，又适值改约期到，在中国方面应有个解脱的机会。署名“松”的作者指出：“如真要求一个国际的解决，则与其提交海牙法庭，还不如诉诸国际联盟大会，比较适当；国际联盟本来是负有修正不适现情的国际条约之义务的。”② 不过，比利时拒绝修约，背后有英国撑腰。英国担心中比换约引发连锁反应，将直接威胁到中英条约的存在。于此，作者“纯”提出，如果现在列强对于中国废止满期的不平等条约之正当的举动，都出来阻抗，势将更加激起中国国民的反

① 松子：《中比商约改订运动》，《现代评论》第4卷第90期，1926年8月28日。

② 松：《中比商约争议可以交海牙法庭吗?》，《现代评论》第4卷第91期，1926年9月4日。

感，而至于惹起非常的举动，亦属意中事。① 也就是说，若比利时拒不接受中方开启修约谈判的要求，中方完全有单方面宣布废除条约的法律依据。而且中国废约举动可以得到国际舆论的声援。② 基于此种理由，《现代评论》鼓励北京当局在政治废约问题上要有彻底的信心。

关于中日修约，《现代评论》指出，日本希望不触及关税问题与领事裁判权，而中国政府处理失策，一方面提出修约，一方面还继续召开关税会议、法权会议，并在继续保留领事裁判权的协议上签字。作者“文”认为，中国政府若真有决心修约，应立即宣告关税会议无效，并否认法权调查报告。③《现代评论》主张政治废约，即中国单方面宣布废约，避免陷入法律修约的圈套。就中日商约而言，该条约已经到期，而中日双方对于是否续约未达成一致，则两国已自动成为无约国，可直接宣告该条约已经失效，可重新谈判，另订新约。④

《现代评论》派提出的单独谈判的策略为北洋政府与国民政府所采纳。

南京国民政府成立后，国民党当局提出了“革命外交”的口号，这势必直接冲击列强在华的利益，势必直接面对不平等条约问题。《现代评论》发表了系列文章探讨“革命外交”的可行性及其策略。

周鲠生否定世界革命论，认为中国的革命是求中国民族自身的解放，并非世界革命的一部分。不过，中国要自求解放，就不可避免地与列强在华利益发生冲突，势必触及不平等条约。由于列强消极对待国民革命，消极对待中国所提修改不平等条约的要求，革命

---

① 纯：《内乱外交的新局面》，《现代评论》第4卷第101期，1926年11月13日。

② 松子：《论中国对比宣告废约事》，《现代评论》第4卷第101期，1926年11月13日。

③ 文：《修约的前提》，《现代评论》第4卷第99期，1926年10月30日。

④ 云：《外部废约宣言与中日商约》，《现代评论》第8卷第188期，1928年7月1日。

外交不可避免。为避免一些国民党人以世界革命的眼光去与列强谈修约问题，给修约带来麻烦，他又指出，中国的革命外交，不是使中国革命世界化，而是使世界势力为中国革命所借用，至少也要使世界的势力不成为中国革命的阻力。[①] 彭学沛也指出，在列强不愿放弃其通过不平等条约在华攫取的特权的情形下，革命外交不可避免。他并提出，中国的外交应由守势的外交转为攻势的外交："和对军阀我们丧失了妥协谅解的希望一样，我们对帝国主义也丧失了妥协谅解的希望。和对军阀我们不得不取攻势一样，对帝国主义我们也不得不取攻势。我们要取攻势，因为我们的生存要件没有自然得到的希望，我们要取攻势，因为敌人深入了我们的内地，我们纵然攻打十年，决不会攻进敌人的领土。"[②]

《现代评论》派主要是一批亲英美的自由派知识分子。然而就是他们，面对不平等条约给中国发展所造成的严重障碍，面对列强罔顾国际公义，恃强凌弱，不肯放弃其在华特权的形势，他们也坚决主张废除不平等条约，甚至主张政治废约，赞同革命外交。这既是反帝思潮发展影响的结果，也是他们内心浓厚的民族主义发生作用的结果。

不过，相对于反帝思潮高涨形势下的一般公众，《现代评论》派还是显得相对温和。北洋时期，面对群众性的反帝运动，《现代评论》曾反复提醒开展反帝运动的群众克制情绪，注意反帝运动的合理的"度"，不要以爱国始，而以祸国终。

陶孟和说，像"五卅惨案"这样的事情，其激起国人的愤怒很正常。五卅运动起来后，"一时人人都发表激烈的言论，提倡非常的举动，主张极端的行为"，也不奇怪。不过，这种因激愤而起的群众运动，往往容易为激愤的情绪所左右，容易影响参与者对问题的合理观察。他希望国人在运动中能够有意克制情绪，保持一分理智："感情固

---

① 松子：《国民革命论（二）》，《现代评论》第6卷第139期，1927年8月6日。

② 彭学沛：《由守势的外交到攻势的外交》，《现代评论》第6卷第139期，1927年8月6日。

然是刺激的当然的结果，但是定目的，选手段，与选定目的与手段所必需的材料还是需要理智。”“我们的反抗不是冲动的，不是盲目的；我们的运动要根据事实，我们运动的热诚要用那些事实去培植，我们运动的目的与手段要参考那些事实。现今的国民运动，除了所谓民气以外，绝不能不顾事实。因为事实就是理智的基础。”①

燕树棠说，因对外问题而发生的群众运动，都是国民方面看见政府的无能与失败，要督促政府，援助政府，期望达到外交的胜利。但是群众运动式的国民外交，“决不能对外积极直接行动。一国对他国的积极直接行动，只有以国家的有组织的强力对外战争而决定胜负的那一条道路；若是一国的人民对他国积极直接加以侵害，在国际法与国内法上都不能认为是合法的行为”。庚子义和团杀外人烧教堂，惹出八国联军进京的乱子，“爱国而反害国”，就是因为不明白这个道理。他说：“国民外交的利器只有宣传，罢工，排货三种工作。这种手段是国际习惯所容忍的手段。关于这种人民的举动，政府对外国无干涉之义务，外国虽因此受损失，亦不能根据任何理由而有所要求。”这三种手段，对于外国可以发生压迫的效力，对于国内可以提高爱国的精神，是以群众运动实现国民外交的唯一手段。群众运动必须以社会心理为后盾，可以用于解决对外问题，而不能用于解决对内问题。因解决对外问题而起的群众运动，“往往为人操纵利用反借此为解决对内问题的手段”，无论为公为私，实际上是转移群众的视线，减少对外的效能，以后要避免重蹈覆辙。他又说，就中国的对外问题而言，不仅仅是对付列强，“一意以联俄为唯一对外策略，颇有容易蛊惑群众的危险”。“弱国的外交，只宜临机应变，以不惹起列强无谓的恶感为得策”，若特别地接近某一方，而同时反遭各方的猜忌，那简直就是“作茧自缚”。“国民外交的群众运动，必须放大眼光，认清题目，不

---

① 孟和：《持久的爱国运动》，《现代评论》第2卷第29期，1925年6月27日。

以意气用事，才不致因爱国而误国。”①

《现代评论》讨论爱国运动与求学之关系，发表的文章有：胡适的《爱国运动与求学》，陶孟和的《救国与求学》，周鲠生的《爱国运动》，刘治熙的《爱国运动与求学》，叶含章的《爱国运动》以及学生张昌圻的《一个学生对于爱国的见解》等。其中以胡适的见解最为有代表性。胡适一方面肯定学生参与爱国运动的意义，说“民国八年的五四事件与今年的五卅事件为最有价值。这两次都不是有什么作用，事前预备好了然后发动的；这两次都只是一般青年学生的爱国血诚，遇着国家的大耻辱，自然爆发；纯然是烂漫的天真，不顾利害地干将去，这种‘无所为而为’的表示是真实的，可爱敬的”。然另一方面，胡适又指出，“群众的运动总是不能持久的”，“无组织又无领袖的群众行动是最容易松散的”。这种运动既不一定成功，也不一定起作用。他又说，“救国事业更非短时间所能解决：帝国主义不是赤手空拳打得倒的；‘英日强盗’也不是几千万人的喊声咒得死的。救国是一件顶大的事业：排队游街，高喊着‘打倒英日强盗’，算不得救国事业；甚至于砍下手指写血书，甚至于蹈海投江，杀身殉国，都算不得救国的事业。救国的事业须要有各色各样的人才；真正的救国的预备在于把自己造成一个有用的人才”。他强调，“学校固然不是造人才的唯一地方，但在学生时代的青年却应该充分地利用学校的环境与设备来把自己铸造成个东西”。“努力求发展，这便是你对国家应尽的责任，这便是你的救国事业的预备工夫。国家的纷扰，外间的刺激，只应该增加你求学的热心与兴趣，而不应该引诱你跟着大家去呐喊。呐喊救不了国家。即使呐喊也算是救国运动的一部分，你也不可忘记你的事业有比呐喊重要十倍百倍的。你的事业是要把你自己造成一个有眼光有能力的人才”。②

① 燕树棠：《国民外交与群众运动》，《现代评论》第3卷第78期，1926年6月5日。

② 胡适：《爱国运动与求学》，《现代评论》第2卷第39期，1925年9月25日。

胡适的这种看法未必能让热血青年满意，但这种见解在《现代评论》派内几乎是一个共识。陶孟和就表达了类似的看法。他说："我们虽然不能说教育完全是社会强弱的基础，但是我们相信要求国家发达，必须人民都受有相当的教育。……即使这个运动可以成就所求的结果，我想怕这三四百万的青年也未必有维持国家的知识与能力。何况我们绝对不相信专靠爱国运动便可以增进国家的地位，维持国家的独立。"他甚至呼吁："我们希望每个学生都是救国者，但是我们钦佩救国的科学家，救国的文学家，救国的教育家……更发起基础的救国运动——求学。"①

然而参与爱国运动学生的看法则不同。他们认为，求学是他们的天职，他们也愿意增长自己的智识，把自己塑造成才；但是救国的事业也不能耽误，没有国家，哪来学习的机会，为谁而学？他们必须在爱国的政治运动与学校学业中来回奔波并做出选择，可是依然是两难的境地。

国民党建立政权后，一方面收束民众运动，要求学生回到学校，认真读书，另一方面又开展"革命外交"。此时，《现代评论》派对于群众运动式的爱国运动惹下麻烦的忧虑可以放下了，但他们又担心国民党外交当局中有人仍然以世界革命的调子去开展外交活动，乃对国民党当局给予了提醒。他们提醒国民党当局注意外交问题的重要性，强调国民革命的成功，不能单靠军事，而尚有待于外交的努力。外交策略失当，将给国民党革命带来不必要的障碍。②

三　军治与民治

《现代评论》派向往民有、民治、民享的国家，然而现实的中

---

① 陶孟和：《救国与求学》，《现代评论》第2卷第37期，1925年8月22日。

② 松子：《今后的外交》，《现代评论》第7卷第178期，1928年5月5日。

国却是“有民国而不许民治的国家”,[①] 现实中的政治却是“军治”，而非民治。军治之下的政府“是军人所有的政府，是军人管理的政府，是为军人做事的政府”。这种军治，其特点有三。其一,“中央官吏由军人指派寄生于自己的阶级充任，与人民绝不发生任何关系；他们做事只对于军人负责，绝不对于人民负责。地方官吏如县知事等，性质上一律变成军人的副官与军需，除收税与办差而外，殆无其他责任”。其二，“一切公私机关都变成单为供给军用的机关。例如铁路电报商船学校，都可随意占为军用的专品，甚至于农人私有的生活生产运输的工具，如车马房屋田地之类，一律可以无偿的征收或占用”。其三，“凡与军治相反的文化事业，如教育工艺之类，都一律有意的或无意的使他停顿或消灭；思想言论等等自由，都不得不一律取消”。[②] 虽有“民国”的招牌，也有“约法”与国会，但“约法”与国会都是军阀手中的玩具，只是军阀们的遮羞布。军治之下，政权以及人民之生命、财产、言论集会结社自由都受支配于武力之下，“只能养成服从的国民性，绝对不能养成独立自由的国民性；只能使人民做政治下的奴隶，绝不能使人民做政治上的主人”，是“万不可能”走向民治的。[③] 武力支配政治，武力争胜成为军阀的最高目标，就造成了兵匪祸患的恶性循环：地方实力派疯狂拉夫扩军，为地盘而孤注一掷而死拼，导致产业停滞，经济凋零，民生凋敝。而战争总有胜负，于是胜方收编负方，而未收编的军队弃之社会，无法再归原为农工，便流为匪寇。在兵荒马乱、匪患四起之时，人民生命财产毫无保障，言论集会结社自由更属奢望，一切有关政制、主义的主张都是空谈，都没有实行的机会，一切教育、实业、社会事业的发展都无从谈起，国家社会处于绝境之中。在此局势下，结束军阀混战，恢复秩序，就成为

① 高一涵:《护宪与卫戍司令部》,《现代评论》第 3 卷第 77 期，1926 年 5 月 29 日。

② 高一涵:《军治与党治》,《现代评论》第二周年纪念增刊，1927 年。

③ 高一涵:《军治与党治》,《现代评论》第二周年纪念增刊，1927 年。

一般社会最迫切的希望。

面对军阀混战的现实，《现代评论》派最关注两个问题：第一，在军阀混战，兵匪横行，法律失效的时代，如何保障人民生命财产安全与自由权利；第二，如何结束军治，并在结束军治的过程中，树立一点民治的基础。

1. 呼吁保障人民生命财产安全与自由权利

《现代评论》存续的时间，正是北方的军阀"厉行军治"，而南方的革命势力鼓吹革命，并发起国民革命的时期。两大阵营关注的焦点都在政权。北方的军阀为着维持政权，维持地盘，固视民命为草芥，视一切人民财产为其囊中之物，肆意践踏人民自由权利。南方的革命阵营虽呼吁保障人民自由权利，但在宏大的革命事业中，革命的胜利是首要任务，而人民自由权利的保障则居于次要地位。而且在革命者的思维中，只有在革命取得胜利后，才能真正谈得上人民自由权利之保障，在革命的过程中，为着革命事业的胜利，对人民自由权利实行一点限制，在一定的程度上也是可以的。当"军阀混战、主义横飞"之时，《现代评论》派既"不相信宪法可以改良我们现在的生活"，也"不相信这个或那个主义可以救我们出了现在的水火"，"不相信这个军阀或那个政府可以让我们过平和的生活"。[①] 他们既不相信以法统为号召的军阀与旧国会议员，不相信恢复《临时约法》，人民自由权利就能有保障，也不完全相信以三民主义与革命相号召的南方革命势力，在其建立新政府后能落实保障人民权利的承诺，他们要求当下的自由权利的保障："我们所求于政治与军事的当局也就是让我们可以过这安稳的日常的生活。我们所要求于当权者只有三件事：一、尊重生命；二、尊重财产；三、尊重人格。"[②] 这里的当权者，不但指北洋军阀，也指南方的革命阵营。

① 陶孟和：《我们小民的希望》，《现代评论》第3卷第73期，1926年5月1日。

② 陶孟和：《我们小民的希望》，《现代评论》第3卷第73期，1926年5月1日。

在军阀混战，兵匪横行，小民百姓生命如草芥的1920年代，生命安全与人身自由是一般百姓最关注的事。生命都没有了，人的权利或自由都失去了意义，国家与社会对于百姓来说也就没有了意义。《现代评论》派对于人民在军阀混战的炮火中所体现出的高度恐慌、对生命无着的担忧，十分同情。《现代评论》派对于各处军阀混战、各处盗匪活动以及种种惨案的报道、评论，都是在替被压迫、被杀戮的小民鸣不平，都饱含着对生命权的深切关怀。他们呼唤秩序，呼唤法律，谴责暴力。对林白水被杀案的评论，就比较典型地体现了《现代评论》派对于此类案件的态度。

北京《社会日报》新闻记者林白水被军人掠去虐杀一案，在当时有相当影响，然而又实在是一件稀松平常的案件，因为这种案件在当时几乎每天都在发生。记者以社会良知报道事件的真实状况，竟要以失去生命为代价，这多少让《现代评论》的作者们有兔死狐悲之感。署名“云”的作者就此案提出：（1）（从捕人到被杀）时间短，草率；（2）“通敌有证”的罪证不宣布证据；（3）颁布命令的不是法院，也不是首都卫戍司令部，权限不清。作者按照通行的司法程序跟军政当局讲理，争的是个人的人身自由的法律保障，但无异于对牛弹琴。实际上，在军阀眼里，国人的生命与畜生无异，杀不杀人，如何杀，都在有枪阶级的一念之间，法律程序简直是多余。更悲凉的是，林白水死后的北京新闻界没有任何的声音，倒是外国驻京的言论机关，向我们高呼拥护人道。作者慨叹：我们这些无同情心的人类，感觉着惭愧，自觉其卑怯没有勇气。①尽管作者痛心国人的漠然，但在一个没有秩序、未上轨道的社会里，“小命要紧”啊！账只能记到军阀头上，这是《现代评论》派的无奈，也是战乱年代国人的无奈。

当兵祸肆虐，人们普遍痛恨军阀和军人时，《现代评论》派不但替一般的小民感到无奈，也替普通军人感到无奈。《现代评论》

① 云：《可怜的言论界》，《现代评论》第4卷第88期，1926年8月14日。

派认为，实业的不振，过剩人口无处消纳，当兵是没有办法的办法。捕人杀人不是小兵们能决定，身在军阀行伍的小兵，其作恶也是环境所逼，身不由己。“战争”和“死”是人类最恐怖最厌恶的两件事，谁都不愿意。国人受难的责任在主动的军阀，而不在被动的小兵！①

同人身自由一样，思想自由也是人的一种最基本的自由。人有思想，是人区别于动物的根本所在。但古今中外，压迫思想自由的事件比比皆是。起初是政府与教会压制思想自由，然后是社会压制思想自由，形成所谓“多数的暴虐”。约翰·密尔划分群己的权界，特别强调防范社会领域中道德、传统、风俗、常规和社会舆论等都以多数的名义，直接或间接地侵害个人自由。他说：“仅只防御官府的暴虐还不够；对于得势舆论和得势感想的暴虐，对于社会要借行政处罚以外的办法来把它自己的观念和行事当作行为准则来强加于所见不同的人，以束缚任何与它的方式不相协调的个性的发展，甚至，假如可能的话，阻止这种个性的形成，从而迫使一切人物都按照它自己的模型来剪裁他们自己的这种趋势——对于这些，也都需要加以防御。”②《现代评论》派不但要求解除政府对于思想的压制，要求言论出版自由，也注意反对社会舆论专制，要求个性的自由发展。陶孟和在《我们为什么意见不同》中呼吁应该充分尊重个性、发展个性。他认为，每人的禀质的不同，气质不同，所处的环境不同，所遵守的风俗、所信奉的道理、所崇拜的人物、所怀抱的理想不同，因此人们的思想不可能相同。影响人们思想的环境因素中最重要的是教育，而比教育势力更大的便是利益，利益可以左右他的见解。陶孟和强调：“我们的问题并不是强使人的意见相同，乃是设法让不同的意见，只要是不妨害社会的，都有发表与

---

① 离尘、曹随：《闲话惹出的正经话》，《现代评论》第4卷第89期，1926年8月21日。

② ［英］约翰·密尔：《论自由》，许宝骙译，商务印书馆2017年版，第5页。

实现的机会。……政府应该存在与否就看他容让一切人民发表见解，实现见解与否。”[①] 此意即是强调，政府不能抹杀一切异己的意见，他只让一切的人都可以有发表意见实现意见的机会。[②] 若把前一段引文中的“政府”改为“政府与社会”，那陶孟和的思想就与密尔的说法几乎一致了。陶氏对个性的讨论逼近了自由的核心——个人主义。自由的精髓在于思想自由，每个人不同的特质造就了每个人不同的思想，也决定了每个人不同的创造性。

陈西滢则强调，人们应发挥自己的理性，独立思考。他说，“一个信仰必须有理智做根基，才算得是彻底的信仰，要不然只好算迷信。……迷信的势力虽然大，虽然历史上的事实大半是迷信驱策出来的，究竟总得有彻底的信仰，世界才会有进步”。他又说，“我并不反对人家提倡某种宗教，我却不赞成把任何一种的宗教信仰灌输入孩提的头里去，我并不反对人家提倡某种政治学说，我却不赞成把任何一种的政治学识去教智识未开的幼童。我以为一个懂得你的反抗者比一个盲从的信仰者有价值的多”。[③] 陈西滢要求国人不迷信、不盲从，针对的是当时中国社会已经出现的某种舆论专制的苗头。这种姿态也表现在他对《晨报》馆被烧毁案以及盛传有人要烧毁教会学校与清华学校的流言的评论上。他批评“首都革命”的群众高喊言论自由，却烧毁晨报馆，不但是对言论自由的压迫，也是以“革命”的名义压迫思想自由。[④] 对于当时有人要以“反帝”的名义烧教会学校与清华的流言，他说，以“反帝”名义而要烧教会学校与清华学校，与以“革命”的名义烧毁《晨

---

① 陶孟和：《我们为什么意见不同?》，《现代评论》第1卷第25期，1925年5月30日。

② 言论自由属于表达自由，是一种政治自由。言论自由同思想自由有联系，但亦有明显的界限区别，此节下文将有更为具体的分析。

③ 西滢：《中山先生大殡给我的感想》，《现代评论》第1卷第18期，1925年4月11日。

④ 西滢：《闲话》，《现代评论》第2卷第52期，1925年12月5日。

报》馆，其思想逻辑是一样的。他说，“自由是最宝贵的东西”，在种种自由中，“思想自由是尤其可宝贵的”。而“放纵确是真正自由的仇敌”。[①] 他赞同反帝，但认为思想上的分歧只能由各方的意见充分地彼此交锋来解决，以暴力的手段压制思想，以正义的名义捣毁报馆与学校，都是绝对不可接受的。署名“遁公”的作者也强烈捍卫思想自由。他说，英国的“王之反对党”多少有道貌岸然的意味，但至少有一个宽容思想自由的象征意义。他又指出，“对于敌党的政见，可以攻击得体无完肤，而对于敌党党员的言论思想身家性命的自由，却不得丝毫侵犯”。对于国民党鼓吹“党外无党，党内无派”，“只有党的自由，而无个人的自由”，“不但不能容纳反对党的意见，并且不能承认反对党的存在；不但不能容忍反对党的自由，并且不能容忍本党党员个人的自由”，作者并不认同。[②]

在讨论思想自由时，《现代评论》派还涉及海外的一些案例，比如美国的萨各、樊才第事件。萨各、樊才第两人原本为意大利的无政府主义的信徒，后为共产党员，因反对一战而移往美国居住。美国参战后，他们坚持反战立场，拒绝服兵役入伍。到 1920 年代美国的清赤运动时，美国司法部门便制造借口逮捕他们并判刑。尽管事后，司法及行政机构明知错判，却终不改判。此案充分展现美国司法以及行政的恶劣，而其背后隐藏的却是对思想自由的扼杀。张慰慈介绍此案的来龙去脉并评论称，所谓自由主义是要使各人有机会表示他自己的思想，而号称信奉自由主义的美国当局对思想自由的压迫，表明保障思想自由需要更彻底的对思想自由的意义的理解。[③] 胡适也就此案发表意见，强调此案不是简单的法律问题，是政治迫害思想自由的问题。[④]

---

① 西滢：《闲话》，《现代评论》第 3 卷第 55 期，1925 年 12 月 26 日。

② 遁公：《闲话》，《现代评论》第 6 卷第 154 期，1927 年 11 月 19 日。

③ 张慰慈：《萨各与樊才第的案件》，《现代评论》第 6 卷第 143 期，1927 年 9 月 3 日。

④ 适之：《附记》，《现代评论》第 6 卷第 143 期，1927 年 9 月 3 日。

人们要发表自己的思想，就必须有言论、集会、结社的自由。这三种自由不但是个人的私权，也是个人的公权。只有在言论、集会、结社自由有保障的情况下，人们才能发表自己的意见并结成团体，以争取影响政治，争取自己的利益。可以说，没有言论、集会、结社自由，就没有民治。王世杰就清楚地指出，言论、集会、结社自由“是民治主义的条件”。① 他呼吁废除警察制度，而实行法治制度。作为关注公共事务，又自己办刊的自由派知识分子，《现代评论》派对军治之下言论、集会、结社自由受到的压迫，深有体会。王世杰呼吁废除警治制度，而实行法治制度。他说，专制国家实行警治制度，人民之言论、集会、结社自由差不多完全操诸警察之手。警治制度有两个特点：第一，人民于行使诸种自由之前，须受警察的一度干涉，即事前检查。第二，人民于行使诸种自由之后，亦得不经过法庭之裁断而由警察径自执行种种处分。比如警察对于彼所认为违法之出版物，得径自停止出版、没收，或课关系人以罚金，对于彼认为之违法集会、结社，得径自解散。在这种制度下，警察是法律的执行者，同时又是法律的解释者，不但是一个行政官，同时又是一个司法官。于是，法律所给予人民的种种自由，都掌握在警察手中。而法治制度，从积极方面来说就是，人民仅于行使诸种自由之后，须依法律受审判法庭之制裁；从消极方面就是，人民于行使诸种自由之前，不受警察的任何干涉；人民与行使诸种自由之后，亦不受警察的直接处分。② 根据这种区分，王世杰指出，中国的出版法、京师警厅管理新闻营业规则等，实行的是警治制度，而不是法治制度，必须予以废除。他指出，言论自由并非没有边界，法治制度之下，报纸言论若妨碍公安、妨碍私人名誉、妨碍社会风纪以及妨碍私人利益如抄袭等，都是需要禁止的。但当中国的政治还是“暴力政治”之时，所谓“妨碍公

① 王世杰：《警治与法治》，《现代评论》第1卷第21期，1925年5月2日。

② 王世杰：《警治与法治》，《现代评论》第1卷第21期，1925年5月2日。

安”的标准不妨放宽一些，因为鼓吹革命的言论“纵然违然（法）”，“却不违反伦理”。他并批评中国的报纸往往热衷于以“有闻必录”为借口，去妨碍私人的名誉，或者直接诽谤私人（报章中涉及私人的言论，若系对于法院、议会或公众集会的言论，为相当之记载，虽有妨碍私人名誉的结果，也不应负责任），而于报纸应担当的社会职责却怯于担当。他说，报纸“该以其实力，去督责或抵抗强有力的政府，而不当以其实力，去蹂躏缺乏抵抗力的私人；应该以其实力，去提倡或维持善良的风纪，而不当以其实力，去助长或逢迎社会上种种妨害善良风纪的恶思想或恶习惯”。[①] 可见，王世杰既捍卫言论自由，也中肯地指出言论自由的边界。这种朴实说理的态度，不但是在说理，也是提倡一种文风，一种舆论风气。在《现代评论》派的不少文字中，都可以见到这种言论姿态。

高一涵明确指出，政府不得以任何形式任何方式压迫言论自由。他说：“言论不当受势力的压迫……异派的报纸应当与本派的报纸享受同等的自由。……不要以势力压迫言论自由，应当以法律保护言论自由……不单是尊重本派报纸的言论自由，并应当尊重异派甚至于敌派报纸的言论自由”。他强调，自由的行使要合乎法律的精神：言论自由受到法律的限定，言论机关违反法律，自然会受到法律的制裁，但因言论机关违法或者其言论为自己所不喜，就捣毁言论机关，就是压迫言论自由。“张作霖有到北京来自由抓去陈友仁的特权；就是那些争自由争平等的群众，也同时有自由焚烧异派报馆的‘天赋人权’”，都是压迫言论自由，都要不得。[②] 1927年1月，在他去武汉投奔国民党之前，高一涵发表《军治与党治》一文，文章的主旨虽在讲军治不可能过渡到民治，而党治则可能过渡到民治，但其中论及言论自由问题时，还保留着其偏自由主义的

① 王世杰：《对于中国报纸罪言》，《现代评论》第一年周年纪念增刊，1926年。

② 高一涵：《革命军与言论自由》，《现代评论》第3卷第64期，1926年5月27日。

看法。他说，“言论思想的自由，在现代已经成为神圣不可侵犯的权利，近世的文明，差不多大半是由这一点上发育起来的。……阻止言论思想的自由，即无异断绝文明的根源”。又说，“我们相信思想的生命是不能枪毙的，不能斩绝的”。他虽赞同党治，但也明确主张党治之下应允许思想自由，允许他党的存在，允许党内有不同意见。在他看来，这是无可避免的。① 他是抱着对国民党的美好想象去参加国民党的，然而国民党当政后的表现却大大出乎他的判断，其压迫言论自由比北洋军阀有过之而无不及。

陶孟和说，“假使政府不容许这个自由，我们只可以推测有两个理由：不是政府自认为全能全知，便是政府所谋的不是人民的利益”。② 这句话对一切压制言论出版自由的批判可谓入木三分。

《现代评论》派的确通过一系列的国内外的大事表达了他们对自由的渴望与诉求。在政权问题与革命问题成为主要政治势力关注的焦点时，《现代评论》派对于个人自由权利问题的关注，显得比较另类。然而也正是这种另类，体现了《现代评论》派的自由主义色彩，也体现了《现代评论》的价值。

2. 结束军治的路径

《现代评论》创刊之时，正是段祺瑞就任临时执政时期。1924年10月，冯玉祥发动北京政变，驱逐贿选总统曹锟。经冯玉祥、张作霖、段祺瑞三方的妥协，已经没有掌握多少实际军事权力的段祺瑞重新出山担任政府首脑。其时，《临时约法》已被曹锟废弃，而曹锟的贿选宪法又不为各方所承认，就造成了所谓的“法统”问题。为解决时局，段祺瑞力邀孙中山北上共商国是。孙中山接受邀请，决定北上，并于1924年11月10日以中国国民党总理名义发表宣言，主张召集国民会议，在召集国民会议以前，先召集一预备会议。随后，13日，孙中山动身北上，12月4日抵达天津，31

---

① 高一涵：《军治与党治》，《现代评论》第二周年纪念增刊，1927年。

② 陶孟和：《言论自由》，《现代评论》第1卷第19期，1925年4月18日。

日入北京。11 月 24 日，段祺瑞发布通电，就任临时执政，并发布“临时政府制”六条。段祺瑞的任职通电，以“彻底改革”相号召，宣称“法统已坏，无可因袭”，故不再恢复《临时约法》，也不承认贿选宪法，而以召集善后会议（一个月内召开）以解决军事、财政问题，召集国民代表会议（三个月内召开）重新制定宪法，试图以此结束军阀混战，确立民国的新法统。[①] 其“临时政府制”规定临时政府不设总统、总理，而以执政总揽军民政务，统率海陆军，并国务员之赞襄处理国务命令及有关国务之文书。

12 月 2 日，临时政府国务会议通过善后会议条例。该条例规定，善后会议由以下四种人组成：（1）有大勋劳于国家者；（2）此次讨伐贿选、制止内乱各军最高首领；（3）各省区及蒙、藏、青海军民长官；（4）有特殊之资望学术经验由临时执政聘请或派充者，但不得逾三十人。除第（4）项外，其余各项之会员不能列席时，得派全权代表与议。善后会议议决事项包括：（1）国民代表会议组织法；（2）关于改革军制事项；（3）关于整理财政事项；（4）临时执政交议事项。这种规定表明段祺瑞有包办善后会议，进而包办国民代表会议的企图。这遭到了中国共产党、中国国民党以及国内舆论的普遍反对。中国共产党在全国范围内发起了反对善后会议，要求召开由各人民团体选举代表组成的国民会议的国民会议运动，以解决时局。这就形成了国民会议与善后会议的对垒。

为解决时局，孙中山顶着内外压力，对段祺瑞做了有限度的妥协。他不再坚持国民会议预备会议之名，也不反对善后会议议决军事、财政问题，但要求善后会议“能兼纳人民团体代表”，吸收现代实业团体、商会、教育会、大学、各省学生联合会、工会、农会的代表，要求善后会议就军事、财政问题所作的决议，其“最后

① 《段祺瑞就任临时执政并发表国是主张通电》（1924 年 11 月 21 日），《中华民国史档案资料汇编》第 3 辑·政治，江苏古籍出版社 1991 年版，第 1478—1479 页。

决定之权，不能不让之国民会议”。[①] 但段祺瑞以善后会议与国民会议职权不同为由拒绝孙中山的要求，又表示他“尊重”孙中山的意见，将聘请各省区议会、商会等团体的议长、会长为善后会议专门委员出席会议。其实，这完全是敷衍孙中山，因为被邀请的“专门委员”并非人民团体选举产生，而由各地军政长官选派，不能代表民意，也不能调剂各方利益诉求，也就不能有什么结果。2月1日，段祺瑞不顾孙中山以及国共两党的反对，坚持召开善后会议。这样的善后会议，不可能解决军事、财政问题，实现国家统一，其所制定的《国民代表会议组织条例》也得不到各方的认可。

法统问题、善后会议问题，是《现代评论》创刊时发生的重大问题，该刊就这两个问题发表了大量的评论。对段祺瑞拒绝恢复《临时约法》，而以重新制定宪法相号召，当时的一般舆论都不反对。部分北洋人物以及旧国会的一些议员仍打着“法统”的旗号，主张“光复法统”，但他们践踏约法的种种行径，早为人不齿，缺乏号召力。原来主张“护法”的国民党在二次护法失败后，就已经放弃“护法”的主张，到国民一大后更张出了国民革命的旗帜。本来，号称“民国”，应当有宪法的，但民国建立以来，本应作为“人民的权利书”的《临时约法》几经破坏，军阀们视若敝屣，人民也没有感到有约法与无约法有何区别。对于法统问题，《现代评论》派与当时一般舆论的立场别无二致。燕树棠说，“法统精神上形式上已经消灭”，《临时约法》“早已被玩弄蹂躏，而无统矣”。法统革命已为既成事实，制定新宪法也是不得已，他并呼吁段祺瑞正式宣布取消曹锟的贿选宪法，解散旧国会，查办贿选议员。[②] 高一涵说，从法统上看，国会应该取消；从受贿问题上观察，议员资格应该取消，从代表意义上观察，议员资格也应该取消。[③] 王世杰

① 孙中山：《复段祺瑞电》（1925 年 1 月 17 日），《孙中山全集》第 11 卷，第 561—562 页。

② 燕树棠：《法统与革命》，《现代评论》第 1 卷第 1 期，1924 年 12 月 13 日。

③ 高一涵：《国会问题》，《现代评论》第 1 卷第 2 期，1924 年 12 月 20 日。

也主张解散旧国会，他说："这个十三年的'长期国会'，已经把国人对于议会制度的同情心，毁灭殆尽。我们尽管害怕专制，我们绝不相信这个国会能防止专制；我们尽管主张要一个国会，我们绝不主张保留这一个国会。我们并且觉得：这个国会早一日终局，国人对于议会制度的同情心或者也可早一日恢复。"① 当时，一些"非贿选议员"仍然捧着"法统"的招牌到处活动，欲通过恢复法统保持他们的"长期饭碗"——国会议员资格。同时，思想界也有一些人士仍迷信法统，宣称民国以来的政治史形成了一个好先例，就是"武力与法统战，法统卒得最后之胜利"，并据此宣称恢复法统有利于收拾时局。② 对于法统派的这些意见，《现代评论》明确持反对态度。该杂志的编者在回应恢复法统的主张时，断言"法统不是绝对神圣的万能的东西，值不得再特别捧出来……我们觉得现在恢复法统不但没有必要而且徒增纷扰……实则今日国民的倾向久已不在恢复法统而在根本改造……今日只要能依民意和代表民意的机关以改造国政，则不恢复法统，不见得就造出武力战胜法统之恶例来"。③ 对于法统派宣称，不恢复《临时约法》，将斩断法统，动摇民国国本的说法，周鲠生指出："约法废了后怎么办呢？这个事实问题不可不予以慎重的考虑。"但其实，这不必担心。所谓民国，从宪法上说最重要的不外民国国体、国民主权、民国疆域、人民权利自由诸端，这些东西不会因约法的废止而根本破坏，只要临时政府诚实遵守民国立国大原则，尊重并保守《临时约法》第一、二章所列关于国民主权、民国疆域、人民权利自由之诸原则，在其任期内不为对外缔约借债之事，并宣布临时政府之任期以国民会议成立，议定组织正式政府之时为止，就足以去除人民的疑

① 雪：《非常国会的消息》，《现代评论》第 1 卷第 5 期，1925 年 1 月 10 日。

② 张真如：《法统问题之我见》，《现代评论》第 1 卷第 10 期，1925 年 2 月 14 日。

③ 见张真如《法统问题之我见》所附记者按语，《现代评论》第 1 卷第 10 期，1925 年 2 月 14 日。

虑，保障民国国本不动摇。[①]

对于善后会议，《现代评论》虽有怀疑，但基本上持赞成态度。自由派抽象地看待政治分歧，认为政治上的分歧是可以通过谈判来解决的；他们相信人的良心，认为只要大家有解决问题的诚意，就可以通过谈判找到妥协的方案。高一涵说："我们只是在原则上相信用会议的方法来解决国事，至少总要比用战争的方法来解决国事妥当些，这就是我们所以不肯轻视善后会议的用意。"[②] 周鲠生说，现在时局混乱，人民都希望及早解决时局，恢复平和秩序；"但凡有可以少流一人的血，少延长一天的内乱，而可以达到解决时局的目的之希望，无论何项计划，都须得一试。试之而无效，仍可另寻途径"。[③] 因为这种态度，他们虽怀疑段祺瑞召开善后会议的诚意，怀疑善后会议的效果，不满段祺瑞执政府提出的善后会议参会人员的组成方案，但依然一方面希望段祺瑞当局适当容纳孙中山的意见，允许人民团体代表参加善后会议；另一方面又劝不愿意参加会议的孙中山以及其他社会名流参加善后会议。王世杰说，善后会议，不是国民代表会议，只是一个以废督裁兵为主要目的实力派的代表会议。为达废督裁兵之目的，参加会议的人数及其名额分配，就不能按照国民代表会议的标准去安排，而必须一方面令各方军政首脑参加会议；另一方面令具有"特殊资望学术经验"而代表社会实力的分子能有与武力派之参会人数相等。他一方面批评段祺瑞政府对参会人员的名额分配私心过重，恐难达废督裁兵之目的；另一方面也劝"民党分子"参加这个会议，在会议上去奋斗。他说："民党如不参加这个会议，我们对于这个会议的为善，恐怕就要完全绝望；但是这个会议，却不因民党之不参加而不能为

① 周鲠生：《约法问题的解决》，《现代评论》第 1 卷第 3 期，1924 年 12 月 27 日。

② 高一涵：《善后会议议员的出席问题》，《现代评论》第 1 卷第 5 期，1925 年 1 月 10 日。

③ 周鲠生：《善后会议是否应当参加》，《现代评论》第 1 卷第 6 期，1925 年 1 月 17 日。

恶，甚或正因民党之不参加而可为恶，而大为恶！”[①] 周鲠生很怀疑善后会议能否有结果，但他还是劝国民党和社会名流，不要徒为消极的反对以卸责，不要徒退避以鸣高，而应“排除一切疑虑，直截了当的参加善后会议”，在会议中为他们的主义政见去奋斗。这可于万一之中寻求时局和平解决的希望；万一会议没有结果，国民党也可以揭露当局的缺乏诚意，宣传自己的政见，获得国人的同情，增加国民党的势力。[②]

《现代评论》派对善后会议的态度，是一种非常务实的态度，也很能代表自由派的政治品格，即追求政治问题的和平解决，只要和平还有一丝一毫的希望，就绝不放弃。其实，他们很清楚，善后会议要成功，必须有一个根本条件，“就是解除一切军人的政权，与解除大部分军人的武装”。为此，就要废除督军、军务督办、巡阅使之类的名目，解除一切兼辖民政的军人的民政权（包括警察权），就要求任何军人最多只能是军官，不能兼理民政；要求军队不设师长以上的军治，军队的驻屯地应在省城、县城之外；就要大规模裁减军队，裁减军械的供给。[③] 但对于这个根本条件，他们却将希望寄托于军阀们的诚心。王世杰说，善后会议能否有所成就，“全看号召会议与参加会议的人，能否实心努力于这两种事件之解决”。[④] 周鲠生说，“倘物望所归之中坚人物于会议之中以绝不争权植势之义自律；复能一面善用军阀之戒（诫）心与民众之呼声，一面善用其自己政治上之实力与人格上之权威”，则善后会议就一定能有相当的成就。[⑤] 实际上，军阀的诚心、自律是靠不住的。要

---

① 雪：《善后会议的形势》，《现代评论》第1卷第5期，1925年1月10日。

② 周鲠生：《善后会议是否应当参加》，《现代评论》第1卷第6期，1925年1月17日。

③ 王世杰：《时局之关键》，《现代评论》第1卷第1期，1924年12月13日，周鲠生：《我们所要的一个善后会议》，《现代评论》第1卷第2期，1924年12月20日。

④ 王世杰：《时局之关键》，《现代评论》第1卷第1期，1924年12月13日。

⑤ 周鲠生：《我们所要的一个善后会议》，《现代评论》第1卷第2期，1924年12月20日。

军阀们裁减军队，放弃其掌握的民政权，这等于让他们自挖心头肉，乃绝无可能之事。善后会议果然不出人们所料地开成了军阀们“瓜分地盘与政权”的会议。

善后会议的结果令《现代评论》派十分失望，他们发现军阀的诚心靠不住。原本，他们也对段祺瑞寄予了一点希望，希望段祺瑞能以“狄克推多”的手段，解决军事、财政问题，并制定新宪法，以解决时局。然而，善后会议的结局表明，段祺瑞既没有积极的一贯的政策，也缺乏实行“狄克推多”所必需的“雷厉风行的手段”与“可靠的武力”，根本“不配做‘狄克推多’”。[①] 当此情形，《现代评论》派却仍试图寻求和平解决时局的方法，反对武力解决。他们认为，“武人的势力。决不是就以武人的势力可打破的。以毒攻毒之策在这里不见得适用。频年以来，各方迷信武力的思想造祸不小。军阀既拥兵恣肆，发挥武力统一的野心；而利用武力以达政治目的，又为党人屡次尝试而失败的政策。……武力革命之事，到今日可说是全然失败”。[②] 于是，他们就将眼光转向民众，将培植民众势力看作摆脱中国政治困局的方向。不过，他们既不相信军阀，也不相信国民党，认为无论是军阀，还是国民党都不能真正实现“武力和民众联合”。在他们看来，只有在民主政治基础上的由义务兵构成的军队，才是国民的军队，而北洋军阀的军队，是“自成一个阶级”的“职业的军队”，军队的利益与国民的利益不一致，绝不可能实现“武力和民众联合”。至于国民党的革命则“专在运动军队，组织军队上注意，而忽视了民众势力的组织，在原则上在手段上者（都）不能不说是错误”，这种方式也不能实现“武力和民众联合”。他们希望民众自己组织起来。至于组织民众势力的方案，他们主张从两个方向努力。第一是从地方入手，就是

① 张奚若：《那里配做“狄克推多”》，《现代评论》第1卷第15期，1925年3月21日。

② 周鲠生：《民众势力的组织》，《现代评论》第1卷第24期，1925年5月23日。

把一乡一村的居民组织起来，并组织民团式的民众武装。然后由乡村而县，而省，都以这种方式将民众组织起来。第二是发展职业自治团体，一方面改进现有的自治团体，另一方面把没有组织起来的职业人群也组织起来，使国内一切有职业人都参加职业团体。在以职业与地方为基础组织民众团体同时，又灌输以政治的思想，促发其共同利益的观念，唤起其合作的精神，提高其自治的能力，造成其自卫的力量。在此基础上，就可以通过国民自动召集的国民会议，以“人民实行自动的大规模的对抗军阀运动”，推翻军阀统治，实现国家统一，逐渐向民治过渡。① 显然，民众的自发的组织是成不了事的，必须有革命党的介入，才能真正有效地组织起民众的势力。然而，《现代评论》派却排斥革命党。他们的这种组织民众的方案，有一点无政府主义的味道。

王世杰探讨如何实施民众运动的问题。他认为，军阀混战，连年内乱的根源在于军阀。解决问题的办法，在于与一切军阀断绝姻缘，一方面致力于民众势力的组织，各政党工会、商会、教育会、言论机关，得成为健全的民众团体，另一方面提倡反抗战争的运动，宣传罢市罢工及其他示威活动为其声援。② 作为法学家，王世杰十分重视法律对于工人组织发展与工人运动的意义，认为要使工人组织能够发展起来，需首先解决法律问题。他指出，就当时情形而言，工人组织团体，开展集会游行活动，涉及诸多法律问题，如《治安警察条例》之结社权，以及所谓“聚集”“扰乱安宁秩序”“妨害善良风俗”“强索报酬”等问题；《修正工商同业工会》之行会公所；《暂行新刑律》之同盟罢工等。他主张应先争取制定“工会条例”，以规范、保障工人组织团体的权利。他并建议：（1）

① 周鲠生：《从善后会议到国民代表会议》、《民众势力的组织》，《现代评论》第1卷第20、24期，1925年；刘光一：《今后之时局》，《现代评论》第1卷第14期，1925年3月14日；松子：《时局问题与民众势力》，《太平洋》第4卷第10号，1925年6月。

② 王世杰：《战争的责任》，《现代评论》第2卷第46期，1925年10月24日。

工会的成立，是为增进共同之利益，工人应自由成立，不必报官厅，或经官厅许可之手续。但对于工会之欲取得法人资格或其他特殊权利者，法律得设定向官厅报告之手续；然亦不得授官厅以自由拒许之权。（2）同盟罢工，在原则上应不认为犯罪。同盟罢工，应与个人罢工视同一律。个人罢工既非有暴动或其他犯罪行为，不能构成犯罪行为，同盟罢工，也需有暴动或其他犯罪行为，始受刑事制裁。（3）工会之解散，非经法庭之宣告，不得实施。①

《现代评论》的知识分子将培植民众势力作为实现自由的途径，但他们又觉得当时的一般中国老百姓实在“愚昧无知得可怜”，需要对民众进行启蒙。他们又根据观察，认为民众运动往往容易过“度”，容易失控，将导致当局的强力镇压，不利于民众组织与民众运动的发展。燕树棠告诫民众势力形成的爱国运动应该有合理的方式，切不可将爱国运动发展到暴民运动。他批评游行群众火烧晨报馆是空前未有的侵犯出版言论自由的暴行，说烧毁安福党人的宅第会危及邻人的社会财产自由。安福党人祸国，他们的房屋是无知的、邻人是无辜的。他希望国人继续爱国运动，但要防范爱国运动变化为暴民运动，主张用有组织的“不合作”为反对的手段。② 骆美轮认为，秩序良好的群众运动会推进革命进程，而秩序糟乱的群众运动只会葬送革命事业，给反对者以口实。③ 王世杰强调，鼓动民众运动应与启发民智相结合，没有启蒙开化下的民众运动，其破坏力或许比一般的运动还要大。而且，民众运动能否在短期之内形成不可毁灭的势力，全看有无良好的指导。在王世杰看来，现实民众运动，如果希望成为一种不可磨灭的势力，还得有些人出来辛辛苦苦地做些思想工作，俾一般民众得着些正确的知识和

① 王世杰：《工会条例问题》，《现代评论》第2卷第40期，1925年9月20日。

② 燕树棠：《爱国运动与暴民运动》，《现代评论》第2卷第52期，1925年12月5日。

③ 骆美轮：《民众运动与秩序》，《现代评论》第5卷第124期，1927年4月23日。

比较具体的主张。①

确实，民众运动若缺乏有力的组织与动员，容易失控，容易偏激。《现代评论》的这班书生了解民众运动的意义，也不轻视民众的力量，也明白需要对民众进行启蒙、组织，然而他们愿意启蒙，却不能走出书斋，深入民众中去做实际的组织动员工作。中国共产党人是当时政治力量中最能够深入民众，最能做实际的宣传、组织与动员工作的力量，也是最有动员能力的政治力量。《现代评论》的书生自己不能组织、动员民众，倒是愿意指出民众运动尤其是共产党领导的民众运动的缺点。张奚若就说，理智，或智识，在无论什么社会都是有用的，在共产社会上更是有用的。他批评共产党的民众运动激情有余，而理智不足，说没有冷静缜密深思远虑的脑筋，光靠沸腾的热心，民众运动难得善果。又称共产党鄙视智识阶级，照共产党现在的这种做法，假若不改弦更张，智识阶级恐怕要被打倒的。②

对于结束军治的方法，《现代评论》除提出培植民众势力的方法之外，也讨论过国民党所倡导的方法。杨端六说，在“执军民政权者，非庸懦无能之辈，即为国人皆曰可杀之独夫”，“大多数国民之心理，仍是隔岸观火，只知见恶人之倒而拍掌喝采，不知所以结合团体以扶助善人之方”的情形下，武力统一不可能，恢复法统显得可笑，联省自治也不易实现，孙中山的三民主义，苟行之得其道，或不失为救时之良方。但他对国民革命推倒军阀的现实可行性又在一定程度上持怀疑态度，认为“各省闭关自治”，或许是更为可行的方法。③ 蒋廷黻说，统一中国的方法有三种：和平会议统一、武力统一，以及“少数党专制的统一”。前两种已经试验过了，行不通，而对于“少数党专制的统一”，他也表示没有信心。

① 王世杰：《民众运动与领袖》，《现代评论》第3卷第54期，1925年12月19日。

② 张奚若：《中国今日之所谓智识阶级》，《现代评论》第二周年纪念增刊，1927年。

③ 杨端六：《中华民国之将来》，《现代评论》第一年周年纪念增刊，1925年。

他说，这种方法实现统一，有三个条件。一是有党军。二是其党徒有宗教式的热忱，“以其党纲为圣经，以其领袖为师表，为先觉，以其敌党为异端”。因为有宗教热忱，所以做事认真，因为有宗教热忱，所以极端排斥敌党与言论自由。三是能做应时的改革。广东方面已经有党军，但是，宗教式的热忱不容易有。因为中国缺乏宗教热忱。就政策而言，他认为革命党应以消除内乱外侮为急务，不能以社会革命为党旗，否则会引起国人的反感，其政策就不是应时的改革，而国民党主张社会革命，其政策就不太能成为应时的改革。① 由于《现代评论》与国民党有一定的关联，《现代评论》的编者在发表蒋廷黻的意见，后面附加了按语，说蒋廷黻的意见与编辑部的意见有差异，但是他对少数党统一的条件的讨论，可以提醒国民党。②

可见，对于结束军治的方法，《现代评论》派，不相信军阀有结束军治的诚心，故否定和平统一的可能；虽提出培植民众势力，以结束军治的主张，但他们本身是高高在上的高级自由派知识分子，不能去做扎实的群众工作；基于其自由主义的理念，对国民党的“少数党专制的统一”也不十分乐观。不过，在各种方案中，他们当时觉得，国民党的国民革命的方案或许是比较有可能成功的。

四 党治与民治

在北洋军阀与国民党之间，《现代评论》明显偏向于国民党。一些《现代评论》派的成员后来也加入了国民党。当北伐节节胜利，政权转移之象日渐明显之时，《现代评论》支持国民党的立场

---

① 蒋廷黻：《统一方法的讨论》，《现代评论》第3卷第65期，1926年3月6日。
② 蒋廷黻：《统一方法的讨论》，《现代评论》第3卷第65期，1926年3月6日。

愈加明显。1927 年 1 月，也就是北伐军攻占武汉后不久，高一涵就说，军治与民治绝对对立，军治绝无可能过渡到民治，而党治或许可以过渡到民治。这种说法颇能代表当时不少《现代评论》派成员的看法。此后，《现代评论》倾向于国民党的政治态度日益明确。1927 年 7 月，该刊迁往上海，更是全面倒向了国民党，以一种看似中立的态度为国民党的党治辩护、解说，并为如何实行党治，并最终向民治过渡，建言献策。关于这一问题，他们的主要见解如下。

1. *党治之必要*

《现代评论》派本向往民治，然而有过长期军阀混战的痛苦经历之后，面对国人普遍希望安定的心理，基于“任何国家，想要图社会的进步繁荣和建设事业的发展，最小限度的政治安定，是绝对必要的条件”的认识，[①] 他们当中的不少人肯定党治的必要性。

首先，他们强调，政治安定是开展建设，逐步向民治过渡的必要前提。

署名为“升”的作者说，中国政治不上轨道，原因在于军阀混战。要推翻军阀，不可能依靠一批军阀打击另一批军阀，必须由革命党建立其党军，以党军推翻军阀统治。党军优于军阀军队之处在于，它是一支听命于党的军队，能为国民革命而战，而不为一个人，或几个人，或一种势力而轻举妄动，甚或自由行动。[②] 周鲠生说，以党军推翻军阀之后，需要先恢复秩序，然后才能开始建设。为着真正实现国民革命的目的，革命政府需要满足几个条件：第一，要“保全革命性”，建立一个“安定的政府”。革命政府应由革命分子组成，反革命分子混入政府，不但有损于党政府的信望，也会最终影响革命目标的实现。因此，为大局的安全，为减少国民

① 松子：《所望于新国民政府者》，《现代评论》第 8 卷第 201 期，1928 年 10 月 13 日。

② 升：《广州事变的处置》，《现代评论》第 6 卷第 155 期，1927 年 11 月 26 日。

的牺牲，有必要实行党治，“务必不使那些缺乏革命精神或反革命的分子得参加于政府最高机关”。这就需要有强健的革命党来保证政府的安定。第二，要“实行廉洁主义”，建立廉洁的政府。这就需要以有纪律的党来监督政府，防止政府官员腐化。第三，要“注重效能”，建立有效能的政府。这需要党来协调政府各部门。他们并且呼吁国人理解党治的必要性。[①]

署名“山木”的作者说，法制的确立，必须以政府的安定为前提。若政府频繁更迭，纵政府有确立法制的计划，也不能落实。即便制定了完备的法律，人民的生命、财产、言论、思想，也难得保障。他强调：“创立‘安定的政府’当作大家共同努力的目标。”[②] 从此前提出发，作者“前锋”认为，在当时政治环境下，只有国民党能安定政府、统一国家、稳定社会。他说：“从根本上说：在中国这个政治舞台上，任何军阀，任何官僚的系派，试问有没有一定的政治方针和建设新中国的计划？明明白白没有的。唯有国民党是有固定的主义和已定的政策与方略。你固然可以说：那种主义和政策，不见得马上就可以实现，然而那没有主义的北京政府，除了打伙求财以外，究竟干什么东西?”他呼吁大家维护国民党，说国民党既不是“法西士蒂”，也不是“布尔什维克”。当国民革命还没有完成时要维护国民党，要批评国民党，也要等到国民革命完成之后。[③]

其次，他们认为民治是法治，而国人缺乏法治的习惯，需要经由党治的训练，才能实行法治、民治。

彭学沛认为党治与法治可以兼容，法治是维持社会秩序的一般原则，党治是政权发动的一种方式，法治不妨碍党治，而党治亦不

---

① 松子：《所望于新国民政府者》，《现代评论》第8卷第201期，1928年10月13日。

② 山木：《我们的希望》，《现代评论》第7卷第157期，1927年12月10日。

③ 前锋：《关于国民党的批评的批评》，《现代评论》第7卷第176期，1928年4月21日。

妨碍法治。他形象地说：法治与党治不是“甲”与“非甲”的关系，法治是猪肉，党治是火腿，吃火腿的人不一定要反对吃猪肉。不过，他强调，中国人没有法治的习惯：人们平常尽管提倡法治，到了处理一件事情的时候，又把法律忘记了，又不去请教法律这位老师，而去咨询“面子”“人情”“利害”这些的嬖佞侍从了。而执行法律的人，也经常忽略政府的系统，不去严格施行法律。他认为，通过党治的训练，可以逐步养成法治的习惯。他说，法治的条件，第一是要订立法律，第二是要有人来拥护法律。要订立妥当的法律，必须让人民有各表意见的机会；要励行法律，尤须使人民有监督的权利。要厉行法治，必须使党员勇于监督，随时指摘，而政府尤宜虚衷坦怀，博采群见，借党员的耳目去延长政府的耳目，借党论的制裁去充厚政府的制裁，党员的言论就是政府的镜子，对于言论的取缔过于严重，就是打破自己的镜子，渐渐自己脸上涂了灰，也没法子看得见了。[①] 在彭学沛看来，民治首先要训练党员的法治习惯，而这必须实行党治，由党来制定法律、执行法律，由党员来监督法律的实行。自然，如果党是健全的，这未尝不是一个方案。但是，如何才能造就一个健全的党，彭学沛并没有相关的论述。

彭学沛又以一战后欧洲一些国家出现的独裁政治来为国民党的党治辩解。他说，世界政治的普遍的潮流是，“凡一国之政体，由专制而立宪，由立宪而共和”；然短短几年，自墨索里尼后，整个世界的独裁趋势，简直就是大翻盘。所以如此，是因为政治的状态非常复杂，并非要么是德谟克拉西，要么是狄克推多，所有制度都不过是人类历史行程的过渡状态，没有非此不可，或非彼不可的政治制度，一切要由现实情形来定。至于当下的中国，“在内政窳败外患急迫的时候，是用得着‘一定的计划坚决的步

① 彭学沛：《党治与法治》，《现代评论》第8卷第206、207、208期合刊，1928年12月22日。

伐’的，是用得着狄克推多的。天下事往往得用相反的手段去达相反的目的，用非自由的手段去求自由，用非平等的手段去求平等，用狄克推多去求德谟克拉西”。[1] 在另外一篇文字中，他又通过评论狄骥的社会连带主义来为党治辩解。他说引用杜吉（Duguit，一般译为狄骥）的话说，“一个个人的意志和他一个人的意志永远是平等的；无论什么人没有命令他人的权利；纵是‘全体少一’的大多数，也没有命令那一个单人的权利”。凡是合乎社会连带的意志行为，纵是出乎个人的创意，也是应当尊重的；不然，纵是出于多数的创意，也是不应当尊重的。事实上，从常理上说来，宽容的度量，虚坦的心怀，才是开明人类应有态度。少数人的意见，不一定是错误的，与自己反对的意见，不一定是荒谬的，所以发表了自己的意见之后，还得倾听他人的意见；自己试了一试之后，还得让人家来试一试；这才是德谟克拉西的精神，这才是“费雅卜赖”（fairplay——引注）的原则。但这种精神，这种原则，在他看来尽管至妙殊胜，却不是能够恒久应用的。那是要在天下太平的时候，要在政治组织不构成经济发展的障碍的时候，要在社会一切成员间有了共同的道德标准的时候，才能适用。然而现实却不是这样，作者由此认为，当到了一个势力和另一个不兼容的势力相搏战的时候……那时候，是成败的关头，生死的歧路；德谟克拉西固然是高雅，费雅卜赖固然是洒脱，怎耐“战士军前半死生”的时候，由不得“美人帐下犹歌舞”啊![2] 这里，个人的自由，不是绝对的，在一定的条件下，尤其是两大势力对决的时候，个人自由是不能过于强调的，相反为着斗争的胜利，有必要牺牲个人自由，为了解决时局，完成国民革命，实行党治主义也是迫不得已的选择。

高一涵则说：“中国自古以来，就是群而不党的国家，无组织

---

① 浩徐：《闲话》，《现代评论》第4卷第92期，1926年9月11日。

② 浩徐：《闲话》，《现代评论》第5卷第105期，1926年12月1日。

无训练的群，当然敌不过有组织有训练的党。因此，安福系，交通系等类的少数党徒，都可以操纵政局，而号称四万万做主人的人民，反如一盘散沙，任人播弄。中央政局，所以被少数官僚政客操纵，地方政局，所以又被少数势恶土豪操纵，就只因没为有政党。故在无公党，有私党的中国，一说到民治，即无异替少数官僚政客及势恶土豪留活动之地步。如就中国今日局面说，不但可以说：与其军治不如党治；并且可以说：与其民治不如党治。"①

署名"志贞"的作者则说，党治的实行需要一定的法治基础；而法治的实行，则需待完成革命，实现国家统一之后。而在革命的时代，又需要事权专一，这就需要党治。②

2. 党治可以过渡到民治

首先，《现代评论》派强调，党治不是人治，不会发生人治的弊端。

有作者就说，国民党以党建国及以党治国优于传统的人治，因为党是机构，故党治并非人治。有署名"铁岩"的作者说，中国人有一种传统的心理，把人看得太重，把制度或机器看得太轻。须知这国民党的政治机器并不因几个司机人的变更，而失其存在。只要新来司机的人也抱着爱党的精神去做事，使党国这部政治机器，运用自如，又何必抱着彼此的界限呢。③ 作者"实"也明确说，"近世的政党首领所以比专制时代的帝王不同，只有主义和人格可以号召；人家替他尽力，不是因为他个人值得他们的崇拜，是因为他的主义和人格值得他们的崇拜"。④ 作者"朋"更标榜国民党是以体制形态出现的党治，而不是人治："国民党的所以能胜于其他

---

① 高一涵：《军治与党治》，《现代评论》第二周年纪念增刊，1927 年。

② 志贞：《国民政府之立法与立法机关》，《现代评论》第 7 卷第 160 期，1927 年 12 月 31 日。

③ 铁岩：《机器的政治观》，《现代评论》第 6 卷第 155 期，1927 年 11 月 26 日。

④ 实：《民国十六年的回顾》，《现代评论》第 7 卷第 160 期，1927 年 12 月 31 日。

之所谓党者，就是因为它有它的政纲和组织，而不系于一人或数人之消长。总理虽死，而总理手创之党不但不坠，反而日增月大者，正见得党之超乎人上。我们固然不愿见党的任何忠实领袖去职不干，然而我们的大任毕竟仍是完善党之组织以努力革命。”[①] 在他们看来，国民党的党治是通过主义指导革命，通过制度来统治国家，是有定性的，有原则的，不会因领导人的变化而朝令夕改，不会有传统人治的弊端。

其次，他们认为国民党有其党治铁律，这种铁律有利有弊，不可一概否定。

作者“山木”说，国民党有其党治铁律：党外无党，党员必须服从纪律。依照国民党治国理念，党的独裁，事实上在军政、训政时期很难取消，期望国民党很快取消党治，不现实。他又劝解反对党治的人们，称国民党一党政治之下，党内各问题有自由讨论的空间，但一经议决后，即需一致进行。而这种党治体制下的“一致进行”，既是推翻旧有的一切恶势力起见，建立强有力革命政府所必需，也可以大大提高政府的执行力。又称，党员必须服从纪律的党治铁律，还可以防止革命政府的恶化腐化。不过，他也提出，第一条铁律党外无党，固然使党能掌握大局，但很容易弄得党外亦无诤友。第二铁律使党的行动固然比较自由，党的决裂未必可以减免；政策的实施固然比较容易，政策的决定未必不流于苟且。于是，他提出两条补救的办法：第一是必须厉行监察制度，第二是必须给予非党员以若干分批评之自由。[②] 他主张，党部或政府的一般用人行政，在党律上，虽不能容许党员事后批评，在国法上，都不妨容许一切人民保有事后批评之自由。

最后，党治是过渡到民治的阶梯。

高一涵说，军治不可能迈向民治，而党治则“可渐渐的跨到

① 朋：《宁汉合并与革命进行》，《现代评论》第6卷第141期，1927年8月20日。
② 山木：《党治的铁律》，《现代评论》第6卷第148期，1927年10月8日。

民治的彼岸”。关于党治可以过渡到民治，他提出的理由是：“因为一党的政见就是全体党员共同意见的结晶品……政党本身的组织，无论从形式上看，从方法上看，都必定是个民治制。一切党员，无论职业何如，地位何如，在党的组织上，必定是一律平等的。这是与军队的组织根本不同的地方。况且党员并没有与人民不同的特殊的身份，在党为党员，在国便同为人民。政党的职务既以治国为主，做政党的事务，同时也多半是做国民的事务。如果党治真正是这样，纵不能简直叫做民治，似乎可以将就点叫做民治的缩形，再不然，也似乎可以训练出来教育出来将来的民治人材。”又称，党治之下，是可以有言论自由的，党治把言论思想自由看作必需品，这为党治向民治过渡提供了另一个有利条件，这是军治所不能比拟的。①

华声则认为，在中国最近的将来，除党治而外，没有别的法子可以解决我们的政治社会问题。党治的存在，正是要实现民治，党治若不以民治为归宿，就丧失了党治的价值。事实上，我们也知道，民治是为反对专制而发生的。任何形式的专制（君主专制、贵族专制、少数专制、多数专制、暴民专制……）都是民治所不容的。华声进一步指出，民治不是多数政治，多数人所支配的政治不一定就是民治；民治不是群众政治，群众不能有巩固的组织，不能有确定的意志，那么，自然更不是暴民政治；民治也不是普通所说的平等自由，群居的人类就不能有绝对的自由，而且天生不曾平等。人群有人群的认识，真正的民治是人类相互间所认识的精神或途径。总而言之，在他看来，一国的人民因利害关系而考虑的结果，他们所要的东西，他们就去办，这就是民治。华声最后指出，政党专政最大的功效是能稳定治安，“恢复秩序，向着民治的轨道上去走，并不是任意蛮干，一味专制”。②

① 高一涵：《军治与党治》，《现代评论》第二周年纪念增刊，1927 年。

② 华声：《党治与民治》，《现代评论》第 6 卷第 134 期，1927 年 7 月 2 日。

可见，实际上，这种一党专政的党治实等于变态的民治，有实际的必要。而且一党专政必须强健，才有成功的希望。中国当时的政治是需要首先恢复秩序（打倒土匪、打倒军阀、打倒帝国主义），然后才能谈社会改造、社会改良。当时中国实行党治是将来实行民治的希望。

作者“山木”则分析党治主义的消极面与积极面，认为党治虽有消极面，但运用得当，是可以向民治过渡的。他说：“从消极一面说，党治的特征在不容许反对党之存在；换句话说，就是‘党外无党’。从积极一面说，党治的特征在令一切政治军事势力受党的支配；换句话说，就是‘以党治国’。”以党治国的积极作用在于，其一，它可以防止军治；其二，可以监督官治，扶植民治。他又为党治主义的消极作用辩护，他说，假使军事统一之后我们立即将训政的工作完全交付政府，而不于政府之外或政府之上，保留一个富于革命性的有极大权威的政党，以支配政府，以策励政府。①

3. 为党治献策

当国民党二届五中全会召开时，署名为“文”的作者呼吁将党权集中于领袖。他说：“党内不统一，党权无由提高，党治又从何说起？本党如果不预备任令中华民国于党治之掩护下，造成军阀，官僚，大小伟人等特权阶级政治，便应当依党的统一以巩固党的组织，振兴党权。这是中央全会的责任。”② 这是在为蒋介石个人集权张目。

署名“遁公”的作者认为，党权应该集中，但职务完全可以分开。他说，国民党的组织原则是民主集权制，但是大包大揽的集权会造成两种大弊：一是多数事件集中在一个人身上，绝对不能得到分工的效果；二是少数人包办一切事务，便把许多专门人才一

① 山木：《党治与国民会议》，《现代评论》第7卷第172期，1928年3月24日。

② 文：《第五次中央全会开幕》，《现代评论》第8卷第191期，1928年8月3日。

律屏弃在门墙之外。要免除集权弊端，需要明确两个认识：其一，不得误认党的独裁为个人的独裁；其二，不得误认党的集权为个人的集权。他进而提出消除过度集权弊端的办法：其一，设立各种类似于智库、研究室、顾问委员会、调查机构或秘书起草班子之类的研究委员会。其二，区分政务官与事务官，政务官由党员担任，而事务官则引用各项专门人才，以实行行政工作专业化的需求，通过分工合作，提高政府效率。[①] 他又说，真正爱护党国的领袖，绝不愿为个人收走狗，自然是愿为党国求真才。求真材自然不比收走狗容易，但是在一党专制之下，要想在党内求诤友，不想在党外树敌人，这引用专门技术人才一件事，却是刻不容缓的。

有人提出，国民党对自己的党治应该有信心，情报工作可稍微放宽，不要把社会气氛搞得那么紧张。作者“文”认为，一般善良的市民，如果相信现在国民党领导的国民革命，是脱救国家社会于危亡，获得国民自由平等之正常的途径，便应当一心地赞助国民政府，信任国民政府，用不着受谣言所惑，相惊以伯有。而国民党则要有信心、定力、判断力，不必过于在乎外界的批评与猜忌，适当放宽情报控制，适当在公共利益许可范围内将政治军事信息适当公示发表。过度的守秘密，反而徒增疑虑。[②]

周鲠生则对国民党的党务工作提出建议。他说，国民党的党务工作，应注意几点。其一，国民革命要党治不是人治。国民革命要依靠巩固的组织而不是个别人。要注意发展组织，吸引青年。其二，国民革命在谋全国人民的利益，但不一定要给人人以做官发财的机会。国民党领导全国人民革命，但不预备与各方面平分政权。其三，国民革命不仅仅是政治革命，而且是包含社会革命在内的广泛的革命。[③]

---

① 遁公：《集权与分职》，《现代评论》第6卷第150期，1927年10月22日。

② 文：《造谣与止谣》，《现代评论》第6卷第138期，1927年7月30日。

③ 松子：《国民革命论》，《现代评论》第6卷第138期，1927年7月30日。

作者“叔平”强调，党治成功的第一个条件是一个健全的、有主义的、有组织的、有最高权的党。因此，需要加强党务工作，将第一等人才吸引到党务工作系统中去。[①]

钱端升为国民党的舆论工作献策。他说：“舆论是近代国家的形成物，只有专制国家无舆论，立宪国家不能不有舆论，立宪国家是以民意为基础的，而舆论实为民意最有力之表示。舆论可以监督政府，纠正政府的差误；舆论也可以辅助政府，替政府消除障碍。凡是一个政府，就像常人一样，没有一个能丝毫无过失的，有了舆论，政府就可以时时对镜自照，改过不遑。政府施政的时候，不论所施的为何事，总有一部分人不免要怀疑或反对，有了舆论去开导或声讨，施政也要容易得多了。”中国要过渡到宪政，一方面固然要“严厉取缔”“反革命的舆论”，另一方面也要“竭力奖护”“赞助革命的舆论”。赞助革命的舆论约略可分为两种：“一是称许革命，宣传国民党宗旨的舆论，一是批评政府方略，甚而至于指摘政府用人行政的舆论。”不过，对于需要取缔的舆论，他主张应经过一定的手续，不可随意取缔；对于如何区分“赞助革命的舆论”与“反革命的舆论”，他也举例说明：“批评也须有一个限度，决不是说谩骂或讥笑也值得扶植。为维持民众对于政府的信仰起见，已决定的政策或已执行的事件最好也不让人家任意诋议，不过这并不是绝对的，假如政府一时失察，用了一个腐化分子，那当然还是可以继续指摘的。”在他看来，这二者区别甚大，“只稍心平一点，是不难一一分别的”。[②] 他试图在党治与一定程度的舆论开放之间保持平衡，以为向宪政过渡准备一点的条件。但实际上，国民党的党治是与严厉钳制舆论联系在一起的。钱端升以为“赞助革命的舆论”与“反革命的舆论”很好区分，其实这二者很难区分，甚至几乎无法区分。

---

① 叔平：《国民党目下的机会》，《现代评论》第6卷第144期，1927年9月10日。

② 钱端升：《党治与舆论》，《现代评论》第6卷第139期，1927年8月6日。

作为向往民治的资产阶级自由派，转而为国民党的党治辩护、建言献策，本身就很能说明一些问题。首先，在经历十多年的军阀混战后，一部分资产阶级自由派也在反思，究竟民国初建时就直接由军政进入宪政是否妥当。其次是孙中山的革命程序论，也得到了一些资产阶级自由派的有限度的赞同。这是国民党政权建立之初，自由派中批评国民党党治体制的人比较少（只有国家主义派的《醒狮周报》与张君劢主办的《新路》两个刊物公开大胆地批评党治体制）的思想原因所在。最后，《现代评论》这一班资产阶级自由派对于国民党的党治起初还抱有一定的期望；不过，他们为国民党党治体制辩护的言论，与他们崇奉的资产阶级民主理论有较大的差距，他们论述起来不那么得心应手，勉强之处随处可见。可以说，他们对于党治的论述，其论述的质量不如国民党内那些从事宣传舆论工作的笔杆子；但是他们对于民主政治的向往又比国民党的那些笔杆子要强烈。他们为国民党的党治辩护的言论，所以勉强，一是因为他们确实没有对三民主义进行深入的研究，二是因为党治与他们主张的民治凿枘不容，故行文中处处见漏洞。

第四章 国家主义派的思想主张

清末十年，民族生存竞争与国家主义是最主流的政治思想话语。民国肇建后，这类话语继续盛行，客观上为袁世凯的专制集权创造了有利的舆论。知识界遂起反思，关注的重心逐渐转向个人权利与个人解放。新文化运动于是兴起。[①] 一战爆发后，知识界普遍认为这是欧洲民族主义畸形发展的恶果。在民初共和政治的挫折与一战的刺激之下，受一战期间以及此后国际和平主义运动及其思想的影响，中国传统中的"大同"思想、天下主义被重新发现，加上一战期间西方列强无暇东顾，中国面临的生存竞争环境显得不那么严酷，中国的民族资本主义稍得喘息之机，这种种因素使各种超越民族与国家的思潮——形形色色的无政府主义、社会主义等——在五四前后风行一时，吸引了众多青年。然而，在一个力图于现代世界中谋生存、于国际秩序中争求平等、于内外交困中求出路的古国和弱国，建立现代国家的议题不可能长期潜藏，一旦条件变化，必定会再度浮出水面，重新成为时代焦点。1920 年代的国家主义派即明确张出国家主义的旗号，以应对五四后的内外困局，并很快获得相当的社会反响，成为与三民主义、共产主义鼎足而三的重要思潮。

学界一般将国家主义派称为"醒狮派"，因为这一派的中心人

---

① 参见邹小站《民初思想与新文化运动的关联》，《湖南科技大学学报》（社会科学版）第 22 卷第 4 期，2019 年 7 月。

物主要是围绕《醒狮周报》[1] 聚集起来的。不过，在围绕《醒狮周报》聚集起来的一批人以及受其影响而组建起来的许多团体之外，仍存在像“大江会”这样独立于《醒狮周报》发起的、宣扬国家主义的团体，也存在像“国家教育协会”这样与《醒狮周报》关系密切，却又有其独立宗旨的组织。故而，似可认为国家主义派的外延比醒狮派更广，前者包括了倡导国家主义的各类团体和组织，而后者仅包括“《醒狮周报》社”以及受其直接影响、完全接受其宗旨和主张的团体。

一般也认为《醒狮周报》为中国青年党的机关报。但应注意的是，该报在创刊之初，是曾琦约集同情国家主义的“少年中国学会”会友及其他友人共同集资创办的，具有同人报刊性质，[2] 后来才真正成为“中国青年党”（在 1929 年前，以“中国国家主义青年团”的名义对外活动）的机关报。[3]

一　国家主义派的形成与发展

（一）国家主义派的渊源

1920 年代的国家主义派，其主流是从“少年中国学会”分化

---

① 该报第 1（1924 年 10 月 10 日）－104 号（1926 年 10 月 2 日）题名为“醒狮”，以“号”称期数；第 105 期（1926 年 10 月 10 日）后题名为“醒狮周报”，以“期”称期数。第 105 期后不再分版面。为求简便，本文一律称为“醒狮周报”，以“期”称期数，第 105 期之前标明版面，第 105 期之后标明页数。

② 陈启天：《寄园回忆录》，台北商务印书馆 1972 年增订版，第 24、138 页。

③ 《醒狮周报》何时才真正发展成“中国青年党”的机关报是一个仍待探究的问题。就研究现状而言，似乎仅有郑大华、曾科讨论过这一问题。他们认为，以 1926 年 10 月 10 日发行的 105 期为界，《醒狮周报》可分为前后两期，后期的《醒狮周报》才蜕变成为“中国国家主义青年团”的机关报。参见郑大华、曾科《20 世纪 20 年代〈醒狮周报〉撰稿人的构成、聚集与分化》，《安徽史学》2014 年第 3 期。1929 年 8 月，中国青年党在沈阳召开第四次代表大会，发表《公开党名宣言》，才正式对外公开党名。

而来。1918 年 5 月 3 日，日本寺内内阁与段祺瑞政府秘密签订中日军事协定。随之，密约条款公布于日本报纸。4 日晚，留日学生集会于东京留日学生总会，商议对策，多数学生主张罢学归国，以示反对。“于是五月至七月先后自日本罢学回到上海与北京者，竟有三千余人。——这三千余人中大半都是次年（民八）‘五四’爱国运动中的激烈分子。”① 曾琦等即于此时自日本归国。在东京时，曾琦已计划建立学会，并派雷宝菁先归国接洽。其时，曾琦在北京的老同学王光祈提出《吾党今后进行意见书》一册，并草拟学会规约大纲数十条。1918 年 6 月 30 日，王光祈（字润玙）、曾琦（字慕韩）、陈淯（字愚生）、周无（号太玄）、张尚龄（字梦九）、雷宝菁（字眉生）等六人集会于北京岳云别墅，发起“少年中国学会”（以下简称“少中”）。这六位都是四川人。王光祈、曾琦、周太玄为成都高等学堂分设中学的同学；王、曾二人交往尤深，曾一起组织诗社，互为酬唱。陈愚生、张梦九、雷宝菁则为曾琦留日期间的密友。② 故而，王光祈称：“本会同人在本会未发起以前，大半先有一种精神上的结合。出处进退，互相商権，已略具团体规模。”③ 7 月 21 日，李大钊加入筹备工作，亦被列为发起人之一。④ 经一年筹备，“少中”于 1919 年 7 月 1 日正式成立。

“少中”之目的是“欲集合全国青年”，创造“适合于二十世纪思潮之少年中国”。但适合于二十世纪思潮者为何？同人认知不同，或以为是英美式民主主义，或以为是俄国式社会主义，还有人以为是无政府主义。因同人主张有异，只好笼统地宣称“‘少年中

① 李璜：《学钝室回忆录》（增订本）上卷，明报月刊社，1979，第 36 页。

② 曾琦：《愚公自订年谱》，载陈正茂、黄欣周、梅渐浓编《曾琦先生文集》下册，台北“中研院”近代史研究所 1993 年版，第 1546、1549 页。

③ 引文及前学会发起经过俱参见王光祈《本会发起之旨趣及其经过情形》，《少年中国学会会务报告》第 3 期，1919 年 5 月 1 日，第 15 页。

④ 曾琦：《戊午日记（民国七年东京、北京、上海）》，载陈正茂、黄欣周、梅渐浓编《曾琦先生文集》下册，第 1342 页。

国’，为进步的，非保守的；为创造的，非因袭的；在并世国家中为少年的，而非老大的也”。①

“少中”同人虽有精神上的契合，但自发起学会之日起，对于“要何种主义”，就有不同看法。李璜颇担心“少中”同人因“主张有异”，产生误会，“致启乖离”；但他又认为学会中人“根本上并无丝毫差别”，一则“只要是不背世界潮流，有益人类社会的事业，便可以极力做去，不必在那里空谭［谈］主张不主张也”。二则超越国家的思想与倾向国家的思想可以调和。他推荐少中会友阅读汪精卫的《吾人对于国家之观念》和《吾人对于中国之责任》两文，希望有助于调和超越国家的思想与倾向国家的思想。② 汪精卫这两篇文章认为，国家乃人类进化的产物，人类应以国家为基础逐步迈向世界大同，而不能倒行逆施，由国家而返于前国家状态。通过将国家看成进化至“世界大同”必需的一个阶段，国家思想便与世界大同思想调和起来了。③ 1917 年夏，还在东京留学的曾琦，曾“卓致梁任公书约万余言，力劝任公慎于出处，并继续提倡国家主义勿懈”。④ 可见，“少中”发起前后，曾琦、李璜虽未张出“国家主义”的旗号，但已明显倾向于国家主义。

1919 年 7 月 1 日，“少中”开正式成立大会，确定了“本科学的精神，为社会的活动，以创造少年中国”的学会宗旨。⑤ 其后，

① 王光祈：《本会发起之旨趣及其经过情形》，《少年中国学会会务报告》第 3 期，第 16—17 页。

② 《璜致慕韩、润玙、时珍、梦九》（即李璜致曾琦、王光祈、魏嗣銮、张梦九，1919 年 2 月 24 日），《会员通讯》，《少年中国学会会务报告》第 3 期，第 29—30 页。此信写于李璜赴法留学途中；原售无标题，现标题为笔者所拟。

③ 精卫：《吾人对于国家之观念》，《旅欧杂志》第 4、5 期，1916 年 10 月 1 日、1916 年 10 月 15 日；精卫：《吾人对于中国之责任》，《旅欧杂志》第 8、9 期，1916 年 12 月 1 日、1916 年 12 月 15 日。

④ 曾琦：《愚公自订年谱》，载陈正茂、黄欣周、梅渐浓编《曾琦先生文集》下册，第 1550 页。

⑤ 《少年中国学会周年纪念册》（1920 年印）第 3—5 页，收入李义彬编《中国青年党》，中国社会科学出版社 1982 年版，第 60 页。

李璜、周太玄、曾琦、张梦九相继赴法留学，王光祈赴德留学。7位发起人中，雷宝菁已去世，其他6位，有4位出国留学，留在国内的李大钊和陈愚生都是共产主义的倡导者。李大钊于是成为北京会员事实上的领导者。1920年8月19日，李大钊即在北京同人的茶话会中提出"少中""似均应有标明本会主义之必要"。[①] 此后，"少中"内部围绕"要不要主义，要何种主义"，发生激烈辩论，终因意见无法调和而至分裂。

1921年7月1日至4日，"少中"在南京开第二次年会。7月2日的会议，会员就"少中"是否需采用一种主义为宗旨以及是否从事政治活动，发生激烈争论，"从午前九时半起，至晚八时止，仍相持不下"。[②] 会后会员继续通信讨论。曾琦和李璜主张先不要进行政治活动，李璜并且说"我们的同志讨论社会革命，未免太马克斯派一点，太偏于经济生活一方面了"。[③]

1922年7月2日、3日，"少中"在杭州开第三次年会。北京同人未能参与，但是提交了《北京同人提案》，主张"政治斗争是改造社会，挽救颓风的最好工具"，"我们唯一解除苦厄实行的方法是只有引导被压民众为有目的的政治斗争"。[④] 杭州大会对于"少中"对政治的态度仍不能决，仅提出"少中"对于目前时局的主张为："对外反对帝国主义的侵略，对内谋军阀势力的推翻。"[⑤]

陈启天回忆，南京和杭州年会中的争论，"表面上虽是政治活

---

① 《少年中国学会消息》，《少年中国》第2卷第3期，1920年9月15日，第58页。

② 《南京大会纪略》，《少年中国》第3卷第2期，1921年9月1日，第49页。

③ 曾琦：《政治活动之前车与社会活动之先导》，《少年中国》第3卷第8期，1922年3月1日，第13—24页；《少年中国学会问题·李璜》（节录李璜5月26日致左舜生函），《少年中国》第3卷第2期，1921年9月1日，第32页。

④ 黄日葵、陈仲瑜、邓仲解、刘仁静、李大钊、沈昌：《北京同人提案》，《少年中国》第3卷第11期，1922年6月1日，第77页。

⑤ 《一九二二年杭州大会纪略》，《少年中国》第3卷第11期，1922年6月1日，第62页。

动与社会活动之争，而在实际上却是共产与反共产之争的前奏”。此一时期，“共产党既在少中会内展开政治活动，又先后利用少中会友从事共产党所策动的各种学生活动，例如十一年秋的反基督教运动大同盟、十二年秋的民权运动大同盟等”。[①] 于是，“少中”非共产党的会友乃提出以国家主义对抗共产党的共产主义。1923 年上半年，尚在欧洲留学的余家菊和李璜合著的《国家主义的教育》在国内出版后，引起南京会友的热烈讨论。1923 年 10 月 10 日“少中”第四次年会（苏州年会）发布的宣言，兼容了共产主义与国家主义两派会员的意见，前者如“推阐经济压迫为国民道德堕落的主要原因”，后者如“提倡民族性的教育”。[②] 此次会议又决定将总会由北京迁往南京。南京分会依决议于 11 月 1 日组织总会，公选陈启天为总会执行部主任，并决议用“新国家主义”作为教育上努力之目标，委托陈启天、吴俊升研究下一定义。陈启天乃撰《何谓新国家主义》一文，并在同年 12 月 2 日南京总会第三次常会上宣读。[③] 这次会议并议决出版《少年中国》“新国家主义特号”。[④] 巧合的是，曾琦等人也于同一天在巴黎成立中国青年党。“此项组织活动，当时国内少中会友虽未得悉，然在思想上则已彼此呼应矣。”[⑤]

1924 年秋，曾琦、李璜、张梦九自欧归国，联合“少中”同情国家主义的会友左舜生、陈启天、余家菊等于 1924 年 10 月 10 日共同发起创办《醒狮周报》，公开打出国家主义的旗号。于是，

---

① 陈启天：《寄园回忆录》，第 137 页。

② 《少年中国学会苏州大会宣言》，《少年中国》第 4 卷第 8 期，1923 年 12 月，第 3 页。

③ 此文更名为《新国家主义与中国前途》，发表于《少年中国》第 4 卷第 9 期，1924 年 1 月，无全卷页码。

④ 以上总会迁移等事宜，参见《附录一・本会近事记》，《少年中国》第 4 卷第 8 期，1923 年 12 月，第 1—4 页；《附录一・少年中国学会紧急通告》，《少年中国》第 4 卷第 8 期，1923 年 12 月，第 4 页。陈任执行部主任初为临时职务，待评议员选出组成评议会后，始正式就任。

⑤ 陈启天：《寄园回忆录》，第 22 页。

在 1925 年 7 月 20 日“少中”于东南大学梅庵召开的第六次年会上，共产主义派的恽代英、张闻天、沈泽民、邓中夏等与国家主义派的曾琦、左舜生、陈启天等争论“已到白热程度”。自后，会务陷于停顿，“少中”无形解散。①

与共产主义派代表激辩之后，余家菊、李璜、左舜生、陈启天等 39 人于 1925 年 7 月发起成立了国家教育协会。这 39 位发起人，主要由“少中”会友、② 曾在南京高等师范学校（后升级为东南大学）或其附中就读或教学的友人以及留美学生构成，详见表 4－1。

表 4－1　国家教育协会发起人构成情况表③

身份	人数	人名
“少中”会友	13	余家菊、李璜、左舜生、陈启天、曹刍、李儒勉、杨亮功、刘拓、舒新城、常道直、穆济波、郇爽秋、古楳
曾在南京高等师范学校（后升级为东南大学）或其附中就读或教学者	14	余家菊、陈启天、曹刍、李儒勉、舒新城、罗廷光、周邦道、吴定良、穆济波、郇爽秋、祝其乐、唐毅、成荣章、古楳
时为留美学生	12	杨亮功、郇爽秋、钟道缵、常道直、张元恺、刘乃敬、李相勗、黄敬思、汤茂如、游嘉德、刘拓、齐国樑
时为留德学生	1	章伯钧
时为留英学生	1	张鸿渐
在其他学校任教	8	彭云生、罗承烈、田培林、周调阳、李琯卿、杨叔明、杨廉、舒启元
编辑	1	范寿康

① 陈启天：《寄园回忆录》，第 24、138 页，引自第 138 页；余子侠等：《余家菊年谱简编（1898—1976 年）》，见章开沅、余子侠主编《余家菊与近代中国教育》，华中师范大学出版社 2007 年版，第 403 页。

② 据李璜回忆称，“在教育界服务的会友多半加入了国家教育协会”。参见《学钝室回忆录》上卷，第 189—190 页。

③ 39 位发起人姓名，参见《国家教育协会缘起》，《中华教育界》第 15 卷第 2 期，1925 年 8 月，第 1 页；“少中”名单（姓名可考者 117 人），参见李璜《学钝室回忆录》上卷，第 53—55 页；《美国分会消息》，《国家与教育》第 23 期第 8 版，1926 年 7 月 10 日。《国家与教育》第 23 期第 8 版上误标为第 22 期，据该期第 1 版更正；第 22 期为 1926 年 6 月 26 日出版，误印为 1926 年 6 月 20 日，原报用红色印刷体字更正。

到1926年1月，该会已有会员160人，“以在北京，南京，武昌，美国者为最多，业已分别组织分会，以便联络研究”。[①] 到1927年初，该会停止活动。

国家教育协会以“本国家主义的精神以谋教育的改进”为宗旨，设会务委员会主持会务，下设“收回教育权研究会”“教育用书研究会”“国家主义宣传委员会”。总部设于上海。[②] 该会编辑出版有《国家与教育》周刊，并在《醒狮周报》上设有“教育特刊”。《教育特刊》宣言明确表示，“本刊为国家教育协会出版物之一，当然以国家教育协会之宗旨为宗旨”，以示与《醒狮周报》有别。[③]

国家教育协会之外，“少中”还分化出了两个重要的国家主义团体，即“中国青年党”和《醒狮周报》社。

（二）中国青年党的创建

曾琦是创建中国青年党（以下简称为“中青”）的中心人物。曾琦（1892—1951），四川隆昌县人。原名昭琮，别号愚公，党号[④]移山。17岁（1908年）时，因钦慕韩琦之为人，始改名曰琦，初号“继韩”，国文教员邓翼伯先生命其易为“慕韩”，以示谦逊。[⑤] 韩琦（1008—1075）为北宋著名政治家，曾与范仲淹一起率军抵御西夏，又与范仲淹共同主持庆历新政，故时人并称为“韩范”。韩琦于仁宗末年拜相，主持中枢十年之久。在地方时，他治

---

① 《会务消息》，《醒狮周报》第68期第5版，1926年1月23日。

② 《国家教育协会缘起》，《中华教育界》第15卷第2期，1925年8月，第1—3页。

③ 《本刊宣言》，《醒狮周报》第62期第6版，1925年12月12日。

④ “中青”长期秘密活动，故而党员入党时均取党号，以备联络通讯、会议记录之用。

⑤ 曾琦：《愚公自订年谱》，载陈正茂、黄欣周、梅渐浓编《曾琦先生文集》下册，第1545页。

军有方，颇能抚治边疆；在中枢时，亦以边事为念，多次提出应对西夏、契丹之方略。少年曾琦以“继韩”自许，欲效法韩琦之抗西夏、契丹，排满救国。1905 年，其大哥携回梁启超所著《中国魂》一书，曾琦读之，爱不忍释，“国家思想，遂导源于是”。[①] 15 岁（1906 年）时，曾琦就“喜阅顾炎武、黄梨洲、王船山诸人集，排满思想于以发端”。16 岁（1907 年），“益肆力于国学，复获读梁启超、章炳麟诸氏著作，于国事益注意焉”。19 岁（1910 年），则“与曹叔宝、薛银海、文宏模诸友从事排满运动”，甚而至于辍学。及保路运动起（1911 年），游说巨匪张桂山不成，乃赴重庆办《民国新报》。民国建立后，重回学校。1913 年二次革命期间，又赴重庆参加反袁运动。23 岁（1914 年），拟赴法留学，入上海震旦大学学习法文，与李璜、左舜生同学。因成绩不佳，年余后则弃去北游，“请益于章太炎与梁任公两先生”。[②] 1916 年，因欧战未结束，不能赴法，遂东渡日本，习政治学。1918 年，因反对中日军事协定罢学归国。[③]

五四之后，曾琦赴法留学。说是留学，实则先入蒙达尔尼（Montargis）和巴黎的学校学习法文一年多。[④] 入巴黎社会学院听讲后，又因经济条件不佳，不得不任上海《新闻报》特约通信员，仅晚间赴学院听讲。曾琦在法国的生活十分困顿，任通信员所获稿酬仅勉强敷用，以致每日以酒精炉煮面或冷水嚼面包充饥。继而又犯脑病，

---

① 沈云龙：《曾琦先生传》，载陈正茂、黄欣周、梅渐浓编《曾琦先生文集》下册，第 1580 页。

② 李璜：《共祸日彰，思君尤切——曾慕韩兄逝世三十周年感言（座谈会稿）》，载陈正茂、黄欣周、梅渐浓编《曾琦先生文集》下册，第 1682 页。

③ 此段曾琦经历，除已出注处之外，参见曾琦《愚公自订年谱》，载陈正茂、黄欣周、梅渐浓编《曾琦先生文集》下册，第 1544—1549 页，引文见第 1544、1545、1546 页。

④ 蒙达尔尼为巴黎近郊之南的一个小城，其市立中学收容的中国留法勤工俭学生在两百人以上，也是中国共产党的发祥地之一（参见李璜《学钝室回忆录》上卷，第 60 页）。曾琦虽非勤工俭学学生，亦先入此校学习法文。

因德国马克跌价，生活低廉，乃于1922年应王光祈之约赴德养病，[①]1923年夏才由德经比利时返回巴黎。[②] 1923年初，曾琦已三十二岁，学业、事业俱无所成，但政治热情却很高。他觉得国家尚处于黑暗之中，“善人谦退，恶人横行”，要救国，需先“团结善类”，组建“有力之政党”。[③] 还在1923年1月，他就拟发起一个“以推倒军阀，改良社会，振兴国家，促进大同为宗旨”的“中国青年党”。[④] 他解释这一宗旨称，“非推倒军阀，不足以言改良社会；非改良社会，不足以言振兴国家；非振兴国家，不足以言促进大同也”。[⑤] 他知组党兹事体大，非一人可成，故曾先后与郑振文、王建陌等商量过。[⑥] 曾琦似乎认为，只要有志同道合的同志，便可组党，而于经济、思想、组织等各项条件皆未曾留意。

1923年5月，临城匪案发生，列强以此为由要求共管中国铁路。留欧学生群情激愤，反对铁路共管。曾琦参与发起旅法各团体联合会的抗议活动，表现颇为积极。在此过程中，曾琦与旅法华侨协会秘书何鲁之、留法勤工俭学学生总会书记李不韪以及《先声周报》社的张子柱（总编辑）、胡国伟（创办人）、周道（印刷）、梁志尹、黄晃等往来频繁，过从甚密，并共同组织过

① 曾琦此后一直身体不佳。据左舜生回忆，他与曾琦相交三十几年中，很少见曾琦有半年以上不生病的时候。参见左舜生《怀念曾琦（一八九二——一九五一）》，载陈正茂、黄欣周、梅渐浓编《曾琦先生文集》下册，第1602页。

② 曾琦：《愚公自订年谱》，载陈正茂、黄欣周、梅渐浓编《曾琦先生文集》下册，第1551—1554页。

③ 曾琦：《旅欧日记》1923年4月26日条，载陈正茂、黄欣周、梅渐浓编《曾琦先生文集》下册，第1360页。

④ 曾琦发起“少中”的初衷是想把它组成一个“少年意大利”式的政党。详见张少鹏《民初的国家主义派研究》，博士学位论文，华中师范大学，2005年，第49—51页。

⑤ 曾琦：《旅欧日记》1923年1月28日条，载陈正茂、黄欣周、梅渐浓编《曾琦先生文集》下册，第1352页。

⑥ 曾琦：《愚公自订年谱》，载陈正茂、黄欣周、梅渐浓编《曾琦先生文集》下册，第1554页；《旅欧日记》1923年5月9日条，载陈正茂、黄欣周、梅渐浓编《曾琦先生文集》下册，第1362页。

多次集体活动。时《先声周报》社已略具规模，何鲁之与李不韪也各以同乡和朋友关系联络有一批勤工俭学学生。[①] 据大略统计，仅1919年、1920年两年内，赴法勤工俭学人数就有一千六百人左右。[②] 同志俱备，遂开始组党。曾琦《旅欧日记》对他们的组党前后的具体活动有不少记录。[③] 经多方商议后，1923年12月2日，曾琦“上午赴张子柱处，与何鲁之……等续议组党事，因幼椿迟到，故候至午后二时始正式会议，先讨论予所拟之宣言及党纲，经众次第通过之后，复议子柱所起之章程，亦逐条表决。晚八时复开会议于子柱家，旋移往一咖啡店，众复推予为党务主任，子柱为宣传主任，议至十二时始散，于是中国青年党遂正式成立矣”。[④]

参加此次会议的有十二人，即，曾琦、李璜、何鲁之、李不韪、张子柱、胡国伟、梁志尹、黄晃、周道、郑振文、王建陌、周宗烈。[⑤] 其中，“少中”会友仅曾琦、李璜、何鲁之三人。[⑥] 郑振文为曾琦在德结识的朋友，余八人俱为曾琦在法结交的朋友。王

① 参见段慎修《中国青年党的真相》，收入中国人民政治协商会议全国委员会文史资料委员会编《文史资料选辑》第44辑（总第144辑），中国文史出版社2000年版，第72—73页。段曾任“中青”中央常务委员、中央检审委员、北平市党部委员长等职。

② 彭明：《中国现代政治思想史十讲》，河南人民出版社1986年版，第131页。

③ 曾琦：《旅欧日记》1923年10月1日、10月20日、11月23日、11月25日、11月29日、12月1日条，载陈正茂、黄欣周、梅渐浓编《曾琦先生文集》下册，第1376、1378、1381—1383页。

④ 曾琦：《旅欧日记》，载陈正茂、黄欣周、梅渐浓编《曾琦先生文集》下册，第1383页。

⑤ 中国青年党广东省党部编印《中国青年党史略及政纲》，1948年，第4页，转引自曾辉《中国青年党研究（1923—1945）》，博士学位论文，华东师范大学，2014年，第27页。

⑥ “少中”名单（姓名可考者117人），参见李璜《学钝室回忆录》上卷，第53—55页；“少中”首批会员25人，名单参见王光祈《本会发起之旨趣及其经过情形》，第20页。曾琦、李璜为首批会员。

建陌是曾琦的四川同乡，1921 年在巴黎与之结识。曾琦赴德养病时，王建陌也转学柏林。二人过从甚密。[①] 郑振文在德国攻读地质学，是曾琦的钦慕者。曾琦在德国时，曾与郑振文和王建陌商议过组党一事。[②] 周宗烈生平不详。其时，李璜虽然应曾琦邀请参加了“中青”，但“态度与活动并不积极”。他忙于硕士学业，除写了几篇阐明国家主义的长文外，并不参加“中青”的工作，且少赴会。[③] 可以说，“中青”的创建是以曾琦为中心的。1924 年 4 月 20 日，在中青第一次全体党员大会上，曾琦即以 53 票（投票总人数 56 人）高票当选为中央执行委员会委员长。[④]

12 月 2 日成立大会并规定“中青”的宗旨为：“本国家主义的精神，采全民革命的手段，以外抗强权，力争中华民国之独立与自由；内除国贼，建设全民福利的国家。”[⑤] 这是曾琦、李璜首次明确打出“国家主义”的旗号。曾琦一贯肆力于国学，于近人作品喜读梁任公、章太炎二家。求学期间，长期忙于各种社会活动，筹划组党后，学业更是荒废。故而，他的国家思想似乎是直接接续了晚清梁、章一脉，几乎未曾受到新文化运动熏染。据张梦九回忆，他“对于民国人物……文化人物只佩服梁任公、章太炎”。[⑥] 曾琦评价自己用力较深的《国体与青年》（1918 年）一书，说“无甚深之学理”，有“充

① 张伯伦：《怀曾慕韩先生》，《民主潮》第 11 卷第 9 期，第 16 页。转引自张少鹏《民初的国家主义派研究》，第 56 页。

② 郑振文因读《国体与青年》一文而受感动，与曾琦相交。事见曾琦《旅欧日记》1923 年 4 月 10 日条，载陈正茂、黄欣周、梅渐浓编《曾琦先生文集》下册，第 1359 页。

③ 李璜：《学钝室回忆录》上卷，第 158 页。

④ 曾琦：《旅欧日记》1924 年 4 月 20 日条，载陈正茂、黄欣周、梅渐浓编《曾琦先生文集》下册，第 1396—1397 页。

⑤ 中国青年党广东省党部编印《中国青年党史略及政纲》，1948 年，第 4 页，转引自曾辉《中国青年党研究（1923—1945）》，第 28 页。

⑥ 张梦九：《我所知道的慕韩》，载陈正茂、黄欣周、梅渐浓编《曾琦先生文集》下册，第 1669 页。

分之热忱”，确为至当之论。[①] 与曾琦荒废学业不同，李璜在法国修得社会学、历史学、教育学文凭以及比较宗教学的论文凭照，以此三个文凭及一个论文凭照获得索尔朋大学的文学硕士学位。[②] 因而，他能够运用各种西学对国家主义做出阐释，成为“中青”的头号理论家。

据曾琦后来回忆，他创立“中青”的另一个动机是反共。“时中国共产党已成立，得俄之援助，大肆活动于国内外，而国民党孙中山又有联俄容共之议，予深知大乱将作，国命或为之斩，因决意另组新革命党，于是中国青年党乃于是年十二月二日成立于巴黎郊外玫瑰城共和街。”[③] 但在旅法各团体联合会反对列强铁路共管的活动中，也即曾琦筹划组党之时，曾琦等人还能与周恩来、任卓宣等共产主义者[④]合作良好。“中青”正式成立后，才因争夺工人、勤工俭学学生以及在旅法各团体代表大会中的领导权而与中共产生了激烈冲突和矛盾。因为政治主张的不同及党派利益的冲突，“中青”与中共彼此反对是很自然的。[⑤] 双方各以《先声周报》和

① 曾琦：《旅欧日记》1923 年 4 月 10 日条，载陈正茂、黄欣周、梅渐浓编《曾琦先生文集》下册，第 1359 页。

② 李璜：《学钝室回忆录》上卷，第 70—73 页。

③ 曾琦：《愚公自订年谱》，载陈正茂、黄欣周、梅渐浓编《曾琦先生文集》下册，第 1553—1554 页。

④ 1921 年 6 月，旅欧共产主义者在巴黎成立“旅欧中国少年共产党”；这一组织为团的组织，而非党的组织。1923 年 2 月 17 日—20 日改组为“旅欧中国共产主义青年团”。1922 年冬，参加“旅欧中国少年共产党”的中共党员又另组了“中国共产党旅欧支部”（党的组织），但对外用“旅欧中国共产主义青年团”名义活动。参见陈三井《周恩来旅欧时期的政治活动（1921—1924）》，《中央研究院近代史研究所集刊》第 14 期，1985 年 6 月，第 279—283 页。

⑤ 在巴黎时，“中青”与中共也曾一度言和。1924 年 6 月 7 日，“中青”、中共和国民党开会商量新党联络办法，订立规约十条，约定共以打倒军阀、抵抗列强为宗旨，彼此不得互相攻击。参见曾琦《旅欧日记》1924 年 6 月 7 日条，载陈正茂、黄欣周、梅渐浓编《曾琦先生文集》下册，第 1403 页。

《赤光》为阵地，展开了激烈的论辩。[①] 随着周恩来、曾琦、李璜等人先后去法归国，这种论辩又延续到了国内。

（三）《醒狮周报》的创办

1924 年 7 月 31 日，曾琦、李璜、张梦九于马赛登船，启碇东行。9 月 4 日，抵达上海黄浦码头。[②] 之后兵分两路。李璜赴国立武昌大学（其前身为武昌高等师范）任教授职。曾琦和张梦九则留在上海办报。海船之上，三人曾共商回国后组织“中青”及其活动的方针。曾琦“力持其民七在北京发起少年中国学会时的宗旨，归国之后，‘不请谒当道，不依附官僚，不利用已成势力，不寄望过去人物’，而决心先行办报，从主义与政策的宣传，以吸引青年知识分子；期之三年，有了可以信赖的干部同志，站住脚后，然后再将青年党公开出来，以与国共两党周旋”。[③]

曾琦回国前，已通过左舜生与中华书局约定由其主办《青年周报》。[④] 因江浙战事爆发，中华书局毁约停办。曾琦乃与张梦九商量办《救国周报》。张梦九等友人觉得“救国”二字过于悲观，于是决定改为“醒狮”。[⑤] 曾琦在法时设想过多种归国后的计划，其中一种即“办鼓吹国家主义之杂志，则取名为‘醒狮报’，其义有二：一为唤醒睡狮，一为作狮子吼也”。[⑥] “青年”“救国”“醒狮”名称有异，实质则一，都是要鼓吹国家主义，吸引有志青年，

① “中青”成立后，决议以《先声周报》为机关报。参见曾琦《旅欧日记》1924 年 2 月 12 日条，载陈正茂、黄欣周、梅渐浓编《曾琦先生文集》下册，第1391 页。

② 曾琦：《旅欧日记》1924 年 7 月 31 日条，1924 年 9 月 4 日条，载陈正茂、黄欣周、梅渐浓编《曾琦先生文集》下册，第 1407、1409 页。

③ 李璜：《学钝室回忆录》上卷，第 179 页。

④ 曾琦：《旅欧日记》1924 年 6 月 4 日条，载陈正茂、黄欣周、梅渐浓编《曾琦先生文集》下册，第 1403 页。

⑤ 曾琦：《旅欧日记》1924 年 9 月 6 日条，9 月 9 日条，9 月 10 日条，9 月 11 日条，载陈正茂、黄欣周、梅渐浓编《曾琦先生文集》下册，第 1409—1410 页。

⑥ 曾琦：《旅欧日记》1923 年 10 月 13 日条，载陈正茂、黄欣周、梅渐浓编《曾琦先生文集》下册，第 1377 页。

以达到救国的目的。

办报首先需筹集经费。曾琦起草了《〈醒狮周报〉条例》及《发起〈醒狮周报〉理由书》，先后寄给了李璜、余家菊、方东美、谢循初、苏甲荣、罗季则、赵寿人等“少中”会友十余人，征求同意。“拟约足十人，每月每人任经费五元，撰稿件四千字，便决意出版。”[①] 据左舜生回忆，最终陆续加入办报的朋友有二十几人，“每人每月担任五元，绝对没有向外面去找过一文钱的捐款”。[②] 1924 年 11 月 2 日，曾琦与左舜生、张梦九、陈启天、罗季则、何公敢、萨孟武、涂九衢、郭步陶、赵寿人、黄绍兰等开《醒狮周报》社第一次社员会议，选举职员，筹议经费。与会人员中，何公敢与萨孟武为“孤军社”成员，同情国家主义；郭步陶为《新闻报》主笔——曾琦在法时长期任该报特约通信员；黄绍兰为章太炎女弟子——曾琦办《醒狮周报》，与章太炎颇有往来，报名即敦请章太炎题写；[③] 其余诸人俱为“少中”会员。此外，“少中”会员李璜、余家菊也同意加入为社员，因在武汉任教，未能到会。[④] 稍后为《醒狮周报》主编“科学副刊”的王崇植、主编“南国文学副刊”的田汉也都是“少中”会员。在这次会议上，众人推曾琦任主编，左舜生任发行。至此，后来成为“中青”六大党魁的曾琦、李璜、左舜生、陈启天、余家菊、常乃惪除常（并非“少中”会员）一人外，都汇聚进了《醒狮周报》社。但此时，《醒狮周报》社并未公开“中青”的旗号，左、陈、余三人也都还未入党。因而，陈启天回忆说：“醒狮周报在实际上虽是青年党的

---

① 曾琦：《旅欧日记》1924 年 9 月 11 日条，9 月 14 日条，9 月 12 日条，载陈正茂、黄欣周、梅渐浓编《曾琦先生文集》下册，第1410 页。

② 左舜生：《怀念曾琦（一八九二——一九五一）》，载陈正茂、黄欣周、梅渐浓编《曾琦先生文集》下册，第 1604 页。

③ 曾琦：《旅欧日记》，1924 年 9 月 15 日条，9 月 29 日条，载陈正茂、黄欣周、梅渐浓编《曾琦先生文集》下册，第 1410、1411 页。

④ 曾琦：《旅欧日记》，1924 年 9 月 21 日条，载陈正茂、黄欣周、梅渐浓编《曾琦先生文集》下册，第 1411 页。

机关报，然在创刊时，系联络少中会友共同办理。”[①] 或者不如说，通过共办《醒狮周报》，“中青”与“少中”中倾向国家主义的会员合流了。“少中”新加入的左、陈、余逐步替代何鲁之、张子柱等人，成了“中青”新一代的领导者。

曾琦、李璜、左舜生为震旦大学的同学，且曾同住一宿舍。李璜（1895—1991），四川成都人。别名幼椿，别号学钝，党号八千。其家在成都开设一家贩卖洋广杂货的店铺，颇为富裕。故李璜自称“是一个都市儿，标准的小布尔乔亚阶层中人”。[②] 良好的经济条件使得李璜能够心无旁骛地在震旦学习法文，进而于1918年底自费赴法留学，完成学业。李璜在赴法前应曾琦之邀到北京，住了四个月，受到北京知识界的影响，“从此写作十之八九都用白话文”。[③] 在北京时，于1918年9月经王光祈介绍加入“少中”。赴法后曾与周太玄合办巴黎通信社。该社与“少中”亦关系密切。“通信社实即学会及新党唯一通信机关。弟意非二者兼之，不邀其入社也。”[④] “学会”即“少中”。李璜在法国索尔朋大学修得硕士学位。1924年9月回国后，先后任教于国立武昌大学、北京大学、成都大学及成都高等师范，积极在学生中宣传国家主义学说。

左舜生（1893—1969），湖南长沙人。别号仲平，党号谔公，笔名黑头、阿斗。自震旦毕业后，左舜生因家贫辍学。1919年初，左舜生经王光祈介绍加入“少中”。1919年8月，评议部主任曾琦赴法后，左舜生被推举为代理主任。1920年4月，王光祈赴德留学后，左舜生继任执行部主任。1923年，左舜生改任评议部主任，直至“少中”分裂。其间，左舜生等发起成立了“少

---

① 陈启天：《寄园回忆录》，第138页。

② 李璜：《学钝室回忆录》上卷，第9页。

③ 李璜：《学钝室回忆录》上卷，第35页。

④ 《无致润玙》（即周太玄致王光祈），《会员通讯》，《少年中国学会会务报告》第3期，第31页。此信无日期，从内容看，当写于赴法的海船之上，推断时间在1919年初。原信无标题，现标题为笔者所拟。

中”南京分会，创办了《少年世界》。1920年春，中华书局应新文化运动需要，特在编译所内增设新书部，请左舜生主持，专办新书出版，兼编《中华教育界》。左舜生先后出版了《少年中国学会丛书》《新文化丛书》等。左舜生既为“少中”核心人物，又有出版资源，是《醒狮周报》创办过程中除曾琦外出力最多的人。在“少中”内部的争论中，左舜生始而赞成社会活动，继而赞成国家主义，于1925年春加入“中青”。1926年7月，左舜生在中华书局资助下赴法留学。1927年秋回国后继续在中华书局任职。

左舜生在中华书局任职期间，陆续介绍“少中”会友陈启天、余家菊、田汉等人入中华书局任编辑。陈启天（1893—1984），湖北黄陂人。字修平，党号兂生，笔名明志、翊林。与余家菊为武昌中华大学同学。1919年秋，王光祈自京来鄂，介绍陈启天、余家菊、恽代英一起加入“少中”。1920年秋，陈启天与余家菊同赴长沙就职湖南第一师范，是时毛泽东任该校附小主事。1921年春，陈启天赴南京高等师范教育科入学。陈启天自述云，民七、八、九年，“深受时代思潮影响，思想倾向解放”，“曾为新文化运动摇旗呐喊”；而南京高等师范“教育科的指导原则，大体是依据美国杜威教育哲学、民主主义的教育原理及教育实验方法”。故而，自1921年起，“经常投稿中华教育界月刊，多本民主主义立论，盖受杜威学说之影响也”。[①] 1923—1925年，继左舜生任“少中”执行部主任。1924年6月毕业后就任中华书局编辑，主编《中华教育界》，开始大力宣传国家主义教育学说。1925年7月参加“少中”东南大学年会，在会上与共产主义派代表激辩。会后，即加入“中青”。

余家菊（1898—1976），湖北黄陂人。字景陶，党号贲星。1919年秋，由王光祈介绍加入“少中”。是年冬，因杜威来华讲

---

① 陈启天：《寄园回忆录》，第20、85、86页。

学，北京高等师范创设教育研究科。1920年春，余家菊入北京高师教育研究科，师从杜威、蔡元培、胡适、邓萃英等。1921年，考取庚款留英资格。1922年3月，赴英留学，先入伦敦政治经济学院学习社会学和政治学，又入伦敦大学研究生院学习心理学，并在师范学院学习教育哲学，继入爱丁堡大学学习教育哲学。1922年底到巴黎休假，与李璜合著《国家主义的教育》，次年由左舜生所在的上海中华书局出版。1923年赴法度暑假时，曾琦力倡建党，余家菊婉拒，认为领袖难得，也不愿卷入党争。1924年4月，归国入武昌高等师范任教，并向校方推荐李璜。1925年，先应中华书局聘，为躲避曾琦邀劝入党，又应南京东南大学之聘。8月，经李璜力劝，有条件地加入"中青"。其党证上附注的两大条件为：其一，"予之思想不受党的干涉"；其二，"党对予所发命令须事先经予同意"。[①]

1920年，余家菊在北京高师教育研究科读书时，与在高师附中任职的常乃悳相识。常乃悳（1898—1947），山西榆次县人。字燕生，党号仲安，笔名凡民、平生、萍之、惠之等。1916年，入北京高等师范学校史地部。1916—1917年，多次与陈独秀通信，讨论文学改革与孔教问题。五四前后，组织工学会，任《国民杂志》编辑。1920年夏毕业于高师。1924年秋，任教于燕京大学。1925年8月，参加中华教育改进社在太原举行的第四届年会。会议期间，余家菊、陈启天与之交流"国家主义"观点，常乃悳颇为赞同。[②] 同年9月，李璜到北京大学任教，将北大的国家主义团体"国魂社"发展为"中国国家主义青年团北京团部"。常乃悳出

① 余子侠等：《余家菊年谱简编（1898—1976年）》，收入章开沅、余子侠主编《余家菊与近代中国教育》，华中师范大学出版社2007年版，第404页。亦见余家菊《回忆录》，中华书局1948年版，第50页。

② 在此次年会上，"余家菊（应为陈启天——笔者注）将自己所主编的《中华教育界》，变为国家主义派的宣传刊物，并配合上他们的机关刊物《醒狮》，大量地在会上赠人，不论大会职员和与会社员，几乎是人手两册"。参见杨思信《对20世纪20年代国家主义教育学派的历史考察》，《学术研究》2008年第7期，第115页。

任北京团部宣传委员，主编《国魂周刊》。同年 11 月，常乃悳加入“中青”。[①]

曾、李、左、陈、余、常六人年纪相仿，都是 1895 年前后出生。幼时多接受传统教育，及长，又入新式学校。除曾琦外，其余诸人都多多少少受过新文化运动的熏陶，写作多用白话文，毕生以高校教授或书局编辑为业，是五四新一代的知识分子。相较而言，曾琦更似一晚清书生兼革命党人，写作半文半白，略具任公之风，起初着力于办报，自 1927 年 8 月 30 日被捕出逃后，即亡命各处，辗转联络各路军阀。

在一班朋友的支持下，《醒狮周报》于 1924 年 10 月 10 日创刊，宣扬国家主义。到 1931 年停刊时，出版了 233 期。1932 年将封面伪装成《青年月报》继续出版，终刊日期不详。《醒狮周报》最初在上海出版，1927 年 11 月 19 日被上海特别市政府公安局封禁后迁日本长崎市出版。

《醒狮周报》出版不及两月，销数已有二千余份；[②] 发行半年，销数已有八九千份，并曾再版三版；到第二年五月，销数已超过一万。其时，左舜生为筹备出国，将发行转交黄钟声。交接时，盈余了七百余元现款、二三百元邮票。《醒狮周报》畅销，每人每月拿出五元办报的办法实行不久便取消了。[③]“中青”所办的所有刊物

① 以上各人生平，根据如下资料整理：李义彬编《中国青年党》；李璜：《学钝室回忆录》上卷；陈正茂：《传略》，载陈正茂主编《左舜生先生晚期言论集》上册，台湾“中研院”近代史研究所，1996 年，第 1—5 页；陈启天：《寄园回忆录》；余子侠等：《余家菊年谱简编（1898—1976 年）》；余家菊：《海行日记》，《学生杂志》第 9 卷第 9 期，1922 年 9 月；查晓英编《常乃悳年谱简编》，《中国近代思想家文库·常乃悳卷》，中国人民大学出版社 2015 年版，第 384—400 页。各人党号为曾辉考订，参见曾辉《中国青年党研究（1923—1945）》，博士学位论文，华东师范大学，2014 年，第 148—149 页。

② 曾琦：《旅欧日记》1924 年 12 月 1 日条，载陈正茂、黄欣周、梅渐浓编《曾琦先生文集》下册，第 1414 页。

③ 左舜生：《怀念曾琦（一八九二—一九五一）》，载陈正茂、黄欣周、梅渐浓编《曾琦先生文集》下册，第 1604 页。

中，《醒狮周报》是运营最为成功的。此亦足见国家主义的主张在当时确实得到了众多知识分子的认同。

（四）国家主义团体纷纷成立

在《醒狮周报》的鼓吹之下，国家主义风靡全国。一时间，各地涌现出了许多标榜国家主义的团体和组织。据笔者不完全统计，1924—1926 年涌现出的国家主义团体有 53 家之多。（见表4－2）

表 4－2　1924—1926 年国家主义团体统计

标号	成立时间	名称	刊物	发起者	宗旨
1	1922 年 12 月成立，1924 年 2 月改组为国家主义团体	《先声周报》社（法国）	《先声周报》	张子柱、胡国伟等	本国家主义的精神，采全民革命的手段，以外抗强权，力争中华民国之独立与自由；内除国贼，建设全民福利的国家
2	1924 年 9 月初（前身大江学会成立于 1924 年初）	大江会（芝加哥）	《大江季刊》	罗隆基、何浩若、沈宗濂、浦薛凤、闻一多、潘光旦、时昭瀛、吴文藻、吴景超、顾毓琇、梁实秋等清华留美学生	本大江的国家主义（中华人民谋中华政治的自由发展，中华经济的自由抉择及中华文化的自由演进），对内实行改造运动，对外反对列强侵略
3	1924 年 10 月 10 日	《醒狮周报》社（上海）	《醒狮周报》	曾琦、李璜、左舜生等	初期为宣传国家主义，后明确为“本国家主义的精神，采全民革命的手段，以外抗强权，力争中华民国之独立与自由；内除国贼，建设全民福利的国家”
4	1924 年 11 月 30 日	中国工人救国团（法国）	《工人救国》半月刊	旅法工胞王子卿、盛韫玉等	本爱国精神，作救国运动，实行全民革命，以内除国贼，外抗强权

续表

标号	成立时间	名称	刊物	发起者	宗旨
5	1924 年	孤军社	《孤军杂志》	何公敢、阮湘、郭心崧、周佛海、陶希圣、萨孟武、郭沫若等	介于国家主义与三民主义之间
6	1924 年	中国少年自强会(上海)		彭十严及其他国内各大学毕业及肄业学生信仰国家主义者	于 1925 年第二届年会采取国家主义
7	1925 年 1 月	国家协进会(广州)		程步曾、周翰华等	救国
8	1925 年 5 月 30 日前后	狮声社(广东)	《狮声》周报	广州信仰国家主义之青年	宗旨、手段、口号与《醒狮周报》社相同
9	1925 年 5 月 30 日前后	光华学会(河南)	《光华》旬刊	河南省立第一师范学校同志	本国家主义之精神,为共同之研究及活动,以促进国家主义之实现
10	1925 年 6 月 9 日	中国少年卫国团(北京)	《新少年》旬刊		团结中国国民之全力,内除国贼,外抗强权,使我国家富强,国权独立
11	1925 年 6 月	国魂社(北京)	《国魂》周刊、《救亡》特刊	北京大学的川籍学生林德懿发起,北京学界同志组织	联络有志青年,研究国家主义
12	1925 年 6 月	起舞社(重庆)		宋继武等	以努力救国运动为宗旨
13	1925 年 7 月 25 日前后	光国社(重庆)		重庆信仰国家主义的同志	本互助精神,作群众团结,以努力救国为宗旨,共谋政治之光明,永图经济之进展
14	1925 年 7 月	国家教育协会	《国家与教育》周刊	余家菊、左舜生、舒新城、陈启天、李璜等	本国家主义的精神,以谋教育的改进

续表

标号	成立时间	名称	刊物	发起者	宗旨
15	1925 年 9 月 10 日	国家主义团体联合会		《醒狮》周报社（上海）、中国少年自强会（上海）、光华学会（河南）、国魂社（北京）、狮声社（广东）、爱国青年社（宁波）、国光社（南京）	联合全国信仰国家主义之团体，协谋国家主义之实现，并排除其障碍。本会以内除国贼、外抗强权为口号，凡加入本会之团体须一律采用之
16	1925 年 9 月 10 日前	爱国青年社（宁波）	《爱国青年》半月刊	李琯卿、张希为、陈荇荪等	与《醒狮周报》社同
17	1925 年 9 月 10 日前	国光社（南京）	《国光》旬刊	东南大学学生周谦冲、史泽之	本国家主义的精神，以外谋国际地位之平等、内谋全民福利之实现为宗旨
18	1925 年 11 月 14 日前	复旦国家主义青年团（上海）		复旦大学信仰国家主义者	有主义之集合，谋援既溺之人心，为光明之讨论与宣传，图强固严密之组织。宗旨与国家主义青年团完全一致。
19	1925 年 11 月 21 日前	少年救国团（开封）		开封第一师范学校同志	
20	1925 年 12 月 5 日前	大夏青年团（上海）		上海大夏大学学生组织	研究国家主义，发扬大夏精神
21	1925 年 12 月 12 日前	自强团（南通）		南通商校李守黑、南通大学杨度春、南通纺织校吴德＊、南通师范周震瀛、南通第七中学沈夔龙、上海大夏大学徐民	宗旨、手段、口号完全与《醒狮周报》社同

续表

标号	成立时间	名称	刊物	发起者	宗旨
22	1925 年 12 月 15 日	中国全国国家主义团体联合会	国家主义团体联合会特刊	中国少年自强会、光华学会、爱国青年社、国魂社、国光社、自强团、醒狮社、巴黎《先声周报》社、巴黎《救国杂志》社	
23	1925 年	大神州社（美国）		留美学生邱椿、刘师舜、余上沅等	国家主义
24	1925 年	青年山西学会	《山西》周报	常乃悳	
25	1926 年 1 月 16 日前	固中学会（湖南）		留法同志赵登苐等	以力争中华民国之独立与自由为宗旨，以“内除国贼、外抗强权”为口号
26	1926 年 1 月 2 日	保华青年团（浙江）		浙西海宁、嘉兴、嘉善、崇德等县信仰国家主义的同志	信仰国家主义，宣传国家主义，实行国家主义，实行全民武装革命，建设全民福利之国家
27	1926 年 5 月 9 日前	安庆青年社（安徽）	《青年之声》周报	胡哲敷、邓季宣等	与《醒狮周报》社同
28	1926 年 5 月 9 日前	国铎社（武昌）	《国铎》旬刊	在李璜指导下由国立武昌大学、湖南旅鄂中学学生发起	与《醒狮周报》社同
29	1926 年 5 月 9 日前	惕社（成都）	《振华》月刊	成都大学、成都师范大学学生（成大刘东严、费明扬、青承烈、刘历荣、魏思愆；师大方耕、汪洁、郑兴亚、王子野、李天培等）	宣传国家主义与民主政治
30	1926 年 5 月 9 日前	浙江青年社（浙江）		浙江信仰国家主义的同志	内除国贼，外抗强权，以完成中国的统一与独立

续表

标号	成立时间	名称	刊物	发起者	宗旨
31	1926 年 5 月 16 日前	新民学社（扬州）		扬州第五师范学校信仰国家主义的同志	绝对信仰国家主义并谋其实现
32	1926 年 5 月 30 日	国风社		镇江信仰国家主义的青年	本国家主义的精神结合同志，以建设统一自由全民福利的国家为宗旨
33	1926 年 7 月 4 日前后	江声社（日本）		中国留日学生	以研究国家主义为宗旨
34	1926 年 7 月 4 日前后	中国国家主义团体联合会武汉分会（武汉）		国家主义青年团武汉部、国家教育协会鄂分会、中国少年自强会武汉分会、国铎社、醒狮社、先声社	国家主义
35	1926 年 7 月 18 日前后	女子自强团（南通）		南通女师附小信仰国家主义的女同志	锻炼体格，研究学术，训练思想，实行爱国
36	1926 年 7 月 31 日前后	南武青年社		南武国家主义者	与《醒狮周报》社同
37	1926 年 年底前	香港爱国青年社（香港）			与《醒狮周报》社同
38	1925—1926 年	独一社（广州）	《独一》周刊	自法归国同志	与《醒狮周报》社同
39	1925—1926 年	复社（云南）	1925—1926 年	复社（云南）	
40	1925—1926 年	救国团（北京）			
41	1925—1926 年	九九社（四川）			
42	1925—1926 年	自强社（四川）			
43	1925—1926 年	华声社（四川）			
44	1925—1926 年	少年中国自强协会（湖南）			

续表

标号	成立时间	名称	刊物	发起者	宗旨
45	1925—1926 年	商界青年同志社(上海)		上海商界青年	与《醒狮周报》社同
46	1925—1926 年	爱国青年同志会(山西)			
47	1925—1926 年	赣南青年社(江西)			
48	1925—1926 年	兴华社(芜湖)			
49	1925—1926 年	界首农村青年社(高邮)			
50	1925—1926 年	独立青年社(日本)			
51	1925—1926 年	华魂社(日本)		东京信仰国家主义的同志	与《醒狮周报》社同
52	1925—1926 年	国防同志会(欧洲)			
53	1925—1926 年		法文《中国报》		

资料来源：《醒狮周报》；《学钝室回忆录》；《觉悟》；《爱国青年》；闻黎明：《大江会述论》，近代史研究所官网原创文章，2005 年 10 月 30（http：//jds. cass. cn/xrfc/xrsb/201605/t20160506_3327929. shtml）。＊表示不可辨识的文字。

上表中的许多团体都是在《醒狮周报》的影响之下成立的。李璜回忆说，“南北各大都市的青年大学生纷纷响应，不只向‘醒狮’投稿，表示赞成，而且有派代表来上海询问有无组织办法。如北京大学的四川籍学生林德懿即来上海接洽后，回去组织了‘国魂社’，并出版‘国魂’小刊物，联络同志。成都大学学生也通讯接洽，自行成立‘惕社’，宣传国家主义与民主政治”。①

《醒狮周报》所宣扬的国家主义在短时间内能够风靡全国，吸引众多青年，有三方面的原因。其一，一战结束后，列强卷土重来，

① 李璜：《学钝室回忆录》上卷，第 189 页。

积极扩张在华利益，与中国人民之间的矛盾日趋激化。1925 年 5 月 30 日，抗议日本纱厂资本家镇压工人大罢工的学生在上海英租界遭到英国巡捕逮捕，继而，要求释放被捕学生的群众又遭枪击，死伤数十人，酿成五卅惨案。五卅惨案激起全国上下的义愤，五卅运动遂在全国范围内爆发，掀起了反帝救国高潮。《醒狮周报》于此时倡导国家主义，确乎是一呼百应，应者云集。如曾琦所言，“是年上海发生五卅惨案……激动我国民众公愤，一时国家思潮澎湃，青年纷纷组织爱国团体，与吾人作桴鼓之应”。[①] 五卅运动后，段祺瑞政府为缓和国内舆情，于1925 年10 月在北京召开关税特别会议，会议持续九个多月。于是，北京学生联合会、各界雪耻会、工人雪耻会等团体又发起了关税自主运动。在这种情形之下，宣称“内除国贼，外抗强权，力争中华民族独立与自由”的国家主义自然能得到不少人的认同。李璜也总结说：“本来近代中国人的生活，已与国家这个社会生了密切的连带关系，不能或离，而近几十年来，列强侵略中国，又不断的与中国人以激刺，所以中国人的国家观念也就特别的显著起来。……所以我们常常说，中国今日之有国家主义，而国家主义在今日中国有一日千见［里］之势，并非偶然，并不是少数人鼓吹之力，而是有种社会力量和时代生活的背景使之然的。”[②]

其二，国家主义派所发起的收回教育权运动初见成效，所谓“全民革命”似乎确为“内除国贼，外抗强权”的有效手段，大大鼓舞了有志救国的青年。早在 1923 年 9 月，余家菊就发表《教会教育问题》，提出“教育权之收回实为一紧急问题”。[③] 1924 年 7

---

① 曾琦：《愚公自订年谱》，载陈正茂、黄欣周、梅渐浓编《曾琦先生文集》下册，第 1555 页。

② 李璜：《国家主义之哲学基础（二）》，《醒狮周报》第 99 期第 2 版，1926 年 9 月 4 日。

③ 余家菊：《教会教育问题》，《少年中国》第 4 卷第 7 期，1923 年 9 月，第 17 页（文页）。此文收入余家菊、李璜《国家主义的教育》，中华书局 1923 年版，第 131—162 页。

月，陈启天、余家菊等在中华教育改进社南京年会上提出“请求力谋收回教育权案”。同年 10 月，他们所提出的“教育实行与宗教分离案”和“取缔外人在国内办理教育事业案”在全国教育会联合会开封年会上通过。收回教育权的主张遂成为全国教育界的共识。陈、余等人以《中华教育界》《醒狮周报》《国家与教育》为阵地，讨论收回教育权的种种问题，并与教会教育家刘湛恩、程湘帆、朱经农等激辩多次。舆论鼓吹之下，教会学校学生自发掀起反教会教育的斗争。五卅之后，教会学校罢课、退学风潮更是日趋扩大。从 1924 年 10 月至 1925 年 10 月，“教会学校之学生退学者不下万人，学校之自然解散者以数十计”。[①] 学生团体、反教团体及各省教育会纷纷上书请愿，支持收回教育权运动。一些省份的教育厅已通令禁止学校宣传宗教。在各方压力之下，北洋政府教育部于 1925 年 11 月 16 日发布了《外人捐资设立学校请求认可办法》，规定外国人办校须在教育厅立案，学校校长须为中国人，学校不得以传布宗教为宗旨等。[②] 收回教育权运动大概是国家主义派所有实践活动中最为成功的一种。

其三，国家主义为苦闷的青年人提供了一种新的集体认同，一种应对人生问题的新方案。民元以来，随着传统政治秩序的崩解，传统的文化秩序、伦理秩序日益丧失了活力和效力，五四一代青年人普遍感受到人生的苦闷。1923 年的“科学与人生观”论战不过是民元以来人生难题的一次总爆发。而在现代世界中，使个人沉浸到国家/民族的集体认同之中从来都是一种极富吸引力的解决方案。根据这一方案，个人不仅能够成为因法律而建立起来的政治共同体中的一名平等的公民，而且能够成为有着共同历史的文化共同体中

① 曾琦：《本报过去一年之工作与今后之使命》，《醒狮周报》第 53 期第 1 版，1925 年 10 月 10 日。

② 收回教育权运动史实，参见陈启天《寄园回忆录》，第 144 页；杨思信、郭淑兰：《教育与国权——1920 年代中国收回教育权运动研究》，光明日报出版社 2010 年版，第 120—236 页。

的一名共享的成员。李璜明确阐述说："今日中国青年的烦闷，乃是骤离开了家庭这个社会，而精神无所系托。正靠在此时，将他们的心情从伦理教育方面系在国家这个更大的社会上……一如从前对于家庭一样。"①

（五）中国青年党的兴盛与衰落

曾琦原本打算宣传两三年后再发展"中青"的组织。但《醒狮周报》出版后，迅速畅销全国，应者云集。于是，1925 年夏，曾琦与李璜在上海会面后，即决定三种扩大组织的方针：一为将在巴黎之"中青"中央党部迅速移回上海；二为组织"国家主义各团体联合会"；三为扩大国家教育协会活动，要求政府收回教育权。② 差不多在同一时间，陈启天认为有公开开展组织工作的必要；由于暂不公开党名，乃建议设立"中国国家主义青年团"。同年 10 月，青年团在《醒狮周报》上发表了成立宣言，并在各地吸收青年加入。各地原本的一些国家主义团体发展成了"中国国家主义青年团"的地方团部，例如，北京的"国魂社"发展成了北京团部，武昌的"国铎社"发展成了湖北团部。"中国国家主义青年团"是"中青"的预备组织，地方团部受地方党部的节制，"中国国家主义青年团"总部则由"中青"总部兼办。随着青年团组织工作的开展，不到几个月光景，"中青"各地党部组织也充实起来，可以召开全国代表大会了。③

1925 年冬，"中青"的中央党部由巴黎移至上海。1926 年夏，"中青"第一次全国代表大会在上海召开，三十余代表出席。选举

① 李璜：《国家主义的教育与伦理教育》，《中华教育界》第 15 卷第 1 期，1925 年 7 月，第 9 页（文页）。

② 李璜：《学钝室回忆录》上卷，第 189—190 页。

③ 《国家主义青年团宣言主张及简约》，《醒狮周报》第 53 期第 5、6 版，1925 年 10 月 10 日；陈启天：《寄园回忆录》，第 147 页；李璜：《学钝室回忆录》上卷，第 187—188、190—191 页。

曾琦、李璜、陈启天、余家菊、左舜生、常乃惪、张子柱等七人为中央委员，互推曾琦为委员长。因党名未公开，用中国国家主义青年团第一次全国代表大会名义对外发表宣言。①

经过一两年的发展，“中青”组织已遍布全国各省，东京、巴黎、柏林、纽约、南洋等地也都有“中青”的组织。②“中青”的组织系统见图4－1。1930年8月“中青”第五届全国代表大会新设中央检审委员会，以监督中央执行委员会。③

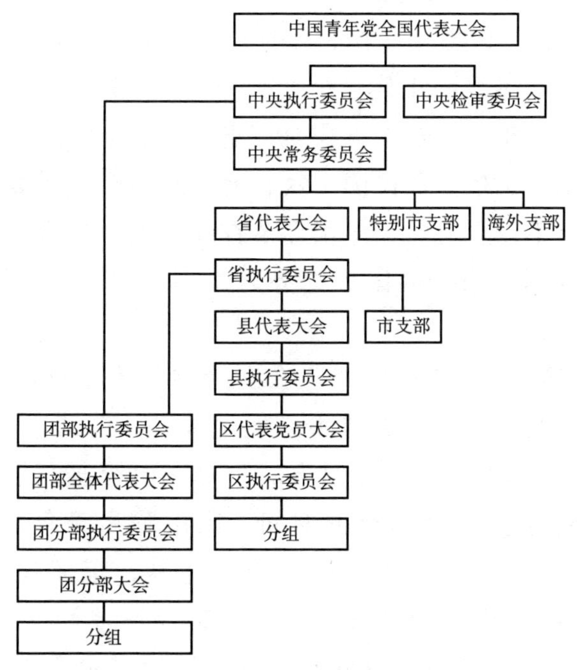

图4－1　中国青年党的组织系统

资料来源：李义彬编《中国青年党》，第342页。

①《中国国家主义青年团第一次全国代表大会对于时局宣言（1926年8月1日）》，《醒狮周报》第97期第1—4版，1926年8月22日；陈启天：《寄园回忆录》，第147页。

② 陈启天：《寄园回忆录》，第265页。

③ 陈启天：《寄园回忆录》，第31页。

1924—1926 年是“中青”发展的黄金时代。其主要工作包括四项。其一，舆论宣传与理论建构。发行《醒狮周报》《国魂周刊》等刊物宣传其主张；撰成《国家主义浅说》《国家主义概论》《国家主义论文集》《国家主义讲演集》《建国政策发端》《国家主义运动史》等书，建构国家主义的理论体系。其二，组建党组织。其三，建立学校，培养人才。“中青”曾经创办“爱国中学”等学校。其四，发动民众，发起收回教育权运动。

1927 年 4 月，国民党血腥“清党”，胡汉民力倡“党外无党，党内无派”。在一个党、一个主义的政权之下，“中青”的活动反不如在北洋军阀主政的年代自由而公开了。① 陈启天回忆说：“民国十三、四、五年间，吾人可在全国各地公开活动，并建立组织，发行刊物，创办学校。及民国十六、七年间，吾人因遭受党禁，日益加厉，不得不以上海，天津租界及香港等地为政治避难所矣。东北、华北及四川各省，因国民党势力尚不雄厚，稍有吾人活动之余地。”②

1927—1931 年，是“中青”在夹缝中艰难生存的时期。其活动有所变化。其一，党的领导中心发生改变。曾琦于 1927 年 8 月 30 日在沪被捕，出狱后亡命四方。于是，由李璜任代理委员长，负责上海总部事务。李璜离沪期间，则由陈启天负责总部事务。《醒狮周报》亦改由陈启天代编。1931 年秋，李璜被“中青”第六届全国代表大会正式选为委员长，曾琦仅任常委。③ 其二，北伐之后转向联络各地军阀。1926 年 7 月，国民革命军誓师北伐，国共联合行动，势如破竹。中青先依附于孙传芳，后又联络桂系、奉

---

① 李璜：《学钝室回忆录》上卷，第 236 页。

② 陈启天：《寄园回忆录》，第 28—29 页。

③ 沈云龙辑《曾慕韩（琦）先生日记选》，文海出版社（出版年不详），第 173 页；李璜：《学钝室回忆录》上卷，第 236、240 页；陈启天：《寄园回忆录》，第 27 页。

系等，力图在夹缝中求生存。[①] 其三，力图培养军事人才，掌握军事力量。北伐后，曾琦意识到“空言反共无效，非武力不可”，于是，鼓励同志加入军事院校。1927 年夏，余家菊也意识到“救国须有文人化的武人——有文人的修养和武人的技能”，由此认识到“教育救国路已不通”。于是，就任孙传芳金陵军官学校教育长。同年 8 月，陈启天亦改名“止韬”，参加孙传芳的金陵军官学校，主讲国家主义。两人随校一路撤退，直至其于 1928 年并入东北讲武堂。[②] 但“中青”的这些努力只是为他人作嫁衣，始终没能建立起独立掌握的军队。不过，1930—1931 年，“中青”在天津、济南组设了特务机关，由曾琦个人指挥。[③] 其四，更加积极地反共。1930 年，“中青”第五届全国代表大会选举陈启天为中央检审委员会委员长。陈启天建议大会组设“湘鄂赣反共救民会”，发行《铲共半月刊》。[④]

北伐是“中青”由盛而衰的转折点。“中青”之所以坚决站在国共对立面，反对北伐，是因为他们认为北伐是依赖军阀以求吴佩孚式之武力统一，勾结外人以图共产党式之包办国事，“只是策士们联此军阀以倒彼军阀之同样行径”。[⑤] 不仅如此，曾琦还料定北伐必败，其因有六。第一，就国民心理论，蒋氏于出师之初，宣言愿受第三国际指挥，是“引异族以杀同胞，奉外人以为共主”。第二，就国际情形论，英美日法意诸强既知蒋氏后有俄人在，必加以

---

① 曾琦：《愚公自订年谱》，载陈正茂、黄欣周、梅渐浓编《曾琦先生文集》下册，第 1555—1559 页。

② 曾琦：《愚公自订年谱》，载陈正茂、黄欣周、梅渐浓编《曾琦先生文集》下册，第 1555 页；余子侠等：《余家菊年谱简编（1898—1976 年）》，载章开沅、余子侠主编《余家菊与近代中国教育》第 404—407 页；陈启天：《寄园回忆录》，第 27—28 页。

③ 段慎修：《中国青年党的真相》，第 88—90 页。

④ 陈启天：《寄园回忆录》，第 31—32 页；《反共救民总会宣言》，《铲共半月刊》第 4 期，1930 年 11 月 10 日，收入中国第二历史档案馆编《中国青年党》，档案出版社 1988 年版，第 163—164 页。

⑤ 《中国国家主义青年团第一次全国代表大会对于时局宣言（1926 年 8 月 1 日）》，《醒狮周报》第 97 期第 1—4 版，1926 年 8 月 22 日，引自第 2 版。

间接压迫或联合干涉。第三，就友军声援论，蒋氏本期与冯玉祥南北夹击，今国民军败退，蒋氏不免孤军作战。第四，就内部情形论，蒋氏号称统一广东，实则内部各种势力相争不下。第五，就附和军队论，蒋氏北伐收编之唐生智、方本仁、袁祖铭部队，皆为反革命之军人。第六，就个人性格论，蒋氏志大而量狭，难以成事。[①] 两文发表之时，国民革命军尚在湖南鏖战，但旋即于10月攻占武昌，11月攻占南京，12月攻占福州，翌年2月攻占浙江，3月占领沪、宁。1926年10月16日，国民党中央执行委员会发布了《中国国民党中央执行委员会反对国家主义派命令》，要求各级党部、党报一致努力反攻，以期扑灭邪说。[②]

曾琦料定蒋介石北伐必败，吴佩孚南征亦将失败，取吴而代之者，非张作霖，必孙传芳。[③] 故而在北伐期间依附于孙。这一行径使得"中青"在北伐后失去了生存空间，《醒狮周报》也一度被查禁。曾琦及其领导的"中青"经济困顿，势力难张，不得不继续依附于各地军阀。左舜生深知曾琦的苦衷："他所领导的一个党，一个爱国而反共的党，简直弄得无法可以生存，剩下可以接近的，就只有寥寥的几个军阀，他不去和他们接近，还和谁去接近？"但他也承认，"我们承认过去靠孙传芳、张学良、韩复榘等以求生存，决不是一个革命党应走的路线"。[④] 依附于军阀，不仅使"中

---

① 曾琦：《论蒋介石北伐不能成功之六大原因》，《醒狮周报》第98期第1、2版，1926年8月29日。

② 《中国国民党中央执行委员会反对国家主义派命令》，《反国家主义》第一、二集合刊再版，国民革命军总司令部政治部印行，第70—71页，收入李义彬编《中国青年党》，第53—54页。

③ 曾琦：《论蒋介石北伐不能成功之六大原因》，《醒狮周报》第98期第2版，1926年8月29日。

④ 左舜生：《怀念曾琦（一八九二——九五一）》，载陈正茂、黄欣周、梅渐浓编《曾琦先生文集》下册，第1604页；左舜生：《覆子行等同志书》，陈正茂主编《左舜生先生晚期言论集》下册，"中研院"近代史研究所，1996年，第1808页；"中青"之经济困顿，参见曾辉《中国青年党经费问题探析》，《武陵学刊》第41卷第3期，2016年5月，第74—79页。

青”党内不少同志无法谅解，更使中青陷入了首尾乖互、自相矛盾的境地。因为《醒狮周报》一贯宣称“内不妥协”，“反对联络任何军阀官僚”；一贯主张“全民革命”，“是不能容许拥兵殃民的军阀的参加”。[①] 这样，“中青”（或醒狮派）在其追随者的心目中形象尽毁。

不少国家主义的团体解散了。如“中国少年自强会”在1926年底自行解散，并宣言“愿放弃国家主义，与进步的革命青年合作”。[②] 众多从前信仰国家主义的青年因为失望而转向了马克思主义或三民主义。前者如宁波“爱国青年社”的发起人李琯卿，后者如“起舞社”的发起人宋继武、“中国少年自强会”的发起人彭十严。李琯卿（1891—1945）曾参加“中国国家主义青年团”，是“中青”的一员干将。1925年任灵岩学务委员时，甚至因排斥反对国家主义的教师而遭众指责。就在北伐期间，他还认为如果国民党北伐成功，便是共产党北伐成功，“于全国人民是只有大害绝无利益的”。但在1927年后，他对中青大为失望，以病为由，自动脱离，坚辞曾琦、李璜登门邀约。后来逐步接受了马克思主义，积极支持共产党所领导的革命斗争，全家产生了十名共产党员。[③] 宋继武也在北伐后“明白了真正国家主义的宗旨，并不是外抗强权（如亲善日政府，联络《顺天日报》）和内除国贼（如妥协研究系，结纳军阀），而是专门反对苏俄（由许多事实证明苏俄不特不可怖，而且必须亲）”；明白了他的行为，不是“救国”，乃是“卖国（加联络讨赤军以阻挠北伐军，使国民革命不易成功，以便帝国主

---

① 《中国国家主义青年团第一次全国代表大会对于时局宣言（1926年8月1日）》，《醒狮周报》第97期第3版，1926年8月22日。

② 该宣言发表于1926年11月27日的《上海商报》。转引自昌群《破产的国家主义》，《中国青年》第6卷第20、21号合刊，1926年12月20日，第523页。

③ 琯卿：《谁使北伐不成功？北伐成功的是谁?》，《醒狮周报》第88期第1—2版，1926年6月20日，引自第1版；《镇海县志》编纂室：《李琯卿传略》，载《教育世家——李琯卿和儿女们》，宁波出版社2010年版，第16页；毛元仁、赵白：《誓将热血救时艰》，载《教育世家——李琯卿和儿女们》，第29页。

义之宰割)”；明白了他的“策略不统一”和“人材之贫陋”；因而，“从国家主义中觉醒过来，全部接受三民主义而加入国民党”。[①] 彭十严亦在北伐后登报宣言“已经脱离了中国少年自强会，放弃了国家主义”，“已全部地接受三民主义并且加入国民党了”。[②]

像李琯卿、宋继武、彭十严这样的青年不在少数。《醒狮周报》1926 年 12 月 17 日发表的曾琦《病愈杂感》感叹：“赤焰薰［熏］天势莫当，纷纷余子竞投降。”[③] 从“中青”党团员人数的变化，可以清晰地见出“中青”的兴衰。“中青”到底有多少党员，在 1920 年代没有确实的统计，也没有完整的名册。但李璜是北京团部的创建人，其回忆录中记载了北京党团员人数的变化。1925 年，“中国国家主义青年团”北京团部与“国魂社”两方面人数只有 90 余人，加上国家主义各团体联合会人数，也只有 120 人左右。发展到 1926 年 6 月，“中国国家主义青年团”北京团部就有 260 余人，“国魂社”则近 500 人了。然而，到 1930 年 4 月时，“中青”在北平的党团员一共仅 200 余人。[④] 由此推断，1930 年“中青”的党团员人数尚不足鼎盛时期的三分之一。

1930 年，“中青”的内务部长段慎修同秘书张毅统计出“中青”有党员 9000 多人，团员 4000 多人。[⑤] 若按照三分之一的比例倒推，则“中青”鼎盛时期的党团员人数应在 4 万左右。这 4 万“中青”党团员多半为知识分子。据“中青”党史记载，党员的构成分子，多为知识分子，其中有政治运动者、学者、教授、著作家、记者、自由职业者、实业家、公务员及军人等，也有少数

---

① 宋继武：《又一个国家主义的叛徒》，《觉悟》1926 年 11 月 30 日，第 1 版。

② 彭十严：《从帝国主义觉醒过来告朋友并致青年》，《觉悟》1926 年 11 月 25 日，第 2 版。

③ 曾琦：《病愈杂感》，《醒狮周报》第 115 期，1926 年 12 月 17 日，第 13 页。

④ 李璜：《学钝室回忆录》上卷，第 196、197、253 页。

⑤ 段慎修：《中国青年党的真相》，第 73—74 页。

的农人、工人与商人。团员的构成分子，多为青年学生及小学教师。[①]“中青”能够吸引如此之多的知识分子，最主要的原因是其国家主义理论作为一种意识形态方案强有力地呼应了内忧外患时代中的知识分子面对混乱社会时所普遍存在的心理紧张。一个社会持久的不良整合（或社会张力）会在个体人格层面表现为普遍的心理紧张（或心理张力），而意识形态则是对社会角色的模式化紧张的模式化反应。虽然不可能仅靠创造一套概念框架，便真正解决掉社会的混乱，但足以借此缓解普遍存在的心理紧张。

作为一种有能力完善自身、定义自身的动物，人能够通过建构意识形态，在一个传统观念和生活法则已经失效的社会中重新发现权威性的概念和形象，从而为重建社会、政治、文化秩序提供有效的指引。[②] 那么，国家主义派所提供的意识形态方案究竟为何？又在何种程度上是有效的、在何种程度上是失效的呢？

二　国家主义的理论体系

国家主义派都信奉“国家主义”，但不同人、不同团体所阐释的国家主义并非完全一致。其中，李璜所阐释的国家主义最具理论深度，在“中青”党内和《醒狮周报》同人中备受公认，在国家主义派的对手中也深受重视。可以说李璜的阐释奠定了国家主义派的理论基础。这派的许多人都是在此基础上，去进一步发挥其所理解的国家主义。

如前所述，李璜是最早宣传国家主义的“少中”会员之一。

---

① 《中国青年党简史》（1946 年 7 月），载中国第二历史档案馆编《中国青年党》，第 14 页；亦参见陈启天《寄园回忆录》，第 264 页。

② 本书所使用的意识形态概念参考了格尔茨《作为文化体系的意识形态》，［美］克利福德·格尔茨：《文化的解释》，韩莉译，译林出版社 2014 年版，第 231—278 页。

他与余家菊合著的《国家主义的教育》在少中内部引发热烈讨论，催生了一大批同情国家主义的会友。“中青”建党之初，李璜所担任的主要工作即为机关报《先声周报》撰写“阐明国家主义与民主政治的长文”。[①]《醒师周报》创办后，李璜再次执笔阐明国家主义理论。曾琦当时即明言：“关于主义之信仰，吾人绝对主张‘国家主义’，其理由已有李璜君之‘释国家主义’一文为学理的说明矣。”[②] 1929 年前后，“中青”全国代表大会决议编写政纲。会后，中常委会即推定李璜为政纲起草人。[③] 显然，在“中青”党内，李璜是公认的理论家。于是，在《向导》及《中国青年》上与“中青”展开“主义之争”的共产党人自然也会将李璜视为主要对手。两刊的重要撰稿人及编辑者郑超麟就说，李璜是“我们的国家主义者之第一个理论家——因为他是以学院式文字引用许多资产阶级学者的学理，发挥中国的国家主义给我们看的第一个人”。[④] 李璜的国家主义理论发轫于留法期间，定型于《醒师周报》初创时期。1927 年秋开始，李璜出任“中青”代理委员长，工作重心以理论阐发逐渐转向实际党务。[⑤] 本节即主要围绕李璜的阐释来剖析国家主义理论。

（一）nationalism 及其译名

所谓“国家主义”，即 nationalism 的中文译名。nationalism，今天一般译为“民族主义”。最早将 nationalism 引入中国，使之成为一种富于影响力之思潮的代表人物当属梁任公。1902 年 2 月，梁

---

① 李璜：《学钝室回忆录》上卷，第 158 页。

② 曾琦：《“内除国贼外抗强权”释义》，《醒师周报》第 2 期第 1 版，1924 年 10 月 18 日。

③ 段慎修：《中国青年党的真相》，第 80—81 页。

④ 超麟：《醒狮派的国家主义》，《中国青年》第 3 卷第 72 期，1925 年 3 月 28 日，第 334 页。郑超麟参与《向导》及《中国青年》事，见郑超麟《郑超麟回忆录》上册，东方出版社 2004 年版，第 213—214、226—227、241 页。《向导》为中国共产党机关报，《中国青年》为中国社会主义青年团机关报。

⑤ 沈云龙辑：《曾慕韩（琦）先生日记选》，第 173 页。

启超在《新民说》中说："自十六世纪以来，约四百年前，欧洲所以发达，世界所以进步，皆由民族主义（Nationalism）所磅礴冲激而成。"[①] 同一时期，梁启超也介绍过"国家主义"。但这种"国家主义"主要是指伯伦知理的国家学说，而非 nationalism。梁启超在《国家思想变迁异同论》（1901 年 10 月 12、22 日）中论及欧洲国家思想的变迁，也采用了"民族主义"的说法。例如："十八、十九两世纪之交，民族主义飞跃之时代也。""今日欧洲之世界，一草一石，何莫非食民族主义之赐?""知他人以帝国主义来侵之可畏，而速养成我所固有之民族主义以抵制之。"仅在一处提及："十九世纪下半纪之国家主义，亦颇言人民为国家而立。"[②] 而所谓"人民为国家而立"的"国家主义"，即伯伦知理的国家学说。梁启超在《论学术之势力左右世界》（1902 年 2 月 8 日）中说："伯伦知理之学说，与卢梭正相反对者也。……自伯氏出，然后定国家之界说，知国家之性质、精神、作用为何物，于是国家主义乃大兴于世。前之所谓国家为人民而生者，今则转而云人民为国家而生焉。"[③] 可见，在梁启超那里，民族主义与国家主义有所区别：前者为 nationalism 的译名；后者则意指伯伦知理的国家学说，与卢梭的民权说或平民主义相对。梁启超以"国家主义"指称伯伦知理学说的用法也得到了同时代一些人的认同。例如，邓实在《论国家主义》（1903 年）中说："十八世纪之末法儒卢骚出倡平民主

① 梁启超：《新民说・第二节 论新民为今日中国第一急务》，原载《新民丛报》第 1 号，光绪二十八年正月初一（1902 年 2 月 8 日），收入汤志钧、汤仁泽编《梁启超全集》第二集，中国人民大学出版社 2018 年版，第 530 页。

② 梁启超：《国家思想变迁异同论》，原载《清议报》第 94、95 册，光绪二十七年九月初一、十一日（1901 年 10 月 12、22 日），收入汤志钧、汤仁泽编《梁启超全集》第二集，第 324、325、327、322 页。

③ 梁启超：《论学术之势力左右世界》，原载《新民丛报》第 1 号，光绪二十八年正月初一（1902 年 2 月 8 日）出版，收入汤志钧、汤仁泽编《梁启超全集》第二集，第 468 页。

义……十九世纪之末德儒伯伦知理出倡国家主义。”[①]《东方杂志》的社论《论平民主义与国家主义之废兴》（1907 年）亦说：“夫平民主义，倡始于法儒卢骚……故其时重民而轻国……所当牺牲其国以为民也。洎十九世纪之间，德儒伯伦知理倡言国家主义……故其时重国而轻民……所当牺牲共民以为国也。”[②]

但晚清时也有人以将 nationalism 译“国家主义”。例如，黄纯熙的《世界之国家主义》（1903 年）讨论近代国家的创立，称“吾第论其主义而毋论其国体，则世界主义与国家主义其相去文明之程度不过一阶级”。[③]《新民丛报》亦刊载过日本八木光贯所著《国家主义教育》（1906 年）一文，标明其英文标题为“Nationalistic Education”。[④]

“民族主义”与“国家主义”的译名都沿用至 1920 年代。余家菊、李璜合著的《国家主义的教育》一书中所用的译名是“民族主义”：“在近代史上之第一种大潮流就是民族主义，如意大利之建国，如德意志之兴起，乃至后来之大日耳曼主义，大斯拉夫主义等，都是这种潮流之所表现。”[⑤] 而李璜使用的译名则是“国家主义”：“正该当讲国家主义的教育。”[⑥]

李璜坚持 nationalism 不宜译为“民族主义”，是因为 nation 虽然在拉丁文（natio）里含有民族的意思，但是发展到近代，其内涵已远非民族所能涵括。首先，近代的 nation 不一定只由一个民族构成。法国的构成民族就很复杂。而同一个拉丁民族，又可能会构成西班牙和意大利两个不同的国家。换句话说，民族并非构成近代

---

① 邓实：《论国家主义》，《政艺通报》第 2 卷第 1 号第 8 张，1903 年（日期不详）。

② 《论平民主义与国家主义之废兴》，《东方杂志》第 4 卷第 8 号，1907 年 8 月，第 146 页。

③ 黄纯熙：《世界之国家主义》，《政艺通报》第 2 卷第 4 号第 4 张，1903 年（日期不详）。

④ 八木光贯：《国家主义教育》，《新民丛报》第 4 卷第 22 号，1906 年，第 75 页。

⑤ 余家菊、李璜：《国家主义的教育》，中华书局 1923 年版，第 1 页。

⑥ 余家菊、李璜：《国家主义的教育》，第 70 页。

nation 的根本要素。其次，构成近代 nation 的更重要的因素，从实质上看，是领土、主权；从精神上看，是共通的信仰、共同的历史和共同的回忆。最后，如果把 nationalism 译成民族主义，容易造成从民族（people）或种族（race）角度去理解。[①] 而如果翻译成国家主义，国这个字“从口从戈，取人执戈以守土圉之义。于是领土人民主权三种要件都含在这个国字内面了”。而“家这个家字，在精神上言之，是有所依归之意”。故而，国家两个汉字充分而恰当地展示了近代 nation 的内涵。[②]

李璜“国家主义”的译名逐渐得到了朋友、“少中”会友乃至“中青”同志们的认同。1922 年底，余家菊自英国到巴黎，和李璜商量将两人关于教育的文章合编为一本论文集。两人与曾琦一起讨论论文集的名称，“反复考究，最后决定此书的名称为《国家主义的教育》”。[③] 该书的“序”亦特别解释说：“书中所用名词，如民族教育、国民教育等，彼此时有出入，但其所表现的主要精神则完全一致。主要的精神为何？就是国家主义之教育而已。我们名此集为《国家主义的教育》，亦以此故。至所以于诸名各仍其旧而不加改窜，则因涵盖之名难得，而已有各名亦义各有当。”[④] 可见，余家菊在 1922 年底时虽未完全放弃自己“民族主义”的译名，但已接受“国家主义”的译名。参与讨论的曾琦也接受了“国家主义”的译名。1923 年 12 月 2 日“中青”成立大会规定党的宗旨即有“本国家主义的精神”一条。此后，“中青”便成为一个奉行国家主义的政党。《醒狮周报》亦采用“国家主义”的译名。

《国家主义的教育》一书于 1923 年在国内出版后，国内以陈

---

① 李璜：《国民教育与国民道德》，载《国家主义的教育》，第 71 页。

② 李璜：《国家主义正名》，《醒狮周报》第 3 期第 2 版，1924 年 10 月 25 日。

③ 余家菊：《回忆录》，第 44 页。

④ 余家菊、李璜：《国家主义的教育 · 序》，第 2 页。

启天为代表的“少中”会友迅速接受了“国家主义”的提法，并积极进行宣传。陈启天后来解释说：

> 国家主义与民族主义两个名词，在英文中为同一名词，即 Nationalism。这个英文名词在中国有两种不同的译法，大概起于清末。我们认为国家与民族的关系，虽然非常密切，但近代国际社会的最大单位是国家，而不是民族。按诸历史事实，有的一个民族一个国家，有的一个民族分属几个国家，有的一个国家包含几个民族，很难用民族的标准划分国家的界限。又从意义上去看，国家两字可以包含一切，连民族也可包含在内；而民族两字则偏重在血统方面，难于包含一切。一个民族在未能独立组成国家以前，可以译为民族主义，但既经独立组成国家以后，则以译为国家主义为宜。因此种种，所以我们选用了国家主义的译名。①

可见，陈启天基本是接受了李璜的说法，但不如李璜论述得全面透彻。

到 1920 年代末，常乃惪又提出，“民族和国家本即是一个东西，民族是未进步前的国家，国家是既进步后的民族”，“把民族用政治力统制起来，这便成为国家”。于是“民族主义”与“国家主义”的区别在于：

> 民族主义乃是包括从单纯的种族主义进化到复杂的国家主义的一个普泛的名词。不进化的民族主义即是种族主义，进化的民族主义即是国家主义或国族主义。换言之，不进化的民族主义，只是要保存这个天然力构成的民族而已，进化的民族主

① 陈启天：《寄园回忆录》，第 104—105 页。

义便更要进而以人为的力量促进这种民族使成为政治的组织。[①]

（二）国家主义的理论及其来源

《中国青年党简史》载，“本党同志深信政治主张，必须切合本国国情及国际环境，不可顽固守旧，也不可盲目模仿，因此我们不得不用自己的思考，以建立适用于现代中国的理论体系”。[②] 李璜关于国家主义理论的阐释即为对这一诉求的回应。

1. 什么是国?

李璜区分了国的古代意义和近代意义。在古代，国指诸侯所封之域，后来又常与朝代混同。[③] 而近代所谓国即“nation”，其要义并非在于民族或种族的观念，而在于一族人同居一地，有共同利害关系和共同信仰，于是同甘共苦，愈结愈紧而不可强分了。他强调说：“同情——由共同利害和信仰关系而有的同情，——这就是近代的国存立的真精神。近代的国不是死的机械的存在，他是活的灵魂的表现，是有意识的一种有机的团体；换言之，他的统一的实现不只为图谋共有的物质的利益，而且为保护共有的精神的信仰。”[④]

上述这段文字作于1923年4月17日。其时，李璜尚在巴黎留学。这一关于nation的定义虽然也提到了同居一地、共同利害关系

① 常燕生：《三民主义批评（续）》，《新国家》1927年12月1日，第1卷第12号，第9、7页（文页）。凡《新国家》的文章所标页码，皆为文页，以下不再一一注出。

② 《中国青年党简史》（1946年7月），收入中国第二历史档案馆编《中国青年党》，第15页。

③ 李璜：《国民教育与国民道德》，载余家菊、李璜《国家主义的教育》第45页。

④ 李璜：《国民教育与国民道德》，载余家菊、李璜《国家主义的教育》第48页。

这两个因素，但显然认为“同情”才构成了 nation 存立最重要的基础。这一观点来自法国哲学家勒南（Ernest Renan）。李璜引用勒南的话说：

> 法国哲学家尔朗（Renan）为国下一个定义很适合近代的国存在的实况。他道：“一个国是一个灵魂，是一种精神的原则（principe spirituel）。有两种东西，在意义上其实是相同的，能够造成这个灵魂，这种精神的原则。一种是在过去的，一种是在现在的。前一种是一些公同所有对于过去很丰富的纪念；后一种是对于现在彼此的承诺，愿意共同生活的承诺，愿意继续共同发挥光大前人遗业的承诺。”①

这段话引自勒南的名篇《何为民族国家?》（*Qu'est - ce qu'une nation?*）：

> 一个民族国家是一个灵魂，一种精神原则。事实上，有两件事合二为一，塑造了这个灵魂和这种精神原则。一件在过去，另一件在当下。一件是共同拥有的丰富的回忆遗赠；另一件是当下的共识，共同生活的愿望，继续光大所共同继承的遗产的意愿。②

---

① 李璜：《国民教育与国民道德》，载余家菊、李璜《国家主义的教育》第 48—49 页。

② 原文为：“Une nation est une âme，un principe spirituel. Deux choses qui，à vrai dire，n'en font qu'une，constituent cette âme，ce principe spirituel. L'une est dans le passé，l'autre dans le présent. L'une est la possession en commun d'un riche legs de souvenirs；l'autre est le consentement actuel，le désir de vivre ensemble，la volonté de continuer à faire valoir l'héritage qu'on a reçu indivis.” Ernest Renan，“Qu'est - ce qu'une nation?” In *Langue française et identité nationale*. Limoges：Lambert - Lucas，2009，p. 30。中译文为笔者所译。参考了《何为民族?》，收入［法］勒南《法兰西知识与道德改革》，黄可以译，海天出版社 2018 年版，第 186 页。

《何为民族国家?》是勒南 1882 年 3 月 11 日在索邦大学（Sorbonne Université）所做的一次讲座，其要旨在于澄清种族（la race）和民族国家（la nation）的概念，区分族裔群体（groupes ethnographiques）或语言群体（groupes linguistiques）与实际存在的拥有主权（souveraineté）的民族（peuples）。[①] 全篇共分为三节。第一节主要从历史角度说明了民族国家是一种现代才产生的新生事物。第二节具体分析了种族、语言（la langue）、宗教（la religion）、利益（les intérêts）、地理（la géographie）都不足以创造一个民族国家。其原因在于民族国家是一种精神原则，是一个精神家园（une famille spirituelle），因而也只有人才能创造出来。第三节则明确将民族国家定义为“一个灵魂，一种精神原则”，“一种道德意识”（conscience morale），而建成一个民族国家最主要的条件是过去所拥有的共同的荣誉（des gloires communes dans le passé）、当下所拥有的共同的意愿（une volonté commune dans le présent），愿意继续为共同的伟大事业而奋斗。可见，勒南对 nation 的定义几乎完全摒弃了种族、语言、地理等实际因素，而特别强调全体国民的共同回忆和共同意愿。

那么，如何才能让全体国民拥有共同回忆和共同意愿呢？李璜的答案是施行国家主义的教育。勒南关于 nation 的定义特别适宜于用来宣扬国家主义的教育主张，也符合中国多民族共居的现实。因而，李璜 1923 年写作《国民教育与国民道德》时，几乎照搬了勒南的定义。

1924 年，李璜在《醒狮周报》创刊号上发表《释国家主义》一文，阐释“国家主义”的学理。他关于“国家”（La nation）的定义略有改变：

> 请先言国家（La nation）。国家是甚么？一定的人民，占有一定的土地，保有一定的主权；而此人民本其自爱的心情和

---

① Ernest Renan, “Qu'est - ce qu'une nation?”, p. 10.

> 其生活的条件，此土地也不容人侵夺，此主权，也不容人干犯；有前人时时缔造的艰难，即有后人世世保守的责任，有一种特殊文化的贻留，即有一种相当感情的回顾；因而国家不独有其实质，又复具有其灵魂。[①]

在这一定义中，人民、领土、主权和国家的“灵魂”一起被认为是构成 nation 不可或缺的四个要素。这一定义显然更符合“中青”“外抗强权，力争中华民国之独立与自由；内除国贼，建设全民福利的国家”的宗旨。显然，其中关于“灵魂”的阐释仍来自勒南。李璜强调“灵魂”对国家的意义，一方面是由于李璜所代表的这派势力仍主要是从教育文化方面着手来宣传和实践其主张，另一方面也是为了将国家主义的主张与“只从经济着眼”的“唯物史观”区别开来。不过，李璜等人所理解的“唯物史观”较为机械，并非真正马克思主义意义上的唯物史观。

按照近代所谓 nation 的定义，李璜认为，辛亥革命之前，中国还不能算是一个国，国人也不知道国的存在。[②] 到 1920 年代，中国人虽已经有了近代国家观念，但这种观念仍处于含混状态，而未进入意识状态，因而，仍不能说中国人都有了国家主义（Le nationalisme）。[③]

2. 为何会产生国家主义？

李璜从三个角度分析了国家主义兴起的原因。

第一，从社会进化的角度看，国家主义的产生是由于经济生活已经由家庭经济制度发展到了国家经济制度，因而，家族观念也必

---

① 李璜：《释国家主义：（一）国家主义的真意义》，《醒狮周报》第 1 期第 3 版，1924 年 10 月 10 日。

② 李璜：《国民教育与国民道德》，载余家菊、李璜《国家主义的教育》，第 46 页。

③ 李璜：《释国家主义：（一）国家主义的真意义》，《醒狮周报》第 1 期第 3 版，1924 年 10 月 10 日。

然会发展为国家主义。“一方面经济生活日变——由家庭经济制度，城市经济制度渐到国家经济制度，——一方面旧日信仰不能立脚，家庭生活便不足以满足需要，家族观念也便不足以维系情感；明白些说，中国人已由家的生活进化到国的生活，子民已经变成国民。子民之所依归者父母，国民之所依归者祖国。因此从前是‘教民亲爱莫善于孝’，现在是教民亲爱莫善于爱国。”①

第二，从历史的角度看，国家主义的发生，是因拿破仑想征服世界，将许多国家压制于他的兵威之下，被压迫的国家于是“大事活动起来对内唤起国民的精神，对外要求民族的独立”。“因此，拿破仑之压迫便恰恰足以助成国性的伸张、民族的独立。”而法国在1870年大败于普鲁士后，国家主义的思潮便也强大起来。②

第三，从心理学的角度来看，人有保持的本能和发展的需要；通俗地说，就是要活着并且要较好地活着。“我的生命既有保持的本能发展的需要以时时激荡之，则举凡左右前后的外物足以丰富我之生命的内包和扩张我之生命外延皆将系属于我，而一律保持之，爱惜之。——这在心理学上叫作‘物为我化’（appropriation）。”本着保护爱惜生命的本能，人自然地会爱护其国家，国家主义由是而生。③

3. 何为国家主义？

李璜引用法国拉鲁斯词典（*Nouveau larousse* 与 *Larousse universel*）的定义说：(1)“国家主义乃是对于其所属的国家而特有的一定的志愿”；(2)“国家主义乃是被压迫的国性的政治上的要求”；(3)“国家主义乃是疾视一切所有不以国家的旧信仰为根本的学

---

① 李璜：《国民教育与国民道德》，载余家菊、李璜《国家主义的教育》，第61页。

② 李璜：《释国家主义：（一）国家主义的真意义》，《醒狮周报》第1期第3、4版，1924年10月10日。

③ 李璜：《国家主义之哲学基础（二）》，《醒狮周报》第99期第2版，1926年9月4日。

说”；（4）“国家主义乃是反乎国际主义而言”。①

第（3）条定义主要是针对无政府主义和马克思主义而言。第（2）条定义的中心概念是“国性”（La nationalité）。李璜认为，国性是“国家的人格”，是“一个群体的自我”（Le moi collectif）。每个国民人格放大即为国家的人格，国家的人格缩小即为每个国民的人格。这种小己与大群的相互影响关系便构成“国家的意识”（La conscience nationale）和“国民的灵魂”（âmes du peuple）。国性的学理就是基于这种国家意识和国民灵魂。②

李璜又从社会学的角度释“国魂”，认为一个社会的习俗、环境、历史信仰共同铸造了一种生活样板，而生于该社会的个人便自然地承受这一样范，于是个人的人格便是国家人格的缩影。因而，“民族性”“国性”“国家人格”“国家灵魂”都并非虚造，而“是有他事物根据的实在处的”。为论证这一点，李璜引用孔德（Auguste comte）“死人之力大于活人”之说，又引用巴黎大学社会学教授补格列（Bognle）“社会形（Forme sociale）生出社会力（Foree soeiale [Force Sociale]），社会力先个人之力而用事”之说。③

补格列教授是李璜在索尔朋修得硕士学位时社会学一科的导师。李璜在索尔朋读书的最后两年（1922 年秋至 1924 年夏），特别注重社会学。当时法国的社会学正是涂尔干（Emile Durkheim，1858—1917）学派当道之时，而涂尔干又直接受孔德的实证主义影响。④ 李璜晚年概括涂尔干社会学的见地说：

① 李璜：《释国家主义：（一）国家主义的真意义》，《醒狮周报》第 1 期第 4 版，1924 年 10 月 10 日。

② 李璜：《释国家主义：（一）国家主义的真意义》，《醒狮周报》第 1 期第 3 版 1924 年 10 月 10 日。

③ 李璜：《国家主义之哲学基础（二）》，《醒狮周报》第 99 期第 2 版，1926 年 9 月 4 日。[ ] 内的文字为笔者校改。

④ 李璜：《学钝室回忆录》（上），第 73、71 页。

在研究对象上，确认社会本身为一真实的存在，如同物质之于物理学上，社会的事物有其自有的特征及自有的规律，而不应视社会为许多个人的合作体，更不是特殊人物的支配体；质言之，社会先于个人，或者称个人投入社会，便为这一社会形质所支配，而造成涂氏所称之“集体意识”（Conscience Collective），随时笼罩住个人思想在。[①]

涂尔干在其开山之作《社会分工论》（1893年）中提出了“集体意识”的概念：“社会成员平均具有的信仰和感情的总和，构成了他们自身明确的生活体系，我们可以称之为集体意识或共同意识。”集体意识的特点有四：（1）它是“一种界限分明的实在”，“并不会随着世代的更替而更替，而是代代相继，代代相传”；（2）它是一种社会心理形式，有自己的生存条件和发展模式；（3）“它完全不同于个人意识，尽管它是通过个人来实现的”；（4）集体意识并不等同于整体上的社会意识。[②] 李璜用“集体意识”理论来论证国魂、国性存在的真实性，强调绝不能像马克思和蒲鲁东那样纯从“经济方面着眼”，而“取消‘国性’”。[③]

李璜对国家主义的界定，特别强调“国家主义乃是基于一国国民所共有的志愿”。[④] 那么，这种共有的志愿是什么呢？

4. 国民共有的志愿：爱国精神

李璜反对“唯物史观的集产主义以为社会只受经济条件的支配，人生只重物质欲望的要求”的看法，强调人不但有物质的生

① 李璜：《学钝室回忆录》（上），第71—72页。

② ［法］涂尔干：《社会分工论》，渠敬东译，生活·读书·新知三联书店2017年版，第42—43页。

③ 李璜：《释国家主义：（一）国家主义的真意义》，《醒狮周报》第1期第4版，1924年10月10日。

④ 李璜：《释国家主义：（二）国家主义的真精神》，《醒狮周报》第2期第2版，1924年10月18日。

活，而且有精神的生活，并且“精神上的欲求比物质上的欲求还急迫得多”。他举例说，欧洲普通工人每日的享用远过于中国的缙绅，然一旦国家有外患，普通国民即自愿抛弃日常的享乐，慷慨赴前。他们愿意上前线，并不是追求物欲的满足，而是出于精神上的欲求——对祖国的热爱。李璜所谓“国民所共有的志愿”即爱国精神。他从三个层次分析爱国精神。

首先，爱国是一种植根于人之天性的情感。李璜根据孔子和孟子的学说，认为人之爱和恶皆出于天性。他说：

> 孟子最能形容出人之天性，他说：“无恻隐之心非人也，无羞恶之心非人也，无辞让之心非人也，无是非之心非人也。”……孟子这一些话是本于孔子在中庸上所说的“天命之谓性”。性就是喜怒哀乐。我们每个人本着这羞恶是非喜怒哀乐的天性，所以一出世来便有爱和恶这两种相反的情感。——或者说有所爱便有所恶，有所恶便有所爱；甚至爱之便欲其生，恶之便欲其死，也是人之常情。

儿童出生便受着父母的保育，因而，天生就知爱其双亲。随着社会的进化，这种对父母的爱会扩展为对部落的爱、对市府的爱，到近代便扩展为对祖国的爱。因而，对于祖国的爱根源于人之天性。

其次，爱国是一种源于连带关系的国民责任和伦理义务。一个人打自出生，无论吃穿住行，还是读书信仰，都受到国家制度的规定和文化的导引、文物的享受，皆受惠于祖宗历世所积之恩泽，因而也就有“共同保守祖宗之业而光大之”的责任。[①] 李璜根据的是莱昂·布尔茹瓦（Léon Bourgeois）的连带主义（solidarisme）。他曾长

① 以上数段引文俱见李璜《释国家主义：（二）国家主义的真精神》，《醒狮周报》第2期第2、3版，1924年10月18日。李璜等人所理解的“唯物史观”较为机械，并非真正马克思主义意义上的唯物史观。

篇引用说：

来翁补而若瓦（Léon Bourgeois）将连带关系的事实最说得简明，现代的欧洲学者没有不记得他这一篇话：

自从小孩断了奶后，离开母亲，成了一个单位的生物，接收外界的粮食以为他生活的必需品，从此以后，他便成了一个负债的人（débiteur）；他不能够动一步，做一事，满足一个需要，行使一个机能，如果不在这人类多年存储的利益之海里去有所取得。

一种借贷，便是他的粮食；他所消费的每一种食料都是前辈人多年耕作所得的果子，自许多世纪以来便载耕载获，禾黍牛羊，其血其肉，皆赖不断的繁殖与改良。又一种借贷，便是他的语言。在唇边的每一个字都从他父母师保口中获来，他们又获自前人。这每一个字所包含若干的意义皆由无限的祖先发明之，规定之，而贻赠后人。自生以来不但是要自别人手里去接收荣养身体的粮食，并且要自别人口里去收发展精神的工具，当其自家能开始用个人力量去造作应该加增的物件，便愈觉得前人之功不可灭，前人之赐何其多了。又一种借贷，其价值效用更觉无量，便是他的书籍和他的器械，学校与工厂一一给与他的：他岂知道这两样如此其轻巧易拿的东西曾费却前人不知多少心力！不知有若干双手曾经费力拿着早先还很拙笨的器械，或精疲力竭，或失望而吁，然后渐渐改良，始有今日之轻巧合用；又不知有若干双眼睛曾经很长久的注视，若干张嘴唇很费力的动作，若干种思想很吃苦的思量，若干的痛苦，若干的牺牲，然后这些字样才印成书，在今日这小小铅字数点钟之内可以将无限思想传遍世界，只二十几个小字母而已，而我们竟能赖之以解释宇宙！人向生活里愈前进，愈将觉得他的借贷亦日多，因为每日有新的利赖即每日对于前人有新的债务。”

（见莱氏所作《连带关系》La Solidarite［Solidarité］）一书中）①

莱昂·布尔茹瓦（1851—1925），法国第三共和国时期的政治家。他早年学习法律，1876 年成为文官。先后担任过内政部长、教育部长和司法部长。1895—1896 年出任法国总理。此后又陆续担任过外交部长、劳动部长和参议院议长。1899 年和 1907 年，作为法国全权代表，两次参加海牙和平大会。1919 年，担任国际联盟第一任理事会主席。1920 年，获诺贝尔和平奖。

在法语中，连带关系（Solidarité）一词最初只是一个法律术语；19 世纪时，孔德、涂尔干等哲学家也开始阐述连带关系，强调社会的重要性；但将连带关系一词引入主流政治理论的要数布尔茹瓦。1896 年，布尔茹瓦的《连带关系》（*La Solidarité*）一书出版，反响甚大。由于他长期是法国激进党的重要成员、法国政坛的领袖人物，并且在海牙国际和平大会及国际联盟中发挥了重要作用，因而，能够将连带主义的理论广泛传播和付诸实践。他所倡导的连带主义在 20 世纪前三十年几乎主导了法国的政治思想界。李璜说“现代的欧洲学者没有不记得他这一篇话”，并非夸大之言。

布尔茹瓦的连带主义理论提出了“准契约”和“社会债务”两个新概念。所谓“准契约”，是相对于洛克、卢梭等人的“社会契约”概念而言，指人在社会中能够彼此融洽地生活并不需要像洛克、卢梭所认为的那样真的去制定一种社会契约，而只需要一种无意识中所形成的相互交换服务、彼此履行义务的准契约就够了。基于这种准契约，每一个人一出生就成为负债的人（débiteur），有着偿还社会债务的义务。②

---

① 李璜：《国民教育与国民道德》，载余家菊、李璜《国家主义的教育》，第 71—73 页。

② 以上关于布尔茹瓦及其连带主义理论的论述，参见于蓓《对莱昂·布尔茹瓦连带主义思想及其影响之初探》，《法国研究》2018 年第 4 期，第 80—87 页。

李璜接受布尔茹瓦的连带主义，认为爱国是国民的责任，是一种伦理义务。

复次，爱国是一种基于社会事实的国民道德。在国家主义者看来，人是社会的动物，其道德也是社会性的。“国家主义的道德便是要将家族道德之义推而广之”，从“爱己爱家”扩展为“爱护国家”。[①] 这种扩展过程与社会分工密切相关。李璜曾论述说：

> 社会之所以进化，大半赖“社会的分功”（division du travail social）。分功愈繁而一社会中彼此需要之相供给愈多，因之而连带关系愈密切。可以说国家成立和进步的原故“社会分功”算是其中一个最重要的：一个国便是社会分功的总场所。县与县的连带关系，省与省的连带关系，在物质与精神方面从来便非常密切，就因为互有贡献，互有需要，以至于不能一日各各分离以有生活：国家的统一（unité）便大半建筑在这上面。……要想国家永久真正在形式上统一，必须国人的精神能够统一，要想国民精神能够真正统一，必须使他很早的明于“社会分功”的重要，明白些说，就是该当使他很早的明于县与县省与省在物质精神两方面连带关系的重要。[②]

李璜根据的仍是涂尔干的社会分工理论。在《社会分工论》中，涂尔干提出了机械连带（solidarité mécanique）和有机连带（solidarité organique）的概念，[③] 认为社会分工是造成社会结构从

---

① 李璜：《释国家主义：（二）国家主义的真精神》，《醒狮周报》第 2 期第 3 版，1924 年 10 月 18 日。

② 李璜：《国民教育与国民道德》，载余家菊、李璜合著《国家主义的教育》，第 76—77 页。

③ 今天一般译为“机械团结”和“有机团结”。但涂尔干使用的法文就是法律术语 Solidarité。为了彰显与布尔茹瓦连带主义理论的关联，笔者译为“机械连带”和“有机连带”。

机械连带过渡为有机连带最重要的原因。在机械连带中，社会成员之间极其类似，不带任何中介地直接系属于社会，拥有极为强烈的共同情感和共同信仰；于是集体人格完全吸纳了个人人格，或者说，个人人格尚未凸显。在有机连带中，个人意识十分发达，个人依赖于社会完全是由于他依赖于构成社会的各种劳动分工；在这样的社会中，集体意识为部分个人意识留出了地盘。

涂尔干探讨社会分工的目的并非只是用实证科学方法来分析社会，而是要“根据实证科学方法来考察道德生活事实”，“想建立一种道德科学”，试图为道德寻找到有别于康德“绝对的善”以外的、立足社会事实的真实基础。[①] 不管是机械连带占主导地位的社会，还是有机连带占主导地位的社会，都有其固有道德。所有的法律和社会职能都是社会的，而道德则建基于这些法律和社会职能，而非建基于那些抽象观念。在前一种社会中，道德基于社会成员所分享的集体意识或共同意识，也即社会成员所默认的共同的风俗习惯。而在后一种社会中，社会成员所背负的责任和义务主要源自他所执行的每一项社会职能。但“特别有一种机构，我们对它的依赖总是有增无减，这就是国家。我们与国家的连接点真是举不胜举，它同时也不失时机地唤起我们对公共团结的感情”。[②] 从涂尔干的这种论断再推进一步，便可自然地得到李璜的结论：在有机连带占主导地位的社会中，即在现代社会或近代国家中，爱国是社会分工这一事实所要求的国民道德。实际上，在涂尔干身后出版的《职业伦理与公民道德》（1950年）中，第六章就专门论述了作为公民道德的爱国主义。[③]

---

① ［法］涂尔干：《社会分工论·第一版序言》，渠敬东译，第 6 页。

② ［法］涂尔干：《社会分工论·第一版序言》，渠敬东译，第 184—185 页。笔者将译文中的“公共团结”改译成了“公共连带”。

③ 《职业伦理与公民道德》法文原名“社会学教程：民情和权利的物理学”，是根据涂尔干 1890—1915 年在波尔多大学和索邦大学所开设的社会学课程的 18 篇讲稿整理而成。法文版于 1950 年问世；1957 年英文版问世，并将书名更改为“职业伦理与公民道德”；渠敬东所译中文版亦采用了英文版书名。详见渠敬东、李英飞《中译序》，渠敬东主编《涂尔干文集》第 2 卷，商务印书馆 2020 年版，第 4—7 页。

在李璜看来，爱国是根于人的天性的一种自然情感，是源于连带关系这一历史事实的国民责任，也是基于社会分工这一社会事实的国民道德。他强调志愿、信仰的作用，强调道德对于整合社会的意义，极力从情感、论理而非经济的维度来阐述爱国精神，并尽量将这一精神奠基于历史、社会事实之上。

5. 国家主义的基本政策

李璜总结说，国家主义的对外政策是“止国的”（national）（所谓“止国”是指止于国——引注），即依仗全体国民的力量，以完成独立自决，而反对依靠他国的国际主义；国家主义的对内政策是“民主的”（républicaine），即团结全民共有的志愿，实行全民政治，以求真正民主的自治，而反对一阶级的专政。[①] 一方面，这两条基本政策是针对共产主义的国际主义和无产阶级专政而言；另一方面，它们也是从前述国家主义理论中推演出来的。国家主义的第 3 条定义说“国家主义乃反乎国际主义而言”，故而，其对外政策反对国际主义。李璜解释国家主义的第 1 条定义说“国家主义乃是基于一国国民所共有的志愿”，故而，其对内政策必然要求全体国民参与政治。

全民政治具体指什么呢？在李璜看来，全民政治即“实行民主代议极则的普通选举”，让全体国民都有参政的机会。由于“政治这件事情是练习得会的，政治能力除了疯癫白痴的人都可以取得的”，因而，普通选举要“三不限”：（1）不限家产，（2）不限男女，（3）不限资格。在李璜看来，至少总统应该是不由议会选出而由普选产生的。至于议会选举，则职业选举与地方选举并重，在由地方代表构成的议会之外另设一个由职业代表构成的议会。[②]

---

① 李璜：《释国家主义：（三）国家主义的真趋向》，《醒狮周报》第 5 期第 2、3 版，1924 年 11 月 8 日。李璜所标注的法文词“républicaine”更准确的翻译其实是“共和主义的”。

② 李璜：《国家主义的建国方针（续前期）》，《醒狮周报》第 49 期第 2 版，1925 年 9 月 12 日。

李璜更援引卢梭的公意说来论证民主的国家主义所倡导的全民政治：

> 德谟克拉西的国家主义是根于卢梭所有的主张，基于国民全体的志愿："只有国民的全体志愿能够本公利所在的社会目的，以为国家权力之指挥者；因为以互相冲突的私利而能必需社会的存在，乃是私利能有所共通之点而使社会的存在为可能的；便是这个共通之点而成立社会的连结关系；如果没有这共同之点、没有一种社会能够存在的。因此指挥社会者当唯一的认识此共同之公利，而求有以实现之。"（见《民约论》第二卷第一章）我们主张国家主义亦是深认识此国民共同之公利而求有以实现之而已。①

卢梭的这段话更确切的译文为：

> 唯有公意（la volonté générale）才能按照国家创制的目的，即公共幸福（le bien commun），来指导国家的各种力量；因为，如果说个别利益（des intérêts particuliers）的对立使得社会的建立成为必要，那末，就正是这些个别利益的一致（l'accord de ces mêmes intérêts）才使得社会的建立成为可能。正是这些不同利益的共同之点（commun dans ces différens intérêts），才形成了社会的联系；如果所有这些利益彼此并不具有某些一致之点（quelque point dans lequel tous les intérêts s'accordent）的话，那末就没有任何社会可以存在了。因此，治理社会就应当完全根

---

①　李璜：《国家主义答客难：一、答无政府主义者（续前期）》，《醒狮周报》第13期第3版，1925年1月3日。

据这种共同的利益（cet intérêt commun）。[①]

李璜认为，基于只着眼于“共同的利益”（李璜译为“共同之公利”）的“公意”（李璜译为“国民的全体志愿”），就能实行全民政治，实现民主的自治。李璜以卢梭的“公意”或“国民的全体志愿”（la volonté générale）取代了勒南的“共同的志愿”（une volonté commune）。但这二者并不能简单地画上等号。

政治之外，教育也是建构现代国家的重要手段。李璜认为国家主义教育的核心是不仅要教导学生成为一个人，更应教导他成为一个中国国民。[②] 他介绍法兰西第三共和国的国家主义教育：（1）教育须由国家管理、划一和普及；（2）教育须传授公民教育知识；（3）教育须培养国民道德。[③] 以此为模版，李璜提出了他的方案：其一，中国的国家教育在事实上不能也不应与国家行政完全分离，然中国政府缺乏管理教育的能力，故需由教育界公推若干委员组织中央以及各省的教育行政委员会，使教育能独立于腐坏的政治之外。该委员会负责管理教育经费、推荐国立及公立各校校长、议决一切教育改革事情、评判教育界一切纠纷。这既能将教育行政权移交在懂得教育的人（而非官僚）手中，又能增加中央及地方的教育行政能力。[④] 其二，开展公民教育方面，向国民学校教师阐明他们所负的重大使命，在乡村普遍设置国民学校及师范学校，鼓励青

---

① ［法］卢梭：《社会契约论》，何兆武译，商务印书馆2003年版，第31页。括号内的法文原文标注，参见 Rousseau，*Du Contrat Social*，*Œuvres Complètes III*，Paris：Gallimard，1964，p. 368。

② 李璜：《国民教育与国民道德》，载余家菊、李璜《国家主义的教育》第44页。

③ 李璜：《近代法国教育与国家主义》，《中华教育界》第15卷第1期，1925年7月，第2—3页（文页）；李璜：《教育上的国家主义》，《国家与教育》第1期，1926年1月23日，第4页。

④ 李璜：《论教育独立》，《国家与教育》第2期，1926年1月23日，第2页。

年大学生从事平民教育。[①] 其三，也是李璜最重视的，是公民教育不能只重知识，而必须注重伦理训练，注重培养不带任何党派或宗教意味的国民道德。他说，国民道德就是“奉公守法”，“所谓公，乃是卢梭《民约论》上公意（Volonté générale）之公，而不是中国人旧日所谓的公家之公”；“所谓法，乃是他们自造的宪法，而不是钦订的王法”。由于伦理植根于情感，故国民道德的基础应立于爱国一义上。故而，只偏于法制和政事讲解的公民教育课程是不够的，需要大大发挥历史、地理教育的作用，让国民经受本国、本乡历史的陶冶，了解祖宗缔业之艰难与民族过去的纪念；还当举行国庆纪念、国耻纪念等国家纪念，养成国民的国家观念。[②]

（三）国家主义理论的内在矛盾

李璜将勒南、涂尔干、布尔茹瓦、卢梭乃至传统儒学糅合到一起，阐发了一套颇具影响力的国家主义理论。但上述各种理论自有其脉络，并非能轻易地融为一体。

1. 如何理解共同志愿？

李璜与勒南都认为，民族国家成立的核心要素在于其国民要有关于过去的共同回忆以及当下所抱有的共同志愿。然而，在对于共同志愿的理解以及如何达成这一目标的问题上，二人分歧巨大。

勒南 1823 年 2 月 28 日出生于法国布列塔尼北部山区的特雷吉尔。5 岁失怙，家世清贫，于 1838 年获奖学金进入布列塔尼的一所神学院学习。1845 年经历一场信仰危机，因而放弃神学院的学

① 李璜：《国民小学教师对于今日中国国家的使命》，载余家菊、李璜《国家主义的教育》，第 79—85 页；李璜：《中国此时公民教育运动所应注意的几点》，《国家与教育》第 14 期，1926 年 4 月 24 日，第 2—3 页。

② 李璜：《国家主义的教育与伦理教育》，《中华教育界》第 15 卷第 1 期，1925 年 7 月；李璜：《甚么是公民甚么是公民教育》，《国家与教育》第 13 期，1926 年 4 月 17 日，第 1—3 页，引自第 1 页；李璜：《国民教育与国民道德》，第 77—78 页；李璜：《历史教学法旨趣》，《中华教育界》第 15 卷第 4 期，1925 年 10 月。

习。1848 年后专心著述。1863 年，出版《耶稣传》。该书成为国际畅销书，勒南名声大噪。此后，他又陆续出版《使徒行传》(1866)、《圣保罗传》(1869)、《反基督者》(1873)、《福音传道者与基督教第二代》(1877)、《基督教会》(1878)、《马库斯·奥勒留斯与古代世界的终结》(1882)。这七卷书结集成的巨著《基督教起源史》奠定了其宗教史名家的地位。1879 年，勒南入选法兰西学院。1892 年 10 月 2 日，于巴黎逝世。

第二帝国时期（1852—1870），勒南与各种国家文化机构展开了对抗，以捍卫思想自由，反对宗教干涉。同时，勒南在巴黎的沙龙中与法国的决策圈不断接近。1869 年，勒南参加塞纳 - 马恩省莫城（Meaux）的议会竞选，未能如愿。[①] 1870 年春天，即普法战争前夕，勒南与拿破仑三世一起赴斯匹茨卑尔根岛旅行。7 月，普法战争爆发。战争开始后，法军接连败北，勒南深感绝望。[②] 作为对法国惨败的反思，勒南于 1871 年出版《知识与道德改革》（*La reforme intellectuelle et morale*）。[③] 该书分为“病”和“药”两个部分，分别论述法国惨败原因以及复兴蓝图，包含了勒南的主要政治思想。他的《何为民族国家?》一文必须与之联系起来才能真正理解。

在勒南看来，法国走向衰落的首要原因在于它在大革命时期抛弃了君主制。“法国斩首国王之日，就是其自杀之时。”“一旦没有国王，以国王为穹顶中心的结构就要崩塌。”接着，第二帝国时期

---

① 以上勒南生平，参见 M. F. N. Giglioli ed.，“Chronology,” in Ernest Renan, *What is a nation?: and other political writings*, M. F. N. Giglioli trans. and ed.，New York: Columbia University Press, 2018，原书未标注页码；Wardman, Harold W.，*Ernest Renan: a critical biography*, London: University of London, Athlone Press, 1964。

② Georg Brandes, *Creative Spirits of the Nineteenth Century*, Rasmus B. Anderson trans.，New York: Thomas Y. Crowell Co.，1923，chapter V，pp. 212，218.

③ 英译本有 Ernest Renan, *Intellectual and Moral Reform of France*, in *What is a nation?: and other political writings*, pp. 182—246。中译本有［法］勒南著、黄可以译《法兰西知识与道德改革》。

实行的普选制使法国变得物质化，于是，代表法国灵魂的贵族阶层大规模地衰亡，而工人和农民则成为国家的两大支柱。然而工人没有受过教育，农民只想着买地，他们对于军队的荣誉和法国的历史毫无兴趣。此外，与美国能孤立发展不同，法国与其他国家毗邻共存。为应对邻国的领土扩张，法国需要一个强大的军事政权，但基于普选的民主制却难以建立起强大的军事政权。勒南说："民主成了我们军事和政治的弱点，造成了我们的无知、我们自负的愚蠢，它和背后的天主教理论一起造成了我们国民教育的不足。"① 针对这些弱点，勒南建议向普鲁士学习，以谋法国的复兴。具体而言，他主张：（1）重建王权，重建贵族；同时放弃普选，放弃共和制；（2）实施更严厉的教育，要求所有人服军役，以建立一个强大的军事政权；（3）实行大规模的殖民。

吉列里（M. F. N. Giglioli）指出，欧洲自由主义者普遍支持帝国主义和海外扩张，法国的自由主义思想家出于地缘政治的力量平衡的考虑也支持帝国主义。② 作为法国第三代自由主义思想家的代表，勒南也不例外。他对普鲁士军事贵族及国民军事精神的赞扬，对法国建立强大军事政权的向往，既与他作为布列塔尼凯尔特人的尚武传统有关，也与他长期以来对德国文化的欣赏和尊重有关。③ 事实上，普鲁士在1870年的胜利使得整个欧洲的军事思想都发生了变化。1871年后，欧洲的每个大陆国家都采用了普鲁士为期三年的普遍兵役制。④ 勒南对于重建王权的坚持，很大程度上是因为之前的法兰西第一共和国与第二共和国的速亡，1870年建立的法兰西第三共和国才成为法国历史上第一个稳定的非君主制政权。直

---

① ［法］勒南：《法兰西知识与道德改革》，黄可以译，第10—11、14、80页。

② M. F. N. Giglioli, "Introduction," in Ernest Renan, *What is a Nation?: And Other Political Writings*, p. xx.

③ Georg Brandes, *Creative Spirits of the Nineteenth Century*, pp. 222, 219.

④ ［英］A. J. P. 泰勒：《争夺欧洲霸权的斗争（1848—1918）》，沈苏儒译，商务印书馆2019年版，第8—9页。

到1877年麦克马洪总统违背共和党人主导的议会的意愿组建君主制政府的企图失败时，勒南才意识到共和制已经在法国牢牢扎根了，因而放弃了重建王权的念头。他坚持贵族制或文化精英的统治，反对普选，很大程度上是因为看到第二帝国时期所施行的普选并未能保障自由和公平，反而导致选举中出现严重的操纵和官方干预。[①]

勒南在《知识与道德改革》中所给出的具体建议，随着时势的变化而有所调整，但有一点他始终坚持，即"精英自由主义"(elitist liberalism)。[②] 他始终更信任文化精英，认为大众缺乏对于国家权力和目标的理解，故反对普选。由此，当他在《何为民族国家?》中说"一个民族国家是一个灵魂，一种精神原则"时，他实际上要说的是：

> 一个国家不仅仅是组成这个国家的个体的总和，它也是一个灵魂、一种意识、一个人、一个有生命的结果。这个灵魂可能驻扎在很小一部分人身上。最好是所有的人都能参与其中。但必不可少的是，通过挑选政府成员，形成一个大脑，用来监督和思考，而国家中的其他人则不去思考，也没有感觉。
>
> 法国弄错了民族意识可以采取的方式……一个国家的意识存在于国家开明通达的群体中，这个群体带动并指导国家其他的部分。文明起初是贵族的事，小部分人（贵族和牧师）的事，如今却通过民主者所谓的力量和假象强加给人们。文明的保持也是贵族的事业，祖国、荣誉、责任都是人群中的一小部分所创造和维持的，大部分人都自我放弃，任其消失。[③]

---

① M. F. N. Giglioli, "Introduction," in Ernest Renan, *What is a Nation?: And Other Political Writings*, pp. XVIII, XXI.

② "精英自由主义"也是吉列里对于勒南思想的概括。M. F. N. Giglioli, "Introduction," p. XXX。

③ ［法］勒南：《法兰西知识与道德改革》，黄可以译，第58、84—85页。

换句话说，勒南所谓的“共同志愿”虽然在修辞层面接近于卢梭的“公意”，即李璜所理解的“国民的全体志愿”，但在实践层面，“共同志愿”仅仅体现在一小部分人——精英或贵族以及牧师——身上。

勒南比较了四种选举方式：（1）通过出身决定；（2）通过抽签决定；（3）由大众选举决定；（4）由考试和竞赛决定。他认为，“如果要坚持只选一种选举方式，基于出身的选择比选举要好得多”，因为“出身通常意味着更多的教育，有时还意味着一定的种族优越”，而“普选具有很大的局限性，不懂得科学的必要性、贵族和学者的优越性”。[①] 勒南一生的核心追求之一即科学探究的自由，要求政治保护科学的发展。他所说的“科学”，通常指人文科学。

勒南同意国家要加强对国民的教育，就像普鲁士那样。但这种国民教育与文化精英所享有的教育截然不同。他认为：“人类的思想是一个阶梯，每一层都必不可少，对这层来说是好的东西，对另一层不一定有益。同样，对于这层来说是灾难性的东西，对另一层不一定有害。”因而，应该给人民保留宗教教育，而通过大学培养理性社会的领头人。“理性不是多种观点与愿望的简单表达，而是小部分特权人物的意识统一作用的结果。它永远不会把公共事务交由众人任性管理。”[②] 勒南在教育方面的精英自由主义思想，在他与朋友私下的谈话中，更是表露无遗：

> 我坚信初等教育是一种彻头彻尾的邪恶。……如果可以的话，给人类持续十五到二十年的教育；否则，就什么都别给。任何更少的东西，远远不能让他们变得更明智，只会破坏他们天生的友善，他们的本能，他们与生俱来的理性，让他们变得

① ［法］勒南：《法兰西知识与道德改革》，黄可以译，第 56、55 页。

② ［法］勒南：《法兰西知识与道德改革》，黄可以译，第 123、129 页。

> 绝对难以忍受。……不，让我们同意，文化只在被精心教养的人身上是好的，而只受到半截教养的人将被视为无用的、傲慢的猿类。①

因而，勒南对于民族国家的定义，更宜于被视为一种意识形态化的修辞策略，而非一种针对现实的行动方案。在《何为民族国家》平等的修辞表象之下，《知识与道德改革》才揭示了勒南真正为法国复兴所设计的行动蓝图。恰如哲学家和政治评论家何维勒（Jean - François Revel）所言："一直以来，法国擅长向他人鼓吹极左主义，自己却慎用极左主义，那套鼓吹人民权利的哲学，它自己并不迷信。"② 实际上，勒南摒弃种族、语言、宗教、利益、地理等因素，而仅仅将国民的共同志愿视为民族国家成立的核心要素，也是出于非常实际的理由。勒南这种唯意志论的民族/国家性（voluntarist theory nationality）思想是法国在普法战争后失去阿尔萨斯—洛林的阴影之下形成的。阿尔萨斯—洛林临近德国，传统上当地人也说德语，在政治上却更认同法兰西。因而，勒南不惜放弃或至少是边缘化了他的大部分史学著作所依赖的种族、族群和民族特征的分类。③

如前所述，勒南这种关于民族国家的定义非常适合用来说明国家主义教育的必要性，也非常符合中国多民族共居的传统与现状，因而，李璜在 1923 年写作《国民教育与国民道德》时，几乎是完全接受了勒南的定义。他 1924 年发表《释国家主义》一文时，在勒南定义的基础上增加了人民、领土、主权这三个因素，但仍然强调国家的"灵魂"是至关重要的。这一方面是由于李璜所代表的

---

① Georg Brandes, *Creative Spirits of the Nineteenth Century*, p. 213.

② 让 - 弗朗索瓦 · 何维勒：《现代法国的起源（代序）》，［法］勒南：《法兰西知识与道德改革》，黄可以译，第 12—13 页。

③ 参见 M. F. N. Giglioli, "Introduction," in Ernest Renan, *What is a Nation?: And Other Political Writings*, p. XXVI。

这派势力仍主要是从教育文化方面着手来宣传和实践其主张，另一方面也是为了将国家主义的主张与“只从经济着眼”的“唯物史观”区别开来。[①] 同样，很大程度上是为了反对无产阶级专政的主张，李璜将共同志愿等同于国民全体的志愿，因而主张实行全民政治，实行普选。然而，如果说勒南在《知识与道德改革》中所给出的复兴蓝图是颇为实际的行动方案，那么，李璜关于普选的主张就无异于空中楼阁了。

李璜1925年论证实行普选的可能性时，曾举例说，他在巴黎住所隔壁一个咖啡馆中的、仅仅高小毕业的男孩有一天去参加了选举演说，并且还讲得很不错，由此可见，只要普通人肯勉力，且有机会，也是能够取得政治能力的。[②] 此时李璜刚回国一年多，去国前又一直过着一种布尔乔亚式的学生生活。他以巴黎的普通人为例来揣度中国平民的生活境况，与实际情况实在相去甚远。1924年、1925年之交，他路过河南时，曾见识过普通百姓“荒凉”的生活境况，但似乎并未真正加以注意。1931年4月，他经山西回北平，“惊叹”于晋北“其土之瘠，其民之困”，在其回忆录中曾详细描绘：“将至雁门关……但见山畔儿童多赤身，有些连裤子都没有穿；大人则只有长裤，而上身多无衣；老年人也是单衣袒裼，惟胸下挂一红色夹‘裹肚’以遮住腹部。其时我在车上，着薄棉衣尤有点冷意，晋北之民又何以如是之能耐春寒!”[③]

直到晚年，李璜才就这一问题进行深入反思，认为中国文化有偏枯之病，即传统士大夫阶层深受民族文化陶冶，但一般乡农及手工业者却不能读书识字。这一偏枯之病虽经辛亥革命后的平民教育

① 李璜等人所理解的“唯物史观”较为机械，并非真正马克思主义意义上的唯物史观。

② 李璜：《国家主义的建国方针（续前期）》，《醒狮周报》第49期第2版，1925年9月12日。

③ 李璜：《学钝室回忆录》上卷，第256页。

运动和国民革命后的扫除文盲运动而略有所缓解，但“乡村老百姓的知识水准与生活情况，确是与我们都市中的知识分子相差得太远了啊”。而西方民主国家的农工阶层大都能看报，“至少了解他们的国内或城市内执政者是那一班人，代表他们去当各级代议士的人是否在为他们自身或其乡里努力争取他们所希望得到的权益”。李璜总结说，“这一偏枯之患”，使“我们所主张的国家主义与全民政治无法建立”。[①] 以1920年代中国平民的生活境况及国内的政治状况，不但实行普选不可能，就连全面施行国家主义的教育主张都异常艰难。而在系统的国民教育能够普及之前，要让全体国民具有共同回忆和共同志愿，又如何可能呢？

2. 需要应对内忧外患的国家主义能在多大程度上发展民主制度？

李璜所倡导的民主的国家主义需应对的另一项挑战与勒南所谓“民主不能和一个强大的军事政权共存”有关。勒南说，“军事政权也不能在民主制度下发展，或者说，如果它要发展，它就会吞噬民主”。其一，“选举系统不能作为政府的唯一基础。军事指挥下进行的选举更是一个矛盾，甚至是对指挥权的否定。因为，在军队事务中，指挥是绝对的，然而被选举人从来不会绝对地指挥自己的选民”。其二，重视个人的自由、权利和义务是军事被削弱的最大原因。这是因为，战争要求自我牺牲，这正是一味追求个体权利的对立面，“也就是我们现在所说的民主的对立面”。其三，“民主是军队组织最强大的溶解剂。军队组织建立在纪律之上，而民主是对纪律的否定”。其四，来自选民的压力会使得模仿普鲁士的全民服兵役政策难以彻底实施。[②] 勒南的具体意见或可商榷，但他指出了一个关键性的问题，即需要应对内忧外患的国家主义能在多大程度

① 李璜：《学钝室回忆录》（增订本）下卷，明报月刊社，1982年，第730—731页。

② ［法］勒南：《法兰西知识与道德改革》，黄可以译，第95、55、66、66—67、100页。

上发展民主制度。民主国家会暂时合法地实行独裁制，往往就是在国家危机存亡的关头。

近代中国面临着比1870年的法国更深重的内忧外患。李璜认为，欲除外侮，必先建国。建国就要完成两个任务：第一，“用革命的手段去推翻中国现有的恶势力”。所谓“革命的手段”，指爱尔兰新芬党的“野战法”和土耳其青年党的“联战法”。前者即组织秘密团体进行暗杀活动；后者即据一地方为革命根据地，训练群众为战士。第二，真正取消一切不平等条约。取消不平等条约必须有巩固的国防，为此，他主张以征兵制或志愿兵制取代募兵制，实行“飞潜政策”，无限制地发展飞机与潜艇，因为这两项利器都利于防护长海岸线，而且费用不大。[①] 但李璜似乎未曾深入思考过这些革命手段或国防政策与民主制度在多大程度上能够相容共存。略晚些时候，国家主义派的其他人曾提出过两种方案予以回应。其一为石青的方案，认为以中国的现状，在百年之内绝无希望可实行全民政治，而中国的“新政体必将冒全民政治或其中之若干条件为形式，同时又必采取少数专政之精神，而成为一种实质与形式违反之政体”。[②] 其二为天健的方案，认为要实行民主的国家主义，应区分为运动阶段和实现阶段两个阶段；在运动阶段，要组建严密的党组织，促成民众党化和军队化，造成武力；在实现阶段，才能真正实行全民政治。[③]

另一个相关问题是，时人常批评国家主义容易流变为侵略的帝

---

① 李璜：《国家主义的建国方针》，《醒狮周报》第48期第1、3版，1925年9月5日；李璜：《国家主义者的野战法》，《醒狮周报》第8期第2版，1924年11月29日；李璜：《国家主义的建国方针（续前期）》，《醒狮周报》第49期第2版，1925年9月12日。

② 石青：《政治根本改造之刍议》，《新国家》第1卷第3号，1927年3月1日，第4页。

③ 天健：《如何实现民主国家主义前篇》，《新国家》第1卷第3号，1927年3月1日；天健：《如何实现民主国家主义后篇》，《新国家》第1卷第4号，1927年4月1日。

国主义。因而，国家主义派的代表们花了许多力气来澄清国家主义与帝国主义的区别。其一，起源不同。国家主义起源于因拿破仑侵略而濒临亡国的德国，帝国主义起源于西欧人15、16世纪以来的探险殖民事业。其二，目的不同。国家主义要求国家的独立统一，而帝国主义要求对外侵略。其三，实现方法不同。国家主义消极自守，以武力抵抗、经济抵制和光大本国文化抵抗侵略；而帝国主义积极进取，为武力、经济、文化侵略。[①] 这些区别诚然是存在的，但不可忽视的是，国家主义的确是一柄双刃剑：它既可能是维护国家独立统一的利器，也可能是导致国家堕入狭隘、排外乃至专制的渊薮。王乐三说得不错："国家主义有变为帝国主义之可能性。然此系其流弊，非其本身之罪也。举凡一切主义，皆有其利弊之可言，要视行之者何如耳。"[②] 真吾从民族特性、哲学思想、经济状况和国际关系这四个角度比较过中、德两国的不同，认为中国纵使国家主义发达，也不致像德国那样变成帝国主义。[③] 但无论是李璜，还是国家主义派的其他人物，都未能从制度层面深入思考过如何才能防止国家主义流变为帝国主义，以及如何在实行中保证国家主义与民主制度相容。

---

① 《反国家主义宣传大纲（后方各级政治部宣传科联席会议议决）》，《对国家主义派的反攻》（第一集），国民革命军总司令部政治部印行，1926年，收入李义彬主编《中国青年党》，第55页；余家菊：《国家主义释疑》，《醒狮周报》第51期第3版，1925年9月26日；何炳松：《帝国主义与国家主义》，《醒狮周报》第78期第2版，1926年4月10日；曾琦：《国家主义三讲：第一讲、国家主义之学理的根据》，《醒狮周报》第91期第3版，1926年7月11日；王乐三：《民主国家主义之研究》，《新国家》第1卷第1号，1927年1月1日，第5—7页；刘仁甫：《民主国家主义与教育》，《新国家》第1卷第2号，1927年2月1日，第3—5页；真吾：《国家主义与帝国主义》，《新国家》第1卷第5号，1927年5月1日，第1—7页。

② 王乐三：《民主国家主义之研究》，《新国家》第1卷第1号，1927年1月1日，第7页。

③ 真吾：《国家主义与帝国主义》，《新国家》第1卷第5号，1927年2月1日第8—12页。

3. 如何基于个人构建现代国家?

李璜的国家主义理论试图基于自由的个人构建起一个民主、强大的现代国家。但如何才可能基于个人构建起现代国家呢？他所援引的诸多理论资源中，包括了三种截然不同的方案。

第一种是勒南的方案。勒南主张在精英阶层中培养起关于国家的共同回忆和共同志愿，由精英群体管理公共事务，指导国家的其他部分。至于国民的自由，勒南更重视的也是通过政治来保障精英知识分子进行科学探究的自由。从理论上看，勒南的方案与李璜的主张格格不入。

第二种是卢梭的方案。卢梭认为，国家或主权者“不外是一个道德人格”，是一种“公共人格”，其生命在于其全体成员的结合；公意即为主权者或这个道德人格、公共人格的志愿，而主权则“不外是公意的运用”。[①] 从理论上看，这一方案既能保证国家或主权者权力的唯一合法来源在于全体国民的同意，又能保证每个个人的自由通过国家或主权者的权力得到真正的保障和实现。

但在事实层面，《社会契约论》已清楚论证了公意国家的建立是异常困难的。首先，虽然《社会契约论》第二卷第六章之前的章节论证了基于公意的主权者是政治权威的唯一合法来源，但自第二卷第七章起，就转向了关于主权者的反面论述。民族的传统、天性和风尚，国土的面积、自然条件等决定了只有极少数国家的人民适合于成为主权者（《社会契约论》第二卷第八、九、十章）。[②] 其次，卢梭明确指出：“仔细考察了一切之后，我认为除非是城邦非常之小，否则，主权者今后便不可能在我们中间继续行使他自己的权利。”“由此可见，国家最多只能限于一个城。”[③] 也就是说，

---

① 卢梭：《社会契约论》，何兆武译，第 37、31 页。

② 关于《社会契约论》的论证结构，参见吉尔丁《设计论证——卢梭的〈社会契约论〉》，尚新建、王凌云译，华夏出版社 2006 年版。

③ 卢梭：《社会契约论》，何兆武译，第 123 页。第 2 句引文出自卢梭的《日内瓦手稿》，转引自卢梭《社会契约论》，何兆武译，第 123 页，注 2。

卢梭倡导的理想政体只能在城邦中实现，而他心中的模范正是古希腊的斯巴达和他的祖国日内瓦。复次，卢梭的公意国家（或基于公意的主权者）是一种充满原动力的、永不确定的平衡，而人类仅有希望在历史的某些时刻达到这种平衡。这是因为，合法的政治体是难以真正建立的（第二卷第七至十章）；而万幸之下建立的合法政治体也面临着不可避免的衰颓（第三卷第十一章）。政治体的生命在于主权者和政府之间富有张力的平衡（第三卷第十至十八章），在于其凝聚力的维系（第四卷）。最后，政治体的成功最终有赖于铭刻在公民内心的法律，即人民的风尚（des mœurs）（第二卷第十二章）。以此为中心，卢梭才论述了半人半神的立法者、监察官以及公民宗教（第二卷第七章、第四卷第七、八章）。综上，无论是从中国人民的生活境遇、国土的面积来考量，还是从中国所面临的国内外局势、培养人民风尚的可能性来估计，卢梭的方案都无法适用于中国。

毋庸讳言，将《社会契约论》作为一个整体来解读是晚近以来才逐渐发展起来的理解倾向。此前很长时期内，流行的理解倾向是把整部书简缩为第一卷和第二卷前六章。卢梭研究专家伯纳迪（Bruno Bernardi）曾评论说："这种理解倾向非常强烈，甚至有些出版商把《社会契约论》分成上下两书。后半部分……更多供专家研究所用。"而专家的研究状况是"这方面的阐释随处可见，但始终没有一部全面完整的论著出现。尤其该书的第3、4卷始终无人问津"。[①] 因此，在李璜的时代，关于《社会契约论》的流行理解是把它简缩为关于公意国家的一套抽象论证。

涂尔干同样是根据这种流行的倾向来理解《社会契约论》的。他承认卢梭是法国民主理论的设计师，但认为卢梭公意国家的构建原则实际上"带有狭隘的个人主义倾向：个人是社会的动力本原，

---

① 伯纳迪：《卢梭的〈社会契约论〉》，刘小枫、陈少明主编《卢梭的苏格拉底主义》，华夏出版社2005年版，第35、25页。

而社会仅仅是个人的总和”。[①] 这种现代国家观念揭示了现代性的双重危机，即个人的绝对自由以及与之相关联的抽象的民主政治。由此，涂尔干提出他的方案。他认为，建构现代国家，正是要破除从个体意志直接构成普遍意志的国家的观念。《职业伦理与公民道德》深化了《社会分工论》中关于机械连带和有机连带的论述，这二者并不仅仅是一种在社会发展过程中先后出现的两种社会连带关系，还是共存于现代社会之中的：现代人既具体地处于职业生活之中，也一般地处于公民政治之中。现代国家并非像卢梭所设想的那样是个体通过让渡权利而直接构成的，而是奠基于职业组织（或法人团体）这样的次级群体之上的。涂尔干所设想的未来国家，就是以法人团体这样的职业群体作为代议制民主政治的基本单位，在公民与国家之间构建起有效的中介。“个体只有通过职业群体的功能化和道德化，才能真正构建一个更高的政治体，才能真正实现每个人的政治权利。”[②] 一方面，法人团体的历史可以追溯到古罗马和中世纪。在历史上，它就不仅仅是一个利益和权利的共同体，更是一个道德共同体。这样，法人团体所具有的共有制形式及其传统的仪式、意识和精神，都构成了现代公民道德不可或缺的基础。另一方面，对于个人而言，职业群体是比国家更可切近依恋的组织性载体；反过来，职业群体保证了国家既不会压制个人，又能够充分地摆脱分散流变的个体意志的裹挟，从而避免民主的暴政。这样，职业群体就成为个人和国家之间富有弹性的保护带。[③]

涂尔干关于“职业伦理与公民道德”的论述是在1950年才

---

① 涂尔干：《职业伦理与公民道德》，渠敬东译，王楠校，渠敬东主编《涂尔干文集》第2卷，商务印书馆2020年版，第132页。

② 渠敬东、李英飞：《中译序》，载渠敬东主编《涂尔干文集》第2卷，第20页。

③ 关于涂尔干对于现代国家的构想，参见渠敬东《职业伦理与公民道德——涂尔干对国家与社会之关系的新构建》，《社会学研究》2014年第4期；渠敬东：《追寻神圣社会：纪念爱弥尔·涂尔干逝世一百周年》，《社会》2017年第6期。

公开出版的，因而，李璜对涂尔干的这些思想似乎并不太了解。他虽然在《国家主义的建国方针》中也论及要设立由职业代表所构成的议会，其宗旨却与涂尔干相去甚远。他主要是出于调剂整理一国经济生活的需要，而主张在地方议会之外另设职业议会，负责提议、审查与否决一切关于职业利益和经济生活方面的议案。①

李璜关于构建现代国家的主体思路仍然是从公民个人的个体意志出发去构建基于共同志愿（像勒南所提议的）或公意（像卢梭所提议的）的国家。由于李璜实际上将勒南的“共同志愿”等同于卢梭的“公意”（或“国民的全体志愿”），因而，在理论层面看，他最终选择的还是卢梭的方案。涂尔干曾明确指出这一思路的弊病：“我们的政治疾病与社会疾病同出一源，也就是说，缺少能够将个人与国家连接起来的次级组织。”② 涂尔干方案的要义在于，对于多数国土面积超出了一个城市规模的现代国家来说，个人与国家之间必须存在着一种能同时具备道德塑造与凝聚作用以及基层政治运作功能的次级组织。至于这种次级组织是否必须是法人团体或职业群体，倒在其次。涂尔干的这一洞见，正是基于社会学及历史学的视野，对传统政治哲学仅从抽象理论出发的一种有益的反拨。

李璜的思路为国家主义派的成员所共享。鉴于时人多疑虑个人主义与国家主义相冲突，李璜等人曾乃多次加以澄清。李璜试图援引卢梭来证明可以通过国家这个政治实体来实现国民的个人自由。余家菊则认为，一方面，国家主义并不束缚个人的自由，仅仅是要求个人“在某一种情形之下，某一种范围以内，或者对于某一件事必须完全相同，除此以外，个人有个人的自由”；另一方面，

① 李璜：《国家主义的建国方针（续前期）》，《醒狮周报》第49期第2版，1925年9月12日。

② ［法］涂尔干：《职业伦理与公民道德》，渠敬东译，王楠校，第129页。

“自由必于法律中求之，规程中求之”，而非任性妄为。[①] 谢循初又认为，个人的自我意识本来就是在群居中才产生的。[②] 然而，无论从何种角度阐述，都是在个人与国家这两个概念之间绕来绕去，逃不脱抽象理论的弊端。

李璜欲面向全体国民发言，但他的方案实际是精英主义的方案，只对知识分子有吸引力。他的国家主义理论未能解决三种内在矛盾，即通过教育或普选达成国民共同志愿的愿景与中国平民惨苦的生存境况之间的矛盾；应对内忧外患的现实需要与力图建构全民政治式的民主制度之间的矛盾；基于个人建构现代国家的抽象理论与广土众民的现实之间的矛盾。

作为一种意识形态方案，李璜所阐发的国家主义理论强有力地呼应了知识分子面对内忧外患时代混乱社会时所普遍存在的心理紧张，一度吸引了大批具有读写能力的知识分子。然而，从长远看来，仅仅能够缓解普遍的心理紧张的意识形态方案是远远不够的。

李璜关于这一理论的言说策略是生动而饱含感情的，试图通过激发道德情感来引发行动。这一言说策略亦是典型的意识形态化的，而与科学分析的言说策略相去甚远。科学分析要求对现实境况进行实事求是的考察和分析，以为政治想象、构建与抉择提供可靠的知识来源，从而为防止意识形态的偏差提供有效保障。李璜的国家主义理论却始终停留在抽象理论层面，未能真正融入中国的现实和实践之中，也未能真正深入社会民众心中。1927 年时，国家主义者天健感慨：“是以民主国家主义之声浪，接人耳鼓，已数年于兹。试一究其实际，除若干智识阶级之人，粗被呼声之感觉外，其

---

① 余家菊讲、瞿世庄记《国家主义释疑》（1925 年 8 月 28 日在北京法大讲），《醒狮周报》第 51 期第 4 版，1925 年 9 月 26 日。余家菊：《国家主义概论（续）》，《新国家》第 1 卷第 8 号，1927 年 8 月 1 日，第 49 页。

② 谢循初：《论国家主义》，《少年中国》第 4 卷第 11 期，1924 年 3 月，第 9 页（文页）。

所影响于社会民众者，直可谓之毫无成绩，远逊共产党人之运动。虽在禁遏斥逐之区，尚能以其不良主义，灌输一般社会及劳动民众者。强弱之判，实不可以道里计。”[①] 1929 年前后，李璜受命为“中青”编写政纲，写了六七年却未能写成，另一“理论权威”常乃悳又加入共同起草，却始终未能编写出一部政纲。[②] 有理论却始终写不成政纲，或许正是因为其理论脱离了实际罢。

三　国家主义派的各项主张

（一）国家主义派的政治主张

1923 年 12 月，“中青”成立大会上规定党的宗旨为：“本国家主义的精神，采全民革命的手段，以外抗强权，力争中华民国之独立与自由；内除国贼，建设全民福利的国家。”因此，其总体政治主张是，内除国贼，外抗强权，通过“全民革命”，建立全民政治。

“内除国贼，外抗强权”本是五四运动时提出的口号。曾琦以为，中国此一时期的主要任务仍是“对内则应本四民平等主义，联络全国各阶级，为国民之大团结，以推倒专横之军阀；对外则应本民族平等主义，争回已失之领土主权，完成中华民国之独立与自由”。这一任务可简洁地总结为“内除国贼，外抗强权”，犹如清末志士所提倡的“推倒满清，建设共和”，“盖期其易于了解流传也”。[③]

---

① 天健：《如何实现民主国家主义后篇》，《新国家》第 1 卷第 4 号，1927 年 4 月 1 日，第 5 页。

② 段慎修：《中国青年党的真相》，第 80—81 页。

③ 曾琦：《论中心思想与中心人物》（1924 年 10 月 10 日），《曾琦先生文集》上册，“中研院”近代史研究所，1993 年，第 81 页。

所谓国贼，绝非仅限于军阀，还指一切“其行为有背于国民之公意，有害于国家之生存者”。具体包括：（1）盗卖国权，摧残民命之军阀；（2）营私舞弊，祸国殃民之官僚；（3）假借外力，争夺政权之政党；（4）朝三暮四，寡廉鲜耻之政客；（5）把持地方，鱼肉乡民之滥绅；（6）勾结外人，掠夺国富之财阀；（7）破坏公益，专谋私利之奸商；（8）欺世盗名，不负责任之乡愿；（9）倚仗外人，压制同胞之教徒；（10）扰乱社会，妨害国家之流氓。所谓强权，即“以种种压力强加于个人或国家者”。具体包括：（1）武力侵略政策，如直接以兵力占领土地；（2）文化侵略政策，如提倡某国化的教育；（3）经济侵略政策，如掌握经济命脉之关税盐税；（4）宗教侵略政策，如派遣教士来华传教。“外抗强权”不能易之为“打倒国际资本帝国主义”，原因有三：其一，列强对华政策不一，利害相反，当分而对付，不宜同时反对；其二，国家主义的目的只是保卫本国，而“打倒国际资本主义”含有“世界革命”之意，违背国家主义不干涉他国的初衷；其三，若世界上有非资本主义帝国侵犯我国，我国仍将以武力抵抗之。[①]

全民革命，指的是发动和依靠各阶级中爱国国民的力量起来针对国贼革命，“外不亲善”，“内不妥协”，不依赖外国势力，不依赖军阀，也不依赖某一阶级的力量。[②] 曾琦解释说，全民革命即人人皆负革命之责，农工商学各界分头组织民团、工团、商团和学生军，全民组织起来后即发展全民武装，进而进行全民革命。[③] 后来的国家主义者们阐述得更详尽。古楳提出，全民革命首先要有组

---

① 曾琦：《“内除国贼外抗强权”释义》，《醒狮周报》第2期第1、2版，1924年10月18日。

② 《中国国家主义青年团第一次全国代表大会对于时局宣言》（1926年8月1日），《醒狮周报》第97期第1—3版，1926年8月22日；陈启天：《国家主义与三民主义的客观比较》，《醒狮周报》第106期，1926年10月16日，第13页。

③ 曾琦：《全民政治与全民革命》（1924年12月31日），《曾琦先生文集》上册，第93页。

织。组织要严密，“应采军队的方式，充分训练各个分子”。组织要有系统，“各级的权限，须划分清明”；在共同目标之下，严格奉行组织的决定。其次，组织中的各分子各有自己正当的职业，宜就能力所及，分工合作。“从事教育的青年应以‘陶铸国魂’为己任”；“从事农业的青年应以‘改良农村’为己任”；“从事工业的青年应以‘振兴工业’为己任”；“从事商业的青年应以‘推销国货’为己任”；“从事军旅的青年应以‘保国卫民’为己任”；“从事研求学业的青年应以‘效忠国家’为职志”。最后，各种有组织的团体宜互相联合。[①] 卢琰以为，全民革命是被治者起来驱逐治者的一种最后最激烈的直接手段，只有在人民一致感受到全国环境不安，因而产生一致的革命自觉心和自决心时才当采用。其具体手段为：全国民众及有组织的民团、民兵起而扑灭国贼，并运动士兵反戈；同时，商人罢市，工人罢工，农人罢耕，学生罢读，抗不纳税，抗不供给一切需用品与国贼。[②] 稍后，天健更明确地主张，应组织大规模之民主国家主义党，然后吸收民众加入党组织，并通过学校军事教育和在各地举办团练，养成武力，最终凭借精密的组织、民众的拥护及精劲的武力发动全民革命。[③]

全民政治是国家主义派的政治目标。全民政治极致的意思指的是实行全民普选，而较为宽泛的意思指的是普及人民的参政权，包括提案、复决、罢官等权。在实际层面，全民政治往往指的是总统由全民普选，同时实行代议制。

多数国家主义者都赞成全民政治的主张，但也有少数人提出了异议。石青将全民政治理解为由全民普选议员，认为以中国的现状，在百年之内绝无希望实行全民政治，而中国的“新政体必将

---

① 古楳：《敬告信仰国家主义的有志青年》，《醒狮周报》第 44 期第 3、4 版，1925 年 8 月 8 日。

② 卢琰：《全民革命释义》，《醒狮周报》第 82 期 2—3 版，1926 年 5 月 9 日。

③ 天健：《如何实现民主国家主义后篇》，《新国家》第 1 卷第 4 号，1927 年 4 月 1 日。

冒全民政治或其中之若干条件为形式，同时又必采取少数专政之精神，而成为一种实质与形式违反之政体”。① 天健将全民政治理解为人民直接选举大总统，同时选举代议院，于选举权外复有创制、罢官、复决、监察等权。但他提出，这种全民政治只有在民主的国家主义已经实现的时期才能实施，而当前中国尚处在为实现民主的国家主义进行革命运动的时期，急需组建严密的党组织，促成民众党化和军队化，造成武力。②

关于实施全民政治的具体方案，国家主义派有过不少讨论。讨论的焦点有：其一为代议制问题，其二为联省自治问题。以下分而论之。

民元以来，中国试行代议政治，却未能实现民主政治，反而造成政局纠纷，社会混乱，以致猪仔议员公然出卖选票，引发人们对代议制的怀疑。在思想界普遍怀疑代议制及其在中国的适应性时，多数国家主义者坚持认为，代议制是宣示民意、保障民权的根本制度，问题是如何启发民智，采取适当的代议制度，保障议员选举能够公平、公正、公开地进行，从而真正实行民治，不能因为代议制实行中出现问题，就根本否定代议制。徐敬五比较各种代议制的性质及优劣，并提出解决方案。其一，最初的代议制以阶级为标准。各阶级选出一定数量的议员代表本阶级，但平民选出的议员组成下议院，贵族僧侣选出的议员组成上议院，因而这种代议制实际上是阶级之代表而非人民之代表，非民治真义。其二，地域代表代议制。根据地域划分选区、分配议员名额。但一方面，议员应为人民之代表，不应为地域之代表；另一方面，以地域组织选举容易引起地方主义。因而，这种代议制也不合民治本义。其三，人口比例之代议制。以人口为比例，定出议员名额。英、法、比、日等国多采用此种代议制，但于选举权多有性别、财产、智识等方面的限制。

① 石青：《政治根本改造之创议》，《新国家》第1卷第3号，1927年3月1日，第4页。

② 天健：《如何实现民主国家主义前篇》，《新国家》第1卷第3号，1927年3月1日；天健：《如何实现民主国家主义后篇》，《新国家》第1卷第4号，1927年4月1日。

因而，实际能享有选举权者，仅为小部分人。小部分人所选出的议员，不足以代表全国之民意。此外，中国没有可靠的户口调查，各省区难以依据人口来分配议员名额。其四，职业代表代议制。由各种职业团体选出一定名额的议员。这种议员由各职业团体选出，熟悉本职业民众的情形，明了本职业的利害关系，因而能够代表本职业团体的意思。但人民相互之间及其与国家的关系，并非纯粹属于经济关系。若仅以职业为限选议员，议员们势必各为其职业阶级的利益争攘，容易引发阶级战争。此外，中国除商会、农会、教育会与学术团体之外，其他职业界缺乏团体组织；又有许多人并无职业。在此基础上，徐敬五提出，中国应采用人口比例与职业代表参合的代议制。具体而言，依各省县人口数目分配议员名额，以组织议会；以各职业界已有之团体，选出一定数量的议员，组成参议院。议会有立法权，参议院无立法权，仅对于议会有建议和商榷之权。此外，各选区要常设选举机关，负责查核选举之人数、制作选票等。选举议员时同时选出若干监察委员以监视选举之进行。议员若有违背民意之行为，由一定人数以上的监察委员及选民检举，经选举机关投票，可以撤回。各地还需多设短期学校，传授公民知识，培养民众参政能力。[①] 李璜主张，其一，总统由全体人民普选产生。其二，议会选举、职业代表选举与地域代表选举并重，在由地方代表构成的议会之外另设一个由职业代表构成的议会。后者负责提议、审查与否决一切纯全关于职业利益和经济生活方面的议案。[②] 余家菊和陈启天都主张实施职业代议制。[③] 天健认为到民主

① 徐敬五：《新国家应采用之代议制度》，《新国家》第1卷第2号，1927年2月1日。

② 李璜：《国家主义的建国方针（续前期）》，《醒狮周报》第49期第2版，1925年9月12日。

③ 余家菊：《国家主义之基本主张》，《新国家》第1卷第1号，1927年1月1日，第5页；陈启天：《国家主义的政治原理一斑》，《醒狮周报》第193期，1928年11月1日，第4—5页。

的国家主义已经实现的时候，应实行如下选举制度：其一，国家及地方公吏如大总统、副总统、省长、县知事等，都由人民直接选举。其二，在职业团体组织未完全成立以前，采取地域代表代议制；迨组织完备后，采取职业代表代议制。其三，国民有创制、复决、监察、罢官之权。议员不称职时，选区内人民有撤回另选之权。其四，妇女与男子享有同等的政治权利。①

如前所述，石青认为全民普选议员的代议制已经根本失败。这是因为，只有投票者对于投票的题目有真切了解，才能自定主张；否则，投票者只是受人摆弄而已。如此一来，选民人数越多，选举范围越大，所需选举费用就越多，中产以下者绝无当选希望。以日、美两国教育普及的状况，选举实况尚且如此，中国则更无希望。民国的议员选举不过是以少数知识阶级冒多数人民之名的选举。因而，他提出一种实行民治的新制度，即差度参政权。具体而言，其一，全体国民无论性别、宗教、种族的区别，都有同等的参政机会。其二，全国分为中央、省（特别区）、县以及市镇村四级行政机构，依照各级参政所需不同的智识，对于各级参政权规定资格，使得国民根据其天才、兴趣、学力、经验之程度，自由参政。其三，参政权分为选举与被选两种。被选者须具有较高之经验和资格。其四，天才优异之士，即使学历有限，也可由其在不同等级参政所累积之经验资格，递进其参政权。例如，对于村参政权的资格规定为："凡本村居民年满二十一以上有正当职业或作正当生活者不论男女，均有选举权。凡本村居民年满二十五岁以上，当作正当职业满三年者，均有被选举权。"对于县参政权的资格规定为：

有左列资格之一者，有县议员选举权。

甲，国民学校及以上学校毕业者（至教育较普及时则改

① 天健：《如何实现民主国家主义前篇》，《新国家》第1卷第3号，1927年3月1日，第16—17页。

为中学以上)。

乙,曾充或现充市镇村政一切选任职者。

丙,曾充或现充市镇村一切委任职者。

丁,曾充或现充市镇村教育会商会工会法定选任职者。

戊,有参与省政及以上之资格者。

具上列甲项资格有正当职业满三年以上及具乙丙丁戊各项资格继续任职满三年以上者。均得有县议员之被选举权。

如此累进规定省参政权资格、中央参政权资格。基于这样的差度参政原则,镇村级实行直接的全民政治,人人都有同等的机会。学识、才能、经验高的人,可以拾级进参县、省、中央政治。[①] 靳荣禄也赞成实行分级参政权,以实现真实选举和真正民治。[②]

联省自治是国家主义派提出的又一项政治主张。联省自治是护法战争以后兴起于中国的一个势力不小的思潮,又得实际控制各省的军政大员的支持,曾颇有势力。联邦制"是一种立法权由中央立法机构和组成联邦的各省立法机构分享的立宪政体",在中国也被一些人看作民族国家建构过程中"为消除分裂、维护统一所做出的一种制度安排"。[③] 晚清时,联邦制理论已经传入中国。孙中山和梁启超在当时对联邦制都抱有好感,不排斥在中国实行联邦制。辛亥革命爆发后,联邦制思想一度盛行,浙江、江苏等一些宣布独立的省的军政府还制定了具有省宪性质的约法,如《中华民国浙江省约法》《中华民国江苏省约法》等。南京临时政府成立后,联邦

---

① 石青:《政治根本改造之创议》,《新国家》第1卷第3号,1927年3月1日。石青将"市镇村列为同一级行政机构,但在规定各级行政机构的参政权时,又将市、镇、村分别规定:市又有独立市、省辖市等区别,并不一定都能实行直接的全民政治。"

② 靳荣禄:《民主国家主义者政策大纲之商榷》,《新国家》第1卷第5号,1927年5月1日。

③ 龙长安、高力克:《联邦制、国家统一与两种话语之争——对近代中国联邦制论争的回顾与思考》,《安徽史学》2008年第5期,第17页。

制思潮迅速被强有力的政府论和中央集权论所取代。随着袁世凯解散国民党，解散国会和各级地方议会，推行取消省议会的新省制，力谋中央集权和个人独裁统治，联邦制思潮再次兴起。鼓吹联邦制的人大体属于进步党之激进派和国民党之温和派。他们对改革中央政制失去希望，又不希望引发革命和军阀割据，因而将眼光转向地方，希望通过实行联邦制，达到三重目的。其一，避免再次进行暴力革命；其二，以省议会制约省行政长官，预防军阀割据；以省制约中央政府，防止中央集权走向专制；其三，培养国民的参政意识与自治能力，以真正落实共和政治。1920 年后，联邦制理论发展为联省自治运动。联省自治主张由各省制定省宪，根据省宪组织省议会和省政府，实行省区自治；在此基础上，由各省选举议员，组织全国议会，制定国宪，划定国家与各省的权限，建立联邦制国家。湖南、浙江、广东、江苏、四川、云南、广西、贵州、陕西、江西、湖北、福建等省先后宣布制宪自治或是公布了宪法。1923 年之后，联省自治运动逐渐衰颓。联省自治运动主要是各地方势力出于不同的目的（其中最重要的目的是抵制或牵制北京政府）而兴起的，广大民众并未真正参与，因而也未能真正推动中国宪政的发展。①

国家主义派早期即主张联省自治。到 1926 年，国民革命军开始北伐，实行武力统一。李璜等人又重新阐述联省自治的主张。李璜论述说，中国迄今为止仍非近代意义上的国家，而近代国家立国的根本精神在于民意的集合、志愿的统一，而非少数的统治、强力的镇服。因此，真正民主的统一必然是自下而上，由分而合的，也就是先从统一一省乃至一县的民意开始。而统一的办法是实行彻底的革命。所谓革命，是民众以武力来改变政局。因而，要彻底革命，就“不要怕分裂，怕破坏”，“要中国民众一个一个的向旧的

---

① 李秀清：《近代中国联邦制的理论和实践——北洋军阀时期省宪运动述评》，《环球法律评论》2001 年第 4 期；邹小站：《民初联邦论思潮探析》，《暨南学报》（哲学社会科学版）2016 年第 11 期。

政治主权宣告独立；我们不但要各省与所谓中央一一脱离关系，以拆散这种卖国苟活的北京政府，并且要各县与所谓省政府一一脱离关系，以拆散这种拥兵殃民的军阀机关。——我们要真的去以下犯上而作乱，然后再由分而合去建国”。革命建国的步骤因此分为三步：其一是联县而革命，驱逐一省的专制军阀，再本一省民众之公意，制定省宪，实现一省的自治。其二是联省而革命，即联合已经革命立宪的省，在除国贼、抗强权的大目标下联合作战（而非已革命立宪的省发兵攻入邻省的那种武力统一），以推翻有数省控制权的军阀和足以号令中央的军阀。其三，再联合革命相当成功的省份，由各革命省区选出代表，组成国会，议定国宪，规定中央与各省的关系。由此，可实现由专制到共和、分裂到统一的转变，也才能真正实现民主政治和国家统一。[①] 这一主张与从前联省自治的主张最大的区别在于，这是一个支持发动民众进行暴力革命的主张，要求先推翻地方实力派（军阀），要求破坏的统一。换言之，这一主张是一种革命战略，而非仅仅是关于一种政体设计。

常乃悳更明确提出，“我们以后的革命者应当充分改变以前的战略——应当要求一个可以代替武力统一式的旧战略的一个革命战略。这个战略是有的，就是联省自治式的新战略”。他以为，国民党过去一年的国民革命和共产党的阶级革命可以说都破产了。这是因为它们所采用的革命策略违背了深入人心的省界观念。这会导致三种流弊：其一，欲以武力统一，不肯分政权给地方，引起地方的不满，故而不得不消耗兵力以镇服地方，从而削弱了革命军的战斗力；其二，欲武力统一，不得不极力扩充军队，容易造成大小军阀；其三，革命军内部因省界观念而生出不同的地方派别，彼此倾轧，演成内讧。另外，中国的行省制已有六七百年的历史，省界观念深入人心。并且，爱国的观念是从爱家、爱乡、爱地方的观念扩

---

① 李璜：《我们的联省自治》，《醒狮周报》第 105 期，1926 年 10 月 10 日，第 10—17 页，引自第 12—13 页。

充而来的，因而，从省的观念顺势利导，可以使国家的基础更为巩固。所以，其一，革命的基础应建筑在地方基础之上；第二，应分散革命目标，使其成为地方的革命战。①

常乃惪进一步指出，联省自治能够解决当前的实际困难，实现真正的统一。原因如下：其一，联治能消弥以“武力统一”为目的的国内战争；其二，地方政治与人民直接相关，因而联治能使人民注意政治；从而，其三，地方更易团结民意，能养成真正的革命势力；其四，以统一民意为后盾的地方政府才是真正有力的政府；其五，代表民意的政府必能专心于建设，而非内战。② 实行联省自治的具体步骤为：首先，在预备期，宣传联治政策使其成为政治上的中心思想，然后组织以联治政策为中心思想的有力政党。③ 其次，建设自治省。自治省应该是为全体省民谋利益的，使全体人民得到法律上的自由保障的，是真正可以表现民意的，真正能有建设的。建设自治省的手段是革命的、自下而上的，并应参酌环境制定不同的战略，在暴力革命成功后即应以法律来治省。④ 建设自治省的具体方法是向民众进行口舌的宣传乃至事业和人格的宣传，同时通过民众武力的组织、正式军队的组织、民众经济事业的组织、农工的组织、民众教育事业的组织这五种组织对民众进行组织和训练。⑤ 待掌握了全省势力之后，可先进行和平运动，向当局提出实行联省自治的要求；若和平运动不成，则采取革命手段推翻当局。随即制定临时省约法、

---

① 常燕生：《联省自治与中国革命的新战略》，《醒狮周报》第152—157期合刊，1927年10月10日，第28—33页，引自第30页。

② 燕生：《联治救国的步骤》，《醒狮周报》第162期，1927年11月19日，第8—12页。

③ 燕生：《联治救国的步骤（续一六二期）》，《醒狮周报》第165期，1927年（月日不详），第10—14页。

④ 燕生：《联治救国的步骤（再续）》，《醒狮周报》第166期，1927年（月日不详），第10—13页。

⑤ 燕生：《联治救国的步骤（五续）》，《醒狮周报》第169期，1927年（月日不详），第5—9页。

改组革命政府、召集临时省议院、由省议院召集省民代表大会制定省宪，选举正式立法机关和行政机关。然后通过修养期、培植期和开发期三个阶段来建设自治省。[①] 最后，再联省建国。[②]

（二）国家主义派的经济主张

李璜详细阐述了国家主义派经济主张的学理基础，即国家主义的经济学和国家社会主义。18 世纪，占主导地位的经济学说是以亚当·斯密为代表的自由主义学说。这派学说认为：（1）经济行为自有其定律，就如同自然规律一样，非可随意变更；（2）人人本着自利的动机去自由地开展经济活动，自然会被一只看不见的手引导着为公共利益做出贡献；（3）因而，他们主张自由竞争，政府只需维持一个自由的社会经济体制，而对具体经济行为包括国际贸易采取不干涉主义。到 19 世纪，随着资本主义经济的进一步发展，工商业的发达反倒加剧了贫富分化，分配问题日益成为社会关注的焦点；工商业不发达的国家在国际贸易中备受经济掠夺，自由贸易主义也遭到怀疑。因而，费希特最早提出与自由放任的经济学说针锋相对的主张，即极力反对对外贸易，由国家统筹安排经济。随后，英国经济学家李嘉图（David Ricardo，1772—1823）和马尔萨斯（Thomas Malthus，1766—1834）都对亚当·斯密的学说提出批评。德国人李斯特（Friedrich List，1789—1846）系统阐述了国家主义的经济学。他认为，国家要独立自主，必须经济上能独立；为此必须保护国内市场不被外国货所占领，保护本国生产者不受外国商家的渔夺；为此又必须厉行关税保护政策。根据这种学说，国家主义派在经济上对外主张采取保护主义，即通过征收关税保护国内市场，保护本国生产者，以发展本国工商业。因而，国家主义派

① 燕生：《联治救国的步骤（六续）》，《醒狮周报》第 170 期，1928 年（月日不详），第 7—11 页；燕生：《联治救国的步骤（续）》，《醒狮周报》第 172—173 期合刊，1928 年 2 月 4 日，第 15—18 页。

② 常乃悳未详细阐述如何进行联省建国。

认为在经济上对外的第一要务是收回关税主权。

国家主义派对内的经济主张是干涉主义，即以国家来调剂自由竞争的冲突，防止个人各为其私利而危害全社会的经济生活，使一国国民之经济生活能得到平均发展。这是洛贝尔图斯（Johann Rodbertus，1805—1875）和拉萨尔（Ferdinand Lassalle，1825—1864）的国家社会主义主张。洛贝尔图斯认为社会是分工与合作所造成的有机体。社会经济发展要求：(1) 生产能适合需求，(2) 生产与社会能力相当，(3) 生产者得到公平的财富分配。单独的个人各为私利，无法满足这三种条件。只有国家，能够为着公利去调节一国的生产与消费，以免其为冲突的私利所扰乱。国家干涉经济的具体措施是：在财富分配方面，向有产者征税以补偿下层劳动者，限制私产，使财富不至于过分集中，而无产者能有所分享。在生产方面，由国家包办或监督与公众利益密切相关的产业，如道路、运河、邮电、铁路、矿山、银行等；在社会政策方面，保护劳工，调停罢工，救济失业，设立专门机构保障平民的医疗、养老及娱乐等。①

陈启天、余家菊在不同的文章中表示过类似的经济主张。② 余家菊补充说，欲求国家经济独立，不仅要收回关税权，还应收回征税权、交通权、金融权、矿产权，使国民经济不因被外人压榨而至于破产。③

总的看来，国家主义派在经济上既反对共产主义，也反对自由放任的资本主义，而主张实行社会政策，限制私人资本的发达，促

---

① 参见李璜《国家主义的经济政策》，《醒狮周报》第 50 期第 1—3 版，1925 年 9 月 19 日。

② 陈启天：《醒狮运动发端》，《醒狮周报》第 4 期第 1 版，1924 年 11 月 1 日；陈启天：《国家主义与共产主义的分歧点》，《醒狮周报》第 44 期第 2 版，1925 年 8 月 8 日。陈启天：《国家主义与三民主义的客观比较》，《醒狮周报》第 106 期，1926 年 10 月 16 日，第 12—13 页。

③ 余家菊：《国家主义之基本主张》，《新国家》第 1 卷第 1 号，1927 年 1 月 1 日。

进国家资本之发展。1925 年 10 月 10 日，“中青”以“中国国家主义青年团”名义发表宣言，称其经济主张为：“对于经济上主张实施保护政策。厉行社会政策。例如奖励对外贸易，开发国内实业，制定保护农工法，裁撤厘金及一切苛税，取缔私营大企业与大产业，重课所得税及遗产税，确认女子继承权等是。”① 1927 年，《中国国家主义青年团全国代表大会对时局宣言》对中国的经济现状作了更详尽的分析，认为中国近代工业发达较迟，近代产业工人不过数十万，其余大多数为手工业工人；手工业中一半为家庭工业，另一半之雇主为小资产者，而非大资本家。故而，劳资阶级并未截然分化。农民大多数自耕自食，各有资产，少数佃农也是自由民，并非佃奴。故而，中国经济上的困境不在劳资冲突，而在国外资本势力对我全国民众所下之经济总压迫。要解除这一压迫，在经济上必须以国家政府之力量采取保护贸易政策，包括对外改订商约，取缔外人在华工业，统一税则，奖励国外贸易，以巩固本国之经济基础。同时，为预防实业发展后出现劳资严重分化，应采用社会政策，包括将大企业收归公营，减少劳动时间，增加工资，规定工人分红制，以保护工人之利益；限制大地主，没收无主荒地，扶助小农户，奖励协作社，以保护农人之利益：限制遗产，以累进法课所得税。规定女子继承权，取缔高利借贷，以防止大资本家之出现。② 1929 年，《中国青年党及中国国家主义青年团第四次全国代表大会宣言》阐述了类似的经济主张。但认为中国经济上的贫乏，除国外经济势力的侵略这一最重要的原因之外，还有两个原因：生产不发达，财源没有尽开；社会秩序不安定，有职业者也不能安生。为此，对外主张废止不平

① 《国家主义青年团宣言主张及简约》，《醒狮周报》第 53 号第 6 版，1925 年 9 月 10 日。

② 《中国国家主义青年团全国代表大会对时局宣言》，《醒狮周报》第 141 期，1927 年（月日不详），第 7—9 页。（注：《醒狮周报》第 105 期之后改版为期刊形式，标明页码，不再标明版面。）

等条约的束缚，实行保护贸易的政策；对内主张以国家资本代替个人资本，采取社会政策，实行种种改善工人、农民、精神劳动者（小学教师等）境遇的经济政策，以泯灭阶级的分化，集中抵抗外国的经济侵略。①

此外，有一些国家主义者主张更激进的普产主义。石青称，普产主义的原理是基于人类的天性，即“人类对经济上之要求为运用理智取得物质以维持生命之存在并能自由表现其生命作用”。动物、植物都有保存自身的要求，而人类在经济上的要求除了保存自身之外，还蕴含着两个要点：（1）人类取得物质需要运用理智（或脑力）；（2）人类还要求能够通过对理智（或脑力）的运用来自由表现其生命的作用。所谓能表现生命作用，具体而言，包括：“（一）为能自由施行自己之经济计画。（二）为能直接欣赏自己劳动之成绩。（三）为能独立处分自己劳动之生产。”而资本主义、共产主义、社会政策三派的经济主张都无法满足上述要求。资本主义虽然极大地促进了经济的发展，使个人在经济上有发展天才的余地，改善了普通人民的生活，但人民精神烦苦焦闷的程度远超过旧式经济制度下的人民。共产主义虽能排除特殊阶级的利益，矫正经济的畸形发达，但违背人的天性，俄国的共产主义实践即遭其人民之抵制，无法成为创建新经济制度之矩矱。社会政策及类似的主义虽然也为纯正的资本主义国家斟酌采用，能暂救经济之困厄，但不过头痛医头足痛医足的办法，仍不足以称为新经济制度。总之，资本主义和共产主义都是少数人掌理所有产业，独享运用脑力的特权，而大多数人民则通过工资或政府分配取得物质来维持生命，受支配于机械下的劳作。而社会政策也不过调剂于资本主义和共产主义之间，仅仅在生活表象上缝补。他主张普产主义：（1）“一家或一人必须使之有一独立之产业”，因为“人惟自己有产，乃能有支

① 《中国青年党及中国国家主义青年团第四次全国代表大会宣言》，《醒狮周报》第205期，1929年（月日不详），第8—10页。

配处理之权。惟有支配处理之权，乃可自由表［现］其生命作用”。(2）依天赋、学力及努力与希望之种种不同，各家或各人所有的产业也不相同。(3）为防止竞争导致产业集中，在个人之上须有公共经济机关，其权力足以支配私人经济；私人产业以外须有公共产业，其势力足以左右私人产业。(4）公有经济必须依其性质的不同，分授其执行权于各级政府，即中央、省、县以及市镇村四级政府各有其公有产业。普产主义与社会主义和共产主义的区别在于，社会主义多关注利益如何分配，而普产主义则直接研究产业如何分配；共产主义主张生产物如何分配，而普产主义则直接主张生产权如何分配。① 靳荣禄则提出了具体的普产主义经济政策，大纲如下：

一，确定交通机关，及重要原料为国有。

二，交通机关，采分布线，不主张集中一隅，以谋全国实业之平均发展。

三，奖励小农制度，同时提倡农用科学，以改进农业状况。

四，以国力扶助并监督国际贸易，以增进国家在世界经济上之地位。

五，增加工资，减少劳动时间，并规定工人分红，及劳动保险。

六，限制遗产，及大地主。

七，依累进法课所得税。

八，取缔高利贷借。

九，特别保护儿童妇女劳动者。

---

①　石青：《普产主义大纲》，《新国家》第1卷第4号，1927年4月1日，引自第2、18、13页。［］内的文字为笔者改或补充。

十，实行边地屯垦。[①]

（三）国家主义派的教育主张

国家主义派十分注重从教育方面来倡导和普及国家主义，他们关于教育的论述也颇为丰富。1923 年，余家菊和李璜合著的《国家主义的教育》由中华书局出版，正式倡导实行国家主义的教育，得到众多“少中”会友的响应。陈启天主编的《中华教育界》发表了不少相关文章，并出版“国家主义的教育研究号”（即 1925 年 7 月出版的第 15 卷第 1 期和同年 8 月出版的第 15 卷第 2 期）。1925 年 7 月，倾向国家主义的教育界人士组织成立“国家教育协会”，并于 1925 年 12 月 12 日开始在《醒狮周报》上附刊《教育专刊》，于 1926 年 1 月 23 日开始出版《国家与教育》周刊，宣传国家主义的教育主张。

以国家主义为教育宗旨，就意味着要更改当时国内流行的新教育的宗旨。《国家主义的教育・序》（1923 年）说：

> 元二年以后，内讧迭起，共和之基础未固；欧战骤兴，杀伐之惨象大暴。于是有识之士，内感国体之飘摇，外应和平之趋势，遂有废弃原定教育宗旨，而提议新教育旨趣之事。新教育旨趣为：“养成健全人格，发展共和精神。”至此而教育思想为内乱所左右，致忘却吾国在国际上之地位，已昭然若揭。用教育确定国体，是教育中固有之一义。然而，教育之功用，有更重要于此者，则是用教育以绵延国命。[②]

---

① 靳荣禄：《民主国家主义者政策大纲之商榷》，《新国家》第 1 卷第 5 号，1927 年 5 月 1 日。

② 余家菊、李璜：《国家主义的教育・序》，第 1 页。

可见，余家菊、李璜认为新教育旨趣注重于平复国内骚乱，巩固共和国体，而未顾及中国在国际上备受侵辱的处境，故主张国家主义教育，“以绵延国命”。

余家菊后来曾讨论中国教育宗旨的几次变更。光绪三十二年（1906）学部议定之教育宗旨为“忠君尊孔，尚公尚武尚实”。“忠君尊孔”为中国政教所固有，可以之“距异说”。所谓“尚公”，即培养公德，“务使人人皆能视人如己，爱国如家”。所谓“尚武”，即“全国学校隐寓军律”，提倡“军国民主义”。余家菊以为，这一教育宗旨“具有教育政治家之气魄与识力”。民国初元，蔡元培主持的教育部定教育宗旨为“注重道德教育，以实利教育军国民教育辅之，更以美感教育完成其道德”。这一宗旨删去了忠君尊孔之意，但“实利教育”“军国民教育”均继承了前朝“尚实”“尚武”之遗规，只是以道德教育取代了“尚公”之义，又加入了美感教育，能够针对“今时今地”的需要。而民国八年（1919），和平之论大作，世界主义日炽，教育界乃拟将教育宗旨更改为“养成健全人格，发展共和精神”，且“不谓之宗旨而名为本义”，意思是“教育本应如此”。余家菊以为，此一宗旨缺乏针对性，因为无论哪国，其教育目的必然都包含养成健全人格；而我国的共和精神与法、美等国的共和精神应有区别，不可笼统言之。所以，民国八年所提出的教育本义中至少应加入“发挥国家精神”一条。①

陈启天也认为，中国的国家主义教育早有渊源。同治年间，容闳、曾国藩提倡的兵工教育，与光绪甲午战败后张之洞所主持的西政教育，都有“国家主义的意味”，只是未成系统。而梁启超是公开倡导国家主义教育的“第一个代表人物”。他在《新民丛报》发表《论教育当定宗旨》一文，倡导“养成一种特色之国民”的

---

① 余家菊：《国家主义下之教育行政》，《中华教育界》第15卷第1期，1925年7月，第3—5页（文页）。

“公教育”，实际上即是“国民教育”，或“国家主义的教育”。其论旨“不外想以日本的国家主义的教育，推行于我国耳”。[①] 1922年9月，教育部通过《学制改革系统案》，11月公布《学校系统改革令》。这一改革令确立了七条教育标准：（1）适应社会进化之需要，（2）发挥平民教育精神，（3）谋个性之发展，（4）注意国民经济力，（5）注意生活教育，（6）使教育易于普及，（7）多留各地方伸缩余地。陈启天以为，这七条标准其要义不出两端，一为平民教育（1、2、3、6、7条）；一为职业教育（4、5条）。平民教育和职业教育都是五四以来所流行的教育思潮。平民教育的精髓是发展个性，但若不谋群性与国性的发展，则个性也无从发展。职业教育仅从个人立论，力谋个人生计的解决，但若国家实业不发达，则个人就业问题无从解决。因而，须提倡国性教育和实业教育，以补救平民教育与职业教育之不足，而国性教育与实业教育则须根据国家主义的教育政策和经济政策。[②]

那么，国家主义的教育宗旨具体为何？国家主义派的人有不同的说法。李璜说：“国家主义的教育的宗旨乃是拥护国权，燮和国民，陶铸国魂，发扬国光。”[③] 具体而言，对外要抵抗文化的侵略，提起国民对外独立的精神；对内要唤起全体国民的团结与活动，为中国人建设一个道德上的新信仰。[④] 余家菊以为，国家主义教育的精髓包括以下六条：（1）教育应由国家办理或监督；（2）教育应保卫国权；（3）教育应奠定国基，使全民具有共和精神与公民习惯；（4）教育应发扬国风，养成国民不媚外的独立气概；（5）教

① 陈启天：《国家主义与教育》，少年中国学会编《国家主义论文集第一辑》，沈云龙主编《近代中国史料丛刊第九十一辑》，文海出版社，出版年不详，第157页。

② 陈启天：《中国教育宗旨问题》，少年中国学会编《国家主义论文集》第一辑，第119—122页。

③ 李璜：《国家主义的建国方针（续前期）》，《醒狮周报》第49期第2版，1925年9月12日。

④ 李璜：《再谭国家主义的教育》，少年中国学会编《国家主义论文集》第一辑，第139页。

育应鼓铸国魂，即数千年流传的国民精神；（6）教育应融洽民情，提倡“五族一家”“四民平权”“诸教同等”。[①]

教育宗旨应具有国家主义精神的主张，得到教育界不少人的认同。1925 年 8 月，中华教育改进社第四届年会的议决案就包括“中国现时教育宗旨应养成以国家为前提之爱国国民案”：

> （1）应注重中国文史地之教育，以启迪发挥国性之独立思想。
>
> （2）实施军事教育，以养成强健身体。
>
> （3）酌施国耻教育，以培植爱国感情。
>
> （4）促进科学教育，以增益基本知能。[②]

1925 年 10 月，第十一届全国教育会联合会讨论了“明定教育宗旨案”：“请明定宗旨四项如次：（一）养成健全人格，（二）发展共和精神，（三）发扬独立国性，（四）演进民族文化。”这一提案虽然在本届会议上未获通过，仅仅是通函各省研究，但本届会议议决了另外两个相关提案，即“今后教育宜注意民族主义案”和“学校应注重军事训练案”。罗廷光总结说：“此种精神——可以说即是国家主义教育的精神——均一一表现于民国十四年当中。”[③]

在实行方面，国家主义的教育主张包括消极和积极两个方面。在消极方面，主张收回教育权。外国人尤其是教会在中国办学，

---

① 余家菊：《国家主义下之教育行政》，《中华教育界》第 15 卷第 1 期，1925 年 7 月，第 1—2 页（文页）。

② 《中华教育改进社第四届年会重要议决案》，《中华基督教教育季刊》第 1 卷第 3 期，1925 年 10 月，第 91 页；罗廷光：《改造中之国民教育》，《国家与教育》第 9 期第 1 版，1926 年 3 月 20 日。罗文误将年会时间写成“十五年八月”，《中华基督教教育季刊》文误将“实施军事教育，以养成强健身体”写成“实施事军教育，以培植爱国感情”。

③ 罗廷光：《改造中之国民教育》，《国家与教育》第 9 期第 2 版，1926 年 3 月 20 日。

多含有政治、经济、文化上的侵略意图，有损国家主权，有碍培养本国国民之教育宗旨的实现及统一教育法令的实施，违背信教自由原则，妨害本国固有文化的继承与发挥，因而必须收回教育权。至于收回的办法，其一为力图充实国力，以外交方法解决。其二为颁布相关法律或条令。如，实行学校注册法，剥夺外国设立的学校种种权利；规定非中华国民不得于中华民国国土内创立学校、管理学校并经营其他一切教育机关；确立教育中立之旨，任何教育活动不得有宣传宗教之意味夹杂其中。又如，颁布《收回教育权令》或《收回教育权条例》，明定各种细则。其三为积极向社会宣传外人设立学校对于我国前途的危害，鼓动民众实行"教育上的不合作主义"，并自发组织收回教育权的特殊机关。其四为组织"中央收回教育权委员会"和"省区收回教育权委员会"，负责具体执行。①

积极方面的教育主张包括：（1）教育须由国家统一管理或督办。由于中国的国家教育在事实上不能也不应与国家行政完全分离，但又有必要独立于腐坏的政治之外，且中国政府缺乏管理教育的能力，因而在实行层面，须借助专家治理教育。一种折中的办法是由教育界公推若干人在中央和各省另行组织教育行政委员会或教育参议会。凡一切关于教育上的专门问题，都由该委员会或参议会议决，教育部或教育厅仅负责执行。② 更激进的办法是除了这种专家组成的委员会之外，连教育总长和教育厅长都由教育团体公选。③（2）实行义务教育或强迫教育。这一方面是为了使教育普

① 陈启天：《我们主张收回教育权的理由与办法》，《中华教育界》第14卷第8期，1925年2月；余家菊：《国家主义下之教育行政》，《中华教育界》第15卷第1期，1925年7月，第2—3页（文页）。

② 李璜：《论教育独立》，《国家与教育》第2期，1926年1月23日，第2页；余家菊：《教育独立问题》，《国家与教育》第8期第2版，1926年3月13日。

③ 汪懋祖：《教育独立释义》，《国家与教育》第11期第1、2版，1926年4月3日。

及，以为实现真正的民治奠定基础；另一方面也是为了保障人民享有教育机会均等的权利。（3）实施军事教育。这可以强健青年的体魄，增强青年的胆气，增加青年的军事知识，有利于戡乱御侮，小则保身，大则救国。这延续了晚清及民元军国民教育的主张。但更重要的是，军事教育有助于养成国民守纪律、从命令的品德，有助于发达国民的组织能力，从而培养国民从事有组织的近代事业的能力，以及遵守共和国秩序的习惯。（4）注重科学教育。要改变中国穷苦衰弱的现状，必须大力发展科学。（5）推广蒙藏教育。蒙藏人民同为中国国民，为国家的真正统一起见，必须使蒙古族、藏族与汉族精神能够相通，知识能够相仿，然后才能真正合作。具体办法有二：一宜设立蒙藏师范学校，招收有志之士，授以蒙藏文字与风俗之学，待其毕业后遣往边地担任教师。二宜开蒙藏子弟来学之例，或于内地学校酌留蒙藏名额，或于北京、甘肃、四川等省特设蒙古族、藏族学校。（6）开展公民教育。普遍设置国民学校，普及公民知识之外，更须注重伦理训练，通过国史教育、国庆纪念、国耻纪念等，使国民了解国家、热爱祖国，培养起不带任何党派或宗教意味的国民道德。①

在思想文化方面，国家主义派主张要建设完整的国家思想。从反面来说，首先需要打倒四种反动思想，即家族主义、个人主义、阶级主义和部落主义。家族主义起源于商周时期的宗法社会，经儒家的鼓吹而构成了一种系统的思想，两千年来成为中国社会组织的重要基础。近代以来，旧日的家族主义思想虽已渐渐打破，但残余

---

① 余家菊：《国家主义下之教育行政》，《中华教育界》第15卷第1期，1925年7月；李璜：《国家主义的建国方针（续前期）》，《醒狮周报》第49期第1、2版，1925年9月12日；李璜：《国民小学教师对于今日中国国家的使命》，载余家菊、李璜《国家主义的教育》，第79—85页；李璜：《中国此时公民教育运动所应注意的几点》，《国家与教育》第14期，1926年4月24日，第2—3页；李璜：《国家主义的教育与伦理教育》，《中华教育界》第15卷第1期，1925年7月；李璜：《国民教育与国民道德》，载余家菊、李璜《国家主义的教育》，第77—78页。

的保守势力仍到处藏伏，成为革新的阻碍。在中国旧有的文化思想系统中，老庄的道家思想是个人主义的代表。这种思想极盛之际往往就是外思最烈、国家最危险、社会秩序最紊乱之时。近代自新文化运动后，就走入了这一歧途。个人的自觉在思想解放运动上虽有所贡献，但过分的个人主义使得国民的素质趋于放荡软弱，社会的组织趋于分散解体，使青年趋于自私自利，忘记了对于国家社会所负的义务。中国本无发生阶级主义的可能，因为旧式的封建阶级已经因政治的平民化而消灭，新式的资产阶级又因产业的落后而无从发达，因此阶级主义并不适合中国。鼓吹阶级主义，不利于团结国民一致对外。中国疆域辽阔，国家组织尚不完备，数千年来养成的一种部落主义、地域观念，影响仍在，并严重影响着现代国家的建构。要建设完整的国家思想，非向这四种思想观念开战不可。从正面而言，第一，要建设组织化的国家思想。中国人民受数千年来个人主义的流毒，向无精密的组织。以无组织的国民，则国家思想终难建设，也无法立足于二十世纪。第二，要建设纪律化的国家思想。中国民族只知有个人的自由，不知有大群的纪律，平时各自为政，到国家危急之秋，缺乏服从指导的品性和一致作战的步骤，这是中国内乱不已的大原因。欲救危亡，须先在国民中树立纪律化的信念。第三，要建设民主化的国家思想。主张组织和纪律的结果，多倾向于专制独裁。但真的组织和纪律，只有民主政治下才能实现，专制政治下只能养成被动的盲目服从者，不能养成自愿遵守纪律的公民。第四，要建设科学化的国家思想。国家组织在科学上有精确的根据，因而，要建设科学的国家思想，而非保守的国家思想，依据科学的原则将一切生活完全变更，彻底澄清一切反科学的思想和生活。①

① 《中国青年党及中国国家主义青年团第四次全国代表大会宣言》，《醒狮周报》第 205 期，1929 年（月日不详），第 10—13 页。

四　“中青”与中共的争论

1920年代，“中青”[①]、中共与国民党之间经历了多次分合互动。“中青”与中共的部分成员都是从“少中”分化而出。他们在“少中”内部时即因思想观念的差异而激烈争论。在巴黎时，“中青”与中共又因政治主张的不同及党派利益的冲突，各以《先声周报》和《赤光》为阵地，激烈论辩。曾琦等回国后，创办《醒狮周报》，倡言“反赤”。而国共于1924年开始合作后，与“中青”在意识形态领域展开了“主义之争”，并于北伐前后达到高潮。由于国民党不擅于理论宣传，且“中青”认为自身与国民党的三民主义颇有相通之处，故这种“主义之争”主要是在“中青”与中共之间进行。前者主要以《醒狮周报》为阵地，后者主要以《中国青年》和《向导》为阵地。其间，“中青”与中共都曾表现出合作的意愿，但未能真正达成。曾琦在欧时即曾提出与国共进行“神圣联合”。五卅之后，“中青”又于1925年6月正式提出“神圣联合”的建议，未能得到两党的正式回应。[②] 同年7月，恽代英、邓中夏、杨贤江等中共党人到上海民厚北里一七一九号《醒狮周报》社，请“中青”停止攻击国民党的联俄容共政策，并请他们也去加入国民党，以便操纵国民党党权，进而夺取政权。曾琦、陈启天以为此种行为不道德。双方争辩半日，不欢而散。[③]

---

① 直至1929年8月，“中青”在沈阳召开第四次代表大会，发表《公开党名宣言》，才正式对外公开党名。此前，“中青”一直以“中国国家主义青年团”名义对外活动。时人一般也称之为“醒狮派”。

② 曾琦：《答郑伯奇》（1924年11月22日），载陈正茂等编《曾琦先生文集》中册，第679页；曾琦：《神圣联合与一致对外》，《醒狮周报》第35期第1版，1925年6月6日。

③ 李璜：《学钝室回忆录》上卷，第231—232页。

1925年12月4日，中国共产主义青年团中央执行委员会公开致信孤军社、醒狮社，要求联合起来打倒奉系军阀，建立人民政府。但曾琦等人都认为与中共无法合作。[①] 1926年“三一八”惨案后，受共青团领导的上海学生会邀请“中青”参加市民反段大会，被“中青”断然拒绝。[②] 1927年夏国共合作彻底破裂后，“中青”有意与国民党合作反共，但国民党坚持实行“党治”，最终导致两党无法合作。“中青”在国共两党的攻击和打压下，一方面继续反共，一方面坚持反对国民党的“一党专政”，处境艰难，逐渐式微。国共两党在彼此对抗的同时，亦继续反对“中青”。直至1935年前后，“中青”开始与国民党合作。[③]

“中青”与中共的争论主要围绕以下五个问题。

（一）理论分歧

按当时的理解，马克思的学说主要由以唯物史观为主体的哲学、以剩余价值论为基础的经济学说和共产主义学说构成；而阶级斗争是贯穿这三方面学说的红线。“中青”党人针对这四方面展开了批评。

“中青”党人认为，马克思的“唯物史观”认定“物质生活的生产方法普通规定了一切社会，政治和智识生活的历程”。从这种“纯经济观的态度”出发，就否认了近今国家存在的理由。他们主要从以下几个方面批评唯物史观。首先，他们称，唯物史观并非社会进程的公律。马克思仿效物理学的方法，认为英国的榜样足以表明其余各国将来应走的道路，故《资本论》依据的史料局限于近

---

① 《告孤军社醒狮社诸君及一般国家主义的青年》（1925年12月4日），《中国青年》第5卷第107期，1926年1月4日，第187—189页；曾琦：《国家主义者与国民党》（1926年1月9日），《曾琦先生文集》上册，第330页；《答共产主义青年团并告爱国同胞》，《醒狮周报》第62期第1—2版，1925年12月12日。

② 仁静：《“拥护军阀”》，《中国青年》第5卷第107期，1926年1月4日，第192—196页；实：《一个不行动的党》，《向导》第149期，1926年4月13日。

③ 沈云龙辑：《曾慕韩（琦）先生日记选》，第173—174页。

代英国。然而，近今的社会学表明，有机的社会组织不能等同于物理学的对象；英国一地的事实也不足以成为概括一切的公律。[①] 其次，生产的方法和技术是社会进化的重要原因之一，但并非唯一的最高原因。法律、道德、宗教等的演进是受经济的影响，但同时应承认经济的演进也受法律等影响。马克思只承认经济生产的力量，而以一切道德信仰为被动的。但在澳洲的图腾社会及印度，生产方式不但不足以规定一切制度与信仰，制度与信仰反而可以规定生产的方式。[②] 复次，若按照唯物史观，共产主义的实现是社会经济发展的必然结果，不因人类希望与否而发生转移，那么，共产主义者就没必要大肆宣传共产主义了，因为人类的能力无法改变社会的进程；同时，若人类的一切作为都无非为了生计，那么，共产党自称其行为是为主义而奋斗就不过矫饰了。[③] 最后，崇信唯物史观会导致嫉视一切文化，破坏道德，使人类返于未有文化以前的禽兽状态。[④]“中青”党人（包括同时代绝大多数的共产党人）所理解的唯物史观并不是基于辩证唯物论的唯物史观，而是一种机械的唯物史观。辩证唯物论认为，世界的本原是物质，物质决定了意识，但意识对于物质有能动的反作用。“中青”党人的第一条批评有些道理，而后三条批评都是由于忽视了马克思学说中早已阐明的意识对于物质有能动的反作用，这是基于曲解的批评。

“中青”党人认为，马克思的剩余价值论也是错误的。马克思以为商品价值完全由所含劳动分量决定，故而一切价值都是劳动者造成的，商品的卖价也就应该全部付给劳动者，而实际情形却是劳

---

① 李璜：《国家主义答客难（续第十三期）：（二）答共产主义者》，《醒狮周报》第 16 期第 1—2 版，1925 年 1 月 24 日，引自第 1—2 版。

② 李璜：《国家主义答客难：（二）答共产主义者（续前期）》，《醒狮周报》第 17 期第 3 版，1925 年 1 月 31 日；常燕生：《三民主义批判（六续）》，第 2 卷第 5 号，1928 年 5 月 1 日，第 1 页。

③ 余家菊：《国家主义概论》，《新国家》第 1 卷第 7 号，1927 年 7 月 1 日，第 16—17 页；常燕生：《三民主义批判（六续）》，第 2 卷第 5 号，1928 年 5 月 1 日，第 4 页。

④ 余家菊：《国家主义概论》，《新国家》第 1 卷第 7 号，1927 年 7 月 1 日，第 19 页。

动者只分得商品卖价的一小部分，大部分的价值（即所谓剩余价值）都被资本家掠夺了。“中青”党人认为，价值不只是由劳动者造成，经营管理者亦有功劳。此外，货物价值的大小与购买者的需求有关。货少而需求大时，价值就大；反之，价值则小。[①]“中青”党人的这种说法是将马克思的“价值”与“使用价值”的概念混淆等同起来了。

“中青”党人所理解的共产主义学说是“打破资本主义，打倒资本家，所有国内生产机关，概归国有，共同生产，共同消费；而其手段则在联合‘无产阶级’，举行‘世界革命’，由‘劳工专政’以达共产之理想”。[②]实际上，这仅仅是共产主义的第一阶段，即社会主义阶段，由私有制过渡到国家所有制；第二阶段是由国家所有制过渡到“各尽所能各取所需”的公有制阶段。针对共产主义学说，“中青”党人认为，首先，共产主义严格说来是集产主义，主张废除私产，土地资本统归国有，实行平均分配。但人类的天性是爱护公物不如己物，土地资本归于公有，则生产效率必低；实行平均分配，则多数人必不肯竭尽其力。于是，共产主义必至于破产。[③]其次，根据马克思的学说，共产主义和共产革命都不适合中国。从中国社会的环境来看，马克思所谓资本集中的两个条件都不具备：其一为农奴制度取消，工作变成一种商品，可以自由买卖，即土地与做工者完全断绝关系。而中国现今的佃户是土地的附属品，他的劳力是随着土地的，还带着封建农奴制度的色彩。其二为殖民地的掠取。而中国已经渐渐变为其他国家的殖民地了。故而，依照马克思的理论，中国离实业发展、资本集中的阶段还很

① 余家菊：《国家主义概论》，《新国家》第1卷第7号，1927年7月1日，第17—18页；朱华：《反对共产党之理由》，《新国家》第1卷第6号，1927年6月1日，第2页。

② 曾琦：《国家主义与中国青年》，《曾琦先生文集》上册，第379页。

③ 余家菊：《国家主义概论》，《新国家》第1卷第7号，1927年7月1日，第18—19页。

远，不足以提倡共产主义。俄国同样不具备资本集中的条件，俄国革命也不符合马克思所讲的规律。按马克思的说法，需要先把国民革命做成功了，才能等机会去实现共产革命。[①] 复次，从中国的现实来看，绝无实现共产主义的可能。原因有十：其一，中国工业不发达，资本不集中；其二，中国为农业国，而农民最富保守性，缺乏阶级意识；其三，城市无产阶级数量少，力量薄弱，不能担负共产革命之重任；其四，一般人民财产观念极强，家族制度尚未打破；其五，国民性爱好自由，绝不能忍受无产阶级专政的压迫；其六，中央权力式微，不可能将生产机关收归国有；其七，生产机关不发达，无产可共；其八，农民占全国人口十之八九，安土重迁，不可能夺其田为国有；其九，交通机关不发达，无法迅速分配；其十，人民思想庞杂，不了解共产主义，且公共道德亦不发达。[②] 最后，中国也不宜试行共产主义。因为试行共产主义需国防能力充足、国际关系简单，而这两项条件中国都不具备。[③] 针对这些批评，共产党人反驳说，他们从未主张要“即刻”在中国实现共产主义，当前最重要的事务是进行国民革命。[④] 此外，由于世界已经进入帝国主义时代，中国的经济、政治乃至革命运动都不能自外于世界，因而共产主义运动已经具备了条件；并且，中国与俄国革命前的国情非常类似，都受到国外帝国主义和国内封建势力的双重压迫，因而，共产主义是适合于中国国情的。[⑤]

---

① 李璜：《国家主义答客难（续第十三期）：（二）答共产主义者》，《醒狮周报》第16期第2—3版，1925年1月24日。

② 朱枕薪：《中国共产党运动之始末》，《新国家》第1卷第8号，1927年8月1日，第35—36页。曾琦：《国家主义与中国青年》，《曾琦先生文集》上册，第379页。

③ 曾琦：《国家主义与中国青年》，《曾琦先生文集》上册，第380页。

④ 代英：《与李琯卿君论新国家主义》，《中国青年》第73期，1925年4月4日，第347页；F. M.：《民族革命中的共产党》，《中国青年》第89期，1925年8月22日，第570页。

⑤ 砍石：《讨论国家主义并质曾琦》，《中国青年》第84期，1925年7月25日，第506—507页；述之：《列宁主义是否不适合于中国的所谓“国情”?》，《向导》第184期，1927年1月21日，第1948—1952页。

针对马克思的阶级斗争说，“中青”党人也展开了批评。第一，马克思关于阶级及阶级斗争的看法过于简单，不足以成为社会革命的根据。马克思认为，现代科学文明、机器世界所组成的生产方式，使社会产生两种彼此对立的阶级：把持着生产工具的资本或绅士阶级，与只能被迫出卖工作能力的工人或平民阶级；这两个阶级之间的斗争必导致共产制度的组织取代资本制度的组织。但马克思完全根据一社会分子所持的生产工具与生产方法来区分阶级，而忽视了经济元素之外如情感与社会情形等元素对于阶级区分的意义。比如，在今欧洲一乡城中，阶级自上而下的排列为贵族、大绅士（农主与实业家）、官员教授、小商人、店伙、工人；但工人的经济收入可能超过没落贵族，小商人、店伙的经济生活也可能优于官员。此外，资本家与工人之间也有着维护国家的光荣与利益的共同情感，这种情感可以超越国民间经济利益上的分歧；只强调阶级对立，而忽视共同情感可以弥合阶级对立，是片面的。[①] 第二，剩余价值说既不合理，则阶级斗争说为无理取闹。第三，马克思以为资本制度演进的结果，资本日趋集中，中产阶级必定会消亡，工人趋于绝对贫困，但事实上虽有资本集中的现象，中产阶级却并未消灭，劳动者生活随着产业发达而不断趋于改善，并未造成劳资阶级的极端分化。[②] 第四，鼓动阶级斗争将造成社会的尖锐对立，造成社会紊乱；而通过国家平情裁处，则可在相当程度上化解劳资矛盾，维系社会的安宁和正义。[③] 第五，马克思以为人类社会的历史即阶级斗争的历史，只有在无产阶级打倒资产阶级之后，阶级斗争才会终止。但人类社会的经济现象是进化的，而非革命的；政治革

---

① 李璜：《国家主义答客难：（二）答共产主义者（续前期）》，《醒狮周报》第17期第2版，1925年1月31日。

② 常燕生：《三民主义批判（六续）》，第2卷第5号，1928年5月1日，第3页。

③ 余家菊：《国家主义概论》，《新国家》第1卷第7号，1927年7月1日，第18页；余家菊：《国家主义之基本主张》，《新国家》第1卷第1号，1927年1月1日，第6页；常燕生：《三民主义批判（六续）》，第2卷第5号，1928年5月1日，第3页。

命有人为的可能性，经济革命则不可能人为行之。无产阶级通过革命战胜有产阶级，不过颠倒贫富的阶级位置，并不能直接消除贫穷的现象。①

共产党人则基于马克思的学说，批驳“中青”的国家主义理论。

第一，国家主义是一种“唯心”的学说。国家主义派欲拔救中国民族，却“不从打倒中国的经济压迫上着手，专门说些提倡教育，中国文化与中国历史”。提倡国家主义，并不能建立真正的爱国精神，也不能救国。恽代英分析说，首先，文明都附着于一定的“生产制度”，生产制度的变迁必带来文明的变迁。中国固有的文明，只是“失了时效的小生产制度下的文化”，它必将随小生产制度的破坏而无可挽回地失去其生命；提倡中国的固有文明，并不能激发人们的爱国心，也不能救国家之危亡，“只能使一般迷恋骸骨的人去爱那个文明”，只会使人们“为了文明而忘却国家”。救国之正路在力求适应近代文化，而非谋固有文明之复活。其次提倡统治阶级书写的历史，“确实可以引起被他所欺骗的国民共同的回忆，以产生一种爱国的感情”。但是，这种历史所包含的，一是祖先“克服土着［著］人民的光荣”；二是“被压迫者的奴隶道德行为，如忠臣、孝子、节妇、义仆的故事”；三是“已经失了时效的古代文化，偶然流传下来的思想与发明，由夸大狂所描述的本国的人物山水”。以国家主义的视角而提倡这种历史，不过造成自大与奴隶的道德，使人“头脑不清”而已，而不可能树立真正的爱国精神。国家主义派以为爱国精神可以超越现实的物质生活而存在，其实，所谓“爱国”本身就是经济生活变迁的产物，从经济的进化来看，游牧时代的人易于爱部落，农业时代的人易于爱家庭，工商业时代的人易于爱都市，进而爱国家。现在，经济的国际化使全世界将成为一个共存互助的经济单位，国家不再能独立自给，人们

① 朱华：《反对共产党之理由》，《新国家》第1卷第6号，1927年6月1日，第2—3页。

也将由爱国家而进于爱世界。今日中国的经济，有的地方仍处于都市自给自足的阶段，与其他地方不生关系，所以这些地方的人还有浓厚的爱省爱乡的感情；有的地方脱离了都市自给自足的阶段，与国内其他地方联系密切，与外国经济关系也有密切，所以这些地方的人难免有依附外人的心理。因此，今日之中国既不能成为一个独立自给的国家，也无法实行国家主义。①

第二，国家主义是资产阶级保护自己阶级利益的一种政策，不符合民族解放与人类解放的需要。国家主义是资产阶级掌握政权后，为了与别国的资产阶级争夺商品的、原料的、劳力的和投资的市场，而提出来的。它将资产阶级的利益美化为国家利益或全民族的利益，一面紊乱本国无产阶级的觉悟，缓和国内阶级矛盾，维护资产阶级的统治，一面驱使本国一般压迫的工人平民去进攻别国资产阶级，去蹂躏同运命的殖民地弱小民族。实际上，“人没有按着国界的区分而妄生分别的道理”，相对于以国界划分人，以阶级划分人更符合实际，也更符合民族解放与人类解放的需要。“产业进步国家的少数资本家同他们的走狗”，在国内压迫工人与一般平民，在国外压迫殖民地的弱小民族，是世界上所有被压迫的弱小民族与世界无产阶级的共同敌人。殖民地半殖民地的民族解放运动与产业发达国家的无产阶级革命，是世界革命相互支撑的两个重要组成部分。殖民地人民与各国无产阶级需要顺应国际主义的潮流，联合起来，“以共同打倒帝国主义”。而国家主义却以国家利益的名义掩盖产业发达国家内资产阶级与无产阶级的矛盾，制造弱小民族与产业发达国家无产阶级的矛盾，分化世界革命的联合战线，起到了维护资产阶级统治秩序与帝国主义的国际秩序的作用。为

① 代英：《评醒狮派》，《中国青年》第 76 期，1925 年 4 月 25 日，第 377—379 页；代英：《国家主义者的误解》，《中国青年》第 51 期，1924 年 11 月 1 日，第 10—14 页。

着中国解放的前途，中国需要提倡国际主义，而不是提倡国家主义。①

第三，国家主义是过时的学说。在19世纪初欧洲资本主义初盛时，世界还是少数资本主义国家互相竞争的时代，国家主义确曾流行一时。但今日的世界已是帝国主义与世界革命的时代，任何国家和民族的政治与经济都具有了国际性，被压迫人民的解放斗争也具有了国际性，在这样的时代，服务于资本主义国家资产阶级的国家主义已不能解决时代问题，已经过时，世界人民的解放斗争需要的是国际主义，而非国家主义。②

第四，国家主义是政治上落后的群众心理的反映。国家主义者是跟在群众身后的一群小资产阶级智识阶级。他们既没有固定的经济基础，又看重士商阶级，而忽略了农工平民的力量，故极容易被统治阶级利用而成为其帮凶，终将走向反动而成为中国解放的阻力。③

第五，国家主义派的政治主张，其实质内容是反共反苏。国家主义者在口头上、纸面上以组织民众相号召，实际上“是以打倒赤色帝国主义与共产党为其中心工作”。国家主义者口头上以“内不妥协，外不亲善”为其策略，实际上对内可以与任何派合作，唯有与共产党不能妥协，对外只是不与苏俄亲善，对于帝国主义，则可以取“以夷制夷”的策略。国家主义者提倡“全民革命”，实际上是资产阶级利用民众对社会现状的不满，以革命博民众之同

① 超麟：《醒狮派的国家主义》，《中国青年》第72期，1925年3月28日，第334—335页；代英：《国家主义者的误解》，《中国青年》第51期，1924年11月1日，第13—14页；《反国家主义宣传大纲》，《对国家主义派的反攻》（第一集），国民革命军总司令部政治部印行，1926年，收入李义彬主编《中国青年党》，第55页。

② 昌群：《破产的国家主义》，《中国青年》第145、146期合刊，1926年12月20日，第524页。

③ 超麟：《醒狮派的国家主义》，《中国青年》第72期，1925年3月28日，第336页；李青锋：《“中心人物与中心思想”》，《中国青年》第87期，1925年8月8日，第550页；代英：《评醒狮派》，《中国青年》第76期，1925年4月25日，第377页。

情，以进行反动的社会政治运动。[①]

从理论上看，马克思主义与国家主义确相反对。前者强调经济基础在社会发展中的决定性作用，后者则强调志愿、信仰与精神因素的重要作用。前者强调社会各阶级之间的分裂与斗争，认为这构成了社会的本质内容，是社会发展与进步的动力；而后者重视能协调社会各部分矛盾与冲突的社会整合力量，并认为道德是最重要的一种社会整合力量。前者认为全世界被压迫阶级的联合斗争才是真正的出路，因而提倡国际主义；而后者主张培养全体国民的国家意识才是现阶段的要务，因而倡导国家主义。郑超麟引用列宁的话总结得颇到位，“马克思主义与国家主义势不两立，无论这个国家主义是最‘公平的’，‘纯粹的’，圆滑的和文明的。马克思主义提出国际主义来抵制所有的国家主义”。[②]

（二）国民革命还是全民革命

1921 年 7 月，中共第一次全国代表大会通过的中共第一个纲领中规定，“党的根本政治目的是实行社会革命”，社会革命的目的是“推翻资本家阶级的政权”“承认无产阶级专政”“消灭资本家私有制”，而革命的手段是“联合第三国际”，依靠“革命军队”和“无产阶级”，同时“彻底断绝同黄色知识分子阶层及其他类似党派的一切联系”。[③] 一年后，中共二大即对当时革命的性质、目的和手段做了新的阐述。这种转变与远东大会的召开密切相关。1922 年 1 月 21 日—2 月 2 日，共产国际（即第三国际）执委会在

① 仁静：《评国家主义青年团的对时局宣言》，《中国青年》第 133 期，1926 年 9 月 7 日，第 195—198 页；代英：《评醒狮派》，《中国青年》第 76 期，1925 年 4 月 25 日，第 378—379 页。

② 超麟：《醒狮派的国家主义》，《中国青年》第 72 期，1925 年 3 月 28 日，第 332 页。

③ 《中国共产党第一个纲领》，中央档案馆编：《中共中央文件选集第一册（一九二一—一九二五）》，中共中央党校出版社 1989 年版，第 3 页。

莫斯科召开了“远东各国共产党及民族革命团体第一次代表大会”(以下简称“远东大会”)。共产国际东方部主任萨发洛夫在大会报告中指出，中国眼下未必能起社会革命，强调共产国际永远支持旨在争取民族解放的殖民地、半殖民地国家的资产阶级民主运动，希望中共与国民党合作，并指出中共的首要任务是把中国从外国的压迫下解放出来，打倒军阀，土地收归国有，建立一个联邦式的民主主义共和国，实行统一的累进所得税。① 根据远东大会的决议，中共二大提出最近的革命要求包括“推翻国际帝国主义的压迫”“打倒军阀” “建立中华联邦共和国”，以及“加入民主革命的战线”。② 这意味着当前革命的性质不再是一大所规定的社会革命，而是民主革命；革命的目的是建立中华联邦共和国。革命的手段是“组织民主的联合战线”。具体而言，首先，邀请国民党、社会主义青年团及其他革新团体商议如何进行；其次，运动议员组织民主主义左派联盟；最后，在全国各城市集合工会、农民团体、商人团体等职业团体组织“民主主义大同盟”。③ 但民主革命只是中共现阶段的任务，最终任务仍是一大所提出的社会革命。《中国共产党第二次全国大会宣言》称，民主主义革命成功后，无产阶级还须对付资产阶级，实行“与贫苦农民联合的无产阶级专政”。④ 稍后，共产党人认为，“民主革命这个口号，未免偏于纯资产阶级的，在殖民地半殖民地的经济地位，决没有欧洲十八世纪资产阶

---

① 萨发洛夫:《第三国际与远东民族问题——在远东民族大会的演说》(1922 年 1 月)，中共中央党史研究室第一研究部编《共产国际、联共(布)与中国革命文献资料选辑(1917—1925)》，北京图书馆出版社 1997 年版，第 284、283 页；帅永章摘译:《远东各民族代表大会与中国的革命运动》,《党校科研信息》1987 年第 8 期。

② 《关于“国际帝国主义与中国和中国共产党”的决议案》,《中共中央文件选集第一册(一九二一—一九二五)》，第 62—63 页。

③ 《关于“民主的联合战线”的议决案》,《中共中央文件选集第一册(一九二一—一九二五)》，第 66 页。

④ 《中国共产党第二次全国大会宣言》,《中共中央文件选集第一册(一九二一—一九二五)》，第 115 页。

级的革命之可能”，所以，改用“国民革命”来代替“民主革命”。很快，国民革命不但被国民党采用，也成了全国普遍的口号。①

综上，国民革命有两层内涵：一方面，它意味着要联合、援助民主派，组织民主联合战线，打倒军阀，推翻国际帝国主义，开展民主革命；另一方面，它仍然具有阶级斗争的性质，要求无产阶级集合在其政党——中国共产党的旗帜下，独立做无产阶级运动。“工人们要在这个民主主义联合战线里，不致为小资产阶级的附属物，同时又能为自己阶级的利益奋斗，那么工人们要组织在共产党和工会里面是非常重要的；所以工人们时常要记得他们是一个独立的阶级，训练自己的组织力和战斗力，预备与贫农联合组织苏维埃，达到完全解放的目的。”② 这两方面是紧密联系在一起的，萨发洛夫说：“我们定要说：谁不帮助民族革命运动的，是一个共产主义无产阶级革命的蟊贼。但是同时也要说：谁和无产阶级运动的觉醒为难的，也是一个民族革命运动的蟊贼。”③

“中青”党人反对国民革命的一个重要理由，即在于反对阶级斗争。李璜卿论述说，其一，共产党以为中国革命只有农工阶级是主力阶级。但中国的农民和手工业工人的阶级意识不易养成，要引导他们起来革命是非常迂缓的，而机器工人虽然容易养成阶级意识，但人数太少。其二，阶级斗争有碍于革命。农工革命必定要求引导农工进行阶级斗争，以养成阶级意识，操练革命本领。结果第二阶级的军阀尚未革去，反而会引起第三阶级、第四阶级互相反

① 独秀：《本报三年来革命政策之概观》，《向导》第128期，1925年9月7日，第1173页。但国民党所理解的“国民革命”与中共不同，详见王奇生：《“革命”与“反革命”：一九二〇年代中国三大政党的党际互动》，《历史研究》2004年第5期，第89页。

② 《中国共产党第二次全国大会宣言》，《中共中央文件选集第一册（一九二一——一九二五）》，第116页。

③ 萨发洛夫：《第三国际与远东民族问题——在远东民族大会的演说》（1922年1月），中共中央党史研究室第一研究部编《共产国际、联共（布）与中国革命文献资料选辑（1917—1925）》，第284页。

目，有碍于革命。而国家主义则认为革命的主力是深知革命意义的、有觉悟的军人——因而他们一方面是军人，一方面是知识阶级，同时也不能忽视民众的力量。中共的农工革命不如军民革命有效率。[①] 其三，由于法律失效、军阀捣乱、外人横行等原因，全国各阶级都有必要参加国民革命。[②]

针对“中青”党人的批评，共产党人指出，其一，共产党人当前致力于引导全国各阶级从事国民革命，而非仅仅利用无产阶级的力量；但工农才是中国革命运动的基本动力。从中国革命运动的现实来看，能够彻底反对帝国主义和军阀的革命力量只有工农，而国家主义者寄予希望的商人和绅士最多只是革命潮流的追随者，甚至有投入反革命的阵营的可能。其二，不应因为国民革命而反对阶级斗争，相反，为了大多数人民的利益，为鼓励工人更勇猛地参与国民革命，应督促有产阶级对工人让步。说阶级斗争会抵消战斗的力量实际上是不自觉地代表了资产阶级利益，或者说国家主义者是要拿国家的观念压倒阶级的观念。无产阶级为解除自身的经济压迫才会参加革命，所以必须通过阶级斗争才能引导无产阶级参加民族解放运动。其三，无产阶级的革命势力可以减少上层阶级对革命的畏惧心理。中国社会各阶级中，大商买办阶级必定是反革命的，包括知识阶级在内的小资产阶级则摇摆不定，只有无产阶级才是真正彻底的革命势力，甚至可以因其革命势力强大而减少上层阶级惧怕革命危险的心理。[③]

陈独秀还分析了中国社会各阶级与国民革命的关系，认为国

---

① 李璜卿：《国家主义与共产主义》，《爱国青年》（宁波）创刊号，1925 年（日期不详），第 5—7 页。

② 代英：《与李璜卿君论新国家主义》，《中国青年》第 73 期，1925 年 4 月 4 日，第 349 页。

③ 代英：《与李璜卿君论新国家主义》，《中国青年》第 73 期，1925 年 4 月 4 日，第 346—354 页；仁静：《告国家主义的青年》，《中国青年》第 104 期，1925 年 12 月 6 日，第 99—102 页。

民革命的性质是资产阶级的革命，但是在半殖民地的中国，由于经济权大半操诸外人之手，政治权大部分操诸军阀之手，工商业不能充分发展，资产阶级不成熟，不能构成独立的革命势力，也不能形成一个纯粹的资产阶级民主革命。这就决定了中国国民革命的形式是有产无产两阶级联合起来谋经济的独立和政治的自由。工人是社会上有力的阶级，其物质力量虽远不及资产阶级雄厚，但心理上更具革命性，因而往往能成为激进的先锋，是国民革命的重要分子。但在产业幼稚的中国，工人阶级在数量和质量上都很幼稚，真正有阶级觉悟的工人，是少数中的极少数，不能构成独立的革命势力。因而，工人阶级必须与其他各阶级合作，共同进行国民革命。农民占中国总人口之大多数，是国民革命的伟大势力。资产阶级的情况较为复杂。其中，官僚资产阶级是反革命的；工商业资产阶级虽然幼稚，但力量还是比农民集中，比工人雄厚，是国民革命的重要力量；手工工业家及小商人等小资产阶级因生活不安会趋向革命；小资产阶级的知识阶级没有特殊的经济基础，遂没有坚固不摇的阶级性，对于革命的态度也摇摆不定，但也很可能产生超越阶级、改造社会的幻想，成为间接促成革命的一种动力，因而，其革命分子在各阶级间能起一种连锁的作用。总之，在产业幼稚文化落后的中国，只有各阶级群起的国民革命是可能的。①

“中青”党人反对国民革命的第二个原因是国民革命隐含着“打倒帝国主义”的意思，是世界革命的一部分。陈独秀总结说：“国民革命含有对内的民主革命和对外的民族革命两个意义。”② 对外的民族革命，即反抗国际帝国主义的压迫。“‘反抗帝国主义’及‘联络无产阶级’这两个原则，是全世界殖民地或半殖民地资

① 陈独秀：《中国国民革命与社会各阶级》，载《前锋》第2期，1923年12月1日，收入《中共中央文件选集第一册（一九二一——一九二五）》，第593—603页。

② 陈独秀：《中国国民革命与社会各阶级》，载《前锋》第2期，1923年12月1日，收入《中共中央文件选集第一册（一九二一——一九二五）》，第593页。

产阶级民主革命所特有的共通原则。”[①] 曾琦虽有类似的说法，称“内除国贼，外抗强权”，“前者所以完成民主革命，后者所以实行民族革命也”，[②] 但内涵完全不同。打倒帝国主义还是外抗强权，成为“中青”与中共争论的又一焦点。

（三）打倒帝国主义还是外抗强权

中共一大没有提及帝国主义，党的工作重点是发展工会。李达回忆说，那时“不知道什么是帝国主义”。[③] 远东大会后，中共才提出“打倒帝国主义”的口号。远东大会是直接针对华盛顿会议（1921 年 11 月 12 日—1922 年 2 月 6 日）而召开的，目的是对抗华盛顿会议，揭露帝国主义国家反对远东人民的阴谋，落实共产国际第二次代表大会关于民族殖民地问题的决议，把远东人民团结在反对世界帝国主义斗争的中心——苏联周围。会议分析当前国际形势，认为华盛顿会议确立了以美国为首的各帝国主义国家在太平洋地区的新势力范围。会议传达了列宁关于东方各国的革命运动必须同世界革命运动联合起来的思想，强调远东各民族劳动人民应与先进国家的无产阶级结成反对帝国主义的联盟。[④] 根据共产国际关于国际大势的分析及反对帝国主义的思想，1922 年 7 月，中共二大通过了《关于“世界大势与中国共产党”的议决案》《关于“国际帝国主义与中国和中国共产党”的议决案》，提出了“推翻国际帝国主义的压迫”的革命任务，主张中国应加入全世界无产阶级

---

① 独秀：《资产阶级的革命与革命的资产阶级》，《向导》第 22 期，1923 年 4 月 25 日，第 164 页。

② 曾琦：《全民政治与全民革命》（1924 年 12 月 31 日），《曾琦先生文集》上册，第 93 页。

③ 李达：《中国共产党的发起和第一次、第二次代表大会经过的会议》，中国社会科学院现代史研究室、中国革命博物馆党史研究室编《“一大”前后——中国共产党第一次代表大会前后资料选编》（二），人民出版社 1980 年版，第 17 页。

④ 帅永章摘译：《远东各民族代表大会与中国的革命运动》，《理论前沿》1987 年第 8 期，第 10—11 页。

的联合战线，共同抵御资产阶级的进攻，“保护无产阶级的祖国——苏维埃俄罗斯”。[①]《中国共产党第二次全国大会宣言》指出，中国在帝国主义列强八十年的侵略之下，已经事实上变成它们共同的殖民地了；而华盛顿会议使各帝国主义互竞侵略中国变成了协同侵略中国。帝国主义对中国的宰制导致的结果有二：其一，最近的世界政治呈现出两个相反的趋势：一方面是世界帝国主义列强企图协同宰制全世界的无产阶级和被压迫民族；另一方面是全世界无产阶级的先锋——国际共产党和苏联——领导的推翻帝国主义的世界革命运动和各被压迫民族的民族革命运动。因而，中国的革命必然成为国际共产党和苏联所领导的世界革命的一部分。其二，帝国主义列强通过扶植军阀来实行其协同侵略政策，因而，中国打倒军阀的民主革命必然要求同时打倒帝国主义。

打倒帝国主义有两层含义：从政治上看，顺应国际主义的潮流，参与世界革命，打破帝国主义的国际秩序；从经济上看，是要反资本主义，追求共产主义。就革命实行而言，打倒帝国主义与打倒军阀密切相关：要进行民主革命，就必须打倒军阀，而要打倒军阀，则必须打倒帝国主义。

“中青”党人反对共产党“妄谈”“世界革命”，“高唱”“打倒帝国主义”，理由有五：其一，从理论上看，首先，“全世界无产阶级联合革命”的世界革命不过是马克思的一种空想。第一国际和第二国际追求这种世界革命都失败了，而第三国际则不过是苏俄称霸世界的利器。其次，欧美人以侵略为能事，只知自家利害，不顾别人死活，指望欧洲人能实行社会主义、国际主义是靠不住的。复次，共产主义者只看到欧洲各强国资本家与平民在国内利害的冲突，而未看到资本家与平民在国外利害的一致。欧洲强国的平

① 《关于“国际帝国主义与中国和中国共产党”的议决案》，《中共中央文件选集第一册（一九二一—一九二五）》，第62页；《关于“世界大势与中国共产党”的议决案》，《中共中央文件选集第一册（一九二一—一九二五）》，第59—60页。

民往往帮着其资本家侵略他国，并非像共产主义者所言是没有觉悟或受了资本家的欺骗，而是出于其切身利益的考虑，因为他们也从其本国侵略殖民地中获得利益。欧洲列强侵略中国时总是全国一致，上下一心的，出谋划策的是欧洲各国的资本家、政治家，而具体实行的则大半是平民。最后，帝国主义即欧美列强皆抱殖民政策，皆取侵略主义，但列强之间的利害冲突也很大，因而，互相冲突的“单纯的”帝国主义是有的，但彼此同心的“国际的”帝国主义则是共产主义者的想象。其二，就策略而言，以打倒帝国主义为号召进行世界革命，会导致与一切帝国主义国家为敌，招致共管或瓜分之祸；而仅求本国之独立与自由的国民革命，更容易成功，且不易招致列强干涉。这是因为，帝国主义国家之间各有其利害冲突，中国的革命只要不与它们的一致利害相冲突，则它们的态度就不能一致，就不会协同伸手干涉革命，这已为辛亥革命所证明。但帝国主义国家对于共产主义则利害一致，若挂起赤色革命的招牌，则会招致帝国主义的共管或瓜分。因此，要利用帝国主义之间的利害冲突，以外交手段分而对付之，而不可与所有帝国主义国家为敌。其三，从实际形势上看，共产党欲依靠所谓三种援军来打倒帝国主义是不现实的。世界上的弱小民族多数并无抵抗的武力，且发达的阶段与环境又各不相同，难以联合起来进行世界革命。从无产阶级方面观察，英国的工党、德国的社会民主党以及许多国家的无产阶级政党都不赞成世界革命。从苏俄方面观察，即使苏俄有援助弱小民族的诚意，其战斗力也无法与列强为敌；且苏俄不过借援助之名行侵略之实，以增长自己的声威，免除自己在国际上孤立无援的境地，并无援助弱小民族之诚心。其四，从党的发展来看，革命党的主张务求始终不变，且在理论上、实际上有实现的可能，不宜徒唱高调。其五，就实质而论，打倒帝国主义是世界革命（即共产革命）的口号，而世界革命实质是“使全世界各弱小国家归顺苏俄”。因而，不宜高唱“打倒帝国主义”，而只需排除帝国主义在华势力，即“外抗强权”。①

针对中青党人非议世界革命的论调，共产党人指出：其一，世界革命并非理论层面的空想，而是一种事实。现代资本主义所以能够存在，就是因为有各殖民地及半殖民地作为它们货物的销场。中国正做着世界资本主义的肥料，自然会产生反抗帝国主义的要求。简言之，帝国主义已打破工业资本主义时代民族的经济界限，形成了世界的经济。这就使政治与革命运动都变成世界的了。于是，民族的革命，就成为世界人民反对帝国主义的世界革命的一部分。其二，从事实上看，中国的国民革命之所以变得有主义、有组织、有纪律、有系统，走上了正确的道路，正是因为有了列宁主义的指导，接受了列宁关于工人应联合农民与弱小民族的遗训，受到了苏俄无产阶级政权成功的影响，加入了第三国际指导下的世界革命潮流。其三，帝国主义者利害是否一致，与弱国是否“赤化”并无绝对关联；现在法、美、英对苏俄的态度就并不一致。帝国主义者的利害一致，不过是利害冲突暂时达到平衡。其四，即使不挂赤色革命的招牌，中国也已然是一个“被共管”的国家。其五，帝国主义国家内部确实存在着同情被压迫之中国人民的力量，例如，英国工界有“英国工人拥护中国自由协会”（The British Labour Council for Chinese Freedom）之组织，布鲁塞尔有“国际反帝国主义大会”（The International Anti - Imperialism Convention）。其六，共产党人尖锐地指出，国家主义者实质上是资本主义的拥护者，又不便明言拥护资本主义，故曲为说辞，欲以“外抗强权”的口号

① 曾琦：《蒋介石不敢复言打倒帝国主义矣！》（1926年9月11日），《曾琦先生文集》上册，第136—137页；灵光：《中国的国家抵抗及其步骤》，《醒狮周报》第18期第3版，1925年2月7日；李璜：《国家主义与世界大势及中国问题》，《醒狮周报》第46期第1—4版，1925年8月22日；灵光、一卒：《共产党与中国》，《孤军》第3卷第5期，1925年（月份不详），第9页；李璜卿：《论“打倒帝国主义”口号不适宜于今日中国》，《醒狮周报》第95期第2—3版，1926年8月7日，引自第3版。

取代“打倒帝国主义”的口号。①

“中青”主张全民革命的步骤是首先内除国贼，再外抗强权。具体而言，首先要肃清内政，扫除一切军阀、贪官污吏、土霸恶豪。在革命期间，对于外国一切既成条约，都照旧遵守。等实力充足之后，再来收回一切主权，取消不平等条约。② 他们认为，中共主张打倒帝国主义，无论是指先打倒帝国主义而后才可能打倒军阀，还是指必须同时打倒帝国主义和军阀，这两种革命步骤都是说不通的。他们的理由是：其一，未打倒帝国主义之前，可以打倒军阀，而且必须先打倒军阀，然后可以谋打倒帝国主义。这是因为，帝国主义的势力比中国军阀的势力大得多，打倒军阀比打倒帝国主义容易；必先除国贼，整理好内政，才能有打倒帝国主义的可能与实力。其二，军阀加上帝国主义的势力非常强大，不可能同时打倒；且帝国主义与军阀地位不同，与之斗争须分步骤进行。其三，共产党所谓帝国主义与军阀相互勾结的论调站不住脚。一方面，军阀若像蔡锷那样具独立之人格，不为外人所操纵，则帝国主义无从勾结。另一方面，帝国主义之帮助军阀，也不足为打倒军阀之累。因为：（1）外人帮助军阀都是暗中进行，而不敢公然行之于天下。（2）外人帮助军阀的财物并不大，因为其目的是借军阀以谋大利。（3）外人惯于看风使舵，若军阀为公众之敌，声势渐衰，则外人必无再帮助之理。③

---

① 楚女：《中国赤化与帝国主义的一致压迫》，《中国青年》第 102 期，1925 年 11 月 20 日，第 41—46 页；F M：《纠正对于马克思学说的一种误解》，《中国青年》第 67 期，1925 年 2 月 21 日，第 262 页；超麟：《列宁主义——指导中国民族革命的理论》，《中国青年》第 150 期，1927 年 1 月 15 日，第 645、649—651 页；实：《果然是共产党的梦呓与造谣吗?》，《向导》第 189 期，1927 年 2 月 28 日，第 2034 页。

② 灵光：《中国的国家抵抗及其步骤》，《醒狮周报》第 18 期第 3 版，1925 年 2 月 7 日。

③ 《国家主义的青年对共产党的一个总答辩及最后之忠告》，《醒狮周报》第 83 期第 2、3 版，1926 年 5 月 16 日。

中共与“中青”关于是否要提“打倒帝国主义”的争论，表面上是关于革命步骤的争论，实质上是关于是否要联合苏俄，是否走苏俄道路的争论。

（四）联俄还是反俄

初生的中国共产党绝对拥护联俄。中共的成立与列宁领导创建的第三国际密切相关。1922 年 7 月，中共第二次全国代表大会决定中共正式加入第三国际，称“现在代表世界的无产阶级为世界无产阶级革命大本营的，只有俄罗斯无产阶级革命后新兴的第三国际共产党。……中国共产党既然是代表中国无产阶级的政党，所以第二次全国大会议决正式加入第三国际，完全承认第三国际所决议的加入条件二十一条，中国共产党为国际共产党之中国支部”。而这二十一条加入条件中之十四条，即为拥护苏维埃共和国，具体为“凡愿意加入国际共产党的党，必须以全力拥护苏维埃共和国与反革命作战。他们必须不懈的鼓吹劳动者拒绝为苏维埃共和国〈的敌人〉运送军火军需，并须在派去攻击苏维埃共和国的军队中，努力从事合法的或违法的宣传”。第十六条规定：“国际共产党大会一切决议及他的执行委员会一切决议，有强迫加入国际共产党之各党一律遵行的权力。”①

“中青”党人反对联俄，其理由是：其一，苏俄表面倡言亲善，实则包藏祸心，对华实行侵略，为红色帝国主义。具体表现为：（1）侵略外蒙。1924 年，苏俄在《中俄解决悬案大纲协定》中承认外蒙为中国领土，并允诺撤退俄军。但实际上不但不撤军，反而煽动外蒙独立，掌控其军权、政权、财权和教育权。（2）占据中东路。苏俄声言改变帝俄时代的对华政策，交还中东路，但迟迟未还。

---

① 《中国共产党加入第三国际决议案》（1922 年 7 月），《中共中央文件选集第一册（一九二一——一九二五）》，第 67、70、71 页。尖括号内的文字为原文所有。

(3) 夺取我国边地百余万方里。[①] 其二，苏俄通过中共在华鼓吹"世界革命"，实际是苏俄所领导的第三国际在西方进行共产主义活动失败后所采取的"东进政策"，欲以中国为共产主义的试验场；试验成功，则中国沦为苏俄的属国；试验失败，中国也可为苏俄牵制西方列强在远东的势力。故而，亲俄适足成为苏俄的牺牲品。[②] 其三，苏俄通过第三国际指挥中国共产党侵入南方政府，将军权掌握在加仑手里，政权掌握在鲍罗廷手里，密布党羽于国民党，不仅夺取了中国的军权与政权，而且破坏了中国的政治道德。[③] 其四，苏俄以金钱军械接济冯玉祥、蒋介石等军阀，英美日必然会接济其他军阀，使得中国的军阀之争演变为赤色帝国主义与白色帝国主义之争，延长中国内乱。[④] 其五，联俄必然招致外患。绝对

---

① 谢彬：《苏俄侵略外蒙详记》，《醒狮周报》第 40 期第 2 版，1925 年 7 月 11 日；胡国伟：《苏俄帝国主义与弱小民族》，《醒狮周报》第 71 期第 2 版，1926 年 2 月 20 日；曾琦：《抗英驱俄灭赤救国之意义》，《醒狮周报》第 124—125 期两期合刊（驱俄灭赤救国专号），1927 年 3 月 12 日，第 2、5 页；易君：《呜呼外蒙非我有矣》，《醒狮周报》第 111 期，1926 年（月日不详），第 1—2 页；《抗英驱俄灭赤救国大同盟宣言》，《醒狮周报》第 128 期，1927 年（月日不详），第 12 页。

② 曾琦：《弁言》，《醒狮周报》第 40 期第 1 版，1925 年 7 月 11 日；李璜：《国家主义与世界大势及中国问题》，《醒狮周报》第 46 期第 4 版，1925 年 8 月 22 日；李璜：《对俄问题的我见》，《晨报副刊（社会）》，1925 年 10 月 10 日，第 12 页；灵光、一卒：《共产党与中国》，《孤军》第 3 卷第 5 期，1925 年（月份不详），第 9 页；叔耘：《苏俄政府与第三国际》，《醒狮周报》第 92 期第 5 版，1926 年 7 月 18 日；邓孝情：《苏俄帝国主义之铁证》，《醒狮周报》第 96 期第 2 版，1926 年 8 月 14 日；《中国国家主义青年团对俄绝交宣言》，《醒狮周报》第 129 期，1927 年（月日不详），第 2 页；夏葵如：《国人联俄的迷梦可以醒了罢》，《醒狮周报》第 134 期，1927 年（月日不详），第 3 页；朱枕薪：《中国共产党运动之始末》，《新国家》第 1 卷第 8 号，1927 年 3 月 1 日，第 3—6 页；家菊：《国民仍不抗英驱俄灭赤以自赎乎》，《醒狮周报》第 124—125 期两期合刊（驱俄灭赤救国专号），1927 年 3 月 12 日，第 6 页。

③ 一卒：《新俄祸》，《醒狮周报》第 40 期第 1 版，1925 年 7 月 11 日；舜生：《反俄与反共》，《醒狮周报》第 57 期第 1 版，1925 年 11 月 6 日；《抗英驱俄灭赤救国大同盟宣言》，《醒狮周报》第 128 期，1927 年（月日不详），第 12 页。

④ 舜生：《反俄与反共》，《醒狮周报》第 57 期第 1 版，1925 年 11 月 6 日；胡国伟：《苏俄帝国主义与弱小民族》，《醒狮周报》第 71 期第 2 版，1926 年 2 月 20 日。

亲俄，提倡打倒帝国主义，必然引起列强猜忌，协以谋我，而苏俄对我之诚意可疑，实力又有限，不能助我。中国难免陷于列强共同压迫之下。[①] 其六，苏俄以金钱收买青年，腐蚀革命者的人格。[②]

针对“中青”党人的反对联俄，共产党人指出：其一，苏俄并非红色帝国主义国家，也并未侵略他国。帝国主义国家必然实行资本主义制度，必然要向外扩张掠夺压迫殖民地和半殖民地，故而绝对不是红色的；而红色国家必然是工农阶级推翻资产阶级与资本主义之后建立的，因而绝对不是帝国主义。苏俄是工农专政的国家，其财富都用于谋本国人民的幸福，实行的并非资本主义制度，因而绝不会是帝国主义国家。所谓侵略蒙古，是因为白党占据蒙古，直接危害到苏俄的安全，苏俄才起兵驱逐，扶助蒙人自治。并且至白党势力完全覆灭后，苏俄承诺撤退驻蒙俄兵。对于我国，苏俄也取消了不平等条约，与我国建立了平等关系。[③] 其二，苏俄并非欲以世界革命的理想征服全世界，以实现其国家利益。事实上，苏俄眼中只知有阶级，不知有国家。它在国内公开承认国家是无产阶级压服其他阶级的政治工具，绝不认残留的白党是苏俄的人民；在本国以外，则竭力反对各国的资产阶级，帮助各国的无产阶级。苏俄本质上是一个无产阶级的国家，代表着无产阶级的利益，所以要联合全世界的无产阶级，与本国及他国的资产阶级斗争。[④] 其三，苏俄援助广东革命政府，完全是善意的赞助，既没有要挟利权，也没有附加条件。如果军阀都受到帝国主义的暗助，革命军也无必要无条件拒绝外部的援

① 李璜卿：《论中国革命与第三国际之关系并忠告蒋介石》，《醒狮周报》第92期第2—3版，1926年7月18日；曾琦：《为共产党招致外患事告南北爱国军人》，《醒狮周报》第124—125期两期合刊（驱俄灭赤救国专号），1927年3月12日，第15页。

② 舜生：《反俄与反共》，《醒狮周报》第57期第1版，1925年11月6日。

③ 独秀：《什么是帝国主义？什么是军阀?》，《向导》第149期，1926年4月13日，第1399页；仁静：《俄国革命第八周》，《中国青年》第101期，1925年11月7日，第9页。

④ 代英：《苏俄与世界革命》，《中国青年》第52期（苏俄革命纪念特号），1924年11月8日，第27页。

助，正如美国独立之时接受了法兰西、意大利人的援助，欧战时法国人也接受了英军的援助。鲍罗廷、加伦是中山先生在时所聘的顾问。他们尽忠竭力于中国革命运动，故深得汪、蒋信任。这只能证明苏俄为中国革命之友。[①] 其四，从策略上看，中国民族运动绝对拒绝外力援助是错误的。苏俄与英美法日等帝国主义不同，帝国主义国家援助军阀的目的是巩固其在华势力，阻止中国实现独立自由，而苏俄援助广东政府是要扶助中国民众消灭帝国主义在华势力，帮助中国达到独立与自主。国家主义者反对苏俄，是害怕因为有了苏俄，则英、美、法、日等帝国主义国家便不肯帮助中国了。换句话说，它们为了与帝国主义国家联合，才反对联俄。[②] 其五，说苏俄收买中国青年，是诬陷青年的人格。如果青年被收买才参加革命运动，那么为何英美日本帝国主义国家及国内的军阀资本家不能收买青年呢?[③] 其六，从实质上看，中青所谓“外抗强权”便是“外抗苏俄”，而对于帝国主义列强的狂暴毫不在意，一味容忍。[④]

实际上，苏俄对华政策具有两面性，既有输出其革命理想，联合东亚弱小国家共同反对帝国主义的一面，也有维护其国家利益，确保其在远东地区的安全与利益的一面。中共更强调前者，而“中青”更偏重后者。就理论层面而言，双方各有道理，又各

---

① 仁静:《俄国革命第八周》,《中国青年》第101期，1925年11月7日，第9页；代英:《答醒狮周报三十二期的质难》,《中国青年》第82期，1925年7月18日，第476页；《评醒狮社孤军社的回响》,《中国青年》第107期，1926年1月4日，第191页。

② 实:《可以靠外力替我们革命吗?》,《向导》第160期，1926年6月30日，第1577页；弼时:《十月革命与中国解放运动》,《中国青年》第139期，1926年11月1日，第378—379页；连:《国家主义者为甚么反对苏俄?》,《向导》第164期，1926年7月21日，第1635页。

③ 仁静:《俄国革命第八周》,《中国青年》第101期，1925年11月7日，第9页。

④ 日新:《醒狮派之过去与将来（来稿)》,《中国青年》第152期，1927年1月29日，第42页；实:《请容忍的国家主义者》,《向导》第187期，1927年2月7日，第1994页。

有其短。实际上，联俄与反俄之争并不局限于“中青”与中共两党，而扩展成了整个北方知识界的争论。知识界人士认同“中青”的看法，普遍承认苏俄推行世界革命有其自利的目的，但又不像“中青”那样主张反俄，也不像中共那样主张联俄，而是赞同对俄施用“外交政策”。[①] 李璜在《对俄问题的我见》中提出的看法被认为“可作讨论对俄问题的一个结束”。李璜指出，如果要问苏俄是不是我们的朋友，不必从主义上考察，也不必从赤色白色上去比较，只问他的利害关系与我们的利害关系相不相冲突便可以了。如果苏俄的利害关系与我们一致，就算它是帝国主义者，也一定会来与我们做朋友。如果它的利害关系与我们冲突，就算它本不是帝国主义者，也会对我们做出帝国主义的行径。[②] 还可补充说明的是，苏俄与中国是否存在利害冲突并非固定不变，而是随时势移易的，需要就实际情况具体分析而做出应对。换句话说，是否需要联俄或反俄，实质上并非理论问题，而是一个实际问题。

正是在实际行动方面，“中青”党人的许多做法难免落人口实。一方面，共产党人抨击“中青”在反抗帝国主义的斗争中毫无作为。比如，1925 年上海日本纱厂虐待中国工人，公共租界的工部局提议印刷律及越界筑路，“中青”未能及时反应，共产党人抨击“中青”“没有丝毫行动或言论的反抗”。[③] 1926 年 9 月 5 日，万县惨案发生后，中青亦未及时反应；[④] 并且上海学生会邀请曾琦

---

① 参见敖光旭：《国家主义与“联俄与仇俄”之争——五卅运动中北方知识界对俄态度之解析（上）》，《社会科学研究》2007 年第 6 期；敖光旭：《国家主义与“联俄与仇俄”之争——五卅运动中北方知识界对俄态度之解析（下）》，《社会科学研究》2008 年第 1 期。

② 李璜：《对俄问题的我见》，《晨报副刊（社会）》，1925 年 10 月 10 日，第 11—12 页，引自第 11 页。

③ 实庵：《你们当真外抗强权吗？》，《向导》第 114 期，1925 年 5 月 10 日，第 1055 页。

④ 实：《国家主义者那里去了？》，《向导》第 172 期，1926 年 9 月 25 日，第 1763 页。

参加各团体讨论万县惨案会议，曾琦拒绝参加，理由是“这是共产党的运动，我们不参加”。[①] 稍晚些时候，“中青”党人又提出应暂时容忍英人对我之横暴，同时督促政府整顿国防，待三五年后再与英作破釜沉舟之战。[②] 陈独秀于是奚落说，容忍就是国家主义者外抗强权的办法，外抗强权实乃外“看”强权。[③] 另一方面，五卅之后，日本派兵援助张作霖恢复势力，英国派兵威吓广东国民政府，吴佩孚背弃反奉战线转而进攻国民军，英日又联合为张作霖、吴佩孚提供借款与军械，以平定所谓南赤（国民军）、北赤（冯玉祥军队）。在这种情况下，“中青”站在吴佩孚、孙传芳、张作霖一边，反赤反俄，在旁人看来，他们已与国贼妥协，已沦为帝国主义与军阀御用的新工具。[④] 此外，吴佩孚、孙传芳、张作霖又先后公开表示拥护国家主义，更是坐实了中青与军阀妥协的说法。1927年1月前后，吴佩孚发表《中国建设大纲》，宣称要本国家主义，草为政纲。[⑤] 差不多同一时期，预备做张作霖内阁总理的靳云鹏也开始演讲国家主义，同时张作霖的宣传机关天津圣道会所出版的《江西红祸》也开始大力推介《醒狮周报》。[⑥] 同年2月28日，孙传芳在上海龙华司令部训话，称要抱定国家主义，为拥护国旗而

---

① 实：《国家主义者曾琦与万县惨案》，《向导》第176期，1926年10月19日，第1823页。

② 易君：《对英问题国人应有之态度》，《醒狮周报》第120期，1927年（月日不详），第1页。

③ 实：《请容忍的国家主义者》，《向导》第187期，1927年2月7日，第1994页；实：《外看强权内储国贼》，《向导》第189期，1927年2月28日，第2034页。

④ 日新：《醒狮派之过去与将来（来稿）》《中国青年》第152期，1927年1月29日，第44—45页。日新身份不详，或为北大学生或教师。

⑤ 术：《国家主义快要实现了》，《向导》第185期，1927年1月27日，第1967页。

⑥ 实：《国家主义派又为张雨帅所赏识了！》，《向导》第189期，1927年2月28日，第2034页。

战。[①]“中青”一面与军阀联络，一面与列强妥协，大大削弱了其反俄反赤主张的说服力。

（五）无产阶级专政还是全民政治

在革命的终极目标上，中共主张建设无产阶级专政或劳农专政的国家，而“中青”主张实行全民政治。

“中青”党人反对实行无产阶级专政或劳农专政，理由如下：其一，从理论上看，现在主张革命后要实行劳农专政，是将政治问题和经济问题混为一谈。中国眼前最大的问题是快亡国了，是政治问题，需要进行政治革命。至于分配平均不平均的问题，则居于次要地位。但共产党人定要主张政治革命成功后即实行劳农专政，实现共产主义以解决经济问题。这是将经济问题与政治问题混为一谈。[②] 其二，国民革命成功后，也没有必要实行劳农专政，而劳农的权益同样可以得到保障。因为（1）中国的资本家决不能结成联合战线，形成一个阶级，政府可采取产业国营，征收遗产税等措施来抑制资本家的势力；（2）无产阶级既曾努力于国民革命，至少可以争得普选权；（3）中国智识阶级向来对于贫者弱者表同情，这是中国文化的特点。[③] 其三，无产阶级专政是不可能实现的。现在中国的无产者赞成共产，不过是希望乘机得到一些财产，取资本家而代之，并非是本着阶级意识而信仰共产主义。即使中国革命像苏俄一样成功了，由于国家产业不发达，无产可共，这批新获得财产的小资本家必因不愿共产而会成为“反革命”分子。革命最好的结果不过是私人之间财产所有权的转移，对于经济组织并不发生影响。因为经济

① 术：《国家主义快要实现了》，《向导》第185期，1927年1月27日，第1967页；实：《可为曾琦辈浮一大白!》，《向导》第190期，1927年3月6日，第2045页。

② 李璠卿：《国家主义与共产主义》，《爱国青年》（宁波）创刊号，1925年（日期不详），第2—4页。

③ 代英：《与李璠卿君论新国家主义》，《中国青年》第73期，1925年4月4日，第350—353页。

组织是一步一步进化的，不可任意变更。在产业幼稚的国家，即使纠合无产者侥幸取得政权，事实上也不是无产阶级的专政，而是新兴小资本阶级与特权阶级的专政。这种极少数人的专政，不过是新式的寡头政治。其四，无产阶级专政，实际上只是共产党中极少数人的专政，违背了民主、自由的原则。苏俄现在极力限制入党人数，根本的理由是生产力不足，为维持党人的特权和贵族生活，不得不限制人数，这实际上是滥用经济权进行压迫；在少数专制制度下，普通人民更无自由可言。[①] 其五，中国劳农只有极少数受过相当的教育，缺乏处理政治的能力。最后，如果实行一阶级专政，势必引起其他阶级的反抗和革命，彼此争斗，令国家受害。[②]

共产党人则坚持无产阶级专政，批驳“中青”党人的论调。他们指出：首先，从理论上看，无产阶级专政是无产阶级革命真正成功的工具，是资本主义过渡到社会主义的历程中必然的历史产物，是消灭资产阶级反动势力、建立社会主义基础的武器。在无产阶级革命成功后的初期，资产阶级还有相当的势力，他们还可以依赖国际资产阶级的力量图谋反动，依靠革命前所保有的金钱、技术、人才等乘机反动，需要以无产阶级专政为武器与之做长期的斗争。同时，无产阶级革命后，还不能立刻废除一切小生产企业，资产阶级的心理与私有财产的观念也将在一段时期内继续存在，因此就需要无产阶级专政，以开展教育与组织工作，以消除一切习俗的障碍物。[③] 其次，无产阶级专政与“民治主义”不相冲突。国家主义派以“全民政治”相号召，以全民利益的代言人自居，但实际上他们只代表资产阶级的利益，“他们的所谓发达民权，决不许农民工人与缙绅之士有一样的选举

---

① 灵光、一卒：《共产党与中国》，《孤军》第 3 卷第 5 期，1925 年（月份不详），第 1—6 页。

② 陈启天：《国家主义的政治原理一斑》，《醒狮周报》第 193 期，1928 年 11 月 1 日，第 4 页。

③ 弼时：《列宁主义的要义》，《中国青年》第 63、64 期合刊，1925 年 1 月 31 日，第 197 页。

或被选举权，以破坏了他们的体统；他们的所谓保障民生，决不许有人去节制他们的资本，或是平均他们的地权，以侵犯了他们的自由权利。所以这种‘民治主义’，结果至多能给予农民工人以投票权，使他们好为缙绅之士‘抬轿子’凑票数；或是给予农民工人些微的恩惠，使他们能享受资产阶级在革命中所得利益万分之一的余沥，如是而已”。这是国家主义派害怕无产阶级专政的根本原因所在。无产阶级不满意于这种虚伪的“民治主义”，要求保障最广大多数工农的利益，故主张无产阶级专政，以大多数的工农专政，易少数人数——资本家，军阀，帝国主义——的专政。①

随着一战的结束，列强卷土重来，积极谋求扩张在华势力范围；另一方面，国内政治越发失去重心，陷入军阀割据的局面，西式民主渐成泡影。在此背景之下，新式教育所培养的一代青年知识分子逐渐成长、成熟起来，登上了历史舞台。他们中间的一部分选择了共产主义，一部分选择了三民主义，还有一部分选择了国家主义。国家主义派的成员多有着救国的抱负和热情，他们综合各种西方学说，阐述了其国家主义理论，并吸引了相当的追随者。

从思想上看，国家主义派鼓吹全民革命，片面强调国家的公共性，否认国家的阶级性，试图以所谓共同志愿、共同回忆去消解阶级冲突，从而造成一致对外的“全民革命”。对于缺乏阶级意识的人们来说，这种论调有相当的吸引力，尤其是当中华民族整体上受到列强的欺凌压榨，人们渴望谋求国家之独立平等的情形之下。但全民革命论，无法成为真正具有动员力量的革命旗号，因为它混淆了革命的对象与革命的动力，无法解释国家内的阶级利益冲突，也就无法发动广大被压迫的民众起来革命。另一方面，全民革命论也模糊了国家主义派的政治视野，于是，当国民革命狂飙突进时，其

① 代英：《与李琯卿君论新国家主义》，《中国青年》第73期，1925年4月4日，第350—353页；F. M.：《民族革命中的共产党》，《中国青年》第89期，1925年8月22日，第570—571页，引自第571页；子云：《答醒狮》，《中国青年》第114期，1926年2月20日，第391页。

骨干成员与各路军阀联络妥协，丧失了政治声誉。国家主义派梦想欧美式的民主政治，反对无产阶级专政，也反对国民党的一党专政。它在政治体制问题上的主张接近于资产阶级自由派。然而，代议制政治试验在中国遭遇的现实困境，阶级民主论的兴起，欧美式民主政治在中国思想界已缺乏足够的号召力。国家主义派主张建立"全民福利的国家"，主张一面发展国家资本主义，一面发展私人资本主义，同时通过社会改良措施改善农工处境，化解社会矛盾，不主张走自由资本主义的发展道路，这与国民党的民生主义有相通之处。然而，其全民福利国家的主张，在积贫积弱的中国，缺乏实行的条件，也就缺乏号召力。就理论根源而言，一个社会总是同时存在着彼此连带的整合性力量和彼此冲突的分裂性力量。在重建社会时，不拘泥于意识形态立场，能审时度势地对这两种力量加以灵活引导和运用，才是明智的。但国家主义派一味强调前者，难免片面。总体上看，强调社会团结的国家主义更适合作为资产阶级革命成功之后的官方意识形态，更适合作为维护资产阶级统治的理论，而不适合作为资产阶级革命的理论。国家主义派欲以国家主义作为"全民革命"的理论，存在时空错位的问题。

在实际行动上，除收回教育权运动取得了相当的成果，国家主义派做的远远不如说的多。1948 年夏，余家菊与曾琦谈话。曾琦问"中青"的前途如何。余家菊回答说"中青完了"，"种这样的因，便只有这样的结果"。他并认为，青年党的失败，不是在理论上的失败，是在救国的成绩上的失败，是在推进民主运动上的失败。① 深究下去，"中青"之所以在救国成绩上失败，是因为它从未真正独立地占据一方土地，管理一群人民，因而，缺乏能够有所作为的经济基础，也难以发展出真正有力量的组织，去实践其理论和理想。反过来说，也是因为"中青"在理论层面过分强调信仰、

① 余子侠等：《余家菊年谱简编（1898—1976 年）》，收入章开沅、余子侠主编《余家菊与近代中国教育》，第 422 页。

志愿等精神因素的作用，过分依赖知识分子群体，而忽视了去夯实其经济基础、阶级基础。在与中共和国民党的较量之中，“中青”为生存而不得不与各路军阀周旋联络，与其理想和主张背道而驰，更是令人齿冷。

反共是“中青”成立的动机之一，也是其始终坚持的主张和立场。1930 年代，“中青”逐渐开始与国民党合作，协助后者剿共。退至台湾后，“中青”仍以反共为旗帜。直至 2010 年，“中青”才通过《废除反共主张决议文》，正式停止反共。[①] 在一定程度上，正是反共的立场使得“中青”在理论和行动上走向了极端，而未能审时度势地就实际问题做出合乎情理的分析和判断，并采取恰当的行动。

① 参见曾辉《中国青年党研究（1923—1945）》，博士学位论文，华东师范大学，2014，第 55 页。

第五章

孙中山去世后国民党内各派的三民主义阐释

1924 年的国民党改组，“是在孙中山独断独行的情况下决定的”①，一开始就遭到国民党内许多人的反对。对于马林提议中国共产党人以个人身份加入国民党的主张，中国共产党人一开始也大多持反对意见，只是在马林以共产党人加入国民党为共产国际的指示，要求中共在接受或违反国际指示之间做出选择的情形下，中共三大才勉强决定共产党人全部加入国民党。国共合作刚一建立，鲍罗廷就断言国民党内左右两派的斗争不可调和，“分裂是必然的和不可避免的”。② 他的这一判断有道理。这主要是三个方面的原因所决定。

一是意识形态上的分歧。国共两党虽在反对帝国主义、反对军阀统治、争取民族解放等诸多有关国民革命的重大问题上有共识，但两者之间在意识形态上仍有重大的分歧，分裂几乎是必然的。共产党主张通过阶级革命和无产阶级专政实现共产主义，坚定信奉世界革命的理念，将苏俄看作社会主义的祖国和世界革命的坚强堡垒，坚决主张联俄，又主张毫不妥协地反对帝国主义。而国民党则

① 《包惠僧回忆录》，人民出版社 1983 年版，第 141 页。

② 《鲍罗廷的札记和通报》，《联共（布）、共产国际与中国国民革命运动》第 1 卷，中共党史出版社 2020 年版，第 439 页。

基本上是一个民族主义政党，其联俄主要出于策略考虑，并不把苏俄看作社会主义的祖国，虽反对帝国主义，但不排斥一定条件下与帝国主义的妥协。不少国民党人并不把帝国主义看作某些个具体的国家，而主要把它看作侵略行径。因此，当一些国民党人认为苏俄在外蒙古、中东铁路上的表现符合他们认为的侵略行为时，苏俄也就被看作帝国主义，而英美等国对国民党表示“友好”时，就不被他们看作帝国主义。国民党主张民生主义，并且不少国民党人也认为民生主义就是社会主义或者共产主义，但反对以阶级斗争的方式实现民生主义，而主张调和阶级斗争，以发展国有资本、限制私人资本、平均地权等民生主义措施消弭阶级差距与阶级矛盾。意识形态上的这些差异，导致双方在是否毫不妥协地反对帝国主义问题上，在是否坚定联俄的问题上，在工农运动的范围与深度问题上，尤其是北伐军进入两湖地区后，在工人要求增加薪水减少工时的可能范围、农民要求分配土地的可行性，以及工会与农民协会的权力范围及行使规范问题上，共产党、国民党左派与国民党中派、右派的分歧日趋尖锐。到蒋介石率军控制江西与江浙地区后，这种分歧最终导致双方的公开分裂。

二是国民革命开展策略上的分歧。国民革命时期的中国共产党以俄国革命为榜样，主张将工作中心放在宣传革命之主义，组织发动工农群众，使国民党成为一个群众性的革命党，然后在条件成熟时，通过罢工、罢市、罢课等群众性斗争的形式，再辅以策动军队起义，来推翻军阀政权。这种方式在资本主义有一定发展，存在比较集中而且有一定数量与质量的近代产业工人队伍以及已经形成近代市民社会的国家。但在传统农业经济占绝对主导地位，近代产业工人数量较小，集中度、组织程度都还不够的中国，未必是合适的革命方式。国民革命时期的中国，工人阶级队伍数量不大，且与传统农村社会有千丝万缕的联系，组织性、斗争性都还比较欠缺，近代产业在国民经济中的地位虽占有一定位置，但除铁路、航运、码头等行业的工人罢工能对经济社会与军阀的统治产生比较大的冲击之外，一般工矿企业的产业工人罢工，并不能对军阀统治产生严重冲击。一直到1926年，共产党才开始重视军事问题，但也只是开始请苏联帮助培训自己的军事干部，并没有建立党的军队的想法。这是后来国民党反动派清党时，共产党十分被动的重要原因。而孙中山长期以策动军队，开展军事斗争为主，但他的斗争缺乏群众的支持，也缺乏可靠的革命军队。当孙中山还没有建立可靠的党军时，共产党对孙中山革命策略的批评是有道理的。但自黄埔建军后，国民党就逐渐建立了自己的党军。事实证明，党军的建立是后来国民党夺取政权的根本所在。此时再批评国民党过于重视军事问题，在国民党看来，简直是幼稚。后来，共产党又反对国民党的北伐，认为北伐可能造成南方根据地的丧失，这也令国民党人十分不满。因为革命策略上的分歧，共产党人在《向导》上公开批评国民党过于重视军事，而忽视宣传与组织工作。在共产党看来，革命阵营内部的公开批评，是同志式的批评，是为着革命事业的开展而进行的忠实于革命的行为，不足为奇。而国民党则认为，这种批评是共产党故意贬损国民党及其领袖孙中山，意在减少国人尤其是青年人对三民主义的信仰，是在与国民党争夺群众，对此十分反感。

三是国共两党在国民革命领导权上的争夺。本来，无论共产党，还是国民党，都不太情愿接受以党内合作的形式开展合作。国民党认为自己是有历史、有影响力的大政党，三民主义是适合中国国情而为中国国民革命所需要的理论，而共产党尚弱小，力量不足，中国的产业工人队伍弱小，共产党的阶级基础不足，其阶级革命论不符合中国国情，其共产主义的奋斗目标脱离中国的现实需要。因此，包括孙中山在内的许多国民党人都轻视共产党，认为国民革命理应由国民党来领导，共产党应当融入国民党。共产党实际上一直以党团形式在国民党内活动，国民党人认为这违背了当初共产党以个人身份加入国民党的承诺，并要求共产党改变在国民党内的活动方式，开放其党团活动。还有一些国民党人认为，国共两党的主张并无原则区别，苏俄与共产国际一面支持国民党，一面又支持共产党，将破坏国民革命的统一战线，对苏俄与共产国际的策略表示不满。不少共产党人则认为，国民党内多腐败老朽分子，而共产党是马克思主义这一最先进的理论指导的朝气蓬勃的党，是代表无产阶级这一最先进、最有战斗力的阶级，为着人类解放与共产主义的崇高事业奋斗的先进的党，对国民党存有一定的阶级优越感与政治优越感，瞧不上国民党，又担心共产党人加入国民党将使共产党失去青年的信仰，永失发展之机。中共虽接受共产国际的指示，同意共产党人以个人身份加入国民党的形式实现国共合作，也同意当时的工作是国民革命而不是共产主义革命，但始终不曾放弃共产主义的奋斗目标；中共党内以及共产国际内部对于国民革命工作的开展，在一切以国民党为中心，还是共产党必须独立开展工人运动并积极争取国民革命领导权的问题上，一直存在争论。还在 1922 年 11 月，共产国际四大就提出，殖民地和半殖民地国家的共产党和工人阶级，一方面要力争最彻底地解决资产阶级民主革命的任务，以求得国家政治上的独立；另一方面又要利用资产阶级民主阵营内的种种矛盾，把工人和农民群众组织起来，开展阶级斗争，实现无产阶级的领导权。[①] 随后，1923 年 5 月，共产国际执行委员会给中国共产党的五月指示就提出，中国共产党在进行民族革命和建立反帝统一战线时，必须进行土地革命，力求实现工农联盟，必须争取革命的领导权。[②] 此后，争取国民革命领导权就成为中共的重大政治议题。1924 年 7 月，中共中央向党内发出通告，要求开展对国民党右派的斗争，努

① 《共产国际第四次代表大会关于东方问题的总提纲》（1922 年 11 月 5 日到 12 月 5 日），《共产国际有关中国革命的文献资料（1919—1928）》第一辑，中国社会科学出版社 1981 年版，第 70—72 页。

② 《布哈林对共产国际执行委员会东方部给中国共产党第三次代表大会的指示草案的修正案》（不晚于 1923 年 5 月 24 日），《联共（布）、共产国际与中国国民革命运动》第 1 卷，第 255—256 页。

力掌握和维持指挥民众团体的实权。[①] 1925 年 1 月，中国共产党第四次全国代表大会确定争取国民革命的领导权的重大方针。其后，随着孙中山的去世，国共合作失去了维持合作的制衡器，国共两党矛盾日趋公开化。戴季陶主义也就是在这个时候出现的。

戴季陶主义出现后，中国共产党曾组织对它的批判。但这种批判并不为国民党人所接受，相反，戴季陶主义为国民党内对共产党怀有疑忌之心的右派乃至部分中派提供了反对共产党的思想武器，蒋介石就被共产国际与中共称为武装化的戴季陶。随着国民革命的进行，国共矛盾日渐尖锐。1925 年 11 月出现西山会议派。1926 年 3 月发生中山舰事件。1926 年 5 月，又发生整理党务案。北伐军攻占武汉后，国共两党在工农运动的方式、深度、范围等方面，在北伐军进攻方向的问题上，都有严重的冲突。而国民党内部也有汪精卫集团与蒋介石集团的权力之争。1927 年 4 月，蒋介石发动政变，开始暴力清党。随后，当年 7 月，武汉的汪精卫集团也撕下“国民党左派”的面具，发动政变。至此，国共合作彻底破裂，共产党被迫走上独自开展武装革命的道路。

国共合作的破裂，南京国民政府及其党治体制的建立，国民党当权派背叛扶助农工的政策，抛弃工农，镇压工农运动，向帝国主义妥协，引起国民党左派的强烈反对，由此出现了“第三党”。另外，南京政府把持在蒋介石集团手中，以汪精卫为首的政治欲未获满足的国民党人，乃打出“恢复十三年改组精神”的旗号，要求再次改组国民党，以此与蒋介石集团争夺党统与政权，形成了改组派。无论第三党，还是改组派，都以三民主义为旗号，并对三民主义进行了自己的阐释。至于国民党南京当局，其三民主义则主要是胡汉民的连环的三民主义，其最核心的内容是国民党党治体制的建构。关于国民党的党治

---

① 《中央通告第十五号——对国民党右派的斗争》（1924 年 7 月 21 日），《中国共产党第四次全国代表大会档案文献选编》，中共党史出版社 2014 年版，第 53—54 页。

体制，我们放在下一章叙述，本章主要介绍戴季陶主义、第三党的平民革命理论以及改组派的思想主张。

一 戴季陶主义

还在1925年2月，随着孙中山沉疴日重，鲍罗廷提出，国共的分裂将很快到来。他乐观地认为，共产党只会从这种分裂中得到好处。共产国际代表维经斯基认为，鲍罗廷对右派力量的估计过低。眼见国共分裂不可避免，维经斯基曾提出，中共“同国民党的关系由联盟转向联合”，即由党内合作改为党际合作。但这一建议遭到共产国际执行委员会内部的强烈反对。① 这样，孙中山去世后，国共矛盾日益表面化，合作关系越来越难以维持。正是在这种背景下，戴季陶提出了他的“戴季陶主义”，希望通过将孙中山的三民主义确立为国民党的最高指导思想来实现国民党内的思想统一，建立国民党内的共信、互信，解决国共合作形式下国民党内的冲突。

孙中山去世两个月后，1925年5月，戴季陶向国民党一届三中全会提出“确立最高指导原则案”。经过激烈争论，全会通过了这一提案，国民党为此发布了“接受总理遗嘱宣言”、“关于接受遗嘱之训令决议案”以及“关于确立最高原则之训令”。“接受总理遗嘱宣言”称，孙中山是“唯一的崇高伟大仁慈之父师”，表示国民党“完全接受我总理之遗嘱，自今而后，同德同心，尽吾人之全力，牺牲一切自由及权利，努力为民族平等，国家独立而奋斗，以继总理未竟之志”。② 关于“接受遗嘱之训令”称：“以后

① 《联共（布）、共产国际与中国国民革命运动》第一卷，中共党史出版社2020年版，第540—541页。

② 《接受总理遗嘱宣言》（1925年5月24日），荣孟源主编：《中国国民党历次代表大会及中央全会资料》（上），光明日报出版社1985年版，第76—80页。

本党一切政治的主张，不得与总理所著建国方略、建国大纲、三民主义、第一次全国代表大会之宣言政纲及九月十三日宣言、十一月十三日宣言之主旨相违背；凡违背上述主旨之议案，无论何级党部，概不得决议。”①“关于确立最高原则事训令全体党员”强调，国民党以孙中山创立的三民主义为最高指导原则，“总理在时，党员之行动一决于总理，总理既没，党员之行动惟有完全取决于总理之遗教。如党员之行动及言论有不遵奉总理遗教者，本党皆一律以纪律裁制之。且以后无论何时，决不因党员之成分不同，而动摇本党之最高原则，此则全体党员所应确实信守者也”。② 这不但确立了三民主义的最高指导地位，也明确了要对违背三民主义者加以纪律制裁。讨论决议时，一班国民党元老担心“民生主义与共产主义毫无冲突”之类的观点以及联俄容共政策将束缚国民党以后的行动，不利于防范共产党；而共产党则反对在党的文件中出现“唯一的崇高伟大仁慈之父师”之类的个人崇拜字句。戴季陶在1925年12月给蒋介石的信中说到会议上的情况称，“所谓右派之同志，其愚诚不可及，以树立此政策为帮助共产党人之举，群起而反对之，会议以此破裂”。他又怀疑共产党方面所以反对这一提案是“认为树立一思想之中心，则今后国民党将以一独立思想为基础，而不能为共产主义之思想所同化，欲将此一主张消灭之”。③

此后，1925年6、7月，他先后发表《孙文主义之哲学的基础》以及《国民革命与中国国民党》两本小册子，试图以他解释的三民主义来统一国民党的思想，解决国共合作中的冲突。他的主要见解有如下四点。

第一，极力抬高孙中山以及三民主义的地位。他说，孙中山

① 《关于接受遗嘱之训令》（1925年5月24日），荣孟源主编：《中国国民党历次代表大会及中央全会资料》（上），第85页。

② 《关于确立最高原则事训令全体党员》，荣孟源主编：《中国国民党历次代表大会及中央全会资料》（上），第91页。

③ 杨奎松：《国民党的“联共”与“反共”》，第80—81页。

“是吾党同志人格的模范，主义的导师，统帅的主帅”，“有孙先生而后有三民主义，有三民主义而后有党”。[①] 他将孙中山的思想分道德的主张与政治的主张两部分，称其道德的主张“是继承古代中国正统的伦理思想”，其政治主张“全部是从改革现代世界的经济组织、国家组织、国际关系上着眼，创造最新的理论和实际”。从其道德思想看，孙中山“的确是中国民族文化的结晶，是中国继往开来的圣哲”。从其政治思想看，孙中山又“的确是现代世界文化陶融而成的革命导师，是全世界被压迫民众的救主”。[②] 他认为，孙中山的三民主义是在两大历史背景下提出的。其一是在“极端个人主义的”专制主义的愚民政策把中国人的组织力、创造力以及民族的智识和思想“压伏得干干净净”，以至于中国人面对“近代科技文化制造出来的新蛮族”的侵略压迫时，缺乏民族自信力，或盲目排外，极端守旧，或无意识地趋新，盲目地媚外，找不到正当的方法；其二是欧美列强凭借其科技、资本主义经济势力，对外殖民扩张，瓜分世界，压迫落后民族，制造了日趋激烈的帝国主义之间的矛盾以及落后民族与帝国主义之间的矛盾，对内则在自由竞争的原则下，压榨工人，造成日剧激烈的阶级矛盾。在此背景下，孙中山统观中国与世界的大势，“以中国之历史的哲学思想为基础，以适合中国民族之迫切的需要为方法，以世界的民生问题为解决对象，以世界人类的大同进化为终结目的”，创造性地提出了“很崇高伟大”的三民主义。[③] 三民主义不但是中国革命的指导思想，而且可以成为世界其他被压迫民族开展革命的指导思想，具有世界性意义。戴季陶大概是国民党中首先将三民主义抬升为世界革命理论的人了，其后不少国民党的理论家在阐释三民主义时都试图说明其世界性意义，改组派甚至提出要建立三民主义国际（东方

---

① 戴季陶：《国民革命与中国国民党》，军事委员会政治训练部 1928 年版，第 21 页。

② 戴季陶：《孙文主义之哲学的基础》，桑兵、朱凤林编《戴季陶卷》（中国近代思想家文库本），中国人民大学出版社 2014 年版，第 414—415 页。

③ 戴季陶：《国民革命与中国国民党》，第 4—8 页。

国际)，以指导、联络东方民族殖民地的民族革命。这种阐述旨在说明，马克思主义适合于西方发达资本主义的无产阶级革命，而三民主义则适合于像中国这样的殖民地半殖民地的民族民权民生革命。

第二，强调国民党“是信奉中华民国创造者孙中山先生所主倡之三民主义，为最高原则”的革命政党。[①] 他历数国民党一大宣言、接受总理遗嘱宣言、关于接受遗嘱之训令、关于确定最高原则事训令全体党员等文件，强调国民党全党必须奉行三民主义，不得有所违背，这是经国民党合法的党内程序确定的，中国共产党人在国民党内也参与此种决议，必须遵照民权集权制的精神，遵守党的决议，不得另外倡导违背三民主义的思想学说。他说，国民党内左右分化严重，“使全党的人，心理上都起了一种暗云，大家不是猜忌，便是狐疑，种种进行，都因此生出一种障碍”，这严重妨碍国民革命的进行，因此必须确定中心思想，建立党内共信、互信。[②] 他从人类生存竞争的角度提出，人类的生存欲望有排他性、独占性、统一性和支配性，人类组织团体要有所成就，必须有共同的主义，这个主义也必定有排他性、独占性、统一性、支配性，因此国民党的主义也必须具有排他性、独占性、统一性、支配性。从国民党的历史与中国革命的需要看，这个主义只能是孙中山创立的三民主义，而不能是其他主义。[③] 这种表述，直接地说就是，国民党必须保持主义的纯洁，信仰共产主义的人，要么放弃共产主义的信仰，要么退出国民党，尤其重要的是国民党的高级干部不得跨党。他要求一切国民党党员，都要出席党部的会议，要看党的印刷品，要接受党的训令和决议，否则就应受纪律的制裁。“全体党员，凡是识字的人，必须把总理遗嘱所指的著作，细细的读过，明明白白

① 戴季陶：《国民革命与中国国民党》，第 1 页。

② 戴季陶：《国民革命与中国国民党》，第 25 页。

③ 戴季陶：《国民革命与中国国民党》，“导言”第 1—4 页。

的了解。”要把主义牢记在心，落实于行。[①]

第三，辨析三民主义的内涵，意图树立“纯正的三民主义”。

（1）三民主义是以民生主义为中心的系统的整个的理论。他将民生主义定为三民主义的“中心”，说“民生是历史的中心”，孙中山“一生的精神，全部是注在民生主义”，他领导的国民革命，“最初的动因，最后的目的，都是在于民生”。民族主义是为“排除障碍民生的恶势力”尤其帝国主义的压迫，“是三民主义革命的第一步工作”。民权主义是要“建设人民的权力”，尤其是“建设起在政治上经济地位上立于被压迫地位的农工阶级的权力”，以保障民生问题的解决。[②] 单纯主张民族革命，甚至将民族革命理解为种族复仇，违背了中国的道德和平与仁爱的精神，将走向帝国主义；单纯主张民权革命，以为建立民权政治，就万事大吉，那民权就只会是资产阶级的民权，而中国社会也将变成资本主义社会；离开民族革命、民权革命而单纯主张社会革命，则会落入空想。这种论述一方面针对国民党内的一些追求资产阶级民主政治的自由派；另一方面又针对国民党内的无政府主义派的无政府主义，而最重要的则是针对共产党的共产主义理想。

（2）关于民族主义。戴季陶认为，孙中山的民族主义是“以仁爱为基础，民权为方法，民生为目的之文化的民族主义”，不是简单的种族复仇，[③] 而是如孙中山所说，一方面恢复中国民族的地位；另一方面要扶持弱小民族，抵抗列强，消灭帝国主义，用中国固有的道德和平做基础，去统一世界，成一大同之治。他将民族主义的核心归结为求民族的生存与发展。这种表述，一方面针对当时一些青年中存在的世界主义倾向；另一方面也针对共产党人的阶级超越于民族的世界革命的理念。他批评当时青年中存在的世界主义

① 戴季陶：《国民革命与中国国民党》，第33—34页。

② 戴季陶：《孙文主义之哲学的基础》，桑兵、朱凤林编《中国近代思想家文库本》《戴季陶卷》，第417页。

③ 戴季陶：《国民革命与中国国民党》，第10页。

倾向，强调首先要求民族的生存与发展，而后才能谈世界主义。[①]又批评共产党人以为“全世界的经济组织变更了，资本主义消灭了，民族的差别，民族的生存竞争，便因此终结，全世界便能因此得到个永久的平和”的认识，是没有看透民族竞争生存的实质，“是一种妄想”。他说，民族生存竞争包括“食欲”与“性欲”两个方面，经济竞争来源于“食欲”，而血统之争则来源于“性欲”。西方的社会主义者所以不谈民族竞争中的“性欲”问题、血统问题、人口问题，其原因，一是担心此种说法为帝国主义所利用，二是担心此种说法会淡化社会主义的色彩。他强调，作为弱国的人们必须注意民族竞争中的人口问题，要将保存民族的血统与保障人口的繁衍作为民族竞争中的重大任务。[②]戴季陶看重民族血统延续与扩大对于民族生存竞争的意义的看法，来源于孙中山。孙中山在《民族主义》的系列演讲中就讲到帝国主义对中国有三大压迫，即“政治力的压迫”、“经济力的压迫”与“人口增加的压迫”。[③]这种看法，更接近于种族主义的民族主义，认为帝国主义的发生更多的是因为人类延续、扩张自己血统的本能，而非资本主义制度。某种程度上，这有一面之理，但是帝国主义的发生，无论古代的帝国主义，还是近代的资本帝国主义，主要起因于经济资源的争夺，不过也不能排除民族生存空间的竞争。对于此种生存竞争，戴季陶的看法是，一方面要注意保存本民族血统的延续；另一方面遵照孙中山的提法，用仁爱和平的传统道德去化除民族竞争中的戾气，达成世界大同。固然，中国传统中的仁爱和平，乃至世界各文化中的仁爱和平的思想，对于减缓民族竞争的矛盾，有积极作用，但解决问题的根本方法确实还得在经济问题中去寻找。与民族主义相关的是联俄政策问题，于此，戴季陶认为联俄是为了反抗帝国主义的侵

① 戴季陶：《国民革命与中国国民党》，第 53 页。

② 戴季陶：《国民革命与中国国民党》，第 54—56 页。

③ 孙中山：《民族主义》，《孙中山全集》第 9 卷，第 209、232、237 页。

略，争取中国民族的独立与自由，在这个过程中，应保持自己的独立性，要看清楚自己的需要，不能依赖俄国，不能盲从苏俄。他说，中国的需要，只有真正爱国的中国人才认识得出来，救国的方法，要真正的三民主义的信徒才研究得清楚。他反对国家主义派为了反对中国共产党而反对联俄，并进而否定社会主义学理的价值，也不赞同中国共产党因为反抗帝国主义需要联俄，而主张“盲从”俄国的制度。①

（3）关于民权主义。戴季陶强调，民权主义就思想上说，是三民主义的“中坚”，就实际方法上说，是“一切建设工作的基础”。他认为，“民权是人民在政治上自己保障的手段，同时是政治之社会化的手段。简单说，就是民主的建国方法”，民权主义不但是动员民众参与革命所必需，也是将来建设民生主义所必需。他批评一些年轻人“只看见政治的民权已经建立起来的国家里面，资产阶级的人，常常拿十八世纪的自由民权说作辩护，于是便误会以为民权主义都是资产阶级骗人的东西”，这太看轻了民权的意义；尤其是在中国这样一个“一点民权影子都没有”的国家里，民权主义是不能不讲的。不过，他讲民权主义时，一方面说要建立工农群众的民权政治；另一方面又表达出应先搞资产阶级的民主，等资产阶级的民权政治建立后，无产阶级再向资产阶级争取民权的意思，认为革命之后的政权应掌握在“信奉三民主义的中国青年”手里。也就是说，政权不能掌握在信奉共产主义的中国青年手里。② 他无端指责中国共产党不讲民权主义，是担心讲民权主义会影响社会革命的进行。③ 戴季陶讲民权主义，也坚持孙中山的训政说与权能区分说，认为训政是中国建立民权政治的必由之路，权能区分是建立万能政府的妙法。

---

① 戴季陶：《国民革命与中国国民党》，第 56—58 页。

② 戴季陶：《国民革命与中国国民党》，第 61—63 页。

③ 戴季陶：《国民革命与中国国民党》，第 61—62 页。

（4）关于民生主义。他称民生主义之目的在“图中国人民的食、衣、住、行、育、乐六种需要，能够在科学的实用和组织下面，得到普遍均等的满足”。又称，民生主义不可能以无产阶级专政的手段来实现，而应依靠“土地农有”、大工业以及交通机关国有以及奖励小工业的自由发展等“建设”的手段来实现。[①] 孙中山允许小工业的发展，而戴季陶则主张“奖励小工业的自由发展”。孙中山的《民生主义》系列讲演没有讲完就北上了，戴季陶于孙中山所说民生主义要解决人民之衣食住行四大问题外，提出民生主义还要解决人民之育、乐两大问题，并说这是孙中山本来要讲而没来得及讲的问题。后来，他的这种讲法在国民党内被普遍接受。确实，如果民生主义只是讲衣食住行，那未免过于粗糙。他比较民生主义与共产主义，认为二者之目的、性质相同，都是要图民生之普遍而均等的满足，都“突破了国界，以全世界为实行主义的对象”，但它们的哲学的基础与实行的方法不同。共产主义以马克思的唯物史观为理论基础，主张用无产阶级革命与无产阶级专政的方法消灭阶级；民生主义则“以中国固有之伦理哲学的和政治哲学的思想为基础”，“以国民革命的形式，在政治的建设工作上，以国家的权力，达实行的目的，所以主张革命专政，以各阶级的革命势力，阻止阶级势力的扩大，而渐进的消灭阶级”。[②] 他沿着孙中山的说法称，中国的经济问题是普遍的贫困，是经济的不发展，故应“以生产问题为主要部分，而后及于分配问题，不是像生产已经过量发达的国家，以分配问题为主要部分，而后及于生产问题”。为此，要建立强有力的革命政府，以国家之力发展国家资本，增加生产能力。他又引孙中山所说“要解决民生问题，是要用事实做基础”，称共产党主张共产主义是用空洞的学理做基础去求实际问题的解决，不恰当；中国民生问题的解决要从中国实际出

① 戴季陶：《国民革命与中国国民党》，第58—60页。

② 戴季陶：《孙文主义之哲学的基础》，桑兵、朱凤林编《戴季陶卷》，第418页。

发，要先求国内经济问题的解决，不能一开始就追求世界经济问题的解决。①

（5）关于国民革命与阶级革命。戴季陶称，孙中山主张的是国民革命，即联合各阶级的革命，不是阶级革命。戴季陶反对阶级斗争，主张发挥仁爱的性能以消除阶级对立。他说，“阶级的对立，是社会的病态，并不是社会的常态”，在阶级分化明显，阶级对立严重的国家，阶级革命是革命的必要形式，而中国社会不是清晰的“两阶级对立”的社会，中国的革命与反革命势力的对立，“是觉悟者与不觉悟者的对立，不是阶级的对立”，“中国数十年来的革命者，并不出于被支配的阶级，而大多数却出于支配阶级”。中国的革命是由统治者中的先知先觉者基于“仁爱”的道德心，出于“利他”的动机，为解除“最大多数受痛苦的平民”的痛苦而发起的，而反对革命者之反对革命，也并非基于阶级立场、阶级利益，而是他们没有觉悟，没有能发挥其“仁爱”的性能，没有从“利己心”中走出来。他称，要推动中国革命，“是要促起国民全体的觉悟，不是促起一个阶级的觉悟”。具体地说，就是一方面“要治者阶级的人觉悟了为被治者阶级的利益来革命，在（要）资本阶级的人觉悟了为劳动阶级的利益来革命，要地主阶级的人觉悟了为农民阶级的利益来革命”；另一方面是“要被治者阶级、劳动阶级、农民阶级也起来为自己的利益而革命”。② 戴季陶的各阶级联合革命的说法，以及以仁爱心唤起人们革命觉悟的说法，抹杀了人们阶级地位的差异，也混淆了革命对象与革命动力，是一种唯心主义的历史观，其目的在以仁爱说调和阶级冲突，尤其是调和国民党内的阶级冲突。

（6）试图将三民主义儒家化。戴季陶试图将三民主义与儒家哲学勾连起来，将它哲学化，提出了所谓民生史观。他说，孙中山

---

① 戴季陶：《孙文主义之哲学的基础》，桑兵、朱凤林编《戴季陶卷》，第420页。

② 戴季陶：《孙文主义之哲学的基础》，桑兵、朱凤林编《戴季陶卷》，第425页。

的“三民主义原理，全部包含在民生主义之内。其全部著作，可总名之曰民生哲学”。所谓民生哲学，就是将民生看作“历史的中心”，认为人类的一切活动及其产生的发明、科技、制度、思想、道德等，都因人类求生存而来，“离却人类生存的需要，也就没有发明和工作的价值”；离却人类的生存，也就没有人与人的关系，没有人生，也就没有制度、思想与道德。总之，“一切国家和社会的文化，都是以人类的生存为目的，以‘共同生活’的组织为人类生存的手段。详言之，就是人民的生活，社会的生存，国民的生计，群众的生命，便是文化的目的”。[①] 民生是人民的生活，社会的生存，国民的生计，群众的生命，这种说法来自孙中山。这种说法将“民生”的概念弄得十分含混，这四方面的内容多有重叠，既包括国家、社会、个人，也包括生存的动机，还包括生存的制度与物质，甚至生存的状态与生命。这种含混，使后世研究孙中山思想的学者，对于孙中山的历史观究竟是唯物史观，还是唯心史观，抑或二元的历史观，争论不休。如果生存是一种本能与冲动的话，那民生主义确实有唯心史观的倾向。如果民生指国民的生计，则他的历史观有唯物史观的倾向。戴季陶试图将三民主义儒家化，他说，孙中山的民生哲学来自孔子。而孔子的理论分两大部分，一是《中庸》所阐释的原理论，一是《大学》所阐释的方法论。《大学》讲格致诚正修齐治平，从修齐治平看，“孔子的思想，注意全在民生”。他将孔子关于修齐治平的思想称作“社会连带责任主义”，即认为个人、家庭、国家、世界是互相连带、互有责任的，“只为个人利益，而不顾家、国、天下的利益；只顾一家的利益，而不顾国与天下的利益；和只顾一国的利益，而不顾天下的利益，这一种自私自利的行为，都是反乎人类共存的真义的”。仁爱之说就是从这种“社会连带责任主义”发展出来的。因为有仁爱之心，

① 戴季陶：《孙文主义之哲学的基础》，桑兵、朱凤林编《戴季陶卷》，第434、427页。

故能关注民生疾苦，能为天下苍生奋斗，能先知先觉，能抛弃其特殊的阶级地位而回到平民中来，能抛弃兽性而恢复其人性。有仁爱之心，故能有知仁之智，能有行仁之勇，由此也就有仁、智、勇三达德。行此三达德，则以诚一以贯之，以诚发其仁爱之心，以诚知仁，以诚行仁，始终一贯。戴季陶的这种解释，一方面是试图接续道统，将孙中山看作孔子之后第一大圣哲，算是历史上颂圣文的现代版；另一方面则是将三民主义用古代的仁、智、勇包装起来，将仁化为三民主义，经过这种包装，三民主义就是救国救民之道，实行三民主义就是实践仁爱之道，于是，智就变成体会、信仰三民主义，而勇就变成勇于实行三民主义，诚就是始终不渝地信仰、奉行三民主义。[①] 这样，三民主义成了现代的儒学，孙中山就成了现代的孔子，而国民党党员都是现代孔子的学生，用现代的儒学去化全国之民，以求富强，以臻大同，就是行仁，就是爱民。一切的一切，都顺理成章。

（7）发挥孙中山关于树立民族文化自信的思想。孙中山对传统文化经历了从离异到回归的变化。晚年孙中山对五四以后青年学生中普遍存在的对传统文化的离心倾向，十分不满，故比较多强调传统的价值，强调民族文化自信的意义。戴季陶对孙中山的这些思想加以发挥。他对近代以来中国人因为国家贫弱而非议孔子，将国家贫弱之因归结为儒家文化，十分不满，认为这种心态是中国人已经丧失文化自信力的表现，也正是文化堕落的原因所在，是中国革命思想不能成熟、不能恢复国民的创造力的缘故。他称，汉代以来，中国所以逐渐衰颓腐败，责任不在孔子，而是因为历代统治者“表面上竖起尊孔的招牌，而内容却完全用老子的将取必与的办法，把孔子以智、仁、勇为基础的社会连带责任主义打得粉碎！”于是，社会上盛行的是“离世独立的虚无主义”、“权谋术数的纵

① 戴季陶：《孙文主义之哲学的基础》，桑兵、朱凤林编《戴季陶卷》，第428—431页。

横主义”、“迷信运命神鬼的宿命主义”以及“烧炼采补的纵欲主义”，“这四个趋向，不是渊源于老子的个人主义，便是以老子的个人主义为依归”。这就使中国国民的文化创造力“消失了二千年”。[①] 戴季陶将恢复民族文化自信作为民族复兴的第一要务，认为“要有了民族的自信力，才能创造文化；要能够不断继续创造文化，发展文化，才有民族的生命，才有民族生命的发展；有了民族生命的发展，才可以得到世界平和，世界大同”。[②] 又说，只有恢复了民族文化的自信，才能够尽量地“接受现代的欧洲文化，把欧洲文化供我的需要，完成中国国家和社会的建设，同时发展中国民族创造世界文化的能力，以中国固有的世界大同的精神，完成世界大同的事业”。[③] 从表面上看，他的这些话也通，但实际上，他认为中国需要学习西方的是“现代的科学文明”，至于道德，那只要发挥孔孟的儒家道德就可以，不用向西方学习。欧洲的资本主义、帝国主义是以“个人主义”为基础的，欧洲的社会革命思想是“纯粹以物质问题为历史中心，以阶级斗争为绝对的手段”，都不可取。真正可取的是孔子的仁爱之说，是孔子的“社会连带责任主义”。[④]

第四，他指责中国共产党对国民党采取“寄生政策”，一面加入国民党，借国民党的壳来发展共产党的势力，一面又公开批评国民党的主义与政策，批评国民党的领袖人物，离间国民党领袖，“使一般青年不信任国民”，“是认中国国民党为 C. P. 将来之敌”。他要求共产党人要么放弃共产主义与阶级斗争学说，“真把三民主义认为唯一的理论，把国民党认为唯一救国的政党”，“诚心诚意

① 戴季陶：《孙文主义之哲学的基础》，桑兵、朱凤林编《戴季陶卷》，第 429—430 页。

② 戴季陶：《孙文主义之哲学的基础》，桑兵、朱凤林编《戴季陶卷》，第 415 页。

③ 戴季陶：《孙文主义之哲学的基础》，桑兵、朱凤林编《戴季陶卷》，第 426—427 页。

④ 戴季陶：《孙文主义之哲学的基础》，桑兵、朱凤林编《戴季陶卷》，第 428 页。

牺牲了自己的空想，脱离一切党派，作单纯的国民党党员”。若共产党人坚持共产主义与阶级斗争学说，就应该退出国民党，另外组织起工人阶级的政党，不要“心里想着共产革命，口里说的是半共产革命，手上做的是国民革命”，这样不利于国民党的团结，也不利于国民革命。又明确提出，“在组织上凡是高级的干部，不可跨党”。[①] 他承认，“本来 C. P. 和 C. Y. 利用中国国民党，他的目的很纯洁，心情很高尚”；但他认中共所企图的“是在中国社会的急激的进化”，但是现在的中国还不具备实行共产革命的条件，现实可行的还是大家齐心协力地发展国民党，开展国民革命。

可见，戴季陶主义主要有两个方面的内容，一是试图解决国共分歧，以三民主义统一国民党，解决国民党内的组织问题与思想问题，体现了国民党内部相当一部分人对共产党的工作以及共产党的发展存在日渐明显的嫉妒心。第二是试图将孙中山的三民主义解释为戴季陶式的三民主义。从思想上看，戴季陶主义表露出国民党人要与共产党争夺国民革命的理论指导权。戴季陶说：“马克斯（思）的唯物史观，能够说明阶级斗争的社会革命，不能说明各阶级为革命而联合的国民革命。中山先生的民生哲学，不但是可以说明各阶级为革命而联合的国民革命，并且把一切的革命历史，都在这一个原则下面解释出来。所以国民革命下面的斗士，决定非信奉民生哲学不可。”[②] 这句话，很直白地表露了这一点。而他争夺革命理论指导权的方法则将三民主义儒家化，将孙中山捧为孔子之后中国最大的圣哲。孙中山晚年的“三民主义”系列讲演，确实有回归传统的倾向，戴季陶就孙中山的这一倾向大加发挥，将孙中山的三民主义说成以儒家仁爱学说为哲学基础的革命学说，这就给三民主义披上了一件古旧的外衣。这种做法，一方面得不到接受过新文化运动洗礼的新青年的认可；另一方面也得不到当时已经失去思

---

① 戴季陶：《国民革命与中国国民党》，第 42—51 页。

② 戴季陶：《孙文主义之哲学的基础》，桑兵、朱凤林编《戴季陶卷》，第 432 页。

想话语权的老师宿儒的认可，当然更得不到中国共产党人的认可。总体上，戴季陶试图以儒家的仁爱之说，来对抗阶级斗争之说，以民生史观对抗唯物史观，但所得效果有限。

戴季陶主义出现在孙中山去世不久，国民党内围绕二大代表的产生以及二大召开的时间、地点发生激烈争执之时，表明国民党内相当一部分人对国共合作的方式以及共产党在国民党内的位置有强烈的意见。本来，不少中共党员对共产国际所确定的国共合作方式就有意见，尤其是共产党在帮助国民党开展宣传、组织工作，发动群众方面，成绩卓著，但总遭到国民党人的疑忌与刁难，或是怀疑共产党利用国民党发展自身势力，因而心有疑忌，或是因为共产党人“过于能干”，让一些无所作为的国民党干部自惭形秽，因生嫉妒，处处刁难。这让不少共产党人不满，觉得共产党做了那么多工作，不但是为人作嫁衣，而且遭人疑忌与刁难，实为不值，因而有要与国民党分家的想法。到戴季陶主义出现，共产党内对于如何应对国共分歧也发生了争论。陈独秀主张一面要反对戴季陶的理论，一面联合国民党左派以反对右派，同时要进行独立的工作，以便将来国共分家时，有所准备。持这种意见的人还不少。而共产国际则强调，共产党人没有理由退出国民党，应留在国民党内工作。中共接受了共产国际的意见。既然要留在国民党内，就要反击戴季陶主义，以维护国民革命战线的团结。

中国共产党人认为，戴季陶主义的出现，表明资产阶级已有了政治觉悟，戴季陶是想把国民党由各革命阶级联合的政党变成纯粹的资产阶级政党，他是国民党右倾势力的代表，必须予以还击，乃组织了对戴季陶主义的批判。其中，陈独秀发表了《给戴季陶的一封信》《什么是国民党的左派右派》等文，萧楚女发表了《国民革命与中国共产党》，恽代英发表了《读〈孙文主义之哲学的基础〉》，瞿秋白发表了《中国国民革命与戴季陶主义》。共产党人对戴季陶主义的批评要点如下。（1）戴季陶以仁爱说来解释国民革命的动因，将革命看作士大夫阶级的慈善事业，完全脱离社会经济基础与社会阶级结构，根本不能解释革命的动因。而唯物史观则认为，中国国民革命之兴起，是因为帝国主义侵略和军阀压迫，阻碍了中国的发展，所以各阶级要求摆脱共同的束缚，而建立联合战线，这种解释清楚有力。(2) 阶级与阶级斗争是客观存在的事实，启发工农的阶级觉悟，不会破坏国民革命阵线的团结。因为，国民革命阵线是建立在反对帝国主义反对军阀的基础上的，有了这一点，国民革命阵线就有基本的团结基础；国民革命阵线内，也存在工农与资产阶级的矛盾，但这个矛盾的解决，需要工农团结起来，与资产阶级斗争，而不能以“仁爱”之说去敷衍国民革命阵线的各阶级，不能依靠资本家发善心；只有启发工农的阶级觉悟，开展阶级教育，才能动员工农大众，使他们成为国民革命的中坚，也才可能完成国民革命，建立多数平民的政权，才可能实现民主主义；若革命之后，不实行阶级专政，则革命之后不可能实现民生主义，而只可能出现资本主义。戴季陶一方面说工农是国民革命的中坚，另一方面又不允许启发工农的阶级觉悟，不允许国民阵线内部的阶级斗争；一方面说要实现土地农有、大工业国有、奖励小工业，一方面又反对阶级专政。这是彼此矛盾的。(3) 戴季陶主义代表了资产阶级的利益与立场，希望建立三民主义的是资产阶级共和国，他明白要建立这个共和国需要工农的帮助，所以拍工农的马屁，说他们是国民革命的中坚，说国民革命是为受压迫最苦的工农大众的利益，要建立多数平民的政权，要实行民生主义；但他希望建立的其实是资产阶级的政权，希望实行的是资本主义，而不是民生主义。所以，戴季陶是在欺骗工农大众帮助国民党完成国民革命。(4) 中国共产党并不认为中国已经具备共产革命的条件，所以主张先实行国民革命，这是中国共产党与国民党建立国民革命联合战线的原因所在；戴季陶说共产党主张即行共产革命，这是造谣中伤。(5) 中国共产党是堂堂正正的革命党，有自己的组织，有自己的主义，有自己的机关报，共产党之加入国民党并不是什么“寄生政策”，而是为了促进国民党的革命化，将国民党发展为群众性的革命党，共产党在国民党内的工作是依照国民党一大宣言的要求在做，是忠实的三民主义者的作为，是真正认真干国民革命工作的。

不过，共产党的这种反击并未能改变国共不和的现实，国共之间的矛盾日益尖锐，最后两党的合作终于破裂。

二　第三党的平民革命思想

国共合作破裂后，国民党在思想、组织上发生严重分化与激烈斗争，改组派与第三党就是在此环境下产生的政治派别。本节介绍第三党的平民革命论。

国共合作破裂，国民党反动派血腥屠杀共产党人与革命青年，镇压工农运动，放弃反帝革命路线，与帝国主义妥协。而共产党则被迫武力反抗，走向农村，建立根据地，并在根据地建立政权。在此情形下，一些坚持孙中山农工政策，主张彻底反对帝国主义的国民党左派，以及在国民党血腥“清党”中游离出来的原共产党人，既不赞成蒋介石、汪精卫背离孙中山的农工政策，又不赞成共产党的激进革命尤其是其过激的工农运动与武装暴动政策，乃在孙中山三民主义的旗号下，谋求结集。

“四一二”反革命政变后，武汉汪精卫集团“清党”之前，1927 年 5、6 月，为解决国共冲突，应付蒋介石南京当局的“清党”，应付武汉政府内部出现的要求“清党”、要求与南京当局妥协的呼声，时任国民党中央农民部部长的邓演达曾向当时还没有退出共产党的施存统提出过“解散共产党，改组国民党”的问题。施存统向陈独秀报告后，陈独秀指示，这个问题不能讨论，因为中共是共产国际的支部，解散不解散，不由中国共产党决定。其后，邓演达又提出，应对国民党实行二次改组，并解散共产党的组织，统一革命的领导权，集中一切革命势力，并向非资本主义前途前进。① 邓演达试图通过牺牲共产党，改组国民党，来挽救国民革命，继续孙中山的革命事业。他的这种想法，既不会为共产党接受，也不能改变国民党军事集团的“清党”的方向，更不能挽救国民革命，但在国民党左派以及共产党的动摇分子中有相当的号召力。

“七一五”政变后，邓演达秘密离开武汉，并于 8 月 15 日到达莫斯科。11 月 1 日，邓演达、宋庆龄、陈友仁在莫斯科以“中国国民党临时行动委员会”的名义发布《对中国及世界革命民众宣言》，指出国民党的上层领导，“已完全违背而且背叛本党第二次代表大会的付托，革命民众的希望。他们——无论为南京为武汉，皆窃取中国国民党之旗号，曲解及假托革命的三民主义之内容，其实已为旧势力之化身，军阀之工具，民众之仇敌”。这些叛徒与帝国主义、北方旧军阀以及地主、土豪劣绅相勾结，疯狂杀戮、剥削、报复工农群众，形成了“新的黑暗反动时代”。因此，邓演达等决定临时组织起中国国民党行动委员会，在孙中山革命精神领导之下，去团结领导被压迫剥削的工人、农民、手工业者、小商人及青年学生等革命民众，向一切反动仇敌进攻，最终完全实现三民主义的革命纲领。宣言否认南京国民党中央党部的合法性，并宣布由临时行动委员会自主代行国民党二届中央执行委员的职权，行使革命指导之机能，并迅速筹备召集全国各省市代表大会，选出临时中央执行委员会，行使中央执行委员会的职权。同时，筹备第三次全国代表大会，以解决一切革命问题，并重新选举中央执行委员会。②

与此同时，谭平山、章伯钧、季方、彭泽民等在与邓演达取得联络后，在国内秘密谋求组织一个“劳动平民阶级的政党”，继续

① 施存统：《第三党问题》，《第三党讨论集》，上海黄叶书局 1928 版，第 27—29 页。

② 《对中国及世界革命民众宣言》，《邓演达文集》，人民出版社 1981 年版，第 332—338 页。

革命事业。1928 年 1 月，他们在上海秘密开会，决定沿用二次革命后孙中山组织中华革命党的做法，重新组织中华革命党，并推举邓演达、谭平山、章伯钧、季方、郑太朴、朱蕴山、邓初民等为中央领导机构成员，邓演达则被选为中央总负责人，邓演达回国前由谭平山暂代。中华革命党成立后，一面在江西、福建、江苏、四川、广东、湖南、湖北等地发展组织，一面发行《突击》和《灯塔》两个周刊，宣传其革命主张。1928 年 6 月下旬，谭平山在上海召集中华革命党负责人会议，讨论他起草的《中华革命党宣言草案》，会议讨论并通过了这个文件。《宣言草案》阐述了中国革命的性质、任务、动力、前途以及革命领导等基本问题。因为邓演达对于该宣言草案有关三民主义、土地问题、中国情形分析等方面的内容不太满意，他又不赞同中华革命党的名称，故该宣言草案并未公布。中华革命党成立后，工作开展并不顺利，内部又发生分歧。应国内同志的要求，邓演达结束在海外的考察，于 1930 年 5 月秘密回国。回国后，邓演达即着手组建正式的中国国民党临时行动委员会。1930 年 8 月 9 日，邓演达在上海主持召开了有 10 多个省市 30 余名代表参加的第一次全国干部会议，正式成立中国国民党临时行动委员会，并通过了邓演达起草的《中国国民党临时行动委员会政治主张》等一系列重要文件，提出了其革命纲领：反对帝国主义，肃清封建势力，推翻南京当局的反动统治，建立以农工为中心的平民政权，实行耕者有其田，通过国家资本主义过渡到社会主义。当谭平山等秘密组建中华革命党时，外间就传言国民党左派与共产党的右派在组建秘密的“第三党”。到中国国民党临时行动委员会成立时，该党也被外间称为“第三党”。虽然邓演达等对“第三党”的称呼不满，强调他们组织的党是在三民主义的旗帜之下的革命的国民党，而不是什么“第三党”，但“第三党”的名称还是成了外间对中华革命党、中国国民党临时行动委员会的俗称，并且为后人沿用。

中国国民党临时行动委员会正式成立后，积极开展革命活动。

1930年8月23日、30日，该党召开第二次、第三次中央干部联席会议，制定了《中国国民党临时行动委员会组织工作大纲》《中国国民党临时行动委员会各地民运工作纲要》《中国国民党临时行动委员会军事运动方针》等一系列文件，决定扩充党的组织，开展民众运动，组织一支以黄埔学生为中坚的革命军队，以武力推翻南京政府。在邓演达的主持下，中国国民党临时行动委员会的工作迅速发展，在南京、北平、广东、四川等14省、市建立了组织，又发行机关报《行动日报》、机关刊物《革命行动》半月刊。邓演达曾任黄埔军校教育长、国民革命军总政治部主任，在黄埔学生中享有崇高的威望，又长期与1928年11月成立的黄埔革命同学会保持密切联系①，在决定以武力推翻南京政府之后，邓演达等积极扩大黄埔革命同学会的组织，策动武装革命。据称，当时10000余黄埔生中，有5000余人参加了黄埔革命同学会。这引起蒋介石的极大恐慌，乃于1931年8月，通过叛徒提供的情报，将邓演达秘密逮捕。“九一八”事变后，蒋介石在强大的压力下被迫于1931年12月15日下野。下野前，11月29日，蒋介石下令秘密处决邓演达。邓演达的遇害，对中国国民党临时行动委员会是极大的损失。此后，黄琪翔成为该党事实上的最高负责人。

第三党的革命思想可以概括为，通过平民革命，建立平民政权，并通过平民政权领导的国家资本主义，向社会主义过渡。以下即分别介绍该党这三方面的思想主张。

（一）平民革命论

第三党主张“复兴中国的革命”。革命就需要分析社会的性

① 关于黄埔革命同学会成立的时间，日本学者细井和彦经过考证指出，该组织是国共合作破裂后，由黄埔同学中不满国民党上层叛变革命的革命分子自主创立的，成立时间为1928年11月，并非1930年5月邓演达回国后才创建。见［日］细井和彦《邓演达与黄埔革命同学会》，载梅日新、邓演超主编《邓演达研究新论——纪念邓演达创建中国国民党临时行动委员会70周年》，华文出版社2001年版。

质，搞清楚革命的对象、动力、领导者，明确革命的方式以及目标。关于中国社会的性质，第三党的分析与中国共产党比较接近，并且明显地是对当时正在开展的有关中国社会性质问题的思想争论的回应。第三党认为，中国社会是帝国主义支配之下的，由买办阶级、封建势力支持的军阀官僚统治的半殖民地半封建社会。第三党虽没有使用“半殖民地半封建社会”的概念，但基本的意思是如此。

邓演达从经济、政治、社会三方面分析中国社会。他首先给封建社会及资本主义社会下定义：“我们认为封建社会的经济方面，主要的是：以政治的力量占有土地的地主对农民（或农奴）行生产品之剥削和掠夺，并压迫农民做无偿的劳役，所谓自足自给经济占社会经济统辖地位。封建社会的政治方面，主要的是：居统治地位的阶级是广大土地的占有者，他们有军民财政的全权。封建社会的社会方面，是：在这个社会内有梯子式的阶级或身分差别，各阶级和各身分中间有严整的界限，如地主和农奴，商人和贵族，手工业的雇主与学徒，地主与王侯等等。反映这个梯子式的阶级和身分差别的社会意识是‘名分’‘礼教’，是‘上下有序’‘尊卑有别’的要求，是主奴从属主义。资本主义社会的经济方面，是：工厂工业的大规模商品生产占社会经济的统辖地位。生产者主要的是工钱劳动的工人，他们和生产手段脱离。资本主义的政治方面，是：工商业者及金融资本家居统治阶级的地位，国家政策视工商业者及金融资本家的利害为转移。资本主义的社会方面，是：社会的阶级差别，主要的是工钱劳动的工人和资本家，而流行的社会意识是自由主义，是个人主义。”根据这样的定义，他认为中国社会是封建势力与帝国主义支配下的资本主义所统治的社会，从经济方面看，中国社会经济的主体是农业手工业生产，地主的土地多由政治的掠夺而来。近代以来，这种生产因为反动统治者的政治掠夺及帝国主义经济的竞争、压迫而正日益走向崩溃，虽有商业资本，但性质为前资本主义的商业资本，而非近代工业资本。在封建军阀与帝国主义的双重压迫下，中国“无法过渡到一个近代资本主义生产的新阶段，只是残留在原日的阶段中，不绝的朽腐，不断的挣扎”。从政治方面看，“现时中国的政治组织是封建官僚主义”，从中央到地方形成了“一个多层阶的统治”，“各个层阶，都是以首长官僚为中心，而以血缘及过去的主属关系去团结及布置爪牙僚属，构成一座很高的而专以压迫剥削人民，包办军民财政为务的金字塔，塔底是农民及其他平民群众，塔尖为皇帝总统或主席总司令”。官僚的主要成分是出身于地主或其他占经济特殊地位的家庭，其“意识主要的是礼教和名分”。从社会方面看，农村尤其是南方农村，还带着浓厚的氏族社会的色彩，“差不多在全国中，血缘关系是支配社会生活的中心。妇女固然是普遍地隶属于男子，而奴婢仆役的买卖及处分尤为地主家庭中自由的事件。士大夫的‘礼教’‘名分’的意识支配着社会的大部”。综合经济、政治、文化三方面的情形，他认为：“整个的中国社会，还滞留在封建势力支配阶段，还是前资本主义的时代。同时又因为帝国主义势力支配着中国的缘故，使中国社会益呈复杂的状况。这两重支配，都是使中国社会不能向前进展的大障碍。”①

谭平山认为：“中国社会进化的阶段，在经济方面，因国际资本主义的侵入，同时惹起土著资本主义的兴起，逐渐趋进于近代资本主义社会的境地。惟封建制度的残余，尚普遍弥漫于社会，不问城市方面，乡村方面，都呈露相同的微象。故中国社会阶级，复杂异常，与工业国的社会简单的划分有产者与无产者两大对抗的营垒者，形势悬殊。”② 也就是说，中国社会是帝国主义支配下的半资本主义、半封建的社会。他说，“我们现在所住居的世界，是国际资本主义统治的世界，我们现在的时代，是资本主义发达到最末阶

① 《中国国民党临时行动委员会政治主张》（1930 年 9 月 1 日），《邓演达文集》第 340—343 页。

② 谭平山：《中华革命党宣言草案》，《谭平山文集》，人民出版社 1986 年版，第 456 页。

段而为帝国主义的时代”，帝国主义的扩张，侵蚀了中国传统的经济，“促起土著资本主义的诞生，于是古香古色的中国社会，渲染了一层近代资本主义社会的色彩。但是半封建式的政治与生产的方法，仍广植于社会的骨子里”。这就使中国社会的经济构成十分复杂，“工业而论，家庭工业，城市手工业，手工工厂工业，近代资本主义大生产的工业，同时并存。农业而论，都是以一家族成员为劳动，没有大农场，没有大耕作农，依然是封建社会时代的农业生产”。经济成分的复杂使中国社会的阶级构成也变得复杂，但大体上还是可分为两大阶级，即“一是在帝国主义支配之下的新旧军阀封建资产阶级联合的反动的统治阶级，一是与帝国主义完全绝缘，在政治上被压迫，在经济上被掠夺，非打破现状无法生存的革命阶级”。在这种状态下，中国革命，不是法国式的革命，“因为中国现在没有比较发达及自觉的市民为资产阶级的领导”，也不是俄国式的革命，“因为中国还没有广大的产业工人，为无产阶级独裁的性格”，更不是土耳其式的“利用落后农民，造成军事独裁，更由军事独裁，造成资产阶级政权”，因为中国资本主义还十分孱弱，资产阶级还十分幼稚，而且人民也反对独裁统治。①

基于对中国社会性质的分析，邓演达、谭平山认为，中国革命的对象与任务是“彻底的肃清帝国主义在华的势力，取消一切不平等条约，使中国民族完全解放，要使平民群众取得政权，要实现社会主义”，“推翻千余年来传统的官僚政治”，建立“和人民利益关切不离的政治权力与组织”，并“运用政权去发展生产，统制生产，使生产组织化及社会化”。关于革命的动力与性质，他们认为，中国的资产阶级非单纯的工业资产阶级，而是以与军阀官僚、帝国主义势力相勾结的买办和商业资本为主，高度依赖官僚军阀与帝国主义，故不可能坚决地反对官僚军阀与帝国主义，不可能领导革命，他们甚至成为官僚军阀、帝国主义的附庸，不过是“革命

---

① 谭平山：《中华革命党宣言草案》，《谭平山文集》第455—460页。

对象之一”；而中国的无产阶级，“依其数量和质量，也只可在广大的革命群众中，发生积极的作用，不能单独的，自树一帜的，领导中国革命，而克奏肤功”；“小资产阶级，依其阶级性，也只可在广大的革命阶级领导之下，发生革命的行动”。因此，中国的革命是以农业劳动者、工业劳动者为重心的，并联合商业劳动者的“平民革命”。①

从中国革命为“平民革命”的认识出发，第三党反对国家主义派、西山会议派的“全民革命论”以及国民党南京当局的各阶级联合革命论，认为这种见解混淆了革命对象与革命动力，是军阀豪绅地主买办等反动势力欺骗广大平民群众的谎言。又认为改组派的所谓农工小资产阶级联合革命的说法，对于革命阵线的认识大体不错，但混淆了革命党与革命联合战线；革命党是要建立于某个阶级利益之上的，它不是各阶级的联合。又批评共产党的无产阶级革命论，认为“共产党，在理论上是无产阶级的政党”，“近年在广大的革命群众中发生积极的作用，在革命的历史上也有很大的贡献”，但中共忽视了中国还不具备无产阶级革命的客观条件与主观力量的现实情形，在中国革命的民族革命性质与世界革命性质之间把握失当，“抛弃中国民族独立解放的要求”，而盲从共产国际与苏联的要求，“不顾世界及中国社会的客观条件而妄想在中国实行共产主义革命”，充当了“保护苏联的前卫”，成为其抵挡西方资本主义国家围攻的工具。②

关于国际局势与外交策略，第三党认为，世界格局中有四大力量，即以美日英等为代表的帝国主义力量、苏俄的力量、各国社会党的力量以及殖民地半殖民地民族解放的力量。这四大力量中，帝国主义是中国革命的对象，它们虽在争夺世界市场上存在不可调和

① 《中国国民党临时行动委员会政治主张》，《邓演达文集》第 345—349；谭平山：《中华革命党宣言草案》，《谭平山文集》，第 471 页。

② 谭平山：《中华革命党宣言草案》，《谭平山文集》，第 462—470 页；邓演达：《中国到那里去?》（1930 年 9 月 1 日），《革命行动》1930 年第 1 期。

的矛盾，但在镇压人民革命尤其是镇压殖民地半殖民地民族解放运动上却常能保持一致。各被压迫民族，是中国革命的真实朋友，应该与他们联合起来，共同去反抗帝国主义，达到民族解放的目的。苏联客观上可以做我们的朋友，但它在宣传上完全反对帝国主义，而行动上则可能与帝国主义尤其是日本妥协，“苏联现在也是在一个防御战的时期。因为是这样，所以苏联对于世界弱小民族的号召，只算是一种自己本位的策略，它对于中国的政策，只是想使中国革命势力替世界革命‘扛木梢’（‘扛木梢’是上海话里的词语，指上了当还糊里糊涂——引注）”。苏联在客观上可以做我们的朋友，但它若利用中国杠木梢，要干涉中国革命，“则我们不能因为它口头上的宣传而不抗拒它。”至于各国社会党，“在它们的纲领上应该可以做我们的朋友；但是在实际对外政策上是反对我们要求的，我们应该提防它们，并且攻击它们政府的反动政策”。基于此种判断，第三党的对外政策是：（1）废除一切不平等条约。（2）重新订立完全平等的条约。（3）对苏联，以双方完全平等及不干涉中国革命为限，与之恢复邦交。（4）与各弱小民族结成亲密的关系，建立反帝国主义的联盟。[①]

可见，第三党对中国社会性质，中国革命的动力、对象、性质、任务与目标的看法，大体上与中国共产党接近。其与共产党的主要区别在于，共产党强调无产阶级在中国革命中的领导地位，而农民则是无产阶级的同盟军；而第三党则认为，无产阶级不能单独领导革命，强调占人口绝大多数的农民是革命最主要的力量，而非仅仅为无产阶级的同盟军。

（二）平民政权论

第三党主张建立的政治体制是“平民政权”。这一主张是对国

---

① 邓演达：《中国国民党临时行动委员会政治主张》，《邓演达文集》第353—357页。

民党一大宣言所说国民党的民权主义乃“为一般平民所共有，非少数者所得而私”的思想的发挥。“平民政权”在阶级性质上是“以工农为重心”的“大多数劳动群众”的政权。所谓“大多数劳动群众”是指“凡是自食其力而不剥削他人的，无论是直接的或间接的参加生产行程的分子，都应该是劳动者，也就是我们所代表的人们：如直接参加生产的各种工厂工人、手工业者、自耕农、佃农、雇农，及设计生产、管理生产与担任运输分配等等及其他辅助社会生产的职业人员”。[①] 显然，地主、富农、资本家、官僚、军阀等都不在平民之列，都不得享有政权。这比孙中山的想法要激进，孙中山以是否赞成革命划分是否享有民权，地主、资产阶级只要赞成革命，就可以享有民权，而第三党则以阶级成分，以是否直接参与生产行程，划分是否享有政权。

第三党主张的平民政权，是与西方民主制度、苏俄的苏维埃制度以及国民党当局的一党专政制度相区别的。第三党主张建立平民政权，基于以下认识：（1）西方式民主在中国无建立的可能与必要。近代以来，中国自秦汉以来建立的中央集权的“‘亚细亚’的官僚政治’”在民权运动的冲击下已开始大崩溃，但中国不可能建立起欧美式的民主政治。邓演达说，“欧洲式的民主政治，议会政治，不是理想的产物，不是少数天才家——如卢梭等——的创获，而是统治者及被统治者力量底相对的平衡发展底结果。欧洲式的民主政治——议会制度所以不能在中国建立起来，并不是因为东方文化，王道，等等抽象东西与西方格格不入，而是因为中国的资产阶级及农工平民大众都受经济发展条件底限制一齐的落后，或演着不均衡的发展行程”。[②] 舒畅说，中国无建立资产阶级民主政治的可能与必要。欧洲的民主政治，是工商业发展，中等阶级成长，要求

---

① 邓演达：《中国国民党临时行动委员会政治主张》，《邓演达文集》，第350—351页。

② 邓演达：《南京钦定的国民会议与我们所要求的国民会议》（1931年1月5日），《革命行动》1931年4期。

打破行会对工商业的限制，要求保护产权、建立统一市场，要求经济方面的自由与政治方面的平等，起而与贵族阶级斗争的结果。而中国是农业国家，农民占人口的85%以上，资产阶级不到5%；资产阶级的革命必须得到农民的拥护，才有成功的可能，但农民与资产阶级之间存在严重的利益冲突，农民不会支持资产阶级民主政治，故中国无建立资产阶级民主的可能。中国没有专横的行会；军阀虽苛征暴敛，但对资产阶级的压迫，没西欧的贵族那样严重；中国虽有一点近代工业，但随世界潮流同时踏进了金融资本时代，而金融资本并不需要产业自由，它需要的是独占，“只要真正执行他们的政纲底人来专政，便已够了”，故无建立民主政治的必要。况且，“民主政治”的虚伪性已显露无遗，宪法上虽规定了人民的种种权利，看起来冠冕堂皇，但“如果你没有财产，那末，财产权便和你无干。如果你没有相当的知识，那末，言论思想的自由，便和你不生关系了。至于参政权的享受，起先则限于年纳直接税若干的人。后来虽然有些国家曾经改限制选举为普通选举，平民群众可以参与，然亦只限于选举的一刹那。而且选举的结果，完全是有钱的人得到胜利”。其结果，国家政权为资产阶级所控制，成为其压迫劳动者的工具，造成日趋严重的阶级分化与阶级对立。这样的“民主政治”“更不必要在中国重演一番”。所以，国家主义派、新月派鼓吹的民主政治，不是中国政治的出路。（2）苏维埃制度在中国无实现之可能与必要。俄国苏维埃制度把无产阶级专政当作达到社会主义的手段，其代表权的设计与权力安排，过于重视城市无产阶级，而忽视了广大的农民，结果广大农民在政治上“变成被压迫了”。这种制度也不必拿到中国来实验。中国的产业工业人数甚少，“断不能做共产主义革命的前驱”；占人口绝大多数的农民要求的是耕者有其田和取消苛捐杂税及减轻田赋，这种要求只有农民自己掌握政权，才有可能；他们“看到俄国的前车”，是“断然不肯”帮助城市工人建立苏维埃制度的。（3）南京当局一党专政，劳动群众完全被排除在政权之外，“结果必然变成少数人包揽把持”，甚至连议会也不设，“真正要把中国变成‘党外无党’的状况”。这完全是反民权的，必然造成“贪污残暴”的官僚政治。至于改组派主张以工农小资产阶级同盟，由一党专政来达到建设国家资本及消灭不平等阶级的目的，就其阶级联盟论来说，是“一种超阶级的政权论”，事实上做不到；就其以党专政论来说，与南京政权的主张如出一辙。①

平民政权的制度设计，主张“以有组织的职业团体代表构成中央及地方的政权发动机关”，“主张立法机关不与执行机关分离，一切权力属于国民大会，在国民大会之下设立执行机关，各地方的权力机关为省民大会，县民大会，乡民大会等”。这种主张基于“只有人民自己可以了解自己的痛苦与要求”的信念，要求“使参加生产各部门的民众确实的和政权联接而不发生隔阂”。这种理念是要打破反动官僚政治的弊端：“官僚政治——无论为亚细亚的官僚政治或欧洲近代资产阶级民主的官僚政治——的通病在和生产行程隔绝”，掌握政权的官僚“和人民不发生丝毫的连系”，他们服务于统治阶级，不可能了解平民群众的痛苦和要求，而只会是统治阶级压迫、剥削人民的御用工具。又反对欧美的“地域选举代议制度”，认为此种制度“容易酿成少数操纵多数的弊害”，要消除及预防这种弊害，“只有由职业团体代表掌握政权的方法”。② 依据邓演达的设计，各职业团体（农工商业、自由职业等）及准职业团体（学生、妇女、兵士、警察等）按以下比例直接选举代表组成国民大会：直接参加生产的农民工人占60%，其他各职业团体及准职业团体占40%。各地方权力机关、省民大会、县民大会、乡民大会，也都按这个比例组成。

---

① 舒畅：《中国政治的生路——建设平民政权》（1930年11月20日），《革命行动》1930年第3期；邓演达：《我们为什么要推翻南京的蒋政府，我们要求的是什么?》，梅日新、邓演超主编《邓演达文集新编》，广东人民出版社2000年版，第423页。

② 邓演达：《南京钦定的国民会议与我们所要求的国民会议》（1931年1月5日），《革命行动》1931年第4期。

在中央地方关系上，第三党主张打破过去的中央集权制度，“将中央权限缩小至最低限度，除外交军事以及关系全国产业统制，全国的交通及全国的财政事项等等，必须中央举办者外，其余应由各地方负责自行治理”，并“根据经济地理国防的种种条件”重新合理划分省区，这样可以“使庞大而落后的中国，向上发展”。①

这种设计，看起来与基尔特社会主义有些类似，但第三党强调，基尔特社会主义把国家和行会分职，使政治事务归国家管理，生产事业归行会管理，而平民政权理论是“主张平民直接参与政权”，“主张政治经济事业，统由职业团体所组成的权力机关管理”，又“侧重直接劳动者的利益，免除基尔特社会主义调和劳资阶级冲突的主张底毛病”，这种制度能够“避免剥削”，“能逐渐的达到社会主义的社会”。②

那么如何造成此种平民政权呢？于此，第三党强调两点。

第一，平民政权需要以“人民的武力”造成、维持。“人民的武力”不是“以党治军”“党权高于一切”的空话可以造成的。“要建设人民武力，必须一面限期实现普遍的征兵制度，一面暂时用职业团体强迫征兵的方法，使各生产部门的民众，在取得政权以后按额抽丁入伍，组织真正人民武力以保护革命。只有由有组织的城市并乡村的平民职业团体确实的掌握政权，才能使广大的平民群众热诚自动的形成自己的武力，保持自己的政权；所以平民的职业团体的政权和人民的武力二者有不可分的关系。”③

平民政权必须以开展民众运动，发达民众组织为前提。这有两

① 《中国国民党临时行动委员会政治主张》（1930 年 9 月 1 日），《邓演达文集》，第 350—353 页。

② 舒畅：《中国政治的生路——建设平民政权》（1930 年 11 月 20 日），《革命行动》1930 年第 3 期。

③ 《中国国民党临时行动委员会政治主张》（1930 年 9 月 1 日），《邓演达文集》，第 350—353 页。

个条件，首先是“要有绝对的集会结社言论通信居住底自由”。因为，一切的政治行动和要求必定是集体的、社会的，而绝非单独个人的，要达到政治目的，需要经济利害关系最密切的人们联合起来，共同行动，才有现实可能。没有言论、集会、通信、居住的自由，就不可能有民众的团体。在第三党看来，言论、通信、居住、集会自由，不但是个人的自由，而且与政治自由（参政权）密切相关，是建立平民政权的第一个条件。[①] 其次，要“形成平民群众本身的组织”，这就要积极组织、发动平民群众组织自己的团体。“主张平民革命而不尽全力去唤醒平民，组织平民，从事于政治和经济的斗争，等于自欺欺人，完全是假革命的行为。至于害怕民众组织，借口于民众组织之不易节制而去禁抑它的人们，那当然无疑的是反革命了。”[②] 而复兴民众运动，必须有“正切的答复民众要求的革命党”来发动群众，必须依靠各阶级中的“革命意识最明了革命意志最坚强和革命斗争最英勇的急先锋份子”，对他们加以组织、训练，尽快恢复、扩大民众组织，必须面向群众、宣传群众、组织群众，向们宣传中国革命复兴的可能及必要，阐明民众对于中国革命大业负有的重大责任，下大功夫将民众组织起来，改变中国人只有“众”而没有“群”的现状。[③]

可见，平民政权是侧重于劳动群众直接与政治发生联系，意在打破官僚政治、资产阶级民主政治、苏维埃制度以及国民党一党专政制度的弊端，而以职业自治为基础，以职业团体代表组成权力机关的，议行合一的，以“人民的武力”造就与维持的，代表和保障劳动群众利益的政治制度。第三党欲以此种制度来推行其国家资本主义主张，以逐步过渡到社会主义。此种制度设计，吸收了基尔

① 邓演达：《南京钦定的国民会议与我们所要求的国民会议》（1931 年 1 月 5 日），《革命行动》1931 年 4 期。

② 《中国国民党临时行动委员会政治主张》（1930 年 9 月 1 日），《邓演达文集》，第 350—351 页。

③ 金梦湖：《怎样复兴民众运动》，《革命行动》1930 年第 2 期。

特社会主义与苏维埃制度的一些成分，也受到了当时流行的职业自治思想的影响，是一种颇为独特的制度设计。

（三）由国家资本主义向社会主义过渡

第三党认为，中国革命具有“超资本主义”的性质。中国不必经过资产阶级革命，建立资产阶级政权，等着资本主义的充分发展，无产阶级力量充分扩大，才起社会革命，而是可以通过平民革命，超越资本主义阶段，直接向社会主义过渡。对于这一层，谭平山和邓演达都有比较清晰的阐述。

谭平山认为，中国革命所以是超资本主义的，其理由在：“一、中国革命，是发动于世界社会革命已经开始，国际资本主义已由矛盾而达于崩溃的时期，中国没有成立资本主义国家的可能。二、中国资产阶级，是由买办阶级，地主阶级脱胎而来，他是帝国主义新旧军阀的附庸，他在帝国主义新旧军阀保育之下始得生存，他既属脆弱无能而又具备诸反动性，已是中国革命的对象，故中国绝非象法国大革命一样的资产阶级的革命。三、中国在反动的统治阶级中，封建势力尚占优势，资产阶级政权不能完成。四、中国革命本身就是反国际资本主义运动之一部，就是世界革命之一部。五、中国革命，是循着这个以劳动阶级为中心所构成的民族阶级与国际资本帝国主义作整个的斗争的道路而发展，故中国革命，就是被侵略的无产者民族与侵略者有产阶级一种剧烈的阶级斗争。故中国革命而成功，在劳动平民阶级政权之下，开始非资本主义的建设，而达于社会主义。”①

邓演达也提出，中国社会虽然“封建残余成分及前资本主义的成分实比其他的成分较多而且重要”，但中国的前程并非资本主义，而是社会主义，其理由是：从经济条件看，“中国是一个半殖

---

① 谭平山：《中华革命党宣言草案》，《谭平山文集》，人民出版社 1986 年版，第 455 页。

民地的国家，半独立的国家，主要的国民经济机关都在帝国主义者手上”，帝国主义挟着通过不平等条约获得的特权以及经济先发的优势，通过政治压迫、经济压迫，“不许中国平民群众行反抗帝国主义的革命，也不许中国资产阶级形成与帝国主义竞争的中国资本主义”。从中国社会的阶级构成与政治革命的特点看，由于帝国主义的压迫，中国的资本主义不能独立发展，中国资产阶级的构成并非以工业资产阶级为主，而是以“与帝国主义、军阀、官僚及地主等相结合的”买办、高利贷者及商业资本家为主，即便工业资产阶级也对帝国主义有依附性，因此，中国资产阶级不可能领导扫除封建势力、反对帝国主义的革命任务。中国的革命必须由“最大多数平民群众特别是工农阶级”来领导，“他们在数量上占中国人民的绝对大多数，他们在政治上受着严重的压迫，在经济上受着惨酷的剥削，十二分的需要解放的争斗”，是中国革命的主力军与领导者。平民群众取得革命胜利，建立平民政权后，鉴于资本主义的弊端，为着他们自身的利益，是“绝不会在自己掌握政权之后再去做仿效欧美，形成近代的私人资本主义”的。他强调，“中国只有两条出路：或者是沦为国际帝国主义的殖民地，叫中国永远受帝国主义的支配；或者是由中国大多数平民群众自己起来推翻帝国主义及封建军阀的统治，建立平民政权，进行经济的解放”。①

谭平山在论述中国实行社会主义时，曾谈到中国具备一定的条件，他说：“中国资本主义虽属幼稚，而实备有社会主义实行的条件：一、中国气候温和，土地肥沃，农业品丰富，且货藏于地，未曾开发，煤铁煤油及五金等矿均具备。二、全国劳动总量之数目极大。三、侨居各国之华工熟练工人甚多。四、苏俄也是半农业国，其社会主义建设的经验，均足供我们参考。”② 与谭平山不同，邓

① 《中国国民党临时行动委员会政治主张》（1930 年 9 月 1 日），《邓演达文集》，第 343—347 页。

② 谭平山：《中华革命党宣言草案》，《谭平山文集》，第 480 页。

演达直接承认中国欠缺实行社会主义的条件，他是从中国资本主义不能发展，资本主义社会不能建立，来论社会主义的必要与可能。

可见，他们是从世界资本主义的命运，中国社会阶级构成、中国革命的特点，来论述中国必须走社会主义之路的。这种论述与一战后社会主义成为世界性的、普遍性的思潮的时代环境有关，与五四后社会主义在中国的流行有关，也受到了国民革命时期共产国际、中国共产党对中国国民革命的论述的影响。同时，这也是第三党面向世界，观察中国社会与中国革命，思考中国前途，而得出的结论。这种论述，与中国共产党对中国革命前途的论述相当接近。

在经济条件不具备的情形下，怎样通过平民革命、平民政权，来避免资本主义的前途，而实现社会主义的前途呢？第三党认为，这主要依靠革命之后的平民政权实行面向社会主义的国家资本主义的财政经济政策来实现。其方法主要是“集中”与“干涉”。所谓集中，是“把一切大产业、关键产业、特别是带有独占性的产业由国家专营，并奖励公营的企业，使发展生产所必需的资本蓄积由国家及社会集积起来，不致于完全以利润、利息及佃租的形式归私人所有，更运用由国家集中的资力行有计划的经济建设”。所谓干涉，就是“为促进全国产业的发展，适应广大群众的消费需要起见，允许经营中小规模的私人企业；但国家利用其集中的金融机关与财政政策以防止私人资本主义势力底膨胀，并使其逐渐的社会化”。[①] 具体而言，对外经济政策方面：“1. 关税权绝对的自主，并用高度的保护税政策以保育本国工业的发展及救济农业的衰颓。2. 收回一切银行、铁路、航业、通信机关、矿山及其它重要的由外资经营及外人管理的企业。3. 设置国家特许的租营制度……在一定的年限内，以完全遵守中国的法律及其他有利于财政及工人为

---

① 《中国国民党临时行动委员会政治主张》（1930 年 9 月 1 日），《邓演达文集》，第 357 页。

限，允许外国投资团在本国经营企业。中国政府有完全制御的权柄。”对内经济政策方面：就消极方面而言，要“廓清封建残余”，废止厘金制度、包税制度，废除现行的税率，特别是一切苛捐杂税及不合理的田赋；消灭恶币、不换纸币、军用票等军阀的财政设施，及其他依存于封建军阀政权的掠夺制度；消除官僚军事机关的浪费；消除产业发展的障碍，特别是佃租、高利贷及地方公所行会等不合理的制限等。就积极方面而言，（1）“把一切可用为国家金融机关的设备如各银行及大钱庄等，分别由国家有偿的收用；特别是帝国主义在华的金融机关，必须分别收回，以构成国有金融机关的基础”。（2）“收回由外人经营的产业及本国的大规模的私人企业”，交由国家专营，又“用金融国有政策以集中资本……即将集中的资本建设大规模的产业”。同时，促进公营经济与合作经济的发展。（3）实行耕者有其田的政策，免除佃租，促进农村经济发展。（4）谋求城市与农村的均衡发展。①

对于如何收回大生产机关，邓演达与谭平山的主张略有差异。谭平山主张“列强在中国所经营的铁路矿山银行及一切有独占性的大企业，一律无代价没收，归国家管理经营。外国私人资本经营的企业而无独占性者，在中国法律范围之内，保护其照常营业”。②邓演达似乎要温和一些，他只是说“一切军阀贪官污吏土豪劣绅等的及其他反革命的团体的全部财产，应没收为国有”，没有明确表示要“无代价没收”。从他所说收回金融机关所需的资本“可用发行公债的办法筹划出来”来看，他似乎是主张有偿赎回。邓演达认为，一定时期内中小资本主义企业是可以存在的，但要通过“抽收累进的所得税，资本收益税，遗产税”等办法，逐渐实现其“社会化”。他担心过激的经济政策将引起社会动荡，不利于巩固

① 《中国国民党临时行动委员会政治主张》（1930年9月1日），《邓演达文集》，第357—369页。

② 谭平山：《中华革命党宣言草案》，《谭平山文集》，第481页。

平民政权，不利于向社会主义过渡。[①]

第三党特别重视农村问题与土地问题。邓演达曾任国民党中央农民部部长，他高度重视农民问题与土地问题。还在武汉国民政府时期，他就强调，农民是中国革命的主力军，“中国的国民革命，可以说就是农民革命”，[②]“革命要发展，必求保障，保障革命，即在解决土地问题”。[③] 在农村与土地问题上，邓演达的见解与毛泽东相近，他们曾多次就这些问题交换意见。

国共合作破裂后，邓演达坚持继续革命，对农村与土地问题的思考更加深入。他认为，“农业经济在中国为国民经济的躯干，关系于全国人民的存亡”。由于农村土地集中，存在大量的无地或缺地的农民，加之生产技术的落后，农民无改进农业生产的能力与资金，又重以外资入侵严重冲击农村经济，反动统治当局重税盘剥，加速了农村的破产，产生了大量的失地农民，这些农民“除了卖身为兵，为奴隶（到外洋去底‘猪仔’）之外，只有做土匪及流寇的出路，否则即不能不束手待毙（如西北各省的饥民）”。要改善农民的生活境遇，改善农村经济状况，安定农村社会，进而安定中国社会，就需要解决农村耕地问题。他主张实行耕者有其田，并逐渐实现土地国有。所以不立即实行土地国有，是因为农民的私有财产观念一时不能改变，强行实行土地国有，易引起农民的反感，不利于革命的进行，也不利于农民安心改良土地。耕者有其田的基本原则是：“第一，是站在社会主义的立场，使中国土地的生产机能，渐渐脱离个人主义的经济进到集体经济——社会主义。因此土地问题解决的最后目的是土地国有——土地社会化。”“第二，是根据现时事实的要求，因为应付封建残余及前期资本主义时代的整

① 《中国国民党临时行动委员会政治主张》（1930年9月1日），《邓演达文集》，第361页。

② 邓演达：《对第四军第十一军官长的讲话》（1927年3月16日），《邓演达文集》，第47页。

③ 邓演达：《土地问题的各方面》（1927年5月），《邓演达文集》，第95页。

个生产关系，故首先使土地的占有和劳作的矛盾和限制生产发展的障碍——即高度佃租、农民无地或耕地不足的问题——得到解决。这就是‘耕地农有’或‘耕者有其田’的原则。”① 具体方法是：由国民会议规定土地法，根据各地情况，分别规定农户占有耕地的最高额及最低额，及国家收买土地定价法；私人占有耕地之最高额以外的部分以及公共团体所有的土地，由国家以50年长期公债（以全国国有土地为抵押）赎买，收归国有；将一切军阀贪官污吏土豪劣绅及其他反革命团体的全部财产没收为国有；国有土地，应由土地管理机关按照土地分配原则及各地方标准，负责分配给耕作的农民，但农民只有耕地的使用权与收益权；现耕种地主土地的佃农、雇农可继续耕种所耕之地，但要免除佃租；地主回村并能实际耕作者，主佃两方以契约约定共享土地之使用权与收益权，其形式以契约定之；地主不能保有其占有而不能实际耕作的土地，从事耕作的农民随时可以得到土地耕种；从国家领用土地或耕种私有土地的农民，若不行耕作，或怠工、耕作不力，则剥夺其土地使用权与收益权。②

谭平山也高度重视土地问题，强调“土地革命，是中国革命唯一正当的轨道”。“举凡社会一切重要的问题，如失业问题及兵匪问题，因土地问题解决而复为社会生产之一员，小商人因土地问题解决农民购买力增加，商业自然兴盛，小手工业者与手工业工人因土地问题解决资本集中，国有生产机关发达，而共同于社会的生产，以及革命政权之巩固，经济财政政策之确立，都于土地革命中而得到完满的解决”，认为解决土地问题不但关系经济发展、社会安定，也是铲除封建军阀以及帝国主义统治中国的工具——豪绅地主——的必要手段，是巩固革命政权、发展社会经济，“由民族独

① 邓演达：《怎样去复兴中国革命——平民革命?》（1931年6月25日），《邓演达文集》，第303—304页。

② 《中国国民党临时行动委员会政治主张》（1930年9月1日），《邓演达文集》，第366—367页。

立革命，走向非资本主义的道路，中间一道必要的大桥梁”。基于这些，他强调，“土地革命，是中华革命党最大的任务，耕者有其田，是中华革命党的中心政策”。他提出的农村土地问题的解决方法，与邓演达大体相近。①

第三党的平民革命思想，是对孙中山新三民主义的发挥，其平民革命理论是对孙中山各阶级联合开展国民思想的修正；其平民政权理论，是对孙中山民权应为多数平民拥有的思想的发扬，而扬弃了其训政理论与一党专政理论；其通过国家资本主义向社会主义过渡，则是对孙中山民生主义的忠实继承。

三　改组派的思想主张

（一）改组派的社会基础

改组派是国共合作分裂后，国民党发生严重分化与激烈的派别斗争中产生的一个以汪精卫为首领的政治集团。其正式的组织名称是1928年冬成立的“中国国民党改组同志会”。该组织总部设于上海，内分总务、组织、宣传三部，总务部由王法勤、潘云超负责，组织部由王乐平、朱霁云负责，宣传部由顾孟余、陈公博负责。总部之下，在各省市以及海外设有支部，在各地国民党组织中建有大量的秘密支部或分部，高峰期在各地有近1万名成员。该组织主要由汪派政客以及一部分思想左倾的国民党党员与小资产阶级知识分子组成。汪派政客主要是宁汉合流时组织的国民党特别委员会中的所谓“粤方委员”，如汪精卫、陈公博、顾孟余、王法勤、王乐平、甘乃光、朱霁云、潘云超等，他们在特别委员会中没有获得实际权力，愤而南下广州，试图策动张发奎割据广东。以后，他们为反对蒋介石专权，尤其是反对蒋介石、胡汉民指定、圈定国民党第三次全国代表大会代表，

① 谭平山：《中华革命党宣言草案》，《谭平山文集》，第452—454、483—484页。

包办第三次全国代表大会，开展了一系列有组织的反蒋活动，尤其是军事倒蒋运动。他们与蒋介石的争斗是路线、主义斗争掩盖下的派系权力斗争，他们所打出的种种旗号、提出的种种主张主要都服从于其权力斗争的需要。

这一派政客开展派系活动的社会基础是国民党内的一些左派党员以及一些思想激进的小资产阶级知识分子。1924 年的国民党改组，不仅是对国民党组织的根本再造，也是对国民党理论的重大调整。自那以后，共产党以及国民党左派的宣传工作与民众动员工作积极进行，三民主义以及国民革命的理论影响日渐扩大，获得越来越多的小资产阶级知识分子的赞成。他们大多受新文化运动与五四运动的影响，也受五四后社会主义的影响，在探索改造中国与世界的路径中，他们接受了国民革命论，赞同农工小资产阶级联合起来开展国民革命，赞同反对帝国主义以争取民族解放，赞同打倒军阀以实现多数平民的民权，主张发达国家资本、限制私人资本、平均地权以避免资本主义的前途，而实现非资本主义的前途。他们也受世界革命论的影响，赞同联合世界上以平等待我之民族共同奋斗的主张，认为中国革命是世界革命的一部分，中国不但要求自身的解放，而且要联合其他被压迫民族，寻求共同解放。他们赞同“唤起民众”、扶助农工的政策，并参与民众运动。他们对国民革命以及国民党曾有所期待，希望经由国民革命实现三民主义，求得民族平等、国民政治地位与经济地位的平等。但国共合作破裂的现实，却令他们极度失望。

国共合作破裂，国民党血腥清党，大量的热血青年倒在血泊之中，这残酷的现实令他们恐惧。他们多是礼教的叛徒，与旧家庭关系紧张，面对国民党的血腥清洗，多半有家不能回，只能逃亡或蛰伏，不但个人前途渺茫，而且生命安全都毫无保障。清党后的国民党政府虽仍虚扛着国民革命的旗帜，实际上则强调要结束革命，开始“建设”。反帝是国民革命的重要旗帜，但国民党南京当局已转而与帝国主义妥协，谋求帝国主义的承认。“废除不平等条约”的口号还得继续喊，但已强调“生聚教训，为独立自强之始基；独立自强，为平等地位之根本"，强调废除不平等条约的根本方法是壮大自己的实力，取得独立平等地位的实际工作，"在理论为正义与人道之宣扬，在实际为国民能力之表现"，而不是采用"共产党徒所用之手段"，即以革命运动来谋求废除不平等条约，因为那"足使贫弱之中国成为白色帝国主义与赤色帝国主义斗争之材料，而自陷于灭亡"。又称，"世界一切民族无不可为中国之友，亦无不可为中国之敌"，哪一国是帝国主义国家，并非一成不变，苏联不见得是中国的朋友，英美等列强未见得必定是中国的敌人。[①] 在这种情形下，不平等条约能否废除，民族解放何时能够实现，不能不令他们忧虑。旧军阀打倒了，新军阀产生了，"打倒军阀"的口号变成了军阀混战的借口，国家统一的梦想依然悬在空中。当局高喊"以党治国"，实际上军权凌驾于党权之上，是以军治国，而非以党治国；军政时期何时结束，训政何时开始，人民权利何时能得到保障，宪政之梦何时能够达成，他们也感到希望渺茫。孙中山倡导依靠多数之国民、扶助农工，以推进国民革命，打倒土豪劣绅、贪官污吏，实现国民的解放，然而清党之后的国民党当局却觉得，总是索要各种利益的民众"讨厌极了"，反抗国民党统治的民众"只是流氓土匪罢了"。与之相反，资产阶级和土豪劣绅说话要比农工漂亮些，行为要比农工文雅些，他们口头上赞成国民革命，能大谈三民主义，能恭读遗嘱，不像农工天天求利益，并且还能捐款、筹饷，愿意攀附革命党人，为其提供种种利益与消遣，"异姓的便可扳上姻亲，同姓的便认上兄弟"，实在比工农大众可爱一些。于是，革命党人就忘却了民众，而与资产阶级与土豪打成一片，介绍他们进国民党，给谋一点小差事，并把这叫作"为政有本，本在有容"。[②] 于是，资产阶级和土豪劣绅充塞党内。国民党

---

① 《第二届中央执行委员会第四次全体会议宣言》（1928 年 2 月 7 日），荣孟源主编：《中国国民党历次代表大会及中央全会资料》（上），第 514 页。

② 陈公博：《成功后的革命党人》，《革命评论》第 15 期，1928 年。

声称要保持国民党的“革命性”，必须清除“土豪劣绅、贪官污吏、投机份子、反动份子以及一切腐化、恶化份子”，但实际“清党”只是清除所谓“恶化份子”，屠杀大批共产党人和左派青年，而土豪劣绅贪官污吏则成为官员们的座上宾，甚至大量涌入国民党党政机关，迅速造成国民党的“腐化”。

新政府建立了，“革命成功”了，自然要“百度维新”，革命时期的以破坏为主的民众运动要转向以建设为主的民众运动，工会、农民协会要改成工业协会、农业协会，工厂主、地主、商人都要加入，不能只是工人、农民、店员的组织。这些协会的任务不是搞阶级斗争，而是要搞阶级调和，不是去搞加薪减时、减租减息的斗争，而是要普及生产知识、提高生产技能、增加生产力。国家建设需要人才，教育之任务是为国家建设储材，政治过于复杂，需要丰富的经验与人生阅历，知识、经验均有不足的年轻学生参与政治斗争与社会斗争，“直是以国家、社会全体之生命作儿戏之试验品也”①，因此学生运动应当收束，学生要安心读书，不要干预政治。“革命胜利”后，存在旧势力“咸与维新”，革命党人忘却民众，而热心于联络社会上层，趋于“腐化”的风险。国民党南京当局希望尽快结束革命，想与列强建立外交关系，想安定秩序，收束民众运动、学生运动，也不算奇怪。但是，自清末起，政府就谋求修改不平等条约，却成效甚微，不平等条约依然是束缚中国发展的严重枷锁，国民党当局的修改不平等条约，能否解除这重重枷锁，为建设创造一定的条件，却令深受革命意识熏染的国民党左派与思想激进的小资产阶级知识分子深感怀疑。国家要统一，革命早晚要收束，建设早晚要开始，但遍地兵匪，遍地失业农民，到处军阀混战的烽火，处处都能感受到的不平等条约的束缚，不能不让人怀疑革命是否到了可以结束的时候，建设是否可以开始了。国民党党内四

---

① 《第二届中央执行委员会第四次全体会议宣言》（1928 年 2 月 7 日），荣孟源主编：《中国国民党历次代表大会及中央全会资料》（上），第 512 页。

分五裂，又迅速腐化，军权凌驾于党权之上，土豪劣绅、贪官污吏依旧耀武扬威，不能不令人怀疑这样的国民党能否实现统一，能否承担建设任务，这样的建设能实现三民主义吗？能是革命群众所需要的建设吗？

在国共分裂，轰轰烈烈的国民革命戛然终止，国民党四分五裂，血腥“清党”，强力镇压共产党和国民党左派的情形下，社会普遍处于不安定之中。“整个的革命战线发生了大破裂，成千成万的革命者在动摇怀疑、烦闷之中”，人们感到，“自己底前途是渺渺茫茫，革命底前途更是渺渺茫茫。求出路，求出路，成了大家一致的呼声，不论是革命的或反动的，左的或右的……一致地求出路，革命青年如此，革命民众也如此，甚至于反革命派也如此”。① 这种迷茫与寻求出路的心态在国民党左派与思想激进的小资产阶级知识分子身上表现得更为明显。他们不赞同共产党的以阶级斗争为基本理念的民众运动，反对其武装反抗国民党的选择，认为那只会造成国民革命阵线内部的混斗，既不利于发展生产，也不利于集中一切革命势力，以与帝国主义以及军阀作斗争。他们也反对国民党以反共为由否定改组后的一切主张，策略，组织等，“把一切正确的革命的言论行动，都认为罪恶，都诿之共党”，以反共的名义抛弃反帝政策、抛弃民众运动、压制党内不同意见，认为这种做法完全抹杀了改组以来的革命成果，背叛了孙中山的革命路线，造成了国民党的迅速腐化，使国民党丧失了革命党的机能，已“决不能担负一切革命的责任”。②

他们也不赞同国民党当权派所谓“革命成功”，应开展建设的说法，认为“从中国的现状来说，帝国主义者的势力根本没有扫除，代替旧军阀而生的新军阀之根株没有根本的斩断，各地方的官

① 存统：《自信和共信》，《革命评论》第 2 期，1928 年。

② 记者：《那里是出路?》，《前进》，1928 年创刊号；马濬：《中国革命之今日和明日》，《革命评论》第 1 期，1928 年。

吏还是如虎如狼去进一步的剥削民众”，还没有实现“我们的国际平等，政治平等，经济平等”，根本谈不上“革命成功”。从世界革命的角度看，“那十二万万五千万被压迫的民众还没有达到自由与平等的地步，在那些劳动民众没有达到真正的解放的地步”，革命也不会终止。[①] 他们认为，革命的动因还在，废除不平等条约、实现三民主义，都需要继续革命，可是自“清党”以来，国民党丢掉了革命精神，“打倒帝国主义的斗争，变了屈膝媚外的无耻”，不但没有想法减轻民众的痛苦，“有时反而要去增加他们的痛苦”，丧失了民众基础，革命组织松懈，革命纪律废弛，失去了革命党的机能，反动的白色恐怖，笼罩一切，农工群众彷徨无依，小资产阶级摇摇欲坠，都表明国民革命遭遇了“绝大危机”。[②] 他们希望继续革命，而国民党南京当局却要收束革命，消解他们的革命情绪。南京当局要求学生安心求学，说“青年心身修养均未完备，决不能轻易干涉政治”。这自然不能令他们信服，相反，他们认为这不过是抛弃革命、抛弃青年的“昏庸老朽的人们”“自固其位的饰词”，“简直是自己宣告他的罪状”。[③] 南京中央党部搞文化复古主义，“把孙先生抬起来要继承尧舜禹汤文武周孔的道统，他们也是怀疑的”。[④] 戴季陶出版《青年之路》，劝诫青年“虚心平气”回到学校，从学问中寻找自身与国家的出路，要求青年有爱人、爱国、爱民的心胸，恢复忠孝、仁爱、信义、和平的固有道德，纠正新文化运动提倡个人主义所导致的革命青年虚无、放纵的弊病，又劝那些搞政治的人，不要把青年当作争权夺利的工具。[⑤] 这种说辞

---

① 许德珩：《复古与革命》，《革命评论》第 13 期。

② 吴保鼎：《改组国民党与国民革命之前途》，《革命评论》第 18 期，1928 年。

③ 章志强：《恢复民众运动与青年学生》，《革命评论》第 8 期，1928 年。

④ 陈公博：《苦笑录（1925 年至 1936 年）》，香港：现代史料编刊社 1981 年版，第 122 页。

⑤ 戴季陶：《对全国青年们的一个忠告 · 序》，《青年之路》，民智书局 1928 年版，第 1—13 页。

无视混乱而黑暗的现实，无视造成青年思想激进的社会环境，既给不出令人信服的国家安定、社会繁荣的可行路径，也缺乏令人相信的改善政治、保障民权、改善民生的实际行动，却一味劝青年安心求学，自然不能化解青年学生的激进倾向。

在此情形下，陈公博等人一面反对共产党的民众运动、武装革命，一面主张"改组国民党"，"恢复十三年国民党改组的精神"，实现国民党的民主化、民众化、革命化，造就能承担革命领导责任的国民党，然后"革命的再来过"，继续反对帝国主义与封建势力的革命，就契合了他们要求继续革命、继续唤起民众，但又不愿意走共产党之路的愿望，故能得到他们的同情，使他们成为改组派的忠实支持者。

（二）改组派的基本主张

1. "恢复十三年国民党改组的精神"，再造革命的国民党

（1）主张建立理论"共信"，统一国民党的思想。

改组派认为，国民革命的危机因革命阵线的分化与国民党的腐化而起，要继续革命，实现三民主义，必须以"十三年国民党改组的精神"，统一革命阵线的思想，集中革命力量，彻底改组国民党。

他们认为，革命阵线的分化，是革命阵营内部对中国社会、中国革命以及三民主义的认识不同所致，要统一革命阵线，必须开展理论建设与思想斗争，统一革命理论，形成"共信"。他们分析中国社会与中国革命，认为只有三民主义才是适合中国革命的理论。改组派的主要笔杆子如陈公博、施存统、马濬、刘侃元、许德珩等都曾受马克思主义影响。陈公博、施存统曾是中共早期党员，陈公博因在 1922 年 6 月陈炯明炮轰孙中山的总统府时支持陈炯明而被中共开除出党，施存统则是大革命失败后主动退党。马濬曾在莫斯科中山大学就读，比较系统地接触过马克思列宁主义。刘侃元 1913 年在早稻田大学读书时就与李大钊相识，1917 年入东京帝国

大学，主修《资本论》，十月革命后，他即开始介绍、宣传马克思主义，1925年任黄埔军校政治教官，讲授社会发展史。许德珩早年曾参加辛亥革命，就读北京大学时又曾为五四学生运动的领袖之一，后赴法勤工俭学，与周恩来交好；1927年春归国，先赴广州担任政治教官，讲授唯物史观与社会主义史，随后赴武汉任武汉中央政治学校教官，大革命失败后，离汉赴沪，从事社会主义研究与翻译工作。他们对中国社会与中国革命的分析，很大程度上受到马克思主义阶级分析方法以及中国共产党的国民革命论述的影响，他们对中国社会基本性质，中国革命的对象、任务、前途的分析与中国共产党的国民革命论有一定的重合度。其区别是，他们强调，阶级斗争不适用于中国，非资本主义前途不必通过阶级斗争来实现，而可以通过民生主义来实现，领导中国革命的不可能是只代表无产阶级的中国共产党，而应是各革命阶级联合的中国国民党。

这些改组派的笔杆子认为，帝国主义入侵之前，中国社会是传统农业经济占主导地位的，由土豪劣绅统治的封建宗法社会，帝国主义的入侵，一方面使中国主权受损；另一方面也严重冲击了中国传统的农业经济与封建宗法社会制度，催生了近代资本主义工商业，并产生了弱小的资产阶级与无产阶级。这样，中国就变成了“次殖民地”，支配中国经济的是外国资本主义，而数量庞大的传统农业经济以及力量弱小的资本主义经济则附从于外国资本主义；支配中国社会与政治的是帝国主义以及作为帝国主义统治中国工具的土豪劣绅与封建军阀。中国受帝国主义与土豪劣绅、封建军阀的双重压迫，革命的对象是帝国主义与土豪劣绅、封建军阀，革命的主要任务是反对帝国主义以求国家之自由平等，反对土豪劣绅、封建军阀以求民权。由于帝国主义、封建军阀的势力十分强大，要完成革命，必须动员广大的农民、工人以及小资产阶级，建立广泛的国民革命阵线，必须联合世界上其他被压迫民族一起奋斗。由于广大民众参与革命，由于中国革命处于世界社会主义革命的时代，故中国革命的前途不可能是资本主义，而只能是非资本主义。因此，中国革命是反对帝国主义的民族革命，反对封建军阀统治的民权革命，追求非资本主义前途的民生革命的三位一体的三民主义革命，不是单纯的民族革命，不是单纯的民权革命，不是单纯的社会革命，也不是民族民权的“二民主义”革命。

他们认为，国家主义派的“全民革命论”只看到国民革命为国民全体谋利益的一面，忽视了国民革命本身的阶级性，混淆了革命对象与革命力量，将使打倒军阀，打倒买办阶级，打倒土豪劣绅，打倒贪官污吏等变成“无的放矢的胡闹”[1]；其“全民政治论”忽视了人民的阶级性，“简直是以资产阶级为中心”，只能造成资产阶级的民主，而不能造成多数平民的民权；其“主张根据国性的要求，造成一个独立的国家，外抗强权，其实最易流为帝国主义”，不可能达成三民主义的民族主义所追求的世界弱小民族共同解放的目的。[2]

他们反对共产党的阶级革命论，认为中国的革命是以农工小资产阶级为主体的“国民革命”，而不是无产阶级革命。又认为共产党是主张直接开展社会革命的，这不符合中国的实际情形，也与唯物史观不合。其理由如下。

其一，中国社会各阶级都遭受外国资本帝国主义与本国封建势力的双重压迫，当前的急迫任务是建立农工小资产阶级乃至包括资产阶级的国民革命阵线，以开展国民革命，若超越国民革命阶段，鼓吹阶级斗争、力促社会革命，将造成国民革命阵线的破裂，妨碍民族革命与民权革命的进行，也将妨碍民生主义的实现。[3]

---

① 萧淑宇：《国民党左派与中国革命前途》，《民众先锋》第1期，1929年；存统：《自信和共信》，《革命评论》第2期，1928年。

② 张肇融：《今后国民党的新生机》，《革命评论》第7期，1928年；马濬：《党的立场与革命的立场》，《革命评论》第5期，1928年。

③ 施存统：《对于今后革命的意见》《城市小资产阶级与民主革命——答覆迪可先生》，《革命评论》第1期，1928年、第9期，1928年；黄惠平：《国民革命的危机与我们今后的奋斗》，《革命评论》第17期，1928年。

其二，中国缺乏社会革命的主客观条件。施存统说，中国“既没有社会主义底客观条件——大规模的生产机关，又没有社会主义底主观条件——广大的觉悟的无产阶级”，中国的产业工人只有200余万人，其中大半“还是充满了小资产阶级的关系和思想”。[①] 马濬说：“因为真正科学的社会主义，是由‘国民经济’到资本主义最后自然形成的东西；只有资本主义发展过程中，才能萌生社会主义，只有资本主义成熟，才能具备一切社会革命的经济基础，和完成社会革命的一切建设。”而中国“只有资本主义的萌芽”，虽有严格意义上的无产阶级，但数量不多，且“还未脱封建社会的余毒和资本主义的洗礼”，还没有实行社会革命的条件。[②] 张肇融说，依据唯物史观，当社会发展到一定阶段，“社会的物质生产力”与“当时的生产状态”会发生剧烈的冲突，生产状态“所发生出来的种种条件”已成为生产力发展的枷锁时，才会出现“社会革命”。“倒过来说，如果不可缺的物质条件，在旧社会的母胎里还没有完全成熟，那末新生产的条件也未至于形成，社会革命便不能立刻爆发。”中国资本主义还不发达，不具备社会革命的条件，当此情形而鼓吹社会革命，不但违背唯物史观，也“反乎中国的情形”。[③]

其三，国民革命之后，不需要社会革命，不需要阶级斗争，就可以实现民生主义或者社会主义。马濬说，只要国民革命真正成功，就不需要再进行社会革命，因为中国的国民革命本身含有社会革命的意味。“在国际资本帝国主义和国内封建势力崩溃以后，同时即是国际一切被压迫阶级或民族解放之时，中国自无单独能形成资本主义之事。再中国国民革命，是联合革命各阶级，始能进展以至成功，一切革命的各阶级，都是站在民主原则下，亦自无资产阶

① 施存统：《城市小资产阶级与民主革命——答复迪可先生》，《革命评论》第9期，1928年。

② 马濬：《中国革命之今日和明日》，《革命评论》第1期，1928年。

③ 张肇融：《今后国民党的新生机》，《革命评论》第7期，1928年。

级独握政权，来造成资本主义国家之事。”[①] 陈公博说，国民革命之后，实行“以党专政”，大力发展国家资本，节制私人资本，扩大国有电气水利事业，使农业受国有企业支配，就可防止私人资本垄断国计民生，泯灭阶级之不平，消灭阶级斗争，实现民生主义的目的。[②]

其四，阶级斗争只适用于资本主义发达，劳资对立严重，无产阶级、资产阶级都有明确阶级意识的欧美国家，而中国社会的阶级分化、阶级对立并不严重，农民、工人以及资产阶级还都没有明确的阶级意识，也还没有成为阶级，当此情形而鼓吹阶级斗争，只会将斗争矛头指向小资产阶级，只会减少社会的资本，造成商业危机与农村经济的停顿，只会造成社会多数阶级的混斗，使小资产阶级脱离革命阵线，妨碍国民革命的开展。[③] 施存统说：“我们过去有一个很大的错误，就是对于社会经济和社会阶级的分析太不充分甚至于错误。……在没有资产阶级的地方，大叫打倒资产阶级。在没有无产阶级的地方，狂呼无产阶级团结起来。不知不觉地仿佛把中国社会看做资本主义的社会，而忘记它实在是一个宗法封建社会。许多错误的政策和行动，都由这一点发生出来。”[④]

总之，在他们看来，只有三民主义才是适合中国革命的指导思想。但是，三民主义本身内容复杂，“它关于许多实际的，具体的问题，还没有科学的解决和展开，而且解释上也太纷歧，还没有应用一切新的社会科学和新的革命理论完成有系统的科学的解释”，国民党人对于中国革命，对于三民主义，“各有各底认识，纷歧错

---

① 马濬：《中国革命之今日和明日》，《革命评论》第1期，1928年。

② 陈公博：《国民革命的危机和我们的错误》，《贡献》第2卷第2号，1928年；陈公博：《答彭学沛先生论国民党代表是什么》，《革命评论》第13期，1928年3月15日。

③ 陈公博：《国民革命的危机和我们的错误》，《贡献》第2卷第2号，1928年3月15日；马濬：《中国革命之今日和明日》，《革命评论》第1期，1928年。

④ 施存统；《对于今后革命的意见》，《革命评论》第1期，1928年。

乱，无奇不有”。因此，如何统一三民主义理论，就成为改组派排除国家主义、共产主义之后需要解决的问题。于此，他们主张开展党内思想交锋，建立党内对三民主义的“共信”。[①] 他们认为，依靠权力将三民主义“国教化”，不准党内有异见，搞各种纪念周，要求各种官方仪式开始前诵读“总理遗嘱”，解决不了党内关于三民主义的分歧；将三民主义玄学化、机械化，用所谓道统去解释三民主义，也不能让民众信仰三民主义。[②] 真正有效的办法是，以科学的态度、革命的立场去研究中国革命，去理解三民主义。所谓革命的立场，就是“一、应该站在代表大多数被压迫民众（尤其是工农）底利益上，以历史的社会的方法来研究革命的三民主义，并发展革命的三民主义，再以此来分析中国社会底现状，得到具体的结论（关于这个问题，我打算做一篇长文来说明）；二、承认中国革命应该同时解决民族，民权，民生三个问题，完全达到‘国际平等’，‘政治平等’，‘经济平等’的目的；三、承认要使中国革命能发展，必须解除帝国主义的压迫，扫除一切封建势力及关系，并发展占人口之最大多数的农工群众底组织力量”。[③] 所谓科学的态度，就是对中国社会与中国革命，“第一应在其事实相互的关联性上去把握，第二应在其全体性上去把握，第三应在其不断变化与发展的状态，过程上去把握，最后要在其内部的矛盾与其和外部相对立物的斗争的情势上去把握”。[④] 只有党内同志，秉持这样的立场、这样的态度去研究中国社会与中国革命，经过认真而剧烈的党内思想交锋，才可能形成大家对于三民主义的“共信”，才能统一国民党的思想，进而统一国民党的行动。他们希望统一三民主义理论，想法很好，但通过思想交锋达到党内思想统一，需要诸如社会的相对安定、党内权力结构相对稳定、党内民主比较健全等作

① 存统：《自信和共信》，《革命评论》第 2 期，1928 年。

② 刘侃元：《一九二八年与我们》，《革命评论》第 1 期，1928 年。

③ 存统：《自信和共信》，《革命评论》第 2 期，1928 年。

④ 刘侃元：《一九二八年与我们》，《革命评论》第 1 期，1928 年。

为条件。而当时的国民党四分五裂，派系斗争尖锐，是权力斗争的胜负决定理论斗争的结果，而不是相反。改组派的政客们希望通过争夺三民主义的理论解释权，获得党内权力的优势，属于一厢情愿；而改组派中的小资产阶级分子，本着其对三民主义的信仰，希望将国民党一大对三民主义的解释确立为国民党的“共信”，其意愿是真诚的，但受制于国共分裂后的现实环境，必定无果而终。

（2）恢复民主集权制，恢复民众运动，实现国民党的“民主化”“民众化”。

改组派认同国民党一大确立的“民主集权制”的组织原则以及扶助农工的政策，认为这是国民党迅速发展为群众性革命党，国民革命得以迅速推展的重要原因。他们也认为，国共合作破裂后，国民党迅速腐化、寡头化，出现严重的党内分化，根本原因是国民党抛弃了民主集权制的组织原则，抛弃了民众，停止了民众运动。他们要求重新恢复民主集权制，重新开展民众运动，以党内民主以及群众的力量清除国民党内的腐化分子，制约领袖权力，造成党内统一。

施存统说，国民党一大确立的民主集权制，是“革命党最适当的原则”，它要求“在决议方面必须依多数人的意思来决定，在执行方面必须大家一致行动”。但自从“清党”之后，这一组织原则遭到彻底破坏，“党部的职员只看见委派不看见选举了！党员的发言权表决权甚至于请愿权也多被剥夺了”。只有集权，而没有民主，导致官僚主义横行，党员变成服从党部的机械，而党部负责人“眼睛差不多只看见上面的领袖，很少看见下面的群众”。于是，“党员和党部若（差）不多变成了拥护个人的工具”，党失去了活力，失去了民众的信赖。他要求恢复党内选举，要求党员有选举权、发言权、监督权，要求“一切问题，都应该由多数人来决定。一切党部的职员，都应该由党员直接选举出来。党的总章，应该完全发生效力”。[①] 这是改组派的普遍要求，其上层政客以此为由要

① 存统：《恢复十三年国民党改组的精神》，《革命评论》第5期，1928年。

求参与权力分享，其下层成员则抱着真诚希望国民党民主化的愿望。

这种要求，一方面是他们相信“民主集权制”的原则可以健全国民党的组织，恢复国民党的活力，相信“只有党底民主化，只有多数下层党员底力量，才能肃清党内一切腐化分子，才能扫除党内一切反动的倾向，才能打破少数‘巨头’自私自利为所欲为的怪现象，才能制裁专横跋扈分赃割据的新军阀”；[①] 另一方面也是因为现实政治斗争的需要，他们要以此反对蒋介石等人包办国民党三大。1928 年 8 月，改组派向国民党二届五中全会提出“重新确立党的基础案”，强调“当今国家要图，千绪万端，究其根本，则仍在党务”，必须提高党的权威，严密党的组织与纪律，“实行党的民主化民众化，各地党部实行选举制，废止指派及圈定制，并许党员在不违背本党主义范围以内，有发表意见之自由”。[②] 但南京当局对此根本不理睬，1928 年 10 月 25 日的国民党中常会决定，三大代表由国民党中央圈定产生。这引发改组派的强烈抗议，改组派的刊物以及各地改组派组织发文发电公开反对圈定三大代表，要求由选举产生三大代表，形成了一时风潮。但蒋介石等无视党内的强烈反对，于 1929 年 3 月 15 日如期召开国民党三大。为对抗蒋介石等一手包办的三全大会，改组派乃策动军事反蒋，中原大战随之爆发。

在要求党的民主化的同时，改组派认为，要真正实现党的民主化，恢复国民党的革命精神，必须实现党的“民众化”，重新确立国民党的民众基础。受时代思潮的影响，不少改组派成员看到了民众的力量，认识到要想革命成功，革命党的行动必须体现民众的要求，得到民众的拥护，必须充分利用民众力量。黄惠平说：“历史

---

① 存统：《党底民主化与群众化》，《革命评论》第 12 期，1928 年。

② 《关于五中全会的一个重要党务提案——重新确立党的基础案》，《革命评论》第 14 期，1928 年。

上每次伟大的革命运动成功失败的关键，胥视革命的政府之设施，是否能保障大多数民众的生存，减轻下层民众在日常生活上所感受的痛苦。”① 林笃信说，从美国独立战争、法国大革命，到俄国革命的革命史，都表明“唯有以民众力量为基础，革命才有发展之可能，才有成功的希望”。从辛亥革命、五四运动到五卅运动、北伐战争的革命进程，都表明“有组织，有计划，有训练的民众运动，是何等伟大，足以制军阀帝国主义之死命而为帝国主义及军阀所最忌最怕”。② 他们也认识到，大众时代已经到来，“上古的政权虽是在少数的手中；可是现在和将来的政权，必须要握在大多数民众之手中，社会才能安定……世界上无论那个国家，往后的革命，都非靠伟大的民众之力量不可，压仰（抑）民众运动，无异于束手待毙。谁压迫民众运动，谁就灭亡”。③ “十三年国民党改组的第一个精神，就是坚决地把党的基础放在民众的身上，使党获得了民众的基础”，这是国民革命一度顺利进行的根本所在。④ 国共合作破裂之后，国民党因“清党”、反共而背叛民众，抛弃民众运动，结果因为缺乏民众力量的支持，对外妥协，忙不迭地清除“打倒帝国主义”“革命成功万岁”之类的标语。对内不敢继续反军阀反土豪劣绅的革命，转而招降纳叛，致使大批土豪劣绅、贪官污吏涌入国民党，重施其压迫剥削民众之手腕；因为缺乏民众力量的制约与监督，当局的施政无视民众利益与要求，出现领袖独裁、军人专权、土豪劣绅耀武扬威。于是，革命中止，国民党丧失了民众的信仰，民众转而厌恶、痛恨国民党，国民党丧失了机能，只剩下

① 黄惠平：《国民革命的危机与我们今后的奋斗》，《革命评论》第 17 期，1928 年。

② 林笃信：《国民党的改组与民众组织的恢复》，《革命评论》第 18 期，1928 年。

③ 章志强：《恢复民众运动与青年学生》，《革命评论》第 8 期，1928 年。

④ 存统：《恢复十三年国民党改组的精神》，《革命评论》第 5 期，1928 年。

"挂在刺刀上"的虚壳。[1] 有鉴于此，他们呼吁恢复民众运动，"尽量地吸收革命的群众"，使国民党能"切实代表革命群众的利益，而且必须诚意接受革命群众的监督"，"促成党的群众化，把党的基础在革命群众上面巩固起来"。[2] 他们强调民众基础、民众运动对于国民革命的意义，强调要打倒帝国主义、打倒官僚军阀，必须唤起民众，必须解放民众，令"民众起来解放自己"，否则革命党就得不到民众的支持，永远不会成功。又指出，要防止政治腐败，改变军人专权，结束"武装同志"的割据分治，实现国家统一，提升党权，实现以党治国；要"发达经济、建设崭新的革命国家"，令国家施政体现多数民众的利益与要求，实现民有、民治、民享的三民主义，都必须唤起民众，恢复民众组织与民众运动，以民众的力量去制约党的领袖与军队，以民众自身的力量去保障其自身的权益。[3] 他们重提"农工政策"，要求落实二五减租、废除苛捐杂税、创办合作事业、建立农工银行等，以改善民众生活；要求扶助民众团体、开展地方自治、惩治贪官污吏与土豪劣绅，以扫除民权障碍，培养人民自治能力；要求尽量吸收农工加入国民党，清除党内腐化分子，巩固党的民众基础。陈公博还提出，要使国民党成为代表民众利益的党，而不是"统治者的俱乐部"，国民党党员构成的合理比例应是农民占百分之五十，工人占百分之三十，小资产阶级占百分之二十。[4]

改组派一方面不满国民党当权派背叛民众，压制民众运动；另一方面也不满共产党以阶级斗争的手法开展民众运动，认为共产党的民众运动只顾运动群众起来闹革命，片面强调工农利益，没有考

---

① 向荣：《党的危机与革命青年的呼声》，《革命评论》第 15 期，1928 年。

② 存统：《恢复十三年国民党改组的精神》，《革命评论》第 5 期，1928 年。

③ 存统：《恢复十三年国民党改组的精神》；王法勤等：《关于五中全会的一个重要党务提案——重新确立党的基础案》，《革命评论》第 5 期、第 14 期，1928 年；记者：《那里是出路?》，《前进》创刊号，1928 年。

④ 陈公博：《党的改组原则》，《革命评论》第 10 期，1928 年。

虑社会经济的实况与商民、地主的实际承受能力，提出超过现实条件的要求，造成国民革命阵线内部的矛盾，妨碍经济发展；过于注重军事行动，将民众运动作为革命军事行动的辅助手段，而于发展民众团体的自治注意不够，结果“农协的独裁代替了乡绅的独裁”。又指称，共产党开展的民众运动脱离了国民党的领导，陷入无政府状态，农协拥有了行政权与司法权，且往往滥用其权力，工会则往往以武力解决劳资冲突，不待党和政府仲裁，就罚锾、封锁、逮捕，这不但侵损了国民党和政府的权力，也造成一般社会对农协、工会的不良印象；青年运动偏重于学生运动，造成校园的政治化与青年学生的投机心理，淡薄了学生的求学兴味，不利于国家长期发展。① 他们希望继续开展民众运动，但要求民众运动必须在国民党的领导下开展，改变共产党主导民众运动时期的诸多做法。

不过，改组派内部对于如何开展民众运动有分歧。陈公博的主张，与国民党南京当局的二届四中全会宣言的主张接近，要求收束民众运动，将民众运动由革命、破坏为主转向以建设为主。他要求在民众运动中调和阶级矛盾，而不是挑动阶级矛盾，一面注意保护农工利益，一面注意资产阶级、小资产阶级的承受能力以及产业现状，提出合理的、可以实现的民众的利益要求，并注意生产发展，尤其是国家资本的发展；学生运动也要注意抑制学生的投机心理，渐次整饬学风，培养建设人才；商民运动要注意区分大资本家与小资产阶级，注意恢复商业，在一定的范围内还要奖励商业，以恢复经济活力。② 而《前进》杂志上的一篇文章则表示，国民党应“领导组织各种的真正的人民团体”，“继续作民众运动”，强调民众运动的目的不是单纯提高农工的知识、技能以增加生产力，而应是“使民众了解政治，积极参与政治”。这与南京当局的提法有区

---

① 陈公博:《国民革命的危机和我们的错误》（续），《贡献》第2卷第4号，1928年4月5日。

② 陈公博:《国民革命的危机和我们的错误》（续），《贡献》第2卷第4号，1928年4月5日。

别。又说，青年运动在“使青年积极参与政治”的同时，“须养成其判断政治的能力”；工会应成为解决工人本身问题以及工人参与政治的机关，并强调“须养成健全的工会”；“仍须继续组织农民协会，使从事农作者都有入会的机会。农民协会须设法实行本党以前关于农民问题的决议”，以区别于共产党的民众运动。①

改组派既希望继续民众运动，保持民众运动的政治性，又希望控制民众运动，不愿意民众运动走向阶级斗争。关于国民党的民众基础，改组派内部的表述有分歧，陈公博、施存统称国民党的民众基础是农工与小资产阶级，而顾孟余则称国民党的民众基础是农工和小市民。陈公博承认阶级的存在，但反对阶级斗争，而顾孟余不但反对阶级斗争，而且根本不承认中国有阶级的存在，故不愿意用“小资产阶级”的名称。② 他们没有将资产阶级纳入革命的对象，但也都将资产阶级排除在“革命群众”之外，似乎国民党只代表农工小资产阶级（小市民）。其实，国民党的三民主义虽主张节制资本、平均地权，对私人资本主义的发展保持警惕，但如彭学沛所说，平均地权正代表了资产阶级要求打破土地贵族垄断土地收益的要求，具有鲜明的资产阶级革命的色彩，至于国民党主张节制资本、防止私人资本垄断国计民生，实行普选制、废除以资产为标准之阶级选举制，组织农工团体、改善农工生活等，也是欧美资本主义国家早已实行过的政策，不足为国民党只代表农工小资产阶级，而不代表资产阶级的证明。③ 从阶级分析的角度看，资产阶级本身比较复杂，还在 1923 年 4 月，陈独秀就将中国资产阶级分为革命的资产阶级、反革命的资产阶级与不革命的资产阶级。④ 在中国共

---

① 记者：《那里是出路?》，《前进》创刊号 1928 年。

② 何汉文：《改组派回忆录》，《文史资料选辑》第 17 辑，中华书局 1961 年版，第 167—168 页。

③ 彭学沛：《中国国民党所代表的是什么?》，《革命论坛》第 1 期，1928 年。

④ 独秀：《资产阶级的革命与革命的资产阶级》，《向导》第 22 期，1923 年 4 月 5 日。

产党的国民革命论述中，国民党是自由资产阶级民主派、小资产阶级、工人、农民等各革命阶级的联盟，并没有排斥资产阶级。事实上，陈公博等在主张发达国家资本的同时，也主张保护和奖励私人资本，其提出的种种社会改良措施，以及调和阶级矛盾，反对阶级斗争的论述，都表明改组派代表着资产阶级的利益，但改组派不愿意承认这一点。所以如此，是因为他们受到了共产党对中国社会各阶级分析的影响。共产党认为，中国的资产阶级力量弱小，又与帝国主义、封建势力有千丝万缕的联系，故其政治立场是，既希望革命，又不愿意彻底反帝反封建。因此，中国的资产阶级不能单独领导国民革命，只能作为国民革命的辅助力量。改组派希望改组国民党，使其成为国民革命的唯一领导力量，若说国民党代表了资产阶级的利益，那在他们看来，国民党就不能领导国民革命；若将资产阶级纳入国民党的民众基础，那反对阶级斗争、主张阶级调和的改组派就不能论述如何调和资产阶级与工、农的矛盾。

在主张理论斗争，以统一国民党对三民主义的理解，主张国民党的民主化与民众化的同时，改组派还提出要严密国民党的纪律，健全国民党的组织，恢复国民党的不妥协的革命精神。他们认为，这样就可以再造国民党，集中革命势力，继续国民革命的事业。

2. 提高党权，贯彻以党治国，召开国民会议，制定训政时期约法

改组派的骨干是以汪精卫为首的国民党政客。为对抗蒋介石控制的国民党南京当局，改组派提出了打倒个人独裁、“树立民主政治”的政治口号，欲以此争取舆论支持，争取参加南京国民党政权并获得实际权力。

改组派强调民权主义的意义，在民权主义问题上表现积极。汪精卫批评民主政治易造成暴民专制，不能统一意志的说法。他说：“有人怀疑民主制度，说民主制度，足使暴民当权，而聪明才智的人，反被摈斥；又说民主制度，易致意见纷歧，不能统一意志，这是完全没有理由的。我们要明白：民主制度的目的，正是要使人人

各尽所能，使团体得到人人的最大贡献，民主制度正是要集中人人的心力使之一致。”① 施存统将民权主义看作三民主义的中心（这与戴季陶所说三民主义以民生主义为中心，有明显区别），强调三民主义革命是包括民族、民权、民生三大革命的“整个的革命”，“目光只注意到对外的民族主义，差不多把一切罪恶都归于帝国主义，只认识帝国主义是引起中国革命的动因”的单纯民族革命论，“心里只想念着将来的民生主义（或社会主义），憧憬未来的极乐世界，巴不得一步跳到民生主义的社会”，而忽视“现在的对内的民权主义，民主革命”，“以为民权主义是资产阶级的主义，民主革命是资产阶级的革命”的单纯社会革命论，都“忘记了民权主义和民主革命在社会史上的意义”，都不懂得“民主革命是社会进化过程中必然经过的一个阶段”的道理，意图超越民主革命，是对中国革命的重大误解。单纯的民族革命论不了解“增进工农底地位与利益”对于反帝运动与“促进民主革命底发展”的重大意义，而急于实现社会主义的社会革命论则忽视了中国当时还缺乏社会革命的主客观条件的情形，都在民权主义问题上犯了错误。②

改组派赞同以党治国，对国家主义派、人权派反对以党治国，不以为然，认为那是资产阶级民主派、宪政派以人权问题为借口否定国民党的领导。改组派也不赞同国民党南京当局所搞的以党治国，强调以党治国有其先决条件，即党能够“代表革命民众的利益”，党的本身是健全的；批评南京当局主导的国民党已经脱离革命的立场，背叛了民众，已不是“国民党”，而是军阀势力控制的“官僚党”，根本不能“代表革命民众的利益”。党本身也很不健全，“差不多为少数个人所占有”，党务政务，“一切的一切，均系于少数个人的意志和武力的指挥”，“在斯时而谈党治，不是欺人，

---

① 汪精卫：《怎样实现民主政治》，《大公报》1929 年 12 月 10 日。

② 施存统：《对于今后革命的意见》，《革命评论》第 1 期，1928 年。

便是自欺”。[①] 这种情形下的以党治国，不可能改变“以军治党”“以军分党”的状况，不可能将“割据式的军人政治”变成党治，也不可能实现“军治”到立宪政治的转型，这样的党治根本没有意义，不过是以党的名义压迫人民而已。[②] 他们指出，要实行党治，首先就要改组国民党，健全党的组织，实现党的民主化、民众化，确立党的威权，确定党对政府、军队的绝对领导，“一切重要事件须取决于党部”，一切人事任免、一切财政收支都必须经过党部。这样的党治，才是真的党治，才可能实现由军治到民治的转变。[③]

关于党治之实施，改组派强调以下几点。

第一，必须正确处理党治与民治之关系，以及党权与民权之关系。马濬说，“党治不过是民治的手段，民治乃是党治的目的”；两者的关系是“同时并进，互相为用”的。“在纵的一方面，党治以民治为基础，民治以党治为目标，在横的一方面，党治以民治为外围，民治以党治为核心。”[④] 施存统也说，正当的党治应是，“‘党权’底基础在于‘民权’，‘民权’是‘党权’底实质；党治底目的在于‘民治’，‘民治’是‘党治’底形式”。只有“建立在‘民权’‘民治’上面的‘以党治国’，才是真正革命的‘以党治国’，才是真正巩固的‘以党治国’，才能获得广大民众底拥护，保障革命底胜利，实现整个三民主义，消灭社会阶级，完成中国革命”。[⑤]

第二，要保障人民之权利，尤其是“言论出版的绝对自由”。

---

① 马濬：《党治的先决问题》，《革命评论》第2期，1928年；存统：《理想中的以党治国》，《革命评论》第16期，1928年。

② 记者：《那里是出路?》，《前进》创刊号，1928年；马濬：《党治的先决问题》，《革命评论》第2期，1928年。

③ 《关于五中全会的一个重要党务提案——重新确立党的基础案》，《革命评论》第14期，1928年。

④ 马濬：《党治的先决问题》，《革命评论》第2期，1928年。

⑤ 存统：《理想中的以党治国》，《革命评论》第16期，1928年。

许德珩说："言论是代表舆［论］的机关，在这个党的分崩离晰（析），人自为战，毫无中心的主张与力量的时候，来实用军治的原则去干涉言论，那个结果，就只有'有枪阶级'的人才能够讲话。只有有枪阶级的人才能讲话，那是叫做钳制舆论，不是什么'党治'，那是把中国断送往死的路上走！"① 人民没有自由权利的党治，不可能达成民权的目的，只会使民权彻底屈从于党权，就会只见党权，不见民权，只见党的意志，不见人民的意志。

第三，必须唤起民众，组织民众，"使被压迫的民众，得到自治"，并"以民众的意识与要求决定政治主张，以民众的威力扶持党权"。只有这样，以党治国才能是实现民治的以党治国，才能得到民众的真正拥护，才能实现三民主义。② 为此，以党治国时期，需要一方面扶植民众团体；另一方面建立国民会议、省民会议、县民会议、市民会议、乡民会议、村民会议等一切民治的组织，而绝不能将民治组织的建立与以党治国对立起来。否则，就只有党权，而无民权，只有党治，而无民治，就永远不可能迈向民治。③

第四，以党治国应保持"民治"的形式，"党部与政府不发生直接的命令关系"，党需要通过党团作用的形式去发挥党的领导作用。施存统对此有比较清晰的论述，他说："我'理想中的以党治国'，依旧有一切'民治'的组织，一村有村民会议，产生村政府，一乡有乡民会议，产生乡政府，一县有县民会议，产生县政府，一省有省民会议，产生省政府，全国有国民会议，产生国民政府。直接指导监督各级政府的，是各级人民会议，以人民底名义去监督，不以党底名义去监督。党部在各级政府和各级人民会议中，应该组成一个核心，即应该组织一个党团，党底命令直接下给党团，由党团底运用去通过党底主张，党对于政府，

---

① 许德珩：《目前最低限度的几个注意与要求》，《革命评论》第 2 期，1928 年。

② 记者：《那里是出路?》，《前进》创刊号，1928 年；马濬：《党治的先决问题》，《革命评论》第 2 期，1928 年。

③ 存统：《理想中的以党治国》，《革命评论》第 16 期，1928 年。

形式上处于间接指导监督的地位。……这种党团运用底好处，就是在民众看来是自由的，不是强制的，即形式上是经过民众底同意的。这种方法，在形式上是‘以民治国’，在实质上依旧是‘以党治国’。这好像是一种欺骗民众的方法！其实是不然的：第一，这种方法可以训练民众行使‘民权’，发展‘民治’（同时也就是训练党员底组织能力与活动能力）；第二，这种方法可以把党与民众打成一片，尊重民众底意思，民众底要求马上可以反映到党里来，党不会脱离民众的基础。只有采用这种方法来实行‘以党治国’，才与民权主义一致，才能实现民权主义，才能保障革命底胜利。"[①] 这确实是“理想中的以党治国。”如果革命党实现民主化、民众化，党治之下又能保障人民之自由权利，并建立形式上的民治体制，由一个组织健全的民主化、民众化的革命党去领导以党治国，以一面训练党员，一面训练政府，确不失为一条由党治迈向民治的路径。他们的主张，至少从表述上看，是对孙中山以党治国论的积极发挥。

依据这种“理想中的以党治国”的设想，改组派猛烈抨击蒋介石为首的南京当局所推行的训政。他们强调，训政以宪政为目的，因此必须“养成民主势力，以深植民治之基础”，需要一方面保障人民权利；另一方面建立各级民意机构，令国民有参政的机会，尤其是着力于地方自治，深刻改变基层政权，推翻军阀官僚政权的底层基础，“使乡村政权，从土豪劣绅及一切反革命派手里，移转到乡村的平民手中，来建立民主的乡村自治机关”。[②] 而国民党南京当局的训政，则一面摧残人民自由权利；另一面以党包办政务，以国民党作为治人者，将人民视为被治者，完全将人民排斥在政治之外。这样的训政，只是开明专制，只能使党成为私人的工具，使政府成为压迫民众的机关，根本不可能反映民众意志，

---

① 存统：《理想中的以党治国》，《革命评论》第 16 期，1928 年。

② 观复：《怎样训政，怎样建设》，《前进》第 1 卷第 4 期，1928 年。

保障民众利益，提高民众的政治能力，也就不可能达到宪政的目标。①

在策动军事反蒋的过程中，为争取舆论，树立军事倒蒋的正当性，改组派更明确提出召开国民会议、制定约法的主张。1930年8月7日，改组派在北平召集中央党部扩大会议第一次会议，通过扩大会议宣言，以召开国民会议、制定约法相号召。汪精卫等也就召开国民会议、制定约法等问题发表谈话，阐述改组派的主张。大略而言，有以下两个方面的内容。第一，训政时代需要有约法，以保障人民之公私权利，规范政府权力之行使。他们批评蒋介石当政三年，以训政相号召，实际上，"约法一字亦未颁布"，人民公私权利"剥夺无余。不但政治机关不能参与，即民众团体亦横遭压迫；而个人之生命财产自由更无复保障"；国家机关一切大权操于一人，"所谓五院，不过以之位置闲曹，供其颐指。凡此种种，与《建国大纲》训政之意旨完全违背。蒋犹以'人权保障令'为其掩饰之具，不知人权保障乃保障政府对于人民之干涉有其限制，若予取予夺，悉由政府，则适成其极端专制而已"。② 他们强调，要保障人民之权利，规律人民公权之行使，规范政府权力，使其相维相制，"规定政府与人民之关系，使政府对于人民之干涉，有其不可逾越之限度"，必须有根本大法。③ 汪精卫即指出，法律有其形式要件，总理遗教如《建国大纲》、《三民主义》以及《国民党一大宣言》等虽包含训政时期约法的精义，但缺乏细致的条目，不具备法律的形式要件，只能算政纲，不能算约法，将这些精义以法典的形式加以落实，正是后死同志的"最大责任"。胡汉民等以"总

① 记者：《那里是出路?》，《前进》创刊号，1928年；肖淑宇：《开明专制与民主集权》，《革命评论》第16期，1928年。

② 《扩大会议宣言》（1930年8月7日），《中国国民党历次代表大会及中央全会资料》，光明日报出版社1985年版，第844—845页。

③ 《扩大会议宣言》（1930年8月7日），《中国国民党历次代表大会及中央全会资料》，第844页。

理遗教，即是约法”为辞，拒不制定约法，本质上是违背总理遗教，是“不要约法”，以便其随意侵损人民权利。又说，南京当局虽制定了民法、商法等，但这些法律只涉及人民的部分私权，没有涉及人民最重要的权利——公权。“人民之最大保障，在于获有公权，不能获有公权，则一切私权，终无所保障。”[①] 第二，训政最重要的内容就是“使民众于政治上取得活动之地位”，“训练民众行使政权”。为此，一要开展地方自治、组织民众团体，使人民得自治之机会；二要建立县议会、国民代表大会、国民大会等民意机构，使人民有行使“政权”之机会。而蒋介石的“训政”，却一面解散民众团体，摧残民众势力；另一面“以中央党部代替国民会议及国民大会，以各级地方党部代替各级地方会议，一切措施，皆以一党专制之名行一人专制之实”，使人民意思无由表现，完全是违背孙中山训政理论的独裁政治。[②] 他们主张召集国民会议制定基本大法，为尽速完成这一工作，可由中央党部扩大会议制定颁布约法，然后请国民会议追认之。

改组派对于训政与约法问题的意见在“太原约法草案”中，得到了集中体现。“太原约法草案”是在改组派策动的军事反蒋活动行将失败之时，由中央党部扩大会议于 1930 年 10 月 27 日通过的，因会议召开的地点在太原，故该“中华民国约法草案”也被称作“太原约法草案”。这一草案虽是政治斗争的产物，制定者没有机会颁布实施，其制定也未必出于诚心，但从文字上看，它是中国近代的各种宪法草案中“最民主”的一个。

此处，再稍提一下改组派关于民生主义问题的论述，一战与十月革命不但改变了世界政治格局，也改变了世界思潮。受此影响，五四运动以后，尤其是经历社会主义论战后，走非资本主义道路的

① 《汪精卫在太原扩大会议纪念周上报告约法问题》，《国民党改组派资料选编》，第 437—438 页。

② 《扩大会议宣言》（1930 年 8 月 7 日），《中国国民党历次代表大会及中央全会资料》，第 844—847 页。

主张受到越来越多的支持。国共合作以及孙中山对民生主义的新阐释，则进一步扩大了非资本主义道路的影响。改组派赞同非资本主义道路，但不赞同以阶级斗争的方式实现非资本主义的前途。他们对于民生主义的阐释中，比较值得注意的是陈公博对"节制资本"问题的论述。他对私有资本持比较积极的态度，认为在"以党专政"的政治体制之下，可以通过以下措施来实现民生主义，调和阶级冲突，并最终消灭阶级。（1）大力发展国家资本主义，扩大国有产业的范围，使工人成为社会生产的一员，而不是私人生产的工具；（2）扩大国有电气水利事业，使农业受国有企业支配；（3）同时限制私人资本主义进入某些领域，防止私人资本垄断国民经济。他强调，只要实行一党专政，大力发展国有资本，就不必担忧私人资本的发展会妨碍民生主义的实现。他解释"节制资本"的含义，认为"节制资本"，并非以税收等财政手段，或以政治强力或者阶级斗争的手段，压迫私人资本接受工人所提出的脱离其承受能力的加薪减时要求，以打压私人资本，更非以政治手段直接没收私人资本，而是通过发展国有资本，形成国有资本在国民经济中的优势地位，限制私人资本进入某些领域，防止私人资本垄断国民生计。又提出，中国产业资本极度缺乏，要发展产业，就需要利用资本，既然外资都可以利用，那本国的私人资本就更需加以利用与奖励。[①] 从对私人资本的态度看，鼓吹国民党应以农工与小资产阶级为基础的陈公博本人其实代表着资产阶级的利益。

总体上看，改组派是国共分裂后，以一些国民党在野政客为中心，以部分国民党左派与一些思想激进的资产阶级、小资产阶级知识分子为基本群众的一个政治派别与思想派别。改组派的若干思想主张，比如坚持反对帝国主义，鼓吹"树立民主政治"，反对独

---

① 陈公博：《国民革命的危机和我们的错误》（续），《贡献》第2卷第4号，1928年4月5日；陈公博：《答彭学沛先生论国民党代表是什么》，《革命评论》第13期，1928年。

裁，主张保护人权、制定约法，主张通过“恢复十三年国民党的改组精神”再造国民党等，颇有国民党左派的色彩。他们中的不少人也以国民党左派自居，而国民党南京当局在开展对改组派的舆论攻势时也给改组派戴上一顶“假冒国民党的名义，抄袭共产党的理论”，“意图引起国民阶级斗争的情绪”的红帽子。[①] 从改组派的一些笔杆子的文字中，也确实可以看出，他们论述问题的思路、概念乃至对一些问题的看法，确实受到共产党的影响，这一点他们中的一些人不否认。但他们对共产党的一些论述又存在误解或者偏见，比如说他们认定共产党主张直接开展社会革命，并以此为由攻击中共，就是一个例子。中共刚成立时，确实主张直接进行无产阶级革命，但是从中共二大起，共产党人就接受了共产国际的指示，认为中国的革命还处于资产阶级民主革命阶段，改变了直接进行社会革命的想法。北伐开始后，为争夺国民革命的领导权，共产党在领导民众运动时，在动员广大工农群众参加国民革命与顾及资产阶级、小资产阶级对于工农要求的承受能力之间，有偏于前者，而未充分顾及后者的情况，但共产党并没有改变中国革命尚处于资产阶级民主革命阶段的基本判断，并非主张直接开始社会革命。

经由国共两党对国民革命与三民主义的宣传，青年知识分子的思想渐趋激进。这些知识分子坚定主张反帝，对于建立平民政权、实现非资本主义的前途，抱有热切的期望。可是，国共合作破裂后，他们中的一些人既没有勇气跟着共产党闹革命，又看不惯国民党的腐化、妥协、独裁，乃成为国民党改组派的“左派”言论的俘虏。由于存在相当数量的左派青年，改组派的言论一度有相当的影响。陈公博主办的《革命评论》出刊后，曾风行一时，发行量达 15000 多份。该刊自 1928 年 5 月创刊，到 9 月被南京当局封禁，

---

① 《国民党中央颁发之肃清改组派宣传要点》，查建瑜编：《国民党改组派资料选编》，湖南人民出版社 1986 年版，第 613 页。

数月之间，编辑部就收到3252封读者来信，可见其受欢迎的程度。肖淑宇说："《革命评论》出版后，沉闷悲愤〈的〉南京青年好似久干〈旱〉得霖雨，各自眉飞色舞，议论纷纭，在茶楼，饭馆，公园等处常有三五成群的青年一面读《革命评论》，一面高谈党事，有些许久沉默过了的人，现在也大骂其腐朽的党政当局了。"①《革命评论》在国民党青年党员中确实引起了强烈反响，陈公博说《革命评论》"掀起了思想巨潮"②，有自我夸耀的成分，但也有几分真实在内。在《革命评论》的带动下，出现了《前进》《夹攻》《民众先锋》《现代中国》《民意》《民心》《民众呼声》《民众先锋》《革命青年》等20多种改组派刊物。此外，还有诸如《我们的出路》《中国国民党代表的是甚么》《汪精卫先生以党治军之言论》等书籍或小册子，也确实使重新改组国民党成为一时思潮。改组派的发展与活动，刺激了蒋介石等国民党当权派。南京当局一面采取组织措施，宣布开除陈公博等的国民党党籍，给予汪精卫书面警告，一面查禁改组派书刊，制定"肃清改组派宣传纲要"，令各地宣传部门遵照执行，开展与改组派的舆论斗争。

改组派本有一定的群众基础，其思想主张也颇受国民党青年党员与小资产阶级左派知识分子的欢迎；但其领袖人物不过以"左派"的思想主张吸引群众，以为权力斗争服务。后来，为策动桂系、冯玉祥、阎锡山等军事倒蒋，改组派政客不能不淡化改组国民党的主张，其嘴上高喊主义，行动上则争权夺利的真实面目暴露无遗。于是，改组派也就失去了基本的群众基础。随着军事倒蒋活动的失败，改组派作为一个政治集团无形之中就解散了。

---

① 淑宇：《如何实行党的改组——答楚同先生》，《革命评论》第13期，1928年。

② 陈公博：《苦笑录》，第124页。

第六章

国民党的党治体制与思想界的批党治、争人权

国民党南京政府建立后，国民党当权派一面抛弃孙中山的三大政策，收束革命，解散或控制工农团体，镇压人民革命，践踏人民自由权利，钳制舆论，强化党化教育，一面建立党治体制。国民党的党治体制，把国民党放在国家之上，由党代替人民行使“政权”，其政府由党产生，向党负责，重要法律由党制定、解释。这种党治，把一般国民排斥在政治生活之外，所谓“中华民国”实际上不是国民的“民国”，而国民党的“党国”。国民党宣称，其党治、训政之目的在训练国民行使“政权”，以为向宪政过渡准备条件。但实际上，其训政践踏人民权利，否认人民政治上之人格，将国民排除在政治之外，所谓训政是国民党训练国民政府行使“治权”，而非训练国民行使“政权”。此种训政能否准备宪政条件，不能不引起人们的强烈质疑。中国共产党以革命的武力回应国民党的训政，而自由派则发生了分化。《现代评论》派支持国民党，为国民党的党治辩护并建言献策。信奉国家主义、自身略有组织的国家主义派，因推崇西方式民主，又受国民党的打压，则旗帜鲜明地反对国民党的党治。信奉国家社会主义的张君劢也创办《新路》，公开抨击国民党的训政理论与党治体制。国民党的训政，不但遭到思想界的批评，也引起国民党内自由派的批评，改组派也

为权力斗争的需要公开批评南京当局的训政，要求党的群众化、民主化，要求制定训政时期约法。在南京政府内部，胡汉民与蒋介石在是否制定训政时期约法的问题上，也发生严重分歧。国民党当局一面践踏人权，一面宣称要保护人权，刺激了以胡适为代表的资产阶级自由派知识分子。当国民党党内围绕党治、训政问题的分歧日趋明显之时，胡适等以《新月》杂志为主要阵地，公开批评国民党的训政，呼吁制定约法、保障人权，形成了人权派。

本章讨论国民党党治体制的形成与特征，以及国家主义派、自由派对国民党党治体制与训政理论的批判。

一　国民党的党治体制

党治体制是以党治国体制的简称。二次革命后，孙中山即提出以党建国的思想。此后，这一思想逐渐发展，到国民党改组后更形成了系统的以党治国论。

以党治国论的要点有两个。第一，仿照俄国模式，“将党放在国上”，“用独裁政治”，由国民党全面掌握政权。[①] 孙中山将革命分作军政与训政两期。军政时期由国民党领导革命力量推翻军阀统治，肃清官僚腐败势力，扫除旧污。训政时期，由国民党掌握政权，领导国民开展地方自治，训练国民行使四大民权，为向宪政过渡做好准备。第二，以党治国是以党义治国。为此，需要宣传国民党的主义，用三民主义去“统一全国人民的心理”，使“全国人都遵守本党的主义”。[②] 孙中山要求将国民党员训练成宣传主义的人才，实现以主义征服人心，使中国“四万万人的心理都归化本

① 《关于组织国民政府案之说明》（1924 年 1 月 20 日），《孙中山全集》第 9 卷，中华书局 1986 年版，第 103—104 页。

② 孙中山：《在广州中国国民党恳亲大会的演说》（1923 年 10 月 15 日），《孙中山全集》第 8 卷，第284 页。

党”。他并且提出“要办一个宣传学校”，培养宣传人才。[①] 此后的国民党一大、二大又分别通过《出版与宣传案》以及《关于宣传决议案》《关于党报决议案》，要求建立系统的宣传机构，办报办刊，宣传三民主义，并就宣传要点、宣传策略等提出了方案。为实现“以主义征服人心”，还在广州时期，国民党就提出“党化教育”的概念，并开始推行党化教育，要求一切教育措施皆依三民主义之精神进行，各级教育要尽量灌输党义，各级各类学校要开设三民主义课程，又要求教师必须加入国民党，无正当理由而不加入国民党，即撤换停职。[②] 以党治国还要求国人必须宣誓拥护三民主义，才能获得国民资格，享有“民权”。早在 1919 年春发表的《行易知难》中，孙中山就提出，国人需宣誓“拥护中华民国，实行三民主义，采用五权宪法”，才能获得国民资格。[③] 1924 年 1 月的国民党一大宣言又表示，只有真正反对帝国主义之个人及团体，才能享有一切自由及权利，“而凡卖国罔民以效忠于帝国主义及军阀者，无论其为团体或个人，皆不得享有此等自由及权利”。[④] 这就是说，只有革命者或赞成革命者，才能享有自由及权利。《国民政府建国大纲》也明确规定，国民党要建立的是一个三民主义的共和国，人民只有“完毕其国民之义务，誓行革命之主义”后，才享有选举权；只有在一“完全自治县”，人民才能享有四大民权，规定了很高的享有“民权”的门槛。依照《建国大纲》的规定，什么算作“完全自治县”，完全由国民党说了算，人民能不能享有、什么时候能够享有“民权”，也将完全由国民党决定。[⑤] 在

---

① 孙中山：《在广州中国国民党恳亲大会的演说》（1923 年 10 月 15 日），《孙中山全集》第 8 卷，第 284 页。

② 张太原：《孙中山与党化教育》，《史学月刊》2007 年第 2 期；卢毅：《事与愿违的党化教育——以 1949 年以前的国民党为例》，《福建论坛》（人文社会科学版）2014 年第 5 期。

③ 孙中山：《建国方略》，《孙中山全集》第 6 卷，第 215 页。

④ 《中国国民党第一次全国代表大会宣言》，《孙中山全集》第 9 卷，第 120 页。

⑤ 《国民政府建国大纲》，《孙中山全集》第 9 卷，第 127 页。

国民党的话语中，“民权”主要指“政权”，即参与国家管理之权，也就是“四大民权”，但在一些场合中，“民权”实际上又包括人民的私权，比如财产权、生命权、言论自由权等。如果说反对革命者在军政、训政两期，不能享有“四大民权”，是推进革命、巩固革命政权的需要，道理上还说得通的话，那么军政、训政时期反对革命的人士不能享有私权，道理上就说不通。以党治国论以革命与反革命区分人民能否享有“民权”的主张，为执政后的国民党当局以“反革命”为由，剥夺人民尤其共产党人的权利，侵夺人民财产，钳制言论，取缔民众组织，提供了“依据”。

依照孙中山的理论，军政时期结束后，就要进入训政时期。国民党的训政制度是由胡汉民规划的。1928 年 6 月 3 日，还在巴黎考察的胡汉民见北伐顺利开展，乃致电南京国民政府代理主席谭延闿，向将在 8 月召开的国民党二届五中全会提出《训政大纲》案，主张训政之基本原则为：“（一）以党统一，以党训政，培植宪政深厚之基。（二）本党重心，必求完固，应有发动训政之全权，政府应负实行训政之全责。（三）以五权制度，作训政之规模，期五权宪政最后之完成。”① 胡汉民强调，中国要走向宪政，必须经过训政，而训政必须由国民党领导。训政时期，国民党应以“政治之褓姆自任”，“促进全国民众，使人人有管理政事之能力”。为此，一切权力都应集中于国民党，不仅要做到党外无党，而且要做到“党外无政，政外无党”。国民党不仅是国民的“政治的褓姆”，也是政府的“政治的褓姆”。就党政关系而言，“党为训政之发动者，须有发动训政之全权，政府为训政之执行者，须有执行训政之全责”，也就是说“一切权力皆由党集中，由党发施”，党是政府的指导者、监督者、决策者，而政府则是执行者。就党、政二者与人民之关系而言，“党之目的，在以政权逐步授诸全国之民众，政府之目

① 中国第二历史档案馆编：《国民党政府政治制度档案史料选编》上册，安徽教育出版社 1994 年版，第 580—581 页。

的，在于逐步受国民全体直接之指挥与监督”；在国民未经政治训练及未完全了解三民主义之前，由党代替国民执行“政权”，训练政府与国民，以逐渐实现由党治到民治的转换。在具体的制度设计上，胡汉民提出两点。第一，以中央政治会议“为全国训政之发动与指导机关”，“总握训政时期一切根本方针之决择权”。依据他的设想，中央政治会议这样一个“对于党，为其隶属机关，但非处理党务之机关，对于政府，为其根本大计与政策方案所发源之机关，但非政府本身机关之一”的机构，是“党与政府间唯一之连锁”，由它做出政治决策，由国民政府来实际执行。国民政府在法理上为国家最高机关，但“在执行政治方案上，对政治会议负责”。第二，建立五院制政府。依照《建国大纲》，“宪政开始时期”才设立五院制政府。胡汉民则认为，“三民主义，乃五权宪法之目的；五权宪法，乃三民主义之实行。不经由五权宪法之制度，三民主义即无由而整个的实现”，故主张训政时期就建立五院制政府。他提出，国民政府实行委员制，即合五院为国民政府，五院主席即为政府常务委员，并于五常委中指定一人为国民政府主席，“政府主席，除对外为国家代表外，其权力地位，莫不与其他常务委员同”。设立国民政府委员会的目的是以它作为五院的联络机关。[①] 胡汉民的此种设计，高度强调党在训政时期的作用，将党权提高到高于一切的位置，目的在借以党治国来限制北伐以来过于膨胀的军权。

胡汉民的意见得到南京国民党当局多数党政领导人的赞同。1928 年 6 月，北伐军接收平津，北伐完成，国民政府发布通电，宣布北伐结束后立即厉行法治、澄清吏治、结束军政、开始训政。此后，1928 年 8 月 8 日到 15 日的国民党二届五中全会以及随后的中央常务委员会通过了《政治问题决议案》、《训政纲领》以及《中华民

① 《训政大纲提案说明书——十七年八月由欧洲归国作》（1928 年 8 月），陈红民、方勇编“中国近代思想家文库”《胡汉民卷》，中国人民大学出版社 2014 年版，第 205—210 页。

国国民政府组织法》等一系列文件。《训政纲领》规定：（1）训政时期，由中国国民党全国代表大会代表国民大会，领导国民行使选举、罢免、创制、复决等四种政权；国民党全国代表大会闭会时，以政权付托中国国民党中央执行委员会执行之。（2）治权之行政、立法、司法、考试、监察五项，付托于国民政府总揽而执行之，以立宪政时期民选政府之基础。（3）由中国国民党中央执行委员会政治会议指导监督国民政府重大国务之施行，并负责中华民国国民政府组织法之修正及解释。[①] 方案的核心内容是，政权由国民党代替国民行使，治权由国民党中央政治会议指导、监督国民政府行使。《国民政府组织法》依照《训政纲领》规定了国民政府的组织：国民政府由行政、立法、司法、监察、考试等五院组成，设委员12—16人（五院正副院长由国民政府委员担任）；国民政府总揽治权，统率海陆空军，行使宣战、媾和、缔约、大赦、特赦、减刑、复权等职权；国民政府设主席1人，为国务会议主席，发布经国务会议议决之法律或决议发布之命令（需由五院院长共同署名），兼任中华民国海陆空军总司令，代表国民政府接见外国使节并举行或参与国际典礼；行政、立法、司法、监察、考试五院，分别为最高之行政、立法、司法、监察、考试机关，各设正副院长一人。[②]

依胡汉民的设计，中央政治会议是党政之间的唯一连锁机构。1928年10月25日国民党第179次中央常务委员会通过的《中央政治会议暂行条例》规定：国民党中央执行委员会政治会议为训政之最高指导监督机关，对中央执行委员会负责；凡国民党中央执监委员以及国民政府委员均为该会议之当然委员；会议负责议决建国纲领、立法原则、施政方针、军事大计，决定国民政府委员、五院正副院长及委员、

① 《国民党〈训政纲领〉》（1928年10月3日），王桧林主编：《中国现代史参考资料》，高等教育出版社1988年版，第91页。

② 《国民政府公布中央政治会议1928年10月3日通过之〈中华民国国民政府组织法〉》（1928年10月3日），《国民党政府政治制度档案史料选编》上册，第87—92页。

各部会之首长以及各省政府主席、委员等之人选；政治会议不直接办理政务，不直接发布命令，所有决定均交由国民政府执行。

这些文件确立了国民党训政的基本制度。陈之迈将这种制度的主要特点概括为：第一，“政权由党代表行使”。国民党的训政理论宣称，训政时期由国民党领导国民行使政权，但实际上是由国民党代替国民行使政权。人们需拥护国民党，誓行三民主义，完成地方自治，才能成为国民，才有被训练行使参政权的机会。第二，“政府由党产生”。国民政府组织法由国民党中央执行委员会制定，不需经过普通立法程序；政府重要官员由国民党中央执行委员会选任，不必经过民选。第三，“政府向党负责”。国民政府向国民党中央政治会议负责，而不是向人民负责；中央政治会议指导监督国民政府重大国务之施行。第四，“党修正及解释重要法律”。国民政府组织法以及后来的训政时期约法，都由国民党修正、解释，国民政府颁布的法律是否有效，需经国民党认定。这是党权高于一切的制度。[①]此后，经过国民党内部的斗争，国民党颁布了“训政时期约法”，但这个约法丝毫没有改变党权高于一切的党治制度。

国民党的党治体制之下，人民只有拥护国民党、信仰三民主义，才有集会结社的权利。这就在法理上阻绝了其他政党产生的空间。[②] 国民党鼓吹党外无党、党内无派，鼓吹党外无政、政外无党，强调训政时期只准许国民党一党存在，政权只能由国民党独揽。国民党的训政理论又将党的意志等同于人民的意志，将国民党行使政权等同于国民行使政权。胡汉民就说，训政时期，代行政权的是党，“政府遵照党的主义政纲去实行，就是尊重民意，否则就是违反民意，就称不起为‘国民政府’。”人民的要求很多，党应切实研究，替人民“定出缓急轻重来”，要求政府逐步去做，方不

---

① 陈之迈：《中国政府》，上海人民出版社 2012 年版，第 30—36 页。

② 陈之迈：《中国政府》，第 36 页。

负它的代行民权。[①]

在确立国民党代国民行使政权的训政制度的同时，国民党还极力限制国民之言论结社自由，欲以三民主义统一国人思想。它主要采取以下措施。

第一，将三民主义确立为党、国的最高指导思想。1925年5月，在戴季陶的建议下，国民党将三民主义确立为最高指导思想，要求“以后本党一切政治的主张，不得与总理所著建国方略、建国大纲、三民主义、第一次全国大会之宣言政纲及九月十三日宣言、十一月十三日宣言之主旨相违背；凡违背上述主旨之议案，无论何级党部，概不得决议”。又要求今后各级党部、党团之一切会议开会时，须先由主席恭诵总理遗嘱，会众应全体起立肃听。[②] 此后，国民党历次全国代表大会或中央执行委员会全会，无不反复强调这一点。其二届四中全会宣言称，三民主义“实为综合中国民族之历史的文化精神与现在世界之科学的学术经验而成之革命的最高指导原则”，要求“全党同志之思想、言行完全遵奉总理遗教”。[③] 二届五中全会通过“统一革命理论案”，要求及早定出一个言论标准，令全体党员遵照标准发表言论，以统一思想、巩固团体，并要求组织“理论审查委员会”。[④] 由于三民主义的内容本就复杂，国民党内又派系林立，各派争夺三民主义阐释权的斗争相当激烈，尤其是改组派兴起后，其对三民主义的解释对南京当局构成严重的挑战，为“统一”党内思想，方便查禁改组派的出版物，

---

① 胡汉民：《党外无政政外无党——十八年二月七日行政院党义研究会演讲词》，“中国近代思想家文库”《胡汉民卷》，第244页。

② 《中国国民党第一届中执会第三次全体会议通过关于接受孙中山遗嘱之训令决议案》（1925年5月25日），《中国国民党第一、二次全国代表大会会议史料》（上），江苏古籍出版社1986年版，第116—117页。

③ 《第二届中央执行委员会第四全体会议宣言》（1928年2月7日），荣孟源主编：《中国国民党历次代表大会及中央全会资料》（上），第509、516页。

④ 《统一革命理论案》（1928年8月11日），荣孟源主编：《中国国民党历次代表大会及中央全会资料》（上），第535页。

国民党三大要求“关于党的一切理论政纲之最高原则，应从总理遗教及本党最高权力机关之解释，各级党部及党员个人，不得妄出己见”。“党的一切宣传机关与其出版品，均须呈由中央党部核准登记，非得有中央党部之审定核准登记者，不得任意自认为党之宣传机关或宣传物”。[①] 为树立三民主义的官方意识形态地位，国民党不但要求党内会议必须恭诵总理遗嘱，也要求一般公职人员、普通市民、县民都宣誓拥护三民主义。1930 年 5 月，国民政府公布《宣誓条例》，要求委任以上之文官，尉官以上之军官，乡镇长以及坊长以上之自治职员，小学教员以上教职员，必须“向国旗、党旗及总理遗像举右手”，宣誓恪遵总理遗嘱、服从党义、奉行法令，才能获得任职资格。[②] 同年 5 月公布的市组织法，要求所有要获得公民权的人必须宣誓拥护三民主义与五权宪法。[③] 文官考试，无论任命人员考试还是技术人员考试，党义为必考科目，非国民党员的应试者须自觉学习党义，才能进入国民政府的文官行列。至于国民党控制的媒体，更以宣传三民主义以及国民党的政策为首要任务。

第二，厉行党化教育。还在广州时期，国民党即提出并开始实行党化教育。南京国民政府建立后，又颁布了诸如《学校实施党化教育办法草案》《取缔各种社会教育机关违背党义教育精神通则》《审查教科图书共同标准》《中小学毕业会考暂行规程》等文件，要求各级学校之各项课程应融入党义精神，各种教科书之内容不得违背党义，各级各类学校应开设党义课程，中学毕业会考以及公费留学考试都须党义考试成绩合格，小学毕业会考要求社会（包括党义、公民、史地）考试合格。

---

① 《对于第二届中央执行委员会党务报告决议案》（1929 年 3 月 27 日），荣孟源主编：《中国国民党历次代表大会及中央全会资料》（上），第 633 页。

② 《国民政府公布〈宣誓条例〉》（1930 年 5 月 27 日），中国第二历史档案馆编：《国民党政府政治制度档案史料选编》下册，第 12—13 页。

③ 《国民政府公布〈市组织法〉》（1930 年 5 月 20 日），中国第二历史档案馆编：《国民党政府政治制度档案史料选编》下册，第 508 页。

第三，严密管控民众团体。自暴力“清党”后，国民党一面武力镇压共产党及其领导的民众团体、民众运动，一面收束国民党的民众运动，要求民众运动从“破坏”转向“建设”，从阶级争斗转向阶级调和。为此，国民党改组各级党部，除组织部、宣传部保留之外，其他负责工人、农民、商民、青年、妇女等民众运动之各部全部取消，民众运动统归各级民众训练部（或民众训练委员会）负责。1928 年 7 月，国民党政府着手整顿民众团体，蒋介石要求所有社会团体都要党化、革命化，都要服从三民主义和国民党的一切章程，不经政府允许，不准罢工、罢课、游行。1929 年 6 月，国民党三届二中全会通过“人民团体组织方案”。该方案将人民团体分为职业团体与社会团体，其中社会团体又分为学生团体、妇女团体及各种慈善团体、文化团体等。方案要求，各人民团体之成立必须向当地高级党部提出申请并经党部批准，其章程须经当地高级党部核准；团体之成员必须“以真正同业者及法律所许可之人为限”，不得吸收“有反革命行为或受剥夺公权处分者”；团体之性质必须“以人民在社会生存上之需要为出发点”，必须是开展教育、训练、合作的团体，而不能是利用或煽动社会矛盾的团体；团体之言行不得违反三民主义，其活动必须接受各地国民党党部之指导、监督，必须“遵守国家法律，服从政府命令”，“除例会外，各项会议须得当地高级党部及政府之许可，方可召集”；违者依法惩处。[①] 1930 年 3 月，国民党三届三中全会又通过《训政时期民众训练方案》，要求健全民众组织，加强民众训练，使人民在思想上信仰党义、明了党义，在行动上合乎党义。1931 年国民党政府公布《危害中华民国紧急治罪法》，规定“以危害民国目的而组织团体或集会或宣传与三民主义不兼容之主义者，处五年以上十五年以下有期徒刑”。此外，1928 年国民党中央组织部成立调查科，并在

---

① 《人民团体组织方案》（1929 年 6 月 17 日），荣孟源主编：《中国国民党历次代表大会及中央全会资料》（上），第 762—764 页。

此基础上成立特工总部，以特务手段对付国民党以外的社会团体和政治团体。

第四，统制舆论，查禁一切“违背党义”之出版物。“清党”之后，国民党南京当局一面开动宣传机器，鼓吹三民主义，一面钳制舆论，查禁一切“违背党义”之出版物。1929 年 1 月，国民党二届中央第 190 次常务会议通过“宣传品审查条例”，要求所有涉及总理遗教，涉及国民党之主义、政策、纲领、议决案、现行法令及其他一切经国民党中央认可之党务政治记载的宣传品，必须经过国民党中宣部审查；要求查禁一切宣传共产主义、阶级斗争、国家主义、无政府主义及一切攻击或违背国民党之主义、政纲政策及议决案的出版物。① 1929 年 6 月，国民政府又颁布“查禁反动刊物令”“取缔销售共产书籍办法”等法令法规。7 月国民党中常会做出决议，要求将“反动刊物”汇列成表，令宣传部门严密侦查，并通令各级党部执行。据国民党方面的统计，仅 1929 年国民党中央查禁的刊物就有 272 种。②

这种种严控人民结社、言论自由的举措，实行起来，往往腥风血雨。尤其是在国民党血腥镇压共产党与革命民众团体的严酷氛围之下，国民党当局的权力机构往往持宁枉勿纵的态度对付民众之言论与结社活动，反革命的高压政策日趋严酷。当此情形，共产党坚持以革命的武装反抗反革命的武装。自由派知识分子因缺乏组织，不愿意也不敢走武力革命之路，对国民党的高压统治虽有不满，却不敢有反抗的表示。直到国民党内的改组派兴起，国民党内也出现要求制定约法、保护人权的呼声，自由派知识分子才开始发声，要求法治，要求保障人权，于是乃有“人权派”的出现。国家主义派在北伐时期，就被国

① 《国民党政府政治制度档案史料选编》下册，第 621—623 页。

② 《〈中央宣传工作概况〉关于“1929 年取缔国内外反动宣传”部分》，《国民党改组派资料选编》，第 555—556 页。

民党目为“反革命”，国民党南京政府建立后，国家主义派继续受到打压，刊物被封禁，被禁止销售，首要人物受通缉。与自由主义知识分子相比，国家主义派稍有组织，因此在国民党推行以党治国之初，就公开批判国民党的党治论。与共产党坚定走革命之路不同，国家主义派虽偶然也采取“直接行动”，比如1931 年 3 月 8 日国家主义派曾袭击国民党的《华北日报》，但它基本上梦想议会政治道路，欲以宣传、舆论斗争方式反对国民党的一党专政。

需要提到的是，国民党内对于党治与训政的认识并不一致。不少同盟会时期入党的老国民党人追求欧美式的政党政治，不赞成训政之说。他们也不赞成以是否赞成革命区分人民是否享有民权，主张革命之后人民应普遍享有自由权利。他们主张资产阶级的民主政治，反对阶级论的民主政治论，是国民党内的自由派。随着北伐的推进与以党治国的推行，国民党当局动辄以“反动”“反革命”为名排斥他党，钳制舆论，引发舆论界的焦虑。有鉴于此，国民党内的自由派乃公开发声，强调不能将以党治国看作一党专政，不能以党治为由否认其他政党之存在，不能以赞成革命作为人们享有权利的前提。1927 年 1 月，张继就说，他希望完成北伐后，直接“开国民会议，宣布五权宪法，循宪法的轨道，以奠定国家基础”，不必经训政，因为只有孙中山有资格谈训政，“今日无人配说训政的话”。他又说，“中国国民党的革命主张，是为全国国民争自由权的，并不是想建设阶级特权”，“如谓革命时期，只准国民党人说话，不准他党他派插嘴，这是违背革命公理，非吾辈之主张”。他并提出，“以党造国”并非“以党专政”，国民党的民权主义不是效法苏俄的阶级政治，也非效法意大利的法西斯一党专政，“凡主张国民党专政者，即是否认三民主义之民权主义”。① 又有署名

① 张继：《余对于民国十六年之期望》，《中国国民党周刊》“中华民国开创纪念特刊”，1927 年 1 月。

“靖尘”者在《中国国民党周刊》发文，一方面承认有训政之必要，另一方面又指出，训政之目的“是在还政于全国国民，并不是在独揽政权和排斥党以外的人在政治上的活动”。以党治国的真义是孙中山所指出的“要本党的主义实行，全国人都遵守本党的主义”，“并不是要党员都做官”，更不是只许国民党存在，只允许国民党党员做官。只要国家大政方针遵循三民主义，那么“谁为官员，就听民意的决择”。在以党义治国的原则之下，国人政治地位平等，“任何一党都无从独揽政权，都无从排斥党以外的人在政治上的活动”。[①] 南京政府建立后，以党治国成为国民党治国方略时，李烈钧也指出，“党外不许有党，党内不许有派，此为事实与法律皆不可能”，“以党治国则可，以一党治国则未当”。当革命进行之时，为着革命能顺利开展，革命党需要禁止妨碍革命事业进行之政党的发生，然革命一旦成功，就应保障人民之信仰集会结社自由，此时党外必定有党，党内也必定有派。于此而欲强行否定他党的存在，只会影响政治的正常开展。[②]

在介绍思想界对党治体制的批评之前，先稍微介绍一下“九一八”事变后党治体制遭遇的危机。

“九一八”事变后，社会舆论普遍要求结束国民党一党专政的训政，开放党禁，实行宪政。1931 年 12 月间，章太炎、褚辅成、张耀曾、熊希龄、马相伯、黄炎培、王造时等发起组织“中华民国国难救济会”，发表宣言与通电，指出国民党一党专政是造成外侮的根本原因，应结束一党专政，保障人民自由权利，开放党禁，实行宪政。又致电国民党一届四中全会，指出“欲解决目前一切纠纷，莫要于：一、即日废除依据党制限制人民自由之一切法令，严禁党部干涉人民自由，明令允许人民自由组织团体或政党。二、即日组织人民代表机关，议决宪法会议选举法，组织宪法会议，制

① 靖尘：《何为以党治国》，《中国国民党周刊》第 2 卷第 7 期 1926 年 12 月 5 日。

② 《李烈钧谈党》，《大公报》1927 年 12 月 2 日。

定宪法，实行宪政”。[①] 中华民国国难救济会成立后，在江苏、上海、湖南、浙江等地成立了分会，积极活动，要求结束国民党的一党专政，立即实行宪政。北洋系人物孙传芳等也发起“宪政救国会”，要求开放党禁，实行宪政，使全国民众皆有参与政治之机会，以团结御侮。[②]《大公报》连续发表社评，要求开放党禁，结束训政，该报甚至打破官方禁忌，公开讨论共产党问题。其《论开放党禁》的社评就说，“所贵乎宪政者，为许各政党之存在，并许其为政治上之自由活动，诚如是，则共党亦应在内。易言之，苟其不暴动及割据土地，应亦在开放党禁之列是也”。该报主张，“所谓开放党禁者，乃以不暴动不破坏秩序为前提。具体言之，谓宜分别暴动之赤匪，与无暴动情事之共党为两事。前者视为违反国法，构成内乱，须加以国法上之裁制，后者则在开放党禁之时，原则上许其与其他政党皆处同等地位，只以寻常之违警律及刑法，衡断其随时之行为，而不视为根本非法”。[③] 梁漱溟也致函《大公报》，赞同该报的态度，主张应允许自由研究马克思主义，应准许放弃武装革命的共产主义者组织政党公开活动。[④]

“九一八”事变也在国民党内产生了冲击。1931 年 11 月的国民党四大召开期间，蔡元培临时动议召开国难会议，以应对“九一八”事变后的形势，大会原则上通过了此一提议。12 月 28 日，国民党四届一中全会决定半个月内召集国难会议（后因故延迟到 1932 年 4 月召开）。李烈钧、程潜、张知本等 10 余位中央执行委员则在国民党四届一中全会上提出四项提案，要求切实保障人民之集会结社言论

---

① 《中华民国国难救济会宣言》（1931 年 12 月 20 日）、《宣布救国三项主张应请一致要求致全国公民电》（1931 年 12 月 20 日）、《进陈解决纠纷二点意见致南京一中全会电》（1931 年 12 月 24 日），周秋光编：《熊希龄集》，湖南出版社 1996 年版，第 2053—2056 页。

② 《旅津人士救国组织 宪政救国会发表宣言 创造宪法完成宪政实现民治》、《开放党禁团结御侮 孙传芳等发起之宪政救国会宣言》，《大公报》1932 年 1 月 30 日、2 月 9 日。

③ 《论开放党禁》，《大公报》1932 年 3 月 24 日。

④ 见《再论开放党禁》，《大公报》1932 年 3 月 30 日。

出版居住信仰之完全自由，开放党禁，于一年内结束训政，进入宪政时期，发展地方自治。关于开放党禁的提案称，“共和国家之人民，应得自由组织团体或政党，绝无疑义”。若人民之自由权利，仅限于个人自由，而不包括组织政治团体与非政治团体的自由，“则民权仅限于私人权利，绝不能发生人民政权之意味”。提案强调，准许人民组织团体，“开放人民政权，准许人民组党”，“为发展民权之一要义”，为唤起人民之政治兴味，养成其运用政权之习惯，发展其政治能力的必要前提。人民不能自由组织团体，就无从攻错，散漫之民众就无法组织起来以参与国事。由于国民党人多将以党治国理解为国民党一党专政，强烈反对开放党禁，他们在提案中特别指出，“党治之义，本包含政党政治与一党专政两种。政党政治为文明各国共循之坦途，本党亦从未提倡苏俄式之无产阶级专政，或意大利土耳其式之一党专政”，开放党禁与国民党的以党治国并不矛盾。①

面对社会上强烈要求结束训政、开放党禁的呼声，国民党训政体制的设计者胡汉民亦发表谈话，声称“人民结社集会言论信仰之自由，政府应该容许，并加保障”。他并解释其本人率先提出的“党外无党，党内无派”的含义，他说最初提出这个口号，其本意是“使党员尊重本人党籍，禁止党员跨党并分派”，并非党外人士所理解的国民党排斥他党，也并非党内人士所理解的党内一派唯我独尊。又称，“人民团体组织方案”所称人民团体不得有违反三民主义之言论及行为的规定，系广义而言，要求不违反三民主义之原则与精神；“危害民国紧急治罪法”中所称“以危害民国为目的而组织团体或集会或宣传与三民主义不相容之主义者”，其立法本意“系专指共产党”。他认为除主张“赤化”的共产党以及主张复辟帝制的保皇党之外，其他政党均可存在。②

---

① 《切实保障人民自由 缩短训政实行宪政 李烈钧等向中全会之提案》，《大公报》1931 年 12 月 28 日。

② 《胡汉民谈各党并存：赤化保皇两党外均可并存，“党外无党党内无派”不应贴于通衢》，《大公报》1932 年 3 月 22 日。

孙科也拟就“救国纲领草案”，并发表公开谈话，呼吁从速制定宪法，召开国民代表大会，实行宪政，以国民代表大会为国家最高权力机构，有制宪权、立法权、议决预决算权、选举国家元首及各部院首长之权，有选举立法委员、监察委员，组织立法院、监察院之权，以及监督、弹劾政府之权。[①] 孙科的主张遭到国民党内不少人的反对，国民党元老于右任即发表公开谈话，称孙科的言论，否认国民党对中国革命的领导权，违背总理教义，将破坏党破坏政府，非但不能救国难，反将加深国难。[②] 孙科乃公开回驳，说他与于右任的主要分歧是：第一，于右任讳疾忌医，不承认国民党过往之错误，以为国民党仍然是健全的政党，却对开放党禁之后国民党是否有存在之价值，能否得民众之拥护没有信心，以为一旦开放党禁，“反动势力”便会激增，因恐惧开放党禁而以为开放党禁就是不要国民党，就是“毁党”。而孙科则认为，实行宪政后“人民在三民主义最高原则之下，各有组织政团之自由”，若积极应对，国民党之组织可更加健全，不赞成革命的人可以另组他党，若国民党为“反动势力”占据，则“三民主义信徒亦可就原有党的组织，另成新革命集团”。只要国民党组织健全，忠实于三民主义，就不会失去其领导地位。第二，于右任以为宪政是共产党、国家主义派的要求，又称资产阶级的民主政治根本是欺骗民众，实行宪政就会“危害邦本”。于右任坚持训政论，以为国民党以民主集权之形式治党治国，犹虞散漫，不必沽民主之虚名而行宪政。孙科则认为，依照《建国大纲》，训政时期为六年，1933 年即期满，以种种借口延长训政，实质就是“延长专政”，至于以资产阶级民主为虚名，而借口训政限制人民自由，限制人民参政，实质是“匡复专制独裁”。[③]

---

① 《促成宪政彻底抗日 孙科所拟救国纲领草案》，《大公报》1932 年 4 月 25 日。

② 《于右任纠正孙科谈话：发表放弃训政与革命危机文》，《大公报》1932 年 5 月 4 日。

③ 《孙科答覆于右任驳议　仍主开放党禁速行宪政》，《大公报》1932 年 5 月 6 日。

面对国内舆论界出现的强烈要求结束训政、开放党禁的呼声，国民党却不顾民族危机的现实情形，坚持一党专政。一度以国民党左派面目出现，鼓吹以“培植及发展民主势力”，实现“民主政治”为国民党之使命，攻击南京当局的训政是“假党治之名，将党临于人民头上，以摧残民主势力”,[①] 以保障人民自由权利相号召，且主导制定纸面上非常“民主”的“太原约法草案”的汪精卫，在担任行政院长后，却将国难会议的范围限定为御侮、绥靖、救灾三项，强调国民会议议员是由政府聘任的，而非人民选举之代表，并指责国难会议上提出的关于结束训政、实行宪政的政治提案，是借拥护宪政之名，以破坏训政，“打倒国民党”。[②] 胡汉民虽口头上赞成开放党禁，但仍坚持训政，坚持反共，称“日祸近而切，共祸远而大，故余主张抗日剿共应同时进行”。[③] 蒋介石则视“赤匪”为中国“最大祸患”，面对“九一八”事变后的情形，坚持“攘外必先安内”的策略。这样，国难会议之后，党治体制依然存在。

二 《醒狮》与《新路》对一党专政与训政的批评

一战结束后，西方资本主义国家经济破败，社会危机加剧，无产阶级革命风起云涌，资本主义议会民主制遭遇严重危机，意大

① 汪精卫：《怎样实现民主政治》《怎样树立民主势力》，《大公报》1929年12月10日、11日。

② 《前日中央纪念周 汪精卫报告词全文》，《大公报》1932年4月27日。汪精卫在1930年4月就区分改组派的主张与人权派、国家主义派的主张，强调改组派坚持训政与党治，而人权派、国家主义派则“欲将蒋政府的罪恶，都推在党治训政的身上，使倒蒋运动，变为倒国民党运动”。（《二十年来民权运动之回顾》，《大公报》1930年4月22日、23日）

③ 《胡汉民谈各党并存：赤化保皇两党外均可并存，“党外无党党内无派”不应贴于通衢》，《大公报》1932年3月22日。

利、西班牙、匈牙利、希腊等国相继实行独裁政治，俄国革命后则出现了苏维埃制度。受此影响，加上代议制政治在中国试验的失败，中国思想界也对代议制是否适合于中国产生怀疑，出现了代议制改造思潮。在此情形下，主张以党建国的孙中山欲效法苏俄的以党治国模式，主张训政时期应实行国民党一党专政。

孙中山去世后，国民党将一党专政作为军政、训政时期必须采用的政治体制。当北伐军攻占武汉后，国民党即在武汉实行一党专政。南京政府建立后，国民党更是厉行一党专政，其官方会议反复强调必须坚持一党专政之原则，其官方媒体反复宣传一党专政之合理，于是，“独裁政治遂有风靡一时之概，阿世曲学之辈，讴歌之，颂祷之，横说竖说，五花八门，若民主政治之行将没落”。[①]在此情形下，“笃信民治主义”，[②]认为民主政治是“最合理之政治”，认为民主政治必须采取欧美式多党政治的人们，[③]乃起而批判一党专政。首先起来批判一党专政的是国家主义派，以及以张君劢为代表的社会民主主义者。国家主义派因反对联俄，反对世界革命、反对国民革命，被国民党视为“反革命”，对北伐的顺利开展与国民党将实行一党专政感到恐惧。张君劢笃信民主主义，坚决反对一党专政。当北伐军攻占武汉，国民党开始推行一党专政之时，张君劢就公开发文，抨击一党专政，强调“一群之内，人各异说，乃事实之无可逃避”，善为政者，当尊重人人之自由，听其各信所信；政治上则允许各党分立，尊重他党之主张，以彼此之善意、光明之手段、长期之忍耐，开展政治竞争；若不懂得民主政治的基本原理，“横一党专制之念，若他党、他说之存在，足为我之大害者”，那革命的结果只不过“去旧式之专制而代新式之专制”，不

① 申隐岩：《独裁政治之批判》，《新路》第1卷第10期，1928年12月1日。

② 纯士：《为国民党计论一党专政之利害》，《新路》第1卷第2期，1928年2月15日。

③ 重呆：《民主政治是乎！一党专政是乎！》，《新路》第1卷第4期，1928年3月15日。

可能达成解放民众之目的，不可能摆脱“强力与专制之局”。[①] 李璜也在成都的《振华周刊》上发文，称一党专政有四大弊端：（1）恃强凌弱，必有后祸；（2）权利所在，投机竞进；（3）蹂躏思想，妨害进化；（4）群流同归，党起纠纷。[②] 南京政府成立后，国家主义派以《醒狮》为主要阵地，张君劢等以《新路》为主要阵地，激烈批评国民党的以党治国论及其训政。他们的思想认识如下。

（一）批评一党专政

反对党治的人们否定一党专政的必要。他们认为，革命之后需要恢复秩序、安定人心，但这不能成为一党专政的理由。他们承认，革命之后需要巩固革命政权，盖非此无以抑制反革命。但他们强调，政权能否巩固与维系，关键在执政者是否有军事实力统一军政、维系政权，以及“执政者所施的政是否合理，是否有益于人民，是否有利于国家”，而与是否实行一党专政“全不相干”。若有维持政权的实力，能实现军政统一，施政得多数民众之拥护，虽开放政权，允许他党存在，也能维持革命政权之存在；不但如此，军政统一而能开放政权，“民意便可伸长了。有政治上意见的可以在正轨上发泄，用不着去阴谋颠覆政府。所以政权开放反足以消弭革命”，维系政权。若军政不能统一，施政不能得多数民众之拥护，而不开放政权，禁止他党存在，则其前途不堪问。革命党要维系政权，“必须向治理方向进行，方能维持，否则日乱，决维持不住”。[③] 张君劢说，“政权之要义有二，一曰谋国家之安定，二曰谋民意之调和”。恢复秩序，安定人心，是任何政权都需要去做的，有军队、警察、刑法，就可以做到，不需要一党专政。而调和民

---

① 张嘉森：《一党政治之评价，一党能独治耶?》，《晨报》（北京）1926 年 12 月 5 日。

② 见李璜《再论一党专政之弊兼测国民党与中国之前途》，《醒狮周报》第 195 期，1928 年 11 月 25 日。

③ 正气：《民权与党治》，《醒狮周报》第 210 期，1930 年 1 月 1 日；铁豆：《国民党的新提案》，《新路》第 1 卷第 2 期，1928 年 2 月 15 日。

意，则需要赋予人民以参政权，保障其言论结社等自由，以树立近代政治的条件。①

他们接受西方资产阶级民主政治的政党理念，认为“政党属于国家”，“为促进国家之一种工具”，而且只是工具之一；②“所贵乎政党者，在有两党以上各标其不同之主张，以求决于选民，甲党得多数之拥护而在朝，乙党则尽其在野监督之责，乙党执政，甲党亦然；如是相反相成，政治乃日趋于进步”。③ 所以如此，是因为人们因其地位、境遇不同，必有利益、意见上的分化，“资本家惟知资本之利益，工人惟知劳动之利益，地位经历使之然也。军人惟知军事之利益，民政官唯知民政之利益，亦地位经历之异使之然也。推之或为行政之政府，或为守法之人民，或为增加收入之财政当局，或为负担租税之人民，其所以主张各异者，亦复如是”。为使政治平稳开展，应许人民有表达其利益、意见的自由，应许人民以结社组党之自由。若不顾人民利益、意见分化的客观事实，不懂得政治上之是非善恶并无绝对标准的道理，实行一党专政，禁止他党存在，不但无法落实民主政治，而且会造成诸多弊端。④ 基于这样的认识，他们坚信多党并存不可避免，多党竞争是民主政治唯一可取的形式，而一党专政则“拂逆人性，违反国情，远于事实”，“一无是处”。⑤

反对党治的人们痛陈一党专政之弊害。概括起来，他们认为，一党专政的主要弊害有以下五点。

其一，一党专政必造成内乱，制造革命。他们认为，近代政治

---

① 立斋：《致友人书论今后救国方针》，《新路》第1卷第10期，1928年12月1日。

② 梁荣滔：《中国前途与党治问题》，《醒狮周报》第148期，1927年9月10日。

③ 《中国国家主义青年团致国民党书：对于国民党之十大质问》（1928年8月），《醒狮周报》第188期，1928年9月1日。

④ 立斋：《现时政潮中国民之努力方向》，《新路》第1卷第3期，1928年3月10日。

⑤ 纯士：《为国民党计论一党专政之利害》，《新路》第1卷第2期，1928年2月15日。

的开展以承认人们利益、意见分化的客观现实为前提，近代民主政治之所以可贵，在于它打破了以武力争夺政权、维系政权的旧模式，而建立了以主义、政策相号召，“使全国人了解主义政策，同归于理智旗帜之下，自由判断，自由去取”的多党竞争的政治系统。这种政治系统的建立，是人类政治行为的巨大进步，乃“近代文化之最高价值”。而一党专政，罔顾人们利益、意见分化的事实，排斥异党，将“逼朋友为仇雠，化温和为激烈”，持不同意见、追求不同利益的人们既不能公开组党，势必秘密组党，既不能决胜于议院，势必决胜于疆场，政治将重回武力、阴谋竞争的老路，势必发生革命。[①] 他们批评国民党不解近代政治之精义，未脱武力夺取、维系政权的旧思维，误将一战后欧洲一些国家为应付紧急状态而实行的独裁政治看作“新时代之新政治形式”，“以毒药为常服补品”，追随独裁政治之潮流；又不了解俄国实行阶级专政的系统学理，弃其以阶级专政消灭阶级差别、实现国家消亡的理想，既未尝宣言以共产均贫富为目标，也“未尝有去国家而代以自由组合之目的”，却独取其一党专政之制度。[②] 于是，在革命之后，推行一党专政，迷信武力，借武力压倒一切，垄断一切，用武力推行自家政策。这不但使国民党的一切主义宣传都破产，使“政党威权荡然不存”，造成军权高于党权，以党治国变成以军治国的局面，而且在国人尤其“在青年脑经（筋）中深深造成崇拜武力的坚固思想”，让他们觉得“读了书来谈道理，便只有受压迫的，不如大家崇拜武力罢”。这种“尚力而不尚理”的政治思维蔓延，将使国家陷入武力争斗的泥淖而难以自拔，难以走上政治清明

① 李璜：《再论一党专政之弊兼测国民党与中国之前途》，《醒狮周报》第 195 期，1928 年 11 月 25 日；申隐岩：《独裁政治之批判》，《新路》第 1 卷第 10 期，1928 年 12 月 1 日。

② 申隐岩：《独裁政治之批判》，《新路》第 1 卷第 10 期，1928 年 12 月 1 日；立斋：《一党专政与吾国》，《新路》第 1 卷第 2 期，1928 年 2 月 15 日。

之路。①

其二，人们利益、意见分化的事实非一党专政所能化除，党外无党、党内无派根本做不到，强行搞一党专政，只足以造成反对党的结盟，“在中国造成一种循环的革命”，只足以加剧党内的派系斗争。国民党极力压迫反对党，手段无所不用其极，“‘反革命’一名辞，既所包者广，可以随意解释以置人于死；反对党的居住自由，通信自由，言论自由，也可以剥夺无余；甚至纵容许多的小党员四出胡闹，使一个不隶国民党党籍而在社会上薄有位望的人，不出居租界，不逃亡异国，即随时有被倾陷被逮捕之可能。在这种的情势之下，凡一切反国民党的党派，除掉以某种程度的协调，造成一联合战线，以国民党为唯一的革命对象外，尚有其他的任何办法呢?”② 一党专政也不可能消除党内派别之争，反将“造成一‘各派互杀’的局面”。国民党的构成本就复杂，既有民主主义者，也有民族主义者、社会主义者、无政府主义者，清党后又混进大量的旧官僚与土豪劣绅；国民党的指导思想三民主义内容也相当庞杂，几乎是一个百货公司，囊括了 18 世纪的民族主义、19 世纪的民主主义、20 世纪的社会主义以及苏俄的一党政治论、意大利的独裁政治论，三个主义之间以及三个主义内部彼此就有不少互相冲突之处，加以孙中山在不同时期的论述又不完全一致，这就使得国民党在思想上长期不能统一，也无法统一。本来，对于主义的理解，就可能一人一义、十人十义，党内存在派别也不稀奇。假若反对党可以存在，那么党内利益、意见不同的人们完全可以脱离国民党，另创新党，这在欧洲各国都是平常事。但是一党专政之下，因为不许党外有党，大家意见虽然严重分歧，甚至彼此成仇了，也依然不能分开，“只好在这个‘党外无党’的党内来死闹”。这种“死闹”

① 李璜：《再论一党专政之弊兼测国民党与中国之前途》，《醒狮周报》第 195 期，1928 年 11 月 25 日。

② 纯士：《为国民党计论一党专政之利害》，《新路》第 1 卷第 2 期，1928 年 2 月 15 日。

的结果，必定败坏党纪，毁伤党的声誉，使党丧失成为政党的资格：“在党内的纪律上说，一派首领只号召得动他那一派的少数份子，而把多数莫可如何，遇事只好隐忍敷衍，于是党的纪律也就荡然无存了。并且这个政党当权时，一党之内，几派都想把政权争到手，便不惜互相排挤，互相捣乱，甚至互相用阴谋手段，在一党之内，我夺过去，你抢过来，成何模样，于是这个政党的信用也就扫地以尽。——他的政策的向背，行动的方针，也就令人莫名其妙：右派把政权夺到手时，政策可以立刻变成极右的；左派把政权夺到手时，行动可以立变成极左的。分明一个党，而政策行动的变迁可以时时绝对相反，那又如何令民众了解，令事情办得通。明白些说，一个政党像国民党今日闹到这样地步，他早已失其政党的资格，而不能存在了。”①

其三，一党专政易造成党的腐败。这一点，在反对一党专政的人士看来，是常识。国家主义青年团致国民党的公开信就指出，一党专政的一个重大弊害就是，“无在野党之监督，而本身有易趋于腐化之势”。② 党的腐败包括两个方面，一是政策主张不当，丧失人民之支持；二是党的队伍腐败，党员趋利背义。关于第一层，张君劢指出，政治贵在对抗，只有在政党对抗中，政党才能提出负责任的政策主张，才能及时修正自己的政策主张、整顿自己的队伍，而不至于背离民意、走向腐败。他说：“人之发挥其主张也，当其无反对党之日，易犯轻易决定或自信过强之弊，其非也，因无他人之规劝，不知其所以非；其是也，因无反面之对照，不知其所以是。换词言之，非者反成其为是，是者不见其所以为是，此专制政府之所以虽有长处，而无敢为之辩护，一有短处，则流于恶贯满盈

① 秋水：《党的纠纷》，《新路》第1卷第9期，1928年6月15日；纯士：《为国民党计论一党专政之利害》，《新路》第1卷第2期，1928年2月15日；立斋：《辟训政说》，《新路》第1卷第7期，1928年5月1日。

② 《中国国家主义青年团致国民党书：对于国民党之十大质问》，《醒狮周报》第188期，1928年9月1日。

而不自知也。反是者，因两造对待而得之真是非真胜败，先之以自由辩难，继之以民意判决，则非者自无以自存，是者因民心之归向，可以放胆做去，此政治之所以贵乎对抗者二也。"[①] 无对抗则当权者将"自塞聪明，而走入黑暗里去……从此便无反省自新的机会"。[②] 第二层是指，一党专政之下，从政须加入国民党，而不管是否信奉三民主义，这势必将大量的不信奉三民主义的利禄之徒带入国民党内，势必败坏党风。国民党一党专政的实际结果是，"贪官污吏投机分子，纷纷以党为护身符，吏治腐败，达于极点。自领袖以至下级官吏，非个人之亲戚故旧不用，不知有人才，不知有职务，一命一爵，非以金钱运动，不能到手。如此情形，何言澄清吏治，真是南辕北辙，甚至各省县的党部大小党员，假党的名义，鱼肉乡里，干涉司法，无恶不作，以致民怨沸腾，到处酿成冲突。凡此种种现象，俱为一党专制下之必然结果"。[③]

其四，一党专政败坏国民志节。他们认为，人心不同，实由天定，尊重异见乃为政之善道。若不顾人情人心之实情，以尚同为治，则其手段"非出之于压迫，即诱之以利禄"。然以力服人，而力有穷时，以利禄求同，而人心无厌，利禄有数，故威逼利诱所得之同，必有破败之时，"欲天下之人心而同于一道者，直梦想耳！非杀尽人类，只存'一我'之时，决不能实现也！"[④] 威逼利诱不能使正直之士屈服，求得真正之同，但将"使一切真实与自由潜藏，只有欺伪与奴役，政治永不得清明"，必"奖进投机攀附之

---

① 立斋：《现时政潮中国民之努力方向》，《新路》第1卷第3期，1928年3月1日。

② 纯士：《为国民党计论一党专政之利害》，《新路》第1卷第2期，1928年2月15日；李璜：《再论一党专政之弊兼测国民党与中国之前途》，《醒狮周报》第195期，1928年11月25日。

③ 《中国青年党及中国国家主义青年团第四次全国代表大会宣言》，《醒狮周报》第205期，1929年8月30日。

④ 重呆：《民主政治是乎！一党专政是乎！》，《新路》第1卷第4期，1928年3月15日。

风，斫丧国民的志节”。[①] 李璜说，近代政治革命之目的无非“要将奴役们的政府变成自由人的政府”，“要将无监督的专政变成有监督的宪政”。政治革命所得之结果应是，“把政客，律师，教员，法官，这一类人所作‘自由职业者’（profession liberal）而表明非奴役之谓；听其本着自家一定本领，凭着自家良心主张，而尽其相当职务，享其相当权利；无所谓尊卑贵贱，也并无脚靴手板，此是提高人格，奖人为善之道。所以大家能够公正为心，清白为怀，坦率的为国家服务”；应是使政府受国民之监督，不能肆意妄为。而国民党实行一党专政，强以武力统一思想，大小会议、仪式要人们面对总理遗像三鞠躬、静默五分钟、读总理遗嘱，以宣誓拥护三民主义为人们获公权之前提，厉行党化教育，严查“违背党义”之出版物，总之，“你做大事小事，必得要入国民党，或至少不批评三民主义”，其结果，人们有异议而不敢发，从心所信而不愿自称三民主义信徒者退居山林，而竭尽吮疤舔痔之能事以求利禄者飞黄腾达，于是“举世只见阿谀，满朝尽是小人”，人们气节扫地以尽。[②] 人们气节败坏，欺诈伪盛行的国家，不可能建立清明之政治。

其五，一党专政必钳制言论结社自由，必妨碍社会进步，妨碍民主政治之实现。他们十分看重思想结社自由，认为思想自由为人与禽兽区别所在，是社会组织能够安全存在的前提，也是社会进步的生机所在。有权者蔑视思想结社自由，“迟早是必定要酿出少数人反抗而全社会破裂的结果”，也必阻断社会进步之机。为使人能成为人，为求社会组织的安定与社会的进步，就要使社会中各分子能自由思想、自由探讨、自由批判。[③] 国民党声称，其实行一党专

① 纯士：《为国民党计论一党专政之利害》，《新路》第1卷第2期，1928年2月15日；李璜：《再论一党专政之弊兼测国民党与中国之前途》，《醒狮周报》第195期，1928年11月25日。

② 李璜：《再论一党专政之弊兼测国民党与中国之前途》，《醒狮周报》第195期，1928年11月25日。

③ 春木：《从思想自由到政治自由》，《新路》第1卷第2期，1928年2月15日。

政是为了建立宪政，而反对党治的人们则断言，“党治与民权，势如水火。欲伸张民权，必须取消党治，欲厉行党治，必须压倒民权”。[①] 张君劢指出，真正的民主国家只可能在言论、结社自由之中建立起来，只可能在政党对抗中建立起来，国民党的一党专政钳制言论，严控结社，否认异党之存在，这就阻绝了民主政治发生的可能。[②] 更有人比较军治与党治，指出国民党一党专政之下，其压迫异己、收容异己、钳制舆论之办法较军阀政治更精密、更厉害。军治之下，得胜的军阀对于异己人物，除重要者之外，其他一般异己分子，“充其量不过不准他在政界上啖饭就罢了”，而一党专政的国民党不但定出了异己分子的标准——“不为同志便为仇敌”，一切非国民党党员都在打倒之列，而且定了“反革命治罪法”，使打压异己“有法可依”。军治之下的收容异己，“只要托人向治者阶级说几句央情话，赔赔罪，道道歉，就有被‘收容’的希望了，手续很简单，此后也没有什么麻烦”。而在党治之下，“异己”如果希望治者阶级收容，“则须先之以疏通，继之以介绍入党，终则履行入党手续”；然而入党之后，终究免不了身背“投机分子”的尊号，成为二等党员。军治与党治，其钳制舆论之手段大体相同，无非封禁、查扣反对者之报刊，逮捕反对者之记者，对于日报则实行新闻检查制，但实际实行起来，“似乎党治钳制舆论还比军治厉害，在军治下的报纸有时还可登载确实消息，有时还可向当局说几句诤言，有时还可替老百姓说几句不平的话；然而在党治下则连这点极小的限度都办不到，党治下报纸，满幅尽载着什么‘宣传大纲’‘纪念周报告’‘北伐’‘西征’的捷电，……此外则除了广告一无所有”。军阀根本不懂教育，无所主张，并没有主张“军化教育”，也没有“坚持非军阀和其走狗不能当校长教员甚至非其子弟不能当学生”，故在军治下热心教育者还能够想法子各行其是。而党治之下，却要

① 正气：《民权与党治》，《醒狮周报》第210期，1930年1月1日。

② 立斋：《现时政潮中国民之努力方向》，《新路》第1卷第3期，1928年3月1日。

实行什么党化教育，“视国家教育机关为宣传党义制造党员的工具。非该党党员不能充任教职员，以教育机关为党员啖饭的场所；拒绝异己的青年投考学校……以学校为该党的育婴堂，只有该党的‘小同志’才有被收留的权利”。至于私立学校，“当然要奉行该党的党义，直接间接受该党的干涉，绝对没有自由活动的余地”。国民党声称，推翻军阀统治是为了实现宪政，可它的党治对于人们思想、人格的摧残，比军阀政治更严重，这样的党治怎么可能走向宪政！①

（二）批评训政

《醒狮》《新路》两个杂志，痛陈一党专政之弊害，但国民党主张一党专政最重要的理由是，要建立真正的宪政，必须经由一党专政下的训政。假若训政的理论能够成立，那么对一党专政的批评就不能成立。因此，批评训政就成为反对党治的重要内容。

由传统专制政治向宪政过渡，无非自上而下的改革与自下而上的革命两条路径。自上而下的改革，需要在上者具远见卓识与雄大的魄力，能顺应时势与思潮变迁，适时启动改革；也需要改革者有改革所需要的威权，有适当的策略，有具备相当执行力的官僚队伍，能够有步骤分批次地进行改革，大体上能一面推动改革，一面协调各方利益冲突，防止出现严重的社会冲突。同时，改革也需要比较和平安定的内外环境，需要长时段的耐心与几代人的接续努力，绝非轻而易举就可以完成的。改革的过程也可能是改革与革命开展的进程，欲以一次性的改革，实现政治的近代转型，是对改革寄望过高。改革能够为经济、社会的发展，教育的普及，以及发育人民政治思想、提高人民政治能力，提供相对安定的环境，也能比较顺利地衔接传统与现代，不至于造成传统的断裂；但改革的进展在很大程度上有赖于当政者的见识、诚心与能力，也需要民间社会对改革者的理解与支持。若当政者缺乏改革诚心与能力，民间社会

---

① 惟真：《军治与党治的比较观》，《醒狮周报》第180期，1928年3月24日。

对改革进程不满意，则改革容易中断，革命可能爆发。由于改革是当政者主导，故政治转型往往不彻底，会比较多地保留旧社会、旧势力的残余。当清末的中国启动政治社会转型之时，内外矛盾已相当尖锐，而当政者又缺乏改革所需要的权威、见识、诚心与能力，民间社会普遍不信任政府、不服从政府，而又急于改变国家贫弱的现状，尽快实现富强，缺乏改革顺利进行的条件。在此情形下，以孙中山为首的革命党人选择以武力革命实现政治转型的路径。对于以革命求共和可能遭遇的困难，梁启超在清末就已提出：由于革命之后，社会秩序以及维系社会秩序的基本信条遭到破坏，以及革命后急剧的社会阶层变动以及由此引发的剧烈的社会冲突，需要强有力的政府去恢复秩序，镇压反革命势力，重建社会信条，故革命政府往往需要集权。若以求共和为目标的革命发生于社会发展程度不够，人民缺乏政治思想、政治能力，缺乏自治传统与自治能力的国度，革命之后容易出现“民主专制”。孙中山察觉到这一问题，故他提出革命程序论，试图以“约法之治”解决革命之际军权与民权的转换问题，防止革命后出现军政府长期秉政，而不还政于民的局面。辛亥革命后的伪共和，以及连绵不断的军阀混战，使他特别重视革命党在革命过程中的作用，强调革命之后的一段时间里，要恢复秩序，扫除旧势力，以防止他们破坏共和，需要革命党独揽政权。孙中山追求为多数平民所有而非少数人所得而私的民权政治，但多数之平民程度不足又是建立此种政治必须克服的障碍，因此，他主张通过革命党领导的训政，来训练平民行使四大直接民权，提高其能力，进而建立多数平民所有的民权政治。从近代政治转型角度看，孙中山的理论有其合理性，尤其是在君主政治被推翻已成事实，新政治秩序的建立需要新的政治权威的支持，而大众民主已然成为时代思潮的时候，发挥革命党的作用，由革命党独掌政权，开展训政，也是可行的路径。若革命党内部思想统一，组织健全，又能如孙中山所希望的那样，能够坚守追求宪政的初心，有还政于民的诚心，且训政之设计、举措得当，执行有力，确实有可能经由训政进入宪政。

不过，国民党的训政却存在严重问题，不能不令人怀疑其训政能否通向宪政。其一，承担训政任务的国民党，内部思想分歧，组织上严重分化、派系林立，民主集权制度遭到严重破坏，党权屈服于军权、政权之下，难以实现真正的统一，也就难以真正实行党治。在党与军队的关系上，掌握军权的新军阀，不服从党的指挥，党成为军阀头子争权夺利的工具，不是以党治军，而是以军治党。在党与政府的关系上，“党部方面朝气甚盛，求治之心甚急”，要根据党的主义、政纲而为民众解除痛苦，高喊减租、保障民众利益的口号，要去监督政府；但政府人员却比较实际，当军阀混战、军费政费无着之时，忙于应付实际政务的政府官僚往往不知如何去减租减息，如何去保障民众利益。于是，党政冲突不断。在国民党的派系斗争激烈的情形下，手中无兵的政治领导人如胡汉民、汪精卫等要求提高党权，希望借党权约束军权，而手握军权的蒋介石在他还未能控制党之前，则高度警惕“提高党权”，反对党权高于一切的主张，反对以党干政，要求严格区分党政关系，强调“党员党部决不能直接干涉或处理行政”。又再三告诫下级党部：“党权高于一切，乃指中央党权而言”，甚至接二连三地修改相关的法令法规，以限制地方党部的权力。再加上党的经费需经政府拨付，政府官员待遇、地位普遍优于党部官员，这就使党指挥、监督政府成为一句空话。[①] 其二，孙中山的训政理论并非十全十美，他的一些设计也有漏洞，比如《建国大纲》对县自治开始实行之条件的规定，对于“宪政开始时期”之条件的规定，均不尽合理。国民党既宣称其训政是以宪政为目标，则应继承孙中山思想的基本精神，发挥其中有利于提高民众政治能力、有利于向宪政过渡的思想主张，而对其中少数不利于

① 陈之迈：《中国政府》，上海人民出版社 2012 年版，第 39 页；杨奎松：《中国近代通史》第 8 卷，江苏人民出版社 2013 年版，第 46—51 页；王奇生：《党政关系：国民党党治在地方层级的运作（1927—1937）》，《中国社会科学》2001 年第 3 期。

向宪政过渡的言论主张则尽量不去实行。但国民党一方面把孙中山的思想捧为至高无上的指导思想，视孙中山的著作为圣经，固守孙中山的某些具体制度设计；另一方面对其中可用为创造宪政条件的思想主张视而不见，而其中有利于一党专政、领袖独裁的具体论述则执行之不遗余力。比如，孙中山一方面说要以三民主义统一全国思想；另一方面又在国民党一大宣言中规定“人民有集会、结社、言论、出版、居住、信仰之自由”，这两者之间显然存在矛盾。国民党执政后，凭借武力与政权之力，强以三民主义统一国人思想，取缔国民党之外的政治性结社，查禁“反革命”书刊。这种训政自然难以得到梦想英美式代议政治的人们的赞同，而引起他们的强烈批评。他们的批评意见，主要有四点。

其一，无训政之必要。他们认为，实行宪政最重要的条件是安定的政治环境与当政者的立宪诚意。只要实现军政、财政统一，而当政者有立宪的诚意，就可以立即开始实行宪政；能否实行宪政与人民之程度无直接关系，所谓训政是一个伪问题。人民程度与宪政的关系问题，自清末起就有两种截然对立的看法。第一种看法认为，立宪要求国民普遍具有政治思想与政治能力，而中国人普遍程度不足，故需要先普及教育、开展地方自治，提高国民程度，再行立宪。清末的开明专制论与孙中山的训政论就属于此种看法。第二种看法认为，立宪政治首先是少数精英参与的政治，不可能一开始就建立普遍参政的、规范的立宪政治，中国的精英已具备政治思想与政治能力，只要当政者有立宪诚意，就可以从现有条件出发立即开始宪政，不必等教育普及、地方自治完善之后再行宪政。清末要求开国会的立宪派持这种看法，国民党政权建立后批评以党治国论的国家主义派、自由主义知识分子的看法也是如此。张君劢称，“人民之知愚，或法治习惯之有无，俱不足为讨论中国是否合于民主政治之根据，盖世界各国之宪政，无不由无而有，由愚而智中来也。所不可必者，政府有无求治之诚意，有无与民合作之诚意，此为民主政治成立之最大关键也”。[1] 他们相信，人类“独具组织天才，富有合群能力”，即便最幼稚最野蛮的部落社会，“其自治的程度并不弱于我们自称的文明人”。又认为中华民族历史上就是“最能有自治能力的一个民族”，汉代以前就有成熟的乡村自治与乡举里选制度，“直到现在公举乡正里正，以求自治，而不愿多受官府的干涉的习惯，还是坚固的存在老百姓的习惯里”。在国民党的县党部区党部在那里组织和训练之前，中国老百姓早已实行了乡村自治。自甲午战争之后，国人之政治思想渐次发育，政治热情渐次高涨。清末政治改革的开展，辛亥革命成功推翻帝制，民初共和政治的初步试验，以及袁世凯复辟、张勋复辟的迅速败灭，都是国人政治思想进步的明证，都表明国人已具备立宪国民程度，不需要什么训政。国民党所要做的，不是训政，而是将自治权归还给人民，国民党无视人民的自治历史与自治能力，到处设立党部去事事干涉，只增纷扰而已。[2] 针对国民党人以民初以来共和政治的失败为由主张训政的论述，他们强调，民国建立以来的政治失败，并非不经训政而骤行宪政之过，而是一方面因为中国始终不曾脱离扰乱时期，存在军阀混战，军政、财政没有实现统一，秩序不定，人心不安的客观环境；另一方面则是当政者没有实行宪政的诚心。[3]

其二，即便国民程度有所不足，“要按国民党训政方法去办，是绝对达不到目的的”。[4] 他们强调，人民之政治能力是“在人民安居乐业中养成的”，“在言论自由结社自由之中养成的”，“在健

---

① 立斋：《致友人书论今后救国方针》，《新路》第1卷第10期，1928年12月1日。

② 老秋：《我们为甚么要与国民党争政权?》，《醒狮周报》第189期，1928年9月8日；阿斗：《国民党对于国民能力的否认与国民的自信》，《醒狮周报》第191期，1928年10月10日；无闷（诸青来）：《建国大纲质疑》，《新路》第1卷第5期，1928年4月1日；立斋：《辟训政说》，《新路》第1卷第7期，1928年5月1日。

③ 铁豆：《国民党的新提案》，《新路》第1卷第2期，1928年2月15日。

④ 力人：《百孔千疮的国民政府组织法》，《新路》第1卷第8期，1928年5月15日。

全教育里养成的”，是在行使政权的实际活动中养成的。要造就安定的环境，首先必须保障人民之生命财产安全，改变兵匪遍地，军政、财政不统一的现状，否则根本谈不上提高人民程度。而国民党思想不统一，行动不统一，国民革命之结果不过以新军阀代替旧军阀而已，既没有改变军阀混战的局面，实现真正的统一，也没有解民于倒悬。相反，国民党以清党反共为名，肆意侵犯人身自由，乃至滥行杀戮，又复苛捐杂税有增无已。社会不安定，不但宪政无从实行，即便训政也无从开展。养成国民政治能力，最重要的是“要养成他关于国家政策上独立判断”能力，而这只有在不同思想主张的交锋中，才能获得。但在国民党的党治体制之下，人民没有言论自由，没有结社自由，只能接受党化教育、崇拜三民主义、恭诵“总理遗嘱”，只能拥护国民党领导，而不能组织政党以与国民党争锋。这样的训政，根本不可能提高国民的政治判断力。“国民运用立宪政治之能力，惟在立宪政治下乃能长进，经一次选举与一次组阁，其人民与议员自多一度之进步，反是者终日在书本上条文上训政，虽口口声声不离政治，而与人民之政治能力无涉焉。”而国民党的训政却剥夺国民的参政权，“把一切政权由国民党代行”。国民党以地方自治训练国民行使直接民权为训政的主要内容，但依据国民党的相关规定，“能参加地方自治，出席乡镇公民大会者，须为宣誓遵行三民主义五权宪法之人。质言之，则须为国民党党员之谓耳。如是自治，则仅为国民党员之自治，而非地方上一般人士之自治”。除地方自治外，要训练国民在中央层面行使政权，就需要赋予国民以选举权、监督权、组党权、组阁权，但国民党的训政却禁止人民自由组党，只有誓行三民主义五权宪法，才能享有选举权。依照“国民政府组织法”，国民党的训政实际是由国民党训练国民政府行使“治权”，而不是训练国民行使“政权”。这等于国民党替国民读书、学艺而求国民能力之提高，等于国民党欲教国民游泳而不准国民下水，欲教国民学习驾驶而令其旁观。这样的训政，怎么可能提高国民能力，怎么可能为宪政准备条件？①

其三，国民党没有训政资格。这一点，张君劢说得比较明白。他说，国民党要担当人民之教师爷，必须自身先受训练，必须自身思想、行动统一，否则“若党尚不能自训，则民更何由训，训政长为镜花水月，而宪政永为三神山之可望不可接矣”。国民党党内宗旨不一致，党内行动不一致，训政是无从谈起的。再者，国民党的训政以国民党训练国民，以是否入党划分训练者与被训练者，“夫先生之与学生，年龄差，智识殊，一为训者，一为受训者，犹可言焉，若夫同为国民，年龄相等，智识相类，乃以一为革命党一为非革命党，而分成训人与训于人之两级”，道理上根本说不通。②

其四，国民党一党专政的训政，政权、治权长期操于国民党之手，“一般民众驯伏于党人积威之下”，能否还政于民完全取决于国民党。③ 国民党剥夺人民之政权，却相信自己将来会还政于民，乃是因为它相信“一切立法行政，虽无民意监督，而有党意的监督在”，只要提高党权，就可以党的力量监督政府与军人，使其最终不得不还政于民。但在人民没有选举权、参政权，没有言论结社自由的情形下，党意未必等于民意，党也未必愿意还政于民。“盖从来少数人立法行政，即使公正为心，亦未能处处顾到多数国民之利益及要求；‘事事不问国民，而处处皆为国民’（Tout pour le peuple, Rien par le peuple），在一七九二年之法国国民已知此乃专制者之诳语，而为事实所不可能者。”再者，党之权能有限，在人民缺乏组织，没有选举权、监督权的情形下，提高党权只会造成军事领袖的独裁，使党成为领袖独裁的工具，欲通过党的监督而迫使

① 力人：《百孔千疮的国民政府组织法》，《新路》第1卷第8期，1928年5月15日；无闷：《建国大纲质疑》（续），《新路》第1卷第7期，1928年5月1日；真言：《党办自治与训政》，《醒狮周报》第226—233期合刊，1931年4月20日。

② 立斋，《辟训政说》，《新路》第1卷第7期，1928年5月1日。

③ 无闷：《建国大纲质疑》（续），《新路》第1卷第8期，1928年5月15日。

独裁领袖还政于民，不过自欺欺人而已。[①]

在革命已然发生，革命之后确实需要巩固政权，而实行民主就应准许普遍参政的观念在不少追求民主的人心目中几乎成为定式的情形下，孙中山设计的通过以党治国向宪政过渡的方案，操作得当，是具有一定的可行性的。在这方面，《大公报》的态度比较实际。该报一篇题为《党治杂感》的社评表示，国民党的党治，罔顾人民人身财产安全、言论结社自由，肆意妄为，垄断政权，使党与非党的区别事实上变成“治者及被治者两阶级之对峙”，“全国各县人民与党部动起纷纠”，执政党与人民尖锐对立。国民党党治实绩令人失望，又不许人民批评党治，官方意识形态的官样宣传又因党治实绩糟糕而无法令人信服，于是官方意识形态与民间舆论尖锐对立。这是国民党党治体制面临的莫大危机。但若因此“诟病一党执政之制度，谓其根本上不是”，未必完全恰当，因为“民主的政党政治，为经济发达教育普及的国家之产物”，在产业、教育十分落后，“一般民众事实上不能施行参政权”之时，“勉强仿行，亦为虚伪之具文”。民国建立后，曾有过约法、宪法与国会，但实际是军阀专制，并无民主的意义；也曾有过选举，但并不能代表民意；也曾有过不少的政党政团，“然大抵背后无选民，仅为浮沉宦海之政客的集团，故一旦为时代风潮所卷，立时烟消雾灭”，这表明“中国之未能实行欧美式之民主的政党政治，乃国情事实上使然，而为无可如何之事也”。在此情形下，若真的有国民党所标榜的那种“由社会上最觉悟之分子，组织革命的党，负起国事责任，率导人民，努力建设，以一定之政纲，为短期之专政，则以政治效率言，又何尝不可?”中国需要的是“真实之改革与建设”，若一党制度能达此目的，也就不必恋欧美式政党政治之虚荣，而根本上反对一党执政之制度。但实际情形是，国民党并非由社会上最具觉悟的优秀分子组成，内部纠纷不断，党被控制于个人之手，党权屈

① 秋水：《训政回头》，《新路》第1卷第10期，1928年12月1日。

从于军权，根本做不到一党专政；其领袖人物也非忠于党义之忠贞有能之辈。这就不能不令人对党治的前景发生怀疑。国民党要真想通过以党治国实现宪政，就必须改变政策。第一，必须明确“一党负责”只是过渡办法，不能将“一党负责”理解为禁止他党存在，应开放政治结社，准许人民有批评政治之自由。第二，不能将党治与法治对立起来，必须保障人民生命财产自由。第三，迅速开展民权训练，先设立省议会县议会，中央则设职业代表之经济议会，财政负担及经济建设规划须得经济议会之协赞，方许施行。第四，各地党部之设立应以具备足够经过训练而能指导民众之人才为前提，若人才不足，宁缺毋滥，暂缓组建党部。严格党部之组织，若缺乏足够的有训练的党员，宁可不设立党部。第五，也是最重要的，须有公忠之领袖，以适当之计划，强毅之决心，解决军事问题，实现军政统一。[①] 此文虽短，但论述平实中肯，颇值得注意。《大公报》代表工商业资产阶级的立场，它不像《新路》《醒狮周报》纯从欧美政党政治的理想出发批评国民党的一党专政，而是站在工商业资本家的立场，承认一党政治可能过渡到宪政，不否定一党政治，但又对党治之下人民言论结社自由、生命财产安全得不到保障，深感苦痛，希望一面保障人民自由权利，一面改进国民党的党治。这是国民党党治体制已然建立，短时间内难有改观的情形下，一心想着发财的工商业资产阶级，从自己利益出发的一种良好的愿望。确实，若国民党能够做到此文所述几点，也确实可以逐步改善民生，逐步开放政权，最终实现宪政。然而，国民党思想不统一、组织上严重分歧，党权军权之关系难以理顺，也缺乏“公忠”有能的领袖，他们的愿望很大的可能会落空。

《醒狮》《新路》两个杂志对国民党一党专政与训政理论的批评，相当尖锐。两个杂志的同人对民主政治基本要求的论述，对人

---

① 《党治杂感》，《大公报》，1930 年 3 月 1 日，又见《国闻周报》第 7 卷第 9 期。

民言论结社自由的捍卫，对一党专政弊端的揭露，对一党专政的训政不可能走向宪政的分析，都有相当的道理。在国民党凭武力打压异己、钳制舆论，白色恐怖笼罩中华大地之时，这两个杂志公开喊出“打倒一党专政的国民党！”“打倒党治”的口号，需要勇气。不过，这两个杂志的同人向往宪政，却找不到切实可行的办法。他们声称只要推翻军阀，实现军政、财政统一，而执政当局有立宪的诚意，就可以立宪。然而如何推翻军阀，如何实现军政、财政统一呢？他们不相信革命可以确立宪政，可是不革命，如何推翻军阀呢？如果以革命推翻军阀，那就革命之后如何处理军权与民权之关系，如何由军治过渡到民治？他们声称实现军政统一后，即可直接实行宪政的说法，并不能说服信从训政说的国民党人，毕竟民初共和政治试验遭遇挫折的教训还在眼前。他们强调宪政开始时只能是初步的宪政，宪政需要在实践中逐步完善的说法，是符合政治发展规律的明断，但在大众已然登上政治舞台，思想界已然开始追求多数平民的民权之时，又不能说服追求多数人的民权、追求实质民主，而视西方民主为资产阶级民主、为少数人之民主、为伪民主的人们。1927 年 1 月，高一涵在《军治与党治》一文中说，民治主义有 19 世纪的个人主义的民治与 20 世纪的社会主义的民治两种。前者偏重于自由，主张每个人都有自由发展个人才能的权利，每个人都有平均发展个人才能的机会，政治上要求政府权力受宪法的限制，人民之意思由国会代表，要求保障人民之权利，社会上要求“打破不平等的阶级，个人人格上一律平等”；经济上，要求“打破不平等的经济生活，个人对于一切经济事业都有平均发展的机会”。这种民治主义是历史的巨大进步，但其毛病是“重自由而不重平等，并且错认自由就是平等；结果，只看见有才有识有钱有势者的自由，并看不见无才无识无钱无势者的自由”。后者更重视平等，“不相信自由便是平等，不相信从自由下手可以得到平等的结果；只相信平等乃是自由，只相信从平等下手才可以得到自由的结果”，故主张采取干涉政策来调整社会利益，主张扩大国家职权。[①]在第一次世界大战、俄国革命以及五四运动之后，当社会主义成为时代潮流，平民主义深具影响的年代，主张民治应先从少数人的民主、从资产阶级民主做起，缺乏号召力，不但不能得主张训政的国民党人的赞同，也不能得一般知识界以及广大工农大众的认可。

他们希望当政者有实行宪政的诚意，然而现实的情形很明显，他们从国民党推行党治的种种作为中，看不出当政者有实行宪政的诚意。于是，他们又将宪政的希望寄托于民族精神的“返老还童”。张君劢说，“欧洲之共和政治宪法政治，坦白人之政治也，率直人之政治也，勇敢人之政治也，知耻人之政治也”。在他看来，欧洲人自古希腊以来就崇尚自由尤其是崇尚良心自由、思想自由，故能各从心所信以言以行，“各有所信，各逞其说，以相与比较”，“更结为政党，以负政治上之责任，此议会政治政党政治所以成也”。直到今日，“欧洲民族尚在少年尚气之日，其表现于政治上者：一曰心之所信，从而主张之，绝不有所踌躇审顾；二曰所信未能实现，则亦坚持而不变，政治上主张之界线分明，而功过自有所归宿；三曰国家大危难之日，各派有所协商，一秉大公至正之心，绝不故示难色，以持人之短长。若此者，皆与少年人之兴奋勃发，勇往前进，一言既出，以退缩为羞者，无异而已”。而中国人则民族精神老化，代代相传的为人处世之道，无非教人注意于一人之生死安危，教人避难就易避重就轻者，投机取巧，其表现于政治，则为趋炎附势、因利乘便、公私不分、心口不一，为功名利禄、为个人利益而弃信仰、背良心，不敢坚持所信。这种民族精神，是不可能发生近代民主政治的。他对于国民党当政后，不少人趋炎附势，讴歌训政，唱诵“总理遗嘱”，自称三民主义之信徒，很是失望，希望国人发挥孔子所称见义勇为的精神，做孟子所称赞

---

① 高一涵：《军治与党治》（1927 年 1 月），《现代评论》第二周年纪念增刊，1927 年 1 月。

的大丈夫，学为少年，“学少年之真情，学少年之勇猛，学少年之纯洁，学少年之言行一致”，做坦率、正直、勇敢的人，做坚持信仰、遵从良心的人。他相信，实现了民族精神的返老还童，就可以建立现代政治。[①] 署名“春木”的作者在《新路》上发表《从思想自由到政治自由》，强调“政治的自由是从思想的自由产生出来”，而中国人数千年来被专制所压抑，“多数人往往是不能重视思想自由的价值”，“往往是为了金钱，便把灵魂卖给撒但”，“他们的思想可以卷舒如意的去迁就有权势的人们，无论他是君主，贵族，军阀或党阀。他们都可以一一顺承钧旨，而且为之诠释，非常周到”。这种不看重思想自由意义的人，一旦掌权，“便专断国中，抹杀一切；自家的思想便千真万是，便应神圣视之；别人的便千假万非，便应打倒，便要禁止其发表而根本消灭之”。“中国多了这样人，固然必定使专制长远存在，政治不得自由。”他呼吁人们认识思想自由的意义，勇敢追求思想自由，也呼吁国民党当局开放言论，保障思想自由。[②] 他们实际上又将政治革新归结为国民性改造，归结于期望当权者开诚心、布公道。没有人民革命的压力，没有民众的自觉，国民党当局不可能开诚心、布公道的。他们认识到，民治的建立需要多数国民之自觉，但多数国民之自觉，“必待环境而后促成”。只有在近代工商业发展，尤其是大工业发展的基础上，才能造就民众的自觉，形成市民社会与市民团体，在此基础上，才能建立近代民主政治。[③] 但是，近代产业的发展，市民社会的形成，非一朝一夕之功，而期待“多数国民之自觉”的他们只是坐在书斋里著书立说的知识分子，他们愿意针对知识界开展启蒙，却没有深入民间的动力、意愿与能力，也就不能去启发工农大众，组织工农团体，以改造国家与社会。所以，他们对于一党专政的批判，对于

---

① 立斋：《现时政潮中国民之努力方向》、《吾民族之返老还童》，《新路》第1卷第3期、第1卷第4期，1928年3月11日、3月15日。

② 春木：《从思想自由到政治自由》，《新路》第1卷第2期，1928年2月25日。

③ 立斋：《现时政潮中国民之努力方向》，《新路》第1卷第3期，1928年3月1日。

欧美式民主政治的追求，也就只能停留在纸面上、口头上。他们也组织了自己的政治团体比如青年党、民社党，但都是脱离大众的团体，面对掌握军政实权，并且试图成为群众性政党的国民党，也就只有听由国民党处置了。国民党对于《醒狮》《新路》的批评，采取了最简单最粗暴的方法，封禁、查扣刊物，甚至逮捕其骨干人物。

三　人权派要求人权与法治

人权派是活动于20世纪20年代末30年代初的一个自由主义思想派别，其代表人物胡适、罗隆基、梁实秋、王造时等大多为留学欧美、崇尚欧美式自由民主政治的自由派知识分子。他们不满意国民党的党治体制，也反对共产党的阶级斗争学说与武装革命，希望结束国民党的党治与共产党的武装革命，建立英美式的资产阶级民主政治。他们的主要阵地是《新月》杂志。

《新月》与1923年成立于北京的文学社团新月社有一定的渊源。新月社的主要成员有胡适、徐志摩、陈西滢、梁实秋等，主要兴趣是把创立新诗当作一件认真的事去做。1924年12月，胡适、陈西滢、徐志摩等参加《现代评论》社。1925年10月到1926年10月徐志摩接编《晨报副刊》，又办《诗镌》《剧刊》，这些刊物的主要撰稿人多为新月社成员。新月社的一些成员也是《现代评论》的撰稿人。1927年春，胡适、徐志摩、梁实秋等都居住在上海，他们就开设了一家股份制的出版企业——新月书店。该书店以胡适为董事长，余上沅为总经理，以出版新文学书籍为主。1928年3月，他们又创办《新月》杂志。《新月》初办时，是一文学刊物，杂志同人虽对政治现状不满，但很克制，不愿意去谈政治。徐志摩在《"新月"的态度》这篇有杂志发刊词意味的文章中说，在一个价值标准颠倒的年代，在思想市场充斥着唯美、颓废、功利的倾向以及偏激的主义之争的时候，《新月》杂志“不敢附和唯美与颓废”，“不敢赞许伤感与热狂”，“不能归附功利”，也不愿意让“标语与主义”迷眩了眼睛、震聋了耳朵，而要坚守“人生的尊严与健康”的文学原则，为人生提供“纯正的思想”，以“唤回在歧路上彷徨的人生”，“消灭一切侵蚀思想与生活的病菌”，“从恶浊的底里解放圣洁的泉源”，“从时代的破烂里规复人生的尊严”。[①] 他们虽流露出对现实政治的不满，但基本还是在谈文学应取的方向。创刊的第一年，《新月》基本是一个文学刊物，很少谈现实政治问题。

北伐军进占武汉后，《现代评论》中的不少人已倾向于支持国民党。高一涵在《现代评论》上发文称，“所有政治的主张和运动，也从来不曾依靠一个一个群众单独去做，必定要依靠那组织坚固训练成熟的政党去做。没有政党，几乎就没有民治”。由于“政党本身的组织，无论从形式上看，从方法上看，都必定是个民治制”，所以一党专政的“党治”也“可渐渐的跨到民治的彼岸”。[②] 随着国民党政权的建立，《现代评论》虽继续谈政治，但较少公开批评国民党的一党专政，相反，该刊上还有不少文章在阐释党治的必要性及其意义，或者为国民党的党治建言献策。[③] 胡适的自由主义思想比《现代评论》派中不少研究政治、法律问题的学者要深厚，他的自由主义信仰不允许他去肯定国民党的党治，更谈不上去撰文阐释党治而成为官方学者。当然，自由主义的信仰也使他不会支持共产党的武装革命，甚至也不会把共产党的革命力量看作可以制约国民党党治的力量。他也不像国家主义派那样有政治组织，且不像国家主义派那样与当政的国民党有宿仇，没有遭到国民党的通缉，所以他也不像国家主义派那样，自国民党南京政府建立伊始，

① 《“新月”的态度》，《新月》第1卷第1期，1928年3月10日。

② 高一涵：《军治与党治》，《现代评论》第二周年纪念增刊，1927年1月。

③ 参见本书第三章。

就公开且激烈地批评国民党的党治。他虽对国民党蹂躏人权、压制自由不满，但他对国民党还抱有一点点的期望。胡适在国民党中也有不少的朋友，况且国民党政权新建，总得先观察观察，再定行止。所以，一段时期里，他对国民党的党治持观望态度，很少对现实政治尤其是国民党党治公开发表评论。1928 年 8 月，国民党二届五中全会之前，胡适在接受访谈时还曾表示，中国今日除国民党外实无第二党，故“对以党治国不反对”，但希望当局“定一切实易行政策，逐步实行”，同时强调“保障人民言论自由十分必要”。[①] 这表明，胡适一度认为，只要是能保障人权，他并不以一党政治为完全不可接受。但时局的黑暗，尤其是国民党残酷的清党，肆意侵犯人权、打压言论的种种反动行径，令胡适、罗隆基等忍不住要谈政治。他们认识到必须就党治问题发声，要国民党改善党治，使其党治能有向宪政过渡的可能性，至少应该制定约法，因为约法与党治并非不相容。1928 年底，当改组派的组织正式建立起来之后，胡适和罗隆基等就酝酿着要办一个名为《平论》的政论刊物，同时仿效英国“费边社”的形式组织一个议论政治的“平社”。平社的成员有胡适、梁实秋、罗隆基、叶公超、丁西林等。不过，《平论》并没有办起来，原本计划刊载在《平论》上的政论文章就刊载在《新月》上。

胡适等再次公开“谈政治”与国民党三大前后的政治氛围有关。这主要有两个情况。

其一是国民党改组派要求党内民主、党内言论自由。1928 年 8 月，当时还没有正式组织活动的改组派就向国民党二届五中全会提出“重新确立党的基础案”，要求“实行党的民主化民众化，各地党部实行选举制，废止指派及圈定制，并许党员在不违背本党主义

① 《胡适谈政——不反对以党治国，望保障言论自由》，《大公报》1928 年 8 月 7 日。

范围以内，有发表意见之自由”。[①] 但南京当局对此不加理睬。1928 年 10 月 25 日的国民党中常会决定，三大代表由国民党中央圈定产生。改组派强烈不满，乃发起反对南京当局圈定国民党三大代表的运动，一时声势不小。1929 年 2 月，改组派发表《中国国民党改组同志会第一次全国代表大会宣言》，指国民党南京集团“割裂孙总理之三民主义，以阿附反动势力而易取个人之权位。或妄倡谬说，甘为新兴统治阶级作护符，或曲解附会，促成专制学说之复辟”，公开批评南京集团搞专制主义。[②] 3 月 11 日，改组派又发表《关于最近党务政治宣言》，否认南京当局包办的三全大会，并指出“北伐胜利之后，党中腐化分子及投机分子……抛弃本党主义，违反民众要求，吸引党外之反动势力，以朋分自北洋军阀手中夺来之政权，至人民之权利，则一无所获，生命，财产及自由，毫无保障，一与北洋军阀时代无异，政治集于官僚，人民不得参预，亦与北洋军阀时代，毫无不同”。该宣言又以“厉行民主集权制”，“扶助民众行使政权”，“建立民主政权”相号召。[③] 改组派的这些活动与言论给不满于国民党专制统治的自由派知识分子这样的印象，执政的国民党内部有分歧，有要求民主、自由的力量。这就激发了他们“谈政治”的勇气。

其二是国民党内关于约法问题的分歧日渐明显。为顺利实现由军治到民治的转换，孙中山曾提出要制定“约法”，以规范军政府与地方人民之权利义务关系。他设想这种约法由军政府与地方人民相约而产生，但究竟如何产生，其具体内容如何，他并没有提出具体的方案。民国元年的《临时约法》其实是临时宪法，并非孙中山所设想的“约法”，是对孙中山革命程序论的抛弃。孙中山对此

① 《关于五中全会的一个重要党务提案——重新确立党的基础案》，《革命评论》第 14 期，1928 年。

② 《中国国民党改组同志会第一次全国代表大会宣言》（1929 年 2 月），《国民党改组派资料选编》，第 135 页。

③ 《国民党改组派资料选编》，第 154—156 页。

颇为不满，曾说《临时约法》中只有“主权属于全体国民”一句是他的意思，其他内容他不负责任。但他并没有放弃“约法”的提法，1919 年的《孙文学说》，1923 年的《中国革命史》，都提到训政时期为军政到宪政的“过渡时期”，需要实行约法（非《临时约法》）之治，并以地方自治发达民权，约法的内容是“规定人民之权利义务与革命政府之统治权”。但 1924 年颁布的《国民政府建国大纲》并没有提及“约法”。国民党南京政府建立后，国民党内部就应否颁布训政时期约法分歧严重。1928 年 6 月，北伐完成，国民政府发布通电，宣布北伐结束后立即厉行法治、澄清吏治、结束军政、实行训政。1928 年 8 月，国民党召开二届五中全会决定开始训政，并着手制定训政规则。在此背景下，国民党内的在野派（当时还没有改组派的名目）首先提出制定训政时期约法的要求，以规范政府组织，明确个人权利义务范围。朱霁云、南京特别市党务指导委员会［由改组派（后来的名称）控制］向全会提出要求制定约法的提案。同时，上海总商会也派出代表到南京提交请愿书，要求制定约法。[①] 鉴于“颁行约法，近已成为党内外舆论”，王世杰任局长的南京国民政府法制局向全会提出了起草制定约法的建议案，认为无论是依照“总理遗教”施政的革命要求，还是满足规范政府组织、明确中央地方关系以及“使一般民众，于其本身之权利义务以及政府之组成与职权，能有相当之了解”，“以巩固新造之政治秩序”的现实需要，抑或回应国民党内外要求制定约法的呼声，都需要及时制定约法。该建议案并就约法起草、议决、批准、公布的办法以及约法的主要内容提出了建议。[②] 据此，全会通过了“训政时期颁布约法案”，表示“训政时期，应遵照总

① 赵金康：《国民党二届五中全会前后的制宪诉求》，《史学月刊》2005 年第 9 期。

② 《起草约法——法制局向五次全会建议限三次代表大会前完成》，《大公报》1928 年 8 月 11 日。

理遗教，颁布约法”。[①] 全会宣言也表示，要“迅速起草约法，预植五权宪法之基础”。[②] 但因为国民党内的分歧，制定约法的决定并未及时实行。当时的南京政府是蒋介石、胡汉民合作的时期，蒋介石掌握军队与行政院，胡汉民掌握三民主义的阐释权与立法院。胡汉民以“总理遗教”的官方阐释人自居，并主导国民党训政体制的设计，而蒋介石也需要一个在国民党内有相当地位的能够阐释“总理遗教”的元老，来为其争夺“党统”，争夺“总理遗教”的阐释权，以表明其施政合乎党义、合乎“总理遗教”。胡汉民主持编纂“总理全集”，发表《三民主义的连环性》等文字鼓吹其连环的三民主义，又提出“训政大纲”，主导国民党训政体制的设计，欲牢牢掌握“总理遗教”的阐释权，以党权制约蒋介石。针对当时党内外出现的制定约法的呼声，胡汉民提出，“总理遗教”即为训政时期之最高根本法，不必另外制定约法。1928 年 10 月 15 日，他在中央党部纪念周的报告中说，“至于法，事实上所需要的，乃所谓约法或宪法中最要紧的一部分，政府组织法。我们正不必舍掉这最要紧的一部分大法，而去很迂阔的马上求一部整个的甚么约法。何况如民二民三之间的约法，总理当时根本不赞成呢”？在胡汉民看来，有了《国民政府组织法》，就不需要约法了。[③] 这种说法，不少国民党人并不赞同。由于胡汉民的坚持，1929 年 3 月召开的国民党三大将二届五中全会的郑重承诺搁置一边，并没有讨论约法问题，相反，会议通过决议：“确定总理所著三民主义、五权宪法、建国方略、建国大纲及地

---

① 《训政时期颁布约法案》，荣孟源主编：《中国国民党历次代表大会及中央全会资料》（上），第 543 页。

② 《第二届中央执行委员会第五次全体会议宣言》（1928 年 8 月 15 日），荣孟源主编：《中国国民党历次代表大会及中央全会资料》（上），第 534 页。

③ 中华民国史事纪要编辑委员会编《中华民国史事纪要（初稿）中华民国十七年（1928 年）七月至十二月》，中华民国史料研究中心 1982 年版，第 631 页。

方自治开始实行法为训政时期中华民国最高之根本法。举凡国家建设之规模，人权、民权之根本原则与分际，政府权力与其组织之纲要，及行使政权之方法，皆须以总理遗教为依归。"[①] 这个决议等于是说，"总理遗教"是训政时期的"最高之根本法"。胡汉民暂时达到了他的目的。但这也引起党内的反弹，引起一般社会舆论的不满。

引起胡适等最终出来"谈政治"的导火索是国民党三大出现的"严厉处置反革命份子案"。该提案是上海特别市教育部长陈德征等12人提出的，提案称：共产党、国家主义者、第三党以及一切违反三民主义之分子都是"反革命份子"，应毫不犹疑地严厉处置。提案强调，以前处置"反革命份子"需经法院审判的程序，过于麻烦，不利于打击"反革命"，要求简化手续与程序，只要是经省及特别市党部书面证明为反革命分子者，法院或其他法定之受理机关就应以反革命罪处分之；如不服得上诉，但法院及其他上级法定之受理机关，如得中央党部之书面证明，即当驳斥之。[②] 这是要以党部代替法院来处置"反革命份子"。这个提案见报后，胡适"实在忍不住"，当天就致函司法院长王宠惠，痛斥陈德征的提案为世界法制史上的奇葩，若照案通过，"司法院也大可以早点预备

① 《根据总理教义编制过去一切党之法令规章以成一贯系统；确定总理主要遗教为训政时期中华民国最高根本法案》（1929年3月21日），荣孟源主编：《中国国民党历次全国代表大会及中央全会资料》（上），第653—656页。相较于"总理遗嘱"，以及1925年5月中国国民党一届三中全会通过的接受总理遗嘱宣言，三全大会以《地方自治开始实行法》《五权宪法》替代了"总理遗嘱"中的国民党一大宣言，并以"总理主要遗教"的提法替代了"总理遗嘱"的提法。这是因为此时的国民党当局已背弃了国民党一大宣言所确立的"三大政策"，一大宣言已不符合国民党当局的需要。这个决议案同时又说："总理之全部教义实为本党根本大法，凡党员之一切思想，言论，行动及实际政治工作，悉当以之为规范而不可逾越。"这里用的是"总理之全部教义"的提法。一个决议中，"总理主要遗教"与"总理之全部教义"两个提法并存，是国民党党内政治斗争在理论斗争上的反映。

② 《陈德征之提案——严厉处置反革命份子》，《民国日报》1929年3月26日"第三次全国代表大会特刊第16号"。

关门了”。[①] 他同时将此函交国闻通讯社转送各报发表，结果自然遭新闻检查官的扣押，无法面世。但陈德征很快获知此函内容，并在4月1日的《民国日报》的“星期评论”副刊（陈德征主编）上发表题为“胡说”的短评，称胡适“不懂得党”，“不懂得主义”，“不懂得法律”，却自以为是，冒充内行来评价国民党，来称道法治；又霸道地宣布，“在以中国国民党治中国的今日，老实说，一切国家底最高根本法，都是根据于总理主要的遗教。违反总理遗教，便是违反法律，违反法律，便要处以国法。这是一定的道理，不容胡说博士来胡说的”。[②] 这更激怒了胡适。

4月20日，国民政府发布一道命令，称：“世界各国人权均受法律之保障。当此训政开始，法治基础亟宜确立。凡在中华民国法权管辖之内，无论个人或团体均不得以非法行为侵害他人身体，自由，及财产，违者即依法严行惩办不贷。”[③] 这多少有些荒诞，一个蔑视人权，肆意损害人民自由权利的政府居然发布了一道要求保障人权、确立法治基础的命令。这让胡适忍不住要说话。4月26日，胡适在中国公学读书时候的老师马君武找胡适谈话，表示“此时应有一个大运动起来，明白否认一党专政，取消现有的党的组织，以宪法为号召，恢复民国初年的局面”。胡适极赞成这一看法，认为“这话很有理，将来必有出此一途者”。[④] 5月6日，胡适写成《人权与约法》一文，交给《新月》杂志，刊在该刊第2卷第2号上。胡适在文章中提出了“人权派”的基本主张：制定约法，保障人权。他说，“人权的保障和法治的确定决不是一纸模糊

① 《胡适致王宠惠》(1929年月26日)，《胡适来往书信选》（上），社会科学文献出版社2013年版，第366—367页。

② 德征：《“匕首”九十一·“胡说”》，《民国日报》1929年4月1日。

③ 见胡适：《人权与约法》，《新月》第2卷第2号，1929年4月10日（刊物标注的时间）。

④ 《胡适日记》(1928年4月26日)，《胡适全集》第31卷，安徽教育出版社2003年版，第370页。

命令所能办到的”，没有法律的约束，人权保障、法治基础都是空谈，“无论什么人，只须贴上‘反动份子’‘土豪劣绅’‘反革命’‘共党嫌疑’等等招牌，便都没有人权的保障。身体可以受侮辱，自由可以完全被剥夺，财产可以任意宰制，都不是‘非法行为’了。无论什么书报，只须贴上‘反动刊物’的字样，都在禁止之列，都不算侵害自由了。无论什么学校，外国人办的只须贴上‘文化侵略’字样，中国人办的只须贴上‘学阀’‘反动势力’等等字样，也就都可以封禁没收，都不算非法侵害了”。又说，“在今日如果真要保障人权，如果真要确立法治基础，第一件应该制定一个中华民国的宪法。至少，也应该制定所谓训政府时期的约法”，来保障人权。[①] 人权运动由此开始。

此后，胡适发表《知难，行亦不易——孙中山先生“知难行易”说述评》《新文化运动与国民党》《我们什么时候才可有宪法》等文章，罗隆基发表《专家政治》《论人权》《告压迫言论自由者》《我对于党务上的“尽情批评”》《我们要什么样的政治制度》《论中国的共产》等文，梁实秋发表《论思想统一》《孙中山论自由》等文，这些文章的核心主题都是人权、法治、约法。

关于人权、法治与约法，人权派的主要思想主张如下。

第一，要求保障人权，尤其是保障人身自由与思想自由。

人权派对人权问题的论述，以罗隆基最为系统、清楚，也最具学理。他的《论人权》算得上中国的“人权宪章”，是现代中国思想史上一篇值得注意的文字。他指出，人权就是人作为人所必须享有的权利，是“做人的那些必要的条件”，包括生命与人身安全权，生存权（工作权及获得工作酬劳的权利），自我发展以成就至善之我、享受人生幸福并因而“达到人群完成人群可能的至善，达到最大多数享受最大幸福的目的上的必须的条件”。他不是从纯粹的

① 胡适：《人权与约法》，《新月》第2卷第2号，1929年4月10日（刊物标注的时间）。

个人主义的角度论人权的意义，而是将个人权利与人群发展联系起来。他不是以人权天赋来论人权的来源，也不是从边沁的权利法定说来论人权的法律来源，而是从人权的功用来论人权的意义，强调人权是人维持生命、发展个性、培养人格，达到最大多数的最大幸福的“必须的条件”。他是站在“1929 年的中国”来讨论人权，所以他强调人权概念有“时间性与空间性”，是因时因地而变化的。那么，“1929 年的中国”所需要的人权包括什么呢？他列举了三十五条，这三十五条概略而言就是：“国家是全体国民的团体”，其功用在保障全体国民的人权，其目的在谋全民最大多数的最大幸福，这也是国家威权的边界所在；“国家的主权在全体国民”，国家威权的行使应获得国民直接或间接的许可；法律应根据人权产生，体现人民的公共意志；人民在法律上一律平等，其公权、私权不因信仰、社会阶级、性别之别而有差异；政府应对全民负责，而非对任何个人或部分国民的团体负责；国家之一切官吏是全民的雇员，经由人民选举或者公开的竞争性考试产生，应向全民负责，而不向任何个人或私人团体负责任；凡向全体人民负责的官员，不经法定手续，任何个人或私人团体不得将其免职、更换或惩罚；财政负担应经国民之同意，并接受审计机关之审查；国民有充任公职的权利；人民有人身自由权，不经司法上的正当手续，其人身自由不得受限制；人民有财产权，有劳动权以及获得劳动报酬的权利；有接受国家救济的权利；有诉讼于法院以及接受法院审判的权利；有接受教育的权利，“一切教育机关不应供任何宗教信仰或政治信仰的宣传机关”；为发展个人、培养人格，以成就至善之我，以求全社会的至善，国民应有思想、言论、出版、集会的自由。他又强调，司法应当独立，司法官以及法庭应对全民负责，而不对任何私人或政府以外之团体负责任；“军队对全民负责”，其数量、费用以及动员、宣战等行动，必须直接或间接得国民之同意。罗隆基所提三十五条，其实提出了他理想中的宪法应体现的基本原则，即主权在民原则、保障人权原则、权利平等原则、责任政府原则、司法独立原则、军队中立原则。

他强调，国家“不过是社会上许多组织中的一个组织而已”，并没有比别的社会组织高级、神圣；国家的功用是保障人权，丧失了这一功用，国家就没有存在的价值，人民也就没有服从的义务。他说，“国家的威权是有限制的。人民对国家服从的义务是相对的”。不但如此，国家若沦为某个人、某个家庭或者某个集团压迫人民的工具，人民就有革命的权利。他将革命权看作“人民最后的生机”，说“一切的人权，都可以被人侵略，被人蹂躏，被人剥夺。只有革命的人权是永远在人民手里”。①

可见，罗隆基的人权概念，结合了古典自由主义、功利主义、修正的自由主义，以及社会主义对人的权利的看法。其关于生命权、财产权、人身自由、言论结社自由的认识来自古典自由主义，尤其是洛克的理论；其关于生存权、劳动权、受救济权、受教育权等积极的人权的主张则与社会主义思想相关；其关于人权为人人自我发展、成就自我以及求得最大多数的最大幸福所必需的说法，则来自边沁的最大多数人的最大幸福说与 T. H. 格林的自我实现说。而他关于军队、政府、司法机关应对国民全体而非任何个人或私人团体负责的主张，以及反对党化教育的主张，则明确针对国民党的党治体制，有鲜明的现实针对性。

人权派是中国近代思想史上第一个有系统具学理地阐述人权问题的思想派别。近代中国的政治转型主要因挽救民族危机、实现国家富强而起，人民之追求民主政治，主要希望通过国民的政治参与来改造政治，建立国民的国家认同，故于人民的各项自由权利最看重政治参与之权。孙中山讲民权主义，重心就是政治参与权。近代中国思想话语中，民主、民治、民权讲得多，而“人权”一词用得相对比较少。民权与人权，概念上有区别，前者主要指人因其社会身份、公民身份而应享有的权利，而人权的概念除包括民权的内容之外，还包括人作为人的自然属性而应享有的

---

① 罗隆基：《论人权》，《新月》第 2 卷第 5 号，1929 年 7 月 10 日。

权利。人权派用“人权”的概念，而不用当时流行的“民权”的概念，是有其考量的。与讲民权者重视政治参与不同，人权派更重视人身自由与思想自由，这是他们在国民党白色恐怖、思想钳制之下最感迫切的需求。罗隆基说，现实的情形是，国民党的任何一个小党员可以任意控告任何人民反动罪名；国民党任何区分部可以根据一个小党员的控告，用党部的名义指挥军警拘捕人民；国家的政治机关，仅凭国民党区分部一纸无凭无据的控告，也可以不经法庭手续，任意拘捕人民。在这种人身自由毫无保障，人民连做人的权利都没有的国家，谈民权，谈政权，谈治权，都是奢谈。他说：“我们一班小民不要选举，不要创议，不要复决，不要罢官。我们先要申冤的法律！我们先要生命的保障！我们要民权，我们更要人权！”[①] 对于思想自由，人权派认为思想自由是绝对的、整个的，是国家立法机关不能立法限制的。[②]他们认为，人类智能有限，不可能认识终极的真理，“天下就没有固定的绝对的真理。真理不像许多国的政府似的，可以被一人一家一族所把持霸占”。人们因遗传与环境不同，而不可避免地有思想认识的不同，思想不可能统一，也不应去试图统一。他们强烈反对国民党将三民主义神圣化，以三民主义为终极真理而自信满满地去统一国人的思想。[③]

南京国民政府建立后，挟政权威力极力追求“思想统一”。国民党人口口声声要以“总理遗教”为最高信条，一般青年“习为虚浮放诞，憧憬于一种主义之中，日事叫嚣，思想既定于一尊，研究之风，早已连根拔去，甚至自身所唱之口号……而亦不加研究”，风气堪忧。[④] 在信奉“总理遗教”为绝对真理的国民党人看来，钳制言论、统一思想，十分正当，十分必要，剥夺人民自由

① 罗隆基：《我的被捕的经过与反感》，《新月》第3卷第3号，出版时间不详。

② 罗隆基：《论人权》，《新月》第2卷第5号，1929年7月10日。

③ 梁实秋：《论思想统一》，《新月》第2卷第3号，1929年5月10日。

④ 周信征：《所谓思想统一》，《大公报》1930年6月4日。

权利的训政也是为着四万万阿斗的好，是国民党不辞辛劳为人民谋幸福；阿斗们批评训政、要求人权，就当受惩处。在此种政治环境与思想环境下，人权派要争取人权，批评训政，就必须讨论“总理遗教”是否绝对正确。于此，胡适指出，社会、政治现象极为复杂，人们不可能得出绝对的、不可更改的“知”，而只能从既往的“行”中寻出相对的“知”，以“帮助行，指导行，改善行”。这种“知”是需要在实践中逐步探求、发展与完善的，而且，这种发展、完善是永无止境的。他指出，“信仰领袖，服从命令，一致进取，不怕艰难”，是“革命成功的条件”。孙中山提出知难行易说的最初动机，是要革命党人服从革命领袖的指挥，依照革命领袖发明的理论开展革命。这对于建立革命信仰，凝聚革命力量，推动国民革命的发展，也确实发挥了重要作用。但若不了解孙先生提出知难行易说的背景，将孙先生的学说神圣化、教条化，那就不是对待孙中山学说的正确态度。他说，政治关系亿万人的利害，无论知还是行，都需小心翼翼，都需保持敬畏，不可过于自信。然而，国民党人却对自己的理论过于自信，“以为知识之事已有先总理担任做了，政治社会的精义都已包罗在《三民主义》《建国方略》等书之中，中国人民只有服从，更无疑义，更无批评辩论的余地了。于是他们掮着‘训政’的招牌，背着‘共信’的名义，钳制一切言论出版的自由，不容有丝毫异己的议论。知难既有先总理任之，行易又有党国大同志任之，舆论自然可以取消”。这是十分危险的。[①] 胡适力图破除国民党对“总理遗教”的迷信，争取思想言论自由的法律空间，然而国民党却认为这是诋毁总理，思想反动。

要求保障人权，还涉及人权与国家的关系问题。由于严重的民族危机，中国近代思想中比较突出地存在强调国家高于个人、

---

① 胡适：《知难，行亦不易——孙中山先生的“行易知难说”述评》，《新月》第2卷第4号，1929年6月10日。

国权优于人权的倾向。民国初年，当袁世凯肆行专断统治之时，思想界曾探讨国家之目的、职分，强调国家之目的在于保障人民自由权利。人权派延续了这一讨论，反复指出，国家只是保障人权的工具，而且只是工具之一。罗隆基强调，搞清楚国家之目的与职能，具有极端重要的意义，是要“救国”“建国”的人们必须首先解决的问题。“把国家当作目的的人，他们认人民是为国家存在的，国家不是为人民存在的。他们不问国家给人民的利益是什么，却认‘救国’‘爱国’是人民无条件的义务。因此时时拿‘救国’‘建国’这些大帽子来压人。民间的灾荒可以不救，苛税不可不收；地方的治安可以不问，内战不可不打。因为国家是目的，国民就成了‘救国’‘建国’的工具了。国家不要保障人民的生命财产，人民本身就是‘救国主义’的奴隶。国家不要拥护人民的思想自由，学校应做宣传‘救国主义’的机关。总而言之，只要挂上‘救国’‘建国’的旗子，苛捐杂税，打仗杀人的事，都有意义了。国民都要无条件的服从了。”（这里所谓“救国主义”指三民主义。孙中山曾说三民主义就是“救国主义”——引注）有这种认识，人们就不但找不到“救国”“爱国”的正当方法，甚至“救国”“爱国”可能还将成为“一种罪孽”。他反复强调，国家之目的是保障人权，以求人的自我发展与最大多数人的最大幸福，为达到此目的，国家对国民有三重职务：“（甲）保护；（乙）培养；（丙）发展”。他批评国民党“党在国上”的国家观念把国家当作实现一党目的之工具，而不是实现全体人民公共目的之工具，是完全错误的；国民党党治制度是独裁制度，“是与国家的目的根本相冲突的”。①

第二，要求赶快制定约法，实行法治，以保障人权。

人权派极其看重人权保障的意义，认为人权是人之成为人所必

---

① 罗隆基：《我们要什么样的政治制度》，《新月》第2卷第12号，1930年2月10日。

须的条件，强调唯有保障人权，国家、社会才有存在的价值，也才有进步的可能。然而，他们面对的却是国民党专制统治下“人权破产”这一铁的现实：“无论什么人，只须贴上‘反动分子’‘土豪劣绅’‘反革命’‘共党嫌疑’等等招牌，便都没有人权的保障。身体可以受侮辱，自由可以完全被剥夺，财产可以任意宰制，都不是‘非法行为’了。无论什么书报，只须贴上‘反动刊物’的字样，都在禁止之列，都不算侵害自由了。”① 那么，如何改变“人权破产”的现实，如何将国家从国民党一党专政的控制之下解脱出来，使之从国民党压迫人民、蹂躏人权的工具，变成保障人权的工具呢？按罗隆基所称革命权是“人民最后的生机”的说法，革命应是一个合理的选项。然而，人权派深受自由主义的影响，天生就恐惧武力革命，几乎是教条式地反对一切武力革命。胡适说，中国真正的仇敌是贫穷、疾病、愚昧、贪污、扰乱等五大实际的问题，“这五大仇敌之中，资本主义不在内，因为我们还没有资格谈资本主义。资产阶级也不在内，因为我们至多有几个小富人，那有资产阶级？封建势力也不在内，因为封建制度早已在二千年前崩坏了。帝国主义也不在内，因为帝国主义不能侵害那五鬼不入之国”。至于对付这五大仇敌的方法，胡适认为，正确方法是，“集合全国的人才智力，充分采用世界的科学知识与方法，一步一步的作自觉的改革，在自觉的指导之下一点一滴的收不断的改革之全功”，以逐步“建立一个治安的，普遍繁荣的，文明的，现代的统一国家”，而“不是那用暴力专制而制造革命的革命，也不是那用暴力推翻暴力的革命，也不是那悬空捏造革命对象因而用来鼓吹革命的革命”。“因为这种种革命都只能浪费精力，煽动盲动残忍的劣根性，扰乱社会国家的安宁，种下相残害相屠杀的根苗，而对于我们的真正敌人，反让他们逍遥自在，气焰更凶，而对于我们所应

① 胡适：《人权与约法》，《新月》第2卷第2号，1929年4月10日。

该建立的国家，反越走越远。”[①]

基于这种认识，人权派反对以武力革命来解决政权问题，而主张通过制定宪法或者制定约法这种“自觉的改革”，来以民治代替党治，确立法治原则，以约束国民党及其政府的权力，乃至结束国民党的一党政治。他们认为，“国家的有权力有特殊地位的人，可以凭他的喜怒好恶，不经法定手续，操人民身体，财产，言论等自由之权，这是天下极危险的事”。[②] 因此，要保障人权，就要争法治，也就是要求“法律站在最高的地位”，“政府的一举一动，以法为准的，不凭执政者意气上的成见为准则”，对人民权利的限制，必须经过正当的法律手续。[③] 争法治的第一步是制定“人民统治政府的法”即宪法，或者至少要制定“规定人民之权利义务与革命政府之统治权”的约法，来限制政府的权限，保障人民之“身体、自由及财产”。[④] 制定约法，也就成为他们的主要政治诉求之一。

自由主义者不相信根本改造，他们认为根本问题可以分解为无数个小问题，只要小问题一个一个得到解决，也就没有根本问题需要解决。他们相信法律，认为制定了保障人权的法律，就可以逐步落实法律，实现人权保障。基于这样的思想逻辑，人权派将人权问题归结为法律问题，将制定宪法（约法）作为保障人权的第一步。

第三，批评《中华民国训政时期约法》。

人权派要求保障人权，要求制定约法的言论，在国民党白色恐怖之下，在人权遭到肆意蹂躏的氛围中，引起知识界的强烈反响。蔡元培致函胡适，称《人权与约法》一文“振聩发聋”，他“不胜

---

① 胡适：《我们走那条路?》（1930 年 12 月 10 日），《新月》第 2 卷第 10 号，1929 年 12 月 10 日。

② 罗隆基：《什么是法治》，《新月》第 3 卷第 11 号，1931 年（月份不详）。

③ 罗隆基：《什么是法治》，《新月》第 3 卷第 11 号，1931 年（月份不详）。

④ 胡适：《人权与约法》，《新月》第 2 卷第 2 号，1929 年 4 月 10 日。

佩服”。[①] 张謇的公子张孝若也致函胡适，说：“前月看见先生在《新月》所发表的那篇文字，说的义正词严，毫无假借，真佩服先生有识见有胆量！这种浩然正气，替老百姓喊几句，打一个抱不平，不问有效无效，国民人格上的安慰，关系也极大。试问现在国中，还有几位人格资望够得上说两句教训政府的话？象先生这样的要说便说，着实是‘凤毛麟角’了！”[②] 人权派的言论揭露了国民党一党专政下“人权破产”的现实，也揭露了国民党政府“保障人权”的虚伪，在知识界尤其在向往自由的人们当中得到回应，是很正常的。

前文说到人权派的出现，与国民党内关于约法问题的争论有关。人权派要人权、要法治、要约法的言论，也给国民党内主张制定约法的人提供了论述的材料。改组派也呼吁制定约法，保障人权。不过，汪精卫等一面主张制定约法、保障人权；另一面又刻意要与人权派划清界限。对于人权运动，汪精卫一面批评南京政府借着党治、训政的名义，大搞个人独裁，摧折民主势力，“将一切公民权利及私人权利，都由全国人民手里剥夺无余，以之掌握于党部及官厅的手里，党员只要在任何级数的党部提议决议，便可直接加危害于人民的身体自由财产，法院也不能过问，法令也无可保障，他们已将党员成了一个特殊阶级，立于全国人民的头上，而口里还说什么训政”，宣称改组派要求“于党恢复民主集权，于国扶植民主势力”的主张，是护党救国的主张；另一面又批评人权派与清末以来的立宪派是同一路货色，“抱定打倒国民党的老主意”，将蒋介石集团与国民党混同起来，以要求人权、主张约法为名，欲打倒国民党，就差给人权派戴上一顶“反革命”的帽子了。[③] 虽如此，对于改组派来说，要求保障人权、制定约法，毕竟可以用来

---

① 曹伯言、季维龙编著《胡适年谱》，安徽教育出版社 1989 年版，第 364 页。

② 曹伯言、季维龙编著《胡适年谱》，第 366 页。

③ 汪精卫：《怎样树立民主政治》《怎样树立民主势力》，《大公报》1929 年 12 月 10 日、11 日；汪精卫：《二十年来民权运动之回顾》，《大公报》1930 年 4 月 22 日、23 日。

与南京集团争夺话语权、争取舆论支持。1930 年 8 月 7 日，改组派在北平召集中央党部扩大会议第一次会议，通过扩大会议宣言，以召开国民会议、制定约法相号召。随后，成立了包括罗文干、周鲠生等六名法学家在内的约法起草委员会，负责起草约法并向全国征询意见。10 月 27 日，“扩大会议”通过“中华民国约法草案”（“太原约法草案”）。

人权运动，改组派的通过“太原约法草案”，给蒋介石很大的压力。为应对这些压力，他主张尽快制定约法，但是胡汉民却坚持认为，有了“总理遗教”与“国民政府组织法”，再谈制定约法，“那岂不是要把总理的遗教，一齐搁开，另寻一个所谓约法出来吗?”① 这就引发了 1931 年 1 月蒋介石将胡汉民囚禁于南京汤山的事件。在排除了胡汉民的干扰后，1931 年 5 月，蒋介石操办的国民会议通过了《中华民国训政时期约法》。

人权派冒着“反动”的罪名，不惧国民党当局的舆论围攻与人身威胁，要求制定约法，保障人权，然而国民党出台的《中华民国训政时期约法》却令他们大失所望。罗隆基专门为文批评这一约法。他主要从三个方面阐述其意见。第一，宪法或约法最重要的功用是规定国家主权所属及其行使方法，而训政时期约法对这一问题的规定绝对不能令人满意。“主权是人民最后的取决权”，“是不能托付给人的”，国民失却主权，就失却了法律上的公民地位，“民主的真义就根本丧失”；而训政时期约法却令人民将主权托付给国民党全国代表大会，又由国民党全国代表大会托付给国民党中央执行委员会，使“主权属于国民全体”的规定变成了实质上的“主权在党”。根据这样的约法，政府是国民党产生的政府，立法是国民党主持的立法，国家也就自然是国民党的国家，所谓“主权属于国民全体”，“成了骗人的空话”。第二，约法的次要功用是“规定人民的权利义务”，而整个训政时期约法 8 章 82 条，“依法”

① 见王恒《遗教与约法》，《大公报》1930 年 10 月 31 日。

“以法律”云云凡41见，这就使人民的一切一切的自由，“不是积极地受限制，就是消极地被取消”。言论自由、信仰自由是立法机关不得制定法律加以限制的绝对自由，然而训政时期约法却规定这些自由不过是“依法”享有的自由。政治信仰自由，比宗教信仰自由“重要千万倍”，然而训政时期约法规定人民“依法”享有宗教信仰自由，却禁止人民享有政治信仰自由。“如今一班领袖们在宗教上可以离开中国的孔老夫子，去祈祷耶稣基督，小民在政治上何以不可离开孙中山先生去信仰别的政治思想家?”训政时期约法，规定人民的纳税义务，却不规定人民监督财政之权。法治最重要的原则是司法独立，要求“非司法人员，不得执行司法职务”，要求“人民在任何情形下不受国家司法制度以外特殊法庭——例如宗教法庭，军事法庭等——的审判”，然而在“依法”享有权利的规定之下，“危害民国”的人是要受“危害民国紧急治罪法”的管治，而接受军事审判的。“法治的唯一条件，没有人处超越法律以外的地位”，它要求人民法律上一律平等，然而训政时期的约法规定国民党代行中央统治权，规定约法的解释权归国民党中央执行委员会，这就将国民党人划为统治阶级，将非国民党人划为被统治阶级，也使国民党成为超越于全体国民之上，超越于法律与国家之上的特殊存在。第三，约法的第三个功用是规定政府的组织及其职权范围。现代政府组织应遵循分权制衡的原则，而训政时期约法的规定则是，国民政府委员会掌握一切治权，名义上是五权，实际上是一权。根据约法，国民政府设主席一人，主席“公布法律，发布命令”，推荐各院院长及各部会长，对内对外代表国民政府。这就使立法机关成为国民政府的立法局，而非国家的最高立法机关。由于“掌握一切治权”的国民政府委员会也没有立法权，“公布法律，发布命令，由国民政府主席依法署名行之”的规定，就将使国民政府主席“成为万能的皇帝。成为口衔天宪的皇帝。将来的结果，主席的命令就成为国家的法律；国家的法律，就是主席的命令”。这就不单是国民党在国家、法律之上了，而是国民政府主席在国家、法律之上了。这是“独夫专制的政府”，“绝对走不上民主政治的轨道”。[①]

罗隆基虽对训政时期约法十分不满，但本着“好法律胜于恶法律；恶法律胜于无法律”以及法律可以逐步完善的理念，他呼吁国民党“做个守法的榜样”，养成“遵守法律的精神”。[②]然而事实上，国民党并不打算真正遵守自己制定的约法，而且既然约法的修改权与解释权都归国民党，那违法不违法，也就由它说了算，它要是不满意约法的某些内容，训政时期约法也赋予了它随时修改的权力，它行使这个权力，是不需要经过国民同意的。这样的呼吁，过于天真，不过，这也是自由主义的政治性格。

除了谈人权、约法、法治之外，人权派也激烈批评国民党的训政。他们反对高调的民主观，反对一开始就将民主设定为普遍参政的民主，设定为人民以直接民权控制政府的全面民主，并以此为由强调人民程度不足。他们指出，人民程度不足不能成为实行训政的理由。他们说，治国确实是非常复杂的大事，行政管理也越来越专业化，需要专门的学问，非一般国人可以承担。对于一般人来说，民主的意义并非直接参与国家管理，而主要是通过行使选举权，使政治设施能够体现多数之民意，防止政府违法滥权，侵犯人民权利，这就不需要有专门的知识。正是从一般国民只需要能行使选举权的观念出发，他们强调，“民治主义的根本观念是承认普通民众的常识是根本可信任的”，相信人民具备参政的能力，也相信“民治制度本身便是最好的政治训练”，只要人民“肯出来参政，一回生，二回便熟了；一回上当，二回便学乖了”，是可以在民主政治的实际生活中逐步提高自己能力的，

---

① 罗隆基：《对“训政时期约法”的批评》，《新月》第3卷第8号，原刊标为1929年11月10日，有误，应为1931年。

② 罗隆基：《对“训政时期约法”的批评》，《新月》第3卷第8号，1931年。

并且这种提高是永无止境的。[①] 这是比较务实的看法。他们又指出，民国以来民主政治试验的挫折，也不是训政的理由，“民国十几年的政治失败，不是骤行宪政之过，乃是始终不曾实行宪政之过；不是不经过军政训政两时期而遽行宪政，乃是始终不曾脱离扰乱时期之过”。[②] 他们又强调，若说实行民主政治需要训练的话，首先是执政的国民党需要训练。胡适说：“程度幼稚的民族，人民固然需要训练，政府也需要训练。……人民需要的训练是宪法之下的公民生活。政府与党部诸公需要的训练是宪法之下的法治生活。‘先知先觉’的政府诸公必须自己先用宪法来训练自己，裁制自己，然后可以希望训练国民走上共和的大路。”[③]

国民党当局认为人权派的言论“违背党义”，“迹近反动”，若不加惩处，恐将蔓延，危及国民党的训政体制，“动摇三民主义的新中国的根本”。[④] 于是，一面通过公私两种渠道警告胡适等人，又查扣《新月》杂志，逮捕罗隆基，以强力压制人权派；另一面组织《中央日报》《民国日报》以及《新生命》杂志等对人权派发起舆论围攻，国民党中央宣传部还出版《评胡适反党义近著》，以推进对人权派的舆论围攻。国民党之围攻人权派，主要是围攻人权派的领袖胡适，其言论可概括为四点。一是给胡适戴政治帽子。说胡适是“见了溥仪叩首恭称陛下”的遗老遗少，[⑤] 说他批评国民党党义“充满着恶意的攻击”。[⑥] 又说胡适在思想上“深中共产党、

---

① 胡适：《我们什么时候才可有宪法——对于建国大纲的疑问》，《新月》第2卷第4号，1929年6月10日；罗隆基：《专家政治》，《新月》第2卷第2号，1929年4月10日。

② 胡适：《我们什么时候才可有宪法——对于建国大纲的疑问》。

③ 胡适：《我们什么时候才可有宪法——对于建国大纲的疑问》。

④ 潘公展：《“行易知难”的解释——读胡适“知难行亦不易”论后的答辩》，载耿云志主编《胡适论争集》中卷，中国社会科学出版社1998年版，第1918页。

⑤ 潘公展：《“行易知难”的解释——读胡适“知难行亦不易”论后的答辩》。

⑥ 张振之：《知难行易的根本问题——驳胡适之“知难，行亦不易”论》，耿云志主编：《胡适论争集》中卷，第1895页。

改组派及帝国主义者反宣传之毒”，其批评党义、侈谈人权之目的是想搞乱人民思想，从而搞乱中国，其谈人权是“为帝国主义与奸商张目，蹈卖国汉奸之所为”。[①] 二是攻击胡适批评党义、谈人权，却对党义完全没有研究，缺乏法学常识，却好出风头，妄议党义，乱谈人权，其言论“轻于感情用事，毫无理性已达极点，已经完全丧失了学者态度的尊严了”。[②] 三是坚决捍卫“总理遗教”的神圣性，强调中国必须以三民主义为中心思想。孙中山的学说主义“绝对没有什么缺陷的地方”，是“最完备最准确的真理，是领导革命的最高原则，我们只有坚确地信仰，不能丝毫怀疑；而现状的混乱，是由于一部分当局与人民不了解学说与主义及不实行学说与主义之故，所以救济现状的混乱必须真实的拥护孙文学说与拥护三民主义”。又称，“中国社会制度的崩溃，中国社会思想的冲突，中国社会内部的各种混乱纠纷，都是由于中国社会过去，没有强固的社会中心的基础”，要实现社会的统一与稳固，要造就“中国社会的中心”，仅靠武力是办不到的，而必须树立社会的中心思想，以“达到社会思想的统一与社会信仰的统一”。在这个严重混乱的时代，在孔孟权威已经堕落，礼教已失其依据，“百种的怪学说怪理论都乘机而来”的时代，只有孙中山的学说才能作为中国人思想与信仰的中心。因此，为着国家安定与社会发展，必须拥护三民主义。[③] 既然如此，胡适批评孙中山与三民主义，就是要动摇中国社会的中心的汉奸卖国贼之行径了。四是，强调国民党训政的合理性。他们声称，欧美的民权是对人民没有什么实际利益的虚伪的民权，只是有产阶级特权阶级的民权，国民党所要求的是以全体民众

① 灼华：《胡适之所著〈人权与约法〉之荒谬》，耿云志主编：《胡适论争集》中卷，第1885页。

② 张振之：《知难行易的根本问题——驳胡适之“知难，行亦不易”论》，耿云志主编：《胡适论争集》中卷，第1895页。

③ 张振之：《再论知难行易的根本问题——再驳胡适的〈知难行亦不易〉，并驳〈我们什么时候才可有宪法〉》，耿云志主编：《胡适论争集》中卷，第1903—1905页。

利益为前提，以整个民族利益为前提的民权，是要使民众有完全的民权。要实现这种民权，必须训练人民，必须打倒贪官污吏，必须实行革命的独裁，只有这样，“才不会把民权送给土豪劣绅贪官污吏手里”。这种由训政得来与保障的民权，比胡适所说的用宪法来保障民权要强固得多，真实得多。① 他们强调，党治是达到民治的阶梯，训政是宪政的必由阶段，只有三民主义的训政才能实现民治，而胡适要求的宪法不可能达到民治，能得到的只会是曹锟宪法之类的宪法。② 对于胡适等批评国民党压迫人权，国民党则声称国民党是保护人权的，但不保护反革命分子的人权；保护人权，也不必就需要宪法，民法、刑法等，都可以保护人权。③

可见，在人权问题上，人权派与国民党各有一套话语，简直不能对话。

---

① 无任：《有宪法才能训政吗?》，耿云志主编：《胡适论争集》中卷，第1952—1954页。

② 张振之：《再论知难行易的根本问题——再驳胡适的〈知难行亦不易〉并驳〈我们什么时候才可有宪法〉》，耿云志主编：《胡适论争集》中卷，第1905—1909页。

③ 灼华：《胡适之所著〈人权与约法〉之荒谬》，耿云志主编：《胡适论争集》中卷，第1885—1886页。

第 七 章

中国共产党对中国革命道路的早期探索

1921 年 7 月 23 日，中国共产党第一次全国代表大会在上海召开，伟大的中国共产党诞生了。中国共产党成立后，就把实现共产主义作为党的最高理想和最终目标，义无反顾肩负起实现中华民族伟大复兴的历史使命。中共二大制定了民主革命纲领。从 1924 年起中国共产党和孙中山领导的国民党合作，领导中国人民进行轰轰烈烈的反对帝国主义、反对封建军阀的国民革命。由于蒋介石、汪精卫集团的叛变，到 1927 年，大革命失败了。在革命的危急关头，中国共产党召开的八七会议，确定了土地革命和武装反抗国民党反动派的总方针，实现了从大革命失败到土地革命战争兴起的历史性转变。以毛泽东为代表的中国共产党人，发动武装起义，把革命的重点从城市转向农村，创造性地探索出一条农村包围城市、武装夺取政权的具有中国特色的革命道路。

一　民主革命纲领的制定与联合战线方针的确立

中共一大确定党的名称为“中国共产党”。大会通过了中国共产党的第一个纲领，明确“革命军队必须与无产阶级一起推翻资本家阶级的政权”，“承认无产阶级专政，直到阶级斗争结束”，“消灭资本家私有制”，[①] 以及联合第三国际。中国共产党一成立，就旗帜鲜明地把社会主义和共产主义规定为自己的奋斗目标，坚持用革命的手段实现这个目标。

（一）制定民主革命纲领

还在中国共产党正式成立前，1920 年，中共上海发起组就按照马克思主义基本原理，高举起共产主义的旗帜：“共产主义者的目的是要按照共产主义者的理想，创造一个新的社会。”[②] “共产党底根本主义，是主张用革命的手段改造经济制度，换句话说，就是用共产主义的生产制度来代替资本主义的生产制度。”[③] 中国共产党第一次全国代表大会把上述主张进一步具体化为三条纲领：“推翻资本家阶级的政权”，“承认无产阶级专政，直到阶级斗争结束，即直到消灭社会的阶级区分”，“消灭资本家私有制”。[④] 这表明，中国共产党从诞生起，就把马克思主义作为自己的指导思想。但是，马克思主义基本原理只有同本国具体实际相结合，才能起到指导现实斗争的作用。中国并不是一个资本主义国家，而是一个外受帝国主义侵略、内有封建压迫的半殖民地半封建的国家。在这样的国家，共产党和工人阶级必须经过怎样的革命步骤，才能达到自己的社会主义和共产主义的奋斗目标？这是中国共产党刚成立时还未能解决的问题。当时的中国共产党的主张是直接搞社会主义革命。

中国共产党对中国革命的具体的理论探索，始于 1922 年的中共二大。中共二大在中国共产党思想发展史上的突出贡献，是依据

---

① 中共中央文献研究室、中央档案馆编：《建党以来重要文献选编（一九二一——一九四九）》第 1 册，中央文献出版社 2011 年版，第 1 页。

② 《“一大”前后——中国共产党第一次代表大会前后资料选编》（一），人民出版社 1980 年版，第 2 页。

③ 《共产党》4 号，1921 年 5 月 7 日。

④ 《建党以来重要文献选编（一九二一——一九四九）》第 1 册，第 1 页。

对中国社会和中国革命任务、进程的认识，制定了反帝反封建的民主革命纲领。大会宣言指出，经过帝国主义列强80年的侵略，“中国已是事实上变成他们共同的殖民地了”。“中国一切重要的政治经济，没有不是受他们操纵的。”同时，中国经济“尚停留在半原始的家庭农业和手工业的经济基础上面，工业资本主义化的时期还是很远”，“政治方面还是处于军阀官僚的封建制度把持之下”。总之，“加给中国人民（无论是资产阶级、工人或农民）最大的痛苦的是资本帝国主义和军阀官僚的封建势力，因此反对那两种势力的民主主义的革命运动是极有意义的”。宣言又指出，无产阶级的奋斗必须分为两步，第一步是“援助民主主义革命运动”，第二步是“实行‘与贫苦农民联合的无产阶级专政’”。“如果无产阶级的组织力和战斗力强固，这第二步奋斗是能跟着民主主义革命胜利以后即刻成功的”。基于上述看法，大会宣言规定了党的最高纲领和最低纲领。“中国共产党是中国无产阶级政党。他的目的是要组织无产阶级，用阶级斗争的手段，建立劳农专政的政治，铲除私有财产制度，渐次达到一个共产主义的社会。”这是党的最高纲领，也是党的最终奋斗目标。而在当时条件下，党的主要奋斗目标是“消除内乱，打倒军阀；建设国内和平”，“推翻国际帝国主义的压迫，达到中华民族完全独立”；“统一中国本部（东三省在内）为真正民主共和国”。① 这是党的最低纲领，也是民主革命阶段的纲领。

制定反帝反封建民主革命纲领，是马克思列宁主义普遍原理与中国革命具体实践相结合的一个重要表现，它标志着中国共产党对中国革命进程的初步把握，并为以后继续探索中国革命规律奠定了基础。在此之前，中国人民的反侵略反压迫斗争已持续了80年，然而没有一个阶级、政党、派别和个人能够真正认清中国革命的基本任务，提出彻底的革命纲领。以马克思主义为武装的中国共产党诞生刚刚一年，即把中国人民对中国革命的认识大大向前推进了一

① 《建党以来重要文献选编（一九二一——一九四九）》第1册，第120—135页。

步，第一次明确提出反帝反封建的斗争纲领，为中国人民指明了当时革命斗争的任务和方向。这也说明只有马克思主义才是指导中国革命的最正确的理论。

中共二大确立了中国革命要分两步走的思想，制定了民主革命纲领，但对无产阶级在民主革命中的地位及民主革命与社会主义革命的联系问题，还没有能够正确解决。二大指出了“工人们处在中外资本家的极端压迫之下，革命运动是会发展无已的。发展无已的结果，将会变成推倒在中国的世界资本帝国主义的革命领袖军”。但是，二大的基本认识则是，无产阶级只是“援助”“帮助”民主主义革命运动，当然，这种“援助”和“帮助”，“不是无产阶级降服资产阶级”，而是“不使封建制度延长生命和养成无产阶级真实力量的必要步骤”。二大还认为“民主主义革命成功了，无产阶级不过得着一些自由与权利”，而“幼稚的资产阶级便会迅速发展，与无产阶级处于对抗地位”。这时无产阶级便要进行第二步奋斗。①

（二）制定民主联合战线方针

在确立中国革命必须分为两步走思想的基础上，与制定民主革命纲领的同时，中国共产党确定了同资产阶级民主派建立民主联合战线的方针。

中共一大曾讨论过共产党与其他党派的关系问题，会上有截然相反的两种意见。有人主张“不论在理论上和实践上都应该始终与其他政党作斗争”；有人则主张“在行动上与其他政党合作反对共同的敌人，同时又在我们的报纸上批评他们，这并不违背我们的原则”。这样做，“至少可以加强自己，以利于今后的行动”。② 最后大会采纳了第一种意见，决定“对现有其他政党，应采取独立

① 《建党以来重要文献选编（一九二一——一九四九）》第1册，第132—133页。

② 《“一大”前后——中国共产党第一次代表大会前后资料选编》（一），第21页。

的攻击的政策”。在政治斗争中，“我们应始终站在完全独立的立场上，只维护无产阶级的利益，不同其他党派建立任何关系”。[①] 可见，当时中国共产党并不了解建立革命联合战线的必要。

远东各国共产党及民族革命团体第一次代表大会和共产国际来华代表的具体建议，推动了中国共产党民主联合战线思想的确立。远东民族大会期间，列宁接见中国代表团中国共产党代表、国民党代表和铁路工人代表时，亲自关注了国共两党能否合作的问题。

共产国际来华代表马林，根据他在荷属殖民地爪哇开展工作的经验和在中国南方同国民党领导人的接触情况，于1922年春向中国共产党提出建议：放弃“对于国民党的排斥态度，到国民党中去进行政治活动，通过这一切，会获得通向南方工人和士兵的更方便的门径，党则不需放弃独立”。[②] 即在保持共产党独立组织的前提下，实行国共两党的党内合作。马林的这一建议遭到陈独秀拒绝。1922年4月6日，陈独秀致信吴廷康（即维经斯基），反对共产党和青年团加入国民党。他的理由是：两党“革命之宗旨及所据之基础不同”；国民党的一些政策（联美国，联张作霖、段祺瑞等）“和共产主义太不相容”；国民党未曾发表党纲，广东以外各省人民视它“仍是一争权夺利之政党”，共产党倘加入进去，“则在社会上信仰全失”；广东实力派陈炯明反对孙中山甚烈，加入国民党会“立即受陈派之敌视”；国民党孙中山派对新加入分子，向来“绝对不能容纳其意见及假以权柄”；各地同志对加入国民党均“绝对不赞成”，因此“在事实上亦已无加入之可能”。[③]

1922年4月下旬，少共国际代表达林为帮助筹备并出席中国社会主义青年团第一次代表大会到达广州（他同时以苏俄全权代表身份与孙中山谈判）。经达林提议，中国共产党于4月底5月初

① 《建党以来重要文献选编（一九二一——一九四九）》第1册，第6页。

② 《“一大”前后》（一），第429页。

③ 中央档案馆编《中共中央文件选集一九二一——一九二五》第1册，中共中央党校出版社1989年版，第31—32页。

召开了在广州的党、团负责干部会议，讨论劳动大会和青年团大会应遵循的路线及同国民党关系问题。会上达林力陈“与孙中山以及他的党结成反帝民族革命统一战线”的必要，而结成统一战线的具体形式，就是“共产党加入国民党”。经过讨论，与会者虽大都同意了反帝统一战线的策略，但反对加入国民党，只有少数人支持达林的意见，认为在反帝的资产阶级民主革命阶段与小资产阶级结成广泛的统一战线是必要的，和国民党联合以及共产党加入国民党都是必要的。①

这次会议没有通过具体决议，但同国民党建立联合战线的主张初步确定下来了。1922 年 6 月《中共中央第一次对于时局的主张》，指出“中国现存的各政党，只有国民党比较是革命的民主派，比较是真的民主派”，但“他们的党内往往有不一致的行动及对外有亲近一派帝国主义的倾向，对内两次与北洋军阀携手”，“这种动摇不定的政策，实有改变的必要”。中国共产党是为无产阶级奋斗的革命党，但“无产阶级在目前最切要的工作，还应该联络民主派共同对封建式的军阀革命，以达到军阀覆灭能够建设民主政治为止”。“中国共产党的方法，是要邀请国民党等革命的民主派及革命的社会主义各团体开一个联席会议”，“共同建立一个民主主义的联合战线，向封建式的军阀继续战争”。② 这表明了中国共产党对国民党认识的改变，明确提出了民主联合战线的主张。它肯定国民党是“革命民主派”，但存在着内部不统一的弱点，并曾向帝国主义与军阀谋求妥协。它主张通过召开“联席会议”的方式，建立起同国民党等革命民主派的联合战线。

中共二大在制定民主革命纲领的同时，通过了《关于“民主

---

① 〔苏〕C. A. 达林：《中国回忆录（1921 - 1927）》，侯军初等译，中国社会科学出版社 1981 年版，第 90—91 页。

② 《建党以来重要文献选编（一九二一——一九四九）》第 1 册，第 91—98 页。

的联合战线”的议决案》。二大的其他决议和大会宣言中，也规定有“联合战线”的内容。联合战线决议案指出，第一，中国虽名为共和，实际上仍在封建式的军阀势力统治之下，对外则为国际资本帝国主义势力所支配，无产阶级在这种政治经济状况之下，必须“加入民主革命的运动”，并且必须“暂时联合民主派”，如此“才能够打倒公共的敌人——本国的封建军阀及国际帝国主义——之压迫”，无产阶级也才能“得着为自己阶级开始团结所必需的初步自由”。“因此我们共产党应该出来联合全国革新党派，组织民主的联合战线。”这是当时对建立民主联合战线必要性的理解。第二，在民主革命时期，无产阶级一方面要联合民主派、援助民主派，“然亦只是联合与援助，决不是投降附属与合并”；另一方面仍应集合在自己政党的旗帜下，“独立做自己阶级的运动”，“不可忘了自己阶级的独立组织”。这是对联合战线条件下仍应保持共产党组织和工人运动独立性原则的正确规定。第三，组织联合战线的具体办法和途径是：（1）共产党邀请国民党和社会主义青年团召开一代表会议，商讨如何加邀其他各革新团体及如何进行；（2）在国会议员中联络真正民主派的议员组成民主主义左派联盟；（3）在各城市集合各种群众团体，组织“民主主义大同盟”。①

中共二大决议表明中国共产党正式放弃了一大时排斥任何其他党派的观点，而确立了“民主联合战线”方针。但这时在同国民党联合的方式上，仍然主张党外联合，与共产国际代表马林等的意见不同，而马林的意见则得到共产国际的支持。就在中共二大召开期间，共产国际执委主席团根据马林提交的报告作出决定：中共中央在接到通知后，要立即迁往广州，所有工作都必须在和马林紧密联系下进行。8月，共产国际又发出指示，认定“国民党是一个革命组织”，国民党“将随资产阶级、小资产阶级和无产阶级间日益明显的分裂而成长，分裂之前，共产党人应支持国民党，

① 《建党以来重要文献选编（一九二一——一九四九）》第1册，第139—140页。

特别是国民党内代表无产阶级分子和手工业工人的那一翼”，要求中共“训练能保持独立思想的党员”，“未来由他们组成中国共产党的核心”，要以“组织劳动群众”作为自己最重要的任务。[①]这个指示，第一次以文件形式肯定了国共两党实行党内合作的方式。当马林再次来华后，根据他的提议，中共中央于 1922 年 8 月底举行了杭州会议，专门讨论了共产党员加入国民党问题。会上，马林反复申述，说明共产党员加入国民党，是实现国共联合战线的唯一可行的具体步骤。经过热烈讨论，与会者基本接受了马林的主张。从这时起，中共的政治主张有了重大的改变。在联合战线问题上，从“党外合作”发展为“党内合作”。但这时还只是确定由少数共产党员加入国民党。

1923 年 2 月发生的二七惨案，给中国共产党提供了重要的经验教训，它使党进一步认识到“工人阶级独立的争斗是不能得到胜利的，而必要有各阶级的援助”。[②] 同时，1922 年下半年至 1923 年初，由于陈炯明的叛变和二次护法的失败，由于共产国际和中国共产党的推动，孙中山也初步确定联俄联共的政策。他答应中国共产党人可一面保留原有党籍，一面加入国民党。他会见共产国际代表，并与苏俄全权代表越飞发表了著名的联合宣言。

这样的形势，要求中国共产党进一步统一全党关于国共合作问题的认识，特别是消除党内尚存的对“党内合作”方式的疑虑，以加快国共合作的步伐。为此，中共于 1923 年 6 月召开了第三次全国代表大会。

在大会讨论中，产生了激烈争论，陈独秀和马林认为，中国革命目前的任务，只是进行国民革命，不是进行社会主义革命；国民党是代表国民革命运动的党，应成为革命势力集中的大本营；共产党和无产阶级现在都很幼弱，还没有形成一个独立的社会力量。因

---

① 《共产国际、联共（布）与中国革命文献资料选辑（1917—1925）》第 2 卷，北京图书馆出版社 1997 年版，第 324 页。

② 《中共党史报告选编》，中共中央党校出版社 1982 年版，第 46 页。

此，全体共产党员、产业工人都应加入国民党，全力进行国民革命；凡是国民革命的工作，都应当由国民党组织进行，即所谓“一切工作归国民党”，只有这样，才能增强国民革命的力量。他们强调国民革命是中国共产党在当前阶段的中心任务，不要忽视国民党和资产阶级的革命性；主张把一切革命力量汇合起来，实现国民革命。这符合列宁关于殖民地国家的无产阶级可以和资产阶级暂时妥协与合作的策略思想。但是他们过低地估计了中国工人阶级和中国共产党的力量，过高地估计了国民党的作用，其结果会使中国共产党在同国民党的合作中降到从属地位，不利于保持党的独立性。张国焘、蔡和森等虽承认反帝反封建的国民革命是中国革命的重要任务，但认为共产党还有它的特殊任务，即领导工人运动，同资产阶级作斗争，这两个任务同等重要，应当同时进行。他们反对全体共产党员特别是产业工人加入国民党，认为那样做就会取消共产党的独立性，把工人运动送给国民党。共产党不但要作为一个独立的宣传自己政治主张的组织而存在，而且“不要把工会运动从我们的手中转到国民党手中”。① 张国焘、蔡和森强调保持共产党的独立性和加强党对工人运动的领导虽然是对的，但是脱离了建立联合战线的任务，势必导致共产党的孤立。可见，争论的双方的认识都有正确的一面，同时又存在片面性。

会议经过激烈的争论，决定全体党员加入国民党。同时，也未采纳“一切工作归国民党”的主张。会议通过的《关于国民运动及国民党问题的议决案》指出，“半殖民地的中国，应该以国民革命运动为中心工作，以解除内外压迫”。依中国社会的现状，“很难另造一个比国民党更大更革命的党”。“工人阶级尚未强大起来，自然不能发生一个强大的共产党——一个大群众的党，以应目前革命之需要，因此，共产国际执行委员会议决中国共产党须与中国国

① 《“二大”和“三大”：中国共产党第二、三次代表大会资料选编》，中国社会科学出版社1985年版，第223页。

民党合作，共产党党员应加入国民党，中国共产党中央执行委员会曾感此必要，遵行此议决，此次全国大会亦通过此议决。”“我们须努力扩大国民党的组织于全中国，使全中国革命分子集中于国民党，以应目前中国国民革命之需要”，“我们加入国民党，但仍旧保存我们的组织”，并努力从各工人团体和国民党左派中吸收真有阶级觉悟的革命分子，“以立强大的群众共产党之基础”。① 这个决议的通过，标志着全体共产党员加入国民党即实行“党内合作”，同时保持共产党组织独立性的国共联合战线方针的最后确定。

中国共产党经过两年时间的酝酿、讨论而确定的上述联合战线的方针，符合马克思列宁主义关于无产阶级在革命斗争中必须利用一切机会和可能去争取最广大的同盟者、殖民地半殖民地国家无产阶级应当与资产阶级结成暂时同盟以反对共同敌人的原理，也符合中国社会和中国革命的具体实际。中国革命的敌人是强大的，而工人阶级虽然具有坚强的战斗力，但人数很少，没有各革命阶级的联合战斗，不可能把强大的敌人打倒。半殖民地条件下的中国民族资产阶级，具有革命与妥协两重性，无产阶级不但有必要，而且有可能与之结成联盟。孙中山是中国民主革命的一面通俗的旗帜，国民党虽有各种各样的缺点，但仍是当时力量最强、影响最大的革命政党。实现同国民党的联合，还可打开一条开展工农运动的门径。确定“党内合作”的方式，是由具体的历史条件决定的。

国民党以资产阶级为主体，但组织不严密，成分又非常复杂，是一个包括各阶级分子的松散的联盟。“党内合作”，可便于共产党人从内部来影响和改造国民党，使之成为广泛的民主革命联盟；可以通过国民党这面通俗旗帜，发动群众，推进革命，同时壮大自己的力量。当时孙中山曾对共产国际代表表示，他只赞成中共党员及青年团员加入国民党，而不承认党外联合。可见，不采取加入国

① 《建党以来重要文献选编（一九二一——一九四九）》第1册，第259—261页。

民党的办法，联合战线就难以成立。后来的事实表明，虽然“党内合作”确实带来不少复杂的问题，但它很快显示出了强大威力，不但促进了国民党组织的发展和全国革命形势的高涨，而且使共产党本身的力量迅速壮大。国共合作的成立和随之而产生的新的问题，推动了中国共产党对中国革命的理论探索。

（三）关于国民革命的思想

“国民革命”是孙中山先生提出来的。早在 1906 年秋冬，孙中山在拟订的《中国同盟会革命方略》中写道：“中华国民军军都督奉军政府命，以军政府之宗旨及条理，布告国民。今者国民军起，立军政府，涤二百六十年之膻腥，复四千年之祖国，谋四万万人之福祉，此不独军政府责无旁贷，凡我国民，皆当引为己责者也！……惟前代革命如有明及太平天国，只以驱除光复自任，此外无所转移。我等今日与前代殊，于驱除鞑虏、恢复中华之外，国体民生，尚当与民变革，虽经纬万端，要其一贯之精神，则为自由、平等、博爱。故前代为英雄革命，今日为国民革命。所谓国民革命者，一国之人皆有自由、平等、博爱之精神，即皆负革命之责任，军政府特为其枢机而已。自今以往，国民之责任即军政府之责任，军政府之功即国民之功，军政府与国民同心勠力，以尽责任。”①可见，“国民革命”的基本要义就是“一国之人皆有自由、平等、博爱之精神”，“皆负革命之责任”。

事实上，辛亥革命没有发动整个国民参与，而是一部分受近代思想影响的“士的阶级”或者说资产阶级知识分子，通过宣传革命，吸引传统秘密社会、新军、新式学生以及部分城市工商业者参与反清斗争，并通过新军起义的方式来推翻清政府。这个目的是达到了。但辛亥革命还没有脱离“英雄革命”的窠臼，还不能算是一场深入广泛的国民革命。

---

① 《孙中山全集》第 1 卷，中华书局 2011 年版，第 296 页。

在中共三大确定与国民党建立联合战线的同时，中国共产党对“国民革命”问题有了深入的认识，并把它作为全党的共识写入党的文件中，对国民革命的内容、方式、途径、口号等做了明确的阐述。

《中国共产党党纲草案》（简称《党纲草案》），规定了“中国之国民革命及无产阶级和农民在此革命中所占的地位”，指出：“中国处于现时这种状况之下，资产阶级不能充分发展，因之无产阶级也自然不能充分发展，阶级分化不充分的全国人民，皆受制在资本帝国主义及本国军阀之下，不能不要求经济发展而行向国民革命，第一步且仅能行向国民革命，这种革命自属于资产阶级的性质。但是在这个革命中间，无产阶级却是一种现实的最彻底的有力部分，因为其余的阶级，多为列强的经济力所束缚，一时不易免除妥协的倾向，有些还囚在宗法社会的陷阱里。至于农民占中国人口百分之七十以上，占非常重要地位，国民革命不得农民参与，也很难成功。”《党纲草案》规定了“中国无产阶级的责任”，指出：“此时中国重要的工业机关，大部分都在列强或军阀官僚手里，很少在中国资产阶级手里；农民正面的敌人，更是列强与军阀官僚，故中国的无产阶级应当最先竭全力参加促进此国民革命，并唤醒农民，与之联合而督促苟且偷安的资产阶级，以引导革命到底；以革命的方法建立真正平民的民权，取得一切政治上的自由及完全的真正的民族独立。还应当努力扫除宗法社会的余毒，以增加国民革命运动进行之速度。”《党纲草案》规定了“中国无产阶级争斗之方式”，指出：“凡属工人阶级反对资本主义的剥削之争斗必是政治的，中国工人阶级现在反对帝国主义的争斗，当然也是一样。工人阶级要反对资本主义而无政治上的自由权，必不能实行其经济争斗发展其经济组织，中国劳动平民反对军阀制度的意义也就在这里。但是，工人阶级必须取得政权方能将生产资料归之于社会公有，达到他最高的目的，所以中国无产阶级又必不当以‘国民革命’自限。”除上述内容外，还规定了“共产党之任务”。①

《关于国民运动及国民党问题的议决案》明确：“在被国际帝国主义压迫之殖民地及半殖民地，只有实现国民革命加帝国主义者以有力的打击，是他在世界的革命之工作中所应尽的职务。”“此时统治中国的是封建的军阀，不是资产阶级。军阀政府名为独立政府，其实事事听命于国际帝国主义的列强，不啻是他们的经理人，财政交通工业几完全操于国际帝国主义者之手，中国资产阶级所占者仅仅日用品之极小部分，帝国主义者利用其在华政治势力，妨碍中国工业之自由发展，所以半殖民地的中国，应该以国民革命运动为中心工作，以解除内外压迫。”“依中国社会的现状，宜有一个势力集中的党为国民革命运动之大本营，中国现有的党，只有国民党比较是一个国民革命的党，同时依社会各阶级的现状，很难另造一个比国民党更大更革命的党，即能造成，也有使国民革命势力不统一不集中的结果。”②

《农民问题议决案》规定：“自从各帝国主义者以武力强制输入外货以来，一般日用品的价格增高率远超过于农产价格增高率，从前的农民副业（如手工纺织等）也全被摧残。又自辛亥以后，军阀争地盘的战争连年不息，土匪遍于各地，再加以贪官污吏之横征暴敛（如预征钱粮额外需索等），地痞劣绅之鱼肉把持，以致农民生活愈加困难。因此种种压迫农民自然发生一种反抗的精神，各地农民之抗租抗税的暴动，即其明证，故我党第三次大会决议认为有结合小农佃户及雇工以反抗宰制中国的帝国主义者，打倒军阀及贪官污吏，反抗地痞劣绅，以保护农民之利益而促进国民革命运动之必要。”③

《妇女问题议决案》写道：“一般的妇女运动如女权运动、参

① 《建党以来重要文献选编（一九二一——一九四九）》第1册，第251—253页。
② 《建党以来重要文献选编（一九二一——一九四九）》第1册，第258页。
③ 《建党以来重要文献选编（一九二一——一九四九）》第1册，第263页。

政运动、废娼运动等，亦甚重要。此等运动年来在各处皆已发生，但是既不统一，又不活动。本党女党员应随时随地指导并联合这种种运动，口号应是‘全国妇女运动的大联合’、‘打破奴隶女子的旧礼教’、‘男女教育平等’、‘男女职业平等’、‘女子应有遗产承继权’、‘男女社交自由’、‘结婚离婚自由’、‘男女工资平等’、‘母性保护’、‘赞助劳动女同胞’。这些口号之外，还应加入‘打倒军阀’、‘打倒外国帝国主义’两个国民革命运动的口号，以引导占国民半数的女子参加国民革命运动。”①

在《中国共产党第三次大会宣言》中，中国共产党进一步宣示了国民革命的思想。其中指出：“中国人民受外国及军阀两层暴力的压迫，国家生命和人民自由都危险到了极点，不但工人农民学生感觉着，即和平稳健的商人，也渐渐感觉着了。”“除集合国民自己之势力，做强大的国民自决运动，别无他途可以自救；也在在可以证明本党一年以来号召的‘打倒军阀’、‘打倒国际帝国主义’之国民革命运动，不是一条错误的道路。”“我们希望社会上革命分子，大家都集中到中国国民党，使国民革命运动得以加速实现；同时希望中国国民党断然抛弃依赖列强及专力军事两个旧观念，十分注意对于民众的政治宣传，勿失去一个宣传的机会，以造成国民革命之真正中心势力，以树立国民革命之真正领袖地位。”“中国共产党鉴于国际及中国之经济政治的状况，鉴于中国社会各阶级（工人农民工商业家）之苦痛及要求，都急需一个国民革命；同时拥护工人农民的自身利益，是我们不能一刻疏忽的；对于工人农民之宣传与组织，是我们特殊的责任；引导工人农民参加国民革命，更是我们的中心工作；我们的使命，是以国民革命来解放被压迫的中国民族，更进而加入世界革命，解放全世界的被压迫民族和被压迫的阶级。”②

① 《建党以来重要文献选编（一九二一——一九四九）》第1册，第266—267页。

② 《建党以来重要文献选编（一九二一——一九四九）》第1册，第276—278页。

需要指出的是，中共三大所阐述的“国民革命”和孙中山《同盟会宣言》中的“国民革命”有着明显的不同：孙中山倡导的“国民革命”主要是“反满”，即利用全民的力量，当然主要是汉族人的力量，推翻清政府，建立资产阶级的共和国；中国共产党人倡导的国民革命，则是将对外的“国民革命”和对内的“民主革命”（反帝反封建的革命）合二为一，有机结合，以此达到中国民族的完全独立和中国人民的彻底解放。

二　国共合作的建立与斗争

在中国共产党的帮助下，1924 年 1 月孙中山主持召开中国国民党第一次全国代表大会，正式确定了联俄、联共、扶助农工三大政策，重新解释了三民主义，使之发展成为具有明确反帝反封建内容和重视农工思想的新三民主义。这次大会标志着国共合作的正式结成。但是，随着革命的形势的发展，国民党右翼不断攻击中国共产党，制造矛盾分歧，特别是戴季陶主义的出笼。中国共产党对此进行了坚决的批判，并在全面分析形势的基础上，积极应对，并根据形势的发展，提出了关于农民问题的思想。

（一）积极应对挑战，维护国共合作

孙中山联合共产党、改组国民党一开始，即遇到国民党内右翼势力的干扰。1923 年 11 月邓泽如等 11 人上书孙中山，反对共产党员加入国民党，攻击共产党帮助孙中山制定反帝反军阀纲领是使国民党“丛国际之仇怨”和“在国内断绝实力派之协助”。1924 年 6 月，邓泽如、张继、谢持三人借口共产党在国民党内的“党团”问题，提出“弹劾共产党案”，称加入国民党的共产党员如不拿下“共产党招牌”，国共“不如分道扬镳”。1925 年 3 月孙中山去世后，国民党右派势力的活动愈加明目张胆。同年 8 月，国民党

左派领袖廖仲恺被刺杀。11 月，邹鲁、谢持、张继等一部分右派中央委员和监察委员，公开打出反苏、反共、反国共合作的旗帜，非法召开分裂会议，形成西山会议派。

早在国民党右派反共活动露出端倪之际，1924 年 7 月 21 日，中共中央发出第 15 号通告，指出国民党右派的反共行为，提出了应对措施。这份通告指出，“自吾党扩大执行会后，国民党大部分党员对我们或明或暗的攻击排挤日甚一日，意在排除我们急进分子，以和缓列强及军阀对于国民党的压迫。此时国民党只极少数领袖如孙中山、廖仲恺等尚未有和我们分离之决心，然亦决不愿开罪于右派分子，已拟定于秋间召集中央执行委员会全体会议，以解决对我们的关系。我们为图革命的势力联合计，决不愿分离的言论与事实出于我方，须尽我们的力量忍耐与之合作。然为国民党革命的使命计，对于非革命的右倾政策，都不可隐忍不加以纠正”，并提出了反对国民党右派的五条措施。“（一）应由我们所指导的各团体或国民党党部，对于国民党中央执行委员会表示不满于右派的意见。”“（二）我们同志应在国民党各级党部开会时提出左右派政见不同之讨论。（三）今后凡非表示左倾的分子，我们不应介绍他入国民党。（四）须努力获得或维持‘指挥工人农民学生市民各团体的实权’在我们手里，以巩固我们在国民党左翼之力量，尽力排除右派势力侵入这些团体。（五）各地急宜组织‘国民对外协会’，一方面是建筑反帝国主义的联合战线之中坚，一方面是形成国民党左翼或未来的新国民党之结合。”①

为回击国民党右派对孙中山三大政策的攻击，1925 年 3 月，瞿秋白发表了《孙中山之死与孙中山之敌》一文。他指出：“孙中山先生是中国国民革命的象征，孙中山先生虽死，中国平民这种革命的意志是不会死的。中国平民中觉悟的分子，在中山死后，必定

① 《建党以来重要文献选编（一九二一——一九四九）》第 2 册，中央文献出版社 2011 年版，第 104—105 页。

格外团结，集中到国民革命的旗帜之下，努力奋斗以推翻国外帝国主义的对华侵略政策，消灭国内的军阀以及一切卖国卖民的民贼。一切压迫者剥削者小心些，孙中山先生的死，还并不是你们仇敌的死。你们的仇敌是中国几万万平民；孙中山的革命意志、革命主义及理想，不过是他们的代表，他们不死，‘孙中山’是永不死的！”① 同年8月18日，瞿秋白发表《五卅后反帝国主义联合战线的前途》指出：“如今全国各阶级共同反对帝国主义的联合战线得以实现，实在完全因为有工人阶级的勇猛斗争。”“对于中国人呢，却正要巩固我们的联合战线，保持我们已得的胜利——工人及民众的团体才能有继续斗争的力量。而且应当更进一步，格外扩大联合战线，统一全国民众的力量，更加巩固工人及民众的组织。联合战线之中工人阶级是最忠实于民族解放运动的，这两个月来上海、香港工人的罢工力争民族的权利便是明证。”“谁破坏反帝国主义的联合战线，破坏工人及民众的团体，谁便是卖国贼，便是帝国主义的爪牙，全国应当一致的反对他。全国各阶级都应当积极的奋斗、联合，保持我们已得的胜利。”“我们应当赶紧进行全国工商学农各界的大联合，以人民的力量促成全国政治的统一和军事的统一，使政府真正成为人民的政府，武力真正成为人民的武力；各阶级都应当和工人阶级一样的决心牺牲和奋斗，那时我们最终的胜利才有希望。”② 1926年1月28日，瞿秋白撰写《国民会议运动与联合战线》一文，指出：“各种民众的大联合战线，既有必要，亦有可能，如果再有确定明确的革命政纲和革命武装，国民会议的革命，彻底推翻军阀统治的革命，达到废除不平等条约的革命是万分的可能的！”“上海的国民会议促成会已经在组织之中，各地也应同样联合工、商、学、兵、农等各界，赶紧组织起来，应当真正代表当地的民众，不能容许买办阶级把持，应当引进大多数劳动的‘下

---

① 《瞿秋白文集（政治理论编）》第3卷，人民出版社2013年版，第135页。

② 《瞿秋白文集（政治理论编）》第3卷，第312—314页。

层的’民众直接参加，应当当时便实行自己的民权，努力与各地军阀政权奋斗；应当由民众组织自己的武装势力。各地的国民会议促成会应当发展并巩固工会、农民协会、妇女团体等等，而且要调查已有的团体；应当努力组织当地平民群众的武力，以防御军阀、走狗、工贼等之袭击和破坏；应当努力于更广泛的民众中宣传国民会议和废除不平等条约等；应当直接反抗军阀的压迫屠杀、苛捐杂税、克扣军饷，反抗军阀土豪的霸占公务，重利盘剥、苛收田租等。”“这种工作是非常艰巨的，然而却是实行国民会议的必要工作，只有这种各地的组织民众工作，能够造成召集国民会议预备会之组织上、实力上、政治上的基础，亦只有这种工作能确立国民革命的大联合战线而保证他的胜利。”① 从上面论述中可以看出，瞿秋白仍然希望通过联合战线的力量完成国民革命的任务。

针对国民党右派集团的活动，1925 年 10 月中共中央执行委员会发出了《中国共产党与中国国民党关系议决案》。指出：“中国国民党自改组后，党内阶级的分化，随着中国社会运动之阶级分化，日渐明显。孙中山死后，党内所有官僚买办阶级的分子，正式另立组织，即是北京的国民党同志俱乐部至上海的辛亥同志俱乐部。北京的俱乐部以冯自由、彭养光为领袖，宗旨在和军阀政府谋妥协，在北京发展势力；上海的俱乐部以章太炎、唐绍仪为领袖，宗旨在结合唐继尧、赵恒惕、陈炯明等军阀势力，在西南发展。这两个俱乐部对于北方军阀之态度虽不一致，而反对共产派、反对国民党左派甚至于勾结帝国主义的英国、破坏广州政府则是一致的。他们不但希图发展自派的军事势力，推翻广州政府，并且希图发展已派的党部和广州的国民党中央委员会对抗，尤其是辛亥俱乐部已成为南方反革命势力的中心。”“一部分小资产阶级分子（如戴季陶等）在国民党内，假借‘真正三民主义’的招牌，提出阶级妥协的口号来反对阶级斗争——反对国民党的左派及共产党。这一派

① 《瞿秋白文集（政治理论编）》第 3 卷，第 452—454 页。

人形成国民党的右派，一天天的明显出来；虽然他们竭力自别于买办军阀派的国民党俱乐部及辛亥俱乐部等类的分子，然而事实上他们既然反对国民党左派及共产党，客观上便同样的是帮助反革命和帝国主义者。”“共产党现在的职任，便是更加应当继续与国民党合作的政策而与大多数群众接近，竭力赞助他的左派，使他进行发展革命运动的工作；同时呢，努力反对右派的口号及策略。全党党员都应当知道，现在我们对国民党的政策，是反对右派而与左派结合密切的联盟，竭力赞助左派和右派斗争。”①

（二）反对戴季陶主义

孙中山去世后，国民党理论家戴季陶抛出《孙文主义之哲学的基础》和《国民革命与中国国民党》两本小册子，提出一整套歪曲孙中山革命思想、攻击马克思主义阶级斗争学说、反对国共合作的理论，即打着解释“孙文主义”旗号的戴季陶主义。

戴季陶鼓吹所谓“纯正的三民主义”，实质把三民主义封建化、道统化。他认为孙中山的思想“完全是中国的正统思想。就是继承尧舜以至孔孟而中绝的仁义道德的思想”。戴季陶以“仁爱”说反对阶级斗争说，提出：三民主义的哲学基础为民生哲学，而“仁爱”又是民生哲学的基础。孙中山的一切言行无不表现为“仁爱”。革命就是“仁爱性”的表现，治者阶级、资本阶级、地主阶级“觉悟了”，一定会为被治者阶级、劳动阶级、农民阶级的利益来革命。戴季陶一方面把这套说教吹捧为“纯正的三民主义”，说它可以把“一切的革命历史”都“解释出来”；另一方面对马克思主义的唯物史观大肆攻击，说唯物史观只能够解释阶级斗争的社会革命，“不能说明各阶级为革命而联合的国民革命”，“为农民工人而奋斗，绝不须用唯物史观做最高原则。争得一个唯物史观，打破了一个国民革命，绝不是革命者所应取的途径”。

---

① 《建党以来重要文献选编（一九二一——一九四九）》第2册，第534—536页。

戴季陶还鼓吹主义和团体的独占性、排他性、统一性、支配性，要求人们把三民主义“认为唯一理论”，“作单纯的国民党员”，否则，“共信不立，互信不生。互信不生，团结不固。团结不固，不能生存”。

戴季陶主义的出现，反映了“五卅”后革命高涨形势下资产阶级右翼争夺革命领导权的政治动向。它直接提出了孙中山思想的基本精神是什么、工农群众的解放究竟是依靠“仁爱”的说教还是要通过阶级斗争、国共两党能否合作等重要理论与政治原则问题。

中国共产党人迎接了戴季陶的挑战。陈独秀、瞿秋白、毛泽东、恽代英、萧楚女等著文批驳了戴季陶的谬说，捍卫了马克思主义的阶级斗争学说和孙中山三民主义的革命内容。他们阐述的观点主要如下。

第一，驳斥戴季陶的“道统说”“仁爱说”。瞿秋白指出，戴季陶的“唯心论的道统说”，“完全是想把革命当慈善事业”。其实，三民主义并不是什么孔孟道统的继承，而是中国一般民众的共同的政治要求。由于帝国主义的侵略和军阀的压迫，“各阶级要求脱离共同的束缚”，“中国的资产阶级、小资产阶级、农民、工人等一致要求民族独立、民权政治及所谓民生问题的解决（经济及生活的改善）”，所以才有三民主义“这一联合战线的共同政纲”。戴季陶的“仁爱性能”说，“不但是纯粹的空想主义，而且是要想暗示工农民众停止自己的斗争，听凭上等阶级的恩命和指使，简单些说，便是上等阶级要利用农工群众的力量来达他们的目的，却不准农工群众自己有阶级的觉悟”。瞿秋白强调，被剥削阶级决不能寄希望于剥削阶级的所谓“仁爱之心”，必须“努力实行阶级斗争”，不但要求经济生活的改善，而且要“力争劳动民众的真正民权”。[1] 陈独秀指出：“‘仁爱之心’这件东西，如果能够解决世界上

① 瞿秋白：《中国国民革命与戴季陶主义》，中共中央书记处编：《六大以前——党的历史资料》，人民出版社1980年版，第337—339页。

实际利害上的冲突问题，那么，便可拿他感动清室让权于汉人；也可以拿他感动北洋军阀尊重民权；也可以拿他感动帝国主义者解放弱小民族，由他们自动废弃一切不平等条约——如此仁爱之道大行，一切被压迫者之革命争斗都用不着。”然而，这不过是“欺骗工农群众的鬼话”①。恽代英指出，戴季陶“专发挥仁慈感化之说”，“戴季陶主义的结果，第一是使中山主义改良化宗教化”。② 共产党人的这些论述，揭示了孙中山三民主义的真正的革命意义，揭穿了戴季陶“仁爱性能”说之虚伪，划清了三民主义理解上的革命与改良的界限。

第二，阶级斗争与民族斗争的一致性。戴季陶声称，“非得到国家的自由民族平等，便甚么问题都无从说起”，所以，“我的心目中，只有一个中国国家和民族的需要”；而共产党则是用阶级斗争“打破了”国民革命。他的用意就是用民族斗争、国家利益来排斥阶级斗争。共产党人驳斥了戴季陶的说法。陈独秀指出，共产党人是唯物论者，不是空想家，“不但不否认中国民族争斗的需要，而且深感这个需要异常迫切”，并在民族斗争中比任何其他势力都更为努力。戴季陶所说“非得到国家的自由民族平等，便甚么问题都无从说起”，这话也是对的，但究竟用什么力量才可以达到国家自由民族平等呢？事实表明，只有依靠“革命的民众之力量”。“殖民地半殖民地的国民革命之成功，当以工农群众的力量之发展与集中为正比例；而工农群众的力量，又只有由其切身利害而从事阶级的组织与争斗，才能够发展与集中。因此，在殖民地半殖民地主张停止阶级争斗，便是破坏民族争斗之主要的力量”。“阶级争斗即在国民革命运动中也是必要的”。③ 瞿秋白进一步指出，五卅运动说明，“不但国民革命的民族解放运动，本身是中国

① 陈独秀：《给戴季陶的一封信》，中共中央书记处编：《六大以前》，第 348 页。

② 《恽代英文集》下卷，人民出版社 1984 年版，第 753、756 页。

③ 陈独秀：《给戴季陶的一封信》。

被压迫剥削的阶级反抗帝国主义的阶级斗争，而且民族解放运动的内部，无产阶级对于资产阶级的阶级斗争是必不可少的，亦是事实上必不可免的。这种斗争里如果无产阶级胜利，便能使民族解放运动得着充分的发展；如果资产阶级得胜，那就中国民族的要求，民权的要求，都要被他们的妥协政策和私利手段所牺牲”。① 戴季陶理论上反对阶级斗争，然而“在实践方面——发行那《国民革命与中国国民党》的小册子，自己就实行思想上的阶级斗争，不过是资产阶级压迫无产阶级的一种斗争罢了”。② 承认还是反对阶级斗争，这是马克思主义传入中国后共产主义者与一切改良主义者在理论上始终存在的根本分歧之一。共产党人的上述观点，不仅指明了阶级斗争是客观存在，任何人也不能把它抹杀，而且指明了正确开展阶级斗争，注意解决工农民众利益，决定着民族解放斗争的前途和命运，从而捍卫了马克思主义阶级斗争学说。

第三，关于“共信”与“别信”。戴季陶鼓吹树立所谓“纯正三民主义”的“中心思想”，要求加入国民党的共产党员做“单纯国民党员”，否则，他认为就是“互信不生”而“不能生存”。其用意就在于：以经他解释的道统化、仁爱化的三民主义（实即戴季陶主义），来反对共产主义；以否认共产党员“跨党”，来反对国共之间的合作。在有共产党员加入的国民党内，是否有“共信”存在？应该确立怎样的“共信”？除去“共信”之外，是否还应该有“别信”？辨明这些问题，直接关系到国共合作大业能否继续。对此，陈独秀做了明确回答。他指出，一个团体，必有它的理想共同点，即利害共同点，也就是所谓“共信”。“国民党的共信，只有对外谋民族解放，对内谋政治自由，换句话说，就是打倒帝国主义打倒军阀”。由于国民党不是一个阶级的党，“而是各阶级联合

① 秋白：《五卅运动中国民革命与阶级斗争》，《向导》第 129 期，1925 年。

② 瞿秋白：《中国国民革命与戴季陶主义》，中共中央书记处编：《六大以前》，第 344 页。

的党”，所以，“无产阶级的阶级争斗说若不能做国民党的共信，资产阶级的劳资调协说也不能做国民党的共信”；各阶级“于共信（即共同利害所产生的政治理想共同点）之外，便应该有别信（即各别阶级利害所产生的政治理想各别点）存在”。不许“别信”存在，就是“想把全党中各阶级的分子成为某一阶级化”，然而，“这个野心的企图”，是难以实现的。[①] 瞿秋白指出，“要在这各阶级合作的国民党内，建立所谓绝对的‘中心思想’，那就只有一条路：不准工人农民在国民党中主张阶级利益，就是使国民党完全变成资产阶级的政党”。戴季陶关于“共信不立”和“团体排拒”的鼓吹，“事实上是资产阶级排拒无产阶级”，“根本上要消灭 C. P. ”。[②]

共产党人批判戴季陶主义的重要意义在于：反对把孙中山三民主义道统化、封建化的倾向，揭示了三民主义的真实的革命意义；揭穿了资产阶级“仁爱”说的虚伪性，宣传了马克思主义阶级斗争学说；维护了国共合作的原则，推动了国民革命事业的发展。

（三）关于农民问题的思想

随着北伐战争推进到长江流域，在北伐军占领的省份，农民运动蓬勃地发展起来。广大农民被组织到农民协会之中，向地主阶级和封建宗法制度展开勇猛的斗争。高涨的农民运动，使中国革命向更深入的方向发展，同时也推动了党对农民问题的认识更向前迈进一步。

1926 年 11 月上旬，中共中央制定的《农民政纲草案》规定了如下内容：推翻农村中的劣绅政权，建立农民平民政权；农民参加县政府；武装农民；没收大地主、军阀、劣绅及国家、宗祠的土地，归给农民；佃户有无限期的租佃权，并重新议定租额；禁止压迫契约、重利盘剥，取消苛捐杂税等。这使农村反封建斗争的内容

---

① 陈独秀：《给戴季陶的一封信》，中共中央书记处编：《六大以前》，第 349 页。

② 瞿秋白：《中国国民革命与戴季陶主义》，中共中央书记处编：《六大以前》，第 341、342 页。

进一步具体化。同年 12 月共产国际执委会关于中国问题的决议，把土地问题提到当时形势的“中心”地位，认为：“对于这个基本问题持坚决态度并能给予彻底回答的那个阶级，将成为革命的领导者。”“无产阶级是能够实行彻底土地政策的唯一阶级。这种土地政策是胜利结束反帝斗争和进一步发展革命的前提。”① 瞿秋白的《中国革命中之争论问题》，强调农民革命是“中国革命中的中枢”，并由此进一步提出联合战线要服从农民革命的原则：“和民族资产阶级的共同行动（联合战线），应当以不破坏农民中的工作为限度，过此限度，便有与民族资产阶级分道扬镳的天职。”②

为了支持和指导蓬勃兴起的农村革命，毛泽东对湖南农民运动进行了实地考察，并于 1927 年 3 月写成《湖南农民运动考察报告》（简称《报告》）。这个报告具有重要的理论意义和现实指导意义。

第一，它充分估计了农民革命的极端重要性。《报告》指出，“目前农民运动的兴起是一个极大的问题”，“其势如暴风骤雨，迅猛异常，无论什么大的力量都将压抑不住”。“一切帝国主义、军阀、贪官污吏、土豪劣绅，都将被他们葬入坟墓。”“国民革命需要一个大的农村变动。辛亥革命没有这个变动，所以失败了。现在有了这个变动，乃是革命完成的重要因素。”这就是说，农村革命是关系到整个革命成败的全局性的重大问题。

第二，肯定了农民运动的正义性及其贡献。《报告》说，农民运动的兴起，“乃是乡村的民主势力起来打翻乡村的封建势力。宗法封建性的土豪劣绅，不法地主阶级，是几千年专制政治的基础，帝国主义、军阀、贪官污吏的墙脚。打翻这个封建势力，乃是国民革命的真正目标。孙中山先生致力国民革命凡四十年，所要做而没有做到的事，农民在几个月内做到了。这是四十年乃至几千年未曾

① 中国社会科学院近代史研究所翻译室编译《共产国际有关中国革命的文献资料》第 1 辑，中国社会科学出版社 1981 年版，第 279 页。

② 瞿秋白：《中国革命中之争论问题》，中共中央书记处编：《六大以前》，第 710 页。

成就过的奇勋”。据此，毛泽东痛斥了攻击农民运动“糟得很”的论调，赞颂农民运动“好得很”。《报告》还指出，农民运动中被某些人指责为“过分”的一些举动，也都是被土豪劣绅、不法地主们逼出来的，而且，“农村革命是农民阶级推翻封建地主阶级的权力的革命。农民若不用极大的力量，决不能推翻几千年根深蒂固的地主权力”。因此，这些举动在一定时期“是非常之需要的”。

第三，指明了对待农民运动的正确态度，要求革命党人站在农民的前头，“领导他们”，而不要“站在他们的后头指手画脚地批评他们”，更不要“站在他们的对面反对他们”。

第四，具体分析了农民中不同阶层的政治态度，强调了贫农的作用。《报告》指出，在对待农村革命的问题上，富农的态度“始终是消极的”，中农的态度“是游移的”，“一向苦战奋斗的主要力量是贫农”。贫农“是农民协会的中坚，打倒封建势力的先锋，成就那多年未曾成就的革命大业的元勋”。因此，对待贫农的态度，即是对待革命的态度。在农会和农村斗争中，必须确立起贫农的领导地位。

第五，概括了农村斗争的主要内容。报告把农民的革命举动总结为14件大事，即：组织农民协会；政治上打击地主；经济上打击地主；推翻土豪劣绅的封建统治，以农民协会代替都、团（即区、乡）政权机关；推翻地主武装，建立农民武装；左右县级政权；推翻族权、神权、夫权；普及政治宣传；禁止牌、赌、鸦片；清匪；废苛捐；开展文化运动；组织合作社；修路、修塘坝。在这14件大事中，毛泽东特别强调政治斗争的重要。他指出，农村中的“政权、族权、神权、夫权，代表了全部封建宗法的思想和制度，是束缚中国人民特别是农民的四条极大的绳索”，而“地主政权，是一切权力的基干”。因此，政治斗争便成了农民组织起来以后的“中心斗争”。政治斗争的目的是“期于彻底推翻地主权力”；随后即应“开始经济斗争，期于根本解决贫农的土地及其他经济问题”。①

① 《毛泽东选集》第1卷，人民出版社1991年版，第12—42页。

毛泽东在考察报告中阐明的观点和关于农村斗争内容的总结，对中国共产党指导整个农村革命具有普遍的意义。瞿秋白在为出版毛泽东的这个报告而写的序言中，号召中国革命家们，都要像毛泽东和彭湃那样，“代表三万万九千万农民说话做事，到战线去奋斗”。①

1927 年 4—5 月，湖南等地的农民运动发展到要求解决土地问题的阶段。4 月 10 日，由共产党人和国民党左派领导的国民党湖南省党部发表《告全省农民书》，提出农民运动的目的，不仅在打倒土豪劣绅、地主，尤在打倒土豪劣绅、地主所赖以生存的封建制度；不在减租减息，而在解决土地问题。4 月底至 5 月上旬召开的中共五大，通过了《土地问题议决案》，其中规定：没收地主租与农民的和一切所谓公有的以及祠堂、学校、寺庙、外国教堂、农业公司所有的土地，交给耕种的农民；属于小地主和革命军人的土地不没收。与此同时，由邓演达、毛泽东等组成的国民党中央土地委员会，亦制定出内容相似的《解决土地问题决议草案》。从当时的历史条件看，那时没有可能提出更为彻底的土地革命政纲。这一草案送到国民党中央政治委员会审核时，未被通过，中国共产党的土地问题议决案当然也就无法实行。不久，两湖地区的反革命暴乱事件接连发生，土地问题便被搁置起来，直至国民革命失败。但北伐革命高潮时期对土地问题和农村革命的探索，为后来由国民革命向土地革命的转变，提供了借鉴和条件。

三　中国革命道路的理论探索与中国革命道路的形成

1927 年 4 月，蒋介石在上海发动“四一二”反革命政变。3 个月后，汪精卫集团在武汉反共，发动了“七一五”反革命政

① 《瞿秋白选集》，人民出版社 1985 年版，第 347 页。

变。国共合作破裂，国共两党领导的国民革命因为蒋介石、汪精卫的叛变陷入了失败。国民革命失败后，以毛泽东为代表的中国共产党人开始对中国革命沿着什么道路向前发展的问题，进行了艰苦的探索，终于找到了“农村包围城市，武装夺取政权”这条将中国革命带向胜利的道路，从而形成了与中国实际相结合的革命道路理论。

（一）“工农武装割据”思想

国民革命失败前夕及失败不久，即八七会议前后，中共中央曾几次讨论农民运动和农民武装的去向问题，毛泽东提出了“上山”的意见。1927 年 7 月 4 日中央政治局常委会讨论此问题时，毛泽东认为，农民武装必须保存，“不保存武力则将来一到事变我们即无办法”。保存的方法，一是“上山”，二是“投入军队中去”，“上山可造成军事势力的基础”。[①] 八七会议上，毛泽东强调了掌握“枪杆子”的重要性，他说：“须知政权是由枪杆子中取得的。”[②] 8 月 9 日的中央政治局会议上，毛泽东进一步提出，“要在湘南形成一师的武装，占据五六县，形成一政治基础，发展全省的土地革命，纵然失败也不用去广东而应上山”。[③] 为了保存和发展革命力量而“上山”，这是建立农村革命根据地、实行“工农武装割据”思想的萌芽。在这一思想指导下，当湘赣边界秋收起义遭受挫折时，毛泽东便毅然率领起义部队上了井冈山。

党的八七会议决定发动农民举行秋收起义后，必然随之提出起义之后怎么办的问题。南昌、广州两次规模最大的武装起义，都遭到失败，保留下来的部队同样存在一个向哪里发展的问题。为此，中共中央在总结各地斗争经验的基础上，发出一系列指示、决议和

---

① 《毛泽东军事文集》第 1 卷，中央文献出版社、军事科学出版社 1993 年版，第 5 页。

② 《毛泽东文集》第 1 卷，人民出版社 1993 年版，第 47 页。

③ 《毛泽东军事文集》第 1 卷，第6 页。

通告。这些文件提出了“发展游击战争”、造成“割据局面”、“创立革命区域”、实行“农民割据”和“工农割据”等主张，并已提出局部地区农村包围城市的思想。

1927年10月1日，中共中央在《对于长江局的任务决议案》中指出，两湖的土地革命如一时不能发展到最大限度——取得两湖政权，“则须普遍的发展游击战争与没收地主的土地及杀戮土豪劣绅等工作。依两湖农民暴动的形势，某几县的农民可握得某几县的政权，以发展各地的农民暴动”。中央要求长江局把此项工作当作“第一个最大任务”。[①] 11月15日《中央致两湖省委信——两湖军阀混战形势下党的任务》中，提出了开创“割据局面”问题。该指示信要求湘鄂两省委“在乡村中大发展游击战争”，“集中力量割据某县或数县”。鄂省“割据公安、石首、当阳向极西发展，并与湘西联合，割据天门、沔阳向四周发展，割据麻城、黄安向鄂东与京汉路发展，恢复鄂南的工作成为一独立割据的局面，与湘北联合，恢复鄂东的工作”。湘省“割据湘西、湘南、湘北各数县与鄂西、鄂南联合”。“恢复长沙附近数县的农民运动，以至与长沙工人联合扑城”。[②] 这封指示信把领导农民实行“割据”的思想，已表达得十分清楚和具体了。此后，党中央又不断向各地发出类似内容的指示。12月10日，瞿秋白在《武装暴动的问题》一文中，根据海陆丰农民暴动“从游击战争，进一步而创立革命的地域”的经验，要求各地农民暴动都要“明显的树立创造革命地域的目标”，“创造尽可能的大范围内工农政权胜利的局面”。[③]

同年12月21日、27日，中共中央两次发出致朱德并转军中全体同志信，要求朱德率南昌起义保留部队与毛泽东领导的农军“确实联络”，共同以“武力造成割据的暴动局面，建立工农兵代

① 《建党以来重要文献选编（一九二一——一九四九）》第4册，中央文献出版社2011年版，第532页。

② 《建党以来重要文献选编（一九二一——一九四九）》第4册，第679—680页。

③ 秋白：《武装暴动的问题》，《布尔塞维克》第1卷第10期，1927年。

表会议——苏维埃政权”。并且指出，“造成海陆丰农暴割据东江的同样的局面，这是你们队伍存在和发展的唯一途径”。[①] 这个决议不但重申了党中央关于造成“割据局面”的主张，而且最早提出了在一个省的范围内农村包围城市的思想。1928 年 3 月底中央第 39 号通告中，出现“工农割据”的提法。6 月中央给红四军前委的信中，关于局部地区的农村包围城市的思想有了更清楚的表达。该指示信认为，“一省的暴动夺取政权”，必须具备各方面的条件，其中之一：“工农武装也要有相当的准备，全省范围内的几个重要区域事实上形成了割据的局面，向全省暴动中心区作包围的发展”，如此全省总暴动才有胜利的可能。“一县的暴动，也必须是先从城市的工人运动、士兵的工作以及四乡形成了事实的割据，城乡有了相当的联系然后才能暴动夺取县政权”。[②] 这里无疑是把夺取全省、全县政权的最后希望，寄托在省城、县城的暴动上面，但先占四周、由四周重要区域向中心城市作包围发展、最后夺取省县城的指导思想，也是非常明确的。该信还认为当时湘鄂粤赣四省割据局面的创造，“是一个工农斗争的最高形式”。

由此可见，1928 年上半年，中共中央已初步提出了建立割据区域和农村包围城市的思想。最早率领起义部队走上建立农村革命根据地道路的毛泽东，在总结实际斗争经验的基础上，把全党对革命道路的探寻向前推进一步，他明确提出了“工农武装割据”的概念，并对建立农村根据地问题做了理论上的阐述。

1928 年 5 月，毛泽东在湘赣边界党的第一次代表大会上，初步回答了红军中有些人提出的“红旗到底打得多久”的疑问。7 月，湘赣边特委和红四军军委在给湖南省委的报告中，强调了“建设巩固的根据地”的重要，认为如此可“一面为军事建立一大

① 《建党以来重要文献选编（一九二一——一九四九）》第 4 册，第 811、818 页。

② 《建党以来重要文献选编（一九二一——一九四九）》第 5 册，中央文献出版社 2011 年版，第 231 页。

本营，一面为湘、赣两省暴动前途建立一巩固基础”。否则，一旦敌人反攻，就会“一败涂地”。①

1928 年 10 月毛泽东为湘赣边界各县党的第二次代表大会起草的决议案，深刻地论述了中国的红色政权为什么能够存在的问题，并第一次提出“工农武装割据”这一概念。毛泽东认为，中国的红色政权之所以能够发生、存在并日益发展，第一个条件就是中国的特殊的国情。中国是一个“帝国主义间接统治的经济落后的半殖民地”国家，“地方的农业经济（不是统一的资本主义经济）和帝国主义划分势力范围的分裂剥削政策”，造成了各派军阀间的继续不断的战争。这种白色政权间的分裂和战争，使反动统治出现缝隙，这就给红色政权的发生和坚持提供了可乘之机。“我们只须知道中国白色政权的分裂和战争是继续不断的，则红色政权的发生、存在并且日益发展，便是无疑的了”。这是最根本的一个条件。同时，1926 年和 1927 年革命影响的遗留，全国革命形势的必然向前发展，也为红色政权的存在和发展提供了条件。此外，还须具备两个主观上的条件，即“相当力量的正式红军的存在”及“共产党组织的有力量和它的政策的不错误”。在讲到正式红军的存在这个“必要条件”时，毛泽东强调“‘工农武装割据’的思想，是共产党和割据地方的工农群众必须充分具备的一个重要的思想”。对于当时湘赣边界特委和红四军军委执行的正确政策，毛泽东作了具体总结和论述，这就是：“坚决地和敌人作斗争，创造罗霄山脉中段政权，反对逃跑主义；深入割据地区的土地革命；军队党帮助地方党的发展，正规军队帮助地方武装的发展；集中红军相机应付当前之敌，反对分兵，避免被敌人各个击破；割据地区的扩大采取波浪式的推进政策，反对冒进政策。”② 在 11 月 25 日给中央的报告中，

---

① 逄先知主编：《毛泽东年谱（1893—1949）》上卷，人民出版社、中央文献出版社 1993 年版，第 248 页。

② 《毛泽东选集》第 1 卷，第 47—51 页。

毛泽东又反复强调，必须“建立中心区域的坚实基础，以求自立于不败之地”。①

毛泽东对红色政权存在条件的论述，“工农武装割据”概念的提出，割据政策的具体阐明，具有重要的理论意义和现实指导意义。毛泽东科学地回答了根据地内提出的“红旗到底打得多久”的问题；他把当时党领导革命斗争、积聚发展革命力量的主要方式和途径——依靠工农（主要是农民）力量，通过武装斗争，建立和发展农村革命根据地，形成为一个理论，这既是前一阶段党探寻革命道路成果的一个总结，又为后来“农村包围城市”理论的完整形成奠定了基础；具体政策的规定，则为其他革命根据地的发展巩固提供了借鉴。

1929 年 4 月毛泽东为红四军前委起草的给中央的信中，提出一个通过四方割据争取整个江西的计划。其部署是：赣北、赣西、赣南、赣东的革命势力在“造成了向南昌包围之形势”下，“决定在国民党混战初期，以闽西赣南二十余县一大区为范围，用游击战术从发动群众以至群众的公开割据，深入土地革命，建立工农政权，由此一割据与湘赣边之割据连接起来，形成一坚固势力，以为前进的根基”，② 进而争取整个江西，同时兼及闽西、浙西，时间为一年。7 月，中共闽西第一次代表大会对争取闽西“工农武装割据的前途”作出规划，其中对“党和政权及群众发展的方式”，着重提出如下三点：一是“建立中心工作区域”，“以为全闽西向前发展的根据地”。“一县之内亦应有中心工作区域以为一县发展的根据”。二是消除赤色区域之间的空隙地带，使之“互相连属”。三是“依傍着已有工作的地方如波浪一样的向前推进，不要是不相关联的冒进”。③ 以上两个文件具体规划了在一个地区和一个省

① 《毛泽东选集》第 1 卷，第 58 页。

② 《毛泽东文集》第 1 卷，第 58 页。

③ 中央档案馆编：《中共中央文件选集》第五册，中共中央党校 1989 年版，第 719 页。

的范围内如何实行“工农武装割据”的问题。两个文件所提出的必须注意建立巩固的“中心区域”以作为继续前进的基地，根据地的发展必须“依傍着”已有的区域逐步推进，必须逐渐把各个相邻的割据区域连接起来等原则，以及对割据区域斗争内容的规定，都是实际斗争经验的总结，充实了“工农武装割据”的思想。至于把争取江西的时间规定为一年，则是过高估计了革命形势的发展，是不切实际的。

到 1929 年末，中国革命形势已有初步发展，全国各主要革命根据地都在开辟和发展之中。革命根据地的伟大意义越来越显现出来。但是，革命力量仍然非常弱小，它还只是全国黑暗中的“星星之火”。所以不免有人对根据地的斗争抱悲观态度，一遇挫折，便提出“红旗到底打得多久”的疑问。担任红四军第一纵队司令员的林彪，缺乏建设根据地的深刻观念，认为在距离革命高潮尚远的时期做建立政权的艰苦工作为徒劳，主张用比较轻便的流动游击方式去扩大政治影响，等到全国各地争取群众的工作做好了，然后来一个全国总暴动，那时把红军的力量加上去，就成为全国范围的大革命。这同“工农武装割据”的思想是不相符的。为此，毛泽东给林彪写信，批评了他的看法，阐明了建立和发展革命根据地的伟大意义。毛泽东指出，林彪那种“全国范围的、包括一切地方的、先争取群众后建立政权的理论”，“是于中国革命的实情不适合的”。毛泽东从中国是一个帝国主义互相争夺的半殖民地这一基本事实出发，得出结论说：“红军、游击队和红色区域的建立和发展，是半殖民地中国在无产阶级领导之下的农民斗争的最高形式，和半殖民地农民斗争发展的必然结果”。红军与农民苏维埃“是半殖民地无产阶级斗争最重要的同盟力量”，“是促进全国革命高潮的最重要因素”。“单纯的流动游击政策，不能完成促进全国革命高潮的任务，而朱德毛泽东式、方志敏式之有根据地的，有计划地建设政权的，深入土地革命的，扩大人民武装的路线是经由乡赤卫队、区赤卫大队、县赤卫总队、地方红军直至正规红军这样一套办法的，政权发展是波浪式地向前扩大的，等等的政策，无疑义地是正确的”。必须这样，“才能树立全国革命群众的信仰”，才能动摇统治阶级的“基础而促进其内部的分解”，“才能真正地创造红军，成为将来大革命的主要工具”。总之，“必须这样，才能促进革命的高潮”①。这封信的重要贡献在于三点。第一，明确否定了那种“先争取群众后建立政权”的革命模式及单纯的流动游击政策，指出这同中国革命是不相适合的。第二，论述了建立、发展红军和农村根据地的重要意义，指明这是半殖民地农民斗争的最高形式及必然走向，是促进全国革命高潮的“重要因素”。第三，提出了红军和根据地斗争的正确模式，规定了农村根据地斗争的内容及发展路线。这就是，建立根据地，建设政权，武装与群众相结合，深入土地革命，扩大武装采取逐步升级办法，根据地波浪式扩大。这些内容使“工农武装割据”思想又得到了进一步充实。

（二）关于根据地党的建设思想

鉴于国民革命失败的教训和革命失败后大部分党组织很快溃散的状况，中国共产党从八七会议起，就一直十分强调党组织本身的建设与改造。党中央 1928 年初在《中央通告第 32 号——关于组织工作》中指出，一个布尔什维克的党，不但要有好的正确的政策，而且要有好的坚强的组织把它的政策贯彻到广大群众中去；中国是一个小农生产社会，散漫成为一般人的习性，这种习性无形之中要反映到无产阶级政党中来；国民党叛变革命后，党担负起领导广大工农群众“直接革命”的任务，其组织工作要比国民革命联合战线时代重要千万倍。因此，改造党的任务，“成了党的组织的最严重的问题”。改造党包括“党的成份的改造，党员思想的改造，指导机关的改造，一切工作方法的改造，党与群众组织关系的改造，

① 《毛泽东选集》第 1 卷，第 98—99 页。

党内干部之形成”等多方面内容，而当时党中央最为重视的是领导机关成分问题。[①] 1927 年 11 月政治局扩大会议认为，中国共产党组织上的主要缺点之一，“就是本党领导干部并非工人，甚至于非贫农而是小资产阶级知识分子的代表”。“这种组织成份，就是武汉反动以前本党政策机会主义孟什维克主义的策源地。”因此，“中国共产党最主要的组织任务是——将工农分子的新干部替换非无产阶级的智识分子之干部。”“使党的指导干部之中无产阶级及贫民的成份占最大多数”。[②] 这种强调指导机关工人成分的观点，随后又为中共六大所肯定，中共六大进一步提出“务使指导机关工人化”的任务。但这种观点并非马克思列宁主义的阶级论所要求，它只是一种形而上学的唯成分论，在实际工作中也很难通行。

1928 年 10 月中共中央在通告中说，中央虽曾极力督促各级党部执行“引进工农分子到各级指导机关，改组各级党部”的任务，但“能够执行这一任务的异常之少”，对于引进的工农分子“也大半是虚有其名的使之在执行机关挂一个名”。鉴于此种情况，党中央进一步提出“创造党的无产阶级的基础”的任务。所谓“创造党的无产阶级的基础”，“就是以最大力量建立产业支部，在一般的城市和乡村中，把党的基础建立在手工业工人、苦力和贫农的成份上”。其工作中心，“主要的是指产业区域和重要城市”。[③] 当时中央要求各级党组织“勇敢的向产业工人开门，尽量吸收产业工人群众入党”。显然，这是“城市中心”论在党的建设问题上的反映。党中央想以这样的途径来改变农民出身的党员大大多于工人党员的状况，达到党的“布尔什维克化”的目的。强调党员工人成分，同强调领导机关工人成分一样，并不是马克思主义建党路线的必然要

---

① 中央档案馆编：《中共中央文件选集》第 4 册，中共中央党校出版社 1989 年版，第 76—77 页。

② 《中共中央文件选集》第 3 册，中共中央党校出版社 1989 年版，第 468—471 页。

③ 《建党以来重要文献选编（一九二一——一九四九）》第 5 册，第 667—669 页。

求，而且事实上也很难办到，因为这时革命的重点实际上已转到了农村，那里没有大量的产业工人供发展入党的。此外，党中央还提出“坚决反对一切小资产阶级的意识”，加强集体领导，实行真正的民主集中制，尽可能地保证党内的民主主义等要求。[①] 这些大体都是正确的。

在相当长的时间内，党中央把党的建设的注意力主要放在城市。农村根据地党的建设的指导，也基本照搬上述加强指导机关的工人成分、发展党的无产阶级基础等要求，严重脱离农村斗争的实际。真正对农村根据地环境中建设无产阶级政党问题做出杰出贡献的是毛泽东。

井冈山斗争时期，毛泽东即深深感到了农村建党的艰巨性。边界的经济是落后的农业经济，社会组织是以一姓为单位的家族组织。在这种情形下，“‘斗争的布尔塞维克党’的建设，真是难得很”。怎样克服这样的困难，在“党的组织基础的最大部分是由农民和其他小资产阶级出身的成分所构成的”现实情况下，去建设真正无产阶级化的政党？毛泽东的结论是，必须加强无产阶级思想的领导，反对各种非无产阶级思想，即着重从思想上建党。毛泽东说：“无产阶级思想领导的问题，是一个非常重要的问题。边界各县的党，几乎完全是农民成分的党，若不给以无产阶级的思想领导，其趋向是会要错误的。”[②] 1929 年 12 月，毛泽东又针对红四军党内的具体情况指出，“红军第四军的共产党内存在着各种非无产阶级的思想，这对于执行党的正确路线，妨碍极大。若不彻底纠正，则中国伟大革命斗争给予红军第四军的任务，是必然担负不起来的”。[③] 他列举了单纯军事观点、极端民主化、非组织观点、绝对平均主义、主观主义、个人主义、流寇思想、盲动主义残余等八

① 《建党以来重要文献选编》第 5 册，第 716—721 页。

② 《毛泽东选集》第 1 卷，第 77 页。

③ 《毛泽东选集》第 1 卷，第 85 页。

种非无产阶级思想的具体表现，指出了它们的来源及其纠正方法。而在纠正方法中，均以思想教育为主，辅之以组织纪律的约束和制度政策上的规定。

在各种非无产阶级思想的表现中，毛泽东特别指出了主观主义的危害："主观主义，在某些党员中浓厚地存在，这对分析政治形势和指导工作，都非常不利。因为对于政治形势的主观主义的分析和对于工作的主观主义的指导，其必然的结果，不是机会主义，就是盲动主义。"而党内主观主义的批评，又"往往酿成党内的无原则纠纷，破坏党的组织"。纠正主观主义的方法，主要是通过教育"使党员的思想和党内的生活都政治化，科学化"。具体说，第一，"教育党员用马克思列宁主义的方法去作政治形势的分析和阶级势力的估量，以代替主观主义的分析和估量"；第二，"注意社会经济的调查和研究，由此来决定斗争的策略和工作的方法"；第三，防止党内批评的主观武断和把批评庸俗化，"说话要有证据，批评要注意政治"。[①] 毛泽东抓住了从思想上建党、防止机会主义和盲动主义的关键所在，既指出了主观主义的危害，又规定了纠正主观主义的正确方法和途径，核心是用马克思列宁主义方法作调查研究，按照实际情况决定斗争策略和工作方法。这是实现党的无产阶级化的根本保证。

1930 年 5 月毛泽东写的《调查工作》（1964 年收入《毛泽东著作选读》时，题目改为《反对本本主义》），进一步提出共产党人的"思想路线"问题。当时在一些人中，"本本主义"盛行，"以为上了书的就是对的"，党内讨论问题也是开口闭口"拿本本来"。本本主义即后来所称的教条主义，脱离实际情况，照搬书本和上级指示条文，对革命发展危害极大，是主观主义的突出表现之一。毛泽东大声疾呼，反对本本主义，提倡调查研究，反对专靠本

---

① 《建党以来重要文献选编（一九二一——一九四九）》第 6 册，中央文献出版社 2011 年版，第 732 页。

本的“保守路线”，提倡“从斗争中创造新局面的思想路线”。他强调，“没有调查，没有发言权”，“离开实际调查就要产生唯心的阶级估量和唯心的工作指导，那末，它的结果，不是机会主义，便是盲动主义”。无产阶级要取得胜利，“完全要靠他的政党——共产党的斗争策略的正确和坚决”，而社会调查的目的，正是“要明了各种阶级的相互关系，得到正确的阶级估量，然后定出我们正确的斗争策略”。毛泽东又指出，“中国革命斗争的胜利要靠中国同志了解中国情况”。他号召共产党员“到斗争中去！”“到群众中作实际调查去！”毛泽东的论述指明了必须把马克思列宁主义理论与中国具体实际相结合、必须按照实际情况执行上级指示的正确的工作路线和思想路线，而其基础是正确的调查研究。这是毛泽东建党思想的核心所在。毛泽东不仅大力提倡社会调查，而且身体力行，亲自进行这方面工作。在他的倡导之下，社会调查工作首先在他所领导的红军和党组织中开展起来。

（三）政治建军思想

八一南昌起义标志着中国共产党独立领导的人民军队的诞生。八七会议正式确定了武装斗争的方针。此后，党中央一再指出建立和建设一支由共产党领导的新型军队的必要性及应遵循的原则。1927 年 8 月《中国共产党的政治任务与策略的议决案》指出，“除去彻底的反对军阀地主资产阶级之阶级斗争以外，民权革命是决不能胜利的。这种革命战争，必须要创造新的革命军队”。“这是现时革命运动中最重要的任务之一”。[①] 同年 11 月政治局扩大会议确定新的军队是“完全与雇佣军不同的工农革命军”。1928 年 5 月中央关于军事工作大纲的通告中又决定：“在割据区域所建立之军队，可正式定名为红军，取消以前工农革命军的名义。”关于建军原则，从上述 8 月决议至中共六大期间主要做出如下规定：废除雇

---

① 《建党以来重要文献选编（一九二一——一九四九）》第 4 册，第 479 页。

佣制，改为征兵制，进而过渡到自愿入伍和定期退伍制；建立强有力的政治工作，实行党代表（后改称政治委员）与政治部制度，加强士兵党支部工作；红军主要成分必须是脱离生产不久的工农分子，生活力求工农化，官兵待遇一律平等，使军队“成为真正工农化的武力”；大力发展工农武装，把工农武装“造成新的革命军队之中心势力”；军队要服从当地最高级苏维埃政权的命令和指挥。[①] 这些规定大体是正确的。

1929 年 9 月中共中央给红四军前委的指示信，对红军建设提出重要指导意见。它明确规定了红军的三项基本任务：“一、发动群众斗争，实行土地革命，建立苏维埃政权；二、实行游击战争，武装农民，并扩大本身组织；三、扩大游击区域及政治影响于全国”。能否担负这三项任务，正是红军与其他普通军队的区别所在。指示信特别强调了“红军与群众”的关系问题，要求红军在发动群众时，“不要只是提出一般的政治口号，应该细心去了解群众日常生活的需要，从群众日常生活斗争引导到政治斗争以至武装斗争”；红军要帮助群众建立自己的组织，帮助建立苏维埃政权和发展工农武装。关于红军的成分与来源问题，指示信正确地指出，决不能幻想目前红军可以吸收广大工人成分，红军的来源只能是收纳广大的破产农民。减少军队中农民意识的方法，“只有加强无产阶级意识的领导”。[②] 指示信对红军的建设起了积极推动作用。

如同农村根据地的建党问题一样，在建军问题上毛泽东也做出了最重要的贡献。他在红军初期提出的建军思想主要有以下六点。

第一，红军必须绝对服从党的领导。党对军队的绝对领导首先就是政治思想上的领导。同时还需要组织上的领导。为此要在军队中建立各级党的组织和政治工作机关，特别是要把支部建在连上。

---

① 《建党以来重要文献选编》第 5 册，第 218—219 页。

② 《周恩来选集》（上卷），人民出版社 1980 年版，第 37 页。

“红军所以艰难奋战而不溃散，‘支部建在连上’，是一个重要原因。”①

第二，军事必须服务于政治任务。“中国的红军是一个执行革命的政治任务的武装集团”，它决不是单纯地打仗的，“除了打仗消灭敌人军事力量之外，还要负担宣传群众、组织群众、武装群众、帮助群众建立革命政权以至于建立共产党的组织等项重大的任务”。② 就打仗同宣传、组织、武装群众及建设革命政权两方面任务看，前者是为后者服务的，离了后者，不仅打仗失去了意义，就是红军本身也没有存在的必要了。红军必须做艰苦的建立根据地、建立人民政权的工作，并由此去扩大政治影响；坚决反对“走州过府”“流动游击”或企图到大城市大吃大喝的流寇主义。

第三，实施政治教育。这是提高部队政治素质的根本途径。“经过政治教育，红军士兵都有了阶级觉悟，都有了分配土地、建立政权和武装工农等项常识，都知道是为了自己和工农阶级而作战。因此，他们能在艰苦的斗争中不出怨言。”③ 这既说明了政治教育的重要性，又指明了政治教育的主要内容。同时，必须把“教育的问题”作为“红军党内最迫切的问题”，把“有计划地进行党内教育”④ 作为党的重要任务。

第四，发扬军内民主主义，同时反对极端民主化。毛泽东把发扬军内民主看作党的作用之外的另一项建设人民军队和提高部队战斗力的根本性措施。他指出：“中国不但人民需要民主主义，军队也需要民主主义。军队内的民主主义制度，将是破坏封建雇佣军队的一个重要的武器。”“红军的物质生活如此菲薄，战斗如此频繁，

---

① 《毛泽东选集》第1卷，第65～66页。

② 《毛泽东选集》第1卷，第86页。

③ 《毛泽东选集》第1卷，第64页。

④ 《毛泽东选集》第1卷，第94页。

仍能维持不敝，除党的作用外，就是靠实行军队内的民主主义。”①军内民主主义的具体内容包括：官长不打士兵，官兵待遇平等，士兵有开会说话自由，废除烦琐礼节，经济公开等。一方面发扬军内民主；另一方面也要反对极端民主化，克服小资产阶级的自由散漫性，“厉行集中指导下的民主生活”。②

第五，实行正确的扩军路线。即扩大红军要走“由扩大地方赤卫队、地方红军到扩大主力红军的路线”，反对“走‘招兵买马’‘招降纳叛’的路线”③。扩大赤卫队也要“经由乡赤卫队、区赤卫大队、县赤卫总队”④ 的发展过程。这样就可以使红军兵源的质量得到保证。

第六，帮助地方武装发展。重视地方武装的建设，正确处理红军与地方武装的关系，是毛泽东建军思想的重要内容之一。他一再强调的原则是：“军队的党帮助地方党的发展，军队的武装帮助地方武装的发展”，实行正规部队与地方武装的结合。他要求红军从武器供应、人员训练等方面，尽量给地方武装以帮助。⑤

综上可见，到 1930 年前后，中国共产党对于中国革命的农村道路以及与之相关的根据地党的建设、军队建设的思想已经基本成型，并有清晰而系统的阐述。

---

① 《毛泽东选集》第 1 卷，第 65 页。

② 《毛泽东选集》第 1 卷，第 89 页。

③ 《毛泽东选集》第 1 卷，第 94 页。

④ 《毛泽东选集》第 1 卷，第 98 页。

⑤ 《毛泽东选集》第 1 卷，第 59 页。

第八章

新文化运动的继承者与批评者

新文化运动是中国现代史上一场极其重要的思想启蒙运动。它极大地解放了人们的思想，造就了一代知识青年。五四一代的知识青年在中国现代史上发挥了无可替代的作用。新文化运动的领袖们发起新文化运动，意在从思想文化领域入手，改变人们的思想，为现代中国打下思想的基础。对于思想启蒙，新文化的领袖们曾有长期作战的打算。1917 年，胡适曾下了二十年不谈政治，要一心一意进行思想启蒙的决心。不过，时势的发展出乎他们的意料。五四运动以后，知识青年不满足于思想启蒙，开始将新文化运动转向社会改造，组织了各种各样的社会改造团体，进行社会调查，探讨社会改造的方案。然而，军阀混战，政治长期不上轨道，社会改造成效甚微的现实，却使他们不能不重新思考国家、社会改造的路向。随着中国共产党的成立以及国共合作的建立，政治革命重新走上历史的前台，取代社会改造运动，而成为时代的最强音。到 1924 年，新文化运动已然结束，历史到了国民革命时代。

不过，新文化运动余响仍在。作为新文化运动的一个重要用力方向——整理国故运动仍在继续。另外，新文化运动的批评者仍在发出他们的声音，《学衡》与《甲寅周刊》就是其中的两个代表性刊物。本章即择整理国故运动、《学衡》对新文化运动批评以及

《甲寅周刊》之反对新文学运动三个问题进行讨论，以重现国民革命时代思想界对新文化运动一些思想议题继续讨论的情形。

一　1919—1927年的整理国故运动

整理国故运动是新文化运动的重要组成部分，是中国现代学术范式建立的起点，在中国现代学术转型中具有相当重要的意义。整理国故的过程，是中国传统学术向现代学术转型的过程。本节考察1919—1927年的整理国故运动，重点在讨论这一运动的特点、主要内容及其在思想史、文化史上的地位和意义。

（一）胡适对整理国故的理论和方法的论述

胡适是整理国故运动的领袖人物、中心人物。从1919到1923年，胡适发表了不少有关整理国故的论文和演讲，[①]系统阐释了整理国故的态度、思路和方法问题，具有开创性的意义，为后来的国故整理提供指导性原则。

1. 评判的态度

1919年12月1日，胡适在《新青年》第7卷第1号发表《新思潮的意义》一文，首先明确提出“新思潮”的四大任务：研究问题、输入学理、整理国故、再造文明。这四个任务，实际是新文化运动的纲领。胡适首先强调新思潮（也就是新文化运动）的根本意义只是一种新态度。这种新态度可叫作“评判的态度”。尼采所说的“重新估定一切价值”（Transvaluation of all values），是评判的态度的最好解释。所谓“评判的态度”，恰如时贤指出的，是

① 代表作是《新思潮的意义》《〈国学季刊〉发刊宣言》。《新思潮的意义》一文，解决了整理国故的态度、方法和意义问题。而《〈国学季刊〉发刊宣言》则对以上诸问题进一步深化、细化。此外，还有《论国故学——答毛子水》《一个最低限度的国学书目》《整理国故的方法》等。

一种“鼓励独立思考，反对盲从和迷信”的健全的怀疑态度。[①] 胡适对这种健全的怀疑态度，有明确的说明。

评判的态度，简单说来，只是凡事要重新区别一个好与不好。仔细说来，评判的态度含有几种特别的要求：

> （1）对于习俗相传下来的制度风俗，要问：“这种制度现在还有存在的价值吗？”
>
> （2）对于古代遗传下来的圣贤教训，要问：“这句话在今日还是不错吗？”
>
> （3）对于社会上糊涂公认的行为与信仰，都要问：“大家公认的，就不会错了吗？人家这样做，我也该这样做吗？难道没有别样做法比这个更好，更有理，更有益的吗？”

而对于国故（旧有的学术思想），依然是“评判的态度”：

> 现在要问：“新思潮的运动对于中国旧有的学术思想，持什么态度呢？”
>
> 我的答案是：“也是评判的态度。”
>
> 分开来说，我们对于旧有的学术思想有三种态度。第一，反对盲从；第二，反对调和；第三，主张整理国故。[②]

2. 所谓整理，就是“还他一个真面目”

如何理解“整理国故”的“整理”一词呢？一言以蔽之，就是“各家都还他一个本来真面目，各家都还他一个真价值”。胡适说：

---

① 耿云志：《重读〈新思潮的意义〉》，《广东社会科学》2011 年第 6 期。

② 胡适：《新思潮的意义》，《新青年》第 7 卷第 1 号，1919 年 12 月 1 日。

整理就是从乱七八糟里面寻出一个条理脉络来；从无头无脑里面寻出一个前因后果来；从胡说谬解里面寻出一个真意义来；从武断迷信里面寻出一个真价值来。为什么要整理呢？因为古代的学术思想向来没有条理，没有头绪，没有系统，故第一步是条理系统的整理。因为前人研究古书，很少有历史进化的眼光的，故从来不讲究一种学术的渊源，一种思想的前因后果，所以第二步是要寻出每种学术思想怎样发生，发生之后有什么影响效果。因为前人读古书，除极少数学者以外，大都是以讹传讹的谬说，——如太极图，爻辰，先天图，卦气，……之类，——故第三步是要用科学的方法，作精确的考证，把古人的意义弄得明白清楚。因为前人对于古代的学术思想，有种种武断的成见，有种种可笑的迷信，——如骂杨朱墨翟为禽兽，却尊孔丘为德配天地，道冠古今！——故第四步是综合前三步的研究，各家都还他一个本来真面目，各家都还他一个真价值。①

其后，围绕“整理国故”展开了广泛讨论，整理国故的具体工作，也日益深入、广泛地开展起来。1921 年 11 月，北京大学开办国学门研究所，1923 年创办《国学季刊》，胡适为该刊撰写的《发刊宣言》，对整理国故的步骤和方法又有进一步阐释。胡适明确提出整理国故要分三步走，其第二部是“用系统的整理来部勒国学研究的资料”。胡适又进一步将“系统的整理”分作三部：索引式的整理、结账式的整理、专史式的整理。关于“专史式的整理”，胡适将其与中国文化史的撰著联系起来，这是发前人所未发的。他说：

国学的使命是要使大家懂得中国的过去的文化史；国学的

① 胡适：《新思潮的意义》。

> 方法是要用历史的眼光来整理一切过去文化的历史。国学的目的是要做成中国文化史。国学的系统的研究，要以此为归宿。一切国学的研究，无论时代古今，无论问题大小，都要朝着这一个大方向走。只有这个目的可以整统一切材料；只有这个任务可以容纳一切努力；只有这种眼光可以破除一切门户畛域。
>
> 我们理想中的国学研究，至少有这样的一个系统：
>
> 中国文化史：
>
> 1. 民族史
> 2. 语言文字史
> 3. 经济史
> 4. 政治史
> 5. 国际交通史
> 6. 思想学术史
> 7. 宗教史
> 8. 文艺史
> 9. 风俗史
> 10. 制度史①

胡适关于在专史整理基础上撰写《中国文化史》的设想，表明他的整理国故并不是做到“还其真面目”就完了，而是有更高的追求。这种追求需要在还其真面目的基础上，进一步加以高深研究才可以。不过这个目标太过远大，需要几代人几十年甚至更长时间的研究才可以，不是短时间能完成的。尽管完成《中国文化史》的大目标没有很快成为现实，但有一个意想不到的收获，是当时胡适在设计时没有想到的，也是后来的研究者不曾提到的，那就是通过这种“专史式整理”催生了很多新学科。或者说，现存的各种传统学科都是从整理国故运动中的“专史式整理”开始的。试以中

① 《发刊宣言》，《国立北京大学国学季刊》第 1 卷第 1 期，1923 年 1 月。

国民俗学的建立为例说明。已有研究者对此问题做过研究。1918—1927 年是中国民俗学的发展及开拓期，以 1922 年 12 月 17 日北京大学《歌谣》周刊的创刊为标志，其发刊词中第一次使用了“民俗学”一词，这一阶段主要是对中国民俗学资料做了一次广泛的收集。1927—1949 年是民俗学运动奠基及开展期，这期间涌现出顾颉刚、容肇祖、杨承志、钟敬文等民俗学学者，民俗学基础理论研究也取得一定成果，有了林惠祥的《民俗学》、方纪生的《民俗学概论》（1933）、郑振铎的《民俗学浅说》等民俗学理论专著；特别是 1930 年前后，钟敬文、江绍原等人在杭州成立的民俗学组织给当时的中国民俗学运动带来了一定的影响。抗战爆发后，随着许多大学和研究机构的内迁，他们从不同的视角，对云贵川等地的少数民族文化进行了卓有成效的研究，取得了不少成果。[①] 如果我们以同样的办法梳理其他学科的成长史，也能从“整理国故运动”中找到源头。

3. 平等的眼光

平等看待各家思想各派学术，是新文化运动时期一个极为重要的主张。所谓“兼容并包”，其实就是指平等看待各家各派思想学说，胡适尤其强调这一点。蔡元培在为胡适的《中国哲学史大纲》（卷上）作序时，高度评价胡适的“平等的眼光”。他说，“古代评判哲学的，不是墨非儒，就是儒非墨。且同是儒家，荀子非孟子，崇拜孟子的人，又非荀子。汉宋儒者，崇拜孔子，排斥诸子；近人替诸子抱不平，又有意嘲弄孔子。这都是闹意气罢了！适之先生此编，对于老子以后的诸子，各有各的长处，各有各的短处，都还他一个本来面目，是很平等的”。[②] 蔡元培在这里表彰的，是胡适平等看待诸子的态度，并且将儒家放在诸子之中，破除儒家的独尊地位。此外，胡适还有一句话也非常有名，也能体现他在学术上平等

---

① 王存奎：《整理国故与中国现代民俗学》，《民俗研究》2002 年第 2 期。

② 载胡适《中国哲学史大纲》（卷上），商务印书馆 1919 年版。

看待各家的思想："我建议我们推崇这些名著的方式，就是对它们做一种合乎科学方法的批判与研究，〔也就是寓推崇于研究之中。〕我们要对这些名著作严格的版本校勘，和批判性的历史探讨——也就是搜寻它们不同的版本，以便于校订出最好的本子来。如果可能的话，我们更要找出这些名著作者的历史背景和传记资料来。这种工作是给予这些小说名著现代学术荣誉的方式；认定它们也是一项学术研究的主题，与传统的经学、史学平起平坐。"① 胡适要求平等看待各家思想学说的主张对于整理国故意义重大，不但提供了平等看待各家的原则，也扩充了国故的范围。胡适针对近三百年以来古学研究的不足，有的放矢地提出三条意见，其第一条是"用历史的眼光来扩大国学研究的范围"。他对这一条的解说是这样的：

> "国学"在我们的心眼里，只是"国故学"的缩写。中国的一切过去的文化历史，都是我们的"国故"；研究这一切过去的历史文化的学问，就是"国故学"，省称为"国学"。"国故"这个名词，最为妥当；因为他是一个中立的名词，不含褒贬的意义。"国故"包含"国粹"；但它又包含"国渣"。我们若不了解"国渣"，如何懂得"国粹"？所以我们现在要扩充国学的领域，包括上下三四千年的过去文化，打破一切的门户成见：拿历史的眼光来整统一切，认清了"国故学"的使命是整理中国一切文化历史，便可以把一切狭陋的门户之见都扫空了。

这里的"扩大国学研究的范围"，实际上大大扩充了国故的内容。在这一原则下，国故研究的对象，不再止于传统的经史子集，而是扩充到向来不入流的小说戏曲、民间小唱，甚至包括与国粹对应的

① 《胡适口述自传》，《传记文学》（台北）第 35 卷第 1 期。

“国渣”。这些向来不被重视的东西，显然是中国文化史的组成部分。这一主张显然体现了新文化运动时期的“学术平等”的思想。在国故整理的大旗下，搜集、挖掘、整理、研究这些“新材料”，并加以研究，且取得不少成绩，成了国故整理运动的一个新亮点，这是具有革命意义的。陈寅恪在为《敦煌劫余录》所写的序中指出，一时代之学术，必有其新材料与新问题。取用此材料以研求问题，则为此时代学术之新潮流。治学之士，得预此潮流者，谓之“预流”。在整理国故运动中，胡适是“预流”的大师。

4. 科学的方法

胡适一贯强调要用科学的方法整理国故，他的《中国哲学史大纲》（卷上）就是以科学方法整理国故的典范作品。整理国故运动兴起后，他明确提出用科学方法整理国故。此外，胡适强调“用比较的研究来帮助国学的材料的整理与解释”，并详为解说：我们现在治国学，必须打破闭关孤立的态度，要存比较研究的虚心。第一，方法上，西洋学者研究古学的方法早已影响日本的学术界了，而我们还在冥行索途的时期。我们此时应该虚心采用他们的科学的方法，补救我们没有条理系统的习惯。第二，材料上，欧美、日本学术界有无数的成绩可以供我们参考比较，可以给我们开无数新法门，可以给我们添无数借鉴的镜子。学术的大仇敌是孤陋寡闻；孤陋寡闻的唯一良药是博采参考比较的材料。这一点，则充分体现了中西交融互释的新的学术研究路向。

需要强调的是，运用科学方法整理国故、研究国故，在当时是有共识的。毛子水提出“用科学的精神去研究国故”，[①] 傅斯年则说“研究国故必须用科学的主义和方法”。[②] 陈独秀说：“研究、说明一切学问（国故也包含在内），都应该严守科学方

---

① 毛子水：《国故和科学的精神》，《新潮》第1卷第5号，1919年5月1日。

② 傅斯年：《毛子水〈国故和科学的精神〉识语》，《新潮》第1卷第5号，1919年5月1日。

法……”[①] 这些共识，足以证明胡适的观点并不孤立，而是被广泛认可的。

5. 整理国故是“再造文明”的前提工作之一

在《新思潮的意义》一文的最后，胡适把整理国故和新文化运动的终极目标——“再造文明”联系起来，认为整理国故是“再造文明”的前提工作之一。

胡适上述整理国故的理论和方法是针对清代学术的不足提出来的。他充分总结了清代学术的种种不足——研究的范围太狭窄了，太注重功力而忽略了理解，缺乏参考比较的材料。当然，胡适也充分肯定清代学术的成绩和优良传统，并予以继承。比如，胡适特别重视朴学的考证方法[②]以及自宋学以来即盛行的怀疑精神。基于此，有学者指出，“胡氏及其同派者都继承了宋学的怀疑的精神，采用了汉学古文派的考证的方法”。[③] 有学者甚至将整理国故视作对清代考据之学的继承和发展，是“新朴学”。实际上，整理国故运动固然对清代学术有所继承，但更重要的是超越。因为胡适提出来的上述整理国故的理论和方法，是清代学术里没有的。

（二）整理国故运动之实绩——以“古史辨”运动为例

自北大国学门建立后，东南大学、清华学校/大学、燕京大学、中山大学、齐鲁大学等校相继建立国学研究所或研究院。1928 年之后相继建立国学研究机构的大学也不在少数。以“国学”为题名的刊物就有数十种，以“国学丛刊”命名的研究刊物有近十种。许多报刊特辟国学专栏，以论文、专著、教科书和丛书等形式发表了大量的国学论著。讨论国学一时成为这些报刊的时尚。其中影响较大的有：《北大国学月刊》（1926 年创刊）、上海大东书局印行

---

① 陈独秀：《新文化运动是什么》，《新青年》第 7 卷第 5 号，1920 年。

② 胡适著有《清代学者的治学方法》一文，曾详为解说。

③ 周予同：《五十年来中国之新史学》，载《周予同经学史论著选集》（增订本），上海人民出版社 1983 年版，第 544 页。

的《国学》（1926 年创刊）、无锡国学馆国学会的《国学年刊》（1926 年创刊）、上海群众图书公司印行的《国学专刊》（1926 年创刊）、《中山大学语言历史研究所周刊》（1927 年创刊）、清华大学《国学论丛》（1927 年创刊）、《厦门大学国学研究院周刊》（1927 年创刊）、《燕京学报》（1927 年创刊）。

当然，整理国故的事业，非少数人可以完成，而是需要众多学者花费几十年甚至更长的时间从事的事业。这里梳理它的业绩，不可能面面俱到，只以“古史辨”运动为例，说明其在思想史和文化史上的意义和地位。

顾颉刚是一位饱读旧籍、学养有素的史家。胡适执教北大以后，顾对胡极为服膺，深受胡之影响。说到整理国故运动的实绩，无论如何都不可绕过疑古思潮和以顾颉刚为领袖人物的“古史辨”运动。也可以这样说，疑古思潮和古史辨运动是“整理国故运动”中最有影响的成绩。

作为顾颉刚学术思想核心的“层累地造成古史”说，毫无疑义的是近百年来中国史学的重要创获，历来受到不同流派的史学家们的重视。胡适说：“层累地造成的中国古史”的见解，“是今日史学界的一大贡献”[①]；“替中国史学界开了一个新纪元”，而《古史辨》“是中国史学界的一部革命的书”。[②] 钱玄同盛赞“层累地造成的中国古史”说“精当绝伦”。[③] 傅斯年说，“层累地造成的中国古史”之说，是“史学的中央题目”，经顾颉刚发挥之后，“大体之结构已备就，没有什么再多的根据物可找”，是“一切经传子家的总锁钥，一部中国古代方术思想史的真线索，一个周汉思想的摄镜，一个古史学的新大成”。傅斯年并认为顾颉刚可以以此

① 胡适：《古史讨论的读后感》，载《读书杂志》第 18 期，1924 年 2 月 22 日。

② 胡适：《介绍几部新出的史学书》，载《现代评论》第 4 卷第 92 期，1926 年 11 月 10 日。

③ 钱玄同：《答顾颉刚先生书》，1923 年 5 月 25 日，载《读书杂志》第 10 期，1923 年 6 月 10 日。

“在史学上称王”。[①] 陈寅恪认为《古史辨》“在学术上有重大的新见解”。[②] 郭沫若称许“层累地造成的中国古史”说“是个卓识”，顾颉刚的“识见是有先见之明。在现在新的史料尚未充足之前，他的论辨自然并未能成为定论，不过在旧史料中凡作伪之点大体是被他道破了”。[③]

我们先看“层累地造成中国古史”说是如何产生的。从 1920 年开始，顾颉刚即集中从事古籍辨伪工作。[④] 顾氏这一工作，在研究方法上深受胡适影响，同时还得到胡适的具体指导，师生间又常常切磋辩难。1920 年秋，顾颉刚读胡适的《〈水浒传〉考证》，启发了他对中国上古史的理解：

> 我真想不到一部小说中的著作和版本的问题会得这样的复杂，它所本的故事的来历和演变又有这许多的层次的。若不经他的考证，这件故事的变迁状况只在若有若无之间，我们便将因它的模糊而猜想其简单，哪能知道得如此清楚。自从有了这个暗示，我更回想起以前做戏迷时所受的教训，觉得用了这样的方法可以讨究的故事真不知道有多少。……若能像适之先生考《水浒》故事一般，把这些层次寻究了出来，更加以有条不紊的贯穿，看它们是怎样地变化的，岂不是一件最有趣味的工作。同时又想起本年春间适之先生在《建设》上发表的辨论井田的文字，方法正和《水浒》的考证一样，可见研究古史也尽可以应用研究故事的方法。因此，又使我想起以前看戏

① 傅斯年：《与顾颉刚论古史书》，载《国立第一中山大学语言历史学研究所周刊》第 1 集第 13 期，1928 年 1 月 23 日。

② 石泉：《先师寅恪先生治学思路与方法之追忆（补充二则）》，载胡守为主编《陈寅恪与二十世纪中国学术》，浙江人民出版社 2000 年版，第 158 页。

③ 郭沫若：《中国古代社会研究》（上），河北教育出版社 2004 年版，第 291—292 页。

④ 按，关于这一工作，可参考顾颉刚此时段著述和顾氏《日记》以及《古史辨自序》。为简省篇幅计，不一一罗列。

> 时所受的教训。……我们只要用了角色的眼光去看古史中的人物，便可以明白尧、舜们和桀、纣们所以成了两极端的品性、做出两极端的行为的缘故，也就可以领略他们所受的颂誉和诋毁的积累的层次。只因我触了这一个机，所以骤然得到一种新的眼光，对于古史有了特殊的了解。①

稍后，顾颉刚受胡适所托，标点《古今伪书考》，二人常常书札讨论。胡适曾在顾颉刚为《古今伪书考》所作跋文上批道："我主张，宁可疑而过，不可信而过。"② 除与胡适讨论，还与钱玄同讨论，这些讨论，均令顾获益不浅："以胡、钱两先生的大胆，我亦追随其间，恐怕中国伪史的命运，就要寿终在这几年了。数千年欺人的尘雾，廓清有日，不禁大快!"③ 而这种讨论令顾颉刚兴味大增，他不再满足从事胡适嘱他标注《古今伪书考》，而开始发愿做《辨伪丛刊》了。同时，也是自然而然的，由辨伪书过渡到辨伪史（因许多伪史是以伪书为基础的）。再进一步，"起先仅想推翻伪书中的伪史，到这时连真书中的伪史也要推翻了"。并有了"推翻古史的明了的意识和清楚的计画"：

> 计画如何？是分了三项事情着手做去。第一，要一件一件地去考伪史中的事实是从哪里起来的，又是怎样地变迁的。第二，要一件一件地去考伪史中的事实，这人怎样说，那人又怎样说，把他们的话条列起来，比较看着，同审官司一样，使得他们的谎话无可逃遁。第三，造伪的人虽彼此说得不同，但终有他们共同遵守的方式，正如戏中的故事虽各各不同，但戏的规律却是一致的，我们也可以寻出他们的造伪的义例来。我为

---

① 顾颉刚：《古史辨自序》，商务印书馆 2011 年版，第 53—54 页。

② 胡适答顾颉刚，1920 年 12 月 18 日，载《古史辨》第一册，上海古籍出版社 1982 年版，第 12 页。

③ 顾颉刚：《古史辨自序》，第 69 页。

> 要做这三项工作，所以立了三册笔记簿，标题《伪史源》、《伪史对鞫》、《伪史例》，总题为《伪史考》，下手搜集材料。①

随着辨伪工作的深入，顾颉刚关于上古史的见解越来越清晰，1921年顾氏明确指出中国上古史出于伪造，不可信。他说，照我们现在的观察，东周以上只好说无史。现在所谓很灿烂的古史，所谓很有荣誉的四千年的历史，自三皇以至夏商，整整齐齐的统系和年岁，精密地考来，都是伪书的结晶。② 次年，有了"层累地造成中国古史"说的雏形。这一年，顾颉刚应约为商务印书馆编《中学本国史教科书》，他将《诗经》、《尚书》和《论语》中的古史观念加以比较，"忽然发现了一个大疑窦——尧、舜、禹的地位的问题"。他将这三部书中关于禹、尧和舜的叙述集合起来，发现它们随着时代发展而日益复杂，于是"就建立了一个假设：古史是层累地造成的，发生的次序和排列的系统恰是一个反背"。③

1923年，顾颉刚发表《与钱玄同先生论古史书》，完整地提出了"层累地造成的中国古史"的学说：

> 我很想做一篇"层累地造成的中国古史"，把传说中的古史的经历详细一说。这有三个意思。第一，可以说明"时代愈后，传说的古史期愈长"。如这封信里说的，周代人心目中最古的人是禹，到孔子时有尧舜，到战国时有黄帝神农，到秦有三皇，到汉以后有盘古等。第二，可以说明"时代愈后，传说中的中心人物愈放愈大"。如舜，在孔子时只是一个无为而治的圣君，到《尧典》就成了一个"家

① 顾颉刚：《古史辨自序》，第84页。

② 《顾颉刚全集》第1卷，中华书局2010年版，第176页。

③ 顾颉刚：《古史辨自序》，第63—64页。

> 齐而后国治”的圣人，到孟子时就成了一个孝子的模范了。第三，我们在这上，即不能知道某一件事的真确的状况，但可以知道某一件事在传说中的最早状况。我们即不能知道东周时的东周史，也至少能知道战国时的东周史；我们即不能知道夏商时的夏商史，也至少能知道东周时的夏商史。①

这一学说提出后，立即在史学界引发极大震动。作为一种真正意义的史学革命，此一学说得到了学界普遍的盛赞。② 1926 年，顾颉刚将自己 1920 年以来的前后通信、论文结集成册，冠名以“古史辨”，由朴社出版。到 1941 年，《古史辨》共印行 7 册，收录了数十位学者的 350 余篇文章，集中探讨了中国古史的诸多问题。这既是这一运动学术成果的集中展现，同时也牢牢确立了这一运动在近代史学领域的地位。周予同说：“(《古史辨》) 方法之新颖与慎密，给我们以一种诱惑的魔力。即便有些学者不赞同《古史辨》的某些观点，但也不能不承认《古史辨》在疑古辨伪方面取得的成绩。”③ 有关研究指出，在 20 世纪 40 年代，国内各大学的古史研究领域“几乎全被疑古派把持”，而且其巨大影响并不仅限于史学，而且及于哲学思想史和文学史，举凡古典领域无不与之相关。④

最后，我们略述古史辨运动的学术渊源及其与整理国故运动的关系。早在 1926 年，顾颉刚就在《古史辨》的《自序》里说，自己“上古史靠不住的观念”的来源有四：一是从刘知几至崔述

① 顾颉刚：《与钱玄同先生论古史书》，载《读书杂志》第 9 期，1923 年 5 月 6 日。

② 当然，也有异议。如张荫麟就“默证”问题提出批评，钱穆针对刘歆伪造说提出批评。

③ 周予同：《顾著〈古史辨〉的读后感》，载《文学周刊》第 233 期，1926 年 7 月。

④ 张京华：《古史辨派与中国现代学术走向》，厦门大学出版社 2009 年版，第 2—3 页。

的辨伪传统；二是以康有为代表的清代今文经学；三是胡适的实验主义史学方法；四是故事传说、民间歌谣的暗示。1947 年，他又说，远在清代中叶，崔述《考信录》已把一部分荒诞不经的古史传说一笔削去，这对近代史学界产生了巨大的影响。到了清代后期经今文学派兴趣，疑古的精神大炽，廖平、康有为、崔适等由攻击古文经连带怀疑到古史传说上，认为古史传说多出于诸子创造，这样一来疑古风气便一发而不可遏。民国以来西洋的治史方法和新史观不断的输入，胡适先生在北京大学讲学，常根据他从西洋得来的治史方法，考证中国历史的问题，于是古史的威信更为摇动。颉刚等身逢其会，便开始提出古史上诸问题加以讨论，古史辨便在这种情态下出现了。① 顾颉刚的疑古与辨伪确受刘知几、崔述、康有为等前贤辨伪主张的影响，但胡适实验主义新学派对顾氏和这一运动的影响更大、更深远。第一，顾颉刚的辨伪始终与胡适有良好的互动，他明确受胡适方法影响的自白前面已述。第二，假如顾颉刚不接受胡适的新方法，而是如传统的前辈学者那样工作，其成绩绝不会如此之大。第三，胡适本人对顾氏辨伪成绩的肯定，也能说明胡、顾之间的学术渊源。胡适认为，顾颉刚所谓“我们看史迹的整理还轻，而看传说的经历却重。凡是一件史事，应看他最先是怎样，以后逐步逐步的变迁是怎样”的意见，实际上构成了“顾先生这一次讨论古史的根本见解，也就是他的根本办法”。胡适特别表彰了顾颉刚的“根本见解”和“根本方法”，其“根本见解”和“根本方法”乃是“用历史演进的见解来观察历史上的传说”。② 这个“历史演进”的方法，实际上正是胡适一再强调的“历史的观念”，又称“祖孙的方法”，那就是“从来不把一个制度或学说看作一个孤立的东西，总把它

① 顾颉刚：《当代中国史学》，上海古籍出版社 2006 年版，第 121 页。

② 胡适：《古史讨论的读后感》，《读书杂志》（《努力周报》增刊）第 18 期，1924 年 2 月 22 日。

看作一个中段：一头是他所以发生的原因，一头是他自己发生的效果。上头有他的祖父，下面有他的子孙。捉住了这两头，他再也逃不出去了”。[①] 胡适还特别强调《古史辨》在治学方法方面的价值："这是……又是一部讨论史学方法的书。……此书可以解放人的思想，可以指示做学问的途径，可以提倡那‘深彻猛烈的真实’的精神。”[②]

要之，顾颉刚领导的古史辨运动，其最重要的思想来源是胡适大力提倡的科学方法。[③] 古史辨运动与整理国故运动有一脉相承的关系，是这一运动最有影响的成绩之一。

二　1920 年代思想史上的《学衡》

1920 年冬，梅光迪约集几位笃信美国人文主义大师白璧德的忠实信徒胡先骕、吴宓、刘伯明等组织“学衡社”，并于 1922 年 1 月创办《学衡》杂志。《学衡》创办时，骨干成员和主要撰稿人除以上四位外，还有柳诒徵、马承堃、萧纯锦、邵祖平、徐则陵。以上诸人除马承堃执教暨南大学外，其他人皆为东南大学的教授（邵祖平为该校附中教员）。[④] 因此，社会上一般人士常视该杂志为东南大学所办。但该杂志是一份纯净的同人刊物，与东南大学没有

① 胡适：《杜威先生与中国》，载《东方杂志》第 18 卷第 13 号，1921 年 7 月 10 日。

② 胡适：《介绍几部新出的史学书》《现代评论》第 4 卷第 92 期，1926 年。

③ 1950 年代之后，顾颉刚多次表白，他的辨伪主要受了钱玄同、王国维的影响，极力淡化胡适的影响。如他说：“（早在编纂《古史辨》第一册之前的青年时期）我那时真正引为学术上的导师的是王国维，而不是胡适。……数十年来，大家都只知道我和胡适的来往甚密，受胡适的影响很大，而不知我内心对王国维的钦敬和治学上所受的影响尤为深刻。”（顾颉刚：《我是怎样写古史辨的》，载《古史辨总序》，第 15 页）这当然是不得已的言不由衷之言。

④ 后来成为该刊撰稿人的还有汤用彤、缪凤林、景昌极、张其昀、徐震堮、束世徵、王国维、陈寅恪、向达等。

任何隶属或者经济上的关系。[①] 该杂志自 1922 年 1 月创刊到 1933 年终刊，共出版 79 期。1922 年 1 月至 1926 年 12 月，《学衡》以月刊形式刊行了 60 期。1927 年停刊一年。1928 年 1 月复刊，以双月刊印行，至 1929 年 11 月，出版了 61—72 期。1930 年停刊。1931 年以后，时出时断，至 1933 年 7 月，又印行了 73—79 期。《学衡》印行时以及后来研究《学衡》的人，常将《学衡》的骨干成员及撰稿人称作“学衡派”。[②]

---

① 对此，《学衡》的灵魂人物曾发公开信澄清。吴函刊登于 1934 年 5 月 7 日《清华周刊》第 41 卷第 7 期，内容如下：顷见《清华周刊》四十一卷六期《本刊二十周年纪念号导言》第三页，文中有“前东南大学的学衡”云云，实与事实不符。按查学衡杂志，乃私人团体之刊物，与东南大学始终无丝毫关系。此志乃民国九年冬梅光迪君在南京发起，旋因东南大学之教授欲加人者颇不少，梅君恐此纯粹自由之刊物，与学校公共团体牵混，而失其声光及意义，故迳主张停办。民国十六年冬，重行发起，社员咸属私人同志，散布全国。其中仅有三数人（在社员中为少数）任东南大学教职，然本志历来各期即已宣明“与所任事之学校及隶属之团体毫无关系”，盖学衡社同人始终不愿被人误认与东南大学或任何学校为有关系也。读者试阅学衡各期内容，则间弟［第］二十期以后，几无一篇之作者为东南大学教员。而民国十三年七月（本志第三十期）总编辑吴宓北上，所有社员分散，且无一人留居南京者。自是迄今，凡阅九载，学衡由三十期出至七十九期，总编辑吴宓长居北平，诸撰稿人无一在南京，而经费二千数百圆悉由吴宓与三四社友暨社外人士（有名单久已公布）捐助，未尝借用东南大学一张纸一管笔一圆一角之经费。夫其实情如此，而社会人士每以学衡与东南大学连为一谈，实属未察，而乃学衡社友尤其总编辑吴宓所疾首痛心而亟欲自明者也。今敬求贵刊将此函登载，俾清华同学校友均可明悉此中真象［相］。

② 按，现在研究《学衡》的论著中普遍使用的“学衡派”这一称谓，早在《学衡》创刊不久就有了。1922 年 10 月 2 日，周作人在《晨报副刊》发表《恶趣味的毒害》一文，文中说：“学衡派只是新文化的旁支，决不是敌人。”1935 年，第一个十年“新文学大系”由郑振铎编选《文学论争集》，其第三编标题系“学衡派的反攻”。1938 年，李何林在《近二十年中国文艺思潮论》中也提到“学衡派”并做了如下的评述：总观“学衡派”无论对于中国文学或西洋文学的主张，大有“古典主义”者的口吻，其站在守旧的立场，反对此次新文化运动和新文学运动，也很有点“古典主义”的气息；可惜因为只是代表旧势力的最后挣扎，未能像西洋似的形成一种“古典主义”的文艺思潮，而且也没有什么作品。我们认为，中国近代史上的“某某派”，往往内涵含混、模糊，即便是同一派别的人，观点有时亦不一致。比如，时下不少研究《学衡》的人将陈寅恪划归“学衡派”。的确，陈寅恪曾在《学衡》发表文章，对白璧德的学说亦极熟悉，但总觉他并不是“学衡派”。所以，这里尽量避免使用“学衡派”这一称谓，而称之以“《学衡》人士”，或径称《学衡》。

该杂志《简章》，明确表达了办刊宗旨、体裁及办法等：

（一）宗旨　论究学术，阐求真理，昌明国粹，融化新知，以中正之眼光，行批评之职事，无偏无党，不激不随。

（二）体裁及办法　（甲）本杂志于国学则主以切实之工夫，为精确之研究，然后整理而条析之，明其源流，著其旨要，以见吾国文化，有可与日月争光之价值；而后来学者，得有研究之津梁，探索之正轨，不至望洋兴叹，劳而无功，或盲肆攻击，专图毁弃，而自以为得也。（乙）本杂志于西学则主博极群书，深窥底奥，然后明白辨析，审慎取择，庶使吾国学子，潜心研究，兼收并览，不至道听途说，呼号标榜，陷于一偏而昧于大体也。（丙）本杂志行文则力求明畅雅洁，既不敢堆积短钉，古字连篇，甘为学究，尤不敢故尚奇诡，妄矜创造，总期以吾国文字，表西来之思想，既达且雅，以见文字之效用，实系于作者之才力，苟能运用得宜，则吾同文字，自可适时达意，固无须更张其一定之文法，摧残其优美之形质也。

（三）组织　本杂志由发起同志数人，担任撰述，文字各由作者个人负责，与所任事之学校及隶属之团体，毫无关系。①

看以上诸条，可知《学衡》对于国学，欲“以切实之工夫”，“为精确之研究”，以发现中国文化“可与日月争光之价值”，这与新文化派整理国故、恢复其本来面目有明显不同。对于西学，《学衡》并不排斥，而主张加以研究，这与新文化派几无不同。

（一）有严厉批评，但无学术论争

《学衡》对新文化运动的批评是极为严厉的，且涉及方方面

① 《学衡》第1期，1922年1月。

面。这里主要以其在新文学、中国传统文化方面对新文化的批评为例析之。

1.《学衡》严厉批评新文学运动

文学革命运动（新文学运动），不仅是新文化运动最早成功的一个运动，而且，正是新文学运动才使新文化运动演变成一场全国性运动。到《学衡》创刊的时候，新文学运动已经取得决定性胜利。1917 年初，胡适发表《文学改良刍议》，随后陈独秀发表《文学革命论》，文学革命的概念得到新文化人的普遍赞成，新文学运动正式开启。随后，新文化人不但系统阐述文学革命的缘由、必要与意义，建立新文学运动的理论，且亲自实践，以白话作文，创办白话文刊物，以白话创作文学作品，其中以鲁迅为代表的白话小说创作，以周作人为代表的白话散文创作，以胡适、汪静之、郭沫若为代表的白话诗创作，都成果斐然，以卓越的文学作品证明新文学运动理论不谬。经过胡适、陈独秀、鲁迅等人的倡导与努力，白话报刊很快奉行，白话文取代了文言成为流行的书面语。1922 年 1 月 24 日，北洋政府教育部通令全国各国民学校先将一、二年级的国文改为语体文（白话文）。因此以国民教育为基础的语言运动是不可抗拒的，倒退更是不可能的。

早在新文学运动酝酿时的 1916 年，作为后来《学衡》主心骨的梅光迪，就给予严厉批评。[①] 其后的三四年，《学衡》人物们，不曾深入理解新文学的理论，不考虑时代需要，基于其学术立场，对新文学运动提出了严厉的批评。首先，他们不认为文学有“新”与“旧”之分，只有“真”与“假”之别；新文学不比旧文学优秀，相反，文言才是正统的文学。[②] 吴宓说：“新旧乃对待之称，昨以为新，今日则旧，旧有之物，增之损之，修之琢之，改之补

① 可参考这一年胡适、梅光迪往来通信及胡适日记。

② 吴芳吉：《四论吾人眼中之新旧文学观》，《学衡》第 32 期，1925 年 6 月。

之，乃成新器。”[①] 梅光迪认为，文学随时代而变迁，但这种变迁有古今的传承关系，但非“以此易彼”的革命式的变迁。白话文与文言文各有独立并存之价值，肯定其中一种，而断然否定另一种的价值，是不恰当的。他承认，作为平民主义文学的白话文学可以提高普通阶级的智识水平，但不能因此摒弃文言文这一高深文学。[②] 他们并进而认为“新文学”一词也不能成立，应“废置”。[③] 邵祖平强调，文学作品之优劣在其内容，而不在其是以白话为工具，还是以文言为工具。他说：“夫文字不过意志思想学术传达之代表，代表之不失使命及胜任与否，乃视其主人之意志坚定、思想清晰、学术缜密与否为断，故其人如意志游移、思想淆杂、学术偏缺者，其文必不能令人欣赏或领会。文言固然，白话亦何尝不然，盖为文必先识字，识文言之字与识白话之字，固无以异。”但若想文学作品能传之久远，则文言比白话更有优势：“至其传之久远，行之寥阔，文言视白话远为超胜，良以白话文之覼缕，篇幅冗长，不及文言之易卒读，一也。白话文以方言之不能统一，俗字谚语，非赖反切不可识，不及文言之久经晓喻，二也。……沈约有言，文章有三易：易见事一也，易识字二也，易读诵三也。王通有言：古之文也约以达，今之文也繁以塞。由此言之，文言白话，知所从矣。”他又说，历史上以文言创作的作品，如诗、古文词曲、小说、传奇等“根柢深厚，无美不臻”；“抒情叙事之作，莫不繁简各宜”，足可担当文学之大任，人为地更改这一传统，以白话易文言，实大可不必。[④]

《学衡》自创刊到终刊，始终使用文言文发表文章，且每期都有旧诗词发表，这也是以实际行动反对白话文学。然而，相对

① 吴宓：《论新文化运动》，《学衡》第 4 期，1922 年 4 月。

② 梅光迪：《文学概论讲义》，载梅铁山编《梅光迪文存》，华中师范大学出版社 2011 年版，第 71 页。

③ 曹慕管：《论文学无新旧之异》，《学衡》第 32 期，1924 年 8 月。

④ 邵祖平：《论新旧道德与文艺》，《学衡》第 7 期，1922 年 7 月。

于新文学派豪情万丈的新文学创作以及那些开创中国现代文学新局面的成功作品，《学衡》诸公的文学创作，则远远不能与其相匹敌。他们声言文言可以创作出美文，可以创作出震撼人心的大作，但他们并没有创作出被时代与历史认可的作品。理论、学说争论的胜负，最终取决于理论、学说实践的成果。以新文学理论为指导的成功的新文学创作恰是给新文学理论不可动摇地位的最好明证，而极力捍卫文言文学的《学衡》诸公，却拿不出像样的文学作品。

2.《学衡》严厉批评新文化派的中国传统文化观

在新文化运动高潮期，孔教和儒学遭到严厉批判。新文化运动的领袖们要打的是孔教的独尊地位，是希望将孔学和其他诸子学说置于平等的地位，并不是全盘否定儒学本身，但难免矫枉过正，新文化人在时局的刺激下，其批评儒学的言论也难免有过激之处。不过，这些过激的言行并不代表新文化运动主流对儒学的态度。新文化派从来没有要全盘否定儒学，正如钱玄同“废汉字”的极端主张不能代表新文化运动的本意一样。但是，一些人却抓住个别新文化人的个别偏激言论，把它当作新文化人对传统的全部态度或者说基本的态度，将其放大为新文化运动的主流和全部。这不是科学的态度。那么，《学衡》一派的人物对于新文化人之批评传统、评议孔子持什么样的态度呢？

针对新文化派对孔子及其学说的批评，柳诒徵针锋相对地指出：

> 盖中国最大之病根，非奉行孔子之教，实在不行孔子之教。孔子教人以仁，而今中国大多数之人皆不仁……孔子教人以义，而今中国大多数之人惟知有利……孔子之教尚诚，而今中国大多数之人皆务诈伪……孔子之教尚恕，而今中国大多数之人皆务责人而不克己……总之，孔子之教，教人为人者也；今人不知所以为人，但知谋利，故无所谓孔子教徒……今日社

会国家重要问题，不在信孔子不信孔子，而在成人不成人。凡彼败坏社会国家者，皆不成人者之所为也。苟欲一反其所为，而建设新社会新国家焉，则必须先使人人知所以为人，而讲明为人之道，莫孔子之教若矣。①

吴宓的态度，更有建设意义："今日之要务，厥在认识孔子之价值，发明孔教之义理。"吴宓还主张对孔学进行客观的、深入的研究："理论方面，则须融汇新旧道理，取证中西历史，以批评之态度，思辨之工夫，博考详察，深心体会，造成一贯之学说，洞明全部之真理。"② 梅光迪、胡先骕与吴宓有大体一致的态度。他们所以有大致相同之态度，是因为他们都是人文主义大师白璧德的门徒，深受其人文主义影响。吴宓曾记道：

巴师谓中国圣贤之哲理，以及文艺美术等，西人尚未得知涯略；是非中国之人自为研究，而以英文著述之不可。今中国国粹日益沦亡，此后求通知中国文章哲理之人，在中国亦不可得。是非乘时发大愿力，专研究中国之学，俾译述以行远传后，无他道。此其功，实较之精通西学为尤巨。巴师甚以此望之宓等焉。宓归国后，无论处何境界，必日以一定之时，研究国学，以成斯志也。③

此外，白璧德对中国新旧之争的忧虑，也深为其中国门徒所认可。胡先骕曾译介其文章，其引人注目者，比如：

今日在中国已开始之新旧之争，乃正循吾人在西方所习见

① 柳诒徵：《论中国近世之病源》，《学衡》第 3 期，1922 年 3 月。

② 吴宓：《孔子之价值及孔教之精义》，《大公报》1927 年 9 月 22 日。

③ 吴宓：《吴宓日记（1917—1924）》（第 2 册），生活·读书·新知三联书店 1998 年版，第 196 页。

之故辙。相对抗者，一方为迂腐陈旧之故习，一方为努力于建设进步有组织有能力之中国之青年，但闻其中有主张完全抛弃中国古昔之经籍，而趋向欧西极端卢骚派之作者，如易卜生、士敦堡、萧伯讷之流。吾固表同情于今日中国进步派之目的。中国必须有组织，有能力，中国必须具欧西之机械，庶免为日本与列强所侵略。中国或将有与欧洲同样之工业革命，中国亦须脱去昔日盲从之故俗，及伪古学派形式主义之牵锁，然须知中国在力求进步时，万不宜效欧西之将盆中小儿随浴水而倾弃之。①

基于此，《学衡》人士不仅痛斥新文化派的批孔、反孔，甚至要以恢复孔学正宗自命了。需要指出的是，在批评、论争的过程中，对论辩对方之观点、主张理解不确或理解不全而造成误解，造成不能有的放矢的情况是极为常见的。在《学衡》批评新文化派的过程中，同样有这方面的问题。时下批评新文化运动的观点中，有一个非常流行的观点，就是将新文化运动视作全盘性反传统。其实，新文化运动的主流思想里，从来没有全盘性反传统。这涉及对新文化运动的总体评价问题，这里不枝蔓，只强调一点：《学衡》在1920年代即视新文化派为全盘性反传统。或者说，当今关于“新文化运动是全盘性反传统”的论断，可以溯源到《学衡》。事实上，新文化运动的领袖们，或者说新文化运动的主流，是全盘性反传统吗？我们来看胡适的态度：

如果对新文化的接受不是有组织的吸收的形式，而是采取突然替换的形式，因而引起旧文化的消亡，这确实是全人类的一个重大损失。因此，真正的问题可以这样说：我们应怎样才能以最有效的方式吸收现代文化，使它能同我们的固有文化相

---

① ［美］白璧德：《白璧德中西人文教育谈》，胡先骕译，《学衡》1922年3月。

> 一致、协调和继续发展？……唯有依靠新中国知识界领导人物的远见和历史连续性意识，依靠他们的机智和技巧，能够成功地把现代文化的精华与中国自己的文化精华联结起来。[①]

我们拿胡适的这段话与梅光迪所说的“我辈急欲复兴孔教，使东西两文明融化，而后世界和平可期，人道始有进化之望”[②] 相比对，岂不是异口同声？单就这一点而言，新文化派和《学衡》诸君子，实是相通的。诸如《学衡》对新文化派的误读之处，还不在少数，这里不一一列举。

还有一点，需要特别指出来。以往的研究中，几乎异口同声地认为，“学衡派”与“新文化派”有一场激烈的论战。这并非事实。正如有研究者指出的，“学衡派在他们的直接论敌那里没有得到太多的响应”。[③] 新文学运动的领袖胡适说：“《学衡》的议论，大概是反对文学革命的尾声了。我可以大胆说，文学革命已过了讨论的时期，反对党已破产了。从此以后，完全是新文学的创造时期。”[④] 新文学运动中最有创作成就的大将鲁迅说：“夫所谓‘学衡’者，据我看来，实不过聚在‘聚宝之门’左近的几个假古董所放的假毫光，虽然自称为‘衡’，而本身的称星尚且未曾钉好，更何论于他所衡的轻重的是非”；“我所佩服诸公的只有一点：是这种东西也居然会发表的勇气”。[⑤] 这里充分显示了这位新文学大将对《学衡》之反对新文学的轻视，甚至不屑。而胡适则将《学衡》界定为“《学骂》”——显然，他们并不想与《学衡》展开

---

① 胡适：《先秦名学史》之《导论》，亚东图书馆1922年版。

② 耿云志主编：《胡适遗稿及秘藏书信》第33册，黄山书社1994年版，第100页。

③ 杨洪承：《“流派”的尴尬与颉颃——社群文化视阈中的“学衡”重估》，《社会科学辑刊》2015年第1期。

④ 魏建：《儒学现代化：重新审视新青年派与学衡派论战》，《学习与探索》2015年第7期。

⑤ 风声：《估〈学衡〉》，《晨报副刊》1922年2月9日。

学理的辩论。同时代的，受新文化运动影响的一批青年学子如茅盾、邵力子、郭沫若、郑振铎诸人也大体采取了同样的态度，只有批判性定性，而无学术讨论。[①] 他们所以采取这样的态度，是因为他们对新文学运动有高度的自信，恰如钱玄同所说的："宇众因谓教育界亦极可悲观：南开主张读经，东大有《学衡》和《文哲学报》。这都是反六七年来新文化运动的现象。我觉得这种现象并不足悲，而且有了这种现象，新文化更加了一重保障。你看，袁世凯称了一次皇帝，共和招牌就钉牢了一点；张勋干了一次复辟的事，中华民国的国基就加了一层巩固：这都是很好的先例。"[②]

（二）从《学衡》与新文化运动的相通之处看《学衡》在思想史上的贡献

《学衡》自创刊始，即以激烈的态度批评新文化运动。这种态度的确给人造成激烈论战的感觉。历经一百年之种种沉淀，人们可以理性地重审《学衡》之主张，平心地认识其之前不易被发现的贡献，这些贡献集中体现于它与新文化派的相通之处。

首先，尽管《学衡》一直被视作新文化运动的激烈反对者，事实上，《学衡》核心人物反对的是"新文化运动"的过激思想和言论，并不反对新文化。梅光迪说："夫建设新文化之必要，孰不知之。吾国数千年来，以地理关系，凡其邻近，皆文化程度远逊于我，故孤行创造，不求外助，以成此灿烂伟大之文化。先民之才智魄力，与其惨淡经营之功，盖有足使吾人自豪者。今则东西邮通，较量观摩，凡人之长，皆足用以补我之短……"[③] 梅氏此言，实际

① 茅盾撰有《新旧文学平议之评议》《文学界的反动运动》等文章，邓中夏撰有《思想界的联合战线问题》，郑振铎撰有《新与旧》等文。

② 杨天石主编：《钱玄同日记》（中），北京大学出版社 2014 年版，第 494 页。（日记中提到的"宇众"指夏宇众。）

③ 梅光迪：《评提倡新文化者》，《学衡》第 1 期，1922 年 1 月。

上可用“在中西文化结合的基础上创造中国的新文化”概述，这与新文化派的追求又有何二致？

其次，新文化运动之反孔教，实际上是反对被统治者利用、改造过的孔教，他们的目的并不是原始儒学本身，相反，他们希望恢复儒学真面目，打破孔教一尊的地位。已有学者指出，《学衡》人士指斥孔教被统治者利用：“由于学衡派与新文化主流派的严重对立，让人误以为学衡派如同孔教派。其实，学衡派对功利主义和形式主义的盲目尊孔也是极为不满的，尤其反感地方军阀的利用孔子。”①

吴宓在《孔子之价值及孔教之精义》一文的开篇就谈到自古以来的尊孔情形：

> 二千四百余年来，孔子常为吾国人之仪型师表，尊若神明，自天子以至庶人，立言行事，悉以遵依孔子，模仿孔子为职志；又借隆盛之礼节，以著其敬仰之诚心，庙宇遍于全国，祭祀绵及百代，加赠封号，比于王者，入塾跪拜，与祖同尊。欧美人士见此，亦相与惊叹不置……②

最后，无论是新文化派，还是《学衡》都有世界的眼光，双方都是学贯中西、具有文化担当的知识精英，他们都主张对包括儒学在内的中国传统文化加以深入研究，都认为这是建设中国新文化必不可少的步骤。

要之，《学衡》和新文化派类似的相通之处还有很多，我们应逐一梳理，由此厘剔出《学衡》在思想史、文化史和学术史上的贡献之处，不再贴标签式的以“文化保守主义”抹杀之。

---

① 魏建：《儒学现代化：重新审视新青年派与学衡派论战》，《学习与探索》2015年第7期。

② 吴宓：《孔子之价值及孔教之精义》，《大公报》1927年9月22日。

三　《甲寅周刊》之反对新文化运动

《甲寅周刊》是后五四时代批评新文化运动的一个重要刊物。创办、主持该刊的是章士钊。章士钊早年鼓吹革命，为掀起1903年内地革命思潮之健将。1904年因参与爱国协会，牵涉万福华刺杀广西巡抚王之春案而被上海英租界巡捕房逮捕。1905年1月出狱后，东渡日本。时革命组织正谋组织同盟会，虽经革命同志多方劝说，章士钊坚不加入同盟会。1908年初，章士钊由日本经上海赴英国留学，习政治法律之学。1912年初回国，主同盟会机关报《民立报》笔政，以近代政治法律理论谈时事与政治，鼓吹政党政治，名重一时。后因在张振武、方维案上与同盟会激烈派意见不合，离开《民立报》，另办《独立周报》，以独立论政相标榜。二次革命后，流亡日本，办《甲寅》杂志，反思民初共和政治试验挫折之原因，鼓吹调和立国论，讨论国家观念问题，奠定其民初重要政论家的地位，其政论文体亦流行一时，号"甲寅派"。章士钊本一学通中西的新派人物，为民初重要的自由主义思想家；但民初共和政治反复遭遇挫折，代议制在西方遭遇危机，第一次世界大战暴露欧美资本主义文明的严重弊端，西方世界出现"东方文化热"，在这种种因素的综合作用下，他从来所持之信念扫地无余，走向了保守。1922年二度游欧归来后，章士钊即开始非议代议制，鼓吹职业自治，非议工业化，主张以农立国，鼓吹礼教复兴，捍卫文言，而反对新文化运动，由一新派人物转变为一保守主义者。1924年11月，加入段祺瑞执政府，任司法总长，次年4月又兼任教育总长，因整顿学风而颇遭物议。1925年7月，创办《甲寅周刊》①，鼓吹礼

① 《甲寅周刊》于1925年7月18日创刊，1926年4月曾停刊，1926年12月复刊，1927年4月2日停刊，先后出版45号。

农立国，反对新文学运动，成为新文学运动的“拦路虎”。

《甲寅周刊》的主张，可用主张“礼农立国”与反对新文学概括之。

甲午以后，政治改革思潮兴起，急谋富强的人们将国家富强的希望寄托于政治改造，其中一些人更认为儒学与近代政治不相容，欲改造政治以救危亡，必须重新评估儒家政治学说与伦理学说之价值。于是，儒学的独尊地位受到怀疑，非议孔子之声渐起。民国建立后，儒学丧失其官方哲学地位，“尊孔”被从教育宗旨中去除。迨民初共和政治遭遇挫折，袁世凯肆行专断政治，一面鼓吹复古，一面图谋复辟，更让捍卫共和政治的新思想界严重怀疑儒家三纲五常之说是否与现代政治、现代社会生活相适应，进而认为要实现政治与社会的现代化，必须重估儒学的价值。另外，自清末起，康有为就试图将儒学宗教化，主张模仿基督宗教将儒学改造为制度化宗教；民国建立后，借着国会制宪的机会，康有为及其弟子陈焕章等发起请定孔教为国教的运动，形成喧嚣一时的国教问题争议。这两重原因使孔教问题成为《新青年》初办时的重要思想议题。新文化人批评旧伦理，评议孔教，产生了极大的影响，伦理革命、家庭革命、妇女解放成为一时思潮。在思想界批评儒学，评议孔子时，在帝国主义经济扩张影响之下，中国的工业化、城市化也初步启动，农村衰落之象日显，城市新型的人际关系以及半殖民地社会畸形城市的奢靡之风逐步溢出城市，而影响于乡村。年轻一代，尤其是接受城市影响的年轻一代，其行为已非传统伦理所能规范，道德失范现象渐趋增多。在政治方面，传统君主专制制度已然崩溃，而新政治体制的确立还在途中，传统等级观念下的政治行为规范已失效，近代民意政治的行为规范又不能确立，有枪即有权，有力即有理，有奶便是娘，军阀混战，城头变幻大王旗，政权更迭频繁。这一切都是政治社会转型中难免的现象，但对于信从传统伦常，安于传统秩序的人们来说，这一切都很难接受。一些思想保守的人士，不曾深入考究传统政治、社会秩序崩塌的缘由，将罪过归结于新文化运动之批孔反儒，批评新文化运动的声音也就由此而起。章士钊本一新派人物，但 1919 年他就发表《新时代之青年》，提出新旧文化调和论，引发思想界关于新旧文化调和问题的争论。1923 年，他在《新闻报》发表系列文章，非议代议制，主张职业自治，批评新文化运动，鼓吹礼农立国，曾引发思想界的批评。1925 年 7 月，他创办《甲寅周刊》，着重批评新文学运动。

中国历史上一直存在贵族文学与平民文学两个传统。贵族文学以载道化民为主，平民文学以娱乐民众、表达民众情感为主，以传播主流文化价值为辅，白话文学的娱乐性向为上层社会所贬斥，然一些伟大的白话文学作品却是上层的枕边读物。近代以来，大众登上舞台，唤起大众参与救亡，向大众灌输近代观念与知识，需要白话。晚清以降，白话的使用已相当普遍，半文半白的报章体渐次风行。但使用白话的人多持启蒙心态，把白话当作启蒙的工具，少有人认为白话文将根本取代文言而普遍流行。将历史上为文人学士鄙薄的白话文学作品定为文学的正宗，宣布文言已死，白话当立，将白话文学定为将来文学必取的样式，并通过自己的尝试与创作，确立新文学的范式，是新文化运动的重大贡献。自 1917 年胡适、陈独秀等发起新文学运动后，新文学发展迅速，很快就获得成功。1922 年，教育部通令将全国小学一、二年级国文课改为国语课，次年又通令中学国文课采用国语，这是白话运动取得决定性胜利的标志。白话文的普及，打破了少数人对文学与文化事业的垄断，便利了普通平民接受新思想、新知识，表达意见。这对于科学与文化的发展，对于动员大众，都有不可低估的作用。白话取代文言成为文学的工具，侵犯了传统文人学士的专利，遭到他们的反对。从“古文之不当废，吾知其理，而不能言其所以然”的林纾，到学衡派的梅光迪、吴宓等人，都曾激烈批评新文学。新文学运动初起时，章士钊与胡适、陈独秀等同在北大任教，他对胡、陈提倡新文学“自始即非之”。不过，他不相信白话文学能够成功，以为白话虽可用作启蒙民众的工具，但创作“美文”还需文言，故“未或用力止之”。[①] 然新文学运动的发展完全出乎他的意料，出现了他无法接受的结果时，他就开始公开反对了，成为“国语运动的拦路‘虎’”[②]。他的文章也就出现重大变化。1923 年以前，他“为文主于论争，未尝以格律为意”。1923 年后，他“始稍稍用心”讲求文章的格律，一意仿古，欲以此力挽文风。[③] 他创办的《甲寅周刊》更张出“文字须求雅驯，白话恕不刊布”的旗帜，[④] 把该刊办成了反对新文学运动的阵地。担任教育总长后，他又试图更改 1922 年、1923 年的教育通令，要求小学“国语”课改名为“国语及国文”，中学的“国语”课改名为“国文”，试图将白话文从中学课本中驱除出去。只是因教育部内部意见不一，才未付诸实施。[⑤] 又设立国立编译馆，以编译“近世应用科学，及各邦文史政俗种种著录为学子所万不可忽者”，并自任总裁。[⑥] 这本是很值得肯定的事，但章士钊却要求用文言来翻译西洋学术著作。他提出要对大学教授的著述“优加奖励”，但又要求著述必须“辞理并当，厌人取求”，即必须是用文言写出来的。[⑦] 所有这些，其目的都是欲“转移学风，培养国脉”，改变白话文通行后，“黄茅白苇，一往无余，诲盗诲淫，无所不至”的局面，恢复文言的地位，并借此保持保存在文言作品中的中国的“国性群德”的延续。[⑧]

---

① 孤桐：《答适之》，《甲寅周刊》第 1 卷第 8 号，1925 年 9 月 5 日。

② 健攻：《打倒国语运动的拦路虎》，载《中国新文学大系》“文学论争集”，上海文艺出版社 1981 年版，第 209 页。

③ 《〈长沙章氏丛稿·癸甲集〉序》，章含之主编《章士钊全集》第 6 卷，文汇出版社 2000 年版，第 559 页。

④ 《本刊启事二》，《甲寅周刊》第 1 卷第 1 号封二，1925 年 7 月 18 日。

⑤ 《教育当局复古思想之实现》，《教育杂志》第 17 卷第 12 号“教育界消息”，1925 年 12 月 20 日。

⑥ 章士钊：《创办国立编译馆呈文》，《甲寅周刊》第 1 卷第 5 号，1925 年 8 月 15 日。

⑦ 《教育问题》，《甲寅周刊》第 1 卷第 1 号“通讯”，1925 年 7 月 18 日。

⑧ 章士钊：《创办国立编译馆呈文》，《甲寅周刊》第 1 卷第 5 号，1925 年 8 月 15 日。

章士钊之反对白话，卫护文言，有几方面的理由。

其一，他强调文化的特殊性，强调中国文化的特殊价值，强调遵循礼农立国文化精神的必要。他认为，“文化者，非飘然而无倚，或泛应而俱当者也。盖不脱乎人、地、时之三要素。凡一民族，善守其历代相传之特性，适应与接之环境，曲迎时代之精神，各本其性情之所近，嗜好之所安，力能之所至，孜孜为之，大小精粗俱得一体，而于典章文物，内学外艺，为其代表人物所树立布达者，悉呈一种欢乐雍容情文并茂之观，斯为文化”。各种文化皆有特殊精神，非可强同。[①] 而新文化人却错误地认为，“人有通欲，材有通性”，“以谓文化当有尽人可能、无地不行之共相”，进而“谋毁弃固有文明以尽，而求与零星稗贩于西洋者合辙”，是揣本以齐末，“非至尽变其种，无所归类不止”。[②] 他又称，中西文化从其古圣贤创业垂统时就路向两歧。中国的“古先圣王”洞见欲无厌而物有限，“以无厌之欲，而乘有数之物，其穷可计日而待也；反之，以有数之物，而供无厌之欲，其屈亦可计日而待也”，乃定下了“讲节欲，勉无为，知足戒争”的立国策略，一面以“礼”“养人之欲”，止争遏乱；另一面重农而抑工商，以保持“礼意不敝，群秩不乱”的经济环境。而西方之古圣对以无厌之欲乘有数之物的危害看得不明，对人欲“只知所以利之，而不知所以节之”，乃以“纵欲有为，无足贵争”为立国策略。[③] 第一次世界大战就是纵欲贵争的欧洲文化造成的恶果，欧洲正想方设法另寻出路，中国就不应再以欧洲为榜样，而应守护自己的节欲戒争的文化

---

① 章士钊：《评新文化运动》，《新闻报》1923 年 8 月 21 日、22 日。后又重刊于《甲寅周刊》第 1 卷第 9 号，1925 年 9 月 12 日。

② 孤桐：《评新文化运动》《原化》，《甲寅周刊》第 1 卷第 9 号、第 12 号，1925 年 9 月 12 日、10 月 3 日。

③ 孤桐：《何故农村立国》，《甲寅周刊》第 1 卷第 37 号，1926 年 12 月 25 日；《农国辨》，原载《新闻报》1923 年 11 月 1 日、2 日，重载于《甲寅周刊》第 1 卷第 26 号（1926 年 1 月 9 日）；《论南京倡投壶礼事》，《国闻周报》第 3 卷第 32 号，1926 年 8 月 22 日。

精神，走以农立国、以礼养欲之路。

其二，要保持节欲戒争的文化精神，走以农立国、以礼养欲之路，就必须保存文言。他说，中国传统文学理念讲究文以载道，以宣扬礼农立国的文化精神为文学之要务，中国文化中的“良法美意”“国性群德”皆存于文言作品之中。而历史上的白话文学，其内容无非描摹奸杀淫盗之事，其功用无非诲淫诲盗。抛弃文言而倡导白话，等于抛弃了古代的“良法美意”“国性群德”，而教人纵欲事争，这势必斩断中国的文化传统，丧失礼农立国的文化精神。[①] 他颇鄙视白话文学，认为白话文学运动开展以来，不仅造成“文事之倾落”，更造成“伦纪之凌夷”，在西方纵欲贵争的文化已被第一次世界大战证明为绝路的时候，依然唯西方文化为是，实为不智。在他看来，文白之争不是简单的文学问题，而是关系中国礼农立国的立国精神能否保持的重大问题。[②] 这是他在面对新文化阵营的四面围攻，依然坚持捍卫文言、反对白话的根本原因所在。胡适说，“旧文学者，死文学也，不能代表活社会活国家活团体”。针对这一说法，章士钊强调，从传续中国的“国性群德”而言，真正的活的文字是文言，而不是白话。他认为，所谓死文字，“必其迹象与今群渺不相习，仅少数人资为考古而探索之，兴废存亡不系于世用者也”。比如拉丁文对于现代欧洲而言就是死文字。与欧洲的古文现在少有人懂不同，中国的文言几千年来就一直被人们运用，而且“意无二致，人无不晓”，即便是两千年前的文献，到现在仍然可以“琅然诵于数岁儿童之口”。相对于白话而言，文言更有活力，因为白话是当时当地的俚语，受时间与地域限制，“二者（指时间、地域）有所移易，诵习往往难通”，中国历史上的一些用白话写的文献到现在就很难让人读懂了。章士钊又称，即便胡适等人竭尽全力，也不能将百家九流之书，全部用白话整理出来，从

① 孤桐：《评新文学运动》，《甲寅周刊》第 1 卷第 14 号，1925 年 10 月 17 日。

② 孤桐：《三答稚晖先生》，《甲寅周刊》第 1 卷第 29 号，1926 年 1 月 10 日。

而使中国的“国性群德”在白话文中得到延续；即便胡适等人能做到这一点，他们整理出来的东西也会因白话因时因地而不断变化的特性，而变成相当部分人或将来的人难以读懂的东西。章士钊为文化的传承而捍卫文言，而新文化运动阵营中的一些激进分子则认为文言中存在太多的毒素，主张废弃文言，甚至主张废弃汉字。两者刚好是两个极端。胡适宣布旧文学已死，并没有宣布中国文字已死，章士钊在反驳胡适的这一说法时，没有去回应旧文学是否已死，而是从中国文字所表达的意思，古今变化不大，今人依然读得懂古书去立论，其辩论瞄错了靶。

其三，对于文学的功能，章士钊强调文以载道，对于文学审美，章士钊强调文字之“精”、“洁”以及诵读起来朗朗上口。由此，他认为，能达到这些要求的只有文言，而白话则不能担当文学大业。章士钊自少即好文学，于唐宋八大家独宗柳宗元，并且立下了光大桐城派文学的志向。受柳宗元影响，他对文章特别强调“洁”字：“子厚《答韦中立书》，自道文章甘苦，有曰：‘参之《谷梁》以厉其气，参之《孟》《荀》以畅其支，参之《老》《庄》以肆其端，参之《国语》以博其趣，参之《离骚》以致其幽，参之《太史》以著其洁。’夫于气则厉，于支则畅，于端则肆，于趣则博，于幽则致，于洁则著，相引以穷其胜，相剂以尽其美，凡文章之能事，至此始观止矣。就中‘洁’之云者，尤为集成一贯之德，有获于是，其余诸德，自帖然按部而来；故子厚殿焉。愚见夫自来文家，美中所感不足，盖莫逾‘洁’字之道未备。”① 由此，他说：“文事之精，在以少许胜人多许，文简而当，其品乃高。”② 文章而求其“洁”，唯文言能胜任；而白话只能“为记米盐之代耳”，欲用白话写出美文，“其事之难，难如登天”。③ 他说胡适等

① 章士钊：《文论》，《甲寅周刊》第1卷第39号，1927年1月8日。

② 孤桐：《文俚平议》，《甲寅周刊》第1卷第13号，1925年10月10日。

③ 孤桐：《答适之》，《甲寅周刊》第1卷第8号，1925年9月5日。

效法西方文学，要求言文一致，是不明中西文字之异：“西文切音，吾文象形。西文复音，而吾文单音。惟切音也，耳治居先，象形则先目治。惟复音也，音随字转，同音异义之字少，一字一音，听与读了无异感；而单音音乏字繁，同音异义之字多，一音数字乃至十数字不等，读书易辨，而听时难辨。”因此，西文可言文一致，而中文本就不能言文一致：“文以目辨”，需要以尽量少的文字去状物抒情说理，文章“更贵成诵”，“其取音之繁简连截，有其自然，不可强混”；而语则是要让别人听明白，需在单音字前后加上辅助说明的字，比如“桃”，若只是听，就不知究竟是“桃”，还是“逃”“陶”“淘”“咷”，若加上“子”字，听者即知为“桃子”，加上“跑”，听者就知为“逃跑”。[①] 白话文学要求言文一致，就要将“辅助单音之赘字”也写进文中，“律之文章义法，殊无惬心贵当之道”。[②] 这种“一句亘二三十言不休”的文章，“臃肿堆垛”，听着费劲，读起来也就不能让人“手舞足蹈，心旷而神怡”。[③] 他并举例说明：“如园有桃，笔之于书，词义俱完。今曰此于语未合也，必曰园里有桃子树。二桃杀三士，谱之于诗，节奏甚美。今曰此于白话无当也，必曰两个桃子杀了三个读书人。是亦不可以已乎?”[④] 二桃杀三士的典故出自《晏子春秋》，其中的“士”并不是“读书人”，而是“勇士”。抨击白话而捍卫文言的章士钊闹了个大笑话。鲁迅曾就此狠狠地奚落了他一番。[⑤]

章士钊强调文章应讲究遣词造句之道，做到言简而意赅，应注意文章韵律，使之读起来朗朗上口。这固然不错。但人们写文章的目的终究是表达自己的思想、情感，简洁、韵律、文采等都服从于

---

① 孤桐：《评新文化运动》，《甲寅周刊》第1卷第9号，1925年9月12日。

② 孤桐：《答适之》，《甲寅周刊》第1卷第8号，1925年9月5日。

③ 孤桐：《文俚平议》，《甲寅周刊》第1卷第13号，1925年10月10日。

④ 孤桐：《评新文化运动》，《甲寅周刊》第1卷第9号，1925年9月12日。

⑤ 见鲁迅《再来一次》，《华盖集续编》，《鲁迅全集》第3卷，人民文学出版社2005年版，第314～317页。

这一目的。言而无文，固行之不远，但以词害意也是文章的大忌。文言与白话都是人们的表达工具，随着近代科技的输入，文言在表达繁复细致严谨的知识、思想上有相当的困难，已不能应付时代的需要；随着大众时代的到来，大众也有发声的需求，需要以文字表达意见与情感，需要以更简单易用的白话取代文言，以为表达工具。这都使白话取代文言成为主流的书面表达工具，成为不可阻遏的时代大潮。面对此种时代大潮，章士钊却强调："文学者，形式之事多，精神之事少。"① 新文化运动诸领袖，提倡白话文学，最重要的目的就是要以此向民众宣传新思想、新观念，以打下中国社会现代化的基础，章士钊以白话文写不出美文来反对白话文，其主张难为新文化人接受。

胡适宣布旧文学已死，其意思包括两个方面，一是旧文学"言之无物"。旧文学以代圣人立言为作文之目的，往往缺乏真情，缺乏独立思想，虽词语雕琢，形式甚美，然实为"无灵魂无脑筋之美人"，并无价值。二是旧文学过于追求形式之美，"沾沾于声调字句之间"，雕琢词句而不讲求文法，喜模仿古人、喜用典而缺乏时代气息，缺乏创作激情，缺乏文学的活力。② 胡适强调文学创作应有思想，有感情。而章士钊则依然坚持文以载道的文学传统，依然将文学的形式之美看得比文学作品所体现的思想、感情更重要。胡适强调，文学创作要面向活生生的现实生活，面向现时代的人们，去反映作者和现时代人们的真情实感，表达其追求与意愿，而章士钊则注重文学的形式之美，而于文字、文学为表达思想、情感之工具的本质却不甚注意。新文化人认为旧文学所表达的思想，虽不乏值得总结的精华，也多有毒素，多有不适应于现代社会的旧东西，需要甄别，而此时已经走向"反动"的章士钊则向往古代，强调旧文学为"国性群德"的载体，不宜抛弃，而对古代思想文

---

① 士钊：《文学》，《甲寅周刊》第1卷第36号"通讯"，1926年12月18日。

② 胡适：《文学改良刍议》，《新青年》第2卷第5号，1917年1月1日。

化中的糟粕则不置一词。对于旧思想、旧文学，双方的见解几乎截然对立。

章士钊以《甲寅周刊》为阵地，非议新文学，鼓吹礼农立国，又以教育总长的身份反抗白话文学的潮流，引起新文化阵营的强烈批评。吴稚晖大骂《甲寅周刊》害人，骂章士钊是“死不了的退化章士钊”。[①]《国语周刊》大骂章士钊是“一心要吃尽国中有望的青年”的“大虫”，号召人们打倒这只大虫。[②] 章士钊的老朋友陈独秀则说，章士钊“拿段祺瑞的钱办的《甲寅》，便是狗放屁了；现在拿张宗昌的钱办的《甲寅》，更是放屁狗了”[③]。胡适等自由派人士则说章士钊是“一个开倒车走回头路的人”。[④] 甚而至于《现代评论》因对章士钊以及其《甲寅周刊》的态度比较温和，就被人说成是受了章士钊的收买。诸如此类的批评，可谓俯拾皆是。对自己的处境，章士钊有清醒的认识：“盖愚之为世僇辱也，亦云甚矣。相爱者，止于不设淫辞而助之攻，至其抗首大廷，为之伸理，此类状师已不可多得，若夫引为同道，以身翼之……事等桓谭之于子云，谊若欧阳之于希文。”[⑤] 在一片批评声中，一些对章士钊的思想文化主张持同情态度的人，也“震于时流之诟病”，而不敢给《甲寅周刊》投稿。[⑥] 加上，章士钊以鼓吹民主政治、鼓吹调和立国的新派政论家而加入段祺瑞政府，更使其“言论之值，一

---

① 吴稚晖：《友丧》、《章士钊—陈独秀—梁启超》，《中国新文学大系》“文学论争集”，上海良友图书印刷公司 1941 年修订版，第 241 页。

② 健攻：《打倒国语运动的拦路“虎”》，《中国新文学大系》“文学论争集”，第 209 页。

③ 实：《放屁狗的〈甲寅〉》，《向导》周报第 185 期，转见任建树等编《陈独秀著作选编》第 4 卷，上海人民出版社 2014 年版，第 201 页。按：《甲寅周刊》共办了 45 期，前 35 期的办刊经费主要是段祺瑞所出，章士钊也将自己的一部分薪水用来补贴办刊。《甲寅周刊》的复刊，主要经费是张宗昌所出，而章士钊自己也卖字筹措经费。

④ 《北大宣布独立事件尚难解决》，《申报》1925 年 8 月 26 日。

⑤ 孤桐：《答曹君慕管》，《甲寅周刊》第 1 卷第 31 号，1926 年 2 月 19 日。

⑥ 梁家义：《批评》，《甲寅周刊》第 1 卷第 27 号“通讯”，1926 年 1 月 16 日。

落千丈”①，他的反对新文学被看作代反动的军阀政府立言，他的保守主义的文化主张得不到新知识界的支持。当然，在新旧递嬗的时代，章士钊还是有他的同道，一些保守派人士如陈嘉异、钱基博、唐兰等人以及“学衡派”的吴先骕等，都对《甲寅周刊》的立场表示同情。1926 年的“三一八惨”案后不久，章士钊被迫下台，《甲寅周刊》曾经一度停刊八个多月，直到 1926 年 12 月才复刊。《甲寅周刊》复刊后，章士钊在一周之内连接读者来信 2300 余件，其中大都对他的主张持同情态度。可见，《甲寅周刊》在当时还颇得思想保守人士的支持，他的《甲寅周刊》也俨然那时候保守思想的一个重要阵地。

对于章士钊的“反动”，徐志摩曾说：“对于现代言论界里有孤桐这样一位人物的事实，我到如今为止，认为不仅有趣味，而且是值得欢迎的。因为在事实上得着得力的朋友固然不是偶然；寻着相当的敌手也是极难得的机会。前几年的所谓新思潮只是在无抵抗性的空间里流着；这不是‘新人们’的幸运，这应分是他们的悲哀……早年国内旧派的思想太没有它的保护人了，太没有战斗的准备，退让得太荒谬了；林琴南只比了一个手势就叫敌营的叫嚣吓了回去……我对于孤桐一向就存十二分敬意的，虽则明知在思想上他与我——如其我配与他对称一次——完全是不同道的。我敬仰他因为他是个合格的敌人。在他身上，我常常想，我们至少认识了一个不苟且，负责任的作者，在他的文字里，我们至少看着了旧派思想部分的表现，有组织的根据论辩的表现。有肉有筋有骨的拳头，不再是林琴南一流棉花般的拳头了；在他的思想里，我们看了一个中国传统精神的秉承者，牢牢的抱住几条大纲，几则经义，决心在‘邪说横行’的时代里替往古争回一个地盘；在他严刻的批评里新派觉悟了许多一向不曾省察到的缺陷与弱点。不，我们没有权利，没有推托，来蔑视这样一个认真的敌人……假如我的祈祷有效力

① 士钊：《政本篇》，《甲寅周刊》第 1 卷第 37 号“通讯”，1926 年 12 月 25 日。

时，我第一就希冀《甲寅》周刊所代表的精神‘亿万斯年’！”[①] 后来《甲寅周刊》复刊，徐志摩在给章士钊的信中又说：“《甲寅》又蹶起，毅勇可佩。”[②] 这表明，新文化阵营中思想健全的人士，一方面严肃批评章士钊的复古思想，批评章士钊的反对新文学；另一方面也对他们自身的主张有相当的自信，认为有合格的反对者的批评，对于新文化阵营完善自己的主张，有积极意义。这是值得提倡的健全的态度。

---

① 徐志摩：《守旧与“玩”旧》，《徐志摩全集·散文卷》，浙江人民出版社 2015 年版，第 46—47 页。

② 徐志摩、沈宗畸：《烟士披里纯》，《甲寅周刊》第 1 卷第 42 号“通讯”，1927 年 2 月 12 日。

第九章

中国社会性质论战

第一次国共合作破裂后，国民党反动派血腥“清党”，革命阵线发生了大分化。首先是国共两党的合作破裂，共产党被迫走上独立的武装革命道路，国民党则建立了南京国民政府。其次，国民党内部发生了分化。国民党南京当局以大地主大资产阶级为其阶级基础，以戴季陶主义以及胡汉民阐发的“连环的三民主义”为理论旗号，宣称要收束革命，开展建设，一面建立党治体制，鼓励资本主义发展；一面宣称要开展训政，向宪政过渡，并落实民生主义。“清党”后没有在南京政府谋得实际权力的以汪精卫为首的失意政客，则以不满于南京当局施政措施的国民党下层党员和思想左倾的小资产阶级知识分子为基础，结合成国民党改组派。改组派以“恢复十三年的改组精神”为旗号，要求恢复民众运动，恢复民主集权制，将国民党改造为以农工和小资产阶级为基础的群众性政党，落实以党治国方略，实现三民主义。而以邓演达为首的国民党左派则与从共产党游离出来的分子如谭平山等相结合，组织起“第三党”，要求开展平民革命，建立平民政权，并通过平民政权下的国家资本主义，超越资本主义发展阶段，直接向社会主义过渡。共产党也发生了分化，其主流走上了武装革命的道路，建立革命根据地，建立工农政权，开展土地革命；同时，另一部分人则组成以陈独秀为首的“托陈取消派”，即“托派”。陈独秀等人接受托洛茨基的观点，认为1927年革命失败后中国资产阶级对于帝国主义和封建势力已取得胜利，它对人民的统治已趋稳定，中国社会已是资本主义占优势并将得到和平发展的社会。因此他们断言："中国资产阶级民主革命已经完结，中国无产阶级只有到将来再去进行'社会主义革命'，在当前只能进行以'国民会议'为中心的合法运动。"①

经历国民革命阵线的大分化之后，各派政治势力面临着共同的问题，即今后之中国当何去何从？继续革命还是结束革命？假若革命，则革命之性质为何？革命之对象、动力、任务、前途为何？围绕着这些问题，国内各党各派以及许多中立知识分子，开展了长达数年的论争，郭沫若、陶希圣、张闻天、瞿秋白、蔡和森、严灵峰、李季、任曙、王礼锡、胡秋原、何干之等人，皆纷纷投身其中，发表了一系列著述，探讨中国社会性质问题。参与这一论争的报刊包括《新思潮》《新生命》《动力》《读书杂志》《食货》《革命评论》，以及《建设》《中国农村》《大公报》《益世报》，等等。这场论争被称为中国社会性质论战。②《新思潮》是代表中国共产党的立场，其代表人物有张闻天、何干之、潘东周、王学文、吴亮平、李一氓、向省吾等。《新生命》代表国民党的立场，其代表人物有周佛海、陶希圣、梅思平等；《食货》杂志是陶希圣办的一个

① 胡绳主编《中国共产党的七十年》，中共党史出版社1991年版，第110页。

② 关于社会性质的讨论，相关资料集与研究著述都已经有相当的积累，参见何干之编著《中国社会性质问题论战》，生活书店1937年版；何干之编著：《中国社会史问题论战》，生活书店；中国农村经济研究会编：《中国农村社会性质论战》，新知书店1936年版；高军：《中国社会性质问题论战（资料选辑）》，人民出版社1984年版；梁满仓编：《中国社会性质问题论战》，新华出版社1991年版；中共上海市委党史资料征集委员会主编，周子东、杨雪芳等编著：《三十年代中国社会性质论战》，知识出版社1987年版；温乐群、黄冬娅：《二三十年代中国社会性质和社会史论战》，百花洲文艺出版社2004年版；周全华：《马克思主义中国化学术史》，广东人民出版社2018年版；赵庆河：《〈读书杂志〉和中国社会史论战（1931—1933）》，稻禾出版社1984年版；李爱华：《20世纪二三十年代中国社会性质论战——以"马克思主义中国化"为视角》，博士学位论文，南开大学马克思教育学院，2014年。

学术性刊物，创刊于1934年。《动力派》的主要代表人物有严灵峰、任曙、李季、陈邦国、叶青及刘仁静等，他们的观点和“托陈取消派”基本一致。《革命评论》代表国民党改组派的立场，其代表人物是陈公博。《建设》为南京国民政府建设委员会创办的刊物，创刊于1928年。《中国农村》是中国共产党上海党组织领导的中国农村经济研究会编辑出版的刊物，创刊于1934年，代表人物有薛暮桥、钱俊瑞、王寅生、孙冶方等。

这场论争，是中国学术界、思想界、政治界第一次较为全面深入地集中探讨中国社会性质问题。它关系中国应建设一个怎样的社会，如何建设未来社会的宏大命题，受到普遍关注，有志改造中国的各界人士希望通过社会性质问题的探讨找到未来社会的确切答案。论战深刻地影响了各派的政治论述，也对此后中国史学乃至中国的人文社会科学的发展产生了深刻影响。

一 语境：中国社会性质论争的兴起

中国社会性质论战以史学争论的形式展开。在讨论这一论争之前，需要稍微介绍一下20世纪初开始的史学革命。

1901年，梁启超发表了《中国史叙论》；1902年，他又发表《新史学》，吹响了中国近代史学革命的号角，得到了许多新学家的赞同、拥护。梁启超主张建立史学研究的新范式，主张将史学研究的重心由王公将相、帝王家谱，转向社会发展与民众生活。在他的倡导下，史学研究方法、对象都开始发生变迁，中国史学的近代化由此开始，政治史独占史学的格局被打破，经济史、社会史、文化史、思想史、科技史、学术史等史学门类逐渐发生、成长。社会史的发生、成长，与中国社会性质论战研究关系密切。20世纪初的史学变革中，社会史研究的内容，大体分为两个层面，一是对社会结构和发展规律的探讨，二是与政治相对的日常社会生活的研究。① 实际上，如梁启超等人所说，那时社会史研究的初衷，是寻求社会进化的“公理公例”。② 而时人对于这一目标的关注，实与寻求富强的现实需要密不可分。这一阶段，国人已开始关注中国在整个人类社会进化史上所处的层级，希望通过对西方历史的梳理和分析，廓清人类进化的奥秘，警醒国人循着人类进化梯级不断迈进，扭转对外竞争中的不利局面，实现国家进化和民族复兴。

就社会史的第一个层面而言，政治史的地位开始削弱，而传统史学较少关注的商业、经济、婚姻、风俗、文化等方面，则受到更多的关注，大大拓宽了中国史学的研究范围。就第二个层面而言，社会史含有内外两层意思，对内探讨中国的各种社会现象及其社会性质，对外要发现中国社会发展的特质，以及中国在世界民族国家序列中的位置。甚至可以说，对于中国社会性质的关注，实际上是为发现世界历史中的中国服务的。简言之，新的历史研究应该以社会整体为研究对象，并且注意探求社会发展的规律和通则。③ 这两方面相辅相成，不可偏废。

晚清开始的关于中国在历史行程中所处层级的探讨，有一显著特点，即循环史观逐渐退出历史舞台，而进化论、社会有机论逐渐风靡，成为解释社会性质和社会发展的概念工具。特别是在进化学说的影响下，西方史学解释人类社会发展的各种学说，经过日本稗贩传播至中国，产生了巨大影响。其中，甄克思的《社会通诠》所构建的人类历史进化阶梯图景，产生的影响尤为重大。西方史学

---

① 参见俞旦初《二十世纪初年中国的新史学思潮初考》，《史学史研究》1982年第3期；《二十世纪初年中国的新史学思潮初考（续）》，《史学史研究》1982年第4期。

② 张佛泉：《梁启超国家观念之形成》，《政治学报》（台北）第1卷第1期，1971年9月；［法］巴斯蒂：《中国近代国家观念溯源——关于伯伦知理〈国家论〉的翻译》，《近代史研究》1997年第4期。

③ 王汎森：《晚清的政治概念与“新史学”》，《近代中国的史家与史学》，复旦大学出版社2010年版，第21—26页。

关于人类社会发展范式大致循着氏族社会、君主社会、民主社会，或者蛮夷社会、宗法社会、军国社会的进化路径的说法，一度是中国史学观察社会历史的主流说法。杨度所著《金铁主义说》即以甄克思的说法来观察中国在社会进化阶梯中所处的层级，认为中国社会处在由宗法社会向军国社会的过渡阶段，并提出了系统的关于使中国尽快完成由宗法社会到军国社会的转型的系统方案，即实行立宪，实行金铁主义。大体言之，这是从组织结构演化的方向探讨人类社会发展的取向。在这个过程中也开启了清末民初中国史学研究的科学化。民初，尤其是新文化运动以后的史学研究，越来越受到西方自然科学和社会科学的影响，逐渐超越传统中国史学范畴，成为新史学。随着史学科学化的进程，中国史学传统中的考据方法因为接近科学的研究方法而得到胡适、傅斯年等人的倡导，学术界望风景从，渐成风气。不过，这种风气不断演化的结果，却造成学界重视史料考证而轻视历史阐释，历史研究缺乏系统性，缺乏宏阔视野，也缺乏社会关怀。

新文化运动后，不少人试图弥补实证史学的缺陷，注意借助经济学、地理学、考古学等科学理论去解释历史现象。这一时期的一些史学理论著作，如李大钊《史学要论》、李璜《历史学与社会科学》等，都强调社会科学对历史学的重要意义，尝试用社会科学理论去诠释历史。于是，社会史研究进入新阶段，尤其是伴随唯物史观的输入，社会史研究的路径越来越丰富多元，为社会史的争鸣与中国社会性质论战准备了条件。

中国社会性质论战之前，包括中国共产党、国民党在内的国内政治派别已经开始探索社会性质问题。1922 年中共二大提出了推翻国际帝国主义压迫、消除内乱、打倒军阀的最低革命纲领，这从侧面反映了中共当时对社会性质以及社会主要矛盾的认识。[①] 此

① 中央档案馆编《中国共产党第二次至第六次全国代表大会文件汇编》，人民出版社 1981 年版，第 3—8 页。

后，不少共产党人已有了中国社会是半封建、半殖民社会的认识萌芽。瞿秋白就认识到，在帝国主义的不断扩张中，广大农村小农破产，外国货物侵占市场，工业农业都已失去独立发展的地位，完全沦为“帝国主义经济之附庸”①。帝国主义不容中国经济自主发展，本土经济的资本主义化有如泡影，而退回传统小农经济又势所不能，中国的发展处在进退两难之中。在这中间，残存的“半封建”经济势力，充当了帝国主义侵略中国的工具，因此“铲除中国的半封建的土地关系”，是首要的历史任务。② 1925 年底 1926 年初，蔡和森就指出，东方各国的革命，与已经完成资产阶级民主革命的发达资本主义国家不同，“这些国家仍停留在农业经济里面，而受帝国主义的侵略，旧的生产已经崩坏，政治独立日渐丧失，而完全附属帝国主义，土著资本主义不能发展而变帝国主义的市场或采取〔集〕原料的场所，但多半未经德谟克拉西的革命，新的军队或无产阶级尚未十分壮大，而旧的小手工业和农民又逐渐流为土匪了。由此可知中国共产党的政治责任是什么了。中国共产党的政治环境是资产阶级德谟克拉西尚未成功，而是半殖民地半封建的，中国共产党不仅负有解放无产阶级的责任，并且负有民族革命的责任”。③ 他对中国社会的性质，中国革命的性质、任务与目标的论述已很清楚，并明确地提出了“半殖民地半封建”的概念。1928 年 11 月，蔡和森又说，一方面，“中国是半殖民地”，应该“拿着武器反对帝国主义”；另一方面，农民在“半封建半农奴制（佃田制）”的剥削压迫之下，

① 瞿秋白：《现代中国的国会制与军阀——驳章士钊之“论代议制何以不适于中国”》（1923 年 5 月 7 日），《前锋》第 1 卷第 1 期，1923 年 7 月。

② 瞿秋白：《中国革命是什么样的革命?》，中共中央文献研究室、中央档案馆编《建国以来重要文献选编（一九二一——一九四九）》第 4 册，中央文献出版社 2011 年版，第 687 页。

③ 蔡和森：《吾党产生的背景及其历史使命》（1925 年底—1926 年初），《中国共产党第一次全国代表大会档案文献选编》，中共党史出版社 2015 年版，第 51 页。

"封建残余，在全中国还占很重要的地位"。[①] 李达在 1926 年 6 月出版的《现代社会学》中提出，由于国际帝国主义的侵略，中国已沦为"国际的半殖民地"，"中国年来之国民革命运动，其殆为帝国主义侵略之反响也欤！"[②] 可以说，在论战开始之前，中共已经基本形成现代中国社会是半殖民地半封建社会的话语雏形。这一点，从大革命后退党的一些原共产党人的有关论述也可以看出来。比如，施存统就说，"中国是一个帝国主义统治下的公共殖民地"，"是一个国际帝国主义支配下的宗法封建社会"，革命的任务是"对外打倒帝国主义，对内扫除封建势力，建设非资本主义的社会"。[③]

与此同时，国民党方面的认识也在不断演化。孙中山曾使用"次殖民地"[④] 一词形容列强压迫下的中国现状，并把军阀、官僚、政客视为必须搬除的"三种陈土"。不同于共产党人把军阀、官僚、政客归为封建势力的代表，孙中山仅模糊地将其视为中国革命前进过程中的障碍物，"否认了中国存在着阶级和阶级斗争，因而最终也未完成对于国情完全科学的真切认识"。[⑤] 1924 年，《国民党第一次全国代表大会宣言》中提出："海禁既开，列强之帝国主义如怒潮骤至，武力的掠夺与经济的压迫，使中国丧失独立，陷于

---

① 蔡和森：《中国革命的性质及其前途》，《蔡和森文集》下册，湖南人民出版社 1979 年版，第 199 页。

② 李达：《现代社会学》，汪信砚主编：《李达全集》第 4 卷，人民出版社 2016 年版，第 175—176 页。

③ 施存统：《中国革命底理论问题》，《现代中国》第 2 卷第 1 号，1928 年 7 月 16 日。

④ 孙中山：《三民主义》，东方出版社 2014 年版，第 21 页。或许是受到了孙中山的影响，吕思勉所写的通史教材中也使用"次殖民地"一词。见吕思勉《上下五千年》，陕西师范大学出版社 2018 年版，第 362 页。

⑤ 章开沅：《孙中山与中国国情》，载《章开沅文集》第 3 卷，华中师范大学出版社 2015 年版，第 56 页。孙中山的国情观，参见林家有《孙中山与近代中国的觉醒》，中山大学出版社 2014 年版，第 86—93 页。

半殖民地之地位。"[①] 在此基础上，国民党提出了对外取消帝国主义在华不平等条约，争取国家独立自主，对内实施三民主义的各项政治经济制度等政策纲领。

当时中国面临的国际环境甚为复杂，共产国际及苏联为了探求世界革命道路，也开始思考中国社会性质问题。列宁认为中国是一个半封建的落后农业国家，后来又把中国、土耳其等国家一起归入半殖民地国家的行列。[②] 在苏共内部，斯大林与托洛茨基等人对中国社会现状的认识，一直存在分歧。托洛茨基认为，当时的中国社会，传统封建势力已不是最主要的敌人，帝国主义势力支持下的资产阶级已成为拥有实际权力的政治精英，中国无产阶级应该联合起来，进行针对资产阶级的斗争，而中国革命应该走"非资本主义的发展道路"。斯大林则认为，中国革命的主要敌人，是以军阀、官僚和"封建主"为代表的封建势力，他们阻碍了中国革命的发展。在此基础上，斯大林坚定地认为，中国革命是反帝与反封建相结合的民族民主革命。[③] 这些看法后来对国内论争的影响非常大。

1928 年 7 月，中国共产党第六次全国代表大会召开，会议深入分析了中国面临的国际国内环境，以及当时的经济、社会、政治的发展状况，最后通过的决议案正式提出：中国的土地关系是"半封建制度"，农村的社会经济制度，"完全受过去的封建制度之余毒束缚着"。所以中国的经济政治制度，"应当规定为半封建制度……土地关系的特点，很明显的是半封建制度"。决议案还提出，"中国现在的地位是半殖民地，因此中国农村经济的资本主义

① 《中国国民党第一次全国代表大会宣言》，《孙中山全集》第 9 卷，中华书局 2011 年版，第 114 页。

② 列宁的《中国的民主主义与民粹主义》《帝国主义是资本主义的最高阶段》有详细论述，参见李爱华《20 世纪二三十年代中国社会性质论战——以"马克思主义中国化"为视角》，博士学位论文，南开大学马克思教育学院，2014 年，第 59—61 页。

③ ［美］阿里夫·德里克：《革命与历史：中国马克思主义历史学的起源，1919—1937》，翁贺凯译，江苏人民出版社 2005 年版，第 51—55 页。

进化，有特殊的性质。中国农业资本主义化的过程是在一般的经济停滞状态之中，尤其是农业经济的停滞。这是中国与其他各国不同”。[①] 从此，在党的文献中正式确认了“半殖民地”“半封建”的说法，并认定当时的中心任务是“反帝反封建”。

中共六大的论断在国内知识界引起了广泛的讨论。究其原因，中国社会性质不仅关系到中国往何处去，更直接决定了未来中国革命的对象、动力、方法、步骤以及革命的前途等重大问题。社会性质与社会史论战的主要议题包含亚细亚生产方式、中国是否存在奴隶制度、中西封建异同、秦汉至鸦片战争前后的中国社会制度、近代中国的社会性质等几个方面。其中，关于社会性质的讨论是社会史论战的导火线，也最能反映论战中各方的思想立场与政治诉求。这中间，既有倾向马克思主义的“新思潮派”（以《新思潮》为主要阵地），也有持“托陈取消派”立场的“动力派”（以《动力》为主要阵地）、国民党改组派，而其他政治立场相对中立或者不鲜明的学者参与论争的也不少。他们从各自的立场出发，以论争或研究的形式表达关于社会性质的认识，使这场论战一开始就带有较强的学术色彩和研究性质。但更值得注意的是，学术观点的激烈竞争折射出当时社会各界对中国未来走向的各种设想，这既是一场学术争鸣，更可以看作一场政治观点的较量或者政治路线之争。甚至可以说，“对中国社会史意见之不一致，主要是由于各种不同的政治成见在横梗着”。[②]

这次论战以讨论中国社会性质为开端，进而追溯整个中国社会发展史，希望通过探寻古代社会发展轨迹，从历史上寻求根据，然

---

① 《土地问题议决案》，中共中央文献研究室、中央档案馆编：《建党以来重要文献选编（一九二一——一九四九）》第 5 册，中央文献出版社 2011 年版，第 409—414 页。

② 吕振羽：《是活的历史还是死的公式》，《文化动向》第 1 卷第 3 期。转引自左玉河《政治性与学术性：中国社会史论战的双重特性》，《史学月刊》2019 年第 7 期。

后从社会性质出发，观察现实，解答问题，并预测未来走向。[①] 这一点，郭沫若已有十分敏锐的观察，他在为《中国古代社会研究》所写序言中开宗明义地说："对于未来社会的待望逼迫着我们不能不生出清算过往社会的要求。古人说：'前事不忘，后事之师。'认清楚过往的来程也正好决定我们未来的去向。""我们把中国实际的社会清算出来，把中国的文化，中国的思想，加以严密的批判，让你们看看中国的国情，中国的传统，究竟是否两样!"[②] 此立意当时即有人追随，何干之也认为："为着彻底认清目下的中国社会，决定我们对未来社会的追求，迫着我们不得不生出清算过去社会的要求。中国社会性质，社会史的论战，正是这种认识过去，现在，与追求未来的准备工夫。"[③]

各方之所以关注社会性质的探讨，根本原因就如后来毛泽东所说，"只有认清中国社会的性质，才能认清中国革命的对象、中国革命的任务、中国革命的动力、中国革命的性质、中国革命的前途和转变"。认清中国社会的性质，"乃是认清一切革命问题的基本的根据"。[④] 如果没有对中国社会性质的真切认识，就无法决定中国革命往何处去，这个问题困扰着当时很多人。陶希圣那时也提出："中国的革命，到今日反成了不可解的谜了。革命的基础是全民还是农工和小市民？革命的对象是帝国主义和封建势力，还是几个列强和几个军阀？这些重要的问题都引起了疑难和论争，论争愈烈，疑难愈多。要扫除论争上的疑难，必须把中国社会加以解剖；

① 李红岩：《从社会性质出发：历史研究的根本方法》，《中国史研究》2017 年第 3 期。

② 郭沫若：《中国古代社会研究》，《郭沫若全集（历史编）》第 1 卷，人民出版社 1982 年版，第 6、9—10 页。

③ 何干之：《中国社会性质问题论战》，生活书店 1937 年版，第 4 页。

④ 毛泽东：《中国革命和中国共产党》，《毛泽东选集》第 2 卷，人民出版社 1967 年版，第 596 页。

而解剖中国社会，又必须把中国社会史做一决算。”[①] 相对中立的王礼锡认为，“中国社会的性质是一个很重要的问题，如果没有正确的认识，很难确定中国政治的前途”。[②] 可以看出，从中国社会性质的讨论，延至整个中国社会史的探讨，其终极关怀均指向国家社会未来的前途和方向。这场论战表面以一种反身向后，回溯社会发展史的“清算”面貌出现，但其动机及立意却是面向未来的。

其实，论争的参与者大都有同样的动机。蔡和森认为：“我们在中国革命中所犯的错误，首先在对于中国革命性质之不正确的观点。”[③] 何干之后来总结社会史论战的全过程时说道：“由目前的中国起，说到帝国主义侵入前的中国，再说到中国封建制度的历史，又由封建制说到奴隶制，再说到亚细亚生产方法。所有这一切，都是为了决定未来方向而生出彻底清算过去和现在的要求。”[④] 特别是大革命失败后，很多人不约而同地提出重新研究社会性质等“理论问题”，找出过去革命策略所犯的“论理的错误”，“以指导今后的革命运动”。[⑤] 或许可以说，在大革命失败的刺激下，包括共产党在内的各党派开始重新深入思索中国社会性质问题，试图通过学理层面分析革命理论与实践的相互关系，进而找到前进的方向。

第一次国内革命战争时期犯了右倾错误的陈独秀，这时在党内发表意见，认为中国的封建势力已经逐渐式微，自国际资本主义侵入中国，“资本主义的矛盾形态伸入了农村，整个的农民社会之经

---

① 陶希圣：《中国社会之史的分析（外一种：婚姻与家族）》，商务印书馆 2017 年版，第 3 页。

② 《编者的话》，《读书杂志》第 1 卷第 1 期，1931 年 4 月 1 日。

③ 蔡和森：《中国革命的性质及其前途》，《蔡和森文集》下册，湖南人民出版社 1979 年版，第 200 页。

④ 何干之：《中国社会性质问题论战》，第 4 页。

⑤ 施存统：《中国革命底理论问题》，《现代中国》第 2 卷第 1 号，1928 年 7 月 16 日。孙倬章：《中国经济的分析·自序》，载钟离蒙、杨凤麟主编《中国现代哲学史资料汇编续集》第 14 册，1984 年版，第 69 页。

济构造，都为商品经济所支配”。[①] 后来他又重申，“自国际资本主义打破了中国的万里长城，银行工厂铁路电线轮船电灯电话等所有资本主义社会的形式，都应有尽有，已经形成了官僚买办的资本主义”。到欧战前后，更是进入了大工业资本时代，商品生产、消费及货币经济，连穷乡僻壤都达到了，“自然经济已扫荡殆尽”。[②] 概言之，经过第一次大革命的冲击，封建残余已经受到沉重打击，“变成残余势力之残余”；从经济上，中国社会已经资本主义化。[③]

这些言论挑战了中共六大做出的关于社会性质与革命任务的决议，不仅在党内引起争论，在社会上也造成较大影响，从此社会性质的讨论逐渐开始向全社会论争的层面演化，进而引发了影响深远的社会史论战。考虑到陈独秀言论在中共内外产生的影响，1929年中共的六届二中全会决定对其错误行为“予以理论上的指斥，组织上的制裁”[④]。随后，中共的机关刊物陆续发表文章，对其展开针锋相对的批判，并援引大量数据资料，从商品生产、资本、工业等角度，系统分析帝国主义、封建势力以及资产阶级在中国的现状，证明帝国主义对华投资以及城市大工业的发展，并未使中国社会走向资本主义；相反，封建的剥削关系仍然占据优势地位。这种论述进一步强调了坚持反帝反封建的革命方向的必要性。[⑤]

大致同时，共产党之外的思想界也在开始探索中国社会的基本

---

① 陈独秀：《关于中国问题致中共中央信》（1929年8月5日），高军等编：《中国现代政治思想史资料选辑》下册，四川人民出版社1986年版，第8页。

② 陈独秀等：《我们的政治意见书》（1929年12月15日），中共中央党史研究室第一研究部编：《共产国际、联共（布）与中国革命文献资料选集》，北京图书馆出版社1998年版，第375—376页。

③ 陈独秀：《关于中国革命问题致中共中央信》（1929年8月5日），高军编：《中国现代政治思想史资料选辑》下册，第9页。

④ 《中国共产党第二次中央全体会议的决议与精神（中共中央通告第四十号）》，《布尔塞维克》第2卷第9期，1929年8月1日。

⑤ 立三：《中国革命的根本问题》，《布尔塞维克》第3卷第2、3期合刊，1930年3月15日；《中国革命的根本问题（续）》，《布尔塞维克》第4、5期合刊，1930年5月15日。

性质，很多人不约而同地提出“中国社会是一个什么社会”的问题。邓初民在《双十》杂志上发表文章，讨论当下“中国社会是一个什么社会”①。陶希圣在《新生命》杂志第1卷第10号，也发表题为《中国社会到底是什么社会》的文章，意图探讨中国社会的现状。② 何干之在《中国经济读本》引言中，揭示其写作意旨，在于说明“中国经济的性质，说明中国社会是一个什么社会”③，并通过分析帝国主义侵入以后的民族危机与经济状态、经济性质的关系，尝试回答“帝国主义侵入以前的中国社会是一个什么社会”。④

从1930年前后，围绕《新思潮》《动力》《新生命》《读书杂志》等刊物，密集展开了关于中国社会性质的论争，其中《新思潮》先后由创造社、中国社会科学家联盟的成员担任编辑，思想倾向于马克思主义。《读书杂志》则由王礼锡等人创刊，态度相对开放。《动力》由严灵峰等人创办，作者群汇集了任曙、刘仁静等一批“托陈取消派”的成员。《新生命》由戴季陶、陈布雷、周佛海等人在上海发起，陶希圣在上面陆续发表有关中国社会性质和社会历史的文章，后来这些文章汇辑成《中国社会之史的分析》《中国社会与中国革命》等书，由新生命书局出版。除了立场鲜明的政治党派，很多来自社会科学界、文艺界的人士也通过各种刊物陆续发表看法，最终形成了声势颇为盛大的论战场面。

论战的焦点问题包括当下的中国是资本主义国家，还是半殖民地半封建国家；围绕帝国主义、封建主义、民族资本主义三者的关系，论证中国经济的主体形态；外国资本主义入侵后对中国社会经

① 参见周全华《马克思主义中国化学术史》，广东人民出版社2018年版，第139页。

② 陶希圣：《中国社会到底是什么社会》，《新生命》第1卷第10号，1928年10月1日。

③ 刘炼编《何干之文集》第1卷，北京出版社1993年版，第31页。

④ 刘炼编《何干之文集》第1卷，第62页。

济的作用，帝国主义经济与民族资本主义的关系；封建势力是否仍然继续存在，中国农村的社会经济结构，等等。包括马克思主义学者、“托陈取消派”、国民党改组派和《新生命》杂志在内的各方，在具体论点上有若干差异，论战呈现一种多方参与、交错论争的态势。①

二　中国资本主义的性质与发展程度

从中国社会性质论战的相关文献可以看出，不少参与者的论述话语、论述思路与分析方法，大都受唯物史观的影响。他们大都认为，判断中国的社会性质，无论是封建制度还是资本主义制度，必须从中国社会经济的基本面去探讨。除深受马克思主义影响的共产党人有此倾向外，论战的很多参与方，包括以严灵峰、任曙等人为代表的《动力》杂志，也都以不同的方式提出，要了解现代中国社会究竟是怎样的社会，“只有从经济里去探求”。唯有在充分认识经济发展现状的基础上，才能揭示当下中国的基本矛盾。②

有关经济现状的论争，集中在中国资本主义经济的性质与发展程度上，特别是帝国主义与中国资本主义发展之间的关系。对于这一问题，各方认知分歧甚大。《动力》杂志很多作者认为，鸦片战争以后，随着资本主义生产方式的输入，传统的封建经济组织已开始式微，瓦解的趋势不可避免，资本主义生产方式渐渐取得支配地位。如严灵峰认为，农村生产模式虽然在分布上占有优势，然而在中国境内，“都是资本主义成分占领导地位”，“中国毫无疑议的是

① 《薛暮桥回忆录》，天津人民出版社 1996 年版，第 64 页。

② 李达：《中国产业革命概观》，《李达文集》第 1 卷，人民出版社 1980 年版，第 388 页。

资本主义关系占领导的地位”。他举例说，中国很僻远的农村中都要购买洋油、火柴等日常生活工业品，假使这种工业品在城市发生恐慌，马上会引动到农村；这便证明，“乡村再生产行程不但靠城市的再生产行程，并且依赖于国际市场交换的顺利进行”。简言之，中国经济已经成为世界资本主义经济中的一环，中国农业经济的再生产，要依赖城市工业的资本主义经济再生产，“是无可否认的事实”。①

任曙也对资本主义经济对于中国的影响抱有相当正面的评价。他说，鸦片战争以来，中国发生了急剧的变动，“这一变动的原动力便是帝国主义经济的侵入。由此才有新的都市以及外与世界市场内与穷乡僻野相联系的新式商业，新式农业，新式工业，以及金融经济”。自从近代资本主义经济开始繁荣，传统农村经济及城市手工业，便已渐渐失去了对于整个经济问题的决定意义，而让位于资本主义经济。他强调：“近代资本主义在中国农村经济中取得支配地位，以及在全部中国经济生活中取了决定意义，不是由于中国整个资本主义内在的发展，而是因为帝国主义向中国输入商品的关系，这是尽人皆知的事实。”② 换言之，帝国主义的侵略以及对自然经济的破坏，为资本主义的发展准备了条件。任曙列举了诸多数据，论证这一观点，但是他的认识在抹杀中国资本主义内部发展历史的同时，也未充分估计帝国主义经济侵略的危害，继而对帝国主义经济的本质缺乏深入的认识。

严灵峰回顾中国资本主义的发展史，注意到铁路等技术设施的引入对于中国资本主义的重要作用，“自从铁道建筑以后，中国资本主义才开始发展”。铁道的建设最初还是为帝国主义运输商品，然而，因为建设铁道的工程不得不输入种种先进技术，继而开采矿

---

① 严灵峰：《中国是资本主义的经济，还是封建制度的经济?》，《动力》第1卷第1期，1930年7月15日。

② 任曙：《中国经济研究绪论》，见高军编《中国社会性质问题论战（资料选辑）》人民出版社1984年版，第422页。

山、筹设工厂，都是帝国主义输进新式技术之后才有可能实现的。有了新式技术的帮助，加上中国的廉价劳动与丰富的天然资源，不管原始积累如何薄弱，总能多多少少地使资本主义的生产方式“萌芽发叶”。严灵峰反复强调，目前中国资本主义不算特别发达，也未达到与欧美先进资本主义国家相媲美的地步，但是，“帝国主义侵入中国以后，或更确切些指出自 1911 年辛亥革命以后，虽然，中国受帝国主义的束缚日益坚固；虽然在有封建残余的条件之下；虽然，历年不断地有国内战争的破坏。然而，中国社会经济资本主义化的过程，还是有蒸蒸日上之势”。同时，资产阶级在社会上“政治作用之扩大”，也反映出“中国社会内部资本主义成分的增高”。①

然而在马克思主义者看来，中国没有巨大资本，没有自由劳动者，也没有新式机械出现，“竟然变成一个资本主义社会，这才是奇迹，才是不可解之谜”。② 针对严灵峰认为生产技术的进步对于中国经济的促进作用，潘东周在承认帝国主义带来新式资本主义的生产技术，给中国落后的生产方式一个沉重打击，推动中国经济组织的变革，客观上构成了民族资本主义经济不断发展的条件的同时，指出这是无意识的结果，而且只是作用的一方面，帝国主义还有另一面，即“直到现在帝国主义很少能改变农村的生产技术与生产组织，仍然是在中国原来生产技术与组织之下，加紧一种商业资本主义及高利贷的剥削”。③ 在潘东周看来，帝国主义的本质就是掠夺和剥削，这一层动机决定了帝国主义带来的影响乃是弊远大于利。

---

① 严灵峰：《中国是资本主义的经济，还是封建制度的经济?》，《动力》第 1 卷第 1 期，1930 年 7 月 15 日。

② 杜鲁人：《中国经济读本》，《中国社会性质问题论战（资料选辑）》，第 860 页。

③ 潘东周：《中国经济的性质》（1930 年 4 月 5 日），《新思潮》第 5 期，1930 年 4 月 15 日。

潘东周严厉批评严灵峰所提出的“中国经济资本主义化”，资本主义已占据中国经济的统治地位的看法。他说，我们“绝不是说中国没有资本主义”，也并不否认近代以来中国资本主义取得了一定程度的发展，特别在城市中“已经受了财政资本主义帝国主义的统治”，农村中也已经开始了“资本主义的分化”，但是，封建生产关系仍然支配着农村经济，“封建关系在中国经济中站（占）着优势”。[①] 王学文经过考察后认为，中国资本主义经济没有占得大的区域，在中国经济中也并没有压倒性的优势，“并不是代表中国经济的主要特征”。[②]

潘东周指出，帝国主义商品在中国农村形成了强大势力，农村自然经济承受商品经济的重压，“许多人将这种现象看做即是中国资本主义化的表现，这是一个严重的错误”。商品经济的冲击，以及帝国主义经济的支配，这个现象的本身，“并不是中国封建关系的消减，而只是在旧有的生产方法与生产关系之上，加上更紧张的剥夺”。[③] 那时的不少共产党人对此有清醒的认识，张闻天进一步揭示帝国主义经济的本质，就是把包括中国在内的殖民地半殖民地国家“变成它的原料出产地”。[④] 李立三也认为，帝国主义经济发展的动力即在于把殖民地国家变为它们的附庸，不会对殖民地经济的独立发展产生促进作用，“殖民地是世界帝国主义发展的有机的组成的一部份，如果殖民地经济走上独立的资本主义发展，帝国主义便失去了商品的市场与原料的供给，便是帝国主义经济基础的根本动摇。……尤其是不会直接帮助中国工

① 潘东周：《中国经济的性质》（1930 年 4 月 5 日），《新思潮》第 5 期，1930 年 4 月 15 日。

② 王昂：《中国资本主义在中国经济中的地位及其发展前途》，《中国社会性质问题论战（资料选辑）》，第 192 页。

③ 潘东周：《中国经济的性质》（1930 年 4 月 5 日），《新思潮》第 5 期，1930 年 4 月 15 日。

④ 刘梦云：《中国经济之性质问题的研究——评任曙君的〈中国经济研究〉》，《中国社会性质问题论战（资料选辑）》，第 529 页。

业的发展"[①]。更何况，帝国主义经济的发展也面临严重的问题，"生产的发展和市场的枯竭，已是成为极严重的危机"，这就使帝国主义无法对殖民地做丝毫让步。[②]

严灵峰等对于帝国主义与中国资本主义发展的关系，抱有不切实际的幻想。严灵峰认为，帝国主义的侵略，使中国经济加入国际经济体系之中，从而与帝国主义发生更密切的联系，参与到资本主义生产的过程，甚至由此提出，帝国主义的资产阶级只是"相对的阻碍中国民族工业发展"。他坚持认为，"不但后进国的殖民地和半殖民地要供给先进的宗主国以原料，并且宗主国也时常供给殖民地和半殖民地的原料"。[③] 可见，严灵峰片面夸大了帝国主义对中国资本主义经济发展的积极作用，而严重低估了其对于中国经济的危害，以及在经济驱动下政治、军事等全方位侵略的恶果。

严灵峰、任曙等人特别强调帝国主义在中国的经济力量，并将其视为中国经济不可分割的一部分，甚至当作中国资本主义向前发展的标志，模糊了中外资本主义的本质差异。任曙说："我们研究中国资本主义时，绝对不应当在整个资本主义中给它划分一个界限，认为这是国货的资本主义，那是洋货的资本主义。否则足以混乱自己的观点，使自己不自觉的陷在资本主义的泥坑之中而不能自拔。"[④] 同时，任曙列举了诸多数据，欲证明中国对外贸易已经和"一战"前后的俄国相差无几，个别地区平均贸易量甚至要超过日本等国家，并以此质问：中国资本主义发展到这个程度，"是幼稚吗？落后吗？"他并且声明，"我们此处所说的中国

---

① 李立三的论述，参见严灵峰《再论中国经济问题》，《动力》第1卷第2期，1930年9月30日。

② 立三：《中国革命的根本问题（续）》，《布尔塞维克》第4、5期合刊，1930年5月15日。

③ 严灵峰：《再论中国经济问题》，《动力》第1卷第2期，1930年9月30日。

④ 任曙：《中国经济研究绪论》，《中国社会性质问题论战（资料选辑）》，第470页。

资本主义，不是资本主义经济学派那种偏狭的误解的中国民族内的资本主义，而是中国地域内的——中国的和外国的一并计算在内的”。[①] 这样做，实际上是同质化对待中外资本主义，将侵略型的帝国主义经济成分当作判断中国当下发展阶段的重要依据。毫无疑问，这会误导对于社会性质的判断，以至于取消反帝革命任务。

对于严灵峰和任曙论述中流露的中国资本主义在外国资本主义影响下不断发展，王学文表示深刻的怀疑。王学文认为，中国资本主义经济力量还很薄弱，严灵峰、任曙两人鼓吹中国商品经济发展，认为资本主义经济支配了中国经济，而“封建关系成为残余或残余底残余已无支配中国经济的力量”，其动机“在于用商品经济的发展来证明封建关系的无力”。这种看法严重忽视了中外资本主义的差别，将导致严重的后果。他激烈批评道，这种错误观点，源于不理解“支配的生产关系与被支配的生产关系的区别”，从而将中外资本主义视为“无差别的统一物”，只看到了“共通性”，忽视了其间的“对立和差别”。事实上，外国资本主义商品输入中国，中外经济联系不断扩大，“那只是表示外国资本主义对中国经济的侵略，破坏中国旧经济的一种力量，决不能表示中国资本主义的发展”。[②]

中国对于国际资本主义的参与，并不是严灵峰等人所设想的促进中国参与国际大分工，进而推动资本主义化。严灵峰等人的言论客观上有为帝国主义侵略张目的危险，很多共产党因此批评严灵峰等人成了“帝国主义辩护士”。《新思潮》杂志的不少作者强调，国内外的经济地位与经济联系是不平等的，中国在所谓世界经济体系中处于弱势地位。中国经济，虽然说是世界经济“联环的一环”，但世界经济中占支配地位的是帝国主义发达国家，“中国经

① 任曙：《中国经济研究绪论》，《中国社会性质问题论战（资料选辑）》，第443页。

② 思云：《中国经济的性质是甚么？——评中国几位社会科学家的见解》，《中国社会性质问题论战（资料选辑）》，第515—517页。

济却是被支配的经济之一个形态”。[①] 张闻天认为，帝国主义之所以创造和扩大中国市场与资本主义的关系，“并不是为了要发展中国的资本主义使中国变成一个资本主义国家，而是为了要使中国变成它的殖民地，变成它的附庸”。实质上，它极力破坏殖民地与半殖民地国家的生产力，造成旧式生产方式的崩解，不但无益于中国发展资本主义，甚至“尽量的阻碍中国资本主义的独立发展”。[②]

李达对中国资本主义的发展前景有比较清醒的认识。他认为现代中国的资本主义，在帝国主义的卵翼之下得到了相当的发展，但又受国际帝国主义势力的垄断，“绝没有在它们的掌握中翻过筋斗的可能”。这种情势，几乎是“半殖民地的资本主义的发展的必然性”，绝少进一步发展的余地。除了帝国主义对中国民族资本主义的阻力，还应该看到封建制度的存在，是“发展新式产业的大障碍”。若不扫除封建势力，“中国的产业就没有顺利发展的希望”。李达总结说，“中国一面是半殖民地的民族，同时又是半封建的社会”。故而“打倒帝国主义的侵略，廓清封建势力和封建制度，是中国革命的唯一对象，同时又是发展产业的唯一前提”。[③] 打倒帝国主义，反对封建势力，越来越成为很多人的共识。[④] 所以很多人提出，只有同时消灭了帝国主义与封建势力，才能实现中国国民经济的彻底改造，“这是中国整个经济的前途，也同时是中国资本主义经济的前途”。[⑤]

---

① 思云：《中国经济的性质是甚么？——评中国几位社会科学家的见解》，《中国社会性质问题论战（资料选辑）》，第 517 页。

② 刘梦云：《中国经济之性质问题的研究》，《中国社会性质问题论战（资料选辑）》，第 530—531 页。

③ 李达：《中国产业革命概观》（1929 年），《李达文集》第 1 卷，人民出版社 1980 年版，第 394—558 页。

④ 朱新繁：《中国革命与中国社会各阶级》上集，上海联合书店 1930 年版，第 417 页。

⑤ 王昂：《中国资本主义在中国经济中的地位及其发展前途》，《中国社会性质问题论战（资料选辑）》，第 197 页。

三 封建势力是否已崩坏

与中国资本主义之性质、发展程度相关的是，中国社会中的封建势力究竟是已经崩坏，还是仍然存在着问题。

陶希圣等人宣扬“封建崩坏论”。陶希圣在《中国社会之史的分析》一书中分析说，虽然能把中国社会历史变迁的过程，分作宗法社会、封建社会、资本主义社会三种形态，但“从来没有纯粹的属于某种社会型的社会，而毫没有驳杂的成分存在于其中”。进而言之，中国“宗法势力”“封建势力”都还存在着，但中国的宗法制度、封建制度，则已不复存在。[①] 从春秋战国开始，商业、官僚的出现，“已足够证明当时封建制度的崩坏了”。[②] 他主张把春秋以后到清代划成一个时期，“或命名为先资本主义时期，又或命名为商业资本时期”。

关于近代以前中国社会性质，陶希圣的表述复杂多变，先后用过多种术语，如“城市手工业及商业资本主义社会”“含有封建要素的前资本主义社会”，等等。[③] 而近代以来的中国社会，因为有资本主义生产力不断发展，他据此认为，中国社会是一种“金融商业资本之下的地主阶级支配的社会，而不是封建制度的社会”，从本质上可以称为“商业资本主义社会”。[④] 当时与之类似的说法

---

① 陶希圣：《中国社会之史的分析（外一种：婚姻与家族）》，商务印书馆 2017 年版，第 13—35 页。

② 陶希圣：《中国社会之史的分析（外一种：婚姻与家族）》，第 170 页。另参见方岳（陶希圣）《中国封建制度的消灭》上篇，《新生命》第 2 卷第 3 号，1929 年 3 月。

③ 中共上海市委党史资料征集委员会主编，周子东、杨雪芳等编著《三十年代中国社会性质论战》，知识出版社 1987 年版，第 57 页。

④ 陶希圣：《中国之商人资本及地主与农民》，《新生命》第 3 卷第 2 期，1930 年 2 月。

不少，梅思平在否认中国存在大量封建势力的基础上，提出秦的统一及其之后王朝的治理成果，都依赖于“商业资本阶级政治的成绩”。[①] 不过，与梅思平过分突出商业资本阶级的优势地位不同，陶希圣坚持认为传统中国社会是士大夫阶级占主体地位的社会，士大夫阶级超然于其他各阶级，与农民构成了中国社会的主要阶层。自秦汉以后，到鸦片战争之前的中国社会基本结构，是“以士大夫身分及农民的势力关系为社会主要构造的社会”。[②]

陈独秀那时认为，经过第一次大革命的冲击，封建势力残余已经受到沉重打击，变成“残余势力之残余”。政治上，虽然第一次大革命以失败告终，但无论如何，“终不失其历史的意义”。从此中国历史进入了一个大转变时期，其主要特征是“社会阶级关系之转变”，表现为“资产阶级得了胜利，在政治上对各阶级取得了优势地位”。[③] 陈独秀提出，在大革命失败以后，中国政治暂时建立以蒋介石为首的资产阶级政权，如果仍说中国还是封建社会，等同把资产阶级的行为归罪于封建。陈独秀、王阿荣等 81 人署名的《我们的政治意见书》中说，“我们以为：说中国现在还是封建社会和封建势力的统治，把资产阶级的反动性及一切反动行为都归到封建，这不但是说梦话，不但是对于资产阶级的幻想，简直是有意地为资产阶级当辩护士！其实，在经济上，中国封建制度之崩坏，土地权归了自由地主与自由农民，政权归了国家，比欧洲任何国家都早……土地早已是一种个人私有的资本而不是封建的领土，地主已资本家化，城市及乡村所遗留一些封建式的剥削，乃是资本主义袭用旧的剥削方法；至于城市乡村各种落后的现象，乃是生产停滞，农村人口过剩，资本主义落后国共有的现

① 梅思平：《中国变迁发展的概略》，《新生命》第 1 卷第 11 期，1928 年 11 月。

② 陶希圣：《中国社会之史的分析（外一种：婚姻与家族）》，第 171 页。

③ 陈独秀：《关于中国革命问题致中共中央信》（1929 年 8 月 5 日），高军等编：《中国现代政治思想史资料选辑》，第 9—10 页。

象，也并不是封建产物”。①

《动力》派的严灵峰等人也附和陈独秀的说法。严灵峰认为，封建势力虽然曾经大量存在，但现在随着旧式经济体系的崩溃，帝国主义破坏了封建势力存在的经济基础，地主、官僚、军阀都将面临破产，封建制度已成历史遗迹：“资本主义先进国的商品输入野蛮民族的国家将封建的城壁打破，并征服了封建势力。”“资本主义之前进的历史任务，不但要破坏旧时独立和闭塞的经济制度，并且同时还要破坏了在这种经济制度基础上的人的精神生活和政治生活，换句话说，同时还要破坏旧时的社会制度。”②

在严灵峰看来，资本主义与封建制度在根本上是不相容的，一方的发展必然导致另一方的消解。他进一步说，自帝国主义侵入中国以后，商品侵入农村急剧地加速广大农民的破产，农民破产后逐渐脱离土地，农村生产更趋衰落，“于是乎使旧时靠着剥削农民为生的封建的，半封建的领主，贵族，官僚，也因此站不住脚了”。中国农村，“必定可以发现许多封建和半封建制度遗留下来的陈迹”，然而，这些都不过证实历史进化过程中遗留下来的一些残余，而不能在中国经济生活中占最重要的地位。诚然，这些复杂的封建和半封建的残余，“足以阻碍农村资本主义发展的进程，但也不过障碍罢了”。③ 所以，不管从数量还是质量上，“都是资本主义关系占优势和统治地位；封建势力只是成为过去历史的残骸；决不能重新在中国恢复旧观的，即目前中国封建的残余势力的抵抗，正是表现一种‘回光反照’”。因此，对于“封建势力的复活或复辟，

① 陈独秀等：《我们的政治意见书》（1929 年 12 月 15 日），中共中央党史研究室第一研究部编：《共产国际、联共（布）与中国革命文献资料选集》，北京图书馆出版社 1998 年版，第 376 页。

② 严灵峰：《中国是资本主义的经济，还是封建制度的经济?》，《动力》第 1 卷第 1 期，1930 年 7 月 15 日。

③ 严灵峰：《再论中国经济问题》，《动力》第 1 卷第 2 期，1930 年 9 月 30 日。

则我们可坚决地加以否认”。[①]

大体上，以陈独秀为中心的“托陈取消派”，基本赞成陶希圣关于中国已经进入资本主义社会的说法，但对于陶希圣所谓“封建势力”仍然存在的观点，他们中的一些人则取更激进的态度。王宜昌发表一系列论文，论证中国社会的资本主义化正在完成，而封建制度已然消亡。[②] 李季分析中国社会史演变时总结道，中国自唐虞以前至虞末为氏族社会，即原始共产主义时代，自夏至殷末是亚细亚生产方法时代，自周至周末为封建时代，自秦至清鸦片战争前为“前资本主义”时代，鸦片战争至20世纪30年代则已经进入“资本主义”时代。[③]

这种论断，也得到了国民党改组派的认同。陈公博、顾孟余等人也否认中国还有封建阶级，他们认为，“中国社会，大体讲起来，‘是职业社会’。而不是‘阶级社会’”。阶级的对立的种类，只有中古的封建阶级与农奴，以及近代的资产阶级与无产阶级。“无论由政治上看还是由经济上看，中国现在绝没有封建阶级。”中国的农民问题与土地问题，“决不能在打倒封建制度的口号之下解决”。中国现在的经济，大体“是一个初期资本主义的经济”。中国大部分人群由手工业者、小商人、小农、知识分子与自由职业者组成，“这可以总称之谓‘市民阶级’——用一个通行的然而容易起误会的名词——小资产阶级”。大买办阶级虽然存在，“决不能用来说明中国经济程度与阶级分化”。[④]

---

① 严灵峰：《中国是资本主义的经济，还是封建制度的经济?》，《动力》第 1 卷第 1 期，1930 年 7 月 15 日。

② 王宜昌：《论陶希圣最近的中国经济社会史论》，《中国经济》第 3 卷第 1 期，1935 年 1 月；《中国奴隶社会与封建社会之比较研究》，《文化批判》第 1 卷第 6 期，1934 年 10 月 15 日；《再为奴隶社会辩护》，《文化批判》第 1 卷第 4—5 期，1934 年 9 月 15 日。

③ 李季：《中国社会史论战批判》，神州国光社 1934 年版，第 268 页。

④ 顾孟余：《国民党必须有阶级基础吗?》，《前进》第 1 卷第 3 号，1928 年 7 月。陈公博：《国民党革命的危机与我们的错误》，《贡献》1928 年 5 月。

大约同时，胡适在《新月》杂志发表《我们走哪条路》一文，文章提出要打倒阻碍中国发展的五大恶魔：贫穷、疾病、愚昧、贪污、扰乱。胡适认为，中国的问题全在于“五鬼闹中华”，明确否认封建势力和帝国主义的侵略是中国贫穷落后的造因，“封建势力也不在内，因为封建制度早已在二千年前崩坏了。帝国主义也不在内，因为帝国主义不能侵害那五鬼不入之国。帝国主义为什么不能侵害美国和日本？为什么偏爱光顾我们的国家？岂不是因为我们受了这五大恶魔的毁坏，遂没有抵抗的能力了吗？”进而，他也不同意反帝反封建的主张，认为“悬想一个意义不曾弄明白的封建阶级做革命对象，或把一切我们自己不能脱卸的罪过却归到洋鬼子身上，这也都是盲动”。而主张“在自觉的指导之下一点一滴的收不断的改革之全功”。①

从以上讨论可以看出，从陶希圣到胡适等人大体仍然在袭用封建的旧义，将封建一词限定为传统意义上的封邦建国以及与之相应的宗法制度。从“封建”的传统意义上看，封邦建国制度确已经崩坏，宗法制度也被家族制度取代，只有部分残留于家族制度之内。但是在正统的中国马克思主义史学那里，所谓“封建”，并不专指周代的分封制或欧洲的领主制，而是指一种社会形态，指地主占有土地所形成的对农民的经济控制与经济剥削关系，是一种以社会生产力为基础的基本阶级关系。在马克思主义史学看来，封疆制度的存在是毫无疑问的，而且构成了鸦片战争以前中国社会长时段的基本面貌。郭沫若在《中国古代社会研究》中提出，“秦统一了

① 胡适：《我们走哪条路》，《新月》第2卷第10期，1929年5月。因为胡适不主张反帝反封建，后来遭到王礼锡的批判：“自五四运动一直到现在，没有反对过帝国主义，且根本不认识帝国主义在中国产业发展前途的障碍。……并根本否认帝国主义足为中国的障碍。口口声声嚷着‘贫穷’，而伏贴于帝国主义剥削之下口口声声叹息自己的不争气。实在是无出息的资产阶级的代表！”可参见王礼锡《活文学史之死》，《读书杂志》第1卷第3期，1931年6月。

天下以后，在名目上虽然是废封建而为郡县，其实中国的封建制度一直到最近百年都是岿然地存在着的”。尽管这期间中国不断在改朝换代，“但是生产的方法没有发生过变革，所以社会的组织依然是旧态依然，沉滞了差不多将近二千年的光景”。而秦以后封建制度的经济组织仍旧无恙，“农业方面是成了地主与农夫的对立，工商业是取的行帮制，就是师傅与徒弟的对立”。这些确立了社会经济上中国封建制的基本特征。那些固守概念不知变通的人，“说中国的封建社会在秦时就崩溃了，那简直是不可救药的错误”。① 这实际是针对陶希圣等人的言论进行了直接的反驳。

马克思主义者认为，中国仍然是半封建社会，其根本原因在于中国农村拥有大量土地的地主，依靠生产资料的占有，对无地少地的农民进行经济剥削，侵及农民的基本生活，实际上是用“超经济的压迫，去榨取剩余劳动”，“这是封建剥削的本质；维持这种剥削的制度，就是封建制度”。② 他们进而认为，这种封建式剥削不仅仅是一种经济生产方式，更构成了一种阶级关系，是封建社会的典型特征。

马克思主义者把地主阶级与农民阶级的矛盾视为中国农村的基本矛盾，特别是农村中的土地所有制问题更是矛盾的焦点。与之不同的是，国民党改组派的顾孟余认为，中国并不存在地主与农民的对立关系，同时认为中国地主与农民的关系，不类似欧洲式的封建领主与农奴的关系，“而近于一种资本家与劳动者的关系”，也就是说地主实际上是资本家。而且中国农村的土地，也广泛分布在全社会，并未形成集中，也没有地主的独占，有产者在农村中占相对多数。换言之，“中国土地问题的性质，不是封建制度的，而是资

① 郭沫若：《中国古代社会研究》，《郭沫若全集（历史编）》第 1 卷，人民出版社 1982 年版，第 150—155 页。

② 杜鲁人：《中国经济读本》，《中国社会性质问题论战（资料选辑）》，第 838—840 页。

本主义的”。[1] 但马克思主义者发现，中国农村土地占有一个非常显著的特点是，虽然占地极多的地主比较少，但中小地主则特别多，集中于大中小各等地主手里的土地，至少在百分之六十以上，占土地所有者人口三分之二的农民，包括贫农、中农，所占有土地还不到五分之一。此外，“还有极大部分农民完全没有土地”。[2]

对于农村中的土地所有制，很多马克思主义学者通过大量的调查论证后提出，中国农村存在大量以封建土地所有制为基础的剥削关系，并且在实际的社会经济生活中占据支配性地位，而数量庞大的佃农群体面临无地少地、生活艰困的处境，折射出地主与农民的阶级矛盾也是中国社会存在的一个主要矛盾，是必须破除的弊害。这相应地决定了中国农村将成为中国革命的重要战场，从而在一定程度上为农村包围城市的革命路线提供了依据。而在论争中对于土地问题的重视，一定程度上也反映出马克思主义学者根据生产力与生产关系学说，把眼光始终聚焦在农村经济问题上面，为后来的土地革命问题的提出及其实践提供了理论支持。

在对所有制关系客观分析的基础上，潘东周认为，中国经济仍然广泛存在封建关系的残余，主要表现在地主阶级与农民的高度佃租关系，商业资本及高利贷的残酷剥削，以及军阀、官僚、豪绅等的苛捐杂税。[3] 其中尤其以地主对农民的剥削最为深重，以农村租佃制度为表现形式的“封建式的剥削关系”，是中国农村经济发展停滞，农民负担苦不堪言的重要原因。[4] 与帝国主义经济相携而来的商业资本，也没有推动中国社会生产力的发展进步，反而造成了

---

① 顾孟余：《农民与土地问题》，中国人民大学中共党史系等：《国民党改组派资料选辑》，校内用书，第310—311页。

② 吴黎平：《中国土地问题》，《中国社会性质问题论战（资料选辑）》，第231页。

③ 潘东周：《中国经济的性质》（1930年4月5日），《新思潮》第5期，1930年4月15日。

④ 吴黎平：《中国土地问题》，《中国社会性质问题论战（资料选辑）》，第245页。

资产阶级与地主的密切联系，“甚至资本家本人就是地主”。商业资本力量与以地主、军阀、豪绅为代表的“中国封建制度的勾结”，更加紧扩大对农民的剥削。[①]

对于共产党人有关帝国主义与封建势力相结合的言论，严灵峰不以为然。他认为，帝国主义在殖民地扶植封建势力，这种情况是不存在的。恰恰相反的是，自从世界历史发展到帝国主义时代，“不但不保持封建势力而且更加速殖民地资本主义生产方法的发展”。[②] 客观来说，帝国主义与封建势力并非存在不可调和的矛盾，严灵峰显然把帝国主义与封建势力之间的冲突过分夸大，从而将两者简单视为此消彼长的对立关系，而忽视了两者在很多方面的利益一致性，也否认了在一定时期内彼此依存的可能。

四　关于中国革命的性质与前途

中国社会性质论战之所以发生，根本问题是要解决中国革命的性质与前提问题。论战对于帝国主义、资本主义发展以及封建势力的分析，最终的指向是在分析中国社会的基础上，决定革命的性质、对象、动力、策略与前途。包括马克思主义理论家在内，很多参与者不同程度地意识到，只有在对社会性质进行正确认识的基础之上，才能正确理解和把握革命的对象、任务、动力与路线，而社会性质则包括经济构成、政治现状以及社会各阶级的地位及相互关系等面相。即便不认同反帝反封建的严灵峰也明确说，“革命的性质由社会的阶级相互关系来决定”。[③] 如果不认清中国社会性质的

---

① 潘东周：《中国经济的性质》（1930 年 4 月 5 日），《新思潮》第 5 期，1930 年 4 月 15 日。

② 严灵峰：《中国是资本主义的经济，还是封建制度的经济?》，《动力》第 1 卷第 1 期，1930 年 7 月 15 日。

③ 严灵峰：《再论中国经济问题》，《动力》第 1 卷第 2 期，1930 年 9 月 30 日。

基本面貌，不仅容易模糊革命对象，搞不清革命的动力，确立不了政策的政略，对于革命前途的论述也就不可能有说服力。

《新思潮》的作者群，从各方面对中共六大关于社会性质的决议进行了论证。王学文发表文章指出，中国现在的主要生产关系，仍然是封建半封建的形式，“中国主要的经济是封建的半封建的经济，中国主要的经济生活是封建的半封建的经济生活，即是在封建的半封建的关系下的经济生活”。他进一步总结说，中国经济实际处于国内封建、半封建势力和国外帝国主义两重压迫之下，就具体的情形来说，“中国的封建的（半封建的）势力，一面在国内固然有其社会的物质的根据，同时是在帝国主义援助扶持之下代表帝国主义在中国的特权保护其资本的力量”。因此中国经济，“可以说是在帝国主义和其走狗封建的势力压迫之下”，“这实在是中国经济的真正情形”。①

事实上，在论战中陶希圣也承认中国在鸦片战争之后，沦为了半殖民地社会：“自 1840 年以后，中国的先资本主义社会走上半殖民地的路”，一方面受世界资本主义的支配，另一方面封建关系不能肃清，“反与资本主义的成分相结合”。这样一种社会状态，他称之为“以半殖民的地位向资本主义转变”。② 这里他承认世界体系中中国的半殖民地属性，也注意到封建关系的持续存在，但不主张用“半封建社会”一词表述当时中国社会，他认为“‘半封建社会’的名称是最适于自己辩护的。然而所谓‘半’，惝恍不定，可用于宣传，而不宜于研究。中国的农业经济不同于欧洲，所以中国社会，在根本上不同于中世纪的欧洲。‘半’字不能够指出两者根本不同之点”。③

---

① 王学文：《中国资本主义在中国经济中的地位及其发展前途》《中国社会性质问题论战（资料选辑）》，第 190 – 193 页。

② 转引自中共上海市委党史资料征集委员会主编，周子东、杨雪芳等编著《三十年代中国社会性质论战》，第 57—58 页。

③ 陶希圣：《中国封建社会史 · 绪论》，上海南强书局 1930 年版，第 4 页。

因此，陶希圣不主张反帝反封建的革命，而倡议进行“国民革命”。陶希圣指出：“中国社会是含有封建要素的前资本主义社会，现正在外国资本统治之下，由资本主义化，尤其是金融资本与商人资本结合剥削之中，转化为依国民革命而实现的民生主义社会。”① 他的“国民革命”理想，其实仍是在现存政权的领导下，依靠资本主义力量的发展扩充，实现向民生主义社会的过渡。但是，在当时的社会条件下，如果不正视帝国主义侵略与封建势力大量存在的双重困境，如何实现“民生主义社会”恐怕要打上大大的问号。

同样主张中国已经资本主义化的任曙等人则宣称，下一步中国革命的历史任务是实行“非资本主义运动”，也就是主张无产阶级的社会革命。任曙认为，“资本主义在中国现在发展到了摧毁封建经济，支配全国生活，可以实行非资本主义运动的程度”。② 整个中国资本主义尚在发展中，但“历史不容许万分残酷的制度，久存于廿世纪的今日；中国的前途，应当是非资本主义的，亦不容许殖民地化的资本主义有更多的长期发展的可能。一切问题，只在彻底铲除目前这一弥满全国的资本主义意识，建设非资本主义的理论”。他们还认为，中国经济已经发达到俄国战前的状态，有了类似“十月革命”的经济基础，社会革命的条件也已经成熟，“一切宣传中国对外贸易不发展或落后，不过是充分暴露其资本主义代言人的企图，障碍非资本主义的理论和运动罢了”。③ 甚至说，不打倒中国资本主义，就是“很巧妙地掩护资产阶级”④，实际在否认进行资产阶级民主革命的必要性。

---

① 《中国封建社会史·综结》，上海南强书局1930年版，第91—92页。

② 任曙：《中国经济研究绪论》，《中国社会性质问题论战（资料选辑）》，第470页。

③ 任曙：《中国经济研究绪论》，《中国社会性质问题论战（资料选辑）》，第437页。

④ 严灵峰：《再论中国经济问题》，《动力》第1卷第2期，1930年9月30日。

中共则坚持认为，现在是资产阶级民主革命的历史阶段，有必要联合民族资产阶级完成民族民主革命的任务。蔡和森说，现在阶段“中国是半殖民地，中国革命将成为殖民地资产阶级民权革命的模型”。这时候，应该联合民族资产阶级，建立反帝国主义的全国联合战线，“民族资产阶级还有革命作用，还是拿着武器反对帝国主义与封建军阀，与他暂时的共同争斗是必要的”。① 正如蔡和森指出的，严灵峰等人那时片面强调中国资本主义发展与资产阶级力量的壮大，以及其带来的和无产阶级的对立，导致“他们除了无产阶级与资产阶级之外，看不到其他任何阶级”。②

与上述任曙等人的激进方案不同，陈独秀认为，第一次大革命之后，军阀势力遭到沉重打击，而国民党政权已成为以蒋介石为首的资产阶级政权，在国内环境稳定的前提下，有条件继续发展中国的民族资本主义经济，中国进行下一步革命的时机还没有成熟。据此，陈独秀反对中共当时领导的土地革命。他在 1930 年 3 月 14 日发表的《关于所谓“红军”问题》中写道：“完成土地革命，建立苏维埃政权……这种由‘中国式的特点’所推演出来的理论，不但是屈服于农民原始情绪，而且很明显的是‘以乡村领导城市’、‘以游民无产阶级领导工人’的政策。”③ 在现实经济条件下的无产阶级革命，还是一个“不确定的将来”，需要“退却”“防御”。④

对此，刘苏华批评说，“空谈无产阶级革命，而放弃实际的斗争”，便等于“放弃了在现阶段上最具有历史意义的民族解放

① 蔡和森：《中国革命的性质及其前途》，《蔡和森文集》下册，湖南人民出版社 1979 年版，第 199—200 页。

② 刘梦云：《中国经济之性质问题的研究——评任曙君的〈中国经济研究〉》，《中国社会性质问题论战（资料选辑）》，第 565 页。

③ 林茂生等主编《中国现代政治思想史（1919—1949）》，黑龙江人民出版社 1984 年版，第 351 页。

④ 桂遵义：《马克思主义史学在中国》，山东人民出版社 1992 年版，第 102 页。

和完成中国独立运动的任务”。这种行为，“便是帝国主义的走狗底勾当!”① 也就是说，无产阶级革命的历史阶段未到来之前，把未来革命目标提前至当下，是与现实条件格格不入的。当下的历史任务仍是继续完成资产阶级民族革命的使命，把反对帝国主义作为主要目标。在此目标完成之前，侈谈社会主义革命，不仅是不现实的，而且有转移斗争目标、为帝国主义开罪的嫌疑。

换言之，空谈无产阶级革命，客观上有可能阻碍反帝的急切任务。张闻天一针见血地指出，中国革命的现阶段，“有意地要躲避开统治中国的帝国主义而不说”，“企图用各种各样‘左’的空谈抹杀统治中国经济与剥削中国民众的帝国主义”。② 他认为，这种行为实际上是在反对革命。任曙等人努力证明中国的经济已经是资本主义占优势，说中国资产阶级已经取得了政权，论证中国革命是社会主义性质，“所有这些‘左倾’空谈的目的，完全是在于掩饰他们的孟塞维克主义和反革命的实质”，“事实上成了反革命的力量”。③

张闻天对现阶段中国革命的性质、任务、动力进行了全面的分析，反复论证中国的资产阶级民主革命性质，反对直接跨越到社会主义革命。他说：“中国现在所有的，是地主资产阶级的政权，而不是资产阶级的政权，中国革命现在所要建立的，是工农民主专政，而不是无产阶级的专政!”④ 从“打倒帝国主义、地主资产阶级”这一客观任务上讲，绝对不能跳过民主资产阶级革命的阶段，“谁想跳过这一阶级〔段〕，谁就会使中国目前的革命，遭到严重

① 刘苏华：《中国资本主义经济的发展》(1933 年 9 月 5 日)，《中国社会性质问题论战（资料选辑)》，第 753 页。

② 刘梦云：《中国经济之性质问题的研究——评任曙君的〈中国经济研究〉》，《中国社会性质问题论战（资料选辑)》，第 523 页。

③ 何史文（瞿秋白)：《中国的经济和阶级关系——对于方亦如的批评》，《中国社会性质问题论战（资料选辑)》，第 708 页。

④ 刘梦云：《中国经济之性质问题的研究——评任曙君的〈中国经济研究〉》，《中国社会性质问题论战（资料选辑)》，第 568 页。

的失败，谁也就不能取得社会主义革命的胜利。因为只有与广大的农民群众在一起，中国的无产阶级，才能打倒帝国主义地主资产阶级的统治，才能组织广大的贫农群众于自己的周围，进一步地去实行社会主义的革命”。①

另外，张闻天又提出，中国革命的动力“不是资产阶级，而是工人与农民”，他们参加革命的目的，是反对地主、资本家等妨碍他们生产生活的帝国主义与封建残余势力。张闻天对于农民阶级的重视超过当时很多人，他批评严灵峰等人没有认真看待农民群众的力量，“从没有把占中国全人口百分之八十的广大的农民群众放在眼里”。同样，他们也不了解“需要打倒帝国主义地主资产阶级的农民群众，他们参加革命的目的并不是为了社会主义的建设，而是为了要肃清一切阻碍他们发展生产的封建残余。他们是革命的小资产阶级的民主，而不是社会主义者。他们有勇气反对地主资本家的私有财产，向他们的私有财产进攻，以至主张，‘土地的社会化’，以至拥护‘土地国有’的口号，然而他们这样做，并不是为了要共产。他们这样做的目的，正是为了想取得他们自己的私产”。中国的革命，“是反对大资产阶级的，但对小资产阶级的农民，却是有利的”。所以，应当承认资产阶级民主革命，有很大的必要性，而不是“拿将来社会主义革命的空话，取消目前工农的革命！”②

至此，在对中国社会性质进行分析论证的基础上，反帝反封建的革命话语不仅有了客观依据与理论支持，而且证明了其必要性和迫切性，无论在中共党内还是全社会层面的影响不断扩大，相应的革命实践开始走向深入发展。后来中共革命走上农村包围城市、建立农村革命根据地、开展土地革命的道路，正是得益于这一阶段围

① 刘梦云：《中国经济之性质问题的研究》，《中国社会性质问题论战（资料选辑）》，第566页。

② 刘梦云：《中国经济之性质问题的研究》，《中国社会性质问题论战（资料选辑）》，第565、568页。

绕中国社会性质和主要矛盾，以及中国农村土地、人口、阶级、经济等基本面貌而开展的论争。从这个角度而言，20 世纪二三十年代的社会性质论战影响深远，或可以说，它是后来一系列重大转折的起点。

五　中国社会性质论战对现代中国史学的影响

从 20 世纪 20 年代开始，李大钊、李达等人曾经先后利用唯物史观分析中国历史，但其尝试仅止于理论层面，尚未深入到“见之于行事”的实践层面，其解释效力也没有得到充分彰显。另外，熟悉唯物史观的人群相对狭小固定，难以形成有影响力的学术研究社群，社会反响甚为有限。大约从社会性质论战开始，唯物史观和马克思主义学说的解释路径、研究方法、学术理念、基本问题，开始趋于成熟。需要指出的是，如果把唯物史观和马克思主义两种话语体系的建立放回 20 世纪 20—30 年代的历史语境，应着重区分其意识形态与学术化的不同侧面。马克思主义诚然是一种政治主张，但是在当时学术思想脉络里，也是一种新颖的社会科学理论，是以经济学、社会学等新的西方社会科学成果作为基础的学说，具有深刻的社会解释力度，在学术思想领域内更是很快风靡一时。具体表现在唯物史观的传播上，除了在马克思主义学者中间广泛流行以外，更是吸引了包括陶希圣、吕思勉、冯友兰等人在内的很多非马克思主义派学者，充分体现了唯物史观及马克思主义在学术领域具有不可替代的重要价值。

《新思潮》《动力》《读书杂志》等围绕社会性质的论战，发言者背景复杂，有相当一部分人宣称以唯物史观为指导进行社会性质的研究。其中的马克思主义者，更是希望为中共六大提出的半殖民地半封建社会论断提供事实依据与理论支持。郭沫若、吕振羽等人运用唯物史观解释中国古代社会演化发展的历程，开辟了利用马克思主义理论解释中国历史的一条崭新道路。需要注意的是，唯物史观与马克思主义之所以成为社会性质论战的焦点，实际上契合了时人找寻中国历史发展规律，并从中确定未来走向的急迫心态。中国往何处去，中国革命往何处去，那时困扰着许许多多的读书人和青年知识分子。

后来马克思主义者不断完善发展五种社会形态理论，其实顺应了这一思想潮流。1930 年出版的郭沫若《中国古代社会研究》，1934 年出版的吕振羽《史前期中国社会研究》等著作，探讨了中国历史的社会发展规律，并根据马克思主义理论，描绘了古代社会从原始社会、奴隶社会到封建社会不断演进的轨迹，成为时人认识近代中国社会性质的重要根据。这一理论及其围绕中国社会性质而引发的论争，在当时曾引发激烈的争论。但毫无疑问，这种新的解释范式进一步增强了中共六大提出的进行反帝反封建革命的正当性，同时指明了未来中国社会的发展道路，这在当时青年读者中影响甚大。

在社会性质的论争告一段落后，论战方向开始转向社会史领域。除了上述郭沫若《中国古代社会研究》等著作，陶希圣创办的《食货》半月刊也是社会史论战中诞生的成果，刊物旨在研究中国经济社会史，与此前论战中注重社会性质的解释不同，他们开始强调“纯粹的”社会经济史研究，重视史料搜集，研究方向偏重社会、经济层面。社会经济史的研究，仍然受到唯物史观的深刻影响，它同样强调经济因素对于社会发展的重要作用，但其特色在于，它反对经济之于社会的一元决定论，兼取既往经济史与社会史两个研究方向的优势，既注重对经济因素和经济政策的探讨，也注意经济在社会与人民生活层面发挥的重要意义，在原来经济史研究的基础上增加了社会维度，阐明经济发展与社会生活的交互作用，塑造了社会经济史研究的新面貌。

与社会性质论战时期相比，社会史论战的各方虽然在研究方法与对象上有意回避理论之争与政治路线之争，但仔细追究论战中的各种言说，如陶希圣否认中国奴隶社会存在，主张封建制度没落；杜畏之认为中国历史上没有奴隶社会，对亚细亚生产方式的历史阶段提出疑问[①]；胡秋原认为自秦代以后到鸦片战争以前，“中国社会的基础是前资本主义的亚细亚生产”。[②] 其理论依据及阐释路径各不相同，但共同点在于用这些论点否定人类社会发展的规律和法则，突出中国发展道路的特异之处，其目的不仅在反对马克思主义五种社会形态理论的普遍性，也是在质疑中共关于半殖民地半封建社会的论断，并挑战中共提出的各项革命任务的合理性。另外，陶希圣基于对中国历史上官僚制度、士大夫阶级的考察，建议当时的国民党政权防范官僚制度的各项弊端，其基本政治倾向仍是在既存框架下实现有限的变革，实际也在变相主张历史应为现实政治服务，其中包含着个人政治立场的预设。

社会史论战以后的中国社会史论述，明显受到了极大的改造，此后对于中国社会发展的诠释，五种社会形态理论逐渐成为主流。如吕振羽《中国社会史诸问题》，翦伯赞《中国史纲》，范文澜《中国通史简编》，基本都遵循原始社会、奴隶社会、封建社会（半殖民半封建社会）、资本主义社会、共产主义社会的分期方法。以今日眼光来衡量，中国社会的前进方向实与五种社会形态理论所揭示的人类社会发展的公理密不可分，其影响可谓至深且远。从历

---

① 杜畏之认为封建社会直接承继原始社会，否认奴隶社会的发展阶段。他说：“中国没有划然的奴隶社会一阶段，更无东方社会一阶段。……在氏族社会的内部怀育了封建的生产方法，因此，在氏族的废墟上所建立的新制度既非东方的，又非古代的，而为道地的封建社会。”（杜畏之：《古代中国研究批判引论》，《读书杂志》第2卷第2、3期合刊，1932年3月）杜畏之无奴隶社会的观点，与陈独秀十分类似。陈独秀在《东方杂志》发表文章说：“谓古之中国氏族社会后继之以奴隶社会，若古希腊、罗马然者，则大误矣。希腊、罗马由奴隶制而入封建，中国、印度、日本，则皆由亚细亚生产制而入封建者也。”也认为中国没有经过奴隶社会阶段（陈独秀：《〈实庵字说〉之三》，《东方杂志》第34卷第7期，1937年4月1日）。

② 胡秋原：《亚细亚生产方法与专制主义》，参见中共上海市委党史资料征集委员会主编，周子东、杨雪芳等编著《三十年代中国社会性质论战》，第53—55页。

史学发展的角度看，社会史论战也让历史解释的广度大为拓展。从以往关注社会结构，到考察发掘出经济因素对社会、政治的支配作用，这对侧重政治、学术、人物的传统史学是一次相当大的颠覆。从此，经济、物质日益成为诠释历史的重要视角，随之而来的是对下层社会变动的关注，有关经济变迁、普通民众的研究，成为社会史论战以后史学发展的重要分支。这一过程中，各种社会科学如心理学、经济学等进一步嵌入历史研究，逐步实现了历史学与各种社会科学的深度融合，刷新了史学研究的方法，开启了新的研究方向。从学术史发展的角度来说，唯物史观从此成为历史解释的主流范式，并在此基础上塑造了马克思主义史学的基本面貌。从此，中国史学发展的途辙，逐渐从历史考据向历史解释转移，中国史学开始进入新的发展阶段。

社会史论战带给史学的另一大影响，是历史学的社会功能得到重新认识、光大。从过去的鉴往知来、经世济民等各种诉求来看，传统中国史学一直发挥着学术之外的社会功能。进入民国以后，随着现代科学的介绍和传播，为学术而学术、为研究而研究的风气，得到广泛传播和流行，对很多学人来说，让史学成为科学，并进而让史学成为现代学术的一部分，是相当长一段时间内许多专业学人向往和努力的目标。在此背景下，传统史学的社会功能有意无意中受到压抑，史学渐成专门家的高深学问，与社会发展与民生日用似乎渺不相涉。到了 20 世纪 30 年代，随着国难日深，要求研究为现实服务的呼声不断出现。即便像顾颉刚、傅斯年这样的学院派研究者，也在民族主义思想的驱动下，从事更多与现实相关的史学研究活动①，历史与价值之间重新拉近距离，学者不再自我设限在象牙塔，而逐渐承担起“国民的责任”②。后来的社会史论

① 王汎森：《傅斯年：中国近代历史与政治中的个体生命》，王晓冰译，生活·读书·新知三联书店 2012 年版，第 156—169 页。

② 李政君：《变与常：顾颉刚古史观念演进之研究（1923—1949）》，中国社会科学出版社 2020 年版，第 176 页。

战，与其说是学者的一次跨界实践，毋宁说是史学与政治之间关联的再发现过程。这次论战的经过及结果，不断证明历史学不仅是求真求实的现代学术，而且可以为当下政治和社会的发展提供指南。史学不仅研究已逝的历史，也可为将来的发展道路贡献可能的选项。在现代学术与政治发展之间，历史学的角色仍在进一步的探索之中。

1937 年七七事变后，延续了十多年的社会性质与社会史论战硝烟散尽。陈旭麓认为，这场论战的价值在于，一方面是马克思主义者运用唯物史观去研究中国国情问题，探明了中国半殖民地半封建的社会性质，明确了中国的革命方向和革命任务，同时对“托派”、国民党改组派的错误观点进行了批判。在此科学的分析之上，对于毛泽东所提出的革命动力、革命性质等问题，也有了更加明确和深入的认识，坚定了反帝反封建斗争的正确方向。[①] 这中间，关于社会性质的分析、论争以及由此展开的实际调查，都起到了重要作用。陈翰笙后来回忆说，1928—1934 年这 6 年时间里，农村社会调查团的足迹遍及大半个中国，“脚踏实地的调查，真实可靠的第一手材料，加之马克思主义的历史分析方法，使我们终于得出了关于中国社会性质的正确结论”，从此“更明确地看到中国就是一个半封建半殖民地社会，废除封建的土地制度，进行土地革命，是解决农村问题的唯一正确的道路”。[②]

所以那时有人就说：“从那次论战以后这样的结论事实上却已在思想界中无形地揭晓了。现在你随便拉住一个稍稍留心中国经济问题的人，问他中国经济底性质如何，他就会毫不犹豫地答复你：中国经济是半殖民地性的半封建经济。”[③] 1939 年，毛泽东、张闻

---

① 陈旭麓主编：《五四以来政派及其思想》，上海人民出版社 1987 年版，第 519—520 页。

② 《四个时代的我——陈翰笙回忆录》，中国文史出版社 2012 年版，第 47 页。

③ 沈志远：《现阶段中国经济之基本性质》，《新中华》第 3 卷第 13 期，1935 年 7 月 10 日。

天等人在延安完成了《中国革命和中国共产党》，指出自 1840 年鸦片战争以后，中国开启了近代历史的大幕，而中国社会性质从此由封建社会转向半殖民地半封建社会。这篇文章，可以说为社会性质论战中很多人提出的“中国现在是什么样的社会”等一系列问题做了盖棺论定，更重要的是，从此中国革命的方向及其领导者也都有了答案。

主要参考文献

一　报刊

《政艺通报》

《新民丛报》

《民报》（1906 年）

《东方杂志》

《新青年》

《新潮》

《解放与改造》

《教育杂志》

《新中国》

《中国青年》

《向导》

《努力周报》

《学衡》

《读书杂志》（1923，1924 年）

《晨报副刊》

《醒狮周报》

《少年中国学会会务报告》

《旅欧杂志》
《少年中国》
《中华教育界》
《学生杂志》
《觉悟》
《爱国青年》（宁波）
《国家与教育》
《中华基督教教育季刊》
《孤军》
《现代评论》
《国闻周报》
《太平导报》
《新民国》
《新国家》
《新路》
《甲寅周刊》
《华国》
《中国国民党周刊》
《前锋》
《前进》
《贡献》
《现代中国》
《革命评论》
《新月》
《革命行动》
《文学周刊》
《文化动向》
《布尔塞维克》
《新生命》

《动力》
《新思潮》
《中国经济》
《文化批判》
《新中华》（1935 年）
《读书杂志》（1931 年）
《民国日报·中国国民党改组纪念特刊》，1924 年 2 月。

《申报》
《晨报》（北京）
《大公报》（长沙）（1922 年）
《大公报》（天津）
《新闻报》（1923 年）
《民国日报》（1929 年）

二　全集、文集、选集

《毛泽东选集》，人民出版社 1991 年版。

《毛泽东军事文集》，中央文献出版社、军事科学出版社 1993 年版。

《毛泽东文集》，人民出版社 1993 年版。

《周恩来选集》，人民出版社 1986 年版。

《孙中山全集》，中华书局 2011 年版。

《孙中山文粹》，广东人民出版社 1996 年版。

林家有、周兴梁编《孙中山全集续编》，中华书局 2017 年版。

陈红民、才勇编：《中国近代思想家文库》《胡汉民集》，中国人民大学出版社 2014 年版。

梅铁山编：《梅光迪文存》，华中师范大学出版社 2011 年版。

章含之主编：《章士钊全集》，上海文汇出版社 2000 年版。

《章太炎政论集》，中华书局 1977 年版。

夏晓虹编：《饮冰室合集集外文》，北京大学出版社 2005 年版。

孟森：《孟森政论文集》，中华书局 2008 年版。

任建树、张统模、吴信忠编：《陈独秀著作选》，上海人民出版社 1993 年版。

周秋光编：《熊希龄集》，湖南出版社 1996 年版。

何卓恩编：《胡适文集》，长春出版社 2013 年版。

《蔡和森文集》，人民出版社 2013 年版。

桑兵、朱风林编：《中国近代思想家文库本》《戴季陶集》，中国人民大学出版社 2014 年版。

桑兵编：《戴季陶集》，华中师范大学出版社 1990 年版。

汤志钧、汤仁泽编：《梁启超全集》，中国人民大学出版社 2018 年版。

陈正茂、黄欣周、梅渐浓编：《曾琦先生文集》上、中、下册，台北："中研院"近代史研究所 1993 年版。

陈正茂主编：《左舜生先生晚期言论集》下册，台北："中研院"近代史研究所 1996 年版。

《周予同经学史论著选集》（增订版），上海人民出版社 1983 年版。

张君劢：《宪政之道》，清华大学出版社 2006 年版。

《顾颉刚全集》，中华书局 2010 年版。

《谭平山文集》，人民出版社 1986 年版。

梅日新、邓演超主编：《邓演达文集新编》，广东人民出版社 2000 年版。

《邓演达文集》，人民出版社 1981 年版。

《何干之文集》，北京出版社 1993 年版。

少年中国学会编：《国家主义论文集第一辑》（1925 年 3 月 3

日），沈云龙主编《近代中国史料丛刊第九十一辑》影印本，文海出版社，出版年不详。

《瞿秋白文集（政治理论编）》，人民出版社 2013 年版。

《瞿秋白选集》，人民出版社 1985 年版。

《恽代英文集》，人民出版社 1984 年版。

《沫若文集》第 7 卷，人民文学出版社 1957 年版。

三　资料集

中国近代史资料丛刊《辛亥革命》，上海人民出版社 1957 年版。

张枬、王忍之编：《辛亥革命前十年间时论选集》第 3 卷，三联书店 1977 年版。

王桧林主编：《中国现代史参考资料》，高等教育出版社 1988 年版。

北京师范大学历史系选编：《中国近代史资料选编》（下），中华书局 1977 年版。

高军编：《中国现代政治思想史资料选辑》，四川人民出版社 1986 年版。

钟离蒙、杨凤麟主编：《中国现代哲学史资料汇编续集》第 14 册，1984 年版。

夏新华等整理：《近代中国宪政历程：史料荟萃》，中国政法大学出版社 2004 年版。

耿云志：《胡适遗稿及秘藏书信》，黄山书社 1994 年版。

耿云志主编：《胡适论争集》中卷，中国社会科学出版社 1998 年版。

陈旭麓编：《五四以来政派及其思想》，上海人民出版社 1987 年版。

《“一大”前后》（一），人民出版社1980年版。

中共中央党史研究室第一研究部编：《共产国际、联共（布）与中国革命文献资料选辑（1917—1925）》，北京图书馆出版社1997年版。

中共中央党史研究室第一研究部编：《联共（布）、共产国际与中国国民革命运动》第1卷，中共党史出版社2020年版。

中国社会科学院现代史研究室、中国革命博物馆党史研究室编：《“一大”前后——中国共产党第一次代表大会前后资料选编》（二），人民出版社1980年版。

《中国共产党第一次全国代表大会档案文献选编》，中共党史出版社2015年版。

《中国共产党第二次全国代表大会档案文献选编》，中共党史出版社2014年版。

《中国共产党第三次全国代表大会档案文献选编》，中共党史出版社2014年版。

《“二大”和“三大”：中国共产党第二、三次代表大会资料选编》，中国社会科学出版社1985年版。

《中国共产党第四次全国代表大会档案文献选编》，中共党史出版社2014年版。

中央档案馆编：《中国共产党第二次至第六次全国代表大会文件汇编》，人民出版社1981年版。

中共中央书记处编：《六大以前——党的历史材料》，人民出版社1980年版。

中共中央文献研究室中央档案馆编：《建党以来重要文献选编（一九二一——一九四九）》第5册，中国文献出版社2011年版。

中央档案馆编：《中共中央文件选集》第一册（一九二一——一九二五），中共中央党校出版社1989年版。

中国第二历史档案馆编：《中国国民党第一、二次全国代表大会会议史料》，江苏古籍出版社1986年版。

荣孟源主编：《中国国民党历次代表大会及中央全会资料》（上），光明日报出版社 1985 年版。

《第三党讨论集》，上海黄叶书局 1928 年版。

查建瑜编：《国民党改组派资料选编》，湖南人民出版社 1986 年版。

中国人民大学中共党史系等：《国民党改组派资料选辑》，校内用书。

中国第二历史档案馆编：《中华民国史档案资料汇编》第 3 辑·政治，江苏古籍出版社 1991 年版。

中国第二历史档案馆编：《中国青年党》，档案出版社 1988 年版。

李义彬编：《中国青年党》，中国社会科学出版社 1982 年版。

《中国新文学大系》“建设理论集”，良友图书印刷公司 1994 年修订版。

中国农村经济研究会编：《中国农村社会性质论战》，新知书店出版 1936 年版。

《中国社会性质问题论战（资料选辑）》，人民出版社 1981 年版。

高军：《中国社会性质问题论战（资料选辑）》，人民出版社 1984 年版。

梁满仓编：《中国社会性质问题论战》，新华出版社 1991 年版。

周子东、杨雪芳等编著：《三十年代中国社会性质论战》，知识出版社 1987 年版。

四　日记、年谱、回忆录

《毛泽东年谱（1893—1949）》，中央文献出版社 1993 年版。

《吴宓日记》，生活·读书·新知三联书店 1998 年版。

《钱玄同日记》，福建教育出版社 2002 年版。

沈云龙辑：《曾慕韩（琦）先生日记选》，（台北）文海出版社，出版年不详。

曾琦：《戊午日记（民国七年 东京、北京、上海）》，载陈正茂、黄欣周、梅渐浓编《曾琦先生文集》下册。

丁文江、赵丰田：《梁启超年谱长编》，中华书局 2010 年版。

曹伯言、季维龙：《胡适年谱》，安徽教育出版社 1989 年版。

曾琦：《愚公自订年谱》，载陈正茂、黄欣周、梅渐浓编《曾琦先生文集》下册，台北："中研院"近代史研究所 1993 年版。

余子侠等：《余家菊年谱简编（1898—1976 年）》，载章开沅、余子侠主编《余家菊与近代中国》，华中师范大学出版社 2007 年版。

查晓英编：《常乃悳年谱简编》，《中国近代思想家文库·常乃悳卷》，中国人民大学出版社 2014 年版。

达林：《中国回忆录》，侯军初等译，中国社会科学出版社 1981 年版。

邹鲁：《回顾录》，岳麓书社 2000 年版。

胡汉民：《自传》，《胡汉民先生文集》第二册，台北中央文物供应社 1978 年版。

《胡适口述自传》，《传记文学》（台北）第 35 卷第 1 期。

《包惠僧回忆录》，人民出版社 1983 年版。

余家菊：《回忆录》，中华书局 1948 年版。

李璜：《学钝室回忆录》（增订本）上卷，香港明报月刊社 1979 年版。

李璜：《学钝室回忆录》（增订本）下卷，香港明报月刊社 1982 年版。

陈启天：《寄园回忆录》，（台北）商务印书馆 1972 年增订版。

《薛暮桥回忆录》，天津人民出版社 1996 年版。

陈翰笙：《四个时代的我——陈翰笙回忆录》，中国文史出版社 2012 年版。

陈公博：《苦笑录（1925—1936 年）》，现代史料编刊社（香港）1981 年版。

何汉文：《改组派回忆录》，《文史资料选辑》第 17 辑，中华书局 1961 年版。

段慎修：《中国青年党的真相》，载中国人民政治协商会议全国委员会文史资料委员会编《文史资料选辑》第四十四辑（总第一四四辑），中国文史出版社 2000 年版。

五　著作

梁启超：《欧游心影录节录》，《饮冰室合集》文集之二十三。

胡适：《中国哲学史大纲》（卷上），商务印书馆 1919 年版。

江亢虎：《社会问题讲演录》，商务印书馆 1923 年版。

王恒：《现代中国政治》，革新评论社（广州），1926 年版。

戴季陶：《国民革命与中国国民党》，军事委员会政治训练部 1928 年 10 月版。

《杨杏佛文存》，平凡书局 1929 年版。

董修甲：《代议立法与直接立法》，商务印书馆 1926 年版。

汪馥炎、李祚辉：《中华民国联省宪法草案》，泰东书局 1925 年版。

诸青来：《三民主义商榷》，箴文书局 1930 年版

余家菊、李璜合著《国家主义的教育》，中华书局 1923 年版。

何干之：《中国社会性质问题论战》，生活书店 1937 年版。

朱新繁：《中国革命与中国社会各阶级》，上海联合书店 1930 年版。

郭沫若：《中国古代社会研究》，《郭沫若全集（历史编）》，

第 1 卷，人民出版社 1992 年版。

陶希圣：《中国社会之史的分析（外一种）：婚姻与家族》，商务印书馆 2017 年版。

李季：《中国社会史论战批判》，神州国光社 1934 年版。

《中国封建社会史》，上海南强书局 1930 年版。

顾颉刚：《当代中国史学》，上海古籍出版社 2006 年版。

胡适：《先秦名学史》，亚东图书馆 1922 年版。

顾颉刚：《古史辨自序》，商务印书馆 2011 年版。

《古史辨》，上海古籍出版社 1982 年版。

六　研究论著

吕思勉：《上下五千年》，陕西师范大学出版社 2018 年版。

陈之迈：《中国政府》，上海人民出版社 2012 年版。

李新、李宗一主编：《中华民国史》第二编第二卷，中华书局 1987 年版。

莫世祥：《护法运动史》，广西人民出版社 1991 年版。

杨奎松：《中国近代通史》第 7 卷，江苏人民出版社 2013 年版。

杨奎松：《国民党的“联共”与“反共”》，社会科学文献出版社 2009 年版。

王奇生：《革命与反革命——社会文化视野下的民国政治》，社会科学文献出版社 2010 年版。

王奇生：《党员、党权与党争》，上海书店 2003 年版。

李育民：《中国废约史》，中华书局 2005 年版。

耿云志等：《西方民主在近代中国》，中国青年出版社 2003 年版。

张灏：《幽暗意识与民主传统》，新星出版社 2006 年版。

彭明：《中国现代政治思想史十讲》，河南人民出版社 1986 年版。

邓丽兰：《域外观念与本土政制变迁——20 世纪二三十年代中国知识界的政制设计与参政》，中国人民大学出版社 2003 年版。

温乐群、黄冬娅：《二三十年代中国社会性质和社会史论战》，百花洲文艺出版社 2004 年版。

周全华：《马克思主义中国化学术史》，广东人民出版社 2018 年版。

赵庆河：《〈读书杂志〉和中国社会史论战（1931—1933）》，稻禾出版社 1984 年版。

王汎森：《近代中国的史家与史学》，复旦大学出版社 2010 年版。

［美］德里克：《革命与历史：中国马克思主义历史学的起源（1919—1937）》，翁贺凯译，江苏人民出版社 2005 年版。

林茂生：《中国现代政治思想史（1919—1949）》，黑龙江人民出版社 1984 年版。

桂遵义：《马克思主义史学在中国》，山东人民出版社 1992 年版。

李政君：《变与常：顾颉刚古史观念演进之研究（1923—1949）》，中国社会科学出版社 2020 年版。

林家有：《孙中山与近代中国的觉醒》，中山大学出版社 2014 年版。

胡守为主编：《陈寅恪与二十世纪中国学术》，浙江人民出版社 2000 年版。

张京华：《古史辨学派与中国现代学术走向》，厦门大学出版社 2009 年版。

杨思信、郭淑兰：《教育与国权——1920 年代中国收回教育权运动研究》，光明日报出版社 2010 年版。

张少鹏：《民初的国家主义派研究》，华中师范大学中国近现代史博士论文，2005 年。

《镇海县志》编纂室：《李瑨卿传略》，载《教育世家——李瑨卿和儿女们》，宁波出版社 2010 年版。

曾辉：《中国青年党研究（1923—1945）》，华东师范大学历史系博士论文，2014 年。

敖光旭：《国家主义与“联俄与仇俄”之争——五卅运动中北方知识界对俄态度之解析（上）》，《社会科学研究》2007 年第 6 期。

敖光旭：《国家主义与“联俄与仇俄”之争——五卅运动中北方知识界对俄态度之解析（下）》，《社会科学研究》2008 年第 1 期。

陈三井：《周恩来旅欧时期的政治活动（1921—1924）》，《中央研究院近代史研究所集刊》（台北）第 14 期，1985 年 6 月。

李秀清：《近代中国联邦制的理论和实践——北洋军阀时期省宪运动述评》，《环球法律评论》2001 年第 4 期。

龙长安、高力克：《联邦制、国家统一与两种话语之争——对近代中国联邦制论争的回顾与思考》，《安徽史学》2008 年第 5 期。

王奇生：《“革命”与“反革命”：一九二〇年代中国三大政党的党际互动》，《历史研究》2004 年第 5 期。

闻黎明：《大江会述论》，近代史研究所官网原创文章，2005 年 10 月 30 日（http://jds.cass.cn/xrfc/xrsb/201605/t20160506_3327929.shtml）。

杨思信：《对 20 世纪 20 年代国家主义教育学派的历史考察》，《学术研究》2008 年第 7 期。

曾辉：《中国青年党经费问题探析》，《武陵学刊》第 41 卷第 3 期，2016 年 5 月。

邹小站：《民初联邦论思潮探析》，《暨南学报》2016 年第 11 期。

邹小站：《民初思想与新文化运动的关联》，《湖南科技大学学报（社会科学版）》2019 年第 4 期。

郑大华、曾科：《20 世纪 20 年代〈醒狮周报〉撰稿人的构成、聚集与分化》，《安徽史学》2014 年第 3 期。

张太原：《孙中山与党化教育》，《史学月刊》2007 年第 2 期。

卢毅：《事与愿违的党化教育——以 1949 年以前的国民党为例》，《福建论坛》2014 年第 5 期。

王奇生：《党政关系：革命党党治在地方基层的运作（1927—1937）》，《中国社会科学》2001 年第 3 期。

赵金康：《国民党二届五中全会前后的制宪诉求》，《史学月刊》2005 年第 9 期。

细川和彦：《邓演达与黄埔革命同学会》，载梅日新、邓演超主编《邓演达研究新论——纪念邓演达创建中国国民党临时行动委员会七十周年》，华文出版社 2001 年版。

耿云志：《重读〈新思潮的意义〉》，《广东社会科学》2011 年第 6 期。

王存奎：《整理国故与中国现代民俗学》，《民俗研究》2002 年第 2 期。

杨洪承：《“流派”的尴尬与颉颃——社群文化视阈中的“学衡”重估》，《社会科学辑刊》2015 年第 1 期。

魏建：《儒学现代化：重新审视新青年派与学衡派论战》，《学习与探索》2015 年第 7 期。

王兆刚：《20 世纪 20 年代中国的“直接民主”思潮探析》，《首都师范大学学报（社会科学版）》2008 年第 6 期。

李爱华：《20 世纪二三十年代中国社会性质论战——以“马克思主义中国化”为视角》，南开大学马克思教育学院博士学位论文，2014 年。

俞旦初：《二十世纪初年中国的新史学思潮初考》，《史学史研究》1982 年第 3 期；《二十世纪初年中国的新史学思潮初考（续）》，《史学史研究》1982 年第 4 期。

张佛泉：《梁启超国家观念之形成》，《政治学报》（台北）第1卷第1期。

巴斯蒂：《中国近代国家观念溯源——关于伯伦知理〈国家论〉的翻译》，《近代史研究》1997年第4期。

黄东：《杨度晚年社会发展史观探析》，《北京档案史料》2002年1期。

章开沅：《孙中山与中国国情》，载《章开沅文集》第3卷，华中师范大学出版社2015年版。

章开沅：《从离异到回归：孙中山与传统文化的关系》，《历史研究》1987年1期。

左玉河：《政治性与学术性：中国社会史论战的双重特性》，《史学月刊》2019年第7期。

李红岩：《从社会性质出发：历史研究的根本方法》，《中国史研究》2017年第3期。

朱志敏：《五四时期平民政治观念的流行及其影响》，《史学月刊》1990年第5期。

孙宏云：《孙中山的民权思想与职业代表制》，《广东社会科学》2007年第1期。

颜浩：《〈现代评论〉两个专栏："时事短评"与"闲话"》，《北京社会科学》2003年第3期。

七　其他著述

［英］密尔：《代议制政府》，汪瑄译，商务印书馆1997年版。

［英］密尔：《论自由》，程崇华译，商务印书馆2017年版。

应克复等：《西方民主史》，中国社会科学出版社1997

年版。

邹永贤主编:《国家学说史》，福建人民出版社 1999 年版。

[美] 格尔茨:《文化的解释》，韩莉译，译林出版社 2014 年版。

[美] 吉尔丁:《设计论证——卢梭的〈社会契约论〉》，尚新建、王凌云译，华夏出版社 2006 年版。

[法] 勒南:《法兰西知识与道德改革》，黄可以译，海天出版社 2018 年版。

刘小枫、陈少明编:《卢梭的苏格拉底主义》，华夏出版社 2005 年版。

[法] 卢梭:《社会契约论》，何兆武译，商务印书馆 2003 年修订第 3 版。

渠敬东:《职业伦理与公民道德——涂尔干对国家与社会之关系的新构建》，《社会学研究》2014 年第 4 期。

渠敬东:《追寻神圣社会:纪念爱弭尔·涂尔干逝世一百周年》，《社会》2017 年第 6 期。

[英] 泰勒:《争夺欧洲霸权的斗争，1848—1918》，沈苏儒译，商务印书馆 2019 年版。

[法] 涂尔干:《社会分工论》，渠敬东译，三联书店 2017 年版。

《涂尔干文集》第 2 卷，渠敬东主编，商务印书馆 2020 年版。

于蓓:《对莱昂·布尔茹瓦连带主义思想及其影响之初探》，《法国研究》2018 年第 4 期。

Ernest Renan, *What is a Nation?: and Other Political Writings*, trans. and ed. M. F. N. Giglioli, New York: Columbia University Press, 2018.

Georg Brandes, *Creative Spirits of the Nineteenth Century*, trans. Rasmus B. Anderson, New York: Thomas Y. Crowell Co., 1923.

Wardman, Harold W., *Ernest Renan: A Critical Biography*,

London: University of London, Athlone Press, 1964.

Ernest Renan, "Qu'est-ce qu'une nation?", in *Langue française et identité nationale*, Limoges: Lambert-Lucas, 2009.

Rousseau, *Du Contrat Social*, *Œuvres Complètes III*, Paris: Gallimard, 1964.

人名索引

（以姓氏笔画为序）

本卷说明

本卷书稿分由 6 位学者完成，具体分工情况如下：

邹小站负责第一章、第二章、第五章、第六章、第八章第三节。

彭姗姗负责第四章。

陈于武负责第三章。

李红喜负责第七章。

宋广波负责第八章第一、二节。

王波负责第九章。

图书在版编目（CIP）数据

中国近代思想通史．第六卷／邹小站等著．－－北京：社会科学文献出版社，2022.7

ISBN 978－7－5201－8489－2

Ⅰ.①中…　Ⅱ.①邹…　Ⅲ.①思想史－中国－近代
Ⅳ.①B25

中国版本图书馆 CIP 数据核字（2021）第 105578 号

中国近代思想通史（第六卷）

主　　编／耿云志
著　　者／邹小站　彭姗姗　陈于武　李红喜　宋广波　王　波

出 版 人／王利民
组稿编辑／宋月华
责任编辑／袁卫华　刘　丹
责任印制／王京美

出　　版／社会科学文献出版社·人文分社（010）59367215
　　　　　地址：北京市北三环中路甲 29 号院华龙大厦　邮编：100029
　　　　　网址：www.ssap.com.cn
发　　行／社会科学文献出版社（010）59367028
印　　装／三河市东方印刷有限公司

规　　格／开　本：787mm×1092mm　1/16
　　　　　印　张：35.25　字　数：489 千字
版　　次／2022 年 7 月第 1 版　2022 年 7 月第 1 次印刷
书　　号／ISBN 978－7－5201－8489－2
定　　价／1480.00 元（全八卷）

读者服务电话：4008918866